PostgreSQL로 시작하는 데이터 스토리텔링 가이드북

실용 SQL

앤서니 드바로스 저 / 임소정, 강민혁 역

YoungJin.com Y.
영진닷컴

no starch
press

실용 SQL

ISBN 978-89-314-6595-2

독자님의 의견을 받습니다

이 책을 구입한 독자님은 영진닷컴의 가장 중요한 비평가이자 조언가입니다. 저희 책의 장점과 문제점
이 무엇인지, 어떤 책이 출판되기를 바라는지, 책을 더욱 알차게 꾸밀 수 있는 아이디어가 있으면 팩스
나 이메일, 또는 우편으로 연락 주시기 바랍니다. 의견을 주실 때에는 책 제목 및 독자님의 성함과 연락
처(전화번호나 이메일)를 꼭 남겨 주시기 바랍니다. 독자님의 의견에 대해 바로 답변을 드리고, 또 독자
님의 의견을 다음 책에 충분히 반영하도록 늘 노력하겠습니다.

이메일 support@youngjin.com
주 소 (우)08507 서울시 금천구 가산디지털1로 128 STX-V타워 4층 401호 (주)영진닷컴 기획1팀
https://www.youngjin.com/

파본이나 잘못된 도서는 구입하신 곳에서 교환해 드립니다.

저자 앤서니 드바로스 | **번역** 임소정, 강민혁
책임 김태경 | **진행** 서민지 | **표지디자인** 임정원 | **내지 디자인·편집** 이경숙
영업 박준용, 임용수, 김도현 | **마케팅** 이승희, 김근주, 조민영, 김도연, 김민지, 임해나
제작 황장협 | **인쇄** 제이엠

저자 소개

앤서니 드바로스 Anthony DeBarros

오랜 기간 활동한 기자로서 스프레드시트, 데이터베이스, 코드를 활용해 데이터 속에서 뉴스를 찾아내는 '데이터 저널리즘' 얼리어답터이다. 현재 월스트리트 저널Wall Street Journal에서 데이터 편집자로 재직하며 경제와 무역, 인구 통계, 코로나-19 등의 주제를 다루고 있다. 이전에는 USA 투데이USA Today와 포킵시 저널Poughkeepsie Journal이 속한 미디어 그룹 가네트Gannett에서 근무했으며, 퀘스트엑스Questex와 도큐먼트클라우드DocumentCloud에서 제품 개발 및 콘텐츠 전략 역할을 맡았다.

- **이메일** practicalsqlbook@gmail.com
- **깃허브** https://github.com/anthonydb/practical-sql-2

기술 리뷰어 소개

스티븐 프로스트 Stephen Frost

크런치 데이터Crunchy Data의 CTO이다. 2003년부터 PostgreSQL을 사용했으며, 일반 데이터베이스 사용 경력은 훨씬 길다. 스티븐은 2004년부터 PostgreSQL 개발에 참여해 역할 시스템과 열 수준 권한, 행 수준 보안, GSSAPI 암호화, 사전 정의 역할 시스템 개발에 참여했다. 또한 미국 PostgreSQL 협회 및 공익 소프트웨어 이사회 이사로 활동했으며 PostgreSQL 컨퍼런스와 이벤트에서 정기적으로 연사로 참여하는 등 다양한 PostgreSQL 커뮤니티 팀의 일원으로 일하고 있다.

역자 소개

임소정

IT기업 마케터. 중앙대학교에서 사회학을 전공했다. 2013년에 게임 방송국 통역사로 커리어를 시작해 영어 번역과 통역의 매력에 빠지게 되었다. 평소 취미 생활이던 게임에 대한 애정을 살려 2017년 게임 기업에 마케터로 입사해 마케팅을 시작했고 최근 암호화폐 자산에 관심을 가지게 되어 현재는 디지털 자산운용사에서 근무하고 있다.

강민혁

번역가. 서강대학교에서 컴퓨터공학을 전공했다. 2008년부터 강연, 독립 영화, IT 웹진 기사 등 다양한 콘텐츠를 우리말로 옮겼다. 온라인에서 미국 만화 소식을 전하던 일을 계기로 2019년부터는 미국 만화 번역가로 활동하고 있다. 《배트맨: 어스 원》, 《어벤저스: 노 서렌더》, 《토르》 등 다양한 작품을 번역했다.

- **이메일** teeddub.k@gmail.com
- **깃허브** https://github.com/TeeDDub/practical-sql

목차

상세 목차

서문

《실용 SQL》 원서 초판이 출간된 이후로 전 세계의 독자들로부터 책에 대한 칭찬을 받았습니다. 한 독자는 이 책 덕에 면접에서 SQL 관련 질문에 완벽히 답할 수 있었다고 말했습니다. 한 교사는 학생들이 수업에서 이 책을 교재로 채택했는데 교재가 학생들에게 좋은 평가를 받았다는 편지를 보냈습니다. 많은 분들이 《실용 SQL》이 도움이 되고 잘 읽힌다며 감사 인사를 전했고, 이러한 평가들 모두 저를 뿌듯하게 했습니다.

가끔은 연습문제를 풀다가 막히거나 소프트웨어나 데이터 파일에 문제가 생긴 독자의 이야기를 듣습니다. 그런 이메일이 올 때마다 관심을 기울였고 특히 같은 질문이 두 번 이상 나오면 더욱 세심히 살펴봤습니다. 한편, 직장에서 매일 SQL을 사용하며 알게 된 새로운 테크닉을 책에 포함시키고 싶었습니다.

이 모든 사항을 염두에 두고 No Starch Press에 연락해 《실용 SQL》 원서 2판 계획을 설명했습니다. 감사하게도 No Starch Press가 동의했습니다. 이번 개정판은 소프트웨어와 코드에 관련된 명확하지 않거나 표시되지 않은 정보를 더욱 확실하게 정리해 독자에게 더 강력한 지침을 제공합니다. 이 책을 다시 살펴보는 과정은 매우 즐거웠고, 다시 한번 많은 것을 배웠습니다.

모든 장의 많은 부분을 고쳐 설명을 명확하고 자세하게 만들었습니다. 책에 수록된 코드는 SQL 표준을 준수하도록(즉, 일반적인 데이터베이스 시스템 전체에서 사용할 수 있도록) 작성했으며, PostgreSQL에서만 사용 가능한 코드는 명시해 두었습니다.

크게 변경된 사항은 다음과 같습니다.

- 초판에는 없던 두 장(1장, 16장)이 새로 추가되었습니다. '1장. 코딩 환경 설정'은 다양한 운영 체제에서 PostgreSQL과 pgAdmin, PostgreSQL용 추가 컴포넌트를 설치하는 방법을 설명하며, 깃허브GitHub에서 코드와 데이터를 얻는 방법도 소개합니다. 초판에서는 이 정보가 서론에 있어 많은 독자들이 혼란스러워 했습니다. 그리고 '16장. JSON 데이터 사용'에서는 영화와 지진에 대한 데이터셋을 사용하여 PostgreSQL에서의 JavaScript Object Notation 데이터 형식 사용법을 다룹니다.

- '4장. 데이터 타입 이해'에서는 자동 증가 정수 열을 위한 ANSI SQL 표준 구현인 IDENTITY에 대한 절을 추가했습니다. 책 전체에서 IDENTITY는 PostgreSQL에만 존재하는 시리얼 자동 증가 정수 유형을 대체하므로 코드 예제가 SQL 표준을 더욱더 밀접하게 반영합니다.

- '5장. 데이터 가져오고 내보내기'에서는 WHERE 키워드를 COPY 명령과 함께 사용하여, 소스 파일에서 테이블로 가져올 행을 필터링하는 방법을 추가했습니다.

- 6장에서는 초판에 있던 사용자 생성 median() 함수를 제거하고, SQL 표준인 percentile_cont() 함수를 자세히 설명합니다.

- '7장. 관계형 데이터베이스에서 테이블 조인'에는 집합 연산자 UNION과 UNION ALL, INTERSECT, EXCEPT를 다루는 절을 추가했습니다. 또한 중복 출력을 줄이고 쿼리 구문을 단순화하기 위해 조인에서 USING 절을 다루는 절을 추가했습니다.

- '10장. 데이터 검사 및 수정'에는 UPDATE 문에서 RETURNING 키워드를 사용하여 명령문이 수정한 데이터를 표시하는 방법에 대한 절을 더했습니다. 또한 TRUNCATE 명령을 사용하여 테이블에서 모든 행을 제거하고 IDENTITY 시퀀스를 다시 시작하는 방법을 설명하는 절을 추가했습니다.

- '11장. SQL 통계 함수'에서는 시간 경과에 따른 추세를 더 잘 이해할 수 있도록 고르지 않은 데이터를 매끄럽게 하는 이동 평균을 만드는 방법을 보여 줍니다. 표준편차와 분산을 계산하는 함수에 대한 정보도 추가했습니다.

- '13장. 고급 쿼리 기술'에는 서브쿼리와 함께 LATERAL 키워드를 사용하는 방법을 추가했습니다. LATERAL의 한 가지 이점은 JOIN을 결합하여 프로그래밍 언어의 for 루프와 유사한 기능을 얻을 수 있다는 것입니다.

- '15장. PostGIS를 사용한 공간 데이터 분석'에는 pgAdmin에서 Geometry Viewer를 사용하여 지도에서 공간 데이터를 시각적으로 확인하는 방법을 보여 줍니다. 이 기능은 초판 발행 후 pgAdmin에 추가되었습니다.

- '17장. 뷰, 함수, 트리거로 시간 절약'에는 구체화된 뷰에 대한 정보를 추가하고 표준 뷰와 어떻게 다른지 소개합니다. 또한 PostgreSQL이 현재 함수 외에 지원하는 기능인 프로시저도 다룹니다.

- 마지막으로, 실제 데이터셋이 집필 시점에 사용 가능한 최신 데이터로 업데이트되었습니다. 주로 미국 인구조사 인구 통계 데이터가 업데이트되었지만 대통령 연설문과 도서관 이용 통계도 변경되었습니다.

《실용 SQL》을 읽어 주셔서 감사합니다!

감사의 말

《실용 SQL》은 많은 사람의 손을 거쳤습니다. 먼저, No Starch Press 팀에 감사합니다. 이 책의 가능성을 포착하고 책의 초기 콘셉트를 선명하게 잡아 준 Bill Pollock에게 감사합니다. 통찰력 있는 제안과 능숙한 편집으로 이 책의 모든 주제를 개선한 선임 편집자 Liz Chadwick과 편집자 Kim Wimpsett, 제작 팀의 Paula Williamson과 Jennifer Kepler에게 특별한 감사를 전합니다.

크런치 데이터의 최고 기술 책임자이자 오랫동안 PostgreSQL 커뮤니티에 기여한 스티븐 프로스트가 이 개정판의 기술 감수를 맡았습니다. 특히 스티븐은 PostgreSQL과 SQL 개념의 내부 작동 방식을 설명해 줬습니다. 그의 섬세한 시각 덕에 이 책은 더 좋고, 더 철저하고, 더 정확해졌습니다. 또한 초판의 기술 리뷰어로서 많은 공헌을 해준 Josh Berkus에게도 감사를 표하고 싶습니다.

기자들이 데이터에서 이야기를 찾을 수 있도록 훈련시켜 준 IRE[Investigative Reporters and Editors]의 모든 회원과 스텝에게 감사합니다. IRE는 제가 SQL 및 데이터 저널리즘을 시작한 곳입니다.

많은 동료들이 데이터 분석에 대해 기억에 남는 교훈을 줄 뿐만 아니라 제 근무 시간을 더 밝게 만들어 주었습니다. 인구 통계 및 미국 인구조사에 대한 방대한 지식을 공유해 준 Paul Overberg와 많은 기술을 알려 준 Lou Schilling, SQL 전문 지식을 나눠 준 Christopher Schnaars, 격려해 준 Peter Matseykanets에게 감사합니다. 또한 지속적인 영감을 준 Chad Day와 John West, Maureen Linke와 WSJ DC 비주얼 팀에도 감사합니다.

사랑하는 우리 가족, 아내 엘리자베스와 아들들에게 깊은 감사를 전합니다. 모두 제 하루를 밝게 비춰 주는 밝은 빛입니다. 가족들과 늘 하는 말이 있습니다. "자, 이제 여행을 떠나 볼까?"

역자의 말

PostgreSQL는 2022년 스택오버플로 Stackoverflow 설문조사를 기준으로 현업 개발자가 가장 많이 사용하는 데이터베이스가 되었습니다. '세상에서 가장 앞선 오픈소스 관계형 데이터베이스'라는 소개답게 표준 SQL의 지원과 뛰어난 자체 기능으로 개발자들의 선택을 받았죠. 이 책은 '가장 앞선 데이터베이스'인 PostgreSQL를 사용해 데이터를 관리하고 분석해 여기서 숨겨진 이야기를 찾는 방법을 알려 줍니다.

PostgreSQL의 로고인 코끼리 슬로닉 Slonik은 애거서 크리스티의 소설 《코끼리는 기억한다》에서 아이디어를 받아 만들어졌습니다. 정작 실제 코끼리는 등장하지 않는 이 소설에선 코끼리에 대한 한 가지 말을 소개합니다. "인도에서 어떤 재봉사가 바늘 같은 물건으로 코끼리를 찔렀대요. 그 뒤 코끼리는 그 재봉사 곁을 지날 때마다 입 안 가득 담고 있던 물을 뿌렸다죠. 시간이 지나도 절대 잊지 않고 기억했다는 말이죠. 거기서 나온 말이에요. 코끼리는 기억한다."

이 책은 'PostgreSQL로 시작하는 데이터 스토리텔링 가이드북'이라는 부제처럼 데이터를 더 효율적으로 정리하고 분석하려는 모두에게 도움이 됩니다. 쉽게 따라 할 수 있는 실습을 통해 PostgreSQL이라는 코끼리의 코부터 다리까지 직접 만져 볼 수 있도록 차근차근 가이드합니다. 그렇게 안내하는 대로 한 부분씩 코끼리를 만져 나가다 보면 어느새 코끼리의 전체적인 윤곽을 파악할 수 있을 것입니다. 적어도 데이터를 분석하는 과정에서 코끼리의 몸을 잘못 찔러서 미움을 사는 일은 피할 수 있겠죠?

PostgreSQL은 표준 SQL을 잘 준수하고 있어 여기서 소개하는 문법 대부분은 MySQL 같은 다른 엔진에서도 지원되므로 추후에 다른 환경에서도 데이터 분석을 할 수 있을 것입니다. 책에 있는 코드와 저자가 온라인에 게시한 추가 자료는 깃허브(https://github.com/TeeDDub/practical-sql)에 번역해 업로드할 예정입니다. 학습에 도움이 되었으면 좋겠습니다.

이 책을 선택해 주셔서 감사합니다. 또 좋은 도서의 번역을 맡겨 주신 영진닷컴 분들과 함께 번역해 주신 소정 님께 감사드립니다. 마지막으로 어머니와 동생, 여자친구에게 감사드립니다.

자, 크고 듬직한 데다 기억력까지 좋은 코끼리를 만지러 가보시죠.

2023년 1월 강민혁

이 책에 대하여

USA 투데이 직원으로 합류한 지 얼마 지나지 않아 저는 향후 10년간 거의 매주 분석하게 될 데이터 셋을 받게 되었습니다. 바로 주간 베스트셀러 도서 목록으로, 비공개 판매 데이터를 바탕으로 미국 전역에서 팔린 도서의 순위를 집계하는 목록이었죠. 이 목록은 끊임 없는 스토리 아이템뿐만 아니라, 단적인 방식으로 미국의 시대 정신을 보여 주기도 합니다.

예를 들어, 어머니의 날이 있는 주간에 요리책이 더 많이 팔린다거나, 무명의 작가가 오프리 윈프리 쇼에 출연했을 뿐인데 그 후 베스트셀러 작가가 되었다는 걸 알고 있었나요? 저와 도서 목록 편집자는 매주 도서 판매 수치와 장르를 이 잡듯 뒤지면서 다음 헤드라인을 장식할 순위 데이터를 만들었습니다. 아주 드물게 빈손일 때도 있었지만, 로켓처럼 하늘을 뚫어 버린 블록버스터 《해리포터》 시리즈부터 닥터 수스의 《Oh, the places you'll go》가 갓 졸업한 학생들에게 주는 선물로 오랫동안 자리 잡은 모습까지 기록해 두었습니다.

이때 당시 제 기술적인 동료는 데이터베이스 프로그래밍 언어인 SQL^{Structured Query Language}이었습니다. 그 전에 저는 USA 투데이의 IT 부서가 저에게 도서 목록 응용 프로그램을 구동한 SQL 기반 데이터베이스 시스템에 대한 접근 권한을 부여하도록 설득해 두었습니다. SQL을 사용해 저는 데이터베이스 속에 숨겨진 이야기를 발굴해 내고, 출판 세계를 정의한 다양한 코드부터 제목과 작가, 그리고 장르들을 파헤쳐 볼 수 있었습니다.

SQL은 제가 어디에 있건 늘 유용했습니다. 제품 개발이나 콘텐츠 전략을 맡았을 때도, 월스트리트 저널의 데이터 편집자가 되었을 때도 말이죠. SQL은 그때마다 데이터에서 흥미로운 이야기를 찾는 데 도움이 되었습니다. 그리고 그게 바로 이 책에서 배우게 될 내용입니다.

SQL은 무엇인가?

SQL은 널리 쓰이는 프로그래밍 언어로, 데이터베이스를 정의하고 쿼리를 처리하도록 해줍니다. 당신이 마케팅 분석가이거나 기자이든, 또는 초파리 뇌의 뉴런을 연결하는 연구자이든 SQL을 사용하면 효과적으로 데이터 개체를 관리할 수 있을 뿐만 아니라 데이터를 생성 및 수정하고 탐구하며 요약할 수 있습니다.

SQL은 수십 년간 사용되어 온 원숙한 언어이기 때문에 오늘날의 다양한 시스템 속에 깊숙이 자리 잡고 있습니다. IBM 연구원 두 명이 영국 컴퓨터 과학자인 에드거 F. 커드의 이론적 연구를 바탕으로 1974년도의 논문에서 SQL 구문의 윤곽을 잡았습니다. 참고로 당시에는 SQL이 SEQUEL이라고 불렸습니다. 1979년도에는 선구적인 데이터베이스 회사인 Relational Software, 즉 현재의 오라클이 처음으로 상용 제품에 SQL을 사용했습니다. SQL은 오늘날에도 전 세계적으로 가장 많이 쓰이는 언어 목록 중 상위 순위에 들며, 당분간 바뀔 일은 없어 보입니다.

PostgreSQL이나 MySQL, Microsoft SQL Server 같은 각 데이터베이스 시스템은 각자만의 고유한 SQL 변형을 구현하고 있어, 한 시스템에서 다른 시스템으로 이동할 경우 문법에서 약간씩(때로는 상당히) 차이가 보입니다. 여기에는 몇 가지 이유가 있습니다. ANSI^{American National Standards Institute}는 1986년에 SQL에 대한 표준을 채택했고, 1987년에는 ISO^{International Organization for Standardization}에서 표준을 채택했습니다. 그러나 이 표준은 SQL에서 데이터베이스 구현에 필요한 모든 측면을 다루지는 않습니다. 예를 들면, 인덱스 생성을 위한 항목이 없습니다. 따라서 표준이 다루지 않는 기능은 각 데이터베이스 시스템 개발 업체에서 편한 방향으로 구현했으며, 그렇기에 현재 모든 표준을 준수한다고 주장하는 데이터베이스 제조업체는 없습니다.

또한, 상용 데이터베이스 공급업체는 경쟁에서 우위를 차지하고 생태계에 사용자를 유지한다는 비즈니스적인 결정으로 비표준적인 SQL 기능을 만들기도 합니다. 예를 들어 Microsoft SQL Server는 지역 변수 선언 같이 SQL 표준에 없는 많은 기능을 포함한 자체적인 T-SQL^{Transact-SQL}을 사용합니다. 따라서 T-SQL을 사용하여 작성된 코드를 다른 데이터베이스 시스템으로 마이그레이션하는 것은 쉬운 일이 아닙니다.

이 책의 예제와 코드는 PostgreSQL 데이터베이스 시스템을 사용합니다. PostgreSQL[1]은 많은 양의 데이터를 처리할 수 있는 강력한 애플리케이션입니다. 이 책에서 PostgreSQL을 사용하는 이유는 다음과 같습니다.

- 무료입니다.
- Windows와 macOS, Linux 운영체제에서 사용할 수 있습니다.
- SQL 구현은 SQL 표준을 밀접하게 따르는 것을 목표로 합니다.
- 사용자가 많아 온라인에서 쉽게 도움을 얻을 수 있습니다.
- 지리 공간 확장 기능인 PostGIS은 기하학적 데이터를 분석하고 매핑 기능을 수행할 수 있습니다. PostGIS는 QGIS 같은 매핑 소프트웨어와 함께 사용할 수 있습니다.
- Amazon Web Services 및 Google Cloud와 같은 클라우드 컴퓨팅 환경에서 사용할 수 있습니다.
- 인기 있는 웹 프레임워크 Django로 구동되는 웹 애플리케이션에서 데이터 저장소로 사용합니다.

---

1 역주 PostgreSQL은 주로 '포스트그레스' 또는 '포스트그레스큐엘'이라고 읽습니다. 이 책에서는 발음을 '포스트그레스큐엘'로 통일했습니다.

좋은 소식은 PostgreSQL의 기본 개념과 많은 핵심 SQL 구문 규칙이 다른 데이터베이스 관리 시스템에서도 작동한다는 점입니다. 따라서 직장에서 MySQL을 사용한다면 이 책에서 배운 내용 중 많은 부분을 사용하거나 병렬 코드 개념을 쉽게 찾을 수 있습니다. PostgreSQL에만 사용하는 코드는 책에서 별도로 안내합니다. Microsoft SQL Server의 T-SQL과 같이 표준에서 벗어난 SQL 문법을 배워야 한다면 해당 시스템에 중점을 둔 리소스를 찾길 권합니다.

왜 SQL을 사용해야 할까?

그래서 왜 SQL을 사용해야 할까요? SQL은 사람들이 데이터 분석을 처음 배울 때 가장 먼저 선택되는 도구는 아닙니다. 사실 대다수는 Microsoft 엑셀 스프레드시트의 다양한 분석 기능으로 시작합니다. 엑셀로 작업한 후에 Microsoft Office에 내장된 엑세스로 넘어가기도 합니다. 엑세스는 Microsoft Office 일부 버전에 내장된 데이터베이스 시스템으로 작업하기 수월한 도표로 된 인터페이스가 탑재되어 있습니다. 그렇다면 왜 SQL을 배워야 할까요?

먼저, 엑셀과 엑세스에는 한계가 있기 때문입니다. 엑셀은 시트 하나당 최대 1,048,576개의 행을 생성할 수 있으며, 엑세스는 데이터베이스 크기가 2GB로 제한되어 있고 테이블당 열을 255개까지만 생성할 수 있습니다. 이러한 제한을 넘기는 데이터셋은 흔치 않게 볼 수 있습니다. 작업하고 있는 데이터베이스 시스템이 작업량을 감당할 수 없는 상황은 여러분이 마감일을 얼마 남겨 두지 않은 상태에서 만나고 싶지 않은 장애물 중 하나이죠.

강력한 SQL 데이터베이스 시스템을 활용하면 테라바이트 단위의 데이터, 여러 연관된 테이블, 수천 개의 열까지 작업할 수 있습니다. 여러분이 작업하고 있는 데이터 구조를 개선된 프로그래밍 방식으로 제어하여 효율성과 속도, 그리고 가장 중요한 정확도를 높일 수 있습니다.

SQL은 데이터 과학에서 사용되는 프로그래밍 언어인 R과 파이썬의 뛰어난 부속 언어이기도 합니다. R이나 파이썬을 사용하고 있다면 SQL 데이터베이스로 연결할 수 있고, 어떤 경우에는 SQL 구문을 해당 언어에 직접적으로 통합시킬 수도 있습니다. 프로그래밍 언어에 대한 지식이 전혀 없는 사람들을 위해서 SQL은 데이터 구조와 프로그래밍 로직에 관련된 콘셉트를 쉽게 이해할 수 있게 도와줍니다.

여기에 더불어 SQL에 대한 지식은 데이터 분석 그 이상의 분야에서 도움을 줄 수도 있습니다. 온라인 응용 프로그램을 만들기 위해 공부를 시작하면 데이터베이스가 흔한 웹 프레임워크의 백엔드와 반응형 지도부터 콘텐츠 관리 시스템의 동력이 되고 있다는 걸 알게 될 것입니다. 이런 응용 프로그램의 표면 아래로 깊숙이 탐구해야 하는 경우가 생긴다면 데이터와 데이터베이스를 조작할 수 있는 SQL의 기능이 매우 유용할 테죠.

이 책의 대상 독자는?

《실용 SQL》은 일상 생활에서 데이터를 접하고 이를 분석, 관리 및 변환하는 방법을 배우고자 하는 사람들을 위한 책입니다. 이런 학습 목적을 염두에 두고, 미국 인구조사 인구 통계와 범죄 보고서, 뉴욕시의 택시 이용에 대한 데이터 같은 실제 데이터 및 시나리오를 다룹니다. 이 책은 독자들이 단순히 SQL의 작동 방식을 이해하는 데 그치는 것이 아니라 실제로 SQL을 활용해 데이터에서 귀중한 통찰을 얻는 것을 목표로 합니다.

프로그래밍을 처음 접하는 사람들을 고려하여 초반에는 데이터베이스와 데이터, SQL 문법에 대한 주요 기본 사항을 다룹니다. SQL 경험이 있는 독자는 지리 정보 시스템GIS과 같은 고급 주제를 다루는 이후 장에서 좋은 지식을 얻을 수 있습니다. 이 책을 쓸 때 저는 독자들이 프로그램 설치 방법이나 드라이브 탐색 방법, 파일 다운로드 방법 같은 컴퓨터 사용법은 알고 있지만 프로그래밍이나 데이터 분석에 대한 경험이 전혀 없을 것이라 가정하고 작성했습니다.

이 책에서 배우는 내용

《실용 SQL》은 컴퓨터 설정법을 시작으로 코드와 데이터 파일을 다운받는 방법을 소개한 다음 데이터베이스와 쿼리, 테이블, 데이터 같은 SQL의 기본 사항을 살펴봅니다. 14장부터 19장까지는 텍스트 검색과 함수, GIS 같은 PostgreSQL 관련 주제를 다룹니다. 이 책의 모든 내용은 필요한 부분만 찾아 읽어도 괜찮지만 기초를 탄탄히 쌓으려면 책을 순서대로 읽기를 권합니다. 초기 장에서 소개한 데이터셋은 종종 뒤에서 다시 살펴보므로 책을 순서대로 따라 하면 내용을 이해하는 데 도움이 됩니다. 각 장의 내용은 다음과 같습니다.

- **1장. 코딩 환경 설정**에서는 PostgreSQL과 pgAdmin 사용자 인터페이스, 텍스트 편집기를 설정하고 예제 코드와 데이터를 다운로드하는 방법을 소개합니다.
- **2장. 데이터베이스와 테이블 생성**에서는 교사에 관한 간단한 데이터셋을 새 데이터베이스에 로드하는 단계별 지침을 소개합니다.
- **3장. SELECT로 시작하는 데이터 탐험**은 기초적인 SQL 쿼리 구문과 데이터를 정렬하고 필터링하는 법을 배웁니다.
- **4장. 데이터 타입 이해**는 테이블이 특정 타입의 데이터를 담을 수 있도록 열을 설정하는 방법에 대해 알아봅니다. 문자부터 날짜, 다양한 형식의 숫자를 활용합니다.
- **5장. 데이터 가져오고 내보내기**는 SQL 명령어를 사용하여 외부 파일에서 데이터를 가져오거나 내보내는 방법을 배웁니다. 이 장에서 사용한 미국 인구조사 데이터 테이블은 뒷장에서도 계속해서 사용됩니다.
- **6장. SQL을 사용한 기본 수학 및 통계**는 산술 연산을 다루고 집계 함수를 사용하여 합계, 평균값, 중앙값을 찾는 방법에 대해 소개합니다.

- **7장. 관계형 데이터베이스에서 테이블 조인**은 키 열에서 조인하여 여러 개의 서로 상관관계에 있는 테이블을 쿼리하는 방법을 소개합니다. 언제 어떤 조인을 써야 하는지 배우게 됩니다.
- **8장. 적시적소에 알맞은 테이블 디자인**은 데이터의 조직과 무결성을 개선하기 위해 테이블을 설정하는 방법과 인덱스를 사용하여 쿼리 속도를 높이는 방법을 다룹니다.
- **9장. 그루핑과 요약으로 정보 추출**은 집계 함수를 사용하여 연간 설문조사를 기반으로 한 미국 도서관 이용 추세를 찾는 방법을 설명합니다.
- **10장. 데이터 검사 및 수정**은 육류, 계란 및 가금류 생산업체에 대한 기록 모음을 예로 들어 불완전하거나 부정확한 데이터를 찾고 수정하는 방법을 살펴봅니다.
- **11장. SQL의 통계 함수**는 데이터셋에서 더 많은 의미를 도출하는 데 도움이 되는 SQL의 상관관계, 회귀 및 순위 함수를 소개합니다.
- **12장. 날짜와 시간을 사용한 작업**은 뉴욕시 택시 여행과 Amtrak 기차 일정에 대한 데이터를 사용하여 시간대 작업을 포함해 데이터베이스에서 날짜 및 시간을 생성, 조작 및 쿼리하는 방법을 설명합니다.
- **13장. 고급 쿼리 기술**은 서브쿼리 및 교차 표와 같은 더 복잡한 SQL 작업을 사용하는 방법을 설명하고, 온도 판독값에 대한 데이터셋의 값을 재분류하는 CASE 문에 대해 설명합니다.
- **14장. 의미 있는 데이터를 찾기 위한 텍스트 마이닝**에서는 미국 대통령의 연설 모음을 예로 들어 PostgreSQL의 전체 텍스트 검색 엔진과 정규식을 사용하여 비정형 텍스트에서 데이터를 추출하는 방법을 다룹니다.
- **15장. PostGIS를 사용한 공간 데이터 분석**은 공간 개체와 관련된 데이터 유형 및 쿼리를 도입하여 주, 도로 및 강과 같은 지리적 특징을 분석할 수 있습니다.
- **16장. JSON 데이터 사용**에서는 JSON^JavaScript Object Notation 데이터 형식을 소개하고 영화와 지진에 대한 데이터를 사용하여 PostgreSQL의 JSON 사용법을 살펴봅니다.
- **17장. 뷰, 함수, 트리거로 시간 절약**은 반복되는 일상적인 작업을 방지할 수 있도록 데이터베이스 작업을 자동화하는 방법을 설명합니다.
- **18장. 명령줄에서 PostgreSQL 사용**은 컴퓨터의 명령 프롬프트에서 텍스트 명령을 사용하여 데이터베이스에 연결하고 쿼리를 실행하는 방법을 다룹니다.
- **19장. 데이터베이스 관리**는 데이터베이스 크기 추적, 사용자 설정 및 데이터 백업에 대한 팁과 절차를 제공합니다.
- **20장. 데이터 스토리텔링 프로세스**는 분석을 위한 아이디어 생성, 데이터 검토, 건전한 결론 도출 및 결과를 명확하게 제시하기 위한 지침을 제공합니다.
- **부록. PostgreSQL 추가 자료**에는 기술 향상에 도움이 되는 소프트웨어와 문서를 정리했습니다.

각 장은 배운 주제를 강화하는 데 도움이 되는 '연습문제'로 마무리됩니다.

준비되었나요? 그럼 '1장. 코딩 환경 설정'부터 시작하겠습니다.

1

코딩 환경 설정

책에 있는 실습을 진행하는 데 필요한 프로그램부터 설치하겠습니다. 이 장에서는 텍스트 편집기를 설치하고 예제 코드와 데이터를 다운로드한 다음 PostgreSQL 데이터베이스 시스템과 함께 제공되는 그래픽 사용자 인터페이스인 pgAdmin을 설치합니다. 도움이 필요한 경우에는 그것을 어떻게 하면 되는지 설명할 것입니다. 작업을 마치면 SQL을 사용하여 데이터를 분석하는 방법을 배울 수 있는 강력한 환경이 준비됩니다.

다음 장으로 건너뛰고 싶은 유혹이 들어도 잠깐 참으세요. 제 고등학교 선생님의 말에 따르면 "시작이 좋아야 끝도 좋다."라고 했습니다. 이 장의 모든 단계를 따라 해야 나중에 골치 아픈 일이 닥치지 않을 것입니다.

가장 먼저 데이터 작업에 적합한 텍스트 편집기를 준비합니다.

1-1 텍스트 편집기 설치하기

SQL 데이터베이스에 추가할 원본 데이터는 일반적으로 CSV^{Comma-Separated Values}라는 형식으로 여러 텍스트 파일에 저장됩니다. CSV 형식에 대한 자세한 내용은 5장의 '구분된 텍스트 파일을 이용하여 작업하기'에서 배우겠지만, 지금은 데이터를 손상시키지 않고 해당 파일을 열 수 있는 텍스트 편집기가 있는지 확인하겠습니다.

일반적인 비즈니스 응용 프로그램(워드 프로세서 및 스프레드시트 프로그램)은 묻지도 않고 파일에 스타일이나 숨겨진 문자를 삽입하는 경향이 있습니다. 그런데 데이터 소프트웨어는 정확한 형식의 데이터를 기대하기 때문에 워드나 엑셀 같은 프로그램을 데이터 작업에 사용할 경우 문제가 생깁니다. 예를 들어, Microsoft 엑셀로 CSV 파일을 열면 프로그램이 일부 데이터를 자동으로 변경하여 사람이 읽기 쉽게 만듭니다. 가령 3-09라는 값이 있으면 이를 날짜로 가정하고 3월 9일로 변환하죠. 이와 달리 텍스트 편집기는 서식 같은 군더더기가 없는 일반 텍스트만 처리하므로 프로그래머가 소스 코드나 데이터, 소프트웨어 설정이 포함된 파일을 편집하는 경우처럼 텍스트를 그 자체로만 취급할 때 사용합니다.

모든 텍스트 편집기는 책의 목적에 맞게 작동하므로 좋아하는 프로그램이 있다면 자유롭게 사용하세요. 제가 사용했던 프로그램 중 추천하는 몇 가지를 소개합니다. 따로 언급이 없다면 macOS와 Windows, Linux에서 무료로 사용할 수 있습니다.

- Microsoft의 Visual Studio Code: https://code.visualstudio.com/
- Sublime HQ의 Sublime Text(평가판만 무료): https://www.sublimetext.com/
- Don Ho의 Notepad++(Windows 전용): https://notepad-plus-plus.org/ (Windows와 함께 제공되는 Notepad.exe와 다른 프로그램입니다.)

명령줄에서 작업하기를 선호하는 사람이라면 macOS와 Linux에 기본 설치된 텍스트 편집기 두 가지 중 하나를 사용해도 좋습니다.

- Bram Moolenaar의 오픈소스 프로젝트 vim: https://www.vim.org/
- Chris Allegretta의 오픈소스 프로젝트 GNU nano: https://www.nano-editor.org/

텍스트 편집기가 없다면 다운로드해 설치하고, 폴더 여는 법과 파일 작성법 등 기본 사용법을 익히세요.

다음으로 책의 예제 코드와 데이터를 다운받겠습니다.

1-2 코드 및 데이터 다운받기

책에 수록된 실습을 수행하는 데 필요한 모든 코드와 데이터를 다운로드할 수 있습니다. 다음 단계를 따라 하세요.

1. 영진닷컴 홈페이지-고객센터-부록CD다운로드 페이지에 접속합니다.
2. 해당 페이지에서 '실용 SQL'을 검색합니다. 목록에 도서명이 나타나면 우측의 **부록CD다운로드** 버튼을 눌러 ZIP 파일을 다운받습니다.

이 책의 코드와 데이터 파일은 깃허브의 리포지터리에서도 제공됩니다. 저자의 깃허브(https://github.com/anthonydb/practical-sql-2) 또는 역자의 깃허브(https://github.com/TeeDDub/practical-sql)에서도 코드와 데이터를 다운받을 수 있으니 참고하세요.

1. https://github.com/TeeDDub/practical-sql에 접속합니다.

2. 우측 상단에 있는 **Code**라는 녹색 버튼을 클릭한 뒤, **Download ZIP** 버튼을 눌러 ZIP 파일을 다운받습니다.

3. 다운받은 ZIP 파일은 바탕 화면과 같이 쉽게 찾을 수 있는 위치에 두세요.(깃허브를 사용한 경험이 있다면 리포지터리를 복제하거나 포크하세요.)

4. 파일의 압축을 풉니다. 그러면 책에 수록된 다양한 파일과 하위 폴더가 포함된 practical-sql-main이라는 폴더가 생깁니다. 다시 말하지만 이 폴더를 쉽게 찾을 수 있는 위치에 두어야 합니다.

> **📋 NOTE**
>
> Windows 사용자는 뒤에 설치할 PostgreSQL 데이터베이스에 practical-sql-main 폴더의 내용에 대한 읽기 및 쓰기 권한을 제공해야 합니다. 권한을 부여하려면 폴더를 마우스 오른쪽 단추로 클릭하고 **속성**을 클릭한 다음 **보안 탭**을 클릭합니다. 그리고 **편집**을 클릭한 다음 **추가**를 클릭합니다. 개체 이름 상자에 Everyone이라는 이름을 입력하고 **확인**을 클릭합니다. 사용자 목록에서 Everyone을 강조 표시하고 허용 아래의 **모든 상자**를 선택한 다음 **적용** 및 **확인**을 클릭합니다.

실습 파일은 각 장마다 필요한 자료를 모아 별도의 폴더로 정리했습니다. 각 폴더의 이름은 Chapter_XX(XX는 장 번호)입니다. 각 폴더 안에는 .sql 확장자로 끝나는 Chapter_XX라는 파일도 있습니다. 이 파일은 텍스트 편집기나 이 장의 뒷부분에서 설치할 pgAdmin 같은 PostgreSQL 관리 도구로 열 수 있는 SQL 코드 파일입니다. 이 책에서는 지면상 몇 가지 코드 예제를 생략했지만 실습을 완료하려면 .sql 파일에 적힌 코드를 모두 입력해야 합니다. 코드에 --생략-- 표시가 있는 경우, 그것은 해당 코드의 일부가 생략되었음을 의미한다는 점을 참고하기 바랍니다.

각 장의 폴더에는 실습에 사용할 공개 데이터도 포함되어 있는데, 이 파일은 CSV나 기타 텍스트 기반 파일 형태로 저장되어 있습니다. 앞서 언급했듯이 CSV 파일은 텍스트 편집기로는 봐도 괜찮지만 엑셀이나 워드 프로세서로는 열지 마세요.

이제 준비가 완료되었으므로 데이터베이스 소프트웨어를 로드해 보겠습니다.

▌1-3 PostgreSQL과 pgAdmin 설치하기

이번 절에서는 PostgreSQL 데이터베이스 시스템과 그래픽형 관리 도구 pgAdmin을 설치합니다. pgAdmin은 PostgreSQL 데이터베이스를 시각적으로 관리하는 유용한 프로그램입니다. 인터페이스를 통해 데이터베이스 개체를 보고, 설정을 관리하고, 데이터를 가져오고 내보내고, 쿼리(데이터베이스에서 데이터를 검색하는 코드)를 작성할 수 있습니다.

오픈소스 커뮤니티가 PostgreSQL을 쉽게 시작하고 실행할 수 있도록 안내하는 훌륭한 문서를 제공합니다. 곧이어 하위 절에서는 집필 시점을 기준으로 Windows와 macOS, Linux용 PostgreSQL 설치법을 간략히 설명합니다. 소프트웨어나 운영체제의 새 버전이 출시되면 설치 과정은 변경될 수 있습니다. 업데이트되는 사항과 자주 묻는 질문에 답변을 저자 또는 역자의 깃허브 리포지터리에 작성해 두고 있으니 이를 참고하세요.

> **📝 NOTE**
>
> PostgreSQL을 설치할 때는 완벽한 보안과 새로운 기능을 사용할 수 있도록 운영체제에서 사용 가능한 최신 버전을 설치하는 것을 추천합니다. 이 번역서에서는 버전 15.0을 사용해 실습하였습니다.

1-3-1 Windows용 설치법

Windows의 경우 EDB(이전 EnterpriseDB)에서 제공하는 설치 프로그램을 사용하는 것이 좋습니다. EDB는 PostgreSQL 사용자를 위한 지원 및 서비스를 제공하는 회사입니다. EDB에서 PostgreSQL 패키지 번들을 다운로드하면 pgAdmin과 몇 가지 도구가 포함된 Stack Builder도 함께 설치됩니다. Stack Builder에 내장된 도구 중 일부는 이 책에서 사용하며, 여러분이 실무에 SQL을 이용할 때도 유용하게 사용할 수 있습니다.

소프트웨어를 받으려면 https://www.postgresql.org/download/windows/를 방문하여 EDB 섹션에서 **Download the installer**를 클릭하세요. 그러면 EDB의 다운로드 페이지로 이동합니다. Windows 64비트 버전용 최신 PostgreSQL을 선택하세요. 만일 PC에 Windows 32비트 버전이 설치되어 있다면 32비트용 설치 파일[1]을 다운받습니다.

> **📝 NOTE**
>
> Windows 11의 경우 지속적인 업데이트로 UI가 변경될 가능성이 있습니다. 추후 업데이트되는 사항이 있을 시 내용을 정리해 둘 예정이니 깃허브 리포지터리를 확인하세요.

설치 프로그램을 다운로드한 후 다음 단계에 따라 PostgreSQL, pgAdmin 및 추가 컴포넌트를 설치합니다.

1. 설치 프로그램을 마우스 오른쪽 버튼으로 클릭하고 **관리자 권한으로 실행**을 선택합니다. "이 앱이 디바이스를 변경할 수 있도록 허용하시겠어요?"라는 질문에 **예**를 선택합니다. 프로그램은 설정 작업을 수행한 다음 초기 시작 화면을 표시합니다. **Next**를 계속 클릭하며 다음 설명을 따르세요.
2. 설치 디렉터리는 기본값을 그대로 사용하세요.
3. 컴포넌트 선택 화면에서 PostgreSQL Server, pgAdmin 4, Stack Builder, Command Line

---

1 역주 Windows의 32비트 버전에서 지원하는 최신 PostgreSQL의 버전은 10.22입니다. 해당 버전의 업데이트는 2022년 11월을 마지막으로 종료되었습니다.

Tools를 선택한 채로 설치합니다.

4. 데이터를 저장할 위치를 선택합니다. PostgreSQL 디렉터리의 하위 디렉터리에 있는 기본값을 선택해도 됩니다.

5. 비밀번호를 입력합니다. PostgreSQL은 강력한 보안 및 권한 기능을 제공합니다. 지금 설정하는 비밀번호는 기본 초기 데이터베이스 슈퍼유저인 postgres 계정의 비밀번호입니다.

6. 서버가 수신할 기본 포트 번호를 선택하세요. 기본값인 5432를 사용합니다. 만일 다른 데이터베이스나 응용 프로그램이 5432 포트를 사용한다면 5433이나 다른 번호로 변경합니다.

7. 로케일을 선택하세요. **Korean, Korea**를 선택하거나 기본값을 선택해도 좋습니다. 그런 다음 요약 화면이 나오면 계속 클릭하여 설치를 시작합니다. 설치에는 몇 분이 소요됩니다.

8. 설치가 완료되면 EnterpriseDB의 Stack Builder를 실행해 추가 패키지를 설치할지 묻는 메시지가 표시됩니다. 해당 박스에 체크 표시가 되어 있는지 확인하고 **Finish**를 클릭합니다.

9. Stack Builder가 시작되면 드롭다운 메뉴에서 방금 설치한 PostgreSQL을 선택하고 **Next**를 클릭합니다. 설치 가능한 추가 응용 프로그램 목록이 다운로드됩니다.

10. Spatial Extensions 메뉴를 열어 설치한 PostgreSQL 버전에 맞는 PostGIS 번들을 선택합니다. 번들이 두 가지 이상 표시된다면 최신 버전을 선택하세요. 또한 Add-ons, tools and utilities 메뉴를 확장하고 EDB Language Pack을 선택합니다. 언어팩은 Python을 포함한 프로그래밍 언어를 지원합니다. 여러 번 클릭하며, 설치 프로그램이 추가 구성 요소를 다운로드하는 동안 기다려야 합니다.

11. 설치 파일이 다운로드되면 **Next**를 클릭하여 언어팩과 PostGIS 구성 요소를 설치합니다. PostGIS의 경우 라이선스 조건에 동의해야 합니다. 구성 요소를 선택하라는 메시지가 표시될 때까지 클릭합니다. 구성 요소 선택 창에서 PostGIS와 Create spatial database를 체크하고 **Next**를 클릭하세요. 기본 설치 위치를 선택한 후 **Next**를 클릭하세요.

12. 데이터베이스 정보 입력 창에서 User name에는 postgres, Password에는 postgres의 암호를 입력하고 **Next**를 클릭합니다. 공간 데이터베이스 이름은 기본값 그대로 두고 **Install**을 눌러 PostGIS를 설치합니다.

13. PROJ_LIB 및 GDAL_DATA 환경 변수를 등록할 것인지 묻는 메시지가 나타나면 **예**를 선택합니다. 또한 POSTGIS_ENABLED_DRIVERS 설정과 POSTGIS_ENABLE_OUTDB_RASTERS 환경 변수 활성화에 대한 질문에 **예**로 답하세요. 마지막으로 마침 단계를 클릭해 설치를 완료하고 설치 프로그램을 종료합니다. 버전에 따라 컴퓨터를 다시 시작하라는 메시지가 표시될 수 있습니다.

완료되면 Windows 10은 시작 메뉴에, Windows 11은 시작 - 모든 앱에 두 개의 폴더가 생성됩니다. 하나는 PostgreSQL, 다른 하나는 PostGIS의 폴더입니다.

바로 시작하려면 'pgAdmin으로 작업하기' 절로 건너뛰어도 괜찮습니다. 이번에는 다음 설명에 따라 Python 언어 지원을 위한 환경 변수를 설정합니다. 아니면 17장에서 PostgreSQL과 함께

Python을 사용하는 방법을 다루니 그때 Python을 설정해도 괜찮습니다.

Python 언어 지원 구성

17장에서는 PostgreSQL과 함께 Python 프로그래밍 언어를 사용하는 방법을 배웁니다. 앞에서 설치한 EDB 언어팩은 Python을 지원합니다. 이제 Windows 시스템의 환경 변수에 언어팩 파일의 위치를 추가하겠습니다.

1. Windows 작업 표시줄에서 검색 아이콘을 클릭하고 제어판을 입력한 다음 **제어판** 아이콘을 클릭하여 Windows 제어판을 엽니다.
2. 제어판 앱에서 검색 상자에 환경을 입력합니다. 표시된 검색 결과 목록에서 **시스템 환경 변수 편집**을 클릭하면 시스템 속성 대화 상자가 나타납니다.
3. 시스템 속성 대화 상자의 고급 탭에서 **환경 변수**를 클릭합니다. 대화 상자에 사용자 변수와 시스템 변수가 표시됩니다. 시스템 변수 섹션에서 변수 PATH가 표시되지 않으면 Ⓐ단계를 따라 새 변수를 만듭니다. 기존 PATH 변수가 표시되면 Ⓑ단계로 가서 수정합니다.

Ⓐ 시스템 변수에 PATH가 표시되지 않으면 **새로 만들기**를 클릭하여 그림 1-1과 같이 새 시스템 변수 대화 상자를 엽니다.

그림1-1 Windows 10에서 새 PATH 환경 변수 생성

변수 이름 상자에 PATH를 입력합니다. 변수 값으로 C:\edb\languagepack\v3\Python-3.10을 입력합니다.(직접 입력하는 대신 **찾아보기**를 클릭하고 대화 상자에서 원하는 폴더를 선택할 수 있습니다.) 경로를 수동으로 입력하거나 선택했다면 대화 상자에서 **확인**을 클릭하여 닫습니다.

Ⓑ 시스템 변수에 기존 PATH 변수가 표시되면 해당 변수를 클릭하고 **편집**을 클릭합니다. 표시되는 변수 목록에서 **새로 만들기**를 누르고 C:\edb\languagepack\v3\Python-3.10을 입력합니다.(직접 입력하는 대신 **찾아보기**를 클릭하고 대화 상자에서 원하는 폴더를 선택할 수 있습니다.)

언어팩 경로를 추가했으면 변수 목록에서 해당 경로를 클릭하고 경로가 변수 목록의 맨 위에 올 때까지 **위로 이동** 버튼을 클릭합니다. 이렇게 하면 PostgreSQL은 컴퓨터에 설치된 Python 버전을 찾습니다.

결과는 그림 1-2와 같습니다. **확인**을 클릭하여 대화 상자를 닫습니다.

그림1-2 Windows 10에서 기존 PATH 환경 변수 편집

4. 마지막으로 시스템 변수 섹션에서 **새로 만들기**를 클릭합니다. 새 시스템 변수 대화 상자에서 변수 이름으로 PYTHONHOME을 입력합니다. 변수 값으로 C:\edb\languagepack\v3\Python-3.10 을 입력합니다. 완료되면 모든 대화 상자에서 **확인**을 클릭하여 닫습니다. 이러한 Python 경로 설정은 다음에 시스템을 다시 시작할 때 적용됩니다.

PostgreSQL을 설치하는 동안 문제가 생겼다면 깃허브 리포지터리를 확인하세요. 소프트웨어 버전에 따라 발생하는 변경 사항을 기록해 두겠습니다. Stack Builder로 PostGIS를 설치할 수 없는 경우 PostGIS 사이트(https://postgis.net/windows_downloads/)에서 별도의 설치 프로그램을 다운로드하고 가이드(https://postgis.net/documentation/)를 참조해 설치하세요.

이제 'pgAdmin으로 작업하기' 절로 이동해도 좋습니다.

1-3-2 macOS용 설치법

macOS 사용자는 PostgreSQL과 PostGIS 확장, 기타 몇 가지 기능을 포함한 macOS용 오픈소스 애플리케이션 Postgres.app을 다운로드합니다. pgAdmin GUI와 함수에서 활용할 Python 언어는 별도로 설치해야 합니다.

Postgres.app 및 pgAdmin 설치
다음 단계를 따라 설치합니다.

1. https://postgresapp.com/을 방문하여 앱의 최신 배포판을 다운로드하세요. .dmg 확장자를 가진 디스크 이미지 파일입니다.

2. .dmg 파일을 더블 클릭하여 열고 앱 아이콘을 응용 프로그램 폴더로 드래그합니다.

3. 응용 프로그램 폴더에서 앱 아이콘을 더블 클릭하여 Postgres.app을 시작합니다.(개발자를 확인할 수 없어 앱을 열 수 없다는 대화 상자가 표시되면 **취소**를 클릭하세요. 그런 다음 앱 아이콘을 마우스 오른쪽 버튼으로 클릭하고 **열기**를 선택합니다.) Postgres.app이 열리면 **Initialize**를 클릭하여 PostgreSQL 데이터베이스 서버를 생성하고 시작합니다.

이제 데이터베이스가 실행 중임을 나타내는 작은 코끼리 모양 아이콘이 메뉴 표시줄에 나타납니다. 포함된 PostgreSQL 명령줄 도구를 설정하여 나중에 사용할 수 있도록 하려면 터미널 애플리케이션을 열고 프롬프트에서 다음 한 줄의 코드를 실행합니다.(Postgres.app에서 코드를 한 줄로 복사할 수 있습니다. https://postgresapp.com/documentation/install.html을 참고하세요.)

```
sudo mkdir -p /etc/paths.d && echo /Applications/Postgres.app/Contents/Versions/latest/bin |
sudo tee /etc/paths.d/postgresapp
```

Mac에 로그인하는 데 사용하는 암호를 묻는 메시지가 나타날 수 있습니다. 메시지가 나타나는 경우에는 암호를 입력하세요. 실행이 완료되면 /Applications/Postgres.app/Contents/Versions/latest/bin이 출력됩니다.

Postgres.app에는 pgAdmin이 포함되어 있지 않으므로 pgAdmin을 설치합니다.

1. pgAdmin 사이트에서 macOS용 다운로드 페이지(https://www.pgadmin.org/download/pgadmin-4-macos/)로 접속합니다.

2. 최신 버전을 선택하고 설치 프로그램(.dmg로 끝나는 디스크 이미지 파일)을 다운로드합니다.

3. .dmg 파일을 더블 클릭해 나오는 창에서 약관에 동의한 다음 pgAdmin의 코끼리 앱 아이콘을 응용 프로그램 폴더로 드래그합니다.

macOS에서의 설치법은 간단한 편이지만 문제가 발생하면 각 프로그램의 홈페이지에서 해결법을 찾아보길 권합니다. Postgres.app의 문서는 https://postgresapp.com/documentation/에서 찾을 수 있고, pgAdmin의 문서는 https://www.pgadmin.org/docs/에서 찾을 수 있습니다.

Python 설치하기

17장에서는 PostgreSQL과 함께 Python 프로그래밍 언어를 사용하는 방법을 배웁니다. macOS는 Python이 사전 설치되어 있지만 Postgres.app에서 Python을 사용하려면 특정 버전을 설치해야 합니다. 또, 추가로 Python 환경을 설정할 수도 있습니다. 다음 단계를 따라 Postgres.app의 Python 언어 지원을 활성화합니다.

1. Python 공식 사이트(https://www.python.org/)를 방문하여 **다운로드** 메뉴를 클릭합니다.

2. 목록에서 최신 버전의 Python 3.11을 찾아 다운로드하세요. 사용하는 Mac 프로세서(구형 모델은 Intel, 최신 모델은 Apple Silicon)에 적합한 설치 프로그램을 선택하세요. .pkg로 끝나는 Apple 소프트웨어 패키지 파일이 다운로드됩니다.

3. 패키지 파일을 더블 클릭하여 Python을 설치하고 라이선스 동의를 클릭합니다. 완료되면 설치 프로그램을 닫습니다.

📝 NOTE

macOS에서 Python을 설치하는 방법은 다양하지만, PostgreSQL은 위 방법을 통해 설치한 Python만 지원합니다. 반드시 위 지침을 따라 설치해 주세요.

Postgres.app에 대한 Python 요구 사항은 시간이 지남에 따라 변경될 수 있습니다. https://postgresapp.com/documentation/plpython.html에 있는 Python 설명서와 이 책의 리소스에서 업데이트를 확인하세요.

이제 'pgAdmin으로 작업하기' 절로 이동해도 좋습니다.

1-3-3 Linux용 설치법

Linux 사용자에게 PostgreSQL 설치 과정은 쉬우면서도 어렵습니다. 이런 게 Linux입니다. 대부분의 경우 몇 가지 명령을 입력해 설치를 완료할 수 있지만 인터넷에서 알맞은 명령을 찾아야 합니다. 고맙게도 Ubuntu와 Debian, CentOS 같은 인기 많은 Linux 배포판은 표준 패키지에 PostgreSQL을 포함하고 있습니다. 그러나 배포판에 따라 다른 배포판보다 더 많은 업데이트를 반영하는 경우도 있어, 포함되어 있는 PostgreSQL이 최신 버전이 아닐 수도 있습니다. PostgreSQL이 설치되어 있지 않거나 최신 버전으로 업그레이드하고 싶다면 배포판의 공식 문서를 참고해 PostgreSQL을 설치하는 것이 가장 좋은 방법입니다.

또, PostgreSQL 프로젝트는 Red Hat 배포판과 Debian, Ubuntu를 위한 최신 패키지 리포지토리를 유지 관리하고 있습니다. 자세한 내용은 https://yum.postgresql.org/ 또는 https://wiki.postgresql.org/wiki/Apt를 방문해 확인하세요. 설치하려는 패키지에는 PostgreSQL과 pgAdmin(사용 가능한 경우), PostGIS, PL/Python용 클라이언트 및 서버가 포함되어 있습니다. 이러한 패키지의 이름은 Linux 배포판에 따라 다릅니다. PostgreSQL 데이터베이스 서버를 수동으로 시작해야 하는 경우도 있습니다.

pgAdmin 앱은 보통 Linux 배포판에 포함되지 않습니다. pgAdmin을 설치하려면 https://www.pgadmin.org/download/에서 최신 지침을 참조하고 플랫폼이 지원되는지 확인하세요. 조금 더 과감한 독자에게는 https://www.pgadmin.org/download/pgadmin-4-source-code/에서 직접 소스 코드로 앱을 빌드하는 방법을 소개하고 있으니 참고하길 바랍니다. 완료되면 'pgAdmin으로 작업하기' 절로 이동해도 좋습니다.

Ubuntu용 설치법

PostgreSQL을 Linux에서 설치하는 방법을 알려 주기 위해 Ubuntu 21.04 Hirsute Hippo에서 PostgreSQL와 pgAdmin, PostGIS, PL/Python을 로드하는 방법을 소개하겠습니다. https://wiki.postgresql.org/wiki/Apt에 있는 지침과 https://help.ubuntu.com/community/PostgreSQL/에 있는 '기본 서버 설정Basic Server Setup' 내용을 조합했습니다. Ubuntu를 사용 중이라면 따라 할 수 있습니다.

Ctrl-Alt-T를 눌러 터미널을 엽니다. 그런 다음 프롬프트에서 다음 줄을 입력하여 PostgreSQL APT 리포지터리의 키를 가져옵니다.

```
sudo apt-get install curl ca-certificates gnupg
curl https://www.postgresql.org/media/keys/ACCC4CF8.asc | sudo apt-key add -
```

다음 명령어를 실행해 /etc/apt/sources.list.d/pgdg.list를 만듭니다.

```
sudo sh -c 'echo "deb https://apt.postgresql.org/pub/repos/apt $(lsb_release -cs)
-pgdg main" > /etc/apt/sources.list.d/pgdg.list'
```

명령어 실행이 완료되면 패키지 목록을 업데이트하고 다음 두 줄로 PostgreSQL과 pgAdmin을 설치합니다. 아래 명령은 PostgreSQL 15를 설치합니다. 최신 버전을 선택할 수도 있습니다.

```
sudo apt-get update
sudo apt-get install postgresql-15
```

이제 PostgreSQL을 실행합니다. 터미널에서 다음 명령을 입력하면 psql 대화형 터미널을 사용하여 서버에 로그인하고 postgres 데이터베이스에 기본 postgres 사용자로 연결할 수 있습니다. 이에 대해서는 18장에서 자세히 다룹니다.

```
sudo -u postgres psql postgres
```

psql이 시작되면 버전 정보와 postgres=# 프롬프트가 표시됩니다. 프롬프트에서 다음 명령을 입력하여 암호를 설정합니다.

```
postgres=# \password postgres
```

또한 Ubuntu의 사용자 이름과 같은 계정을 만들겠습니다. 이를 위해 postgres=# 프롬프트에서 아래 명령어를 입력합니다. <USERNAME>에는 Ubuntu 사용자 이름을 입력합니다.

```
postgres=# CREATE USER <USERNAME> SUPERUSER;
```

프롬프트에서 \q를 입력하여 psql을 종료합니다. 그러면 다시 터미널로 돌아오게 됩니다. pgAdmin을 설치하려면 먼저 저장소의 키를 가져옵니다.

```
curl https://www.pgadmin.org/static/packages_pgadmin_org.pub | sudo apt-key add
```

다음으로 아래 명령어를 실행하여 /etc/apt/sources.list.d/pgadmin4.list 파일을 만들고 패키지 목록을 업데이트합니다.

```
sudo sh -c 'echo "deb https://ftp.postgresql.org/pub/pgadmin/pgadmin4/apt/$(lsb_release -cs)
pgadmin4 main" > /etc/apt/sources.list.d/pgadmin4.list && apt update'
```

그런 다음 pgAdmin 4를 설치합니다.

```
sudo apt-get install pgadmin4-desktop
```

마지막으로 터미널에서 다음 명령을 실행해 PostGIS과 PL/Python 확장을 설치합니다. 이때 버전 번호는 설치한 PostgreSQL 버전 번호로 입력하세요.

```
sudo apt install postgresql-15-postgis-3
sudo apt install postgresql-plpython3-15
```

Ubuntu와 PostgreSQL 공식 문서에서 업데이트 사항을 확인할 수 있습니다. Linux 환경에서 오류가 발생한 경우 보통 온라인에서 해결법을 찾을 수 있습니다.

1-4 pgAdmin으로 작업하기

개발 환경 준비 여정의 마지막 조각은 PostgreSQL용 관리 도구인 pgAdmin입니다. pgAdmin은 무료 소프트웨어이지만 그 성능을 과소평가하지 마세요. Microsoft의 SQL Server Management Studio 같은 유료 도구만큼 강력한 기능을 갖췄습니다. pgAdmin을 사용하면 그래픽 인터페이스를 사용해 PostgreSQL 서버와 데이터베이스의 여러 방식으로 살펴볼 수 있고, 특히 쿼리 도구를 사용해 이 책에서 빈번하게 진행되는 실습인 쿼리 작성과 실행, 저장을 실행할 수 있습니다.

1-4-1 pgAdmin 시작 및 마스터 비밀번호 설정하기

앞선 절의 설명에 따라 필요한 프로그램을 설치했다고 가정하고 pgAdmin을 시작하겠습니다.

• **Windows**: 시작 메뉴에서 PostgreSQL 폴더를 찾아 클릭한 다음 **pgAdmin4**를 선택합니다.

- **macOS**: 응용 프로그램 폴더에서 **pgAdmin** 아이콘을 클릭합니다. Postgres.app도 실행 중이어 야 합니다.

- **Linux**: 시작 방법은 Linux 배포판에 따라 다릅니다. 일반적으로 터미널 프롬프트에서 pgad-min4를 입력하고 Enter 키를 누릅니다. Ubuntu에서는 상태바에 pgAdmin이 나타납니다.

그림 1-3과 같이 pgAdmin 시작 화면이 표시되고 애플리케이션이 열립니다. pgAdmin을 처음 실 행하면 마스터 암호를 설정하라는 메시지도 표시됩니다. 이 비밀번호는 PostgreSQL 설치할 때 설 정한 비밀번호와 다른 비밀번호입니다. 마스터 암호를 설정하고 **확인**을 클릭합니다.

> 📝 **NOTE**
>
> macOS에서 pgAdmin을 처음 실행할 때 "pgAdmin4.app은 확인되지 않은 개발자가 배포했기 때문에 열 수 없습니다."라는 대화 상자가 나타날 수 있습니다. 아이콘을 마우스 오른쪽 버튼으로 클릭하고 **열기**를 클 릭하면 다음 대화 상자는 앱을 여는 권한을 부여할지 물어봅니다. 앞으로 Mac은 이 권한을 기억합니다.

그림1-3 macOS에서 실행되는 pgAdmin 앱 화면[2]

pgAdmin 레이아웃에는 사용 가능한 서버와 데이터베이스, 사용자 및 기타 개체를 볼 수 있는 탐 색기를 표시하는 왼쪽 세로 창이 포함되어 있습니다. 화면 상단에는 메뉴 항목 모음이 있고 그 아래 에는 데이터베이스 개체 및 성능 등 데이터베이스를 들여다볼 수 있는 다양한 방식을 제공하는 탭 이 있습니다. 이제 데이터베이스에 연결해 보겠습니다.

---

2 역주 pgAdmin은 한국어를 지원합니다. 최상단 메뉴에서 **File**을 선택해 나오는 메뉴에서 **Preferences**를 클릭합니 다. 설정 화면이 나오면 좌측 목록 중 **Miscellaneous ▶ User language**를 선택합니다. 언어 목록에서 **Korean**을 선택 하고 **Save**를 클릭하면 앱을 새로 실행할지 묻는 안내 창이 나옵니다. 이때 **Restart**를 선택하면 pgAdmin이 한국어로 나옵니다.

1-4-2 기본 데이터베이스 postgres로 연결하기

PostgreSQL은 데이터베이스 관리 시스템입니다. 즉, 데이터베이스를 정의하고 관리, 쿼리할 수 있습니다. PostgreSQL을 설치하면 postgres라는 기본 데이터베이스가 포함된 데이터베이스 서버(컴퓨터에서 실행되는 응용 프로그램의 인스턴스)가 생성됩니다. 데이터베이스는 테이블, 함수 등이 포함된 개체 모음으로 실제 데이터가 저장됩니다. SQL 언어(pgAdmin과 함께)를 사용하여 데이터베이스에 저장된 개체와 데이터를 관리합니다.

다음 장에서는 PostgreSQL 서버에 자체 데이터베이스를 만들어 작업을 구성합니다. 하지만 지금은 postgres 데이터베이스에 연결해 pgAdmin의 사용법을 살펴보겠습니다. 다음 단계를 따르세요.

1. 탐색기에서 Servers 왼쪽에 있는 화살표를 클릭하여 기본 서버를 표시합니다. 운영체제에 따라 다르지만 기본 서버 이름은 localhost 또는 PostgreSQL x(x는 Postgres 버전 번호)입니다.
2. 서버 이름을 더블 클릭합니다. 메시지가 표시되면 설치 중에 입력한 데이터베이스 암호를 입력합니다. (나중에 다시 입력할 필요가 없도록 암호 저장 옵션을 선택할 수도 있습니다.) pgAdmin이 연결을 설정하는 동안 간단한 메시지가 나타납니다. 연결되면 여러 개의 서버 이름 아래에 새 개체 항목이 표시됩니다.
3. 데이터베이스 목록을 확장한 다음 기본 데이터베이스인 postgres를 선택해 확장합니다.
4. postgres에서 스키마 개체를 확장한 다음 public을 확장합니다.

탐색기 창은 그림 1-4와 유사해야 합니다.

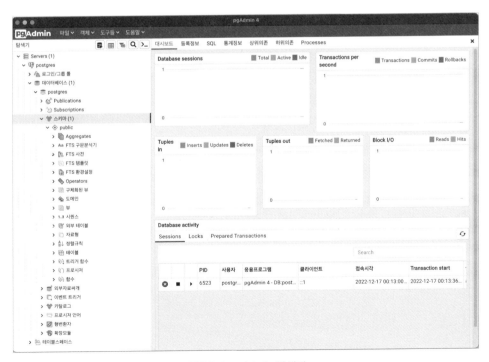

그림1-4 pgAdmin 탐색기

이 개체 컬렉션은 데이터베이스 서버의 모든 기능을 정의합니다. 여기에는 데이터를 저장하는 테이블이 포함됩니다. 테이블의 구조를 보거나 pgAdmin으로 작업을 수행하려면 여기에서 테이블에 액세스할 수 있습니다. 2장에서는 이 브라우저를 사용하여 새 데이터베이스를 만들고 기본 데이터베이스인 postgres는 그대로 둡니다.

1-4-3 쿼리 도구 살펴보기

pgAdmin 앱에는 코드를 작성하고 실행하는 쿼리 도구가 포함되어 있습니다. 쿼리 도구를 열려면 pgAdmin의 탐색기에서 먼저 데이터베이스를 한 번 클릭하여 강조 표시합니다. 예를 들어, postgres 데이터베이스를 클릭한 다음 **도구들 ▶ 쿼리 도구**를 선택합니다. 그러면 '쿼리 편집기'와 작업하는 동안 코드 조각을 보관하기 위한 '스크래치 패드', 쿼리 결과를 표시하는 '데이터 출력 창'이라는 총 세 가지 창이 표시됩니다. 여러 탭을 열어 다른 데이터베이스에 연결하고 쿼리를 작성하거나 원하는 방식으로 코드를 구성할 수 있습니다. 다른 탭을 열려면 탐색기에서 데이터베이스를 클릭하고 메뉴를 통해 쿼리 도구를 다시 엽니다.

설치한 PostgreSQL 버전을 반환하는 코드 1-1의 명령문을 사용하여 간단한 쿼리를 실행하고 그 출력을 살펴보겠습니다. 이 책의 모든 예제 코드는 영진닷컴 홈페이지 또는 저자나 역자의 깃허브 리포지터리에서 다운로드할 수 있습니다.

```
SELECT version();
```

코드 1-1 PostgreSQL 버전 확인

쿼리 편집기에 직접 코드를 입력하거나, 다운로드한 코드 파일을 여세요. pgAdmin에서 **파일 열기** 아이콘을 클릭하고 Chapter_01 폴더에서 Chapter_01.sql 파일을 열면 됩니다. 명령문을 실행하려면 SELECT로 시작하는 줄을 전체 드래그하고 도구 모음에서 **Execute/Refresh** 버튼(재생 버튼 모양)을 클릭합니다. PostgreSQL은 그림 1-5와 같이 pgAdmin 데이터 출력 창에 서버 버전을 반환해야 합니다.(전체 내용을 보려면 오른쪽 가장자리를 클릭하고 오른쪽으로 드래그하거나 더블 클릭해 데이터 출력 창의 너비를 확장합니다.)

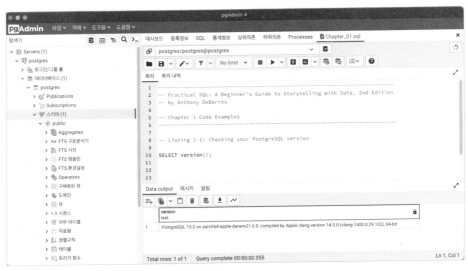

그림1-5 쿼리 결과를 표시하는 pgAdmin 쿼리 도구

이 책의 뒷부분에서 쿼리에 대해 더 많이 배우게 되지만 지금은 이 쿼리가 version()이라는 Post-greSQL 관련 함수를 사용하여 서버의 버전 정보를 검색한다는 점만 알면 됩니다. 출력 창을 보면 이 책을 실습하는 환경에서는 PostgreSQL 15.0을 실행하고 있음이 표시되며 소프트웨어 빌드에 대한 추가 세부 정보가 제공됩니다.

> **NOTE**
>
> 깃허브에서 다운로드할 수 있는 대부분의 샘플 코드 파일에는 둘 이상의 쿼리가 포함되어 있습니다. 한 번에 하나의 쿼리만 실행하려면 해당 쿼리에 대한 코드를 드래그한 다음 **Execute/Refresh** 버튼을 클릭합니다.

1-4-4 pgAdmin 설정 변경하기

pgAdmin 메뉴에서 **파일 ▶ 설정**을 선택하면 pgAdmin의 모양과 설정을 변경할 수 있는 대화 상자가 열립니다. 지금은 세 가지 설정을 살펴보겠습니다.

- **기타 ▶ Themes**를 사용하면 표준 밝은 pgAdmin 테마와 어두운 테마 중에서 선택할 수 있습니다.
- **쿼리 도구 ▶ Results grid**를 사용하면 쿼리 결과의 최대 열 너비를 설정할 수 있습니다. 설정 화면에서 **Column data**를 선택하고 Maximum column width에 값으로 300을 입력합니다.
- **탐색기** 설정에서는 pgAdmin 레이아웃을 구성하고 키보드 단축키를 설정할 수 있습니다.

pgAdmin 옵션에 대한 도움말을 보려면 메뉴에서 **도움말 ▶ 온라인 도움말**을 선택하세요. 계속 진행하기 전에 기본 설정을 더 자세히 살펴보길 권합니다.

1-5 pgAdmin의 대안

pgAdmin은 초보자에게 적합하지만 이 책의 실습에 꼭 필요하지는 않습니다. PostgreSQL과 함께 작동하는 다른 관리 도구를 사용하고 싶다면 그 프로그램을 사용하세요. 이 책의 모든 실습에 시스템의 명령줄을 사용하고 싶다면 18장에서 PostgreSQL 대화형 터미널 psql을 사용하는 방법에 대한 지침을 제공하고 있으니 참고하세요. (부록에는 추가 관리 도구를 찾기 위해 탐색할 수 있는 PostgreSQL 자료가 나열되어 있습니다.)

1-6 마무리

코드, 텍스트 편집기, PostgreSQL 및 pgAdmin 사용 환경을 설정했으므로 이제 SQL 학습을 시작하고 그것으로 데이터에 대한 귀중한 통찰력을 발견할 준비가 되었습니다!

2장에서는 데이터베이스와 테이블을 생성하는 방법을 배우고 그 내용을 탐색하기 위해 일부 데이터를 로드할 것입니다. 시작해 보겠습니다!

2

데이터베이스와
테이블 생성

SQL은 단순히 데이터로부터 지식을 추출하기만 하는 수단이 아닙니다. 이 언어는 데이터가 담고 있는 구조를 정의하여 우리가 데이터 안의 관계를 정리할 수 있게 해줍니다. 이러한 구조 중 으뜸은 테이블입니다.

테이블이란 데이터를 담고 있는 행rows과 열columns로 이루어진 표입니다. 각 행은 열들의 모음이 며, 각 열은 대개 숫자, 문자 그리고 날짜로 이루어진 특정 타입의 데이터를 담고 있습니다. 우리는 SQL로 테이블의 구조를 정의하고, 각 테이블이 데이터베이스 안의 다른 테이블과 어떤 연관이 있는지 확인할 것이며, 테이블에서 데이터를 추출 또는 쿼리query하기 위해 SQL을 사용할 것입니다.

이 장에서는 첫 번째 데이터베이스를 만들고 테이블을 추가한 후 pgAdmin 인터페이스에서 SQL 을 사용하여 테이블에 데이터 행을 여러 개 삽입합니다. 그런 다음 pgAdmin을 사용하여 결과를 봅 니다. 먼저 테이블부터 살펴보겠습니다.

2-1 테이블 이해하기

데이터베이스의 데이터를 이해하려면 우선 테이블을 알아야 합니다. 새로운 데이터베이스로 작업을 시작할 때는 가장 먼저 그 데이터베이스에 포함된 테이블을 살펴봐야 합니다. 그다음 테이블의 이름과 열 구조를 살펴보며 단서를 찾습니다. 테이블에 텍스트가 들어 있나요? 숫자가 들어 있나요? 아니면 둘 다 들어 있나요? 테이블에 행은 몇 개씩 있나요?

다음으로 데이터베이스에 테이블이 몇 개 있는지 살펴봅니다. 아주 간단하게 테이블 하나로만 이 루어진 데이터베이스도 많지만, 이와 반대로 고객의 데이터를 처리하는 애플리케이션이나 항공 여

행을 추적하는 애플리케이션은 데이터베이스 내부에 테이블이 수십 또는 수백 개씩 존재합니다. 분석할 테이블이 많다는 이야기는 곧 분석할 데이터가 많다는 것을 뜻하는 동시에, 데이터뿐만 아니라 각 테이블 사이의 관계도 탐색해야 한다는 것을 뜻합니다.

SQL에 대해 본격적으로 알아보기 전에 테이블의 구조를 살펴보겠습니다. 가상의 수강 신청 관리를 위한 데이터베이스 안에 학생 정보와 수업 정보가 들어 있는 테이블이 여러 개 있습니다. 지금 살펴볼 첫 번째 테이블의 이름은 student_enrollment로, 각 과목에 수강 신청한 학생의 목록을 보여 줍니다.

student_id	class_id	class_section	semester
CHRISPA004	COMPSCI101	3	Fall 2023
DAVISHE010	COMPSCI101	3	Fall 2023
ABRILDA002	ENG101	40	Fall 2023
DAVISHE010	ENG101	40	Fall 2023
RILEYPH002	ENG101	40	Fall 2023

위 테이블은 두 명의 학생이 COMPSCI101 수업에, 세 명의 학생이 ENG101 수업에 수강 신청한 것을 알려 줍니다. 그렇다면 학생별, 과목별 세부 정보는 어디에 있을까요? 이 예제에서 그러한 세부 정보는 각각 students와 classes라는 서로 다른 테이블에 담겨 있습니다. 여기에서 바로 관계형 데이터베이스relational database의 위상이 드러나기 시작합니다.

students 테이블 최상단의 일부 행을 확인해 보면 다음과 같은 정보가 들어 있습니다.

student_id	first_name	last_name	dob
ABRILDA002	Abril	Davis	1999-02-10
CHRISPA004	Chris	Park	1996-04-10
DAVISHE010	Davis	Hernandez	1987-09-14
RILEYPH002	Riley	Phelps	1996-06-15

students 테이블은 학생별 세부 정보를 담고 있으며 student_id 열의 값으로 각 학생을 구분합니다. 이 student_id 열의 값은 두 테이블을 이어 주는 고유한 키key로도 작용합니다. 예를 들어, 다음과 같이 student_enrollment 테이블에서 class_id 정보를 불러오고 students 테이블에서 first_name과 last_name 정보를 불러오는 데 사용할 수 있습니다.

class_id	first_name	last_name
COMPSCI101	Davis	Hernandez
COMPSCI101	Chris	Park
ENG101	Abril	Davis
ENG101	Davis	Hernandez
ENG101	Riley	Phelps

classes 테이블도 class_id 열과 해당 수업에 대한 정보가 담긴 여러 열을 사용하여 앞에서 설명한 것과 같은 원리로 작동합니다. 데이터베이스 설계자들은 불필요한 데이터를 줄이기 위해 각 데이터베이스가 관리하는 메인 엔티티별로 독립적인 테이블을 사용해 정리하는 것을 선호합니다. 이 예시에서는 각 학생의 이름과 생년월일을 students 테이블에 딱 한 번씩만 담아 두었습니다. 그러면 Davis Hernandez 같은 학생이 여러 수업에 수강 신청을 할 때 student_enrollment 테이블의 모든 수업마다 이름과 생년월일을 매번 적어 가며 데이터베이스 공간을 낭비할 필요 없이 DAVISHE010이라는 학생 ID를 포함해 두기만 하면 됩니다.

테이블은 모든 데이터베이스를 만드는 주춧돌이므로, 이번 장에서는 새 데이터베이스 안에 테이블을 만드는 것으로 SQL 코딩 모험을 시작하겠습니다. 그런 다음 테이블에 데이터를 불러와 완성된 테이블을 살펴보겠습니다.

2-2 데이터베이스 만들기

1장에서 다운로드한 PostgreSQL 프로그램은 데이터베이스 관리 시스템DBMS, DataBase Management System으로, 이는 데이터베이스를 정의, 관리, 쿼리할 수 있게 해주는 소프트웨어 패키지입니다. 데이터베이스에는 테이블, 함수, 사용자 역할 외에도 무궁무진한 개체가 모여 있습니다. PostgreSQL을 설치할 때 데이터베이스 서버가 함께 생성되었을 것이고, 여러분의 컴퓨터에서 실행되고 있는 응용 프로그램의 인스턴스에 postgres라는 기본 데이터베이스가 존재할 것입니다.

PostgreSQL 문서(https://www.postgresql.org/docs/current/app-initdb.html)에 따르면, 기본 데이터베이스 postgres는 '사용자, 유틸리티, 서드파티 응용 프로그램'에서 사용할 수 있습니다. 기본 데이터베이스 대신 책의 예제에 사용하는 새로운 데이터베이스를 만들어 특정 주제 또는 응용 프로그램과 관련된 개체를 함께 구성할 수 있는데, 이렇게 할 경우 다음과 같은 이점이 있습니다. 서로 관련이 없는 데이터베이스에 테이블이 쌓이는 것을 방지하는 데 도움이 되고, 당신의 데이터가 모바일 앱과 같은 애플리케이션을 구동하는 데 사용될 경우에 앱 데이터베이스는 관련 정보만 포함하는 것입니다.

코드 2-1에서 볼 수 있듯 SQL 한 줄로 데이터베이스를 만들 수 있습니다. 이 코드는 책 안의 다른 코드와 마찬가지로 영진닷컴 홈페이지 또는 깃허브에서 다운로드할 수 있습니다.

```
CREATE DATABASE analysis;
```

코드 2-1 analysis 데이터베이스 생성

이 명령문은 PostgreSQL 기본 설정값을 사용해 서버에 analysis라는 이름의 데이터베이스를 생성합니다. CREATE와 DATABASE라는 두 키워드에 새 데이터베이스의 이름이 뒤따라 붙은 것을 확인할 수 있습니다. 이 명령문은 명령의 끝을 의미하는 세미콜론(;)으로 마칩니다. 모든 PostgreSQL 명령문을 종결해 주는 세미콜론은 표준 ANSI SQL이기도 합니다. 세미콜론을 생략해도 되는 경우도 있지만 그러면 안 되는 경우도 있습니다. 특히 관리자로 여러 명령문을 실행 중일 때는 세미콜론을 절대 생략해서는 안 됩니다. 그러니 명령문의 끝에서는 언제나 세미콜론을 쓰는 습관을 들이는 것이 좋습니다.

2-2-1 pgAdmin에서 SQL 실행하기

1장에서 시각적 관리 도구인 pgAdmin도 설치했을 것입니다. 만약 설치하지 않았다면 지금 설치하고 돌아오길 권합니다. 이 책의 실습으로 작성하는 SQL 명령문은 대부분 pgAdmin을 사용해 실행할 예정입니다. 18장에서 PostgreSQL 명령줄 프로그램인 psql을 사용해 터미널 창에서 SQL 명령문을 실행하는 방법도 살펴볼 것이지만 우선 시각적 인터페이스로 접해 보는 게 더 편할 것입니다.

pgAdmin을 활용해 데이터베이스를 생성하는 코드 2-1의 SQL 명령문을 실행해 보겠습니다. 이후 만들어진 데이터베이스에 연결해 테이블을 만들어 보겠습니다. 다음 단계를 따라 해 보세요.

1. PostgreSQL을 실행합니다. Windows를 사용하고 있다면 부팅할 때마다 PostgreSQL이 실행되도록 설정되어 있을 것입니다. macOS에서는 응용 프로그램 폴더 안의 Postgres.app을 더블클릭하세요.(만약 메뉴바에 코끼리 아이콘이 있으면 이미 실행 중인 것입니다.)

2. pgAdmin을 실행합니다. 응용 프로그램을 처음 시작할 때 설정한 pgAdmin 암호를 입력하라는 메시지가 나타납니다.

3. 1장에서 했던 것처럼 왼쪽 수직 창(탐색기)에서 서버 노드 왼쪽에 있는 화살표를 클릭하여 기본 서버를 표시합니다. PostgreSQL 설치 방법에 따라 기본 서버 이름은 localhost 또는 PostgreSQL x일 수 있으며, 여기서 x는 응용 프로그램의 버전을 의미합니다. 다른 암호 프롬프트가 표시될 수 있습니다. 이 프롬프트는 pgAdmin이 아니라 PostgreSQL용이니 PostgreSQL 설치 과정에서 설정한 암호를 입력하세요. pgAdmin 연결 중이라는 간단한 메시지가 나타날 것입니다.

4. pgAdmin의 탐색기에서 **데이터베이스** 메뉴를 확장하고 postgres 데이터베이스를 한 번 클릭하여 그림 2-1과 같이 표시되게 합니다.

그림 2-1 기본 postgres 데이터베이스 연결

5. **도구들 ▶ 쿼리 도구**를 클릭해 쿼리 도구를 열어 줍니다.

6. SQL 편집기 창(맨 위쪽의 가로 막대 창)에 코드 2-1의 명령문을 직접 타이핑하거나 파일에서 복사해 붙여 넣습니다.

7. Execute/Befresh 아이콘을 클릭해 명령문을 실행합니다. PostgreSQL이 데이터베이스를 생성하고 그림 2-2와 같이 출력 창에 쿼리가 성공적으로 리턴되었다는 메시지가 뜹니다.

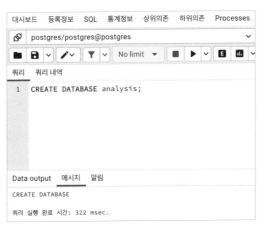

그림 2-2 analysis 데이터베이스 생성

8. 새 데이터베이스를 보려면 탐색기에서 **데이터베이스**를 우클릭합니다. 팝업 메뉴에서 **새로고침**을 클릭하면 그림 2-3과 같이 리스트에 analysis 데이터베이스가 보일 것입니다.

그림 2-3 탐색기에 표시된 analysis 데이터베이스

수고했습니다! 이제 analysis라는 이름의 데이터베이스가 생겼습니다. 이 책의 모든 예제는 이 데이터베이스에서 진행될 것입니다. 물론, 프로젝트마다 새 데이터베이스를 만들어 각 실습에 필요한 테이블과 관련 데이터를 구분하여 모아 두는 것도 좋은 연습이 될 것입니다.

> **📝 NOTE**
>
> 예시 코드를 직접 입력하는 대신 pgAdmin에서 깃허브로부터 다운로드한 파일을 열고 실행할 코드를 드래그해 Execute/Refresh를 클릭하면 코드를 개별적으로 실행할 수 있습니다. 파일을 열려면 쿼리 도구에서 **Open File** 아이콘을 클릭하고 코드를 저장한 위치로 이동합니다.

2-2-2 analysis 데이터베이스에 연결하기

테이블을 만들기 전에 pgAdmin이 기본 데이터베이스 postgres가 아닌 analysis 데이터베이스에 잘 연결되었는지 반드시 확인해야 합니다. 아래 방법을 참고해 확인해 보세요.

1. 오른쪽 상단의 x를 클릭해 쿼리 도구를 닫아 줍니다. 파일 저장에 대해 물어볼 경우 저장할 필요는 없습니다.
2. 탐색기에서 analysis 데이터베이스를 한 번 클릭합니다.
3. **도구들 ▶ 쿼리 도구**를 선택해 쿼리 도구를 다시 열어 줍니다.
4. 쿼리 도구 창 맨 윗부분의 레이블이 analysis/postgres@localhost로 바뀐 것을 확인할 수 있습니다.(경우에 따라 localhost 대신 PostgreSQL로 쓰여 있을 수 있습니다.)

자, 이제부터 여러분이 실행하는 모든 코드는 analysis 데이터베이스에 적용됩니다.

| 2-3 테이블 만들기

앞에서 언급했듯 테이블에 데이터가 살고 있으며 그 안에서 데이터 사이의 관계가 정의됩니다. 테이블을 만들 때 각 열(필드field나 속성attribute이라고도 불립니다.)의 이름과 데이터 타입data type을 정해 줍니다. 열에 들어갈 값이 문자나 정수, 소수, 날짜 같은 데이터 형태라고 설정하는 데이터 타입의 정의는 SQL이 데이터의 무결성integrity을 확인하는 방법이 되기도 합니다. 예를 들어 YYYY-MM-DD 같은 표준 형식으로 날짜 데이터를 입력받는 date 열이 있다고 해보겠습니다. 이 열에 날짜 형식 대신 peach 같은 문자열을 입력하면 오류가 발생합니다.

테이블 안에 담긴 데이터는 접근 및 분석할 수 있거나 SQL 명령문으로 쿼리할 수 있습니다. 데이터를 분류하거나 편집하고 볼 수 있으며, 필요에 따라 테이블을 수정할 수도 있습니다.

그럼 이제 analysis 데이터베이스 안에 테이블을 만들어 보겠습니다.

2-3-1 CREATE TABLE 문 사용하기

여기에서는 데이터 분석에 자주 다뤄지는 교사 연봉 데이터를 사용합니다. 코드 2-2는 teachers 테이블을 만들기 위한 SQL 명령문을 담고 있습니다. pgAdmin에 코드를 입력하고 실행하기 전에 먼저 코드를 검토해 보겠습니다.

```
❶ CREATE TABLE teachers (
  ❷ id bigserial,
  ❸ first_name varchar(25),
    last_name varchar(50),
    school varchar(50),
```

```
❹ hire_date date,
❺ salary numeric
❻ );
```

코드 2-2 6개의 열을 가지고 있는 teachers 테이블 생성

이 테이블 정의는 전혀 포괄적이지 않습니다. 예를 들어, 반드시 채워져야 하는 열이 데이터를 담고 있는지, 또는 무심코 중복된 값을 삽입하지는 않았는지 등을 확인하는 여러 제약조건constraints이 빠져 있습니다. 제약조건은 8장에서 자세하게 다루는데, 지금은 데이터 탐구를 시작하는 데 집중할 수 있도록 그에 대한 내용은 생략하겠습니다.

위의 코드는 SQL 키워드인 CREATE와 TABLE로 시작하며❶ teachers라는 테이블 이름 다음으로 오는 코드가 PostgreSQL에게 해당 테이블을 설명하고 그것을 데이터베이스에 추가합니다. 뒤에 오는 열린 괄호에 붙는 명령문은 쉼표comma로 나누어진 열 이름과 데이터 타입을 포함하고 있습니다. 새로운 코드마다 한 줄씩 차지하고 네 칸을 들여 썼습니다. 필수로 지켜야 하는 사항은 아니지만, 그렇게 하면 코드 가독성이 높아집니다.

각각의 열 이름은 데이터 타입으로 정의된 개별 데이터 요소를 대표합니다. id 열의 데이터 타입은 bigserial이고❷ bigserial은 테이블에 행을 추가할 때마다 자동으로 증가하는 특별한 정수 타입입니다. 첫 번째 행의 id 열이 1이라는 값을 받은 다음 두 번째 행은 2라는 값을 받는 식으로 쭉 이어집니다. 이러한 bigserial과 다른 시리얼 타입들은 PostgreSQL 전용이지만 데이터베이스 시스템이라면 대개 비슷한 기능을 가지고 있습니다.

다음으로는 선생님의 이름과 성, 그리고 소속된 학교가 담긴 열을 만듭니다❸. 데이터 타입이 varchar인 이 열들은 괄호 속에 적힌 숫자만큼 최대 길이가 정해진 문자 열text column입니다. 성이 50자 이상인 선생님은 없을 것이라 가정하고 50자로 정해 두었습니다. 비록 안전한 추정이긴 하나, 시간이 지나면서 발생하는 예외적인 일들로 깜짝 놀랄 수 있습니다.

채용일을 의미하는 hire_date 열은 date라는 데이터 타입으로 설정되어 있으며❹, 연봉을 의미하는 salary 열은 numeric 타입으로 설정되어 있습니다❺. 이 테이블은 흔히 쓰이는 데이터 타입의 예를 보여 주고 있는데, 데이터 타입에 관해서는 4장에서 자세히 설명하겠습니다. 마지막으로 이 전체 코드 블록은 닫는 괄호와 세미콜론으로 마무리합니다❻.

이제 SQL이 어떻게 생겼는지 알겠나요? 이 코드를 pgAdmin으로 실행해 보겠습니다.

2-3-2 teachers 테이블 만들기

코드도 있고 데이터베이스에 연결도 되었으니 데이터베이스를 만들 때와 동일한 방법으로 테이블을 만들 수 있습니다.

1. PgAdmin 쿼리 도구를 열어 줍니다.(쿼리 도구가 열리지 않을 경우, pgAdmin의 탐색기에서

analysis 데이터베이스를 한 번 클릭한 뒤 **도구들 ▶ 쿼리 도구**를 선택합니다.)

2. 코드 2-2에서 CREATE TABLE 스크립트를 복사해 SQL 편집기에 붙여 넣습니다.(쿼리 도구에서 Chapter_02.sql을 열었다면 해당 코드를 드래그하세요.)

3. **Execute/Refresh** 아이콘을 클릭해 스크립트를 실행하세요.

성공적으로 따라 했다면 pgAdmin 쿼리 도구의 아래쪽에 있는 출력 창에 "쿼리 실행 완료 시간: 84 msec."라는 문구가 뜰 것입니다. 물론 여러분의 시스템에 따라 몇 밀리초 정도는 차이가 날 수 있습니다.

자, 여러분이 만든 테이블을 찾아보겠습니다. pgAdmin의 메인 창으로 돌아가세요. 탐색기에서 analysis 데이터베이스를 우클릭한 뒤 **Refresh...**를 클릭하세요. 그리고 그림 2-4처럼 **스키마 ▶ public ▶ 테이블**로 이동하여 새 테이블을 보세요.

그림 2-4 탐색기에 출력된 teachers 테이블

teachers 테이블 이름 왼쪽에 있는 화살표 아이콘을 클릭해 테이블 노드를 확장해 보세요. 그러면 그림 2-5와 같이 테이블 열 이름을 포함해 더 자세한 정보를 볼 수 있습니다. 인덱스, 트리거, 그리고 제약조건과 같은 기타 정보들도 확인할 수 있는데, 이는 책의 후반부에서 다시 설명하겠습니다. 테이블 이름을 클릭하고 나서 PgAdmin 작업 공간에서 SQL 메뉴를 선택하면 teachers 테이블을 만들기 위해 작성한 SQL 명령문이 나타날 것입니다.(여기서 테이블을 생성하며 암시적으로 입력된 명령문이 함께 표시됩니다.)

그림 2-5 teachers 테이블 정보

짠, 축하합니다! 데이터베이스를 만들고 그 안에 테이블을 추가했습니다. 다음 단계로 이제 테이블 안에 데이터를 추가해 첫 쿼리를 작성해 보겠습니다.

2-4 테이블에 행 추가하기

PostgreSQL 테이블에 데이터를 추가하는 방법은 다양합니다. 여러분은 앞으로 꽤나 자주 많은 양의 행을 가지고 작업하게 될 텐데, 가장 쉬운 방법은 텍스트 파일에서 데이터를 추출해 오거나 다른 데이터베이스에서 추출하여 테이블에 직접 넣는 것입니다. 시작하기에 앞서 타겟 열과 데이터 값을 지정하는 INSERT INFO ... VALUES 명령문으로 행을 추가하겠습니다. 그런 다음 새로운 둥지에 자리를 튼 데이터를 살펴보겠습니다.

2-4-1 INSERT 문 사용하기

테이블에 데이터를 삽입하겠습니다. 먼저 앞에서 실행한 CREATE TABLE 명령문을 지우고 데이터베이스와 테이블을 만든 방법과 동일하게 코드 2-3을 그대로 복사해 pgAdmin 쿼리 도구에 붙여 넣어 보세요.(쿼리 도구에서 Chapter_02.sql을 열었다면 해당 코드를 드래그하세요.)

```
❶ INSERT INTO teachers (first_name, last_name, school, hire_date, salary)
❷ VALUES ('Janet', 'Smith', 'F.D. Roosevelt HS', '2011-10-30', 36200),
         ('Lee', 'Reynolds', 'F.D. Roosevelt HS', '1993-05-22', 65000),
         ('Samuel', 'Cole', 'Myers Middle School', '2005-08-01', 43500),
         ('Samantha', 'Bush', 'Myers Middle School', '2011-10-30', 36200),
         ('Betty', 'Diaz', 'Myers Middle School', '2005-08-30', 43500),
         ('Kathleen', 'Roush', 'F.D. Roosevelt HS', '2010-10-22', 38500);❸
```

코드 2-3 teachers 테이블에 데이터 삽입하기

이 코드는 선생님 6명의 이름과 데이터를 삽입합니다. 여기에서 PostgreSQL 구문은 ANSI SQL

표준을 따릅니다. INSERT INTO 키워드 뒤에 있는 teachers는 테이블의 이름이며 괄호 속에 있는 것은 테이블을 구성하는 열들의 이름입니다❶. 다음 줄의 VALUES 키워드 뒤에는 각 행의 열마다 들어가는 데이터가 나열되어 있습니다❷. 각 행에 대한 데이터를 괄호 집합으로 묶고, 괄호 안에서 쉼표를 사용하여 각각의 열 값을 구분했습니다. 값의 순서는 테이블 이름인 teachers 옆 괄호 속에 있는 열의 순서와 일치해야 합니다. 각 데이터 행은 쉼표로 끝내고, 마지막 행은 세미콜론으로 끝내며 전체 명령문을 마칩니다❸.

잘 살펴보면 특정 값들은 작은따옴표 안에 들어 있고 어떤 값들은 그렇지 않습니다. 이는 표준 SQL 요구 사항입니다. 문자와 날짜는 작은따옴표 안에 담겨야 하며, 정수와 소수가 포함된 숫자들은 작은따옴표가 필요 없습니다. 앞으로 나올 예제에서도 이 부분을 강조할 것입니다. 추가적으로 한 가지 더 말하자면, 지금 코드에서 사용한 날짜 표기 방식을 보면 네 자리 연도 표기 뒤에 월과 일이 따라오며 각 부분은 하이픈으로 연결되어 있습니다. 이러한 표기 방식은 국제 기준을 따르므로 혼선을 방지할 수 있습니다. 왜 YYYY-MM-DD 표기 방식이 최선일까요? https://xkcd.com/1179/에서 만화로 읽어 보세요. PostgreSQL은 다양한 날짜 표기 방식을 지원하는데, 이에 대해서도 뒤에서 예제로 다루겠습니다.

누군가는 여기서 teachers 테이블의 첫 번째 열인 id 열이 적혀 있지 않은 것을 알아채고 왜 그런지 의문을 품게 될지도 모릅니다. 우리는 앞선 절에서 teachers 테이블을 생성할 때 id 열의 데이터 타입을 bigserial로 정의했습니다. 그렇기 때문에 별도로 데이터를 넣을 필요 없이, PostgreSQL에 행을 하나씩 삽입할 때마다 id 열을 자동으로 증가하는 정수^{auto-incrementing integer}로 채우게 됩니다. 이에 대해서는 데이터 타입을 다루는 4장에서 자세히 설명하겠습니다.

이제 코드를 실행합니다. 쿼리 도구의 결과 창에 다음과 같이 표시됩니다.

```
INSERT 0 6
쿼리 실행 완료 시간: 150 msec.
```

INSERT 키워드 뒤의 두 숫자 중 마지막 숫자는 삽입된 행 수가 6개라는 의미입니다. 첫 번째 숫자는 PostgreSQL에서 유선 프로토콜을 유지하기 위해서만 반환하는 값으로, 사용되지 않는 레거시 값이니 무시해도 좋습니다.

2-4-2 데이터 살펴보기

pgAdmin을 사용하면 조금 전에 teachers 테이블로 옮긴 데이터를 한눈에 볼 수 있습니다. 탐색기에서 해당 테이블을 찾아 우클릭하세요. 팝업 창에서 **자료 보기/편집 ▶ 모든 자료**를 클릭하면 그림 2-6과 같이 테이블 안에 있는 데이터 여섯 행의 각 열이 SQL 명령문의 값으로 채워져 있는 것을 볼 수 있습니다.

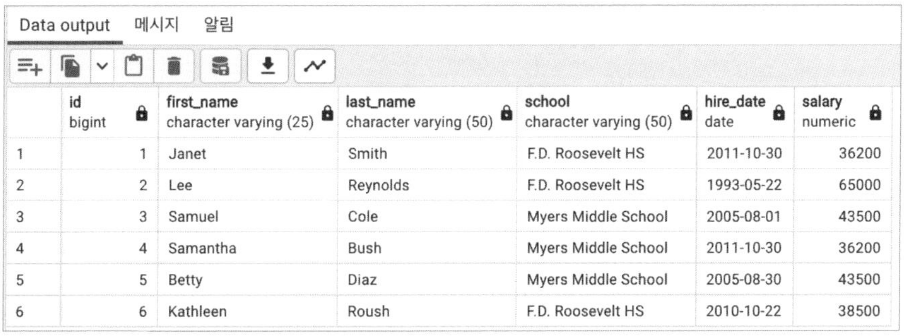

	id bigint	first_name character varying (25)	last_name character varying (50)	school character varying (50)	hire_date date	salary numeric
1	1	Janet	Smith	F.D. Roosevelt HS	2011-10-30	36200
2	2	Lee	Reynolds	F.D. Roosevelt HS	1993-05-22	65000
3	3	Samuel	Cole	Myers Middle School	2005-08-01	43500
4	4	Samantha	Bush	Myers Middle School	2011-10-30	36200
5	5	Betty	Diaz	Myers Middle School	2005-08-30	43500
6	6	Kathleen	Roush	F.D. Roosevelt HS	2010-10-22	38500

그림 2-6 pgAdmin에서 바로 테이블 데이터 살펴보기

id 열에 직접 값을 삽입하지 않았는데도 선생님마다 ID 번호가 부여된 것을 볼 수 있습니다. 또한 각 열 헤더에는 테이블 생성 시 정의한 데이터 타입이 표시됩니다.(이 예에서 character varying은 PostgreSQL의 가변 길이 문자열인 varchar와 같습니다.) 결과에서 데이터 타입을 확인하면 나중에 타입에 따라 데이터를 다르게 처리하는 쿼리를 작성할 때 도움이 됩니다.

pgAdmin 인터페이스를 사용해 데이터를 보는 방법은 여러 가지가 있지만 우선은 SQL을 작성해 사용하는 방법에 집중해 보겠습니다.

2-5 코드가 잘못되었을 때 도움 구하기

수많은 평행우주 중에는 코드가 언제나 제대로 작동하는 아름다운 세계가 존재할지도 모르지만, 불행하게도 우리에겐 아직 그곳으로 갈 만한 기술이 부족합니다. 오류는 늘 일어납니다. 그게 오타 때문이든 수행 순서가 뒤바뀐 탓이든, 컴퓨터 언어들은 구문에 있어 자비가 없습니다. 예를 들어 코드 2-3에 있는 코드에서 쉼표를 하나라도 빼먹는다면 PostgreSQL은 오류를 뿜어댈 것입니다.

```
ERROR:  syntax error at or near "("
LINE 4:     ('Samuel', 'Cole', 'Myers Middle School', '2005-08-01', 43...
            ^
```

다행히도 오류 메시지는 어디서 무엇이 잘못되어 있는지 힌트를 줍니다. 위의 오류 메시지는 네 번째 줄의 여는 괄호 근처에 구문 오류가 있다고 알려 주고 있군요. 하지만 가끔 모호한 오류 메시지가 나오는 경우도 있습니다. 그럴 때에는 최강의 코더들이 하는 방법을 따라 하면 됩니다. 바로 오류 메시지를 인터넷에 검색하는 것입니다. 이미 누군가가 같은 문제를 경험하고 그 해결책을 찾아냈을 수도 있습니다. 검색 엔진에 오류 메시지를 그대로 입력하고, 데이터베이스 관리자의 이름을 지정하고, 결과를 최신 항목으로 제한하여 오래된 정보를 사용하지 않도록 하면 최상의 검색 결과를 얻을 수 있습니다.

| 2-6 SQL을 가독성 있게 포맷하기

SQL을 실행하는 데에는 특별한 포맷이 필요하지 않기 때문에 현란한 대소문자 조합을 입력하거나 들여쓰기를 마음대로 해도 괜찮습니다. 하지만 그렇게 마구잡이로 작성해 놓으면 누군가가 여러분의 코드로 작업해야 할 때 여러분에게 새로운 친구는 생기지 않을 것입니다. 다른 사람이 그 코드로 작업을 할 일이 언젠가 분명히 생길 것이니 제발 가독성을 위해, 스스로 좋은 코더가 되기 위해 아래 코딩 컨벤션^{coding convention}(좋은 코드를 작성하기 위한 규칙)을 따르세요.

- SELECT 같은 SQL 키워드는 전부 대문자로 쓰세요. 어떤 SQL 코더들은 TEXT와 INTEGER처럼 데이터 타입 이름까지 전부 대문자로 쓰기도 합니다. 이 책에서는 데이터 타입을 전부 소문자로 쓰고 있으니 키워드와 데이터 타입은 분리해서 생각해 주세요. 하지만 원한다면 데이터 타입 역시 대문자로 써도 무방합니다.
- 카멜 케이스^{camel case}(예: camlCase)를 지양하세요. 그 대신 테이블이나 열과 같은 개체 이름에는 lowercase_and_underscores처럼 소문자와 언더바(_)를 사용하세요. 참고로 대소문자에 관한 이야기는 8장에서 자세하게 다룹니다.
- 절^{clauses}과 코드 블록은 두 칸 또는 네 칸을 들여 써서 가독성을 높이세요. 어떤 코더들은 스페이스 대신 탭을 선호하기도 합니다. 이건 여러분의 취향이나 소속된 단체의 규칙에 따르면 됩니다.

차차 다른 SQL 코딩 컨벤션들도 살펴보겠지만 여기서는 우선 가장 기본적인 것들 위주로 살펴보았습니다.

| 2-7 마무리

첫 장부터 꽤 많은 것을 배웠군요! 데이터베이스와 테이블을 만들고 데이터도 삽입했습니다. 이제 본격적으로 여러분의 데이터 분석 도구에 SQL을 추가하러 가보겠습니다. 다음 장에서는 이 teachers 데이터셋을 사용해 SELECT로 테이블에 쿼리를 보내는 방법을 배워 보겠습니다.

연습문제

아래 두 예제는 데이터베이스와 테이블, 데이터 관계에 대한 개념을 탐구하는 데 도움이 될 수 있습니다.

1. 지역 동물원의 모든 동물이 담긴 일람표를 작성하기 위한 데이터베이스를 만든다고 가정해 보겠습니다. 하나의 테이블에는 동물 유형을 기록하고 다른 테이블에는 각 동물에 대한 구체적인 정보를 기록하고자 합니다. 각 테이블마다 필요한 열을 포함한 CREATE TABLE 명령문을 작성하고, 여러분이 고른 열은 왜 포함되었는지도 설명해 보세요.

2. 이번에는 INSERT 명령문을 작성하여 테이블 안에 샘플 데이터를 넣어 보세요. pgAdmin 툴에서 어떻게 데이터를 볼 수 있나요? 테이블 중 하나에 대한 INSERT 명령문을 추가로 작성해 보세요. 그런 다음 해당 쿼리의 VALUES 절에 기입한 값을 분류하는 데 필요한 쉼표를 일부러 누락해 보세요. 그리고 어떤 오류 메시지가 뜨는지, 코드에 어떤 문제가 있는지 확인해 보세요.

모든 연습문제에 대한 해답은 영진닷컴 홈페이지 또는 깃허브에서 제공하는 Try_It_Yourself.sql 파일에서 찾을 수 있습니다.

3

SELECT로 시작하는
데이터 탐험

제가 데이터를 파고들 때 가장 좋아하는 부분은 데이터를 모으고, 불러오고, 정리하는 사전 작업이 아니라 데이터를 인터뷰하는 과정입니다. 인터뷰를 하다 보면 데이터가 깔끔한지 지저분한지, 완전한지 그렇지 않은지 알 수 있고, 무엇보다도 데이터가 어떤 이야기를 하려고 하는지 파악할 수 있게 됩니다. 데이터를 인터뷰하는 과정을 회사에 채용면접을 보러 온 지원자를 인터뷰하는 과정이라고 생각해 보세요. 지원자의 전문성이 실제로 이력서와 일치하는지 알아보기 위한 질문을 해야겠죠?

인터뷰는 진실을 볼 수 있게 해주는 흥미로운 과정입니다. 가령 설문조사에서 과반수의 응답자가 이메일 주소를 입력하지 않았다는 사실이나 도시의 시장이 5년간 재산세를 내지 않았다는 사실도 알 수 있습니다. 가끔은 여러분이 보고 있는 데이터가 지저분하다는 사실도 알게 됩니다. 사람마다 이름 적는 방식이 다르거나, 날짜가 잘못 적혀 있거나, 기대에 못 미치는 결과가 나올 수도 있지만, 결국 여러분이 발견하게 되는 모든 것이 데이터가 알려 주는 이야기의 일부가 됩니다.

SQL에서 데이터를 인터뷰하는 여정의 시작은 SELECT 키워드입니다. SELECT 명령문은 데이터베이스 안에 담긴 테이블에서 행과 열을 불러옵니다. 간단하게 입력하면 하나의 테이블 안에 담긴 모든 내용을 불러올 수 있고, 여러 수식을 섞어 복잡하게 입력하면 수십 개의 테이블 속에서 정확한 기준으로 필터링된 데이터를 얻을 수도 있습니다.

SELECT 문에 대해 간단히 알아본 뒤 SELECT를 사용한 더 강력한 기능을 살펴보겠습니다.

아래는 my_table이라는 테이블에 담긴 모든 행과 열을 불러오는 SELECT 구문입니다.

```
SELECT * FROM my_table;
```

이 한 줄의 코드는 가장 기초적인 SQL 쿼리 형태를 띠고 있습니다. SELECT 키워드 뒤의 별표(*)는 와일드카드라고 불립니다. 와일드카드는 어떤 값을 대체하는 데 사용되는 문자로, 특정한 무언가가 아니라 그 값이 될 수 있는 모든 것을 대표합니다. 그래서 이 코드는 'my_table의 모든 열 선택하기'를 의미하고, 만약 와일드카드 대신 열 이름을 적으면 해당 열 안에 있는 값들이 선택됩니다. FROM 키워드는 쿼리가 특정 테이블로부터 데이터를 가져오도록 지시합니다. 테이블 이름 뒤의 세미콜론은 PostgreSQL에게 쿼리 명령문이 끝났음을 전달합니다.

위에서 다룬 SELECT 명령문과 별표 와일드카드를 2장에서 만든 teachers 테이블에 사용해 보겠습니다. 다시 한번 pgAdmin을 실행해 analysis 데이터베이스를 선택하고 쿼리 도구를 열어 줍니다. 다음으로 코드 3-1의 명령문을 실행해 보세요. 쿼리 도구에 직접 명령문을 입력하는 대신 Open File을 클릭하고 영진닷컴 홈페이지 또는 깃허브에서 다운로드한 코드를 실행하는 방법도 있습니다. 코드에 --생략--이란 표시가 있다면 무조건 실습 파일을 실행하세요. Chapter_03.sql 파일을 열고 실행할 코드를 드래그하고 Execute/Refresh 버튼을 누르면 됩니다.

```
SELECT * FROM teachers;
```

코드 3-1 teachers 테이블의 모든 행과 열 조회하기

쿼리 도구의 출력 창에 뜨는 결과물은 2장에서 teachers 테이블에 삽입한 모든 행과 열입니다. 표시되는 행이 아래와 동일한 순서로 나타나지 않더라도 괜찮습니다.

```
id   first_name   last_name   school                hire_date    salary
--   ----------   ---------   -------------------   ----------   ------
1    Janet        Smith       F.D. Roosevelt HS     2011-10-30   36200
2    Lee          Reynolds    F.D. Roosevelt HS     1993-05-22   65000
3    Samuel       Cole        Myers Middle School   2005-08-01   43500
4    Samantha     Bush        Myers Middle School   2011-10-30   36200
5    Betty        Diaz        Myers Middle School   2005-08-30   43500
6    Kathleen     Roush       F.D. Roosevelt HS     2010-10-22   38500
```

bigserial 타입인 id 열에 직접적으로 숫자를 기입하지 않았음에도 불구하고 순차적인 정수로 채워지는 것을 볼 수 있습니다. 굉장히 유용한 기능입니다. 자동으로 증가하는 정수값은 고유 식별값이나 키 역할을 하는데, 이는 즉 테이블 안의 각 행을 고유하게 만들고 나중에는 이 테이블을 데이

터베이스 안의 또 다른 테이블에 연결할 수 있는 수단을 제공한다는 뜻입니다.

테이블의 모든 행을 보는 방법은 두 가지가 있습니다. 첫 번째 방법은 pgAdmin의 탐색기에서 **analysis ▶ 스키마 ▶ public ▶ 테이블 ▶ teachers**를 마우스 오른쪽 버튼으로 클릭하면 나오는 메뉴에서 **자료 보기/편집 ▶ 모든 자료**를 선택하는 것입니다. 두 번째 방법은 다음과 같이 흔히 알려진 표준 SQL을 사용하는 것입니다.

```
TABLE teachers;
```

두 방법 모두 코드 3-1과 동일한 결과를 제공합니다. 이제 이 쿼리를 더욱더 구체적으로 수정해 보겠습니다.

3-1-1 열의 하위 집합 쿼리하기

때로는 쿼리가 검색할 열을 제한하면 과도한 정보를 헤쳐 보지 않아도 되므로 매우 실용적입니다. 특히 대용량 데이터베이스라면 그 실용성은 높아집니다. SELECT 키워드 바로 뒤에 열들의 이름을 쉼표로 구분해 작성하면 입력한 열들의 정보만 받아올 수 있습니다. 다음은 그 예시입니다.

```
SELECT some_column, another_column, amazing_column FROM table_name;
```

이 쿼리는 세 개의 열에 담겨 있는 모든 행을 불러옵니다.

이것을 teachers 테이블에 적용해 보겠습니다. 분석 과정에서 교사의 이름과 급여를 집중해 살펴보고 싶을 수도 있습니다. 이 경우 코드 3-2와 같이 입력해 해당 열만 선택합니다. 지금 쿼리에 적힌 열의 순서가 테이블의 순서와 다른데, 이처럼 열은 원하는 순서대로 호출할 수 있습니다.

```
SELECT last_name, first_name, salary FROM teachers;
```

코드 3-2 열의 하위 집합 쿼리하기

자, 결과로 열이 세 개까지만 나오게 되었습니다.

```
last_name    first_name    salary
---------    ----------    ------
Smith        Janet         36200
Reynolds     Lee           65000
Cole         Samuel        43500
Bush         Samantha      36200
Diaz         Betty         43500
Roush        Kathleen      38500
```

비록 기본적인 예시지만 데이터셋을 인터뷰하기 위한 좋은 첫 단계를 보여 주고 있습니다. 일반적으로 분석을 시작할 때는 데이터의 유무와 원하는 형태의 데이터인지 먼저 확인하는 것이 현명합니다. 날짜는 월-일-연도로 제대로 표기되었나요? 혹시 월과 연도만 적혀 있지는 않나요? 문득 저의 슬픈 기억이 떠오르네요. 모든 행에 값이 들어 있나요? 성이 들어 있어야 할 열에 이상하게도 알파벳 M 다음 글자들로 시작되는 이름이 없지는 않나요? 이러한 문제들은 모두 잠재적 위험 요소입니다. 데이터가 유실되었을 수도 있고 작업 과정 어딘가에 데이터 관리가 잘못되었을 수도 있습니다.

지금은 여섯 개의 행이 담긴 테이블 하나만을 가지고 작업하고 있지만 나중에는 수천, 수백만 개의 행이 담긴 테이블을 맞닥뜨리게 될 것입니다. 그때는 데이터의 품질과 값의 범위를 빠르게 파악하는 능력이 필요하니, 이를 위해 더 많은 SQL 키워드를 머릿속에 새겨 넣어 보겠습니다.

> **NOTE**
>
> pgAdmin을 사용하면 탐색기에서 열 이름과 테이블 이름, 별도 개체를 선택해 쿼리 도구에 드래그할 수 있습니다. 새 쿼리를 작성하거나 긴 개체 이름을 반복해서 입력하기 힘들 때 유용합니다. 1장과 마찬가지로 개체 트리를 확장하여 테이블이나 열을 찾은 다음 클릭하여 쿼리 도구로 드래그합니다.

3-2 ORDER BY로 데이터 정렬하기

데이터는 뒤죽박죽 섞여 있을 때보다 순서대로 정렬되어 있을 때 이해하기 쉽고 패턴을 더욱더 순조롭게 드러낼 수 있습니다.

SQL에서는 ORDER BY 키워드와 정렬이 필요한 열 또는 열들이 담긴 절clause을 사용해 결과의 순서를 정렬합니다. 이 절을 적용하더라도 원본 테이블은 바뀌지 않으며 쿼리의 결괏값만 바뀝니다. 코드 3-3은 teachers 테이블을 사용한 예시입니다.

```
SELECT first_name, last_name, salary
FROM teachers
ORDER BY salary DESC;
```

코드 3-3 ORDER BY로 열 정렬하기

ORDER BY는 오름차순 정렬이 기본값이지만 여기에서는 DESC라는 키워드를 추가하여 내림차순으로 정렬하였습니다.(오름차순 정렬 키워드는 ASC입니다. 오름차순 정렬이 기본값일 때는 ASC 키워드를 적거나 공백으로 두면 값이 오름차순으로 정렬됩니다.) 이처럼 salary 열을 내림차순으로, 즉 높은 숫자에서 낮은 숫자로 정렬하게끔 명령을 내리면 어떤 선생님이 연봉을 많이 받는지 쉽게 확인할 수 있습니다.

```
first_name    last_name    salary
----------    ---------    ------
Lee           Reynolds     65000
Samuel        Cole         43500
Betty         Diaz         43500
Kathleen      Roush        38500
Janet         Smith        36200
Samantha      Bush         36200
```

ORDER BY 절에는 열 이름 대신 숫자도 입력할 수 있습니다. 정렬 기준으로 삼을 열을 지정할 때 이름 대신 SELECT 절에서 해당 열이 반환되는 위치를 넣으면 됩니다. 따라서 코드 3-3에서는 salary 대신 SELECT 절에서 salary 열이 반환되는 위치인 3을 입력합니다.

```
SELECT first_name, last_name, salary
FROM teachers
ORDER BY 3 DESC;
```

쿼리 안에서 정렬은 우리가 데이터를 보고 제출하는 데 엄청난 유연성을 제공합니다. 예를 들어 하나의 열로만 정렬하는 식의 제한을 받지 않습니다. 코드 3-4의 명령문을 입력해 보세요.

```
  SELECT last_name, school, hire_date
  FROM teachers
❶ ORDER BY school ASC, hire_date DESC;
```

코드 3-4 ORDER BY를 사용해서 여러 열로 정렬하기

이번에는 선생님들의 성과 소속 학교, 그리고 채용된 날짜를 불러옵니다. school 열을 오름차순으로, hire_date 열을 내림차순으로 정렬하면❶, 학교별로 선생님들을 모아 가장 최근에 고용된 순서로 볼 수 있습니다. 이는 각 학교마다 새로 부임된 선생님들이 누구인지 보여 줍니다. 결과는 다음과 같습니다.

```
last_name    school                 hire_date
---------    ------------------     ---------
Smith        F.D. Roosevelt HS      2011-10-30
Roush        F.D. Roosevelt HS      2010-10-22
Reynolds     F.D. Roosevelt HS      1993-05-22
Bush         Myers Middle School    2011-10-30
Diaz         Myers Middle School    2005-08-30
Cole         Myers Middle School    2005-08-01
```

이처럼 ORDER BY를 두 개 이상의 열에도 사용할 수 있습니다. 그러나 곧 효과가 거의 눈에 띄지 않는 지점에 도달하게 됩니다. 예를 들어 선생님이 취득한 가장 높은 대학 학위나 가르치는 학년, 또는 생일을 ORDER BY 절에 추가했다고 가정해 보겠습니다. 출력물에 담긴 다양한 정렬 기준을 한번

에 이해하기 어려울 것이고, 이를 다른 사람에게 공유하는 것은 더더욱 어려울 것입니다. 데이터 요약은 결과가 특정 질문에 대답하는 것에 초점을 맞추었을 때 가장 쉽습니다. 따라서 더 나은 방법은 가장 중요한 열들로 쿼리를 제한하고 궁금한 것이 생길 때마다 쿼리를 실행하는 것입니다.

3-3 DISTINCT로 고유값 찾기

테이블을 다룰 때 열 안의 행이 중복값을 가지고 있는 경우가 흔합니다. 예를 들면 각 학교마다 선생님을 많이 채용하기 때문에 teachers 테이블의 school 열에는 같은 학교 이름이 여러 번 저장됩니다.

쿼리에 DISTINCT 키워드를 넣으면 중복을 제거하고 값을 하나씩 보여 줄 수 있습니다. 코드 3-5처럼 DISTINCT 키워드를 SELECT 바로 뒤에 붙여 사용하세요.

```
SELECT DISTINCT school
FROM teachers
ORDER BY school;
```

코드 3-5 school 열에서 별개의 값을 쿼리하기

결과는 다음과 같습니다.

```
school
-------------------
F.D. Roosevelt HS
Myers Middle School
```

테이블 안에는 행이 여섯 개 있지만 결과물로는 school 열 안에 담긴 두 학교의 이름만이 나타납니다. 이는 데이터 품질을 파악하는 데 도움이 되는 첫 단추입니다. 가령 어떤 학교의 이름이 여러 가지 형식으로 나타나는 경우에 철자 변형을 쉽게 찾아내고 수정할 수 있습니다.

DISTINCT는 특히 날짜나 숫자를 다룰 때 일관성이 떨어지거나 깨진 형식을 찾는 데 유용합니다. 또 다른 예시로 날짜가 text 데이터 타입의 형태로 기입된 데이터셋을 받게 될 수도 있는데, 그야말로 여러분이 피해야 할 행위입니다. 이것은 다음과 같은 기형적인 날짜 형태를 낳게 됩니다.

```
date
---------
5/30/2023
6//2023
6/1/2023
6/2/2023
```

DISTINCT 키워드는 여러 열에서도 동시에 작동합니다. 열을 추가하게 될 경우 쿼리가 각각에 대한 고유한 값의 쌍을 결과로 보여 줍니다. 코드 3-6을 실행해 보세요.

```
SELECT DISTINCT school, salary
FROM teachers
ORDER BY school, salary;
```

코드 3-6 school과 salary 열의 고유한 데이터 쌍 쿼리하기

이제 쿼리는 각 학교별로 지급하는 연봉의 고유한(또는 개별적인) 값을 보여 줍니다. Myers Middle School에서 선생님 두 명은 $43,500을 받기 때문에 둘 다 한 행에 적혀 있습니다. 그래서 테이블의 전체 행은 6개이지만 결과로는 5개만 나타납니다.

```
school                salary
------------------    ------
F.D. Roosevelt HS     36200
F.D. Roosevelt HS     38500
F.D. Roosevelt HS     65000
Myers Middle School   36200
Myers Middle School   43500
```

이 기술은 '테이블 안의 x마다 나올 수 있는 y 값으로 뭐가 있을까?'라는 질문에 대한 답을 줍니다. 예를 들어 '공장마다 어떤 화학물을 제조할까?', '선거구별로 출마한 후보들의 이름을 정리할 수 있을까?', '이번 달에 콘서트홀에서 어떤 아티스트들이 공연했을까?' 같은 질문을 던질 수 있겠네요.

SQL은 집계 함수aggregate functions로 더욱 정교한 기술을 제공합니다. 집계 함수로 숫자를 세고 더해 최솟값과 최댓값을 찾을 수 있는데, 이에 대해서는 6장과 9장에서 자세하게 다루겠습니다.

3-4 WHERE로 행 필터링하기

가끔 특정 기준에 부합하는 열들에 담긴 행만 보여 주는 쿼리가 필요할 때가 있습니다. teachers 테이블을 예시로 생각해 보면 특정 연도 이전에 고용된 선생님이나 매년 $75,000 이상 벌고 있는 선생님을 찾고 싶을 수도 있죠. 이런 작업을 수행하기 위해 WHERE를 사용합니다.

WHERE 키워드는 수학, 비교, 논리 연산을 수행하는 연산자operator를 이용해 만들어 낸 조건에 따라 특정 값, 값의 범위를 포함하는 행을 찾도록 합니다. 또한 그 기준을 바탕으로 행을 제외할 수도 있습니다.

코드 3-7은 기본적인 예시입니다. 표준 SQL 구문에서 WHERE 절은 FROM 키워드와 쿼리되는 테이블 (또는 테이블들)에 뒤따릅니다.

```
SELECT last_name, school, hire_date
FROM teachers
WHERE school = 'Myers Middle School';
```

코드 3-7 WHERE를 사용하여 행 필터링하기

출력 결과로 Myers Middle School에 배정된 선생님들만 표시됩니다.

```
last_name    school                 hire_date
---------    ------------------     ----------
Bush         Myers Middle School    2011-10-30
Diaz         Myers Middle School    2005-08-30
Cole         Myers Middle School    2005-08-01
```

코드 3-7에서는 동등 비교 연산자(=)를 사용하여 값에 완벽히 일치하는 행을 찾았지만, 여러분이 원하는 기준에 맞춰 결과를 도출하기 위해 WHERE를 다른 연산자와 함께 사용할 수도 있습니다. 표 3-1은 PostgreSQL에서 가장 흔히 쓰이는 비교 연산자를 정리한 표입니다. 사용하고 있는 데이터베이스 시스템에 따라 사용 가능한 비교 연산자가 다를 수 있습니다.

(참고) != 연산자는 표준 ANSI SQL에 포함되지 않으나 PostgreSQL이나 다른 데이터베이스 시스템에서 사용 가능합니다.

연산자	기능	코드
=	같음	WHERE school = 'Baker Middle'
<> 또는 !=	같지 않음	WHERE school <> 'Baker Middle'
>	초과	WHERE salary > 20000
<	미만	WHERE salary < 60500
>=	이상	WHERE salary >= 20000
<=	이하	WHERE salary <= 60500
BETWEEN	범위 내	WHERE salary BETWEEN 20000 AND 40000
IN	값 중 하나 이상 일치	WHERE last_name IN ('Bush', 'Roush')
LIKE	패턴 일치(대소문자 구분)	WHERE first_name LIKE 'Sam%'
ILIKE	패턴 일치(대소문자 구분하지 않음)	WHERE first_name ILIKE 'sam%'
NOT	조건의 역	WHERE first_name NOT ILIKE 'sam%'

표 3-1 PostgreSQL에서 사용되는 비교(관계) 연산자

연산자를 사용해 다양한 조건의 데이터를 찾아보겠습니다. 우선 = 연산자를 사용해 Janet이라는 이름을 가진 선생님을 찾을 수 있습니다.

```
SELECT first_name, last_name, school
FROM teachers
WHERE first_name = 'Janet';
```

<> 연산자를 사용해 F.D. Roosevelt HS를 제외한 모든 학교의 이름을 출력합니다.

```
SELECT school
FROM teachers
WHERE school <> 'F.D. Roosevelt HS';
```

< 연산자를 사용해 2000년 1월 1일 이전에 고용된 선생님들을 출력합니다.(날짜 형식은 YYYY-MM-DD를 활용하겠습니다.)

```
SELECT first_name, last_name, hire_date
FROM teachers
WHERE hire_date < '2000-01-01';
```

>= 연산자를 사용해 연봉이 $43,500 이상인 선생님들을 찾겠습니다.

```
SELECT first_name, last_name, salary
FROM teachers
WHERE salary >= 43500;
```

다음 쿼리는 BETWEEN 연산자를 사용해 연봉이 $40,000~$65,000인 선생님들을 찾습니다. BETWEEN 은 입력된 두 값을 각각 시작과 끝으로 삼아 양끝과 그 사이에 포함되는 값을 출력합니다.

```
SELECT first_name, last_name, school, salary
FROM teachers
WHERE salary BETWEEN 40000 AND 65000;
```

BETWEEN을 사용할 때는 이중 계산을 주의해야 합니다. 예를 들어, BETWEEN 10 AND 20으로 값을 필터링한 뒤, 두 번째 쿼리에서 BETWEEN 20 AND 30을 실행하면 두 쿼리 결과 모두에서 20을 값으로 갖는 행이 나타납니다. BETWEEN보다 명시적인 초과(>), 미만(<) 연산자를 사용하면 이중 계산을 방지할수 있습니다. BETWEEN을 사용한 앞선 쿼리와 동일한 결과를 반환하지만 더 명확하게 범위를 지정하는 쿼리는 다음과 같습니다.

```
SELECT first_name, last_name, school, salary
FROM teachers
WHERE salary >= 40000 AND salary <= 65000;
```

연산자는 우리가 데이터를 캐내고 원하는 답을 찾는 데 주요한 역할을 합니다. 그러므로 책 중간 중간에 계속해서 연산자에 대해 더 알아보겠습니다.

3-4-1 WHERE에 LIKE와 ILIKE 사용하기

비교 연산자들은 꽤나 직관적인 편이지만 LIKE와 ILIKE는 약간의 추가 설명이 필요합니다. 두 연산자는 지정된 패턴에 맞는 다양한 문자를 검색하기 때문에, 정확한 철자를 모르거나 잘못 작성한 단어를 찾을 때 편리합니다. LIKE와 ILIKE를 사용할 때는 다음 기호를 사용하여 일치시킬 패턴을 지정합니다. 두 기호는 혼합해서 사용할 수도 있습니다.

- **퍼센트 기호(%)**: 문자 한 개 또는 여러 개와 매칭하는 와일드카드
- **언더바(_)**: 문자 한 개와 매칭하는 와일드카드

예를 들어 baker라는 단어를 찾고자 한다면 LIKE 패턴은 다음과 같이 매칭해 볼 수 있습니다.

```
LIKE 'b%'
LIKE '%ak%'
LIKE '_aker'
LIKE 'ba_er'
```

ANSI SQL 표준의 일부인 LIKE 연산자는 대소문자를 구분하는 반면, PostgreSQL에서만 적용되는 연산자인 ILIKE 연산자는 대소문자를 구분하지 않습니다. 코드 3-8은 두 키워드가 어떤 식으로 다른 결과를 내는지 보여 줍니다. 첫 번째 WHERE 절은 LIKE❶를 사용하여 sam이라는 글자로 시작하는 이름들을 찾지만, 대소문자를 구분하기 때문에 0개의 결과를 보여 줍니다. 다음으로 대소문자를 구분하지 않는 ILIKE❷를 사용한 WHERE 절은 테이블에서 Samuel과 Samantha라는 결괏값을 보여 줍니다.

```
   SELECT first_name
   FROM teachers
❶ WHERE first_name LIKE 'sam%';

   SELECT first_name
   FROM teachers
❷ WHERE first_name ILIKE 'sam%';
```

코드 3-8 LIKE와 ILIKE로 필터링하기

저는 지난 수년 동안 무심코 결과를 빼먹는 일을 방지하기 위해 ILIKE와 와일드카드 연산자를 애용해 왔습니다. 사람의 이름이나 장소, 제품 또는 고유 명사를 기입한 작업자가 모든 데이터를 일관성 있게 적어 두었을 거라고 생각하지 않기 때문입니다. 여러분이 데이터를 인터뷰하는 목적 중 하나가 품질 검증이라면 대소문자를 구분하지 않는 검색이 단어의 변형들을 찾게 도와줄 것입니다.

LIKE와 ILIKE는 패턴을 검색하므로 데이터베이스가 클수록 검색 성능이 떨어질 수 있습니다. 이 문제는 인덱스를 활용하여 해결할 수 있으니 8장의 '인덱스로 쿼리 속도 향상시키기'를 참고하세요.

3-4-2 AND와 OR로 연산자 조건 결합하기

비교 연산자는 함께 쓰면 더욱 유용하게 활용할 수 있습니다. 다양한 조건을 합치는 데 AND나 OR 키워드를 사용하고 여러 조건 결합이 필요할 경우 괄호로 연결합니다.

코드 3-9의 명령문은 연산자를 결합하여 사용하는 세 가지 예시를 보여 줍니다.

```
   SELECT *
   FROM teachers
❶ WHERE school = 'Myers Middle School'
        AND salary < 40000;

   SELECT *
   FROM teachers
❷ WHERE last_name = 'Cole'
        OR last_name = 'Bush';

   SELECT *
   FROM teachers
❸ WHERE school = 'F.D. Roosevelt HS'
        AND (salary < 38000 OR salary > 40000);
```

코드 3-9 AND와 OR를 사용해 조건 결합하기

첫 쿼리는 WHERE 절에서 AND를 사용하여❶ Myers Middle School에서 일하며 $40,000 미만의 연봉을 받는 선생님을 찾습니다. AND로 두 조건을 잇기 때문에 두 조건이 모두 참^{true}이어야 WHERE의 조건을 만족한다고 판단됩니다.

두 번째 예시는 OR를 사용하여❷ 성이 Cole이거나 Bush인 모든 선생님을 찾습니다. OR를 사용하여 조건을 연결하면 조건들 중 하나만 참이어도 WHERE의 조건을 만족한다고 판단됩니다.

마지막 쿼리는 F.D. Roosevelt HS에 재직 중이며 연봉을 $38,000보다 적게 받거나 $40,000보다 많이 받는 선생님들을 찾습니다❸. 괄호 안에 조건을 넣으면 다른 조건들과 결합하기 이전에 괄호 내 조건이 먼저 판정됩니다. 이 경우엔 괄호 속에 적힌 것처럼 연봉이 38,000보다 작거나 40,000보다 큰지를 먼저 판단합니다. 이 조건을 만족하며 학교 이름이 F.D. Roosevelt HS여야 WHERE의 조건을 만족할 수 있습니다.

만약 한 절에서 괄호 없이 OR와 AND를 모두 사용할 경우, 데이터베이스는 AND 조건을 먼저 평가한 다음 OR 조건을 평가합니다. 만약 마지막 예시에서 괄호를 생략하면 데이터베이스는 학교 이름이 F.D. Roosevelt HS이면서 연봉이 $38,000 미만인 행, 또는 학교 이름과 무관하게 연봉이 $40,000 초과인 행을 찾게 되어, 괄호가 있을 때와는 다른 결과가 나타납니다. 쿼리 도구에서 시도해 보길 바랍니다.

3-5 지금까지 배운 모든 걸 활용해 보기

이제 조금 감이 잡히나요? 앞에서 배운 간단한 쿼리로도 데이터에 뛰어들어 유연하고 정밀하게 작업할 수 있습니다. 필터링을 위한 여러 기준을 세우기 위해 AND와 OR 키워드를 사용해 비교 연산자 명령문을 결합하거나, 결괏값에 순서를 매기기 위해 ORDER BY 절을 넣어 볼 수도 있습니다.

앞에서 배운 내용을 기억하며 이번 장에서 살펴본 개념들을 하나의 명령문으로 합쳐 어떻게 들어 맞는지 확인해 보겠습니다. SQL은 키워드 순서에 민감하니 다음과 같은 방식을 따라 작성해야 합니다.

```
SELECT column_names
FROM table_name
WHERE criteria
ORDER BY column_names;
```

코드 3-10은 이전에 언급된 정보의 조각들이 모두 포함된 teachers 테이블에 대한 쿼리를 보여 줍니다.

```
SELECT first_name, last_name, school, hire_date, salary
FROM teachers
WHERE school LIKE '%Roos%'
ORDER BY hire_date DESC;
```

코드 3-10 WHERE과 ORDER BY를 포함한 SELECT 문

위 코드는 Roosevelt High School의 선생님을 가장 최근에 고용된 순서대로 보여 줍니다. 이렇게 하면 선생님의 채용 기간과 연봉 수준의 연관성을 확인할 수 있습니다.

```
first_name    last_name    school               hire_date     salary
----------    ---------    ----------------     ----------    ------
Janet         Smith        F.D. Roosevelt HS    2011-10-30    36200
Kathleen      Roush        F.D. Roosevelt HS    2010-10-22    38500
Lee           Reynolds     F.D. Roosevelt HS    1993-05-22    65000
```

| 3-6 마무리

지금까지 SQL 쿼리의 기본 구조 몇 가지를 배웠습니다. 앞으로 다룰 부가적인 기능들의 기초를 배운 것이죠. 정렬하고 필터링하며 테이블에서 중요한 열만을 골라낼 수 있다면 여러분의 데이터에서 엄청난 양의 정보와 함께 그 속에 숨어 있는 이야기를 찾아낼 수 있습니다.

다음 장에서는 SQL의 또 다른 기초 사항을 배워 보겠습니다. 바로 데이터 타입입니다.

연습문제

아래 예제로 기본적인 쿼리를 탐구해 보세요.

1. 교육감이 각 학교별로 재직 중인 선생님의 명단을 요구합니다. 학교 이름이 A–Z 알파벳순으로 표시되고, 그와 동시에 각 학교별 선생님이 성[last name]에 따라 A–Z 알파벳순으로 표시되도록 쿼리를 작성해 보세요.

2. 이름[first name]이 S로 시작되며 연봉이 $40,000 이상인 선생님을 찾는 쿼리를 작성해 보세요.

3. 2010년 1월 1일 이후로 고용한 선생님을 나열하되, 연봉을 내림차순 기준으로 표시하세요.

4

데이터 타입 이해

데이터 타입을 이해하는 건 중요합니다. 데이터를 적절한 방식으로 저장해야 유용한 데이터베이스를 만들고 정확한 분석을 수행할 수 있습니다. 새로운 데이터베이스를 만나면 항상 각 열에 지정된 데이터 타입을 살펴보세요. 운이 좋으면 데이터 사전data dictionary을 구할 수도 있습니다. 데이터 사전은 각 열에 지정된 데이터 타입과 해당 열에 어떤 값을 저장하는지 등의 정보를 알려 줍니다. 하지만 안타깝게도 데이터에 대한 문서를 생성하고 유지하는 조직은 그리 많지 않습니다. 현업에서 "데이터 사전 같은 건 없는데."라는 말을 흔히 들을 텐데, 그럴 땐 pgAdmin에서 테이블 구조를 살펴보세요.

데이터 타입은 SQL뿐 아니라 많은 개발에서 사용하는 프로그래밍 개념입니다. 이 장에서 배우는 개념은 추후 다른 프로그래밍 언어를 배울 때도 큰 도움이 될 것입니다.

SQL 데이터베이스에서 테이블의 각 열에는 하나의 데이터 타입만 지정할 수 있습니다. 이 데이터 타입은 CREATE TABLE 문에서 열 이름과 함께 입력합니다. 다음 코드는 따라 입력할 필요는 없으니 보기만 하세요. 이 코드는 세 가지 열을 가진 테이블을 만듭니다. 각 열의 데이터 타입은 날짜와 정수, 텍스트입니다.

```
CREATE TABLE eagle_watch (
    observation_date date,
    eagles_seen integer,
    notes text
);
```

eagle_watch 테이블을 대머리 독수리에 대한 가상 메모장이라고 하겠습니다. 이때 observation_date 열에 date를 선언해 날짜 열을 만들고, eagles_seen 열에는 integer를 선언해 정수 열을 만들며, notes 열에는 text를 선언해 문자 데이터를 저장할 열을 만듭니다.

가장 많이 접하게 될 데이터 타입은 아래 세 가지입니다.

- **문자**: 글자와 기호
- **숫자**: 정수와 소수를 포함한 모든 수
- **날짜와 시간**: 시간 정보

이제부터 각 데이터 타입을 자세히 살펴볼 것입니다. 그리고 그것이 ANSI SQL 표준의 일부인지 아니면 PostgreSQL에만 해당되는 타입인지도 알아보겠습니다. PostgreSQL 구현 중 SQL 표준에서 벗어나는 부분은 https://wiki.postgresql.org/wiki/PostgreSQL_vs_SQL_Standard에 자세하게 정리되어 있습니다.

| 4-1 문자형 데이터 타입 이해하기 |

문자형 데이터 타입은 문자, 숫자, 기호의 조합에 사용하기 적합한 일반적인 타입입니다. 문자형 타입으로는 다음과 같은 타입들이 있습니다.

- **char(n)**

  입력한 n에 따라 길이가 고정된 열이 정의됩니다. char(20)으로 설정된 열은 글자를 아무리 많이 삽입하더라도 각 행에 20자만 보관합니다. 만약 20자보다 적게 입력하면 PostgreSQL이 나머지 공간을 공백으로 채웁니다. 표준 SQL의 일부인 이 데이터 타입은 더 긴 이름인 character(n)으로도 정의할 수 있습니다. 요즘에는 char(n)은 거의 쓰이지 않으며 레거시 컴퓨터 시스템의 흔적으로만 남아 있습니다.

- **varchar(n)**

  최대 길이가 n으로 정의되는 가변 길이 데이터 타입을 담은 열입니다. 최대치보다 적은 수의 글자를 입력할 경우 PostgreSQL은 공백을 추가하지 않습니다. 예를 들어 blue라는 문자열은 네 칸을 차지하고, 123이란 문자열은 세 칸을 차지합니다. 이렇게 하면 큰 데이터베이스에서 공간을 절약할 수 있습니다. 이 타입 역시 표준 SQL에 포함되어 있으며, 더 긴 이름인 character varying(n)으로 정의할 수도 있습니다.

- **text**

  길이 제한이 없는 가변 길이 데이터 타입을 담은 열입니다.(PostgreSQL 문서에 따르면 가장 길게 담을 수 있는 문자열의 크기는 1GB입니다.) text 타입은 표준 SQL에 포함되지 않지만 Microsoft SQL Server나 MySQL과 같은 다른 데이터베이스에서 비슷한 방식의 데이터 타입을 찾을 수 있습니다.

PostgreSQL 문서(https://www.postgresql.org/docs/current/datatype-character.html)에 따르면 세 가지 타입은 성능상 엄청난 차이는 없습니다. 만약 PostgreSQL이 아닌 다른 데이터베이스 관리 시스템을 사용하고 있다면 문자형 데이터 타입이 조금 다를 수 있으니 해당 DBMS의 문서를 확인해 보길 권합니다. varchar와 text는 유연성과 잠재적인 공백 공간 절약이라는 장점이 있지만, 온라인상에 검색해 보면 그 대신 char 사용을 권장하는 사용자도 있습니다. 그들은 char를 사용해 항상 동일한 길이의 글자를 담도록 정의해야 여기에 어떤 데이터를 입력해야 하는지 쉽게 알 수 있다는 점을 이유로 듭니다. 예를 들어 char(2)를 미국 주[state] 이름 약어를 담는 데 쓸 수 있다는 것입니다.

> **📝 NOTE**
>
> 문자 타입 열에 저장된 숫자에는 수학 연산을 수행할 수 없습니다. 문자 타입 열에는 우편번호 같은 일련번호를 저장할 때만 숫자를 저장하는 것이 좋습니다.

이 세 가지 타입이 어떻게 활용되는지 확인하기 위해 코드 4-1을 실행해 보세요. 이 스크립트는 간단한 테이블을 만들고 불러온 뒤 데이터를 추출해 컴퓨터에 텍스트 파일로 저장합니다.

```
CREATE TABLE char_data_types (
❶   char_column char(10),
    varchar_column varchar(10),
    text_column text
);

❷ INSERT INTO char_data_types
  VALUES
    ('abc', 'abc', 'abc'),
    ('defghi', 'defghi', 'defghi');

❸ COPY char_data_types TO 'C:\YourDirectory\typetest.txt'
❹ WITH (FORMAT CSV, HEADER, DELIMITER '|');
```

코드 4-1 실전에서의 문자형 데이터 타입

각기 다른 타입의 세 문자형 데이터 열을 정의하며❶ 똑같은 문자열 두 개를 각각의 열에 삽입합니다❷. 이 코드에서는 2장에서 배운 INSERT INTO 구문과 다르게 특정 열의 이름을 지정하지 않았습니다. VALUES 구문이 테이블의 열 숫자와 일치할 경우 데이터베이스는 사용자가 테이블 안에 정의된 열 순서대로 값을 입력하고 있다고 추측합니다.

다음으로 PostgreSQL의 COPY 키워드❸를 사용하여 데이터를 추출해 여러분이 지정한 경로에 typetest.txt라는 텍스트 파일을 생성합니다. 파일을 저장할 위치를 지정하기 위해서는 C:\YourDirectory\ 대신 원하는 경로를 입력해야 합니다.

파일 경로와 관련하여 이 책의 예제에서는 폴더와 파일 이름 사이에 백슬래시(\)를 사용하는 Windows 형식을 사용합니다. 모든 실습 코드에는 파일 경로로 C:\YourDirectory가 작성되어 있습니다.

Windows 사용자는 1장의 '코드 및 데이터 다운받기' 절의 참고 사항에 따라 폴더에 대한 권한을 설정하세요.

Linux 및 macOS 파일 경로는 폴더와 파일 이름 사이에 슬래시(/)를 사용합니다. 예를 들어 저자의 Mac에서 데스크톱의 파일 경로는 /Users/anthony/Desktop/입니다. 디렉터리(폴더)는 미리 만들어 두세요. PostgreSQL은 디렉터리를 자동으로 생성하지 않습니다.

> **📋 NOTE**
>
> Linux에서 COPY를 사용하면 권한 거부 오류가 표시되기도 합니다. PostgreSQL을 실행하는 사용자는 postgres라서 다른 사용자의 디렉터리 내용을 읽거나 쓸 수 없기 때문입니다. 모든 사용자가 액세스할 수 있는 디렉터리인 /tmp를 지정해도 좋습니다. 대신 설정에 따라 재부팅 시 디렉터리가 비워지는 경우가 있으니 주의하세요. 다른 옵션은 5장의 'pgAdmin을 통한 가져오기 및 내보내기'와 18장의 psql을 사용한 '파일 가져오기, 내보내기 및 사용하기'를 참조하길 권합니다.

PostgreSQL에서 COPY table_name FROM은 가져오기[import] 기능을 수행하며 COPY table_name TO는 내보내기[export] 기능을 수행합니다. 이 두 가지 명령어에 대해서는 5장에서 더 깊게 다루겠습니다. 지금 여러분에게 중요한 내용은 WITH 키워드 옵션❹을 사용해 파일 안 데이터의 각 열을 파이프(|) 문자로 구분한 형식으로 변경한 것입니다. 이렇게 처리하면 char 타입 열에서 빈 부분을 공백으로 채운 위치를 쉽게 파악할 수 있습니다.

출력물을 확인하려면 워드나 엑셀 같은 스프레드시트 응용 프로그램이 아니라 1장에서 설치한 일반 텍스트 편집기를 사용하여 typetest.txt를 열어 보세요. 내용물은 다음과 같을 것입니다.

```
char_column|varchar_column|text_column
abc       |abc|abc
defghi    |defghi|defghi
```

char와 varchar 타입 열을 10자로 제한하였지만 그중 char 타입 열만이 쓰이지 않은 글자 수만큼 공백을 채워 매번 10자를 출력합니다. varchar와 text 타입 열은 사용자가 입력한 문자만 담고 있습니다.

비록 이 예시는 char가 필요한 것보다 많은 공간을 낭비하고 있음을 보여 주지만 실제 수행 시 세 타입 간에는 큰 성능 차이가 없습니다. 그래서 지금은 각 열에서 사용되지 않는 공간들이 무시해도 될 정도로 작게 느껴지지만, 프로젝트가 커져 수십 개의 테이블에 있는 수백만 개의 행을 다루게 될 때는 더 효율적인 공간 관리를 바라게 될 것입니다.

문자를 저장할 열에는 text 타입을 사용하기를 추천합니다. text 타입은 varchar 타입과 다르게 최대 길이를 지정하지 않아도 되기 때문에 추후 문자 타입 열에 대한 요구 사항이 변경되더라도 테이블을 수정할 필요가 없습니다.

4-2 숫자형 데이터 타입 이해하기

숫자형 데이터 타입 열은 다양한 종류의 숫자를 담고 있으며, 입력되어 있는 숫자들을 활용하여 계산도 수행할 수 있습니다. 문자 타입 열에 담긴 숫자는 사칙연산이나 다른 수학 연산을 수행할 수 없다는 점에서 숫자 타입의 수와 매우 다릅니다. 또한 문자로 담긴 숫자는 수의 크기가 아닌 텍스트로서의 우선 순위로 정렬됩니다. 그러니 연산을 하거나 번호순으로 나열해야 한다면 숫자 타입을 활용하세요. SQL 숫자 타입에는 다음과 같은 항목들이 있습니다.

- **정수**integers: 양수와 음수를 포함한 정수
- **고정 소수점**fixed-point**과 부동 소수점**floating-point: 실수를 표현하는 두 가지 형태

그럼 각 타입을 나눠서 살펴보겠습니다.

4-2-1 정수

정수 타입은 SQL 데이터베이스의 데이터를 살펴볼 때 가장 흔히 쓰이는 숫자 타입입니다. 정수에는 양의 정수(자연수)와 음의 정수, 0까지 모두 포함됩니다. 일상에서 숫자를 볼 수 있는 곳을 전부 떠올려 보세요. 도로명주소 건물 번호부터 아파트 호수, 그리고 냉장고의 일련번호라거나 로또에 적힌 숫자까지. 이 모든 숫자들이 전부 정수입니다.

표준 SQL은 smallint, integer, bigint라는 세 개의 정수 타입을 제공합니다. 이 세 타입의 차이점은 넣을 수 있는 숫자의 최대 크기입니다. 표 4-1에는 각 타입별 최솟값과 최댓값이 적혀 있으며 각 데이터 타입의 값을 저장하는 데 필요한 용량도 함께 살펴볼 수 있습니다.

데이터 타입	크기	범위
smallint	2바이트	−32768 ~ +32767
integer	4바이트	−2147483648 ~ +2147483647
bigint	8바이트	−9223372036854775808 ~ +9223372036854775807

표 4-1 정수형 데이터 타입

bigint는 공간을 가장 많이 차지하지만 숫자 열을 다룰 때 웬만한 조건을 모두 충족시킬 수 있습니다. 다루는 수의 크기가 21억을 넘어갈 경우에는 반드시 bigint를 사용해야 합니다. bigint를 미리 기본값으로 설정해 두면 그럴 때 번거롭게 수정할 필요가 없습니다. 하지만 만약 입력될 숫자가 integer 값의 범위 제한을 넘기지 않을 것이 분명하다면 수십만 개의 행이 입력될 때 용량을 작게 유지할 수 있도록 bigint 대신 integer를 선택하는 것이 더 좋은 선택일 수도 있습니다.

입력되는 데이터 값이 한정되어 있다면 smallint가 더 적합할 수 있습니다. 한 달의 날짜라거나 연도가 아주 좋은 예시이죠. smallint 타입은 integer 타입이 차지하는 용량의 절반만 사용하기 때

문에 데이터가 해당 범위를 벗어나지만 않는다면 smallint를 선택하는 편이 데이터베이스 설계를 위한 현명한 선택이 될 수 있습니다.

데이터 타입의 범위를 벗어난 숫자를 열에 입력할 경우, 데이터베이스는 실행을 중지하고 out of range 오류를 반환합니다.

4-2-2 자동 증가 정수

테이블에 행을 추가할 때 자동 증가 정수를 포함하는 열을 만들면 도움이 됩니다. 예를 들어, 자동 증가 정수 열을 사용하면 테이블의 각 행에 기본 키[primary key]라는 고유한 ID 번호를 생성할 수 있습니다. 그러면 각 행에는 데이터베이스의 다른 테이블이 참조할 수 있는 고유 ID가 생깁니다. 이 개념은 7장에서 자세히 살펴보겠습니다.

PostgreSQL에서 자동 증가 정수 열을 만드는 방법은 두 가지가 있습니다. 하나는 시리얼[serial] 데이터 타입으로, 이는 ANSI SQL 표준인 자동 증가 정수를 PostgreSQL에서 고유 구현한 데이터 타입입니다. 다른 하나는 ANSI SQL 표준인 IDENTITY 키워드입니다. 시리얼 타입부터 시작합니다.

시리얼 타입을 사용한 자동 증가

2장에서 teachers 테이블을 만들 때 id 열을 bigserial 타입으로 만들었습니다. smallserial과 serial, bigserial은 실제 데이터 타입이 아니며, 직접 타입을 특수 구현한 smallint와 integer, bigint와는 다릅니다. PostgreSQL에 시리얼 타입 열을 추가하면 행을 삽입할 때마다 값을 1부터 시작하여 정수 유형의 최댓값까지 자동 증가시킵니다.

표 4-2는 여러 시리얼 타입과 해당 범위를 보여 줍니다.

데이터 타입	크기	범위
smallserial	2바이트	1 ~ 32767
serial	4바이트	1 ~ 2147483647
bigserial	8바이트	1 ~ 9223372036854775807

표 4-2 시리얼 데이터 타입

열에서 시리얼 타입을 사용하려면 정수 타입을 사용하는 것처럼 CREATE TABLE 문에서 이를 지정해야 합니다. 예를 들어 integer 데이터 타입과 크기가 동일한 id 열을 가진 people이라는 테이블을 만들 수 있습니다.

```
CREATE TABLE people (
    id serial,
    person_name varchar(100)
);
```

people 테이블에 person_name이 있는 새 행이 추가될 때마다 id 열의 값은 1씩 증가합니다.

IDENTITY를 사용한 자동 증가

PostgreSQL은 버전 10부터 자동 증가 정수에 대한 SQL 표준의 구현인 IDENTITY 지원을 추가했습니다. IDENTITY의 작성법은 더 길지만 시리얼보다 선호됩니다. 이는 IDENTITY 타입이 다른 데이터베이스 시스템(예: Oracle)과 상호 호환되며 사용자가 실수로 해당 열에 값을 삽입하지 않도록 방지하기 때문입니다.(시리얼 타입은 삽입을 방지하지 않습니다.)

IDENTITY를 사용하는 방법은 두 가지가 있습니다.

1. GENERATED ALWAYS AS IDENTITY는 해당 열에 항상 자동 증가 정수를 삽입합니다. 사용자는 해당 설정을 수동으로 재정의하지 않는 이상 id 열에 값을 삽입할 수 없습니다. 자세한 내용은 PostgreSQL INSERT 문서(https://www.postgresql.org/docs/current/sql-insert.html)에서 OVERRIDING SYSTEM VALUE 섹션을 참조하세요.

2. GENERATED BY DEFAULT AS IDENTITY는 해당 열에 사용자가 값을 제공하지 않는 경우 기본적으로 자동 증가 정수를 삽입합니다. 이 옵션을 사용하면 값이 중복될 수 있으므로 키 열로 사용하면 문제가 될 수 있습니다. 이는 7장에서 더 자세히 다루겠습니다.

지금은 첫 번째 방법을 따라 ALWAYS를 사용하겠습니다. IDENTITY가 적용된 id 열이 있는 people이라는 테이블을 만들려면 다음 구문을 사용합니다.

```
CREATE TABLE people (
    id integer GENERATED ALWAYS AS IDENTITY,
    person_name varchar(100)
);
```

id 데이터 타입에는 integer 다음에 키워드 GENERATED ALWAYS AS IDENTITY를 사용합니다. 이제 테이블에서 person_name 값을 삽입할 때마다 데이터베이스는 id 열에 자동 증가 정수를 입력합니다.

ANSI SQL 표준과의 호환성을 감안해 이 책에서는 IDENTITY를 사용합니다.

> **📋 NOTE**
>
> 행이 추가될 때마다 자동으로 증가하는 시리얼 타입이 적용된 열이더라도 어떤 경우에서는 해당 열 안에 있는 숫자 사이에 틈이 생길 수 있습니다. 가령 하나의 행이 삭제될 경우에 그 행에 할당된 값은 절대 대체되지 않으며, 행 삽입이 취소되더라도 해당 열의 시퀀스는 계속해서 이어집니다.

4-2-3 10진수

10진수$^{decimal\ numbers}$는 정수를 비롯해 소수까지 나타내며 소수는 소수점을 이용하여 표현합니다. SQL 데이터베이스에서 소수점은 고정 소수점$^{fixed-point}$과 부동 소수점$^{floating-point}$ 데이터 타입으로 처리할 수 있습니다. 예를 들어, 제가 사는 집에서 마트까지의 거리는 10.7km입니다. 이 10.7이라는 숫자를 고정 소수점 또는 부동 소수점 형식으로 입력할 수 있으며, PostgreSQL과 충돌은 일어나지 않습니다. 두 형식의 유일한 차이점은 컴퓨터가 데이터를 보관하는 방식인데, 그것이 중요한 영향을 미칩니다.

고정 소수점

임의 정밀도^{arbitrary precision} 타입으로도 불리는 고정 소수점^{fixed-point}은 numeric(precision, scale) 형태로 선언합니다. 인수인 precision(정밀도)은 입력될 숫자의 전체 자릿수를, scale(척도)은 소수점 아래 자릿수를 적습니다. numeric(precision, scale) 대신 decimal(precision, scale)을 사용해도 해당 열의 형식을 고정 소수점 형식으로 지정할 수 있습니다. 두 가지 방식 모두 표준 ANSI SQL에 포함되어 있습니다. scale 인수의 값을 누락할 경우 해당 값은 자동적으로 0으로 설정되고, 이는 결과적으로는 정수를 만드는 셈입니다. 만약 precision과 scale 모두 입력을 누락할 경우 데이터베이스는 최대한의 한도를 기준으로 숫자를 저장합니다. PostgreSQL 문서(https://www.postgresql.org/docs/current/datatype-numeric.html)에 따르면 소수점을 기준으로 소수점 위 131,072자리와 소수점 아래 16,383자리까지 저장할 수 있습니다.

예를 들어 미국에 있는 공항에 비가 내린 횟수를 수집한다고 가정해 보겠습니다. 미국 국립기상국에서는 강우량을 소수점 둘째 자리까지 측정하여 데이터를 제공합니다.(그리고 저와 같은 교육을 받았다면 아마 초등학교 수학 시간에 0.01은 100분의 1이라고 배운 걸 어렴풋이 기억할 것입니다.)

데이터베이스에 강우량을 총 다섯 자리의 숫자로 기록하고 소수점 아래로는 최대 두 자리까지 사용할 경우 numeric(5,2)로 설정할 수 있습니다. 그러면 1.47, 1.00, 121.50과 같은 소수점 아래 두 자리 수를 포함하는 숫자를 입력하지 않는 경우에도 데이터베이스는 항상 소수점 오른쪽 두 자리를 반환합니다.

부동 소수점

부동 소수점^{floating-point} 타입으로는 real과 double precision이 있습니다. 이 둘의 차이점은 담을 수 있는 데이터의 크기입니다. real 타입은 소수점 이하 6자리까지 정밀도를 허용하며, double precision타입은 소수점 이하 15자리까지 정밀도를 허용합니다. 이 부동 소수점 타입은 가변 정밀도^{variable-precision} 타입이라고도 부릅니다. 데이터베이스는 입력된 값을 유효숫자와 10의 지수를 나타내는 숫자(소수점의 위치)로 나누어 보관합니다. 그렇기 때문에 precision과 scale을 지정하여 고정해 둔 numeric과는 다르게 열에 적힌 소수점의 위치는 숫자에 따라 움직일 수 있게 됩니다.

고정 소수점과 부동 소수점 타입의 사용

각 타입마다 총 유효숫자나 자릿수의 제한이 다릅니다. 표 4-3에서 확인할 수 있습니다.

데이터 타입	크기	저장 방식	범위
numeric, decimal	가변적	고정 소수점	소수점 앞 131072 숫자 소수점 뒤 16383 숫자
real	4바이트	부동 소수점	소수점 뒤 6자리의 숫자
double precision	8바이트	부동 소수점	소수점 뒤 15자리의 숫자

표 4-3 고정 소수점과 부동 소수점 데이터 타입

세 가지 데이터 타입이 같은 숫자를 어떻게 다루는지 보기 위해 작은 테이블을 만들어 다양한 테스트 케이스를 넣어 보겠습니다. 다음 코드 4-2를 참고하세요.

```
CREATE TABLE number_data_types (
❶ numeric_column numeric(20,5),
    real_column real,
    double_column double precision
);

❷ INSERT INTO number_data_types
VALUES
    (.7, .7, .7),
    (2.13579, 2.13579, 2.13579),
    (2.1357987654, 2.1357987654, 2.1357987654);

SELECT * FROM number_data_types;
```

코드 4-2 숫자 데이터 타입 활용하기

테이블에 각 소수 데이터 타입 열을 생성했고❶, 세 개의 행을 테이블로 불러왔습니다❷. 각 행은 세 개의 열에 걸쳐 같은 숫자를 반복해 저장합니다. 스크립트의 마지막 줄이 실행되어 테이블에 담긴 모든 값을 요청하면 다음과 같은 결과가 나타납니다.

```
 numeric_column    real_column    double_column
 --------------    -----------    -------------
       0.70000            0.7              0.7
       2.13579        2.13579          2.13579
       2.13580      2.1357987    2.1357987654
```

결과를 보세요. scale이 5로 설정된 numeric 열은 소수점 아래로 다섯 자리를 보관합니다. 다섯 자리 미만으로 기입할 경우 0으로 나머지 공간을 채우고, 다섯 자리보다 많이 입력할 경우 위 예제의 세 번째 행처럼 반올림합니다.

real과 double precision 열은 패딩을 추가하지 않습니다. 세 번째 행을 보면 PostgreSQL이 두 열을 기본적으로 어떻게 처리하는지 볼 수 있습니다. 전체 값을 표시하지 않고 가장 짧은 정확한

10진수를 사용하여 부동 소수점 숫자를 출력합니다. 버전에 따라 약간 다른 결과를 표시할 수 있습니다.

부동 소수점 계산의 오류

지금쯤 여러분은 '음, 부동 소수점으로 저장된 숫자나 고정 소수점으로 저장된 숫자나 똑같이 생겼는걸?'이라는 의문이 들지도 모릅니다. 그러나 어떤 경우에는 컴퓨터가 부동 소수점을 보관하는 방식 때문에 의도치 않은 수학적 오류로 이어질 수도 있습니다. 코드 4-3에서 몇몇 숫자를 사용하여 계산을 했을 때 무슨 일이 일어나는지 한번 보겠습니다.

```
SELECT
  ❶ numeric_column * 10000000 AS fixed,
    real_column * 10000000 AS floating
FROM number_data_types
❷ WHERE numeric_column = .7;
```

코드 4-3 부동 소수점 열의 오류

앞에서 만들었던 테이블에서 numeric_column과 real_column에 천만을 곱한 뒤❶, WHERE 절을 활용해 0.7의 값이 들어 있던 첫째 줄만을 필터링했습니다❷. 그렇다면 두 계산의 결과가 같아야겠죠? 쿼리가 리턴한 값을 보세요.

```
Fixed           Float
-------------   ----------------
7000000.00000   6999999.88079071
```

이런, 어쩐지 부동 소수점이 '부정확'하다는 평을 받는 이유가 있었군요. 부동 소수점을 활용해 화성으로 우주선을 보내거나 정부 예산을 계산하지 않아 다행입니다.

부동 소수점이 이러한 오류를 만들어 내는 이유는 컴퓨터가 유한한 숫자들 안에 대량의 정보를 집어넣으려고 하기 때문입니다. 이 주제는 이 책에서 다루려는 범위를 한참 넘어가기 때문에 관심이 있으면 https://bit.ly/3xuyShN에서 관련 글을 읽어 보세요.

숫자 데이터 타입에 필요한 저장 공간은 소수점 앞뒤의 자릿수에 따라 달라집니다. 때에 따라 numeric 타입이 부동 소수점 타입보다 더 많은 공간을 차지할 수도 있습니다. 만약 몇 십만 개의 행을 다루는 작업을 하고 있다면, 비교적으로 부정확한 부동 소수점 계산 없이 이용할 수 있을지도 고려해 보는 게 좋습니다.

4-2-4 필요한 숫자 데이터 타입을 선택하는 법

우선은 숫자 데이터 타입을 다룰 때 알아 두어야 할 세 가지 가이드라인을 보겠습니다.

- 가능하다면 정수를 쓰세요. 여러분이 쓰는 데이터에 소수점이 쓰이지 않는다면 정수 타입을 계속 사용하세요.

- 소수점 데이터를 다루는데 계산이 정확해야 한다면 numeric이나 그와 비슷한 타입인 decimal을 사용하세요. 부동 소수점 타입은 공간을 절약할 수 있지만 계산의 정확도가 떨어져 다른 응용 프로그램을 통과하기 어려울 것입니다. 부동 소수점 타입은 정확도가 중요하지 않을 때만 쓰세요.

- 충분히 큰 숫자 타입을 고르세요. 몇 십만 개의 행을 담는 데이터베이스를 설계하지 않는 이상, 큰 숫자 타입을 활용하는 편이 좋습니다. numeric이나 decimal을 사용할 때엔 precision을 충분히 크게 설정해 소수점 위나 아래로 자릿수가 다 담길 수 있도록 공간을 확보하는 게 좋습니다. 정수를 다룰 때에는 bigint를 사용하되, 열 값이 그보다 더 작은 integer나 smallint 타입에 무조건적으로 들어맞을 것 같다는 확신이 들 때는 integer나 smallint를 활용하세요.

4-3 날짜와 시간 타입 이해하기

여러분은 검색 양식에 날짜를 입력할 때마다 서버에서 수신된 현재 시간을 인식하고 날짜, 시간뿐 아니라 윤년이나 시간대 같은 달력만의 특징을 소화하는 형식을 갖춘 데이터베이스의 이점을 경험할 수 있습니다. 언제 어떤 일이 발생했는지에 대한 문제는 일반적으로 누가, 무엇을, 얼마나 많은 사람이 참여했는지 만큼이나 가치가 있는 문제이기에 데이터를 사용한 스토리텔링에 필수적입니다.

아래 표 4-4는 PostgreSQL이 지원하는 날짜 및 시간 타입 중 중요한 네 가지 데이터 타입입니다.

데이터 타입	크기	설명	범위
timestamp	8바이트	날짜와 시간	4713 BC to 294276 AD
date	4바이트	날짜(시간 미포함)	4713 BC to 5874897 AD
time	8바이트	시간(날짜 미포함)	00:00:00 to 24:00:00
interval	16바이트	시간 차이	+/- 178,000,000년

표 4-4 날짜와 시간 데이터 타입

PostgreSQL의 시간 및 날짜 데이터 타입에 대해 간략히 설명하면 다음과 같습니다.

- **timestamp**: 추적할 수 있는 다양한 상황에서 유용한 날짜와 시간을 기록합니다. 여객기의 출발 및 도착 시간, 메이저 리그 야구 경기 일정, 타임라인에 따른 사건 정리 같은 이벤트 시간 기록에 해당 이벤트가 발생한 시간대[time zone]가 포함되도록 키워드를 추가하는 것이 좋습니다. 그렇지 않으면 전 세계 여러 곳에서 기록된 시간을 비교할 수 없게 됩니다. timestamp with time zone 타입은 표준 SQL의 일부입니다. PostgreSQL에서는 timestamptz로도 그와 동일한 데이터 타입을 지정할 수 있습니다.

- **date**: 날짜만 기록하며, SQL 표준의 일부입니다.

- **time**: 시간만 기록하며, SQL 표준의 일부입니다. with time zone 키워드를 추가할 수 있지만 날짜가 없으면 시간대는 무의미합니다.

- **interval**: 수량 단위 형식으로 표현된 시간 단위를 나타내는 값을 보유합니다. 기간의 시작 또는 끝은 기록하지 않고 길이만 기록합니다. 예를 들면 12일 또는 8시간이 있습니다.(https://www.postgresql.org/docs/current/datatype-datetime.html의 PostgreSQL 문서에는 마이크로초부터 밀레니엄까지의 단위 값이 나열되어 있습니다.) 일반적으로 interval 데이터 타입은 다른 날짜나 시간 열의 계산 또는 필터링에 사용합니다. 이 또한 SQL 표준의 일부이지만 PostgreSQL 전용 구문은 더 많은 옵션을 제공합니다.

timestamp with time zone과 interval에 중점을 두겠습니다. 실제 동작을 보려면 코드 4-4의 스크립트를 실행해 보세요.

```
❶ CREATE TABLE date_time_types (
       timestamp_column timestamp with time zone,
       interval_column interval
   );

❷ INSERT INTO date_time_types
   VALUES
       ('2022-12-31 01:00 EST','2 days'),
       ('2022-12-31 01:00 -8','1 month'),
       ('2022-12-31 01:00 Australia/Melbourne','1 century'),
     ❸ (now(),'1 week');

   SELECT * FROM date_time_types;
```

코드 4-4 timestamp 타입과 interval 타입

여기서는 두 타입에 대한 열들을 가지고 있는 테이블을 만들고❶ 행 4개를 삽입합니다❷. time-stamp_column 열에 날짜와 시간 정보를 삽입할 때 국제표준화기구인 ISO 형식 YYYY-MM-DD HH:MM:SS에 맞춰 2022년 12월 31일 오전 1시를 입력했습니다. SQL은 MM/DD/YYYY 등 다양한 날짜 형식을 지원하지만 세계적인 호환성을 위해 ISO를 권장합니다.

세 행은 각각 다른 시간대 형식을 사용하고 있습니다. 첫 번째 행에서는 미국 동부 표준시의 약어인 EST를 사용합니다.

두 번째 행에서는 시간대를 -8 값으로 설정합니다. 이는 UTC[Unified Universal Time]의 시간 차이 또는 오프셋 수를 나타냅니다. UTC는 영국과 서아프리카를 포괄하는 시간대인 UTC +/- 00:00의 값뿐만 아니라 전반적인 세계 시간 표준을 가리킵니다. -8 값을 사용하면 UTC보다 8시간 늦은 시간대가 지정됩니다. 바로 미국과 캐나다의 태평양 표준 시간이죠.(UTC 시간대의 지도는 https://bit.ly/3fG28Ob 에서 확인하세요.)

세 번째 행은 Australia/Melbourne으로 영역과 위치의 이름을 사용하여 시간대를 지정합니다. 이 형식은 컴퓨터 프로그래밍 중 표준 시간대 데이터베이스에서 가끔씩 발견되는 형식입니다. 시간대 데이터베이스에 대한 자세한 내용은 https://en.wikipedia.org/wiki/Tz_database를 참조하세요.

네 번째 행에서는 날짜, 시간 및 시간대를 지정하는 대신 하드웨어에서 현재 트랜잭션 시간을 캡처하는 PostgreSQL의 now() 함수를 사용합니다❸.

스크립트 실행 결과는 다음과 비슷하지만 정확히 같지는 않을 것입니다.

```
timestamp_column                  interval_column
----------------------------      ---------------
2022-12-31 01:00:00-05            2 days
2022-12-31 04:00:00-05            1 mon
2022-12-30 09:00:00-05            100 years
2020-05-31 21:31:15.716063-05     7 days
```

timestamp_column의 처음 세 행에 동일한 날짜와 시간을 제공했음에도 불구하고 각 행의 출력은 다른데, 이는 pgAdmin이 제 시간대를 기준으로 날짜와 시간을 보고했기 때문입니다. 또한 그로 인해 결과에서 각 타임스탬프 끝에 UTC 오프셋인 -05가 표시됩니다. UTC 오프셋 -05는 UTC 시간보다 5시간 늦은 것을 의미하며, 제가 살고 있는 미국 동부 표준 시간대에 해당합니다. 한국의 독자 분들은 한국의 시간대에 맞는 오프셋 +09를 보게 될 것이고 여러분이 실행한 결과가 보여 주는 시간과 날짜도 이 책과 다를 수 있습니다. PostgreSQL는 이러한 타임스탬프 값을 저장하는 방식을 변경할 수 있으며, 그 방법은 12장에서 날짜 및 시간을 다루는 다른 팁들과 함께 소개할 것입니다.

마지막으로 interval_column은 입력한 값을 보여 줍니다. PostgreSQL은 간격 표시에 대한 기본 설정으로 1 century를 100 years로, 1 week를 7 days로 변경합니다. 간격 관련 옵션에 대한 자세한 내용은 PostgreSQL 문서(https://www.postgresql.org/docs/current/datatype-datetime.html)에서 '간격 입력Interval Input' 섹션을 참조하세요.

| 4-4 interval 데이터 타입을 통해 날짜 계산하기 |

interval 데이터 타입은 날짜 및 시간 데이터와 관련된 간단한 계산에 유용합니다. 예를 들어, 고객이 계약을 체결한 날짜를 포함하는 열이 있다고 가정해 보겠습니다. 여기서 interval 타입의 데이터로 각 계약 날짜에 90일을 추가하여 클라이언트 후속 조치 시기를 결정할 수 있습니다. interval 데이터 타입이 어떻게 작동하는지 보려면 앞서 만든 date_time_type 테이블을 사용한 다음 코드 4-5를 따라해 보세요.

```
SELECT
    timestamp_column,
    interval_column,
  ❶ timestamp_column - interval_column AS new_date
FROM date_time_types;
```

코드 4-5 interval 데이터 타입 사용하기

위 코드는 전형적인 SELECT 문입니다. timestamp_column에서 interval_column을 뺀 결과가 포함된 new_date❶라는 열을 제외하곤 말이죠.(계산된 열을 표현식expressions이라고 하며, 이 기법을 자주 사용합니다.) 각 행에서 날짜로부터 interval 데이터 타입으로 표시된 시간 단위를 뺍니다. 이렇게 하면 다음과 같은 결과가 나옵니다.

```
timestamp_column                   interval_column    new_date
-----------------------------      ---------------    -----------------------------
2022-12-31 15:00:00+09             2 days             2022-12-29 15:00:00+09
2022-12-31 18:00:00+09             1 mon              2022-11-30 18:00:00+09
2022-12-30 23:00:00+09             100 years          1922-12-30 23:00:00+09
2022-11-03 21:44:27.875049+09      7 days             2022-10-27 21:44:27.875049+09
```

new_date 열은 기본적으로 timestamp with time zone 타입으로 포맷되어 시간 값을 표시하는데 interval 값에서 날짜가 사용되면 날짜까지 표시합니다.(pgAdmin에선 결과 창에 출력된 열 헤더에 데이터 타입이 명시됩니다.) 다시 말하지만 출력은 시간대에 따라 달라집니다.

4-5 JSON과 JSONB 이해하기

자바스크립트 개체 표기법JavaScript Object Notation의 약자인 JSON은 데이터를 저장하고 교환하는 데 사용하는 구조화된 데이터 형식으로 모든 컴퓨터 시스템에서 사용할 수 있습니다. 모든 주요 프로그래밍 언어는 JSON 형식의 데이터를 읽고 쓸 수 있습니다. JSON은 키/값 쌍과 값 목록의 컬렉션으로 정보를 구성합니다. 다음 JSON 데이터를 보세요.

```
{
  "business_name": "Old Ebbitt Grill",
  "business_type": "Restaurant",
  "employees": 300,
  "address": {
    "street": "675 15th St NW",
    "city": "Washington",
    "state": "DC",
    "zip_code": "20005"
  }
}
```

이 JSON 스니펫으로 형식의 기본 구조를 확인해 보겠습니다. `business_name` 같은 키는 값(이 키에는 `Old Ebbitt Grill`)과 연결됩니다. 또 어떤 키는 `address`처럼 추가 키/값 쌍의 컬렉션을 값으로 갖기도 합니다. JSON 표준은 키와 값을 콜론으로 구분하고 키 이름을 큰따옴표로 묶는 작성 규칙이 있습니다. https://jsonlint.com/ 같은 온라인 도구를 사용하면 JSON 개체 형식이 맞는지 확인할 수 있습니다.

PostgreSQL에는 JSON용 데이터 타입이 두 가지 있습니다. 두 타입 모두 유효한 JSON 문법을 적용하고 해당 형식의 데이터 작업을 지원하는 함수를 갖고 있습니다.

- **json**: JSON 텍스트를 그대로 저장
- **jsonb**: JSON 텍스트를 바이너리 형식으로 변환해 저장

둘은 상당한 차이가 있습니다. 한 예로, `jsonb`는 인덱싱을 지원하므로 처리 속도가 빠릅니다.

JSON은 2016년에 SQL 표준에 들어갔지만 PostgreSQL은 몇 년 전 출시된 버전 9.2부터 지원을 추가했습니다. PostgreSQL은 현재 SQL 표준에 있는 여러 기능을 구현하지만 자체적으로 JSON 관련 기능과 연산자를 제공합니다. 이 두 가지 타입에 대해서는 16장에서 더 광범위하게 살펴보겠습니다.

4-6 그 외 타입들 사용하기

지금까지 배운 문자, 숫자, 날짜 및 시간 타입이 SQL로 하는 작업의 대부분을 차지하지만 PostgreSQL에는 그 외에도 다양한 타입들이 있습니다.

- true 또는 false 값을 저장하는 불리언boolean 타입
- 점, 선, 원 및 기타 2차원 개체를 포함하는 기하geometric 타입
- PostgreSQL 전문 검색 엔진용 텍스트 검색text search 타입
- IP 또는 MAC 주소와 같은 네트워크 주소network address 타입
- 경우에 따라 테이블의 고유 키로 사용될 수 있는 UUIDUniversally Unique Identifier 타입
- 정수 또는 타임스탬프 같은 값의 범위를 지정하는 범위range 타입
- 바이너리 데이터를 저장하는 타입
- 구조화된 형식으로 정보를 저장하는 XML 및 JSON 타입

이 타입들은 책의 실습을 진행하며 살펴보겠습니다.

| 4-7 CAST를 통해 데이터 타입 변환하기 |

종종 어떤 값의 데이터 타입을 기존에 저장된 것과 다른 타입으로 변환해야 하는 경우가 있습니다. 예를 들어, 숫자를 텍스트와 결합하기 위해 숫자를 문자 타입으로 반환받고 싶을 수 있습니다. 또는 문자 타입으로 저장된 날짜를 날짜 타입으로 변환하여 날짜순으로 정렬하거나 간격^{interval} 계산을 수행해야 하는 경우도 있습니다. 이처럼 지정된 데이터 타입이 있는 값을 다른 타입으로 변환하는 일은 CAST() 함수를 사용하여 수행할 수 있습니다.

CAST() 함수는 대상 데이터 타입이 원래 값을 수용할 수 있을 때만 성립합니다. 문자 타입에는 숫자가 포함될 수 있기 때문에 정수를 텍스트로 변환하는 것이 가능합니다. 하지만 반대로 문자나 텍스트를 숫자로 변환할 수는 없습니다.

코드 4-6에는 우리가 방금 만든 3개의 데이터 타입 테이블을 사용한 세 가지 예가 있습니다. 첫 번째와 두 번째 예시는 작동하지만, 세 번째는 잘못된 타입 변환을 수행하려고 시도하여 타입 변환 오류가 발생합니다.

```
❶ SELECT timestamp_column, CAST(timestamp_column AS varchar(10))
  FROM date_time_types;

❷ SELECT numeric_column,
         CAST(numeric_column AS integer),
         CAST(numeric_column AS text)
  FROM number_data_types;

❸ SELECT CAST(char_column AS integer) FROM char_dala_types;
```

코드 4-6 CAST( ) 코드 3개

첫 번째 SELECT 문❶은 timestamp_column의 값을 varchar 타입으로 반환해 그것을 가변 길이 문자열로 만듭니다. 문자 길이를 10으로 설정했기 때문에 변환 시 앞에서부터 10자만 유지됩니다. 따라서 시간 부분을 제외하고 날짜만 확인하고 싶을 때 유용할 것입니다. 물론 타임스탬프에서 시간을 없애는 더 좋은 방법이 있는데, 이는 12장의 '타임스탬프 값의 구성 요소 추출하기'에서 다루겠습니다.

두 번째 SELECT 문❷은 numeric_column을 세 번 반환합니다. 먼저 원래 타입으로 반환한 다음 integer와 text 타입으로 반환합니다. integer로 변환할 때 PostgreSQL은 값을 정수로 반올림합니다. 그러나 text 변환을 사용하면 반올림이 발생하지 않습니다.

마지막 SELECT 문❸은 작동하지 않습니다. 글자는 정수가 될 수 없기 때문에 'integer 자료형에 대한 잘못된 입력'이라는 오류를 반환합니다!

| 4-8 CAST 단축 표기법 사용하기

SQL을 작성할 때는 나중에 여러분의 코드를 넘겨받은 사람이 이해할 수 있게끔 작성하는 것이 중요합니다. CAST()를 사용하면 의도한 바를 분명히 할 수 있는데, PostgreSQL은 그보다 공간을 덜 차지하고 더욱 명확한 단축 표기법으로 이중 콜론(::)을 제공합니다. 열 이름과 변환할 데이터 타입 사이에 이중 콜론을 삽입하세요. 예를 들어, 다음 두 구문은 timestamp_column 열의 값을 varchar 타입으로 변환합니다.

```
SELECT timestamp_column, CAST(timestamp_column AS varchar(10))
FROM date_time_types;

SELECT timestamp_column::varchar(10)
FROM date_time_types;
```

편한 방식을 사용하되, 이중 콜론은 PostgreSQL 전용이라는 것을 알아 두세요. 다른 SQL 버전에는 비슷한 방식이 없어 포트할 수 없습니다.

| 4-9 마무리

이제 데이터베이스를 검색하는 동안 마주치는 데이터 형식의 미묘한 차이들을 더 잘 이해할 준비가 되었습니다. 여러분은 이제 부동 소수점 타입으로 저장된 통화 값을 발견하면 계산을 수행하기 전에 decimal 타입으로 변환할 것이며, 데이터베이스가 너무 커지지 않도록 올바른 종류의 텍스트 열을 사용하는 방법을 알게 될 것입니다.

다음 장에서는 계속해서 SQL 기초를 배우며 외부 데이터를 여러분의 데이터베이스로 가져오는 방법을 살펴보겠습니다.

연습문제

다음 실습으로 데이터 타입을 계속 탐색하세요.

1. 당신의 회사는 과일과 야채를 지역 식료품점에 배달하는 회사이고, 당신은 매일 운전자들이 운전하는 마일리지의 10분의 1킬로미터를 추적해야 합니다. 어떤 운전자도 하루에 999킬로미터 이상을 주행하지 않는다고 가정할 때, 테이블의 마일리지 열에 적합한 데이터 타입은 무엇이며 그 이유는 무엇인가요?

2. 회사의 각 운전자를 나열한 테이블에서 운전자의 성과 이름에 적합한 데이터 타입은 무엇인가요? 성과 이름이 함께 적힌 더 큰 이름의 열을 하나 가지는 것보다 성과 이름을 두 개의 열로 구분하는 것이 좋은 이유는 무엇인가요?

3. 날짜 형식의 문자열을 포함하는 텍스트 열이 있다고 가정해 보세요. 문자열 하나는 '4//2021'로 표기되어 있습니다. 해당 문자열을 timestamp 데이터 타입으로 변환하려고 하면 어떻게 되나요?

5

데이터 가져오고
내보내기

지금까지 SQL INSERT 문을 사용하여 테이블에 여러 행을 추가하는 방법을 배웠습니다. 행별 삽입은 빠른 테스트 테이블을 만들거나 기존 테이블에 몇 개의 행을 추가하는 데 유용합니다. 그러나 여러분은 향후 수백, 수천, 심지어 수백만 개의 행을 불러오게 될 것이고 그 누구도 그런 상황에서 일일이 INSERT 문을 쓰고 싶지는 않을 것입니다. 다행히도 그럴 필요가 없습니다.

구분된delimited 텍스트 파일(텍스트 파일 내 한 행이 테이블의 한 행과 대응하고, 그 안에 있는 각열들이 쉼표 같은 구분자로 구분됨)에 데이터가 있는 경우, PostgreSQL은 COPY 명령을 통해 대량으로 데이터를 가져올 수 있습니다. PostgreSQL 전용 구현인 COPY 명령에는 열을 포함하거나 제외하고 다양한 구분된 텍스트 타입을 처리하는 옵션이 포함되어 있습니다.

반대로 COPY는 PostgreSQL 테이블 또는 쿼리 결과의 데이터를 구분된 텍스트 파일로 내보내기도합니다. 이 기술은 동료와 데이터를 공유하거나 엑셀 파일과 같은 다른 형식으로 데이터를 옮기려는 경우에 유용합니다.

4장의 '문자형 데이터 타입 이해하기'에서 데이터를 텍스트 파일로 내보내기 위해 COPY를 살짝 언급했는데, 이번 장에서 이 가져오기import와 내보내기export를 더욱 심도 있게 다뤄 볼 것입니다. 가져오기에서는 제가 가장 좋아하는 데이터셋인 카운티별 미국 인구총조사 기록을 소개하겠습니다.

아래 세 단계는 앞으로 실행할 가져오기에 대한 개요입니다.

1. 구분된 텍스트 파일 형식의 소스 데이터를 준비합니다.
2. 데이터를 저장할 테이블을 만듭니다.
3. COPY 스크립트를 작성하여 데이터를 가져옵니다.

가져오기가 완료된 후에는 데이터를 확인하고 가져오기 및 내보내기를 위한 추가 옵션을 살펴보겠습니다.

구분된 텍스트 파일은 독점 및 오픈소스 시스템 간에 호환 가능한 가장 일반적인 파일 형식이므로 해당 파일 유형에 중점을 두고 살펴보겠습니다. Microsoft 엑세스 또는 MySQL과 같은 다른 데이터베이스 프로그램의 고유 형식에서 PostgreSQL로 직접 데이터를 전송하려면 서드파티 도구를 사용해야 합니다. 도구와 옵션 목록은 PostgreSQL 위키(https://wiki.postgresql.org/wiki/)에서 '다른 데이터베이스에서 PostgreSQL로 변환^{Converting from other Databases to PostgreSQL}'을 확인해 보세요.

다른 데이터베이스 관리자와 함께 SQL을 사용하고 있다면 타 데이터베이스의 문서에서 대량 가져오기 처리 방법을 살펴보세요. 예를 들어 MySQL 데이터베이스에는 LOAD DATA INFILE 문이 있고 Microsoft SQL Server에는 자체 BULK INSERT 명령이 있습니다.

5-1 구분된 텍스트 파일을 이용하여 작업하기

많은 소프트웨어 응용 프로그램은 데이터를 고유한 형식으로 저장하며, 한 데이터 형식을 다른 형식으로 번역하는 것은 영어만 이해하는 사람이 키릴 문자를 읽으려고 하는 것만큼 쉽습니다. 다행히 대부분의 소프트웨어는 구분된 텍스트 파일에서 가져오고 내보낼 수 있습니다. 이 파일은 중간 역할을 하는 공통 데이터 형식입니다.

구분된 텍스트 파일에는 데이터 행이 포함되어 있으며 각 행은 테이블의 한 행을 나타냅니다. 각 행에서 문자는 각각의 데이터 열을 분리하거나 구분합니다. 앰퍼샌드(&)에서 파이프(|)에 이르기까지 모든 종류의 문자가 구분 기호로 사용되는 것을 보았지만 쉼표가 가장 일반적으로 사용됩니다. 따라서 자주 볼 수 있는 파일은 쉼표로 분리된 값^{comma-separated values}을 의미하는 CSV 파일입니다. CSV와 쉼표로 분리됐다는 표현은 혼용됩니다.

다음은 쉼표로 분리된 파일에서 볼 수 있는 일반적인 데이터 행입니다.

```
John,Doe,123 Main St.,Hyde Park,NY,845-555-1212
```

쉼표가 이름, 성, 거리, 도시, 주, 전화번호 같은 데이터를 공백 없이 구분하고 있습니다. 쉼표는 가져오거나 내보낼 때 각 항목을 별도의 열로 취급하도록 소프트웨어에 지시합니다.

5-1-1 헤더 행 처리하기

구분된 텍스트 파일에는 보통 헤더 행이 포함됩니다. 헤더 행이란 이름 그대로 파일의 맨 위에 있는 한 줄짜리 행으로 여기에는 각 데이터 열의 이름이 적혀 있습니다. 데이터베이스나 스프레드시트에서 데이터를 내보낼 때 헤더가 추가되는 경우가 많습니다. 맨 윗줄이 헤더 행입니다.

```
FIRSTNAME,LASTNAME,STREET,CITY,STATE,PHONE
John,Doe,123 Main St.,Hyde Park,NY,845-555-1212
```

헤더 행은 몇 가지 용도로 사용됩니다. 첫째, 헤더 행의 값은 각 열의 데이터를 식별하므로 특히 파일의 내용을 풀어 볼 때 도움이 됩니다. 둘째, 일부 데이터베이스 관리자는 헤더 행을 사용하여 구분된 파일의 열을 가져오기 테이블의 올바른 열에 매핑합니다. 그러나 PostgreSQL은 헤더 행을 사용하지 않습니다. 따라서 해당 행을 테이블로 가져오지 않기를 원하므로 COPY 명령에서 HEADER 옵션을 사용하여 제외합니다. 다음 절에서 COPY의 모든 옵션에 대해 설명하겠습니다.

5-1-2 큰따옴표로 묶은 값 읽어오기

쉼표를 열 구분 기호로 사용하는 경우에는 잠재적인 딜레마가 도사리고 있습니다. 열의 값 안에 쉼표가 포함되어 있으면 어떡할까요? 예를 들어 때때로 사람들은 123 Main St., Apartment 200처럼 거리 주소와 아파트 번호를 함께 씁니다. 이때 구분 시스템이 쉼표에 대해 설명하지 않는 한, 가져오기 중에 행에 추가 열이 있는 것으로 나타나 데이터를 가져오는 데 실패하게 됩니다.

이러한 경우를 처리하기 위해 구분된 파일은 구분 기호가 포함된 열을 텍스트 한정자text qualifier라는 임의의 문자로 감싸 SQL에 포함된 구분 기호를 무시하도록 지시합니다. 대부분의 경우 쉼표로 구분된 파일에서 사용되는 텍스트 한정자는 큰따옴표입니다. 다음은 거리 이름 열의 값을 큰따옴표로 묶은 데이터 행의 예입니다.

```
FIRSTNAME,LASTNAME,STREET,CITY,STATE,PHONE
John,Doe,"123 Main St., Apartment 200",Hyde Park,NY,845-555-1212
```

이 데이터 행을 가져올 때 데이터베이스는 따옴표 내 구분 기호 존재 여부에 관계없이 큰따옴표가 하나의 열을 나타낸다고 인식합니다. CSV 파일을 가져올 때 PostgreSQL은 기본적으로 큰따옴표로 묶인 열 안의 구분 기호를 무시하지만 가져오기에 필요한 경우 다른 텍스트 한정자를 지정할 수 있습니다.(IT 전문가가 때때로 이상한 선택을 해 다른 문자를 사용해야 할 수도 있습니다.)

마지막으로 CSV 모드에서, PostgreSQL은 큰따옴표로 묶인 열 안에서 텍스트 한정자가 두 번 연속으로 나오면 하나를 제거합니다. 예를 들어 PostgreSQL이 다음 열을 읽었다고 가정합니다.

```
"123 Main St."" Apartment 200"
```

PostgreSQL은 이 열을 하나로 처리하고 연속된 두 한정자 중 하나만 남깁니다.

```
123 Main St." Apartment 200
```

나중에 보게 되겠지만 이런 오류는 CSV 파일 자체 오류입니다. CSV 파일을 가져온 후에는 항상 데이터를 검토하세요.

5-2 COPY를 사용해 데이터 가져오기

외부 파일에서 데이터베이스로 데이터를 가져오려면 먼저 소스 파일 안의 열과 데이터 타입을 확인하고 그 데이터를 보관할 PostgreSQL 테이블을 만들어야 합니다. 그런 다음 가져오기에 대한 SQL문은 비교적 간단합니다. 필요한 것은 오로지 코드 5-1에 있는 세 줄의 코드입니다.

```
❶ COPY table_name
❷ FROM 'C:\YourDirectory\your_file.csv'
❸ WITH (FORMAT CSV, HEADER);
```

코드 5-1 COPY를 사용하여 데이터 가져오기

코드는 COPY 키워드❶로 시작하며 대상 테이블의 이름이 뒤따릅니다. 이때 대상 테이블은 데이터베이스에 이미 존재해야 합니다. 이 구문은 'table_name'이라는 내 테이블에 데이터 복사하기'라고 생각하면 됩니다.

FROM 키워드❷는 이름을 포함하여 소스 파일의 전체 경로를 식별합니다. 경로를 지정하는 방법은 운영체제에 따라 달라집니다. Windows의 경우 드라이브 이름^{drive letter}과 콜론(:), 백슬래시(\)로 시작합니다. 예를 들어, 제 Windows 바탕 화면에 있는 파일을 가져오려면 FROM 줄은 다음과 같습니다.

```
FROM 'C:\Users\Anthony\Desktop\my_file.csv'
```

macOS 또는 Linux의 경우 슬래시(/)를 사용합니다. 시스템 루트 디렉터리에서부터 슬래시를 표기하세요. 저의 Mac 바탕 화면에 있는 파일을 가져올 때 FROM 줄은 다음과 같습니다.

```
FROM '/Users/anthony/Desktop/my_file.csv'
```

이 책의 예제에서는 Windows 경로 방식인 C:\YourDirectory\를 넣어 두었습니다. 이를 영진닷컴 홈페이지 또는 깃허브에서 다운로드한 CSV 파일을 저장한 실제 경로로 바꾸세요.

WITH 키워드❸는 원하는 옵션을 괄호로 감싸 입력 또는 출력 파일에 맞게 조정할 수 있는 옵션을 지정할 수 있게 해줍니다. 여기서는 외부 파일이 쉼표로 구분된 파일이어야 하고 가져오기에서 파일의 헤더 행을 제외하도록 지정합니다.

PostgreSQL 공식 문서(https://www.postgresql.org/docs/current/sql-copy.html)에 있는 모든 옵션은 살펴볼 가치가 있지만 일반적으로 사용할 옵션 목록은 다음과 같습니다.

- **입력 및 출력 파일 형식**

  FORMAT format_name 옵션으로는 읽거나 쓰는 파일의 유형을 지정합니다. 형식 이름은 CSV, TEXT, 또는 BINARY입니다. 기술 시스템 구축에 깊이 관여하지 않는 한 데이터가 일련의 바이트로 저장되는 BINARY로 작업하는 경우는 드뭅니다. 보통은 표준 CSV 파일로 자주 작업하게 됩니다. TEXT 형식에서 탭 문자는 구분 기호 기본값이며(다른 문자를 구분 기호로 지정 가능) \r 같은 백슬래시 문자는 해당 ASCII 문자(이 경우 캐리지 리턴)로 인식됩니다. TEXT 형식은 주로 PostgreSQL의 내장 백업 프로그램에서 사용됩니다.

- **헤더 행 포함 여부**

  가져올 때 HEADER를 사용하여 소스 파일에 제외할 헤더 행이 있음을 지정합니다. 데이터베이스는 헤더의 열 이름이 테이블의 데이터 일부가 되지 않도록 파일의 두 번째 줄부터 가져옵니다. (실제 구성이 생각대로 되어 있는지 확인하려면 원본 CSV 파일을 확인하세요. 모든 CSV가 헤더 행을 갖지는 않습니다!) 내보낼 때 HEADER를 사용하면 데이터베이스가 출력 파일의 헤더 행에 열 이름을 포함하도록 지시합니다. 그러면 출력 파일을 사용자가 쉽게 이해할 수 있습니다.

- **구분 기호**

  DELIMITER 'character' 옵션으로는 가져오기 또는 내보내기 파일에서 구분자로 사용할 문자를 지정할 수 있습니다. 구분 기호는 단일 문자여야 하며 캐리지 리턴이 될 수 없습니다. FORMAT CSV 는 주로 쉼표를 구분 기호로 사용하리라 가정합니다. 데이터가 도착했을 때 쉼표 대신 다른 구분 기호를 지정할 수 있는 옵션이 있음을 보여 주기 위해 DELIMITER에 대한 설명을 포함했습니다. 예를 들어, 파이프로 구분된 데이터를 받은 경우 옵션을 DELIMITER '|'와 같이 처리합니다.

- **인용 문자**

  이전에 CSV에서 단일 열 값 안의 쉼표가 데이터를 엉망으로 가져오는 결과를 초래할 수 있다는 것을 배웠습니다. 그리고 열 값이 텍스트 한정자^{text qualifier} 역할을 하는 문자로 둘러싸여 있는 경우에는 데이터베이스에 하나의 열로 값을 처리하도록 지시했습니다. 기본적으로 PostgreSQL은 쌍따옴표를 텍스트 한정자로 사용하지만 여러분이 사용하고 있는 CSV가 다른 문자를 쓰고 있다면 QUOTE 'quote_character' 옵션으로 지정할 수 있습니다.

5-3 카운티 인구조사 데이터 가져오기

가져오기 실습에서 작업할 데이터셋은 2장에서 만든 teachers 테이블보다 훨씬 큽니다. 이 데이터셋엔 미국의 모든 카운티에 대한 인구 추정치가 들어있으며 16열을 가진 행 3,142개가 있습니다. 인구조사에는 카운티와 비슷한 지역들도 포함됩니다. 루이지애나의 패리시parish와 알래스카의 버로우borough, 버지니아의 도시들 같이 카운티라고 부르지 않는 지역도 일부 포함됩니다.

인구 통계를 추적하는 미국 인구조사국에 대해 조금 알아 두면 데이터를 이해하는 데 도움이 됩니다. 가장 잘 알려진 조사는 10년마다 수행하는 전체 인구조사인데, 가장 최근에는 2020년에 진행됐습니다. 미국에 사는 모든 사람의 나이와 성별, 인종, 민족성을 정리한 이 데이터는 435명의 미국 하원에 각 주의 의원을 몇 명씩 배치할지 결정하는 데 사용합니다. 최근 수십 년 동안 인구수가 빠르게 성장한 텍사스와 플로리다 같은 주는 새로운 의석을 얻었지만 뉴욕과 오하이오와 같이 성장이 더딘 주는 하원 의석을 잃었습니다.

지금 사용할 데이터는 인구조사의 연간 인구 추정치입니다. 이들은 가장 최근의 10년 인구조사를 기반으로 출생과 사망, 국내 및 국제 이주를 고려하여 매년 국가와 주, 카운티 및 기타 지역의 인구 추정치를 산출합니다. 해마다 사람들이 어디서 얼마나 살고 있는지에 대한 최신 측정값을 얻으려면 인구수를 하나하나 세는 것보다는 연간 인구 추정치를 사용하는 것이 좋은 방법입니다. 이번 실습에 사용할 수 있도록 2019년 미국 인구조사의 카운티 수준 인구 추정치에서 일부 열(인구조사 지리데이터의 몇 가지 설명 열 포함)을 선택해 us_counties_pop_est_2019.csv라는 파일로 정리했습니다. 1장의 '코드 및 데이터 다운받기' 절에서 다운로드한 실습 데이터에 이 파일이 있습니다.

> 📝 **NOTE**
>
> 이 책에서 사용하는 2019년도 인구 추정치를 사용합니다. 2019년에 발데즈-코르도바 인구조사 지역은 두 개의 새로운 카운티로 분할되며 미국 카운티의 수를 3,143개로 늘렸지만 2019년도 인구 추정치 데이터는 이 사항을 반영하지 않았습니다.

텍스트 편집기로 파일을 열면 다음과 같은 헤더 행이 표시됩니다.

```
state_fips,county_fips,region,state_name,county_name, --생략--
```

가져온 데이터로 테이블을 만드는 코드를 살펴보며 열을 탐색해 보겠습니다.

5-3-1 us_counties_pop_est_2019 테이블 만들기

코드 5-2는 CREATE TABLE 스크립트입니다. pgAdmin을 열고 2장에서 생성한 analysis 데이터베이스를 클릭합니다.(나중에 이 데이터를 재사용하니 analysis에 저장해 두세요.) pgAdmin 메뉴 모음에서 **도구 ▶ 쿼리 도구**를 선택합니다. 쿼리 도구에 코드를 직접 입력하거나 다운로드한 파일을 열어 코드를 복사해 붙여 넣을 수 있습니다. 창에 스크립트가 있으면 실행하세요.

```
CREATE TABLE us_counties_pop_est_2019 (
❶ state_fips text,
   county_fips text,
❷ region smallint,
❸ state_name text,
   county_name text,
❹ area_land bigint,
   area_water bigint,
❺ internal_point_lat numeric(10,7),
   internal_point_lon numeric(10,7),
❻ pop_est_2018 integer,
   pop_est_2019 integer,
   births_2019 integer,
   deaths_2019 integer,
   international_migr_2019 integer,
   domestic_migr_2019 integer,
   residual_2019 integer,
❼ CONSTRAINT counties_2019_key PRIMARY KEY (state_fips, county_fips)
);
```

코드 5-2 10년 주기 카운티 인구조사 추정치 테이블을 생성하는 CREATE TABLE 문

기본 pgAdmin 창으로 돌아가서 탐색기에서 analysis 데이터베이스를 마우스 오른쪽 버튼으로 클릭하고 **Refresh...**를 누릅니다. 그리고 **스키마 ▶ public ▶ 테이블**을 선택하여 새 테이블을 확인합니다. 새 테이블은 아직 비어 있지만 pgAdmin의 쿼리 도구에서 기본 SELECT 쿼리를 실행하여 구조를 볼 수 있습니다.

```
SELECT * FROM us_counties_pop_est_2019;
```

SELECT 쿼리를 실행하면 생성한 테이블의 열이 pgAdmin 데이터 출력 창에 표시됩니다. 데이터 행이 아직 존재하지 않습니다. 이제 가져오겠습니다.

5-3-2 인구조사 데이터 열과 데이터 타입 이해하기

CSV 파일을 테이블로 가져오기 전에 코드 5-2에서 만든 열과 데이터 타입을 살펴보겠습니다. 공식 인구조사 데이터 사전^{data dictionary} 두 가지를 확인할 것인데, 그것은 추정치에 대한 데이터 사전(https://www2.census.gov/programs-surveys/popest/technical-documentation/file-layouts/2010-2019/co-est2019-alldata.pdf)과 geographic 열을 포함한 10년 단위 계산치에 대한 데이터 사전(https://www2.census.gov/programs-surveys/decennial/rdo/about/2010-census-programs/2010Census_pl94-171_techdoc.pdf)입니다. 테이블 정의에는 일부 열에 더 읽기 쉬운 이름을 지정했습니다. 데이터 사전에 의존하면 열을 잘못 설정하거나 데이터가 손실되는 경우를 방지하는 데 도움이 됩니다. 그러니 프로젝트를 실행하기 전에 항상 데이터 사전이 있는지 확인하고, 공개 데이터라면 온라인

검색을 통해 데이터에 대한 정보를 얻길 추천합니다.

이 인구조사 데이터와 방금 만든 표의 각 행에는 한 카운티에 대한 인구 추정치와 연간 변화(출생, 사망 및 이주)로 구성됩니다. 처음 두 열은 카운티의 state_fips❶와 county_fips입니다. 이 두 열은 해당 엔티티에 대한 표준 연방 코드를 의미합니다. 이러한 코드는 값을 정수로 저장하면 0으로 시작되는 코드가 망가질 수 있기 때문에 두 가지 모두에 text 타입을 사용합니다. 예를 들어, 알래스카의 state_fips는 02입니다. 정수 타입을 사용해 가져올 경우 앞에 있던 0이 제거되고 코드로 2가 남습니다. 또한 이 값으로 계산을 수행하지 않기 때문에 정수로 저장할 필요가 없습니다. 코드와 숫자는 항상 구분해야 합니다. 이러한 주 및 카운티 코드는 수학에 사용되는 숫자보다는 번호표로 생각하면 됩니다.

region❷에는 1에서 4까지의 숫자가 저장되며, 각각 미국 내 카운티의 위치(북동부, 중서부, 남부, 서부)를 나타냅니다. 4보다 큰 숫자는 없으므로 smallint 타입으로 열을 정의합니다. state_name❸과 county_name 열에는 주 및 카운티의 전체 이름을 텍스트로 저장합니다.

카운티에 있는 토지와 물에 대한 넓이(단위는 제곱미터)는 각각 area_land❹와 area_water에 기록됩니다. 이 둘을 합치면 카운티의 전체 면적을 구할 수 있습니다. 알래스카처럼 눈이 잔뜩 쌓인 지역은 면적이 integer 타입의 최댓값인 2,147,483,647을 쉽게 초과하기도 합니다. 땅이 넓은 유콘코유쿡 인구조사 지역의 토지(377,038,836,685m²)를 저장할 수 있도록 면적 열에는 bigint를 사용합니다.

카운티 정중앙부 가까이에 위치한 지점을 내점^internal point이라고 부릅니다. 내점의 위도와 경도는 각각 internal_point_lat❺와 internal_point_lon에 저장합니다. 인구조사 데이터는 소수점 시스템을 사용하여 위도와 경도 좌표를 나타냅니다. 위도는 적도가 0도, 북극이 90도, 남극이 -90도인 지구의 남북 위치를 나타냅니다.

경도는 동경 0도에서 런던의 그리니치를 통과하는 본초 자오선을 기준으로 동쪽과 서쪽의 위치를 나타냅니다. 거기서부터, 경도는 동쪽과 서쪽(동쪽에는 양수, 서쪽에는 음수) 양쪽으로 다 증가하며 지구의 반대편 180도 지점에서 만납니다. 두 값이 만나는 180도 지점을 반자오선이라 부르며 국제 날짜 선의 기준으로 사용됩니다.

인구조사국은 내점을 기록할 때 소수점 이하 7자리까지 사용합니다. 정수 부분의 최댓값인 180까지 저장하려면 필요한 자릿수는 총 10자리입니다. 그래서 numeric(10,7), 즉 정밀도 10과 척도 7을 가진 numeric을 사용합니다.

> **📓 NOTE**
>
> PostgreSQL은 PostGIS 확장을 통해 단일 열에 위도와 경도를 나타내는 점을 포함하여 기하학적 데이터를 저장합니다. 15장에서 지리적 쿼리를 다루며 기하학적 데이터를 탐색합니다.

다음으로, 카운티 인구 추정치와 변동 사항을 저장합니다❻. 표 5-1에는 열의 정의 사항을 정리했습니다.

열 이름	설명
pop_est_2018	2018년 7월 1일 기준 인구 추정치
pop_est_2019	2019년 7월 1일 기준 인구 추정치
births_2019	2018년 7월 1일부터 2019년 6월 30일 사이 출생자 수
deaths_2019	2018년 7월 1일부터 2019년 6월 30일 사이 사망자 수
international_migr_2019	2018년 7월 1일부터 2019년 6월 30일 사이 순 국제 이주자 수
domestic_migr_2019	2018년 7월 1일부터 2019년 6월 30일 사이 순 지역 이주자 수
residual_2019	일관성을 위해 추정치를 조정하는 데 사용되는 숫자

표 5-1 인구 추정치 열

마지막으로 CREATE TABLE 문은 state_fips와 county_fips 열을 테이블의 기본 키로 사용하도록 지정하는 CONSTRAINT 절❼로 끝납니다. 이는 두 열의 조합이 테이블의 모든 행에 대해 고유하다는 뜻인데, 기본 키에 관한 개념은 8장에서 자세히 살펴볼 것입니다. 일단 데이터를 가져오겠습니다.

5-3-3 COPY로 인구조사 데이터 가져오기

이제 인구조사 데이터를 테이블로 가져오겠습니다. 코드 5-3의 FROM 절에서 실제 컴퓨터의 데이터 위치와 일치하도록 파일 경로를 변경하고 스크립트를 실행합니다.

```
COPY us_counties_pop_est_2019
FROM 'C:\YourDirectory\us_counties_pop_est_2019.csv'
WITH (FORMAT CSV, HEADER);
```

코드 5-3 COPY를 이용한 인구조사 데이터 가져오기

코드를 실행하면 pgAdmin에 다음 메시지가 표시됩니다.

```
COPY 3142
쿼리 실행 완료 시간: 75 msec.
```

결과를 보니 가져온 행 수가 CSV의 행 수와 동일합니다. 좋은 소식이군요. 원본 CSV 파일이나 가져오기 코드에 문제가 있다면 오류가 발생합니다. 예를 들어, CSV의 행 하나에 대상 테이블보다 열이 더 많다면 pgAdmin의 데이터 출력 창에 오류 메시지와 수정 방법에 대한 힌트가 표시됩니다.

```
ERROR: extra data after last expected column
Context: COPY us_counties_pop_est_2019, line 2: "01,001,3,Alabama, ..."
```

오류가 보고되지 않더라도 방금 가져온 데이터를 시각적으로 살펴보며 모든 정보가 예상대로 보이는지 확인해 보세요.

5-3-4 가져온 데이터 검사하기

모든 열과 행을 살펴보는 SELECT 문을 실행해 보겠습니다.

```
SELECT * FROM us_counties_pop_est_2019;
```

pgAdmin에는 3,142개의 행이 표시되며 결과를 좌우로 스크롤해 보면 각 열에 예상했던 값이 들어 있어야 합니다. 특별히 주의를 기울여 데이터 타입을 결정한 일부 열을 검토해 보겠습니다. 예를 들어, 다음 쿼리를 실행해 area_land 값이 가장 큰 카운티를 표시하겠습니다. 쿼리가 원하는 행 수만 반환하도록 하는 LIMIT 절을 사용해 행 세 개만 요청하겠습니다.

```
SELECT county_name, state_name, area_land
FROM us_counties_pop_est_2019
ORDER BY area_land DESC
LIMIT 3;
```

이 쿼리는 토지 면적이 가장 큰 카운티부터 가장 작은 카운티까지 지리적 순위를 매깁니다. 필드에서 가장 큰 값이 integer 타입의 범위를 벗어나기 때문에 area_land 열을 bigint 타입으로 정의했습니다. 예상할 수 있듯 알래스카의 대규모 지역이 상위권으로 출력됩니다.

```
county_name                 state_name    area_land
------------------------    ----------    ------------
Yukon-Koyukuk Census Area   Alaska        377038836685
North Slope Borough         Alaska        230054247231
Bethel Census Area          Alaska        105232821617
```

다음으로 numeric(10,7)로 정의한 internal_point_lat과 internal_point_lon의 위도 및 경도 열을 확인해 보겠습니다. 이 코드는 경도가 가장 큰 카운티부터 가장 작은 카운티로 정렬합니다. 이번에는 LIMIT을 사용하여 5개의 행을 검색하겠습니다.

```
SELECT county_name, state_name, internal_point_lat, internal_point_lon
FROM us_counties_pop_est_2019
ORDER BY internal_point_lon DESC
LIMIT 5;
```

경도는 동쪽에서 서쪽으로 위치를 측정합니다. 영국의 본초 자오선을 기준으로 서쪽 위치는 음수로 표시되며 서쪽으로 갈수록 -1, -2, -3 등으로 절댓값이 점점 커집니다. 내림차순으로 정렬했기 때문에 미국의 가장 동쪽에 있는 카운티가 맨 위에 표시되리라 예상됩니다. 그런데 결과를 보면, 짜잔! 맨 위에는 알래스카가 나옵니다.

county_name	state_name	internal_point_lat	internal_point_lon
Aleutians West Census Area	Alaska	51.9489640	179.6211882
Washington County	Maine	44.9670088	-67.6093542
Hancock County	Maine	44.5649063	-68.3707034
Aroostook County	Maine	46.7091929	-68.6124095
Penobscot County	Maine	45.4092843	-68.6666160

이유는 다음과 같습니다. 알래스카 알류샨^Aleutians 열도는 서쪽으로(하와이보다 서쪽으로 더 멀리) 확장되어 경도 180도에서 자오선을 지납니다. 자오선을 지나면 경도가 양수로 바뀌고 다시 0에서 카운트됩니다. 다행히 데이터의 실수는 아닙니다. 대신 나중에 상식 퀴즈를 위해 알아 두면 좋겠죠?

축하합니다! 데이터베이스에 합법적인 인구 통계 데이터셋이 저장됐습니다. 이 데이터는 이번 장 뒷부분에서 COPY로 데이터를 내보내는 방법을 확인하는 데 사용하고 6장에서 수학 함수를 배우는 데에도 사용합니다. 데이터 내보내기로 넘어가기 전에 또 다른 가져오기 방법을 살펴보겠습니다.

5-4 COPY를 사용하여 열 하위 집합 가져오기

CSV 파일에 대상 데이터베이스 테이블의 몇몇 열에 대한 데이터가 존재하지 않아도 데이터에 있는 열을 지정하여 가져올 수 있습니다. 이런 상황을 한번 떠올려 보세요. 지역별로 정부 지출 추세를 분석할 수 있도록 해당 주의 모든 마을 관리자의 급여를 조사하고 있습니다. 시작하기에 앞서 코드 5-4로 supervisor_salaries라는 테이블을 만듭니다.

```
CREATE TABLE supervisor_salaries (
    id integer GENERATED ALWAYS AS IDENTITY PRIMARY KEY,
    town text,
    county text,
    supervisor text,
    start_date date,
    salary numeric(10,2),
    benefits numeric(10,2)
);
```

코드 5-4 관리자 급여를 추적하기 위한 테이블 만들기

여러분은 마을과 카운티, 관리자 이름, 근로 시작 날짜, 급여, 혜택에 대한 열을 원합니다. 그러나 데이터를 요청하기 위해 여러분이 처음으로 연락한 카운티 서기는 "죄송합니다. 마을, 관리자, 급여 정보만 있습니다. 나머지는 다른 곳에서 가져와야 합니다."라고 대답합니다. 그런 경우라도 어쨌든 CSV를 보내달라고 요청해서 사용 가능한 정보를 가져옵니다.

이 책에서는 여러분이 쉽게 다운로드할 수 있는 샘플 CSV 파일을 준비해 두었습니다. supervisor_salaries.csv 파일을 영진닷컴 홈페이지 또는 깃허브에서 다운받으세요. 파일을 텍스트 편집기로 열면 맨 위에 다음 두 줄이 나올 것입니다.

```
town,supervisor,salary
Anytown,Jones,67000
```

다음 COPY 구문을 사용하여 가져올 수 있습니다.

```
COPY supervisor_salaries
FROM 'C:\YourDirectory\supervisor_salaries.csv'
WITH (FORMAT CSV, HEADER);
```

하지만 이렇게 하면 PostgreSQL은 오류를 반환합니다.

```
ERROR: 오류:  integer 자료형 대한 잘못된 입력: "Anytown"
CONTEXT:  COPY supervisor_salaries, line 2, column id: "Anytown"
SQL 상태: 22P02
```

문제는 테이블의 첫 번째 열은 자동 증가 정수인 id 열인데 CSV 파일의 시작에는 텍스트 열 town이 있다는 것입니다. CSV 파일의 첫 번째 열에 정수가 있더라도 GENERATED ALWAYS AS IDENTITY 키워드를 사용하면 id에 값을 추가할 수 없습니다. 이 상황에 대한 해결 방법은 코드 5-5와 같이 CSV 테이블의 열을 데이터베이스에 명시하는 것입니다.

```
COPY supervisor_salaries ❶(town, supervisor, salary)
FROM 'C:\YourDirectory\supervisor_salaries.csv'
WITH (FORMAT CSV, HEADER);
```

코드 5-5 CSV에서 세 개의 테이블 열로 급여 데이터 가져오기

테이블 이름 뒤에 세 개의 열❶을 괄호 안에 표시하여 PostgreSQL이 CSV를 읽을 때 해당 열을 채울 데이터만 찾도록 지시합니다. 이제 SELECT * FROM supervisor_salaries ORDER BY id LIMIT 2; 를 실행해 테이블에서 처음 몇 개의 행을 살펴보면 해당 열에 맞는 값이 채워진 것을 확인할 수 있습니다.

```
id    town      county supervisor start_date  salary    benefits
--  ---------- ------ ---------- ---------- --------- --------
1  Anytown           Jones                  67000.00
2  Bumblyburg        Larry                  74999.00
```

| 5-5 COPY를 사용하여 행의 일부만 가져오기

PostgreSQL 버전 12부터 COPY 문에 WHERE 절을 추가하여 원본 CSV에서 테이블로 가져올 행을 필터 링할 수 있습니다. 관리자 급여 데이터를 사용하여 그 작동 방식을 확인해 보겠습니다.

우선 DELETE 쿼리를 사용하여 supervisor_salaries로 가져온 모든 데이터를 지우겠습니다.

```
DELETE FROM supervisor_salaries;
```

이렇게 하면 테이블에서 데이터가 제거되지만 id 열의 IDENTITY 열 값은 재설정되지 않습니다. 8 장에서 테이블 디자인에 대해 살펴보면서 값을 재설정하는 방법을 다루겠습니다. 삭제가 끝나면 가 져온 데이터를 필터링하는 WHERE 절을 추가한 COPY 문을 사용합니다. 이러한 코드 5-6의 WHERE 절은 CSV 입력에서 town 열의 값이 New Brillig와 일치하는 데이터를 찾아 테이블로 가져옵니다.

```
COPY supervisor_salaries (town, supervisor, salary)
FROM 'C:\YourDirectory\supervisor_salaries.csv'
WITH (FORMAT CSV, HEADER)
WHERE town = 'New Brillig';
```

코드 5-6 WHERE로 행 하위 집합 가져오기

이제 SELECT * FROM supervisor_salaries;를 실행해 테이블의 내용물을 살펴보겠습니다. 딱 하나 의 행이 출력됩니다.

```
id   town         county supervisor start_date  salary    benefits
-- ----------- ------ ---------- ---------- --------- --------
10 New Brillig         Carroll               102690.00
```

참 쉽죠. 이제 데이터를 가져오는 과정에서 편집할 수 있도록 임시 테이블의 사용법을 알아보겠 습니다.

| 5-6 가져오는 과정에서 열에 값 추가하기

CSV 파일의 카운티 열에 'Mills'라는 이름이 없는데, 데이터를 가져오는 과정에서 그 값이 필요하 다는 걸 알게 된다면 어떻게 해야 할까요? 이름을 포함하도록 가져오기를 수정하는 한 가지 방법은 CSV 파일을 supervisors_salary 테이블에 추가하기 전에 임시 테이블[temporary table]에 로드하는 것입 니다. 임시 테이블은 데이터베이스 세션을 종료하기 전까지만 존재합니다. 즉 데이터베이스를 다시 열거나 연결을 끊으면 해당 테이블은 사라집니다. 처리 파이프라인의 일부로 데이터에 대한 중간 작업을 수행하는 데 유용하며, CSV 파일을 가져올 때 supervisor_salaries 테이블에 카운티 이름을 추가하는 데 사용됩니다.

다시 DELETE 쿼리를 사용하여 앞서 supervisor_salaries 테이블로 가져왔던 데이터를 지웁니다. DELETE FROM supervisor_salaries;를 실행한 결과로 데이터가 삭제되면 코드 5-7을 실행하여 임시 테이블을 만들고 CSV 파일을 가져옵니다. 그런 다음 해당 테이블의 데이터를 쿼리하고 supervisor_ salaries 테이블에 삽입할 카운티 이름을 포함합니다.

```
❶ CREATE TEMPORARY TABLE supervisor_salaries_temp
      (LIKE supervisor_salaries INCLUDING ALL);

❷ COPY supervisor_salaries_temp (town, supervisor, salary)
  FROM 'C:\YourDirectory\supervisor_salaries.csv'
  WITH (FORMAT CSV, HEADER);

❸ INSERT INTO supervisor_salaries (town, county, supervisor, salary)
  SELECT town, 'Mills', supervisor, salary
  FROM supervisor_salaries_temp;

❹ DROP TABLE supervisor_salaries_temp;
```

코드 5-7 가져오는 동안 임시 테이블을 사용하여 열에 기본값 추가하기

이 스크립트는 네 가지 작업을 수행합니다. 먼저 LIKE 키워드 뒤에 원본 테이블인 supervisor_ salaries를 인수로 전달하여 supervisor_salaries_temp❶라는 임시 테이블을 만듭니다. INCLUDING ALL 키워드는 PostgreSQL가 테이블 행과 열뿐만 아니라 인덱스 및 IDENTITY 설정과 같은 구성 요소도 복사하게 합니다. 그런 다음 이제 익숙한 COPY 구문을 사용하여 supervisor_salaries.csv 파일을 임시 테이블로 가져옵니다❷.

다음으로 급여 테이블을 채우기 위해 INSERT 문을 사용합니다❸. 값을 지정하는 대신 SELECT 문을 사용하여 임시 테이블을 쿼리합니다. 이 쿼리는 작은따옴표 안의 문자열 Mills를 열 이름이 아니라 두 번째 열에 대한 값으로 지정합니다.

이제 가져오기 과정에서 임시 테이블 사용이 끝났으니 DROP TABLE을 사용하여 임시 테이블을 지웁니다❹. 임시 테이블은 PostgreSQL 세션에서 연결을 끊으면 자동으로 사라지지만, 다른 CSV 파일을 가져와 새로운 임시 테이블을 사용하려는 경우에는 이렇게 즉시 삭제합니다.

위 쿼리를 실행한 후 SELECT * FROM supervisor_salaries ORDER BY LIMIT 2;를 실행해 처음 두 행에서 효과를 확인합니다.

```
id    town       county supervisor start_date  salary    benefits
--  ---------- ------ ---------- ---------- ---------- --------
11 Anytown     Mills  Jones                 67000.00
12 Bumblyburg  Mills  Larry                 74999.00
```

이로써 원본 CSV 파일에 값이 없는데도 county 열에 값을 입력했습니다. 이 가져오기 여정은 자칫 험난해 보일 수 있지만 원하는 결과를 얻으려면 데이터 처리에 여러 단계가 필요한지 확인하는 것이 좋습니다. 좋은 소식은 이 임시 테이블 데모가 SQL이 데이터 처리를 제어하기 위해 제공하는 유연성의 적절한 지표라는 것입니다.

| 5-7 COPY를 사용하여 데이터 내보내기 |

COPY를 사용하여 데이터를 내보낼 때는 FROM 절로 소스 데이터를 식별하는 대신 출력 파일의 경로와 이름에 TO를 사용합니다. 전체 테이블을 내보내거나 단 몇 개의 열만 내보내는 식으로 추출할 데이터의 양을 제어할 수 있고, 쿼리 결과를 더 세밀하게 조정할 수 있습니다.

세 가지 예시를 살펴보겠습니다.

5-7-1 모든 데이터 내보내기

가장 간단한 내보내기는 테이블의 모든 것을 파일로 보내는 것입니다. 앞서 16개의 열과 3,142개의 인구조사 데이터 행이 있는 us_counties_pop_est_2019 테이블을 만들었습니다. 코드 5-8의 SQL 구문은 모든 데이터를 us_counties_export.txt라는 텍스트 파일로 내보냅니다. WITH 키워드 옵션은 PostgreSQL에 헤더 행을 포함하고 쉼표 대신 파이프 기호를 구분 기호로 사용하도록 지시합니다. 여기서는 두 가지 이유로 .txt 파일 확장자를 사용했습니다. 첫째, 모든 텍스트 파일 형식으로 내보낼 수 있음을 보여 줍니다. 둘째, 우리는 지금 쉼표가 아니라 파이프를 구분 기호로 사용하고 있습니다. 쉼표를 구분 기호로 사용하지 않는 한 .csv 파일을 호출하지 않는 것이 좋습니다.

추출하는 디렉터리를 원하는 위치로 변경하는 것을 잊지 마세요.

```
COPY us_counties_pop_est_2019
TO 'C:\YourDirectory\us_counties_export.txt'
WITH (FORMAT CSV, HEADER, DELIMITER '|');
```

코드 5-8 COPY로 전체 테이블 내보내기

내보낸 파일을 텍스트 편집기로 열면 다음과 같은 정보를 볼 수 있습니다. 결과는 생략했습니다.

```
state_fips|county_fips|region|state_name|county_name| --생략--
01|001|3|Alabama|Autauga County --생략--
```

파일에는 열 이름이 적힌 헤더 행이 포함되어 있으며 모든 열은 파이프 구분 기호로 구분합니다.

5-7-2 특정 열 내보내기

항상 모든 데이터를 내보낼 필요는 없습니다. 데이터에는 주민등록번호나 생년월일과 같이 비공개로 유지해야 하는 민감한 정보가 포함되어 있을 수 있습니다. 또는 카운티 인구조사 데이터의 경우, 사용 중인 지도 작성 프로그램에서 위치를 표시하는 데 카운티 이름과 지리적 좌표만 필요할 수도 있습니다. 다음 코드 5-9처럼 테이블 이름 뒤 괄호 안에 열 이름을 나열하면 그 열만 내보낼 수 있습니다. 물론 이러한 열 이름은 PostgreSQL이 인식할 수 있도록 데이터에 나열되어 있으므로 정확하게 입력해야 합니다.

```
COPY us_counties_pop_est_2019
    (county_name, internal_point_lat, internal_point_lon)
TO 'C:\YourDirectory\us_counties_latlon_export.txt'
WITH (FORMAT CSV, HEADER, DELIMITER '|');
```

코드 5-9 COPY를 활용하여 테이블에서 선택된 열 추출하기

5-7-3 쿼리 결과 내보내기

COPY에 쿼리를 추가하여 출력을 세부적으로 조정할 수 있습니다. 코드 5-10에서는 3장의 'WHERE에 LIKE와 ILIKE 사용하기'에서 다룬 대소문자를 구분하지 않는 ILIKE와 % 와일드카드 문자를 사용하여 카운티 이름에 mill이 대문자나 소문자로 포함된 경우에 해당 카운티 이름과 주 약어를 내보냅니다. 이번 예시에서는 WITH 절에서 DELIMITER 키워드를 제거했습니다. 그 결과 CSV 형식이 출력됩니다.

```
COPY (
    SELECT county_name, state_name
    FROM us_counties_pop_est_2019
    WHERE county_name ILIKE '%mill%'
    )
TO 'C:\YourDirectory\us_counties_mill_export.csv'
WITH (FORMAT CSV, HEADER);
```

코드 5-10 COPY를 이용한 쿼리 결과 내보내기

코드를 실행한 후 출력 파일에는 Miller와 Roger Mills, Vermillion 같은 카운티 이름 9개의 행이 나옵니다.

```
county_name,state_name
Miller County,Arkansas
Miller County,Georgia
Vermillion County,Indiana
--생략--
```

5-8 pgAdmin을 통한 가져오기 및 내보내기

가끔 SQL COPY 명령은 특정 가져오기 및 내보내기를 처리할 수 없습니다. 이런 일은 주로 다른 컴퓨터에서 실행되는 PostgreSQL 인스턴스에 연결되어 있을 때 발생합니다. Amazon Web Services와 같은 클라우드 컴퓨팅 환경의 머신이 좋은 예입니다. 이 시나리오에서 PostgreSQL의 COPY 명령은 원격 시스템에 존재하는 파일과 파일 경로를 찾습니다.(로컬 컴퓨터에서는 파일을 찾지 못합니다.) COPY를 사용하려면 데이터를 원격 서버로 전송해야 하지만 늘 그런 권한을 갖지는 못합니다.

이 문제를 해결할 한 가지 방법은 pgAdmin에 내장된 가져오기/내보내기 마법사를 사용하는 것입니다. pgAdmin의 탐색기(왼쪽 세로 창)에서 **데이터베이스 ▶ analysis ▶ 스키마 ▶ public ▶ 테이블**을 선택하여 analysis 데이터베이스의 테이블 목록을 찾습니다.

다음으로, 가져오거나 내보낼 테이블을 마우스 오른쪽 버튼으로 클릭하고 **Import/Export Data …**를 선택합니다. 그림 5-1과 같이 해당 테이블에서 가져올지 내보낼지를 선택할 수 있는 대화 상자가 나타납니다.

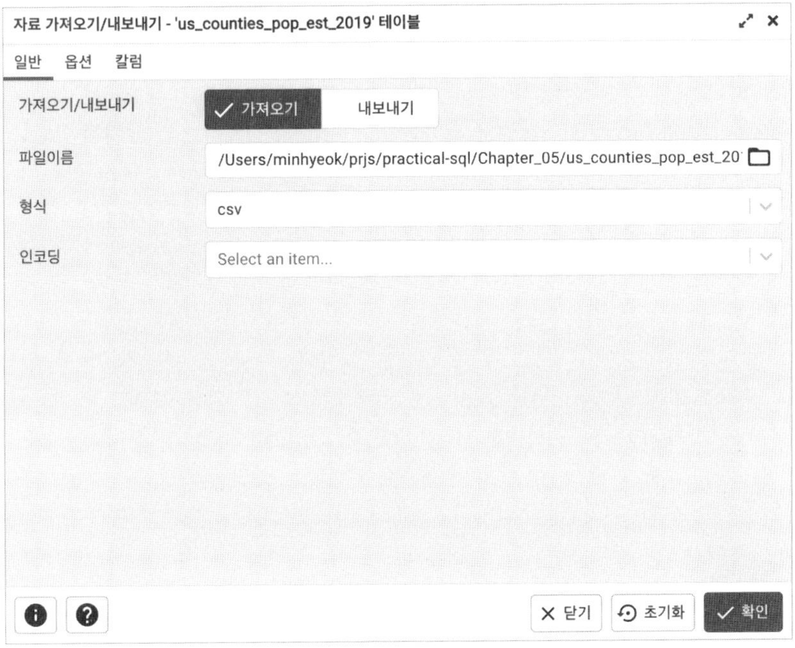

그림 5-1 pgAdmin 가져오기/내보내기 창

가져오려면 가져오기/내보내기 중 **가져오기**를 선택합니다. 그런 다음 **파일이름** 상자의 오른쪽에 있는 폴더 아이콘을 클릭하여 CSV 파일을 찾고, 형식 드롭 다운 목록에서 **csv**를 선택합니다. 그런 다음 옵션 탭으로 넘어가 필요에 따라 헤더, 구분 기호, 인용 및 기타 옵션을 조정합니다. **확인**을 클릭하여 데이터를 가져옵니다.

내보낼 때도 가져오기/내보내기 창에서 위와 유사한 단계를 수행하면 됩니다.

18장에서 컴퓨터의 명령줄로 PostgreSQL을 사용하는 방법을 알아보며 psql이라는 유틸리티와 \copy 명령으로 파일을 가져오고 내보내는 방법을 살펴보겠습니다. pgAdmin의 가져오기/내보내기 마법사는 백그라운드에서 사실 \copy를 사용하지만 더 친숙한 화면을 보여 줍니다.

5-9 마무리

외부 데이터를 데이터베이스로 가져오는 방법을 배웠으므로 이제 일반적으로 공개된 수천 개의 데이터셋 중 하나를 탐색하거나 자신의 경력이나 연구와 관련된 수많은 데이터셋을 파헤칠 수 있습니다. 많은 데이터가 CSV 형식 또는 CSV로 쉽게 변환할 수 있는 형식으로 제공됩니다. 데이터를 이해하고 각 필드에 적합한 데이터 타입을 선택하는 데 도움이 되는 데이터 사전을 찾아보세요.

이 장에서 사용한 인구조사 데이터는 SQL의 수학 함수를 탐색하는 다음 장에서도 주요 데이터로 활용됩니다.

연습문제

이번 연습문제를 통해 데이터 가져오기 및 내보내기에 대한 탐색을 계속해 보세요. PostgreSQL 문서 (https://www.postgresql.org/docs/current/sql-copy.html)를 참고하는 것을 잊지 마세요.

1. COPY에 포함할 WITH 문을 작성하여 처음 두 행이 다음과 같은 가상의 텍스트 파일 가져오기를 처리해 보세요.

   ```
   id:movie:actor
   50:#Mission: Impossible#:Tom Cruise
   ```

2. 이 장에서 만들고 채운 us_counties_pop_est_2019 테이블을 사용해 미국에서 가장 많은 출생자 수를 보유한 20개 카운티를 CSV 파일로 내보내세요. 각 카운티의 이름, 주, 출생 수만 내보내야 합니다.(힌트: 출생 단위는 births_2019 열에 각 카운티의 합계가 담겨 있습니다.)

3. 다음 값이 있는 열이 포함된 파일을 가져오고 있다고 가정해 보겠습니다.

   ```
   17519.668
   20084.461
   18976.335
   ```

   데이터 타입 numeric(3,8)이 있는 대상 테이블의 열이 이러한 값에 대해 작동하나요? 그것이 작동하는 또는 작동하지 않는 이유는 무엇인가요?

6

SQL을 사용한 기본 수학 및 통계

여러분이 다루는 데이터가 4장에서 살펴본 정수, 10진수 또는 부동 소수점 등 숫자 데이터 타입을 포함하고 있다면 언젠가는 분석 결과에 몇 가지 계산이 포함될 것입니다. 예를 들어, 한 열에 있는 모든 달러 값의 평균을 알고 싶거나, 두 열에 값을 추가하여 각 행별 합계를 산출하고 싶을 수도 있습니다. SQL은 기초 수학부터 고급 통계까지 다양한 계산을 처리합니다.

이 장에서는 기초부터 시작해서 수학 함수와 기초 통계로 넘어가겠습니다. 또한 백분율 및 변화율과 관련된 계산에 대해서도 설명하겠습니다. 대다수의 실습은 5장에서 가져온 2019년 미국 10개년 인구조사 데이터를 사용합니다.

6-1 수학 연산자와 함수 이해하기

여러분이 초등학교에서 배운 기본 수학부터 시작하겠습니다.(기억나지 않는 부분이 있어도 괜찮습니다.) 표 6-1에는 계산에 가장 자주 사용하는 아홉 가지 수학 연산자가 나와 있습니다. 더하기, 빼기, 곱하기, 나누기는 모든 데이터베이스 시스템에서 구현되는 표준 ANSI SQL의 일부입니다. 나머지는 PostgreSQL 전용 연산자이지만 다른 데이터베이스에도 그와 같은 작업을 수행하는 함수나 연산자가 있을 수 있습니다. 예를 들어, 모듈로 연산자(%)는 Microsoft SQL Server나 MySQL은 물론 PostgreSQL에서도 작동합니다. 다른 데이터베이스 시스템을 사용할 때는 해당하는 문서를 확인해 보세요.

연산자	설명
+	더하기
-	빼기
*	곱하기
/	나누기(몫만 반환함, 나머지는 반환하지 않음)
%	모듈로(나머지 값만 반환함)
^	지수화
|/	제곱근
||/	세제곱근
!	팩토리얼

표6-1 기본 수학 연산자

테이블이나 다른 데이터베이스 개체에서 작업하는 대신 일반 숫자에 대해 간단한 SQL 쿼리를 실행하며 연산자를 단계별로 살펴보겠습니다. pgAdmin 쿼리 도구에 명령문을 개별적으로 입력해 한 번에 하나씩 실행하거나, 영진닷컴 홈페이지 또는 깃허브에서 다운받은 코드를 붙여 넣고 각 줄을 드래그해 실행할 수 있습니다.

6-1-1 수학과 데이터 타입 이해하기

예제를 풀어보면서 pgAdmin 결과 그리드의 각 열 이름 아래에 나열된 결과들의 데이터 타입을 기록해 두세요. 계산을 위해 반환되는 타입은 입력한 숫자의 연산 및 데이터 타입에 따라 달라집니다. 두 숫자 사이에 덧셈과 뺄셈, 곱셈, 나눗셈 연산자를 사용하면 반환되는 값의 데이터 타입은 다음과 같습니다.

- 두 정수는 integer를 반환한다.
- 연산자 옆에 numeric 타입인 숫자가 하나라도 있으면 numeric을 반환한다.
- 부동 소수점 숫자가 있으면 부동 소수점 타입인 double precision을 반환한다.

그러나 지수, 제곱근, 팩토리얼 함수는 다릅니다. 각각은 연산자 앞이나 뒤에 하나의 숫자를 취하고, 입력이 정수인 경우에도 numeric과 floating-point 타입을 반환합니다.

때로는 결과의 데이터 타입이 여러분의 필요에 딱 들어맞을 수 있습니다. 하지만 그렇지 않을 때는 4장의 'CAST를 통해 데이터 타입 변환하기'에서 이야기한 대로 CAST를 사용해 데이터 타입을 변경해야 할 수도 있습니다. 특정 타입을 사용하는 함수에 계산 결과를 입력으로 제공해야 하는 경우를 그 예로 들 수 있습니다. 뒤의 예제들을 다루며 타입 변환이 필요할 때마다 적어 두겠습니다.

> **NOTE**
>
> PostgreSQL은 pg_operator라는 테이블에 연산자가 허용하는 인수와 호출하는 내부 함수, 반환하는 데이터 타입을 정의합니다. 예를 들어 + 연산자를 구현하기 위해 integer를 대상으로 덧셈 함수를 한 번 정의하고, 다시 numeric을 대상으로 덧셈 함수를 다시 정의합니다.

6-1-2 더하기, 빼기, 그리고 곱하기

간단한 정수 덧셈, 뺄셈, 곱셈부터 시작해 보겠습니다. 코드 6-1은 SELECT 키워드에 수학 공식이 뒤따르는 세 가지 예를 보여 줍니다. 3장에서부터 우리는 SELECT를 원래 용도대로 테이블에서 데이터를 검색하는 데 사용해 왔습니다. 하지만 PostgreSQL, Microsoft SQL Server, MySQL 및 기타 데이터베이스 관리 시스템에서는 여기서처럼 테이블 이름을 생략하고 간단한 수학 및 문자열 연산을 수행할 수 있습니다.

저는 가독성을 위해 수학 연산자 앞뒤에 한 칸의 공백을 넣는 것을 추천합니다. 공백을 넣지 않는다고 코드가 작동하지 않는 건 아니지만, 코드를 보기 좋게 작성하는 좋은 연습이 될 것입니다.

```
❶ SELECT 2 + 2;
❷ SELECT 9 - 1;
❸ SELECT 3 * 4;
```

코드 6-1 SQL을 사용한 기본적인 덧셈, 뺄셈, 곱셈

이 구문 중 어느 것도 로켓 연구에 사용될 법한 복잡한 계산은 아닙니다. 그러니 쿼리 도구에서 SELECT 2 + 2;❶를 실행하면 4라는 결과가 나온다는 사실에 놀라지 마세요. 마찬가지로, 뺄셈❷과 곱셈❸의 예도 우리가 예상한 대로 8과 12라는 결과를 보입니다. 출력은 쿼리 결과와 마찬가지로 열에 표시됩니다. 하지만 우리가 여기선 테이블을 쿼리하고 열을 지정하지 않기 때문에 결과는 미상의 열unknown column을 뜻하는 ?column? 아래에 나타납니다.

```
?column?
--------
       4
```

괜찮습니다. 이건 테이블 안의 어떤 데이터에도 영향을 미치지 않고 단지 결과를 표시할 뿐입니다. 열 이름을 표시하려면 SELECT 3 * 4 AS result;와 같이 별칭을 제공하면 됩니다.

6-1-3 나누기와 모듈로 수행하기

SQL의 나누기는 앞서 언급한 '정수를 사용한 연산'과 '소수를 사용한 연산'의 차이로 인해 조금 더 까다로워집니다. 나누기 연산에서 나머지 값만 반환하는 모듈로 연산자(%)를 추가하면 결괏값이 조금

헷갈릴 수 있습니다. 확실하게 이해하기 위해 코드 6-2에서 네 가지 예시를 살펴보겠습니다.

```
❶ SELECT 11 / 6;
❷ SELECT 11 % 6;
❸ SELECT 11.0 / 6;
❹ SELECT CAST (11 AS numeric(3,1)) / 6;
```

코드 6-2 SQL을 사용한 정수 및 소수 나누기

첫 번째 구문은 / 연산자❶를 사용하여 정수 11을 정수 6으로 나눕니다. 암산을 해보면 몫은 1이고 나머지는 5라는 것을 알 수 있습니다. 그러나 이 쿼리를 실행하면 결괏값으로 1을 보여 줍니다. 즉 SQL에서 한 정수를 다른 정수로 나누면 정수 몫만을 보여 주는 것입니다. 나머지 값도 정수로 가져 오고 싶다면 모듈로 연산자로 계산을 수행해야 합니다❷. 이 명령문을 실행하면 나머지인 5만 반환합 니다. 한 번에 몫과 나머지를 모두 정수로 제공하는 연산자는 없습니다. 훗날 어떤 진취적인 개발자 가 그런 기능을 추가하길 소원해 봅니다.

모듈로는 단순히 나머지 값을 가져오는 데 그치지 않고 더 유용한 기능으로 활용되기도 합니다. 바로 테스트 조건으로 사용하는 것입니다. 예를 들어, 숫자가 짝수인지 확인하려면 % 2 연산을 사용 하여 테스트하면 됩니다. 결과가 0이면 나머지 값이 없는 것이므로 짝수를 의미합니다.

두 숫자를 나누고 결과가 numeric 타입으로 반환되도록 하려면 다음 두 가지 방법을 사용할 수 있 습니다. 첫째, 두 숫자 중 하나 이상이 numeric일 경우 결과는 기본적으로 numeric으로 표시됩니다. 11.0을 6으로 나누면❸ 그렇게 됩니다. 해당 쿼리를 실행하면 결괏값은 1.83333입니다. 여기서 표시 되는 소수 자릿수는 PostgreSQL 및 시스템 설정에 따라 다를 수 있습니다.

둘째로, 성수보 저장된 데이터로만 작업하고 소수 나눗셈을 강제해야 하는 경우라면 정수 중 하 나를 numeric 타입으로 CAST❹할 수 있습니다. 이를 실행하면 1.83333이 반환됩니다.

6-1-4 지수, 제곱근, 팩토리얼 사용하기

PostgreSQL 같은 SQL 언어들은 기본적인 것뿐만 아니라 제곱, 세제곱 또는 다른 방법으로 지수에 수를 올리거나 제곱근 또는 팩토리얼을 구할 수 있는 연산자와 함수를 제공합니다. 코드 6-3은 다음 과 같은 작업을 보여 줍니다.

```
❶ SELECT 3 ^ 4;
❷ SELECT |/ 10;
  SELECT sqrt(10);
❸ SELECT ||/ 10;
❹ SELECT factorial(4);
❺ SELECT 4 !;
```

코드 6-3 SQL을 사용한 지수, 근과 팩토리얼

지수 연산자(^)를 사용하면 주어진 기수를 지수로 올릴 수 있습니다❶. 예를 들어, 3의 4제곱 (3 ^ 4)은 81을 반환합니다. 숫자의 제곱근은 두 가지 방법으로 찾을 수 있습니다. |/ 연산자❷ 또는 sqrt(n) 함수를 사용합니다. 세제곱근의 경우 ||/ 연산자❸를 사용합니다. 둘 다 단일 값 앞에 오기 때문에 전위 연산자prefix operator라는 이름이 붙었습니다.

숫자의 팩토리얼을 계산하려면 factorial(n) 함수❹ 또는 ! 연산자❺를 사용하세요.(! 연산자는 PostgreSQL 버전 13 이하에서만 사용할 수 있는 접미사 연산자suffix operator입니다.) 수학의 많은 분야에서 팩토리얼을 사용하지만 아마도 가장 일반적인 사용처는 수의 배치를 결정할 때입니다. 4장의 사진이 있다고 가정해 보죠. 얼마나 많은 방법으로 수를 나열할 수 있을까요? 전체 개수부터 1까지 수를 줄여가며 곱해 팩토리얼을 계산합니다. 따라서 ❹에서 함수 factorial(4)는 4 × 3 × 2 × 1입니다. 이는 4개의 숫자를 정렬하는 방법의 개수와 같습니다. 총 24가지이죠. 계산하는 데 시간이 너무 오래 걸리는 것도 당연합니다!

다시 말하지만 이러한 연산자는 표준 SQL의 일부가 아니며 PostgreSQL에만 해당됩니다. 다른 데이터베이스 응용 프로그램을 사용하는 경우 해당 문서에서 이러한 작업을 구현하는 방법을 확인해 보세요.

6-1-5 연산의 순서 유의하기

아주 어린 시절에 수학을 처음 배울 때 들었던 연산 순서 또는 연산자 우선 순위operator precedence를 기억하고 있을 것입니다. SQL이 먼저 실행하는 계산은 무엇일까요? 당연하게도 SQL은 이미 정해져 있는 수학 규칙을 따릅니다. 지금까지 설명한 PostgreSQL의 연산 순서는 다음과 같습니다.

1. 지수와 근
2. 곱하기, 나누기, 모듈로
3. 더하기와 빼기

이 규칙을 따르기 때문에 후순위에 있는 연산을 먼저 처리하고 싶을 때는 그 연산을 괄호 안에 넣어 주어야 합니다. 예를 들어, 다음 두 식은 서로 다른 결과를 산출합니다.

```
SELECT 7 + 8 * 9;
SELECT (7 + 8) * 9;
```

첫 번째 식은 곱하기 연산이 먼저 처리된 후에 더하기가 처리되기 때문에 79를 반환합니다. 이와 달리 두 번째 식은 괄호를 사용해 더하기 연산을 먼저 하도록 강제하기 때문에 135를 반환합니다.

지수를 사용한 두 번째 예는 다음과 같습니다.

```
SELECT 3 ^ 3 - 1;
SELECT 3 ^ (3 - 1);
```

지수 연산은 빼기보다 우선 순위가 높습니다. 첫 번째 식에는 괄호가 없으니 왼쪽부터 오른쪽 순서로 자연스럽게 3의 3제곱을 먼저 계산하고 나서 1을 빼기 때문에 26을 반환합니다. 그러나 두 번째 식에서는 빼기를 괄호 안에 넣어 먼저 처리하게 하므로 3의 2제곱인 9를 결과로 반환합니다. 나중에 분석을 수정할 필요가 없도록 연산자 우선 순위에 유의하세요!

6-2 인구조사 테이블 열을 이용해 계산하기

5장에서 가져온 2019년도 인구조사의 인구 추정 테이블인 us_counties_pop_est_2019를 파헤쳐 실제 데이터에 가장 자주 쓰이는 SQL 수학 연산자를 사용해 보겠습니다. 쿼리에 숫자를 사용하는 대신 열 이름을 사용합니다.(그 열에는 숫자가 들어 있습니다.) 쿼리를 실행하면 테이블의 각 행에서 계산이 수행됩니다.

데이터에 대한 기억을 되살리기 위해 코드 6-4를 실행해 보겠습니다. 미국의 각 카운티의 이름과 주 이름, 2019년 인구 변화 요소(출생, 사망, 국제 및 국내 이주)를 보여 주는 3,142개의 행이 반환됩니다.

```
SELECT county_name AS❶ county,
       state_name AS state,
       pop_est_2019 AS pop,
       births_2019 AS births,
       deaths_2019 AS deaths,
       international_migr_2019 AS int_migr,
       domestic_migr_2019 AS dom_migr,
       residual_2019 AS residual
FROM us_counties_pop_est_2019;
```
코드 6-4 별칭을 사용한 인구 추정 열 선택

이 쿼리는 테이블의 모든 열을 반환하지 않는 대신 인구 추정치와 관련된 데이터가 있는 열만 반환합니다. 또한 AS 키워드❶를 사용하여 결과 집합에서 각 열에 더 짧은 별칭을 제공합니다. 이 쿼리의 모든 데이터는 2019년 데이터이므로 pgAdmin으로 출력될 결과 열 이름에서 연도를 제거해 스크롤을 줄입니다. 열 별칭은 필요하지 않으면 굳이 사용하지 않아도 됩니다.

6-2-1 열끼리 더하고 빼기

이제 두 개의 열을 사용해 간단한 계산을 해보겠습니다. 코드 6-5는 각 카운티의 출생자 수에서 사망자 수를 빼 인구조사에서 자연 증가 natural increase라고 하는 측정값을 구합니다.

```
SELECT county_name AS county,
       state_name AS state,
       births_2019 AS births,
       deaths_2019 AS deaths,
    ❶ births_2019 - deaths_2019 AS natural_increase
FROM us_counties_pop_est_2019
ORDER BY state_name, county_name;
```

코드 6-5 us_counties_pop_est_2019의 두 열의 차 구하기

SELECT 문에 열 하나로 births_2019 - deaths_2019❶를 사용하면 계산이 진행됩니다. 다시 말하지만, AS 키워드를 사용하여 열에 읽을 수 있는 별칭을 제공합니다. 이 계산 열의 경우에는 별칭을 제공하지 않으면 PostgreSQL은 알아보기 어려운 ?column?이라는 레이블을 사용합니다.

쿼리를 실행하여 결과를 확인합니다. 처음 출력은 다음과 유사합니다.

```
county          state     births   deaths   natural_increase
--------------  -------   ------   ------   ----------------
Autauga County  Alabama   624      541                    83
Baldwin County  Alabama   2304     2326                  -22
Barbour County  Alabama   256      312                   -56
Bibb County     Alabama   240      252                   -12
```

계산기나 연필과 종이로 빠르게 확인하면 natural_increase 열이 두 열의 차와 일치한다는 사실을 확인할 수 있습니다. 멋지지 않나요? 출력을 스크롤해 보면 일부 카운티는 사망자보다 출생자가 많은 반면 다른 카운티는 그 반대임을 알 수 있습니다. 일반적으로 거주자의 비율이 낮은 카운티는 출생자가 사망자보다 많습니다. 농촌 지역이나 은퇴자들이 거주하는 지역처럼 고령층이 많은 지역은 출생자보다 사망자가 더 많습니다.

이제 이를 기반으로 데이터를 테스트하고 열을 올바르게 가져왔는지 확인하겠습니다. 2019년 인구 추정치는 2018년 추정치와 출생자 수, 사망자 수, 이주 및 잔여 요인에 대한 열의 합계와 같아야 합니다. 코드 6-6은 이 값을 확인합니다.

```
SELECT county_name AS county,
       state_name AS state,
    ❶ pop_est_2019 AS pop,
    ❷ pop_est_2018 + births_2019 - deaths_2019 +
           international_migr_2019 + domestic_migr_2019 +
           residual_2019 AS components_total,
    ❸ pop_est_2019 - (pop_est_2018 + births_2019 - deaths_2019 +
           international_migr_2019 + domestic_migr_2019 +
           residual_2019) AS difference
FROM us_counties_pop_est_2019
❹ ORDER BY difference DESC;
```

코드 6-6 인구조사 데이터 총합 확인

이 쿼리는 2019년 인구 추정치를 pop으로 포함하고❶ 2018년 인구 추정치에 인구 변화 요소의 총합을 더한 값 component_total❷을 포함합니다. 2018년 추정치에 인구 변화 요소를 더한 값은 2019년 추정치와 같아야 하며, 이를 확인하기 위해 pop에서 components_total을 빼는 열❸도 추가합니다. 모든 데이터가 올바른 위치에 있다면 difference라는 열의 모든 행에 0이 출력될 것입니다. 3,142개의 행을 모두 살피는 일을 피하기 위해 difference 열을 기준으로 하는 ORDER BY 절❹을 추가합니다. 만약 pop과 component_total 값이 다른 행이 있다면 쿼리 결과의 상단이나 하단에 나타나야 합니다.

쿼리를 실행하니 처음 몇 행은 다음과 같습니다.

```
      county    state     pop   components_total  difference
-------------   -------   ------  ----------------  ----------
Autauga County  Alabama   55869            55869           0
Baldwin County  Alabama  223234           223234           0
Barbour County  Alabama   24686            24686           0
```

모든 difference 열이 0을 나타내므로, 가져온 데이터가 깨끗했다고 확신할 수 있습니다. 새로운 데이터셋을 만나거나 가져올 때면 이렇게 작은 테스트를 수행하세요. 분석을 시작하기 전에 데이터를 더 잘 이해하고 잠재적인 문제를 방지할 수 있습니다.

6-2-2 데이터의 전체 백분율 구하기

특정 데이터 포인트가 나타내는 전체의 백분율을 계산하면 데이터셋에서 차이점을 찾을 수 있습니다. 그런 다음 데이터셋의 모든 항목에서 해당 비율을 조사해 의미 있는(때로는 놀라운) 통찰을 얻을 수 있습니다.

전체 백분율을 계산하려면 해당 숫자를 전체로 나눕니다. 예를 들어, 사과 12개가 있는데 9개를 파이 만드는 데 사용했다면 그 비율은 9/12, 즉 0.75가 됩니다. 백분율은 75%입니다.

각 카운티의 area_land 및 area_water 열은 카운티의 토지 면적과 물의 면적을 제곱미터 단위로 나타냅니다. 코드 6-7은 이 두 가지 열을 사용하여 각 카운티의 면적에서 물이 차지하는 면적의 백분율을 계산할 수 있습니다.

```sql
SELECT county_name AS county,
       state_name AS state,
    ❶ area_water::numeric / (area_land + area_water) * 100 AS pct_water
FROM us_counties_pop_est_2019
ORDER BY pct_water DESC;
```

코드 6-7 카운티에서 물이 차지하는 면적 비율 구하기

이 쿼리는 area_water를 카운티의 전체 면적으로 나눕니다❶. 여기서 전체 면적은 area_land와 area_water의 합으로 나타냅니다.

데이터를 저장되어 있는 그대로 integer 타입으로 사용하면 원하는 결과를 얻지 못합니다.(모든 행은 정수를 정수로 나눠 정수 몫만 내놓기 때문에 결과로 0이 표시됩니다.) 그러는 대신 정수 중 하나를 numeric 타입으로 변환하면 결과로 소수가 나옵니다. 여기서는 코드를 짧게 하기 위해 이중 콜론 표기법(PostgreSQL 전용 구현)을 사용해 area_water 열의 타입을 변환하지만 4장에서 다룬 ANSI SQL 표준인 CAST 함수를 사용할 수도 있습니다. 마지막으로 결과를 표시하기 위해 결과에 100을 곱하면 모두가 알고 있는 백분율이 표시됩니다.

백분율이 가장 높은 순으로 정렬하면 다음과 같은 순서로 출력됩니다.

```
      county           state            pct_water
----------------   -------------   ----------------------
Keweenaw County    Michigan        90.94723747453215452900
Leelanau County    Michigan        86.28858968116583102500
Nantucket County   Massachusetts   84.79692499185512352300
St. Bernard Parish Louisiana       82.48371149202893908400
Alger County       Michigan        81.87221940647501072300
```

위키백과에서 케베노^{Keweenaw} 카운티를 확인하면 물이 전체 면적의 90%를 넘게 차지하는 이유를 알 수 있습니다. 국토 면적에는 슈페리어 호수에 있는 섬이 포함되어 있고 호수의 물이 총 면적에 포함되기 때문입니다. 이것도 여러분의 상식 사전에 넣어 두세요!

6-2-3 변화율 계산하기

데이터 분석의 또 다른 핵심 지표는 변화율입니다. 이 숫자는 저 숫자보다 얼마나 클까요? 변화율 계산은 시간에 따른 변화를 분석할 때 자주 사용되며 특히 유사한 항목 간의 변화를 비교하는 데 유용합니다.

변화율을 계산하는 예는 다음과 같습니다.

• 자동차 제조사별 판매대수 전년 동기 대비 변화
• 마케팅 회사가 운영하는 메일링 리스트 월간 구독자 수 변화
• 전국 학교의 연간 등록생 수 증감

변화율을 계산하는 식은 다음과 같습니다.

(새 숫자 - 이전 숫자) / 이전 숫자

만약 레모네이드를 팔고 있는데 어제는 59잔을 팔았고 오늘은 73잔을 팔았다면 일일 변화율은 다음과 같습니다.

$$(73 - 59) / 59 = .237 = 23.7\%$$

가상의 지방 정부 부서에서의 지출과 관련된 테스트 데이터로 변화율을 구해 보겠습니다. 코드 6-8은 변화율이 가장 큰 부서와 가장 작은 부서를 찾습니다.

```
❶ CREATE TABLE percent_change (
       department text,
       spend_2019 numeric(10,2),
       spend_2022 numeric(10,2)
  );

❷ INSERT INTO percent_change
  VALUES
       ('Assessor', 178556, 179500),
       ('Building', 250000, 289000),
       ('Clerk', 451980, 650000),
       ('Library', 87777, 90001),
       ('Parks', 250000, 223000),
       ('Water', 199000, 195000);

  SELECT department,
         spend_2019,
         spend_2022,
❸        round( (spend_2022 - spend_2019) /
                        spend_2019 * 100, 1) AS pct_change
  FROM percent_change;
```

코드 6-8 변화율 계산하기

percent_change라는 작은 테이블을 만들고❶ 2019년과 2022년에 대한 부서 지출에 대한 데이터를 담은 행 6개를 삽입합니다❷. 변화율 계산 공식대로 spend_2022에서 spend_2019를 뺀 다음 spend_2019로 나누고 그 결과를 백분율로 표현하기 위해 100을 곱합니다❸.

위 코드에서는 소수점 아래 한 자리만 출력하도록 round() 함수를 추가했습니다. round() 함수는 반올림할 열 또는 식, 그리고 표시할 소수 자릿수라는 두 개의 인수를 사용합니다. spend_2019 열과 spend_2022 열의 값 모두 numeric 타입이므로 함수의 결과도 numeric 타입이 됩니다.

스크립트는 다음 결과를 생성합니다.

```
department   spend_2019   spend_2022   pct_change
----------   ----------   ----------   ----------
Assessor     178556.00    179500.00           0.5
Building     250000.00    289000.00          15.6
Clerk        451980.00    650000.00          43.8
Library       87777.00     90001.00           2.5
Parks        250000.00    223000.00         -10.8
Water        199000.00    195000.00          -2.0
```

이제 서기부Assessor가 다른 부서보다 지출이 많은 이유를 알아내 보겠습니다.

6-3 평균 및 총합 집계 함수 사용하기

지금까지는 테이블에서 각 행에 있는 열에 대한 연산을 수행했습니다. SQL에서는 집계 함수aggre-gate functions를 사용하여 동일한 열 내의 값을 모아 계산할 수도 있습니다. https://www.postgresql.org/docs/current/functions-aggregate.html에서 여러 개의 입력값을 받아 단일 결과를 반환하는 PostgreSQL 집계 함수의 목록을 볼 수 있습니다. 데이터 분석에서 가장 많이 사용되는 두 가지 집계 함수는 avg()와 sum()입니다.

us_counties_pop_est_2019 테이블로 돌아가 생각해 보면 각 카운티의 총 인구수와 카운티의 평균 인구가 궁금할 것입니다. 코드 6-9처럼 pop_est_2019 열(2019년 인구 추정치)에서 avg()와 sum()을 사용하면 쉽게 구할 수 있습니다. 여기에서는 다시 round() 함수를 사용해 평균 계산에서 소수점 이하의 숫자를 제거합니다.

```
SELECT sum(pop_est_2019) AS county_sum,
       round(avg(pop_est_2019), 0) AS county_average
FROM us_counties_pop_est_2019;
```

코드 6-9 집계 함수 sum(), avg() 사용하기

결과는 다음과 같습니다.

```
county_sum   county_average
----------   --------------
 328239523          104468
```

2019년 미국의 모든 카운티에 대한 인구는 약 3억 2820만 명으로 추산되며 카운티별 평균 인구는 104,468명으로 추산됩니다.

6-4 중앙값 찾기

숫자 집합의 중앙값은 평균만큼이나 중요한 지표입니다. 평균값과 중앙값의 차이, 그리고 중앙값이 중요한 이유는 다음과 같습니다.

- 평균값average: 모든 값의 합계를 값의 개수로 나눈 값
- 중앙값median: 정렬된 값 집합의 '중간middle' 값

데이터 분석에 중앙값이 중요한 이유는 그것이 특이치[outliers]의 영향을 감소시키기 때문입니다. 예를 들어 연령이 각각 10, 11, 10, 9, 13, 12세인 어린이 6명이 현장 학습을 떠난다고 가정해 보겠습니다. 연령을 모두 더하고 6으로 나누어 그룹의 평균 연령을 쉽게 구할 수 있습니다.

$$(10 + 11 + 10 + 9 + 13 + 12) / 6 = 10.8$$

연령이 좁은 범위 내에 분포되어 있기 때문에 평균 10.8은 그룹을 잘 대표합니다. 그러나 값이 분포의 한쪽 끝으로 치우쳐 있거나 그룹에 특이치가 포함된 경우에는 평균이 제대로 역할을 하지 못할 수 있습니다.

만약 나이 많은 보호자가 현장 학습에 참여하면 어떻게 될까요? 10, 11, 10, 9, 13, 12세의 분포에 46세가 추가되면 평균 연령이 상당히 높아집니다.

$$(10 + 11 + 10 + 9 + 13 + 12 + 46) / 7 = 15.9$$

46세라는 특이치가 그룹을 왜곡하여, 이제 평균은 신뢰할 수 없는 지표가 되고 그룹을 잘 나타내지 못합니다.

이럴 때 중앙값이 요긴하게 쓰입니다. 중앙값은 정렬된 값 목록의 중간 지점으로, 값의 절반은 더 많고 절반은 더 적은 지점입니다. 현장 학습 참석자의 연령을 가장 낮은 순에서 가장 높은 순으로 정렬합니다.

9, 10, 10, 11, 12, 13, 46

중간에 있는 값, 즉 중앙값은 11입니다. 그룹의 연령 분포를 감안하면 평균값 15.9보다는 중앙값 11이 그룹 내의 일반적인 연령을 더욱 잘 보여 준다는 걸 알 수 있습니다.

값 집합이 짝수 개일 때는 두 개의 중간 숫자를 평균 내어 중앙값을 찾습니다. 현장 학습에 12세인 학생을 한 명 더 추가해 보겠습니다.

9, 10, 10, 11, 12, 12, 13, 46

이제 두 개의 중간값은 11과 12입니다. 중앙값을 찾기 위해 평균을 구하면, 답은 11.5입니다.

중앙값은 금융 관련 뉴스에서 자주 나옵니다. 주택 가격 보고서가 주로 중앙값을 사용하는 이유는 적당한 우편번호로 대형주택[McMansions]을 몇 채 판매하면 평균은 금세 쓸모 없어지기 때문입니다. 스포츠 선수 급여도 마찬가지입니다. 한두 명의 슈퍼 스타가 팀의 평균을 왜곡할 수 있습니다.

좋은 테스트는 값 그룹에 대한 평균과 중앙값을 계산하는 것입니다. 두 값이 가까우면 그룹이 정규 분포를 따르니(친숙한 종 모양 곡선) 평균이 유용합니다. 멀리 떨어져 있으면 값이 정규 분포를 따르지 않기 때문에 중앙값이 더 나은 표현입니다.

6-4-1 백분위수 함수를 사용하여 중앙값 찾기

대부분의 관계형 데이터베이스와 마찬가지로 PostgreSQL에는 엑셀 같은 스프레드시트 프로그램에 포함된 median() 함수가 내장되어 있지 않습니다. 표준 ANSI SQL에도 포함되어 있지 않죠. 그 대신 우리는 SQL 백분위수^{percentile} 함수를 사용하여 중앙값을 찾을 수 있고 분위수^{quantiles} 또는 절단점^{cut point}을 사용해 숫자 그룹을 동일한 크기로 나눌 수 있습니다. 백분위수 함수는 표준 ANSI SQL의 일부입니다.

통계에서 백분위수는 정렬된 데이터 집합에서 특정 비율의 데이터가 발견되는 지점을 나타냅니다. 예를 들어, 의사는 여러분의 키가 그 연령대에 속한 사람들의 키 중에서 60번째 백분위수에 해당한다고 말할 수 있습니다. 이는 여러분이 속한 연령대의 사람들 중 60%가 여러분보다 작다는 것을 의미합니다.

중앙값은 50번째 백분위수와 동일합니다. 다시 말하지만 이는 값의 절반은 아래에 있고 절반은 위에 있는 것입니다. percentile_cont(n)와 percentile_disc(n)라는 두 버전의 백분위수 함수가 있습니다. 두 함수 모두 표준 ANSI SQL의 일부이며 PostgreSQL, Microsoft SQL Server 및 기타 데이터베이스에도 있습니다.

percentile_cont(n) 함수는 백분위수를 연속 값^{continuous value}으로 계산하기 때문에 결과가 집합 내의 숫자들로만 표시되지는 않습니다. 두 숫자 사이의 소수값으로 나타날 수 있는데, 이는 짝수 개의 값에 대한 중앙값을 계산하는 방법을 따릅니다. 여기서 중앙값은 두 중간 숫자의 평균입니다. 이와 다르게 percentile_disc(n) 함수는 이산 값^{discrete value}만 반환합니다. 즉, 반환된 결과는 집합의 숫자 중 하나로 반올림됩니다.

명확히 구분하기 위해 코드 6-10을 사용해 테스트 테이블을 만들고 6개의 숫자를 채워 보겠습니다.

```
CREATE TABLE percentile_test (
    numbers integer
);

INSERT INTO percentile_test (numbers) VALUES
    (1), (2), (3), (4), (5), (6);

SELECT
 ❶ percentile_cont(.5)
    WITHIN GROUP (ORDER BY numbers),
 ❷ percentile_disc(.5)
    WITHIN GROUP (ORDER BY numbers)
FROM percentile_test;
```

코드 6-10 SQL 백분위수 함수 테스트하기

연속❶ 및 이산❷ 백분위수 함수 각각에 중앙값인 50번째 백분위수를 나타내는 .5를 입력합니다. 코드를 실행하면 다음과 같이 반환됩니다.

```
percentile_cont    percentile_disc
--------------     ---------------
         3.5                     3
```

percentile_cont() 함수는 우리가 예상했던 중앙값 3.5를 반환합니다. 그러나 percentile_disc()
는 이산 값을 계산하므로 앞에서부터 50% 범위에 속하는 부분 중 마지막 값인 3을 보고합니다. 중
앙값을 계산하는 데 허용되는 방법은 짝수 개의 값들의 두 중간값을 평균 내는 것이니 중앙값을 찾
을 때는 percentile_cont(.5)를 사용하세요.

6-4-2 인구조사 데이터로 중앙값 및 백분위수 계산하기

인구조사 데이터는 중앙값이 평균과 다른 이야기를 어떻게 전달하는지 보여 줄 수 있습니다. 코드
6-11은 모든 카운티의 총합, 평균, 중앙값을 찾기 위해 지금까지 다룬 sum() 및 avg()와 함께 per-
centile_cont()를 사용합니다.

```
SELECT sum(pop_est_2019) AS county_sum,
       round(avg(pop_est_2019), 0) AS county_average,
       percentile_cont(.5)
       WITHIN GROUP (ORDER BY pop_est_2019) AS county_median
FROM us_counties_pop_est_2019;
```

코드 6-11 sum(), avg(), percentile_cont() 집계 함수 사용하기

결과는 다음과 같아야 합니다.

```
county_sum   county_avg   county_median
----------   ----------   -------------
 328239523       104468           25726
```

평균값과 중앙값이 멀리 떨어져 있는데, 이는 평균값이 오도될 수 있음을 보여 줍니다. 2019년 미
국 카운티에서 절반이 인구가 25,726명 미만이고 나머지 절반은 그보다 많았습니다. 그런데 미국의
인구에 대한 발표를 할 때 청중에게 "미국의 평균 카운티 인구는 104,468명"이라고 말하면 사람들
이 오해하게 될 것입니다. 2019년 10개년 인구조사를 기준으로 거의 40개 카운티에 백만 명 이상의
인구가 있었고, 로스앤젤레스 카운티 인구는 천만 명에 육박했습니다. 이런 특이치들이 평균값을
훨씬 더 높게 만드는 요인입니다.

6-4-3 백분위수 함수를 사용하여 다른 분위수 찾기

데이터를 동일한 크기의 더 작은 그룹들로 분할할 수도 있습니다. 가장 일반적인 것은 사분위수quar-
tiles(4개의 동일한 그룹), 오분위수quintiles(5개 그룹) 및 십분위수deciles(10개 그룹)입니다. 개별 값을

찾으려면 백분위수 함수에 연결하기만 하면 됩니다. 예를 들어, 1사분위 또는 데이터의 가장 낮은 25%를 표시하는 값을 찾으려면 .25라는 값을 사용합니다.

```
percentile_cont(.25)
```

그러나 여러 개의 절단점을 생성하려는 경우에는 값을 한 번에 하나씩 입력하는 게 꽤 번거롭습니다. 값을 하나씩 입력하는 대신 항목 목록인 배열array을 사용하여 percentile_cont()에 값을 한 번에 전달할 수 있습니다.

코드 6-12는 사분위수를 한꺼번에 구합니다.

```
SELECT percentile_cont(❶ARRAY[.25,.5,.75])
       WITHIN GROUP (ORDER BY pop_est_2019) AS quartiles
FROM us_counties_pop_est_2019;
```

코드 6-12 percentile_cont()에 값 배열 전달하기

이 예에서는 ARRAY[]❶라는 배열 생성자array constructor에서 값을 둘러싸서 절단점을 만듭니다. 배열 생성자는 대괄호 사이에 포함된 요소로 배열을 구성하는 표현식입니다. 대괄호 안에는 사분위수 4개를 만들기 위해 잘라낼 지점 세 곳을 나타내는 값을 쉼표로 구분해 제공합니다. 쿼리를 실행하면 다음과 같은 결과가 출력됩니다.

```
quartiles
-----------------------
{10902.5,25726,68072.75}
```

PostgreSQL은 배열을 전달받았기 때문에 결과로 중괄호로 감싼 배열을 반환합니다. 각 사분위수는 쉼표로 구분됩니다. 첫 번째 사분위수는 10,902.5이며, 이는 카운티를 인구수를 기준으로 정렬했을 때 하위 25%는 이 값 이하의 인구가 있음을 의미합니다. 두 번째 사분위수는 중앙값과 동일한 25,726입니다. 세 번째 사분위수는 68,072.75로, 카운티를 인구수를 기준으로 정렬했을 때 상위 25%가 최소한 이 정도의 인구를 가지고 있음을 의미합니다. (물론 사람 수는 분수가 될 수 없으므로 반올림하거나 내림해야 합니다.)

배열은 ANSI SQL 표준이며, 여기에서 사용하는 문법은 PostgreSQL에서 배열을 사용하는 여러 방법 중 하나입니다. 예를 들어 테이블 열을 특정 데이터 타입의 배열로 정의할 수 있습니다. 이는 여러 값을 별도의 테이블에 저장하는 대신 블로그 게시물의 태그 모음처럼 단일 데이터베이스 열에 여러 값을 저장할 때 유용합니다. 배열 선언, 검색 및 수정의 예는 PostgreSQL 문서(https://www.postgresql.org/docs/current/arrays.html)를 참조하세요.

배열은 값 추가나 제거, 또는 요소 계산과 같은 작업을 수행하는 다양한 기능(PostgreSQL용은

https://www.postgresql.org/docs/current/functions-array.html 참조)도 함께 제공합니다. unnest()라는 함수는 배열을 행으로 바꾸어 읽기 쉽게 만듭니다. 코드 6-12가 반환한 결과를 작업에 한결 용이하게 만들기 위해 unnest() 함수를 사용한 코드 6-13을 보세요.

```
SELECT unnest(
            percentile_cont(ARRAY[.25,.5,.75])
            WITHIN GROUP (ORDER BY pop_est_2019)
            ) AS quartiles
FROM us_counties_pop_est_2019;
```

코드 6-13 배열을 행으로 변환하는 unnest()

코드를 실행하면 다음과 같은 결과가 출력됩니다.

```
 quartiles
 ---------
   10902.5
     25726
  68072.75
```

십분위수를 계산할 경우 이렇게 결과 배열을 행으로 출력하면 꽤 도움이 될 것입니다.

6-5 최빈값 찾기

PostgreSQL에서는 mode() 함수를 사용하면 열에서 가장 많이 등장하는 값인 최빈값[mode]을 구할 수 있습니다. 이 함수는 SQL 표준이 아니며 백분위수 함수와 문법이 비슷합니다. 코드 6-14는 출생자 수를 보여 주는 열인 births_2019에 mode()를 적용해 최빈값을 구합니다.

```
SELECT mode() WITHIN GROUP (ORDER BY births_2019)
FROM us_counties_pop_est_2019;
```

코드 6-14 mode()를 사용한 최빈값 찾기

결과는 86입니다. 2019년에 16개의 카운티에서 86명이 태어났습니다.

숫자 작업은 데이터에서 의미를 얻기 위한 핵심 단계이며, 이 장에서 다루는 수학 기술을 충분히 숙지했다면 SQL을 사용하여 수치 분석의 기초를 다룰 준비가 된 것입니다. 이 책의 뒷부분에서는 회귀 및 상관관계를 포함한 더 깊은 통계 개념에 대해 알아봅니다. 하지만 이 시점에서 여러분은 합계, 평균 및 백분위수에 대한 기본기를 익혔고, 중앙값이 평균보다 가치 그룹에 대한 더 공정한 평가가 될 수 있음을 배웠습니다. 그것만으로도 어느 정도는 부정확한 결론을 피할 수 있습니다.

다음 장에서는 두 개 또는 그 이상의 테이블에서의 데이터 조인[join]이 얼마나 큰 힘을 가지고 있는지 소개하겠습니다. 조인을 배우고 나면 여러분의 데이터 분석 능력이 한층 더 확장될 것입니다. 여러분이 이미 analysis 데이터베이스에 불러온 2019년 미국 인구조사 데이터와 추가 데이터셋으로 데이터 조인을 탐색해 보겠습니다.

연습문제

다음은 여러분의 SQL 수학 능력을 시험해 볼 수 있는 세 가지 문제입니다.

1. 반지름이 5인치인 원의 면적을 계산하는 SQL 구문을 작성합니다.(수식이 기억나지 않으면 인터넷에서 검색해 보세요.) 계산에 괄호가 필요한가요? 그 이유는 무엇인가요?

2. 2019년 미국 인구조사 카운티 추정 데이터를 사용하여 뉴욕주 각 카운티의 출생 대비 사망 비율을 계산합니다. 2019년에 출생 대비 사망 비율이 일반적으로 더 높았던 주의 지역은 어디인가요?

3. 2019년 미국 카운티 인구 중앙값은 캘리포니아에서 더 높았나요, 뉴욕에서 더 높았나요?

7

관계형 데이터베이스에서 테이블 조인

2장에서는 여러 가지 관련 테이블에 저장된 데이터를 지원하는 응용 프로그램인 관계형 데이터베이스^{relational database}의 개념을 소개했습니다. 관계형 모델에서 각 테이블은 일반적으로 학생, 자동차, 구매, 주택과 같은 하나의 항목에 대한 데이터를 보유하고 테이블의 각 행은 이러한 항목 중 하나를 설명합니다. 테이블 조인^{table join}으로 알려진 프로세스를 사용하면 한 테이블의 행을 다른 테이블의 행에 연결할 수 있습니다.

관계형 데이터베이스의 개념은 영국의 컴퓨터 과학자인 에드거 F. 커드^{Edgar. F. Codd}로부터 시작되었습니다. 그는 1970년 IBM에서 근무하면서 <대규모 공유 데이터 뱅크를 위한 데이터의 관계형 모델^{A Relational Model of Data for Large Shared Data Banks}>이라는 논문을 발표했습니다. 그의 아이디어는 데이터베이스 설계에 혁명을 일으켰고 SQL의 개발로 이어졌습니다. 관계형 모델을 사용하면 중복 데이터 제거 및 유지 관리가 용이하며 원하는 데이터만 얻기 위한 쿼리 작성의 유연성을 높이는 테이블을 작성할 수 있습니다.

7-1 JOIN을 사용하여 테이블 연결하기

쿼리에서 테이블을 연결하려면 JOIN ... ON(또는 이 장에서 소개할 다른 JOIN 변형)을 사용합니다. ANSI SQL 표준의 일부인 JOIN은 ON에 부울 값을 사용하여 데이터베이스의 한 테이블을 다른 테이블과 연결합니다. 일반적으로 사용되는 문법은 동등성을 테스트하며 일반적으로 다음과 같은 형태로 작성합니다.

```
SELECT *
FROM table_a JOIN table_b
ON table_a.key_column = table_b.foreign_key_column
```

이미 배운 SELECT 기본 작성법과 유사하지만 FROM 절에서 한 테이블의 이름을 지정하지 않습니다. 그 대신 테이블의 이름을 적고 JOIN 키워드를 부여한 뒤 두 번째 테이블의 이름을 적습니다. 뒤에 ON 절을 작성해 = 비교 연산자를 사용한 표현식을 배치합니다. 쿼리가 실행되면 ON 절의 식이 true로 평가되는 두 테이블의 행을 반환합니다. 즉, 지정된 열의 값이 같은 경우를 의미합니다.

결과가 부울 값인 true 또는 false로 평가되는 모든 표현식을 사용할 수 있습니다. 예를 들어, 한 열의 값이 다른 열의 값보다 크거나 같은 경우도 연결시킬 수 있습니다.

```
ON table_a.key_column >= table_b.foreign_key_column
```

흔치 않은 경우지만 분석에 필요하면 쓸 만한 조건입니다.

7-2 키 열로 테이블 조인하기

키 열과 테이블을 연결하는 예시를 살펴보겠습니다. 여러분이 공공 기관의 부서별 급여 지출을 확인하는 작업을 수행하는 데이터 분석가라고 가정해 보세요. 해당 기관의 급여 데이터에 대한 정보공개법Freedom of Information Act 요청을 제출하고 나면 여러분은 나음과 같이 각 직원과 그들의 급여가 나열된 간단한 스프레드시트를 받게 될 거라고 예상할 것입니다.

```
dept  location  first_name  last_name  salary
----  --------  ----------  ---------  ------
IT    Boston    Julia       Reyes      115300
IT    Boston    Janet       King       98000
Tax   Atlanta   Arthur      Pappas     72700
Tax   Atlanta   Michael     Taylor     89500
```

하지만 그런 스프레드시트는 오지 않습니다. 그 대신 기관은 급여 시스템에서 데이터 덤프(각각 하나의 테이블을 나타내는 12개의 CSV 파일)를 보냅니다. 데이터베이스와 데이터 레이아웃을 설명하는 문서를 읽고(이 문서를 항상 요청하세요!) 각 테이블의 열을 이해하기 시작하니 두 개의 테이블이 도드라져 보입니다. 하나는 employees이고, 하나는 departments라고 되어 있군요.

코드 7-1을 사용하여 이러한 테이블을 만들고 행을 삽입하여 두 테이블의 데이터를 조인하는 방법을 살펴보겠습니다. 참고로 여기서는 이 실습을 위해 생성한 analysis 데이터베이스를 사용합니다. 모든 코드를 실행한 다음, 기본 SELECT 문을 사용하거나 pgAdmin에서 테이블 이름을 우클릭하고

자료보기/편집 ▶ 모든 자료를 선택하여 데이터를 확인할 수 있습니다.

```
CREATE TABLE departments (
    dept_id integer,
    dept text,
    city text,
 ❶ CONSTRAINT dept_key PRIMARY KEY (dept_id),
 ❷ CONSTRAINT dept_city_unique UNIQUE (dept, city)
);

CREATE TABLE employees (
    emp_id integer,
    first_name text,
    last_name text,
    salary numeric(10,2),
 ❸ dept_id integer REFERENCES departments (dept_id),
 ❹ CONSTRAINT emp_key PRIMARY KEY (emp_id)
);

INSERT INTO departments
VALUES
    (1, 'Tax', 'Atlanta'),
    (2, 'IT', 'Boston');

INSERT INTO employees
VALUES
    (1, 'Julia', 'Reyes', 115300, 1),
    (2, 'Janet', 'King', 98000, 1),
    (3, 'Arthur', 'Pappas', 72700, 2),
    (4, 'Michael', 'Taylor', 89500, 2);
```

코드 7-1 departments 테이블과 employees 테이블 만들기

두 테이블은 각각 단일 항목(이 경우 기관의 부서 및 직원)에 대한 속성을 설명한다는 점에서 에드거 F. 커드의 관계형 모델을 따릅니다. departments 테이블에 다음 내용이 표시되어야 합니다.

```
dept_id   dept   city
-------   ----   -------
      1   Tax    Atlanta
      2   IT     Boston
```

dept_id 열은 테이블의 기본 키primary key입니다. 기본 키는 값이 테이블의 각 행을 고유하게 식별하는 열 또는 열 모음입니다. 유효한 기본 키 열은 특정 제약조건이 적용됩니다.

• 열 또는 열 모음은 각 행에 대해 고유한 값unique value을 가져야 한다.

• 열 또는 열 모음에는 결측값missing value이 없어야 한다.

CONSTRAINT 키워드를 사용하여 departments❶ 및 employees❹ 테이블에 대한 기본 키를 정의합니다. CONSTRAINT 키워드는 8장에서 추가 제약조건 유형을 다루며 자세히 살펴보겠습니다. dept_id 열

의 값은 departments 테이블의 각 행을 고유하게 식별합니다. 이 예시의 경우 department 테이블에 부서 이름과 도시만 포함되어 있지만, 이 테이블에는 주소나 연락처 같은 추가 정보도 포함될 수 있습니다.

employees 테이블에는 다음과 같은 내용이 담겨 있어야 합니다.

```
emp_id first_name last_name  salary    dept_id
------ ---------- --------- ---------  -------
     1 Julia      Reyes     115300.00        1
     2 Janet      King       98000.00        1
     3 Arthur     Pappas     72700.00        2
     4 Michael    Taylor     89500.00        2
```

emp_id 열의 값은 employees 테이블에 있는 모든 행을 고유하게 식별합니다. 또한 이 테이블에는 각 직원이 소속된 부서를 식별하기 위한 dept_id 열이 있는데, 이 열의 값은 departments 테이블의 기본 키에 있는 값을 참조합니다. 이를 외래 키foreign key라고 부르며 테이블을 생성할 때 제약조건으로 추가합니다❸. 외래 키 제약조건을 사용하려면 참조하는 열에 해당 값이 이미 존재하고 있어야 합니다.(이 키는 종종 다른 테이블의 기본 키이지만, 기본 키가 아니더라도 각 행에 고유한 값이 있는 열이라면 외래 키로 지정할 수 있습니다.) 따라서 employees 테이블의 dep_id 열의 값은 departments 테이블의 dep_id 열에 이미 존재해야 합니다. 그렇지 않으면 외래 키로 추가할 수 없습니다. 이를 통해 데이터 무결성을 강화할 수 있습니다. 기본 키와 달리 외래 키 열은 비어 있을 수 있으며 중복된 값을 포함할 수 있습니다.

이 예에서 직원 Julia Reyes와 연관된 dept_id는 1입니다. 이는 departments 테이블의 기본 키인 dept_id에서 1의 값을 나타내고, 이를 통해 Julia Reyes가 Atlanta에 위치한 Tax 부서의 일원임을 알 수 있습니다.

> **📝 NOTE**
>
> 기본 키 값은 테이블 내에서만 고유해야 합니다. 그렇기 때문에 employees 테이블과 departments 테이블 모두 동일한 숫자를 사용하는 기본 키 값을 갖는 것이 좋습니다.

departments 테이블에는 UNIQUE 제약조건이 포함되어 있는데, 이에 대해서는 다음 장의 'UNIQUE 제약조건' 절에서 더 자세히 설명하겠습니다. 간단히 말해서 UNIQUE 제약조건은 열의 값 또는 둘 이상의 열에 있는 값의 조합이 고유함을 보장합니다. 여기에서 각 행의 dept와 city 열의 값 쌍❷은 고유하므로 중복 데이터를 방지하는 데 도움이 됩니다. 예를 들어 이 테이블을 보면 애틀랜타에는 Tax 부서가 한 개만 존재합니다. 종종 이러한 고유한 조합을 사용하여 기본 키에 대한 자연 키natural key를 만들 수 있습니다. 이에 대해서도 다음 장에서 설명합니다.

이렇게 데이터를 구성 요소들로 나누면 어떤 이점이 있을까요? 만약 처음에 생각했던 대로 모든 것이 한 테이블에 모여 있는 데이터를 받았다면 그 샘플 데이터는 이런 식으로 생겼을 것입니다.

```
dept    location    first_name    last_name    salary
----    --------    ----------    ---------    ------
IT      Boston      Julia         Reyes        115300
IT      Boston      Janet         King          98000
Tax     Atlanta     Arthur        Pappas        72700
Tax     Atlanta     Michael       Taylor        89500
```

첫째, 여러 항목의 데이터를 한 테이블에 조인할 때 필연적으로 정보를 반복해야 합니다. 각 직원마다 부서 이름과 기관의 위치가 함께 적혀 있는데, 테이블이 위처럼 4개의 행으로 구성되어 있을 때는 중복된 정보가 그다지 불편하게 느껴지지 않을 것입니다. 4,000개의 행으로 이루어진 테이블 정도도 괜찮겠죠. 하지만 수백만 개의 행을 다루는 경우에는 어떨까요? 데이터가 늘어날수록 중복되는 긴 문자열은 여러분의 소중한 공간을 점차 크게 낭비하게 될 것입니다.

둘째, 관련 없는 데이터를 한 테이블에 넣는 것은 데이터 관리를 어렵게 만듭니다. 마케팅 부서의 이름을 브랜드 마케팅으로 변경하면 어떻게 될까요? 테이블의 각 행에는 업데이트가 필요하지만, 일부 행만 잘못 업데이트하면 오류가 발생할 수 있습니다. 하지만 관계형 모델에서는 부서 이름을 업데이트하는 것이 훨씬 간단합니다. 테이블에서 한 행만 바꾸세요.

마지막으로, 정보가 여러 테이블에 걸쳐 조직화되거나 정규화되었다고 해서 전체적으로 정보를 살펴보는 게 어렵지는 않습니다. JOIN을 사용해 여러 테이블의 열을 한데 모을 수 있습니다.

테이블의 관계에 대한 기본 사항을 배웠으니 이제 쿼리에서 테이블을 조인하는 방법을 살펴보겠습니다.

7-3 JOIN을 사용하여 여러 테이블 쿼리하기

쿼리에서 테이블을 조인하면 데이터베이스는 지정한 열에 대해 ON 절의 표현식을 true로 반환하는 값이 있는 두 테이블의 행을 연결합니다. 그러면 두 테이블의 열을 쿼리의 일부로 요청한 경우, 그 열들이 쿼리 결과에 포함됩니다. 또한 조인된 테이블의 열을 사용하여 WHERE 절로 결과를 필터링할 수도 있습니다.

테이블을 조인하는 쿼리는 구문이 기본 SELECT 문과 유사합니다. 차이점은 쿼리가 다음과 같은 사항을 지정한다는 것입니다.

• SQL JOIN ... ON 구문을 사용하여 조인할 테이블 및 열
• JOIN 키워드의 변형을 사용하여 수행할 조인 유형

JOIN ... ON 구문을 살펴본 다음 다양한 조인 변형을 알아보겠습니다. employees와 departments 테이블을 결합하고 두 테이블의 모든 관련 데이터를 보려면 코드 7-2에 있는 쿼리를 작성하세요.

```
❶ SELECT *
❷ FROM employees JOIN departments
❸ ON employees.dept_id = departments.dept_id
  ORDER BY employees.dept_id;
```

코드 7-2 employees 테이블과 departments 테이블 조인하기

SELECT 문에 별표 와일드카드를 포함하여 두 테이블의 모든 열을 선택합니다❶. 다음으로 FROM 절에서 연결시키려고 하는 두 테이블 사이에 JOIN 키워드를 놓습니다❷. 마지막으로 ON 절❸을 사용하여 평가할 표현식을 지정합니다. 각 테이블마다 테이블 이름과 마침표(.), 키 값이 포함된 열을 이어서 적고, 그 사이에 등호를 표시합니다.

쿼리 실행 결과에는 dept_id 열의 값이 일치하는 두 테이블의 모든 값이 포함됩니다. 실제로 두 테이블의 모든 열을 선택했기 때문에 dept_id 필드도 두 번 나타납니다.

```
emp_id  first_name  last_name  salary     dept_id  dept_id  dept  city
------  ----------  ---------  ---------  -------  -------  ----  -------
     1  Julia       Reyes      115300.00        1        1  Tax   Atlanta
     2  Janet       King        98000.00        1        1  Tax   Atlanta
     3  Arthur      Pappas      72700.00        2        2  IT    Boston
     4  Michael     Taylor      89500.00        2        2  IT    Boston
```

따라서 데이터가 서로 다른 주제의 두 테이블에 각각 들어 있지만 해당 테이블들을 쿼리하여 관련 데이터를 함께 가져올 수 있습니다. 이번 장 뒷부분의 '조인에서 특정 열 선택하기'에서는 두 테이블에서 원하는 열만 검색하는 방법을 설명합니다.

7-4 JOIN 유형 이해하기

SQL에서 테이블을 조인하는 방법은 여러 가지가 있으며, 그중 어떤 조인을 사용할지는 데이터 검색 방법에 따라 달라집니다. 다음 예시는 다양한 종류의 조인을 설명합니다. 각각을 검토하는 동안 JOIN 키워드의 왼쪽에 있는 테이블과 오른쪽에 있는 테이블을 나란히 생각하면 도움이 될 것입니다. 다양한 종류의 조인을 확인한 후에 각 조인의 데이터 기반 예제를 살펴보겠습니다.

- **JOIN**: 두 테이블의 조인된 열에서 일치하는 값이 있는 두 테이블의 행을 반환합니다. 대체 구문은 INNER JOIN입니다.

- **LEFT JOIN**: 왼쪽 테이블의 모든 행을 반환합니다. SQL이 오른쪽 테이블에서 일치하는 값을 가진 행을 찾으면 해당 행의 값이 결과에 포함되지만, 그렇지 않으면 오른쪽 테이블의 값은 표시되지 않습니다.

- **RIGHT JOIN**: 오른쪽 테이블의 모든 행을 반환합니다. SQL이 왼쪽 테이블에서 일치하는 값을 가진 행을 찾으면 해당 행의 값이 결과에 포함되지만, 그렇지 않으면 왼쪽 테이블의 값은 표시되지 않습니다.

- **FULL OUTER JOIN**: 두 테이블에서 모든 행을 반환하고 값이 일치하는 행은 연결합니다. 왼쪽 또는 오른쪽 테이블에 일치하는 값이 없는 행은 쿼리 결과에 다른 테이블에 대한 빈 값이 포함됩니다.

- **CROSS JOIN**: 두 테이블에서 가능한 모든 행 조합을 반환합니다.

이러한 조인들의 작동 방식을 데이터를 통해 살펴보겠습니다. 한 학군에서 연도별로 입학이 가능한 학교 이름을 정리한 두 개의 간단한 테이블 district_2020과 district_2035가 있다고 가정해 보겠습니다. district_2020에는 4개의 행이 있습니다.

```
id        school_2020
--        ---------------------
 1        Oak Street School
 2        Roosevelt High School
 5        Dover Middle School
 6        Webutuck High School
```

district_2035에는 5개의 행이 있습니다.

```
id        school_2035
--        ---------------------
 1        Oak Street School
 2        Roosevelt High School
 3        Morrison Elementary
 4        Chase Magnet Academy
 6        Webutuck High School
```

학군은 시간이 지나며 변화합니다. id가 1, 2, 6인 학교만 두 테이블에 모두 존재하고 id가 3, 4, 5인 학교는 각각 한 테이블에만 나타납니다. 이런 일은 흔하게 일어납니다. 따라서 데이터 분석가의 일반적인 첫 번째 작업은 SQL을 사용하여 두 테이블 모두에 있는 학교를 식별하는 것입니다. 이는 더 많은 행이 있는 테이블에서는 더욱 중요합니다. 다른 조인을 사용하면 해당 학교와 기타 세부 정보를 찾는 데 도움이 될 수 있습니다.

다시, analysis 데이터베이스에서 코드 7-3을 실행하여 이 두 테이블을 만들고 채우겠습니다.

```
CREATE TABLE district_2020 (
  ❶ id integer CONSTRAINT id_key_2020 PRIMARY KEY,
     school_2020 text
);

CREATE TABLE district_2035 (
  ❷ id integer CONSTRAINT id_key_2035 PRIMARY KEY,
```

```
        school_2035 text
  );

❸ INSERT INTO district_2020 VALUES
        (1, 'Oak Street School'),
        (2, 'Roosevelt High School'),
        (5, 'Dover Middle School'),
        (6, 'Webutuck High School');

  INSERT INTO district_2035 VALUES
        (1, 'Oak Street School'),
        (2, 'Roosevelt High School'),
        (3, 'Morrison Elementary'),
        (4, 'Chase Magnet Academy'),
        (6, 'Webutuck High School');
```

코드 7-3 JOIN을 살펴보기 위한 두 테이블 생성하기

우리는 여기서 두 개의 테이블을 만들고 채웁니다. 이제 이러한 선언이 익숙하겠지만 여기에서는 하나의 새로운 요소가 있습니다. 바로 각 테이블에 기본 키를 추가하는 것입니다. district_2020의 id 열❶과 district_2035의 id 열❷에 대한 선언 후에 이어지는 CONSTRAINT key_name PRIMARY KEY는 해당 열이 테이블의 기본 키 역할을 함을 나타냅니다. 즉 기본 키 제약조건으로 인해 id 열은 두 테이블의 각 행에 대해 고유한 값을 가져야 하며 id 열에는 값이 모두 채워져야 합니다. 마지막으로, 이제는 우리에게 익숙한 INSERT 문을 사용하여 데이터를 테이블에 추가합니다❸.

7-4-1 JOIN

조인에 사용한 열에서 일치하는 행을 반환하려는 경우 JOIN 또는 INNER JOIN을 사용합니다. 이에 대한 예시를 보려면 방금 만든 두 테이블을 조인하는 코드 7-4를 실행해 보세요.

```
SELECT *
FROM district_2020 JOIN district_2035
ON district_2020.id = district_2035.id
ORDER BY district_2020.id;
```

코드 7-4 JOIN 사용하기

코드 7-2에서 사용한 방법과 비슷하게 조인할 두 테이블을 JOIN 키워드 양옆에 적습니다. 그런 다음 ON 절에서 조인에 사용할 표현식을 입력합니다. 이때 두 테이블의 id 열은 동일합니다. 두 테이블에 동시에 존재하는 학교 ID가 세 개이므로 쿼리는 해당 ID를 가진 세 개의 행만 반환합니다. 두 테이블 중 하나에만 존재하는 학교는 결과에 나타나지 않습니다. 또한 JOIN 키워드 왼쪽에 적은 테이블의 열이 결과 테이블에서 앞에 표시된다는 점에 유의하세요.

```
id        school_2020      id       school_2035
-- --------------------    -- --------------------
 1 Oak Street School        1 Oak Street School
 2 Roosevelt High School    2 Roosevelt High School
 6 Webutuck High School     6 Webutuck High School
```

JOIN은 언제 사용해야 할까요? 일반적으로 잘 구조화되고 유지 관리가 잘된 데이터셋으로 작업할 때 조인하는 두 테이블 모두에 존재하는 행만 찾아야 하는 경우입니다. JOIN은 여러 테이블 중 한 테이블에만 있는 행은 제공하지 않으니 하나 또는 그 이상의 테이블에 있는 모든 데이터를 보려면 다른 조인을 사용하세요.

JOIN에서 USING 사용하기

조인의 ON 절에 사용하는 열 이름이 동일한 경우 코드 7-5와 같이 ON 대신 USING을 사용해 중복 출력을 줄이고 쿼리를 줄일 수 있습니다.

```
  SELECT *
  FROM district_2020 JOIN district_2035
❶ USING (id)
  ORDER BY district_2020.id;
```

코드 7-5 USING을 사용한 JOIN

조인할 테이블의 이름을 지정한 후 USING❶을 추가하고 괄호 안에 두 테이블의 조인에 사용할 열 이름(이 경우 id)을 넣습니다. 둘 이상의 열을 결합하는 경우에는 괄호 안에서 쉼표로 구분합니다. 쿼리를 실행하면 다음 결과가 표시됩니다.

```
id        school_2020          school_2035
-- --------------------    --------------------
 1 Oak Street School        Oak Street School
 2 Roosevelt High School    Roosevelt High School
 6 Webutuck High School     Webutuck High School
```

JOIN을 사용하면 두 테이블에 존재하며 값이 동일한 id가 한 번씩만 표시됩니다. 간단하고 편리한 단축어입니다.

7-4-2 LEFT JOIN과 RIGHT JOIN

LEFT JOIN과 RIGHT JOIN 키워드는 JOIN과 달리 각각 한 테이블의 모든 행을 반환하며 다른 테이블에 일치하는 값이 있는 행이 있다면 결과에 해당 행의 값을 포함합니다. 만일 일치하는 값이 없으면 다른 테이블의 값은 출력되지 않습니다.

먼저 LEFT JOIN의 동작을 살펴보겠습니다. 코드 7-6을 실행하세요.

```
SELECT *
FROM district_2020 LEFT JOIN district_2035
ON district_2020.id = district_2035.id
ORDER BY district_2020.id;
```

코드 7-6 LEFT JOIN 사용

결과를 보면 조인의 왼쪽에 있는 district_2020의 행 4개가 모두 표시되고 district_2035에서 id 값이 일치하는 3개 행이 표시됩니다. district_2035는 id가 5인 행이 없는데, 이런 경우 LEFT JOIN은 JOIN과 다르게 전체 행을 생략하는 대신 오른쪽만 비워 반환합니다. 마지막으로, district_2035에는 있지만 district_2020에는 없는 id의 행은 결과에서 생략됩니다.

```
id     school_2020        id     school_2035
-- --------------------   -- --------------------
 1 Oak Street School       1 Oak Street School
 2 Roosevelt High School   2 Roosevelt High School
 5 Dover Middle School
 6 Webutuck High School    6 Webutuck High School
```

코드 7-7에서 RIGHT JOIN을 실행하면 비슷하지만 반대되는 동작을 볼 수 있습니다.

```
SELECT *
FROM district_2020 RIGHT JOIN district_2035
ON district_2020.id = district_2035.id
ORDER BY district_2035.id;
```

코드 7-7 RIGHT JOIN 사용

이번에는 쿼리가 오른쪽 테이블인 district_2035의 모든 행, 그리고 그것과 id 열 값이 일치하는 district_2020의 행을 반환합니다. district_2035 테이블과 id 열 값이 일치하지 않는 district_2020 의 행은 결과에 나타나지 않습니다.

```
id     school_2020        id     school_2035
-- --------------------   -- --------------------
 1 Oak Street School       1 Oak Street School
 2 Roosevelt High School   2 Roosevelt High School
                           3 Morrison Elementary
                           4 Chase Magnet Academy
 6 Webutuck High School    6 Webutuck High School
```

여러분은 다음과 같은 몇 가지 상황에서 LEFT JOIN이나 RIGHT JOIN을 사용할 것입니다.

- 쿼리 결과에 한 테이블의 모든 행이 포함되기를 원하는 경우.

- 테이블 중 하나에서 결측값을 찾으려고 할 경우. 예를 들자면, 서로 다른 두 기간을 나타내는 항목에 대한 데이터를 비교하는 경우.

- 조인된 테이블의 일부 행에 일치하는 값이 없을 경우.

JOIN과 마찬가지로 테이블이 기준을 충족하면 ON 대신 USING을 사용할 수 있습니다.

7-4-3 FULL OUTER JOIN

일치 여부에 관계없이 조인에서 두 테이블의 모든 행을 보려면 FULL OUTER JOIN을 사용하세요. 실제로 작동하는 것을 보려면 코드 7-8을 실행하면 됩니다.

```
SELECT *
FROM district_2020 FULL OUTER JOIN district_2035
ON district_2020.id = district_2035.id
ORDER BY district_2020.id;
```

코드 7-8 FULL OUTER JOIN 사용하기

왼쪽 테이블과 오른쪽 테이블의 모든 행이 제공되는데, 왼쪽 테이블에 있는 행들을 기준으로 먼저 표시되고 그다음으로 오른쪽 테이블에만 있는 행들이 뒤따릅니다.

```
id   school_2020          id   school_2035
--   -------------------  --   --------------------
 1 Oak Street School       1 Oak Street School
 2 Roosevelt High School   2 Roosevelt High School
 5 Dover Middle School
 6 Webutuck High School    6 Webutuck High School
                           3 Morrison Elementary
                           4 Chase Magnet Academy
```

사실상 FULL OUTER JOIN은 앞에서 본 INNER JOIN, LEFT JOIN, RIGHT JOIN에 비해 사용 빈도가 낮고 덜 유용한 편입니다. 그래도 부분적으로 겹치는 두 데이터 원본을 병합하거나 테이블이 일치하는 값을 공유하는 정도를 시각화하는 등 몇몇 작업에 사용할 수 있습니다.

7-4-4 CROSS JOIN

CROSS JOIN 쿼리에서 결과는 데카르트 곱^cartesian product이라고도 하는데, 이는 왼쪽 테이블의 각 행과 오른쪽 테이블의 각 행을 정렬하여 가능한 모든 행 조합을 나타냅니다. 코드 7-9는 CROSS JOIN 구문을 보여 줍니다. 이 조인은 키 열 간에 일치하는 항목을 찾을 필요가 없기 때문에 ON 절을 제공할 필요가 없습니다.

```
SELECT *
FROM district_2020 CROSS JOIN district_2035
ORDER BY district_2020.id, district_2035.id;
```

코드 7-9 CROSS JOIN 사용하기

결과에는 20개의 행이 있습니다. 즉, 왼쪽 테이블의 4개 행에 오른쪽 테이블의 5개 행을 곱한 결과입니다.

```
 id    school_2020          id    school_2035
 --    --------------------  --    --------------------
  1 Oak Street School         1 Oak Street School
  1 Oak Street School         2 Roosevelt High School
  1 Oak Street School         3 Morrison Elementary
  1 Oak Street School         4 Chase Magnet Academy
  1 Oak Street School         6 Webutuck High School
  2 Roosevelt High School     1 Oak Street School
  2 Roosevelt High School     2 Roosevelt High School
  2 Roosevelt High School     3 Morrison Elementary
  2 Roosevelt High School     4 Chase Magnet Academy
  2 Roosevelt High School     6 Webutuck High School
  5 Dover Middle School       1 Oak Street School
  5 Dover Middle School       2 Roosevelt High School
  5 Dover Middle School       3 Morrison Elementary
  5 Dover Middle School       4 Chase Magnet Academy
  5 Dover Middle School       6 Webutuck High School
  6 Webutuck High School      1 Oak Street School
  6 Webutuck High School      2 Roosevelt High School
  6 Webutuck High School      3 Morrison Elementary
  6 Webutuck High School      4 Chase Magnet Academy
  6 Webutuck High School      6 Webutuck High School
```

긴 휴식 시간을 가지고 싶은 게 아니라면 규모가 큰 테이블에서 CROSS JOIN 쿼리는 피하는 것이 좋습니다. 각각 25만 개의 행을 가진 두 개의 테이블은 625억 행의 결과 집합을 생성하는데, 그러면 가장 강력한 서버도 과부하가 걸릴 수 있습니다. CROSS JOIN은 창고에 여러 가지 셔츠가 있을 때 각 모델별로 모든 컬러를 담은 체크리스트를 만들려고 하는 경우에 유용하게 사용될 수 있습니다.

7-5 NULL을 사용하여 결측값이 있는 행 찾기

테이블을 조인할 때마다 한 테이블의 키 값이 다른 테이블에 나타나는지, 그리고 누락된 값은 없는지 조사하세요. 어떤 이유에서라도 불일치는 생기기 마련입니다. 어떤 데이터는 시간이 지남에 따라 변경되었을 수 있습니다. 예를 들어, 새 제품 테이블에는 이전 제품 테이블에 없는 코드가 포함될 수 있습니다. 또는 데이터베이스의 오류 또는 불완전한 출력과 같은 문제가 있을 수 있습니다. 이 모든 정보는 데이터에 대한 올바른 추론을 수행하는 데 중요한 컨텍스트가 됩니다.

행이 많지 않다면 데이터를 훑어볼 때 누락된 데이터가 있는 행을 쉽게 찾을 수 있습니다. 하지만 큰 테이블을 다루는 경우에는 일치하지 않는 모든 행을 표시하는 필터링이라는 더 나은 전략이 필요합니다. 이를 위해 NULL 키워드를 사용합니다.

SQL에서 NULL은 데이터가 없거나 데이터가 포함되지 않았기 때문에 알 수 없는 조건을 나타내는 특수한 값입니다. 예를 들어, 주소 양식을 작성하는 사람이 '중간 이니셜' 필드에 값을 입력하지 않고 건너뛰었을 때 데이터베이스에 빈 문자열을 저장하기보다는 알 수 없는 값을 나타내기 위해 NULL을 사용합니다. 0 또는 두 개의 따옴표(' ')를 사용해 문자 필드에 배치하는 빈 문자열과 NULL은 엄연히 다르다는 점을 명심해야 합니다. 0이나 빈 문자열은 잘못 해석되어 의도하지 않은 의미를 가질 수 있기 때문에 NULL을 사용하여 값을 알 수 없음을 표시합니다. 그리고 0 또는 빈 문자열과 달리 NULL은 데이터 타입에도 사용할 수 있습니다.

SQL 조인이 테이블 중 하나에서 빈 행을 반환하면 해당 열은 다시 비워지지 않고 대신 NULL 값으로 반환됩니다. 코드 7-10처럼 district_2035.id 열에 IS NULL 구문을 사용하여 NULL을 필터링하는 WHERE 절을 추가하면 결측값이 있는 행을 찾을 수 있습니다. 데이터가 있는 열을 찾으려면 IS NOT NULL을 사용합니다.

```
SELECT *
FROM district_2020 LEFT JOIN district_2035
ON district_2020.id = district_2035.id
WHERE district_2035.id IS NULL;
```

코드 7-10 IS NULL로 결측값을 표시하도록 필터링하기

결과는 왼쪽 테이블의 행 중 오른쪽 테이블과 일치하지 않는 행만 표시합니다. 이런 조인을 일반적으로 안티 조인anti-join이라고 부릅니다.

```
 id    school_2020        id      school_2035
 --  ------------------  ------  ---------------------
  5 Dover Middle School
```

왼쪽 테이블과 일치하지 않는 오른쪽 테이블의 행을 보기 위해 출력을 뒤집는 방법은 쉽습니다. 코드 7-10에서 LEFT JOIN을 RIGHT JOIN으로 변경하고 district_2020.id IS NULL을 필터링하도록 WHERE 절을 수정합니다.

📝 NOTE

pgAdmin은 결과 테이블에 NULL 값을 표시할 때 [null]로 출력합니다. 18장에서 설명할 psql 명령줄 도구를 사용하면 기본적으로 NULL 값은 공백으로 표시됩니다. psql 프롬프트에서도 pgAdmin처럼 [null]로 출력되도록 만들고 싶다면 \pset null '[null]' 명령을 실행합니다.

7-6 세 가지 유형의 테이블 관계 이해하기

테이블 조인이 보여 주는 과학(혹자는 예술이라 칭함)을 이해하기 위해서는 먼저 데이터베이스 디자이너가 테이블을 연결하는 방법을 알아야 합니다. 이는 데이터베이스의 관계형 모델이라고도 불립니다. 테이블 관계의 세 가지 유형은 일대일, 일대다, 다대다입니다.

7-6-1 일대일 관계

코드 7-4의 JOIN 예제에서 두 테이블 모두 중복된 id는 없습니다. district_2020 테이블에서 한 행만 id가 1이고, district_2035 테이블에서도 한 행만 id가 1입니다. 즉, 두 테이블에서 id가 같은 행은 하나씩만 존재합니다. 데이터베이스 용어로는 이를 일대일 관계라고 합니다. 또 다른 예로 주별 인구조사 데이터를 기반으로 만들어진 테이블 두 가지를 조인하겠습니다. 한 테이블에는 가계 소득 데이터가 있고, 다른 테이블에는 교육 수준에 대한 데이터가 있습니다. 두 테이블 모두 51개의 행(각 주에 대해 한 개씩, 워싱턴 D.C.에 대해 하나)을 가지며, 주 이름, 주 약어 또는 표준 지리 코드와 같은 키에 결합하려는 경우 각 테이블에 대해 하나의 키 값만 일치합니다.

7-6-2 일대다 관계

일대다 관계에서 첫 번째 테이블의 키 값은 두 번째 테이블의 조인된 열에서 여러 매칭 값을 갖습니다. 자동차를 추적하는 데이터베이스를 생각해 보세요. 첫 번째 테이블에는 포드, 혼다, 테슬라 등 자동차 제조업체에 대한 데이터가 각각의 행으로 보관됩니다. 두 번째 테이블에는 Mustang, Civic, Model 3, Accord와 같은 모델 이름이 있고, 제조업체 테이블의 각 행과 매치되는 여러 행이 있습니다.

7-6-3 다대다 관계

다대다 관계는 한 테이블의 여러 항목이 다른 테이블의 여러 항목과 관련된 경우나 그 반대의 경우도 존재합니다. 예를 들어, 야구에서 각 플레이어는 여러 역할을 맡을 수 있으며 한 역할도 여러 플레이어가 수행할 수 있습니다. 이러한 복잡성 때문에 다대다 관계에는 세 번째 중간 테이블이 존재합니다. 야구 데이터베이스에는 선수를 정리한 players 테이블과 역할을 정리한 positions 테이블, 중간 테이블인 players_positions 테이블이 있는 셈입니다. players_positions 테이블은 players 테이블의 id와 positions 테이블의 id를 저장하는 열을 하나씩 가진 다대다 관계 테이블입니다.

이러한 관계를 이해하면 쿼리 결과가 데이터베이스의 구조를 정확하게 반영하는지 식별하는 데 도움이 됩니다. 따라서 테이블 관계 이해는 필수적인 일입니다.

지금까지 별표 와일드카드를 사용하여 두 테이블에서 모든 열을 선택했습니다. 빠른 데이터 확인에는 문제가 없지만 그보다는 열의 하위 집합을 지정하는 편이 좋습니다. 그러면 원하는 데이터에만 집중할 수 있으며 누군가가 테이블에 새 열을 추가하는 경우 실수로 쿼리 결과가 변경되는 것을 방지할 수 있습니다.

단일 테이블 쿼리에서 배운 것처럼 특정 열을 선택하려면 SELECT 키워드 다음에 원하는 열 이름을 사용합니다. 테이블을 조인할 때는 구문이 약간 변경되는데, 열을 표시할 때 그 열이 포함된 테이블 이름도 함께 적어 주어야 합니다. 그 이유는 지금까지 조인된 테이블에서도 봤듯이 둘 이상의 테이블이 동일한 이름의 열을 포함할 수 있기 때문입니다.

테이블 이름을 지정하지 않고 id 열을 가져오려는 다음 쿼리를 잘 살펴보세요.

```
SELECT id
FROM district_2020 LEFT JOIN district_2035
ON district_2020.id = district_2035.id;
```

위 쿼리를 실행하면 오류가 발생합니다. id 열이 district_2020과 district_2035에 모두 존재하기 때문에 서버는 pgAdmin의 결과 창에 열 참조 "id"가 모호하다는 오류 메시지를 띄웁니다. id가 속한 테이블이 무엇인지 명확하지 않다는 것이죠.

오류를 수정하려면 ON 절에서처럼 id 열 앞에 테이블 이름을 추가해야 합니다. 코드 7-11은 district_2020의 id 열을 원한다는 구문입니다. 또한 두 테이블에서 학교 이름을 가져옵니다.

```
SELECT district_2020.id,
       district_2020.school_2020,
       district_2035.school_2035
FROM district_2020 LEFT JOIN district_2035
ON district_2020.id = district_2035.id
ORDER BY district_2020.id;
```

코드 7-11 조인의 특정 열 쿼리하기

각 열 이름에 원본 테이블을 접두사로 붙이는 것만 빼고 나머지 쿼리 구문은 동일합니다. 결과는 각 테이블에서 요청된 열을 반환합니다.

```
 id    school_2020            school_2035
 --  ---------------------  ---------------------
  1 Oak Street School       Oak Street School
  2 Roosevelt High School  Roosevelt High School
  5 Dover Middle School
  6 Webutuck High School    Webutuck High School
```

또한 앞서 인구조사 데이터와 함께 사용했던 AS 키워드를 여기에 추가하면 결과에서 id 열이 district_2020에서 가져온 것인지 확인할 수 있습니다. 구문은 다음과 같습니다.

```
SELECT district_2020.id AS d20_id, ...
```

이렇게 하면 district_2020 테이블의 id 열 이름이 d20_id로 출력됩니다.

7-8 테이블 별칭으로 조인 구문 단순화하기

열 하나를 가져오려고 테이블을 지정하기는 쉽지만 여러 열을 가져오려고 긴 테이블 이름을 반복해 작성하다 보면 코드는 복잡해집니다. 다른 사람들과 협업을 진행할 때 가장 좋은 방법 중 하나는 읽기 쉬운 코드를 작성하는 것입니다. 일반적으로 25개 열에 대해 반복되는 테이블 이름을 훑어보는 일은 없어야 합니다. 훨씬 더 간결한 코드를 작성하는 방법은 테이블 별칭table aliases이라는 약식 접근 방식을 사용하는 것입니다.

테이블 별칭을 생성하려면 FROM 절에서 선언할 때 테이블 이름 뒤에 하나 또는 두 개의 문자를 배치합니다.(더 긴 별칭을 사용할 수 있지만 코드를 단순화하는 게 목적이라면 문자를 너무 많이 사용하지 마세요.) 이러한 문자는 코드 내 어디에서나 전체 테이블 이름 대신 사용할 수 있는 별칭 역할을 합니다. 코드 7-12는 이것이 어떻게 작동하는지 보여 줍니다.

```
SELECT d20.id,
       d20.school_2020,
       d35.school_2035
❶ FROM district_2020 AS d20 LEFT JOIN district_2035 AS d35
ON d20.id = d35.id
ORDER BY d20.id;
```

코드 7-12 테이블 별칭으로 코드 단순화하기

FROM 절에서 AS 키워드를 사용하여 district_2020 테이블을 나타내는 별칭 d20과 district_2035 테이블을 나타내는 별칭 d35를 선언합니다❶. 두 별칭 모두 테이블 이름보다 짧지만 각각 어떤 테이블을 의미하는 것인지 잘 나타내고 있습니다. 코드의 다른 모든 곳에서 전체 테이블 이름 대신 별칭을 사용할 수 있으며, 별칭을 사용하는 그 즉시 SQL이 더 간결해 보이니 이상적이라고 할 수 있습니다. AS 키워드는 선택 사항으로, 테이블 이름이나 열 이름에 별칭을 선언할 때 AS를 생략해도 된다는 점을 알아 두세요.

물론 SQL 조인은 두 개의 테이블로 제한되지 않습니다. 조인할 값이 일치하는 열이 있는 한 계속해서 쿼리에 테이블을 추가할 수 있습니다. 그럼 이번에는 학교와 관련된 두 테이블을 더 가져와 district_2020과 조인해 보겠습니다. 세 테이블 조인입니다. 새로 가져오는 테이블은 다음과 같습니다.

district_2020_enrollment 테이블에는 학교당 학생 수가 있습니다.

```
id    enrollment
--    ----------
 1           360
 2          1001
 5           450
 6           927
```

district_2020_grades 테이블에는 각 건물에 있는 학년 수준이 포함됩니다.

```
id    grades
--    ------
 1    K-3
 2    9-12
 5    6-8
 6    9-12
```

쿼리를 작성하기 위해 코드 7-13으로 테이블을 만들고 데이터를 불러오세요. 그리고 그것들을 district_2020에 조인하는 쿼리를 실행하세요.

```sql
CREATE TABLE district_2020_enrollment (
    id integer,
    enrollment integer
);

CREATE TABLE district_2020_grades (
    id integer,
    grades varchar(10)
);

INSERT INTO district_2020_enrollment
VALUES
    (1, 360),
    (2, 1001),
    (5, 450),
    (6, 927);

INSERT INTO district_2020_grades
VALUES
    (1, 'K-3'),
    (2, '9-12'),
```

```
        (5, '6-8'),
        (6, '9-12');

    SELECT d20.id,
           d20.school_2020,
           en.enrollment,
           gr.grades
❶ FROM district_2020 AS d20 JOIN district_2020_enrollment AS en
        ON d20.id = en.id
❷ JOIN district_2020_grades AS gr
        ON d20.id = gr.id
    ORDER BY d20.id;
```

코드 7-13 여러 테이블 조인하기

스크립트의 CREATE TABLE 부분과 INSERT 부분을 실행하면 district_2020 테이블과 관련된 기록이 있는 district_2020_enrollment와 district_2020_grades 테이블이 구성됩니다. 그런 다음 세 테이블을 모두 연결합니다.

SELECT 쿼리에서 각 테이블의 id 열을 사용해 district_2020 테이블을 district_2020_enrollment 테이블과 조인합니다❶. 코드를 간결하게 유지하기 위해 테이블 별칭을 선언했습니다. 다음으로 쿼리는 다시 id 열로 district_2020 테이블을 district_2020_grades 테이블과 조인합니다❷.

이제 결과에는 세 테이블 모두의 열이 포함됩니다.

```
id   school_2020          enrollment grades
--   -------------------- ---------- ------
 1 Oak Street School             360 K-3
 2 Roosevelt High School        1001 9-12
 5 Dover Middle School           450 6-8
 6 Webutuck High School          927 9-12
```

필요한 경우 추가 조인을 사용하여 쿼리에 더 많은 테이블을 추가할 수 있습니다. 테이블의 관계에 따라 다른 열에서 조인할 수도 있습니다. SQL에는 단일 쿼리에서 조인할 수 있는 테이블 수에 대한 엄격한 제한이 없지만 일부 데이터베이스 시스템에서는 제한이 있을 수도 있습니다. 문서를 확인해 보세요.

7-10 집합 연산자로 쿼리 결과 결합하기

어떤 인스턴스는 조인 결과처럼 다양한 테이블의 열이 나란히 반환되지 않고 하나의 결과로 출력되어 데이터를 재정렬해야 합니다. JavaScript 기반 데이터 시각화 또는 R 및 Python 프로그래밍 언어 라이브러리를 사용한 분석에 필요한 입력 형식을 그 예로 볼 수 있습니다. 이렇게 데이터를 조작하는 방법으로 ANSI SQL 표준인 집합 연산자 UNION과 INTERSECT, EXCEPT가 있습니다. 집합 연산자는 SELECT 쿼리의 결과 여러 개를 결합합니다. 각 연산자에 대한 설명은 이렇습니다.

- **UNION**: 두 개의 쿼리가 주어지면 두 번째 쿼리의 행을 첫 번째 쿼리의 행에 추가하고 중복을 제거하여 결합된 고유 행 집합을 생성합니다. 구문을 UNION ALL로 수정하면 중복을 포함한 모든 행이 반환됩니다.
- **INTERSECT**: 두 쿼리에 모두 존재하는 행만 반환하고 중복을 제거합니다.
- **EXCEPT**: 첫 번째 쿼리에는 있지만 두 번째 쿼리에는 없는 행을 반환합니다. 중복이 제거됩니다.

이들 각각에 대해 두 쿼리는 동일한 수의 열을 생성해야 하고 두 쿼리의 결과는 대응되는 열끼리 데이터 타입이 호환되어야 합니다. 작동 방식을 확인하기 위해 앞에서 사용한 학교 목록이 저장된 테이블을 계속 사용하겠습니다.

7-10-1 UNION과 UNION ALL

코드 7-14에서 UNION을 사용하여 district_2020과 district_2035 테이블에서 모든 행을 검색하는 쿼리를 결합합니다.

```
  SELECT * FROM district_2020
❶ UNION
  SELECT * FROM district_2035
❷ ORDER BY id;
```

코드 7-14 UNION을 이용한 쿼리 결합

쿼리는 UNION 키워드❶를 사이에 둔 두 개의 SELECT 문으로 구성됩니다. ORDER BY id;❷는 설정 작업이 이뤄진 후에 진행되므로 각 SELECT의 일부로 나열될 수 없습니다. 앞서 이 데이터를 다루면서 이런 쿼리가 두 테이블에서 동일한 여러 행을 반환한다는 것을 알게 되었을 것입니다. 그러나 이 쿼리를 UNION과 병합하면 결과에서 중복이 제거됩니다.

```
 id      school_2020
 -- --------------------
  1 Oak Street School
  2 Roosevelt High School
  3 Morrison Elementary
  4 Chase Magnet Academy
  5 Dover Middle School
  6 Webutuck High School
```

학교 이름은 첫 번째 쿼리 결과의 일부인 school_2020 열에 있습니다. district_2035 테이블의 두 번째 쿼리 열 school_2035에 있는 학교 이름이 첫 번째 쿼리 결과에 추가되었습니다. 이러한 이유로 두 번째 쿼리의 열은 첫 번째 쿼리의 열과 일치해야 하고 호환되는 데이터 타입을 가져야 합니다.

결과에 중복 행을 포함하고 싶다면 코드 7-15와 같이 쿼리에서 UNION을 UNION ALL로 변경합니다.

```
SELECT * FROM district_2020
UNION ALL
SELECT * FROM district_2035
ORDER BY id;
```

코드 7-15 UNION ALL을 이용한 쿼리 결합

중복된 행을 포함한 모든 행이 출력됩니다.

```
 id       school_2020
-- --------------------
  1 Oak Street School
  1 Oak Street School
  2 Roosevelt High School
  2 Roosevelt High School
  3 Morrison Elementary
  4 Chase Magnet Academy
  5 Dover Middle School
  6 Webutuck High School
  6 Webutuck High School
```

결합된 결과를 수정해 보면 도움이 되는 경우가 많습니다. 예를 들어, 각 행이 어떤 테이블에서 왔는지 알아내거나 특정 열을 포함하거나 제외할 수 있습니다. 코드 7-16은 UNION ALL을 사용하는 방법을 보여 줍니다.

```
❶ SELECT '2020' AS year,
       ❷ school_2020 AS school
  FROM district_2020

  UNION ALL

  SELECT '2035' AS year,
         school_2035
  FROM district_2035
  ORDER BY school, year;
```

코드 7-16 UNION 쿼리 커스터마이징

첫 번째 쿼리의 SELECT 문❶은 year라는 열에서 문자열 2020을 가진 값을 찾습니다. 문자열 2035를 찾는 두 번째 쿼리에서도 이 작업을 수행합니다. 5장의 '가져오는 과정에서 열에 값 추가하기' 절에서 사용한 기술과 유사합니다. 그런 다음 두 해의 학교를 표시하기 때문에 school_2020 열의 이름을 school로 변경합니다❷.

쿼리를 실행하여 결과를 확인하세요.

```
year        school
---- --------------------
2035 Chase Magnet Academy
2020 Dover Middle School
2035 Morrison Elementary
2020 Oak Street School
2035 Oak Street School
2020 Roosevelt High School
2035 Roosevelt High School
2020 Webutuck High School
2035 Webutuck High School
```

이번 쿼리는 각 학교의 연도도 출력합니다. 그렇기에 Dover Middle School은 district_2020 테이블을 쿼리한 결과에서 나왔다는 등의 사실을 알 수 있습니다.

7-10-2 INTERSECT와 EXCEPT

UNION의 사용법은 INTERSECT와 EXCEPT에도 동일하게 적용할 수 있습니다. 코드 7-17에서 두 연산자를 모두 확인해 보겠습니다. 결과를 비교하기 위해 나눠서 실행해도 좋습니다.

```
  SELECT * FROM district_2020
❶ INTERSECT
  SELECT * FROM district_2035
  ORDER BY id;

  SELECT * FROM district_2020
❷ EXCEPT
  SELECT * FROM district_2035
  ORDER BY id;
```

코드 7-17 INTERSECT와 EXCEPT를 사용한 쿼리 결합

INTERSECT를 사용하는 쿼리❶는 두 쿼리 모두에 있는 행만 반환하고 중복을 제거합니다.

```
id       school_2020
-- -------------------
 1 Oak Street School
 2 Roosevelt High School
 6 Webutuck High School
```

EXCEPT를 사용하는 쿼리❷는 첫 번째 쿼리에는 있지만 두 번째 쿼리에는 없는 행을 반환하고 중복이 있다면 제거합니다.

```
id       school_2020
-- -------------------
 5 Dover Middle School
```

UNION이나 INTERSECT, EXCEPT를 사용하는 쿼리는 데이터를 정렬하고 검사할 수 있는 충분한 기능을 제공합니다.

마지막으로 조인으로 돌아가서 서로 다른 테이블의 숫자로 계산하는 방법을 살펴보겠습니다.

| 7-11 조인된 테이블 열에서 수학 계산 수행하기 |

6장에서 살펴본 수학 함수는 조인된 테이블로 작업할 때도 사용할 수 있습니다. 테이블 열을 선택할 때와 마찬가지로 작업에서 열을 참조할 때 테이블 이름만 포함하면 됩니다. 정기적으로 업데이트되는 데이터로 작업하는 경우, 이 개념은 업데이트된 테이블을 이전 테이블에 결합하여 값이 어떻게 변경되었는지 탐색하는 데 유용합니다.

이것이 저를 비롯한 많은 언론인들이 새로운 인구조사 데이터가 발표될 때마다 하는 일입니다. 새 데이터를 가져와 인구, 소득, 교육 및 기타 지표의 증가 또는 감소 패턴을 찾으려고 노력하는 것이죠. 5장에서 생성한 us_counties_pop_est_2019 테이블을 다시 열고, 2010년 카운티 인구 추정치를 보여 주는 유사한 카운티 데이터를 새 테이블에 로드하여 수행해 보겠습니다. 테이블을 만들고 데이터를 가져와서 2019년 추정치에 결합하려면 코드 7-18을 실행하세요.

```
❶ CREATE TABLE us_counties_pop_est_2010 (
      state_fips text,
      county_fips text,
      region smallint,
      state_name text,
      county_name text,
      estimates_base_2010 integer,
      CONSTRAINT counties_2010_key PRIMARY KEY (state_fips, county_fips)
  );

❷ COPY us_counties_pop_est_2010
  FROM 'C:\YourDirectory\us_counties_pop_est_2010.csv'
  WITH (FORMAT CSV, HEADER);

❸ SELECT c2019.county_name,
         c2019.state_name,
         c2019.pop_est_2019 AS pop_2019,
         c2010.estimates_base_2010 AS pop_2010,
         c2019.pop_est_2019 - c2010.estimates_base_2010 AS raw_change,
     ❹ round( (c2019.pop_est_2019::numeric - c2010.estimates_base_2010)
           / c2010.estimates_base_2010 * 100, 1 ) AS pct_change
  FROM us_counties_pop_est_2019 AS c2019
      JOIN us_counties_pop_est_2010 AS c2010
❺ ON c2019.state_fips = c2010.state_fips
      AND c2019.county_fips = c2010.county_fips
❻ ORDER BY pct_change DESC;
```

코드 7-18 조인된 인구조사 테이블에서 수학 연산 수행하기

이 코드는 앞서 실습했던 내용을 바탕으로 합니다. 코드에는 주, 카운티 및 지역 코드가 포함된 친숙한 CREATE TABLE 문❶이 있으며, 테이블에는 주와 카운티의 이름이 포함된 열이 있습니다. 또한 각 카운티에 대한 인구조사국의 2010년도 추정 인구가 저장된 estimates_base_2010 열이 있습니다.(인구조사국은 10년 후의 추정치와 비교하기 위한 기본 수치를 생성하려고 전체 10년마다 집계를 수정합니다.) COPY 문❷은 인구조사 데이터가 포함된 CSV 파일을 가져옵니다. 영진닷컴 홈페이지 또는 깃허브에서 다운로드한 실습 파일에서 us_counties_pop_est_2010.csv를 찾을 수 있습니다. 파일 경로를 해당 파일을 저장한 위치로 변경하세요.

가져오기를 완료하면 3,142개의 행이 있는 us_counties_pop_est_2010 테이블이 생성됩니다. 이제 2010년과 2019년에 대한 인구 추정치가 포함된 테이블이 있으므로 해당 연도 사이 각 카운티의 인구 변화율을 계산하겠습니다. 국가의 성장을 주도한 카운티는 어디일까요? 어디서 인구가 감소했을까요?

답을 얻기 위해 6장에서 사용한 변화율 계산 공식을 사용합니다. SELECT 문❸에는 c2019로 별칭이 지정된 2019년 테이블의 카운티 및 주 이름이 포함됩니다. 다음은 2019년 및 2010년 테이블의 추정 인구 열입니다. 둘 다 결과에서 이름을 간략하게 제시하기 위해 AS를 사용하여 이름을 바꿨습니다. 인구의 원시 변화를 얻기 위해 2019년 추정치에서 2010년 추정치 기준을 빼고, 변화율을 찾기 위해 공식❹을 사용하고 결과를 소수점 한 자리로 반올림합니다.

두 테이블이 공통으로 가진 state_fips 및 county_fips라는 두 열의 값을 일치시켜 조인합니다❺. 하나가 아닌 두 개의 열을 사용해 조인하는 이유는 두 테이블에서 주 코드와 카운티 코드의 조합이 고유한 카운티를 나타내기 때문입니다. AND 논리 연산자를 사용하여 두 조건을 결합합니다. 이 구문을 사용하면 두 조건을 모두 충족하는 행이 조인됩니다. 마지막으로 결과를 변화율을 기준으로 내림차순 정렬하여❻ 가장 빠르게 성장하는 카운티를 맨 위에 표시합니다.

많은 작업이 필요하지만 그만한 가치가 있습니다. 결과의 최상위 5개 행은 다음과 같습니다.

```
county_name       state_name      pop_2019   pop_2010   raw_change   pct_change
---------------   ------------    --------   --------   ----------   ----------
McKenzie County   North Dakota       15024       6359         8665        136.3
Loving County     Texas                169         82           87        106.1
Williams County   North Dakota       37589      22399        15190         67.8
Hays County       Texas             230191     157103        73088         46.5
Wasatch County    Utah               34091      23525        10566         44.9
```

노스다코타주의 매켄지 카운티와 텍사스주의 러빙 카운티는 2010년에서 2019년 사이에 인구가 두 배 이상 증가했으며 노스다코타주와 텍사스주의 다른 카운티도 상당한 증가를 보였습니다. 이 장소에는 각각 다른 이야기가 있습니다. 매켄지 카운티를 비롯한 노스다코타주의 다른 카운티는 바켄 지대에서 석유 및 가스 채취 붐이 일어났습니다. 그것은 이 분석에서 추출한 귀중한 통찰이며 국가 인구 추세를 이해하기 위한 출발점이기도 합니다.

테이블 관계가 데이터베이스 구조의 기본이라는 점을 감안할 때, 쿼리에서 테이블을 조인하는 방법을 배우고 나면 여러분이 앞으로 마주치게 될 더 복잡한 데이터셋을 처리할 수 있습니다. 테이블에서 다양한 유형의 조인을 실험하면 데이터가 수집된 방식에 대해 많은 것을 알 수 있으며 품질 문제가 있을 때 이를 확인할 수 있습니다. 새로운 데이터셋을 탐색할 때마다 다양한 조인을 활용해 보세요.

앞으로도 데이터셋에서 정보를 찾고 데이터 타입 처리의 미묘한 차이를 다루고 양질의 데이터를 확보하는 데 더 깊이 파고들면서 이러한 개념들을 계속해서 더 크게 구축해 나갈 것입니다. 그러나 먼저 기본적인 요소를 한 가지 더 살펴보겠습니다. 그것은 바로 최상의 방법을 사용하여 SQL로 안정적이고 빠른 데이터베이스를 구축하는 것입니다.

연습문제

이 연습문제로 조인을 더 탐구해 보세요.

1. 2010년과 2019년 사이에 인구 감소 비율이 가장 큰 카운티는 어디일까요? 인터넷 검색을 통해 무슨 일이 일어났는지 알아보세요.(힌트: 감소 원인은 특정 시설과 관련 있습니다.)

2. UNION에 대해 배운 개념을 적용하여 2010년과 2019년 인구조사 카운티 인구 추정치의 쿼리를 병합하는 쿼리 결과를 만들어 보세요. 결과에는 결과의 각 행에 대한 추정치의 연도를 지정하는 year 열이 포함되어야 합니다.

3. 6장의 percentile_cont() 함수를 사용하여 2010년과 2019년 사이에 예상되는 카운티 인구의 변화율의 중앙값을 구해 보세요.

8

적시적소에 알맞은 테이블 디자인

디테일에 대한 집착은 좋을 때도 있습니다. 항상 같은 곳에 집 열쇠를 걸어 두면 문 밖으로 나갈 때마다 안심하고 열쇠를 챙길 수 있죠. 데이터베이스 디자인도 마찬가지입니다. 수십 개의 테이블과 수백만 개의 행에서 정보 덩어리를 발굴해야 하는 경우, 디테일에 대한 집착에 감사하게 될 것입니다. 데이터를 더욱 세밀하고 잘 명명된 테이블 집합으로 구성하면 분석 환경을 훨씬 더 쉽게 관리할 수 있습니다.

이 장에서는 7장을 기반으로 SQL 데이터베이스를 구성하고 속도를 빠르게 만드는 모범 사례를 소개합니다. SQL 데이터베이스가 여러분의 것이든, 분석을 위해 인수인계받은 것이든 상관없습니다. 이제 이름 지정 규칙과 코딩 컨벤션, 데이터 무결성을 유지하는 방법, 쿼리 속도를 높이기 위해 테이블에 인덱스를 추가하는 방법을 탐색하며 테이블 디자인에 대해 자세히 살펴보겠습니다.

8-1 네이밍 컨벤션 따르기

프로그래밍 언어는 고유한 스타일 패턴을 갖는 경향이 있으며, 심지어 개발자들도 테이블, 열 및 기타 개체(이하 식별자identifier라고 함)의 이름을 지정할 때 각자 선호하는 규칙이 있습니다. 어떤 사람들은 berrySmoothie처럼 단어들이 서로 연결된 상태에서 첫 단어를 제외하고 각 단어의 첫 글자를 대문자로 표시하는 카멜 케이스camel case를 선호합니다. 한편 BerrySmoothie처럼 카멜 케이스와 유사하지만 첫 단어의 첫 글자도 대문자로 표시하는 파스칼 케이스pascal case를 좋아하는 사람도 있습니다. 또한 berry_smoothie 같이 모든 단어를 소문자로 적고 밑줄로 구분하는 스네이크 케이스snake case를 애용하는 사람도 있습니다.

각 명명 규칙마다 열렬한 지지자를 찾을 수 있으며, 일부 기본 설정은 개별 데이터베이스 응용 프로그램 또는 프로그래밍 언어와 관련이 있습니다. 예를 들어 Microsoft는 SQL Server 사용자에게 파스칼 케이스를 권장합니다. 지금까지 이 책에서는 us_counties_pop_est_2019 테이블과 같은 대부분의 예제에서 스네이크 케이스를 사용했습니다. 어떤 규칙을 선호하든 스타일을 선택하고 일관되게 적용하는 것이 가장 중요합니다. 여러분이 속한 조직에 스타일 가이드가 있는지, 또는 하나로 공동 작업을 할 것을 요구하고 있지는 않은지 확인한 다음 무조건 그대로 따르세요.

마음대로 스타일을 혼합하거나 규칙에 따르지 않으면 작업이 엉망이 됩니다. 예를 들어, 데이터베이스에 연결하고 이렇게 구성된 테이블 모음을 찾는다고 상상해 보세요.

```
Customers
customers
custBackup
customer_analysis
customer_test2
customer_testMarch2012
customeranalysis
```

이런 질문을 던질지도 모릅니다. '어떤 테이블이 고객에 대한 현재 데이터를 실제로 저장하고 있지?' 정리되지 않은 이름 지정 체계(거기다 전반적으로 부족한 정리)는 다른 사람들이 데이터에 뛰어들기 어렵게 만들고 중단한 부분부터 다시 시작하기도 어렵게 합니다.

이름 지정 식별자와 관련된 몇 가지 고려 사항 및 권장 사항을 살펴보겠습니다.

8-1-1 인용 식별자로 대소문자 혼합 사용하기

PostgreSQL은 대소문자에 관계없이 식별자를 소문자로 처리합니다. 대소문자를 구분하고 싶다면 식별자를 큰따옴표로 묶어야 합니다. PostgreSQL에 대한 다음 두 CREATE TABLE 문을 참고하세요.

```
CREATE TABLE customers (
    customer_id text,
    --생략--
);

CREATE TABLE Customers (
    customer_id text,
    --생략--
);
```

이러한 명령문을 순서대로 실행하면 첫 번째 CREATE TABLE 명령이 customers라는 테이블을 생성합니다. 그러나 두 번째 CREATE TABLE 명령은 Customers라는 두 번째 테이블을 생성하는 대신 "customers"라는 이름의 릴레이션이 이미 존재한다는 오류를 발생시킵니다. 식별자를 따옴표로 감싸지 않았으므로 PostgreSQL은 customers와 Customers를 동일한 식별자로 취급합니다. 대문자를 유지하고 Customers라는 별도의 테이블을 만들려면 다음과 같이 식별자를 따옴표로 묶어야 합니다.

```
CREATE TABLE "Customers" (
    customer_id serial,
    --생략--
);
```

이러려면 customers가 아닌 Customers를 쿼리해야 하므로 SELECT 문에서 테이블 이름을 변경해야 합니다.

```
SELECT * FROM "Customers";
```

기억하기 힘든 일이라 쉽게 헷갈릴 수 있습니다. 테이블 이름이 데이터베이스의 다른 테이블 이름과 명확하게 구별되도록 해두세요.

8-1-2 인용 식별자의 함정

인용 식별자를 사용하면 공백을 포함한 식별자처럼 허용되지 않았던 문자도 허용됩니다. 그러나 이 방법을 사용하는 것에는 단점도 존재합니다. 예를 들어"trees planted"처럼 주위에 따옴표를 붙여 이를 재조림 데이터베이스의 열 이름으로 사용할 수 있지만, 모든 사용자는 이후의 모든 열 참조에 따옴표를 제공해야 합니다. 따옴표를 생략하면 데이터베이스는 trees와 planted 사이 공백을 무시한 채 각각을 별도의 열로 인식하여 오류 또는 잘못된 결과를 반환합니다. 더 읽기 쉽고 신뢰할 수 있는 옵션은 trees_planted와 같이 스네이크 케이스를 사용하는 것입니다.

또한 인용 부호를 사용하면 SQL에서 특별한 의미를 갖는 단어인 SQL 예약어[reserved keywords]를 식별자로 사용할 수 있습니다. 앞에서 본 TABLE, WHERE, SELECT 등이 예약어의 일종입니다. 대부분의 데이터베이스 개발자는 예약어를 식별자로 사용하는 것을 싫어합니다. 혼란스러울 뿐만 아니라, 최악의 경우 데이터베이스가 단어를 식별자 대신 명령으로 해석하므로 나중에 해당 키워드를 무시하거나 잊으면 오류가 발생합니다.

> 📝 **NOTE**
>
> PostgreSQL의 경우 https://www.postgresql.org/docs/current/sql-keywords-appendix.html에서 문서화된 키워드 목록을 찾을 수 있습니다. 또한 pgAdmin을 포함한 많은 코드 편집기 및 데이터베이스 도구는 특정 색상의 키워드를 자동으로 강조 표시합니다.

8-1-3 이름 지정 식별자 가이드라인

인용에 대한 번거로움과 잠재적인 문제를 감안할 때 식별자 이름은 인용 부호를 사용하지 않고, 단순하고 일관되게 유지하는 것이 가장 좋습니다. 저의 권장 사항은 다음과 같습니다.

- **스네이크 케이스를 사용하세요.** 스네이크 케이스는 이전 trees_planted 예제에서 보았듯이 읽기 쉽고 신뢰할 수 있습니다. 스네이크 케이스는 PostgreSQL 공식 문서 전체에서 사용되며 여러 단어로 된 이름을 이해하기 쉽게 만드는 데 도움이 됩니다. video_on_demand는 videoondemand보다 한눈에 의미를 파악하기가 쉽습니다.

- **이름을 이해하기 쉽게 짓고 암호 같은 약어 사용을 지양하세요.** 여행과 관련된 데이터베이스를 구축할 때 열 이름 arrival_time은 arv_tm보다 열에 담긴 내용을 더 잘 상기시켜 줍니다.

- **테이블 이름으로는 복수형 이름을 사용하세요.** 테이블은 행을 보유하고 각 행은 엔티티의 한 인스턴스를 나타냅니다. 그러니 테이블에는 teachers, vehicles 또는 departments 같은 복수형 이름을 사용하세요. 다만, 예외를 두는 때도 있습니다. 가령, 가져온 CSV 파일의 이름을 보존하기 위해 해당 파일을 테이블 이름으로 사용하는 경우입니다. 특히 딱 한번만 가져오는 경우라면 말이죠.

- **길이를 신경 쓰세요.** 식별자 이름에 허용되는 최대 문자 수는 데이터베이스 응용 프로그램에 따라 다릅니다. 표준 SQL은 128자이지만 PostgreSQL은 63자이고 Oracle 시스템에서는 최대 30자입니다. 다른 데이터베이스에서 재사용될 수 있는 코드를 작성하는 경우 더 짧은 식별자 이름을 권장합니다.

- **테이블을 복사할 때 나중에 관리하는 데 도움이 되는 이름을 사용하세요.** 한 가지 방법은 테이블 이름을 생성할 때 vehicle_parts_2021_04_08처럼 YYYY_MM_DD 날짜를 추가하는 것입니다. 이 방식의 추가적인 이점은 테이블 이름이 날짜 순서로 정렬된다는 것입니다.

8-2 제약조건으로 열 값 제어하기

특정 제약조건을 사용하여 열이 허용할 데이터에 대한 추가적인 제어를 둘 수 있습니다. 열의 데이터 타입은 허용할 데이터의 종류를 광범위하게 정의합니다(예: 정수와 문자). 추가 제약조건을 통해 규칙 및 논리적 테스트를 기반으로 허용 가능한 값을 추가로 지정할 수 있습니다. 제약조건을 사용하면 품질이 좋지 않은 데이터로 인해 분석이 부정확하거나 불완전한 '가비지 인, 가비지 아웃garbage in, garbage out' 현상을 피할 수 있습니다. 제약조건은 데이터 품질을 유지하고 테이블 간 관계의 무결성을 보장하는 데 도움이 됩니다.

앞서 7장에서는 가장 일반적으로 사용되는 두 가지 제약조건인 기본 키와 외래 키에 대해 배웠습니다. 다음은 SQL의 제약조건 유형입니다.

- **CHECK**: 제공된 부울 표현식이 true로 평가되는 행만 허용합니다.
- **UNIQUE**: 열 또는 열 그룹의 값이 테이블의 각 행에서 고유한지 확인합니다.
- **NOT NULL**: 열의 NULL 값을 방지합니다.

제약조건을 열 제약조건 또는 테이블 제약조건으로 추가할 수 있습니다. 열 제약조건은 해당 열에만 적용됩니다. 열 제약조건은 CREATE TABLE 문에서 열 이름과 데이터 타입과 함께 선언되며 열이 변경될 때마다 확인됩니다. 테이블 제약조건을 사용하면 하나 이상의 열에 적용되는 기준을 제공할 수 있습니다. 모든 테이블 열을 정의한 직후 CREATE TABLE 문에서 선언하고 나면 테이블의 행이 변경될 때마다 확인됩니다.

이러한 제약조건들과 그 구문, 테이블 디자인에서의 유용성을 살펴보겠습니다.

<u>8-2-1</u> 기본 키: 자연 키 vs. 인조 키

7장에서 살펴보았듯 기본 키$^{primary\ key}$는 테이블의 각 행을 고유하게 식별하는 값을 가진 열 또는 열의 조합입니다. 기본 키는 SQL 제약조건으로 키를 구성하는 열에 규칙 두 가지를 적용합니다.

- 각 값은 행마다 고유해야 한다.
- 열에 값이 누락된 부분이 있어서는 안 된다.

창고에 저장된 제품을 정리한 테이블에서 고유한 제품 코드가 기본 키가 될 수 있습니다. 7장의 '키 열로 테이블 조인하기'에서 살펴본 간단한 기본 키 예제에서는 사용자가 직접 정수를 삽입한 ID 열이 테이블의 기본 키였습니다. 종종 데이터는 최상의 경로를 제안하고 기본 키로 자연 키$^{natural\ key}$와 인조 키$^{surrogate\ key}$ 중 무엇을 사용할지 결정하는 데 도움이 됩니다.

기존 열을 자연 키로 사용하기

자연 키$^{natural\ key}$는 테이블에 있는 열 중에서 기본 키의 기준을 충족하는 열 또는 열의 조합을 사용합니다. 즉, 해당 열의 값은 모든 행에 대해 고유하고 비어 있지 않아야 합니다. 열의 값은 새 값이 제약조건을 위반하지 않으면 얼마든지 변경할 수 있습니다.

자연 키의 예로 운전 면허증 식별번호를 들 수 있습니다. 미국의 경우 모든 운전자는 면허증에 고유한 ID 번호를 부여받습니다. 이를 driver_id에 저장하겠습니다. 그러나 국가 운전 면허증 데이터베이스를 컴파일할 때는 이 값이 고유하다고 가정하지 못합니다. 여러 주가 ID 번호를 독립적으로 발행하기 때문에 동일한 ID 코드가 발급될 수 있기 때문입니다. 이러면 driver_id 열은 고유한 값을 갖지 않아 자연 키로 사용할 수 없습니다. 해결책으로 driver_id를 주 이름을 포함하는 열과 결합하여 복합 기본 키$^{composite\ primary\ key}$를 만들 수 있습니다. 그러면 각 행에 대해 고유한 조합이 생깁니다. 예를 들어, 이 테이블의 두 행에는 driver_id 및 st 열의 조합이 각자 고유합니다.

```
driver_id  st  first_name  last_name
---------- --  ----------  ---------
10302019   NY  Patrick     Corbin
10302019   FL  Howard      Kendrick
```

이번 장에서는 두 가지 접근 방식을 모두 살펴봅니다. 데이터 작업을 하면서 자연 키에 적합한 값을 찾아보세요. 부품번호나 일련번호, 책의 ISBN 모두 좋은 예가 됩니다.

인조 키를 위한 열 생성

인조 키$^{surrogate\ key}$는 임의의 값을 부여합니다. 테이블에 자연 기본 키를 생성할 수 있는 데이터가 없을 때 사용합니다. 인조 키로 데이터베이스에서 자동 생성되는 번호를 사용할 수 있는데 앞서 시리얼 데이터 타입과 IDENTITY 구문으로 이 작업을 수행했습니다.(4장의 '자동 증가 정수'에서 다룹니다.) 인조 키에 자동 증가 정수를 사용하는 테이블은 다음과 같습니다.

```
id  first_name  last_name
--  ----------  ---------
 1  Patrick     Corbin
 2  Howard      Kendrick
 3  David       Martinez
```

일부 개발자는 하이픈으로 구분된 그룹의 32자리 16진수로 구성된 코드인 UUID$^{Universally\ Unique\ Identifier}$를 선호합니다. UUID는 컴퓨터 하드웨어나 소프트웨어를 식별하는 데 사용되며 다음과 같은 형태를 갖습니다.

```
2911d8a8-6dea-4a46-af23-d64175a08237
```

PostgreSQL은 UUID 데이터 타입을 지원하고 UUID를 생성하는 모듈인 uuid-ossp와 pgcrypto를 제공합니다. PostgreSQL 문서(https://www.postgresql.org/docs/current/datatype-uuid.html)를 자세히 읽어 보세요.

> **📝 NOTE**
>
> 인조 키에 UUID를 사용할 때는 주의하세요. 용량면에서 bigint와 같은 선택지에 비해 비효율적입니다.

키 유형별 장단점

자연 키와 인조 키라는 두 가지 유형의 기본 키는 모두 사용할 만한 타당한 이유가 있지만 각각의 단점도 존재합니다. 자연 키는 다음 사항을 고려해야 합니다.

- 데이터가 이미 테이블에 있으므로 키를 생성하기 위해 열을 추가할 필요가 없습니다.

- 자연 키 자체로 의미가 있으므로 쿼리 시 테이블을 조인할 필요성이 줄어듭니다.
- 데이터가 키 요구 사항을 위반하는 방식으로 변경되면(예: 중복값이 갑자기 나타나는 경우) 테이블 설정을 변경해야 합니다.

인조 키는 다음 사항을 고려해야 합니다.

- 인조 키는 그 자체로 의미가 없고 해당 값이 테이블의 데이터와 독립적이기 때문에 나중에 데이터가 변경되더라도 키 구조에 제한을 받지 않습니다.
- 키 값은 고유해야 합니다.
- 인조 키에 대한 열을 추가하려면 공간이 더 필요합니다.

가장 이상적인 테이블이라면 제품 테이블의 고유한 제품 코드와 같이 자연 키로 사용할 수 있는 열이 하나 이상 있어야 합니다. 그러나 현실 세계에는 늘 한계가 있습니다. 직원 테이블에서 기본 키로 사용할 행 단위로 고유한 열이나 열 조합을 찾기 어렵습니다. 테이블 구조를 재고할 수 없는 경우 인조 키를 사용해야 합니다.

단일 열 기본 키 생성

몇 가지 기본 키 예제를 통해 작업해 보겠습니다. 7장의 'JOIN 유형 이해하기'에서 여러 JOIN 유형을 시도하기 위해 district_2020과 district_2035 테이블에 기본 키를 생성했습니다. 이 기본 키는 인조 키였습니다. 두 테이블 모두에서 키로 사용할 id라는 열을 만들고 CONSTRAINT key_name PRIMARY KEY를 추가해 기본 키로 선언했습니다.

제약조건을 선언하는 데에는 열 제약조건 또는 테이블 제약조건이라는 두 가지 방법이 있습니다. 코드 8-1에서는 앞에서 언급한 운전 면허증 예제와 유사한 테이블에 기본 키를 선언하는 두 가지 방법을 모두 시도합니다. 운전 면허증 ID는 항상 고유해야 하므로 해당 열을 자연 키로 사용합니다.

```
CREATE TABLE natural_key_example (
❶ license_id text CONSTRAINT license_key PRIMARY KEY,
    first_name text,
    last_name text
);

❷ DROP TABLE natural_key_example;

CREATE TABLE natural_key_example (
    license_id text,
    first_name text,
    last_name text,
❸ CONSTRAINT license_key PRIMARY KEY (license_id)
);
```

코드 8-1 단일 열 자연 키를 기본 키로 선언

먼저 natural_key_example이라는 테이블을 만들고 열 제약조건 구문 CONSTRAINT를 사용하여 license_id를 기본 키로 선언하고❶ 제약조건의 이름과 키워드 PRIMARY KEY를 사용합니다. 이 구문을 사용하면 기본 키가 어떤 열에 있는지 한눈에 쉽게 알 수 있습니다. 다음과 같이 CONSTRAINT 키워드와 키 이름을 생략해도 간단히 PRIMARY KEY를 적용할 수 있습니다.

```
license_id text PRIMARY KEY
```

이 경우 PostgreSQL은 자체적으로 테이블 이름 뒤에 _pkey를 붙여 기본 키의 이름을 지정합니다.
다음으로 테이블 제약조건 예제를 준비하기 위해 DROP TABLE❷을 사용하여 데이터베이스에서 테이블을 삭제합니다.

테이블 제약조건을 추가하기 위해 모든 열을 나열한 후 CONSTRAINT를 선언하고❸ 키로 사용할 열을 괄호 안에 넣습니다.(다시 말하지만 CONSTRAINT 키워드와 제약조건의 키 이름을 생략할 수 있습니다.) 이 예에서는 기본 키로 license_id 열을 사용합니다. 만약 둘 이상의 열을 사용하여 기본 키를 만들려면 테이블 제약조건 구문을 사용해야 하며, 이 경우 쉼표로 구분하여 괄호 안에 열을 나열합니다. 이는 뒤에서 살펴보겠습니다.

먼저 모든 행에 대해 고유하고 NULL 값이 없는 기본 키의 품질이 데이터 무결성을 손상시키지 않도록 보호하는 방법을 살펴보겠습니다. 코드 8-2에는 INSERT 문이 두 개 있습니다.

```
INSERT INTO natural_key_example (license_id, first_name, last_name)
VALUES ('T229901', 'Gem', 'Godfrey');

INSERT INTO natural_key_example (license_id, first_name, last_name)
VALUES ('T229901', 'John', 'Mitchell');
```

코드 8-2 기본 키 위반의 예

첫 번째 INSERT 문을 실행할 때 서버는 문제 없이 natural_key_example 테이블에 행을 로드합니다.
그런 다음 두 번째 INSERT 문을 실행하려고 하면 서버가 오류로 응답합니다.

```
ERROR: 오류:  중복된 키 값이 "license_key" 고유 제약조건을 위반함
DETAIL:  (license_id)=(T229901) 키가 이미 있습니다.
SQL 상태: 23505
```

행을 추가하기 전에 서버는 테이블의 license_id 열에 이미 T229901이라는 값이 있는지 확인합니다. 기본 키는 정의에 따라 각 행에 대해 고유해야 하므로 서버가 두 번째 INSERT 문 작업을 거부합니다. 두 명의 운전자는 동일한 면허 ID를 가질 수 없으므로 중복 데이터를 확인하고 거부하는 것은 데이터베이스가 규칙을 지키는 한 가지 방법입니다.

복합 기본 키 생성

단일 열이 기본 키에 대한 요구 사항을 충족하지 않는 경우에는 복합 기본 키를 만들면 됩니다.

학생의 출석 기록을 추적하는 테이블을 만들겠습니다. student_id와 school_day 열의 조합은 각 행에 대해 고유한 값을 제공합니다. present 열에는 그날 해당 학생의 출석 여부를 기록합니다. 복합 기본 키는 코드 8-3과 같이 테이블 제약조건 구문을 사용하여 선언합니다.

```
CREATE TABLE natural_key_composite_example (
    student_id text,
    school_day date,
    present boolean,
    CONSTRAINT student_key PRIMARY KEY (student_id, school_day)
);
```

코드 8-3 복합 기본 키를 자연 키로 생성

여기서 PRIMARY KEY 뒤에 두 개(또는 그 이상)의 열을 전달합니다. student_id과 school_day라는 두 키 열의 조합이 테이블에 고유하지 않은 행을 삽입하면 키 위반이 일어나는지 시뮬레이션해 보겠습니다. 코드 8-4의 INSERT 문을 한 번에 하나씩 실행합니다.(pgAdmin에서 **Execute/Refresh**를 클릭하기 전에 한 개씩 드래그하세요.)

```
INSERT INTO natural_key_composite_example (student_id, school_day, present)
VALUES(775, '2022-01-22', 'Y');

INSERT INTO natural_key_composite_example (student_id, school_day, present)
VALUES(775, '2022-01-23', 'Y');

INSERT INTO natural_key_composite_example (student_id, school_day, present)
VALUES(775, '2022-01-23', 'N');
```

코드 8-4 복합 기본 키 위반의 예

처음 두 개의 INSERT 문은 키 열 조합에 중복값이 없기 때문에 제대로 실행됩니다. 그러나 세 번째 명령문을 실행할 때는 거기에 포함된 student_id와 school_day 값이 테이블에 이미 있는 조합과 일치하기 때문에 오류가 발생합니다.

```
ERROR: 오류:  중복된 키 값이 "student_key" 고유 제약 조건을 위반함
DETAIL:  (student_id, school_day)=(775, 2022-01-23) 키가 이미 있습니다.
SQL 상태: 23505
```

두 개 이상의 열이 있는 복합 키를 만들 수 있습니다. 사용할 수 있는 열 수의 제한은 데이터베이스에 따라 다릅니다.

자동 증가 인조 키 생성

4장의 '자동 증가 정수'에서 배웠듯이 PostgreSQL 데이터베이스가 열에 자동으로 증가하는 고유값을 추가하도록 하는 두 가지 방법이 있습니다. 열을 PostgreSQL의 시리얼 데이터 타입인 smallserial, serial, bigserial 중 하나로 설정하는 방법과 IDENTITY 구문을 사용하는 방법입니다. 후자가 ANSI SQL 표준이므로 예제에서는 IDENTITY 구문을 사용하겠습니다.

IDENTITY는 정수 데이터 타입인 smallint, integer, bigint 중 하나와 함께 사용합니다. 디스크 공간을 절약을 위해 기본 키에 2,147,483,647까지의 수가 저장되는 integer를 사용하고 싶을 수도 있습니다. 그러나 이와 관련해 이미 많은 데이터베이스 개발자가 고초를 겪었습니다. 최댓값보다 1 큰 값을 넣으려다가 프로그램이 오류를 일으키니 당장 해결하라고 심야에 전화를 거는 진상 고객에게 시달렸죠. 그러니 테이블의 행이 2,147,483,647을 넘을 가능성이 있다면 최대 9,223,372,036,854,775,807까지의 값을 허용하는 bigint를 사용하는 것이 현명합니다. 코드 8-5의 첫 번째 열처럼 설정하면 좋습니다.

```
CREATE TABLE surrogate_key_example (
❶ order_number bigint GENERATED ALWAYS AS IDENTITY,
   product_name text,
   order_time timestamp with time zone,
❷ CONSTRAINT order_number_key PRIMARY KEY (order_number)
);

❸ INSERT INTO surrogate_key_example (product_name, order_time)
   VALUES ('Beachball Polish', '2020-03-15 09:21-07'),
          ('Wrinkle De-Atomizer', '2017-05-22 14:00-07'),
          ('Flux Capacitor', '1985-10-26 01:18:00-07');

SELECT * FROM surrogate_key_example;
```

코드 8-5 IDENTITY를 사용하여 인조 키로 bigint 열 선언

코드 8-5는 IDENTITY 구문을 사용하여 order_number라는 자동 증가 bigint 타입 열❶을 선언한 다음 해당 열을 기본 키❷로 설정합니다. 테이블에 데이터를 삽입❸할 때 order_number 열을 생략했지만 괜찮습니다. 왜냐하면 각 행이 삽입될 때마다 데이터베이스가 order_number 열에 이미 생성되어 있는 값들 중 가장 큰 값보다 1 더 큰 값을 자동으로 생성하기 때문입니다.

열이 어떻게 자동으로 채워지는지 보려면 SELECT * FROM surrogate_key_example;을 실행하세요.

```
order_number    product_name        order_time
------------    ------------------  ---------------------
           1 Beachball Polish    2020-03-16 01:21:00+09
           2 Wrinkle De-Atomizer 2017-05-23 06:00:00+09
           3 Flux Capacitor      1985-10-26 17:18:00+09
```

이제 여러분은 영수증에 있는 주문번호가 어떻게 자동 생성되는지 이해했을 것입니다.

몇 가지 세부 사항을 살펴보겠습니다. 행을 삭제하면 데이터베이스는 order_number 열에서 빈 공간을 그대로 두고 해당 열의 기존 값도 변경하지 않습니다. 예를 들어, 행 삭제로 인해 자동 증가 열에 1, 2, 3, 8이라는 값만 남아 있을 때 그 다음 값으로는 가장 큰 기존 값보다 1 더 큰 값인 9가 들어 갑니다.(백업에서 데이터베이스를 복원하는 경우 같은 작업에는 예외가 있습니다.) 또한 GENER-ATED ALWAYS AS IDENTITY 구문은 4장에서 논의한 바와 같이 사용자가 설정을 무시하고 억지로 order_number 열에 값을 삽입하는 행위를 방지합니다. 일반적으로 이러한 간섭을 막아 문제를 방지하죠. 사용자가 기존 surrogate_key_example 테이블의 order_number 열에 값 4를 수동으로 삽입했다고 가정하겠습니다. 수동 삽입은 order_number 열에 대한 IDENTITY 값을 증가시키지 않으며 그 값의 증가는 오로지 데이터베이스가 새 값을 생성할 때만 발생합니다. 따라서 다음 행 삽입에서 데이터베이스는 시퀀스의 다음 숫자인 4도 삽입하려 하고, 이때 중복값이 기본 키 제약조건을 위반하므로 오류가 발생합니다.

그러나 IDENTITY 시퀀스를 새로 시작해 수동 삽입을 허용할 수 있습니다. 가령 실수로 삭제된 행을 삽입하는 경우에 수동 삽입을 허용할 수 있습니다. 코드 8-6은 테이블에 order_number가 4인 행을 추가합니다.

```
  INSERT INTO surrogate_key_example
❶ OVERRIDING SYSTEM VALUE
  VALUES (4, 'Chicken Coop', '2021-09-03 10:33-07');

❷ ALTER TABLE surrogate_key_example ALTER COLUMN order_number RESTART WITH 5;

❸ INSERT INTO surrogate_key_example (product_name, order_time)
  VALUES ('Aloe Plant', '2020-03-15 10:09-07');
```

코드 8-6 IDENTITY 시퀀스 다시 시작

OVERRIDING SYSTEM VALUE❶라는 키워드를 포함하는 INSERT 문으로 시작합니다. 다음으로 order_number 열에 정수 4를 지정해 IDENTITY 제한을 무시하는 VALUES 절을 입력합니다. 지금은 4를 사용하고 있지만 열에 아직 없는 아무 숫자나 입력할 수 있습니다.

삽입 후에는 IDENTITY 시퀀스가 방금 삽입한 4보다 큰 숫자에서 시작하도록 재설정해야 합니다. 키워드 RESTART WITH 5를 포함하는 ALTER TABLE ... ALTER COLUMN 문❷을 입력합니다. ALTER TABLE은 테이블과 열을 다양한 방식으로 수정하는데, 이에 대해서는 10장 '데이터 검사 및 수정'에서 자세히 살펴보겠습니다. 여기에서는 IDENTITY 시퀀스의 시작 번호를 변경하는 데 사용하겠습니다. 따라서 다음 행이 테이블에 추가되면 order_number의 값은 5가 됩니다. 마지막으로 코드 8-5에서와 같이 order_number의 값을 생략한 새로운 행을 삽입합니다❸.

surrogate_key_example 테이블에서 모든 행을 선택하면 order_number 열이 의도한 대로 채워졌음을 확인할 수 있습니다. SELECT * FROM surrogate_key_example;을 실행하세요.

```
order_number    product_name            order_time
------------    -------------------     ----------------------
           1 Beachball Polish       2020-03-16 01:21:00+09
           2 Wrinkle De-Atomizer    2017-05-23 06:00:00+09
           3 Flux Capacitor         1985-10-26 17:18:00+09
           4 Chicken Coop           2021-09-04 02:33:00+09
           5 Aloe Plant             2020-03-16 02:09:00+09
```

절대로 자주 처리하고 싶은 작업은 아니지만 필요한 때가 있으니 알아 두길 바랍니다.

8-2-2 외래 키

우리는 테이블 사이의 관계를 설정하기 위해 외래 키^{foreign key}를 사용합니다. 외래 키는 다른 테이블의 기본 키 또는 다른 고유 키의 값과 일치하는 하나 이상의 열입니다. 외래 키 값은 참조하는 테이블의 기본 키 또는 기타 고유 키에 이미 존재해야 하며, 그렇지 않으면 값이 거부됩니다. 이 제약조건 덕분에 전혀 상관 없는 한 테이블의 행과 다른 테이블의 행이 조인되지 않습니다.

예를 들어, 코드 8-7은 운전 면허 발급 기록을 저장하는 가상의 데이터베이스에 있는 두 테이블을 보여 줍니다.

```
CREATE TABLE licenses (
    license_id text,
    first_name text,
    last_name text,
  ❶ CONSTRAINT licenses_key PRIMARY KEY (license_id)
);

CREATE TABLE registrations (
    registration_id text,
    registration_date timestamp with time zone,
  ❷ license_id text REFERENCES licenses (license_id),
    CONSTRAINT registration_key PRIMARY KEY (registration_id, license_id)
);

❸ INSERT INTO licenses (license_id, first_name, last_name)
  VALUES ('T229901', 'Steve', 'Rothery');

❹ INSERT INTO registrations (registration_id, registration_date, license_id)
  VALUES ('A203391', '2022-03-17', 'T229901');

❺ INSERT INTO registrations (registration_id, registration_date, license_id)
  VALUES ('A75772', '2022-03-17', 'T000001');
```

코드 8-7 외래 키 예시

첫 번째 테이블인 licenses는 운전자의 고유한 license_id를 자연 기본 키로 사용합니다❶. 두 번째 테이블인 registrations는 차량 등록을 추적하기 위한 테이블입니다. 면허가 있는 각 운전자는 수년 동안 여러 대의 차량을 등록할 수 있기 때문에 하나의 운전 면허증 ID가 여러 차량 등록에 연결될 수 있고, 이것이 7장에서 배운 일대다 관계입니다.

SQL을 통해 이 관계를 표현하는 방법은 다음과 같습니다. registrations 테이블에서 REFERENCES 키워드를 추가하고 그 뒤에 참조할 테이블 이름과 열을 추가하여 license_id 열❷을 외래 키로 지정합니다.

이제 registrations 테이블에 행을 삽입할 때 데이터베이스는 license_id 열에 삽입된 값이 licenses 테이블의 기본 키 열 license_id에 이미 존재하는지 확인합니다. 그렇지 않은 경우 데이터베이스는 중대한 오류를 반환합니다. registrations의 행이 licenses의 행과 일치하지 않으면 차량을 등록한 사람을 찾기 위한 쿼리를 작성할 방법이 없습니다.

이 제약조건이 작동하는지 확인하려면 두 테이블을 만들고 INSERT 문을 한 번에 하나씩 실행합니다. 첫 번째 INSERT 문❸은 licenses 테이블에 license_id 열의 값이 T229901인 행을 추가합니다. 두 번째❹는 registrations 테이블에 외래 키 값이 T229901인 행을 추가합니다. 지금까지는 값이 두 테이블에 모두 존재하기 때문에 매우 좋습니다. 그러나 세 번째 삽입❺에서는 licenses 테이블의 license_id 열에는 없는 값으로 registrations 테이블에 행을 추가하려고 해서 오류가 발생합니다.

```
ERROR: 오류:  "registrations" 테이블에서 자료 추가, 갱신 작업이 "registrations_license_id_fkey"
참조키(foreign key) 제약조건을 위배했습니다
DETAIL:  (license_id)=(T000001) 키가 "licenses" 테이블에 없습니다.
SQL 상태: 23503
```

결과 오류는 데이터베이스가 데이터를 깨끗하게 유지하고 있음을 보여 주기 때문에 좋습니다. 그러나 이는 또한 몇 가지 실질적인 의미를 나타냅니다. 첫째, 데이터 삽입 순서에 영향을 줍니다. 참조되는 다른 테이블에 관련 기록이 있기 전에는 외부 키를 포함하는 테이블에 데이터를 추가할 수 없습니다. 참조되는 테이블의 기본 키에 아직 존재하지 않는 데이터를 외부 키 값으로 추가해 버리면 오류가 발생합니다. 그러니 이 예제에서는 licenses 테이블에 기록을 먼저 만들고 나서 registration 테이블에 그와 관련된 기록을 삽입해야 합니다.(생각해 보니 이건 지역 차량관리국에서 이미 하고 있는 일일 것 같군요.)

둘째, 데이터를 삭제할 때는 그 반대로 적용됩니다. 참조 무결성을 유지하기 위해 외래 키 제약조건은 registrations 테이블에서 관련 행을 제거하기 전에 licenses 테이블에서 행을 삭제하지 못하도록 합니다. licenses 테이블에서 먼저 행을 삭제하면 고아 레코드가 남게 되기 때문에 registrations 테이블에서 관련 행을 삭제한 다음 licenses에서 행을 삭제해야 합니다. ANSI SQL은 ON DELETE CASCADE 키워드를 사용하여 이 작업 순서를 자동으로 처리하는 방법을 제공합니다.

8-2-3 CASCADE로 관련 행 자동 삭제하기

licenses 테이블에서 행을 삭제하고 해당 작업이 registrations 테이블에서 관련 행을 자동으로 삭제하도록 하려면 외래 키 제약조건을 정의할 때 ON DELETE CASCADE를 추가하여 해당 동작을 지정할 수 있습니다.

다음은 registrations 테이블에 대한 코드 8-7의 CREATE TABLE 문을 수정한 코드입니다. license_id 열 정의 끝에 ON DELETE CASCADE 키워드를 추가했습니다.

```
CREATE TABLE registrations (
    registration_id text,
    registration_date date,
    license_id text REFERENCES licenses (license_id) ON DELETE CASCADE,
    CONSTRAINT registration_key PRIMARY KEY (registration_id, license_id)
);
```

license 테이블에서 행을 삭제하면 registrations 테이블의 모든 관련 행도 삭제됩니다. 덕분에 registrations 테이블에서 관련 행을 먼저 수동으로 제거하지 않고도 운전 면허증을 삭제할 수 있습니다. 또한 운전 면허증을 삭제해도 registrations 테이블에 고립된 행이 남지 않도록 하여 데이터 무결성을 유지합니다.

8-2-4 CHECK 제약조건

CHECK 제약조건은 열에 추가된 데이터가 논리적 테스트로 지정한 예상 기준을 충족하는지 여부를 평가합니다. 기준이 충족되지 않으면 데이터베이스에서 오류를 반환합니다. CHECK 제약조건은 열이 의미 없는 데이터로 로드되는 것을 방지할 수 있기 때문에 매우 중요합니다. 예를 들어 야구 선수의 총 안타 수는 음수가 되어서는 안되므로 해당 데이터를 0 이상의 값으로 제한해야 합니다. 또는 대부분의 대학에서 성적을 평가할 때 Z는 성적 평가에 유효한 문자 등급이 아니므로(물론 저의 대수학 과목 성적은 체감상 Z인 것 같았지만 말이죠.) A~F 값만 허용하는 제약조건을 삽입할 수 있습니다.

기본 키와 마찬가지로 CHECK 제약조건을 열 제약조건 또는 테이블 제약조건으로 구현할 수 있습니다. 열 제약조건은 CREATE TABLE 문에서 열 이름과 데이터 타입 뒤에 CHECK (logical expression)을 선언합니다. 그리고 테이블 제약조건은 모든 열을 정의한 후 CONSTRAINT constraint_name CHECK (logical expression) 구문을 사용합니다.

코드 8-8은 조직 내 직원의 사용자 역할과 급여를 추적하는 데 사용할 수 있는 CHECK 제약조건을 보여 줍니다. 기본 키와 CHECK 제약조건에 대해 테이블 제약조건 구문을 사용합니다.

```
CREATE TABLE check_constraint_example (
    user_id bigint GENERATED ALWAYS AS IDENTITY,
    user_role text,
    salary numeric(10,2),
    CONSTRAINT user_id_key PRIMARY KEY (user_id),
```

```
❶ CONSTRAINT check_role_in_list CHECK (user_role IN('Admin', 'Staff')),
❷ CONSTRAINT check_salary_not_below_zero CHECK (salary >= 0)
);
```

코드 8-8 CHECK 제약조건 예시

여기서 우리는 테이블을 만들고 user_id 열을 자동 증가 인조 기본 키로 설정합니다. 첫 번째 CHECK❶는 SQL의 IN 연산자를 사용하여 user_role 열에 입력된 값이 Admin 또는 Staff 중 하나와 일치하는지 테스트합니다. 두 번째 CHECK❷는 누구도 급여로 마이너스 금액을 받아서는 안 되기 때문에 salary 열에 입력된 값이 0보다 크거나 같은지 테스트합니다. 두 테스트 모두 참 또는 거짓으로 평가되는 구문인 부울 표현식^boolean expression의 또 다른 예입니다. 제약조건에 의해 테스트된 값이 참으로 평가되면 검사가 통과됩니다.

📝 NOTE

개발자는 검사 로직이 데이터베이스에 속하는지, 인적 자원 시스템과 같은 데이터베이스 앞의 응용 프로그램에 있는지, 또는 둘 다에 속하는지 토론할 수 있습니다. 데이터베이스 검사의 한 가지 장점은 응용 프로그램이 변경된 경우에도, 그 데이터베이스를 사용하는 새로운 응용 프로그램이나 사용자가 직접 데이터베이스에 접근하는 경우에도 데이터베이스가 데이터 무결성을 유지한다는 것입니다.

값이 삽입되거나 업데이트되면 데이터베이스는 제약조건에 대해 값을 확인합니다. 두 열의 값이 제약조건을 위반하거나 기본 키 제약조건을 위반하는 경우 데이터베이스는 변경을 거부합니다.

테이블 제약조건 구문을 사용하면 하나의 CHECK 문에 둘 이상의 테스트를 결합할 수도 있습니다. 학생 성취도와 관련된 테이블이 있다고 가정해 보세요. 우리는 다음을 추가할 수 있습니다.

```
CONSTRAINT grad_check CHECK (credits >= 120 AND tuition = 'Paid')
```

두 개의 논리 표현식^logical expression을 괄호로 묶고 AND로 연결하여 결합한 것을 볼 수 있습니다. 여기에서 전체 검사를 통과하려면 두 부울식이 모두 참으로 평가되어야 합니다. 또 다른 예시로, 다음 예제와 같이 두 값에 대한 열이 있다고 가정할 때 제품의 할인가가 정말로 원래 가격에서 할인된 금액인지 테스트해 볼 수도 있습니다.

```
CONSTRAINT sale_check CHECK (sale_price < retail_price)
```

괄호 안의 논리식은 할인가가 소매가보다 낮은지 확인합니다.

8-2-5 UNIQUE 제약조건

UNIQUE 제약조건을 사용하여 열이 각 행에 고유한 값을 갖도록 할 수도 있습니다. 고유한 값을 보장한다고 하니 기본 키와 비슷하게 보일 수도 있습니다. 그러나 UNIQUE에는 한 가지 중요한 차이점이 있습니다. 기본 키에서 값은 NULL이 될 수 없지만 UNIQUE 제약조건은 열에 여러 NULL 값을 허용합니다. 따라서 이 제약조건은 열에 누락된 값이 있어도 일단 가지고 있는 값이 고유한지 확인하려는 경우에 유용합니다.

UNIQUE의 유용함을 확인하기 위해 코드 8-9에서 연락처 정보가 담긴 테이블을 살펴보겠습니다.

```
CREATE TABLE unique_constraint_example (
    contact_id bigint GENERATED ALWAYS AS IDENTITY,
    first_name text,
    last_name text,
    email text,
    CONSTRAINT contact_id_key PRIMARY KEY (contact_id),
  ❶ CONSTRAINT email_unique UNIQUE (email)
);

INSERT INTO unique_constraint_example (first_name, last_name, email)
VALUES ('Samantha', 'Lee', 'slee@example.org');

INSERT INTO unique_constraint_example (first_name, last_name, email)
VALUES ('Betty', 'Diaz', 'bdiaz@example.org');

INSERT INTO unique_constraint_example (first_name, last_name, email)
❷ VALUES ('Sasha', 'Lee', 'slee@example.org');
```

코드 8-9 UNIQUE 제약조건 예시

이 테이블에서 contact_id 열은 각 행을 고유하게 식별하는 인조 기본 키 역할을 합니다. 그러나 우리는 또한 각 사람과의 주요 연락 수단인 email 열을 가지고 있습니다. 이 열에는 고유한 이메일 주소만 포함될 것으로 예상되지만 이메일은 시간이 지남에 따라 변경될 수 있습니다. 따라서 UNIQUE❶를 사용하여 연락처의 이메일을 추가하거나 업데이트할 때마다 이미 존재하는 이메일을 제공하지 않도록 합니다. 이미 존재하는 이메일을 삽입하려고 하면❷ 데이터베이스가 오류를 반환합니다.

```
ERROR: 오류:  중복된 키 값이 "email_unique" 고유 제약조건을 위반함
DETAIL:  (email)=(slee@example.org) 키가 이미 있습니다.
SQL 상태: 23505
```

다시 말하지만, 이런 오류는 데이터베이스가 제대로 작동하고 있음을 보여 줍니다.

8-2-6 NOT NULL 제약조건

7장에서는 누락된 데이터 또는 알 수 없는 값을 나타내는 특수 SQL 값인 NULL에 대해 배웠습니다. 기본 키 값은 테이블의 각 행을 고유하게 식별해야 하기 때문에 NULL이 허용되지 않습니다. 그러나 열에 빈 값을 허용하지 않는 경우도 있습니다. 예를 들어, 학교의 각 학생을 나열하는 테이블은 행마다 이름과 성을 포함하는 열이 모두 채워지도록 요구하는 것이 합리적입니다. 열에 값을 요구하

기 위해 SQL은 열이 빈 값을 받아들이지 못하도록 하는 NOT NULL 제약조건을 제공합니다.

코드 8-10은 NOT NULL 구문을 보여 줍니다.

```
CREATE TABLE not_null_example (
    student_id bigint GENERATED ALWAYS AS IDENTITY,
    first_name text NOT NULL,
    last_name text NOT NULL,
    CONSTRAINT student_id_key PRIMARY KEY (student_id)
);
```

코드 8-10 NOT NULL 제약조건 예시

학생 정보를 추적하는 테이블에는 학생의 이름과 성이라는 정보가 필요할 가능성이 높으므로 first_name과 last_name 열에 대해 NOT NULL을 선언합니다. 테이블에서 INSERT를 시도할 때 해당 열에 대한 값을 포함하지 않으면 데이터베이스에서 위반 사실을 알립니다.

8-2-7 제약조건을 제거하거나 나중에 추가하기

이번 장 앞부분의 '자동 증가 인조 키 생성'에서 IDENTITY 시퀀스를 재설정하는 데 사용한 명령 ALTER TABLE을 이용하면 제약조건을 제거하거나 나중에 기존 테이블에 제약조건을 추가할 수 있습니다.

기본 키, 외래 키, 또는 UNIQUE 제약조건을 제거하려면 다음과 같이 ALTER TABLE 문을 작성합니다.

```
ALTER TABLE table_name DROP CONSTRAINT constraint_name;
```

NOT NULL 제약조건은 열에서 작동하므로 이를 삭제하려면 추가적으로 ALTER COLUMN 키워드를 사용해야 합니다.

```
ALTER TABLE table_name ALTER COLUMN column_name DROP NOT NULL;
```

위 구문으로 not_null_example 테이블을 수정해 보겠습니다. 코드 8-11을 참고하세요.

```
ALTER TABLE not_null_example DROP CONSTRAINT student_id_key;
ALTER TABLE not_null_example ADD CONSTRAINT student_id_key PRIMARY KEY (student_id);
ALTER TABLE not_null_example ALTER COLUMN first_name DROP NOT NULL;
ALTER TABLE not_null_example ALTER COLUMN first_name SET NOT NULL;
```

코드 8-11 기본 키 및 NOT NULL 제약조건 삭제 및 추가하기

명령문을 한 번에 하나씩 실행하여 테이블에 변경 사항을 적용하세요. pgAdmin에서 테이블 정의에 대한 변경 사항을 보려면 탐색기에서 해당 테이블 이름을 한 번 클릭한 다음 쿼리 창 위에 있는 SQL 탭을 클릭하면 됩니다. (테이블을 생성할 때보다 더 복잡한 테이블 정의를 입력합니다.)

첫 번째 ALTER TABLE 문에서는 DROP CONSTRAINT를 사용하여 student_id_key라는 기본 키를 제거합니다. 그런 다음 ADD CONSTRAINT를 사용하여 기본 키를 다시 추가합니다. 동일한 구문을 사용해 기존 테이블에 제약조건을 추가했습니다.

> **NOTE**
>
> 대상 열의 데이터가 제약조건의 제한을 따르는 경우에만 기존 테이블에 제약조건을 추가할 수 있습니다. 예를 들어 값이 중복되거나 비어 있는 열에는 기본 키 제약조건을 배치할 수 없습니다.

세 번째 문에서 ALTER COLUMN과 DROP NOT NULL은 first_name 열에서 NOT NULL 제약조건을 제거합니다. 그런 다음 마지막으로 SET NOT NULL을 사용해 제약조건을 추가합니다.

8-3 인덱스로 쿼리 속도 향상시키기

책의 인덱스(색인, 찾아보기)가 정보를 더 빨리 찾는 데 도움이 되는 것과 같이, 테이블에서도 하나 이상의 열에 인덱스(데이터베이스가 관리하는 별도의 데이터 구조)를 추가하여 쿼리 속도를 높일 수 있습니다. 데이터베이스는 데이터를 찾기 위해 각 행을 스캔하는 대신 인덱스를 바로 가기로 사용합니다. 이는 사소한 것처럼 보이지만 SQL 데이터베이스에서 꽤 중요한 주제입니다. SQL 인덱스 및 성능을 위한 데이터베이스 튜닝에 대한 내용으로 여러 장을 가득 채울 수도 있습니다. 하지만 그러는 대신 인덱스 사용에 대한 일반적인 지침과 그 이점을 보여 주는 PostgreSQL 관련 예제를 제공할 것입니다.

> **NOTE**
>
> ANSI SQL 표준은 인덱스 생성을 위한 구문을 지정하지 않으며 데이터베이스 시스템이 인덱스를 구현하는 방법도 지정하지 않습니다. 그럼에도 불구하고 인덱스는 Microsoft SQL Server, MySQL, Oracle 및 SQLite를 포함한 모든 주요 데이터베이스 시스템의 기능이며 여기에 설명된 구문 및 동작과 유사합니다.

8-3-1 B-Tree: PostgreSQL의 기본 인덱스

이미 알게 모르게 여러 인덱스를 만들었습니다. PostgreSQL(그리고 대부분의 데이터베이스 시스템)은 기본 키나 UNIQUE 제약조건을 추가할 때마다 제약조건에 포함된 열에 인덱스를 생성합니다. 인덱스는 테이블 데이터와 별도로 저장되고 쿼리를 실행할 때 자동으로(필요한 경우) 액세스되며 행이 추가나 제거, 업데이트될 때마다 업데이트됩니다.

PostgreSQL에서 기본 인덱스 유형은 B-Tree 인덱스입니다. 기본 키 또는 UNIQUE 제약조건에 지정된 열에 자동으로 생성되며 CREATE INDEX 문을 실행할 때 기본적으로 생성되는 유형이기도 합니다. B-Tree는 균형 잡힌 트리^{balanced tree}의 약자로, 값 검색 시 원하는 데이터를 찾을 때까지 분기를 통해 트리의 맨 위에서부터 아래로 내려다보는 방식으로 데이터를 구성하기 때문에 이렇게 이름이 붙여졌습니다.(물론 프로세스는 그보다 훨씬 더 복잡합니다.) B-Tree 인덱스는 <, <=, =, >=, > 및 BETWEEN과 같은 동등 및 범위 연산자를 사용하여 정렬하고 검색할 수 있는 데이터에 유용합니다. WHERE chips LIKE 'Dorito%'처럼 검색 문자열의 시작 부분 패턴에 와일드카드가 없는 경우에도 LIKE와 함께 작동합니다.

PostgreSQL은 GIN$^{Generalized\ Inverted\ Index}$과 GiST$^{Generalized\ Search\ Tree}$를 비롯한 추가 인덱스 유형을 통합합니다. 각각은 고유한 용도를 가지고 있는데, 이는 후반부 장의 전체 텍스트 검색 및 기하 타입을 사용한 쿼리에서 함께 살펴보겠습니다.

지금은 간단한 검색 쿼리의 속도를 높여 주는 B-Tree 인덱스를 보겠습니다. 이 실습에서는 Open-Addresses 프로젝트(https://openaddresses.io/)에서 컴파일한 900,000개 이상의 뉴욕 주소로 구성된 대규모 데이터셋을 사용합니다. city_of_new_york.csv 데이터가 포함된 파일은 영진닷컴 홈페이지 또는 깃허브에서 다운로드할 수 있습니다.

파일을 다운로드한 후 코드 8-12로 new_york_addresses 테이블을 만들고 주소 데이터를 가져옵니다. 이건 이제 식은 죽 먹기일 것입니다. 약 50MB 용량의 CSV 파일이라 지금까지 로드한 작은 데이터셋들보다는 불러오는 데 시간이 오래 걸립니다.

```
CREATE TABLE new_york_addresses (
    longitude numeric(9,6),
    latitude numeric(9,6),
    street_number text,
    street text,
    unit text,
    postcode text,
    id integer CONSTRAINT new_york_key PRIMARY KEY
);

COPY new_york_addresses
FROM 'C:\YourDirectory\city_of_new_york.csv'
WITH (FORMAT CSV, HEADER);
```

코드 8-12 뉴욕 도시 데이터 가져오기

데이터가 로드되면 바로 SELECT * FROM new_york_addresses;를 실행하여 940,374개의 행과 7개의 열이 있는지 눈으로 확인해 보세요. 이 데이터의 일반적인 용도는 street 열에서 일치하는 항목을 검색하는 것이므로 이 예제를 인덱스 성능을 탐색하는 데 사용할 것입니다.

EXPLAIN으로 쿼리 성능 벤치마킹하기

인덱스를 추가하기 전후의 성능을 측정하기 위해 PostgreSQL에서만 지원하는 EXPLAIN 명령을 사용하여 특정 데이터베이스 쿼리에 대한 쿼리 실행 계획$^{query\ plan}$을 나열하겠습니다. 쿼리 실행 계획에는 데이터베이스가 테이블을 스캔할 계획, 인덱스 사용 여부 등이 포함됩니다. ANALYZE 키워드를 추가하면 EXPLAIN이 쿼리를 수행하고 실제 실행 시간을 표시합니다.

제어 실행 시간 기록하기

코드 8-13에 있는 세 개의 쿼리를 사용하여 인덱스를 추가하기 전과 후의 쿼리 성능을 분석하겠습니다. WHERE 절이 있는 일반적인 SELECT 문 앞에 EXPLAIN ANALYZE 키워드가 포함된 쿼리를 사용합니다. 이 키워드는 데이터베이스에 쿼리를 실행하도록 지시하고 결과를 표시하는 대신 쿼리 프로세스 및 실행에 걸린 시간에 대한 통계를 표시합니다.

```
EXPLAIN ANALYZE SELECT * FROM new_york_addresses
WHERE street = 'BROADWAY';

EXPLAIN ANALYZE SELECT * FROM new_york_addresses
WHERE street = '52 STREET';

EXPLAIN ANALYZE SELECT * FROM new_york_addresses
WHERE street = 'ZWICKY AVENUE';
```

코드 8-13 인덱스 성능을 위한 벤치마크 쿼리

제 시스템에서 첫 번째 쿼리는 다음과 같은 성능을 반환합니다.

```
Gather (cost=1000.00..15184.08 rows=3103 width=46) (actual time=9.000..388.448 rows=3336
loops=1)
  Workers Planned: 2
  Workers Launched: 2
  -> Parallel Seq Scan on new_york_addresses  (cost=0.00..13873.78 ❶
     rows=1293 width=46) (actual time=2.362..367.258 rows=1112 loops=3)
        Filter: (street = 'BROADWAY'::text)
        Rows Removed by Filter: 312346
Planning Time: 0.401 ms
Execution Time: 389.232 ms❷
```

여기에서 모든 출력이 관련이 있는 것은 아니므로 모두 디코딩하지는 않겠습니다. 하지만 두 줄은 관련이 있으니 간단히 설명하겠습니다. 첫 번째는 street = 'BROADWAY'인 행을 찾기 위해 데이터베이스가 테이블의 순차적 스캔을 수행함을 나타냅니다❶. 이는 전체 테이블 스캔의 동의어로, 각 행이 검사되고 데이터베이스는 BROADWAY와 일치하지 않는 모든 행을 제거합니다. 두 번째는 실행에 걸리는 시간입니다❷. 제 컴퓨터에서는 약 389밀리초가 걸렸는데, 실행 시간은 하드웨어 성능을 비롯한 다양한 요인의 영향을 받기 때문에 다르게 나타날 수 있습니다.

테스트를 위해 코드 8-13의 쿼리를 각자 여러 번 실행하고 각각에 대한 가장 빠른 실행 시간을 기록합니다. 동일한 쿼리여도 실행 시간은 실행할 때마다 약간씩 다릅니다. 이는 서버에서 실행 중인 다른 프로세스나 앞선 쿼리의 결과로 메모리에 유지되어 있는 데이터의 영향 같은 다양한 요인의 결과입니다.

인덱스 추가하기

인덱스를 추가하면 쿼리의 검색 방법이 어떻게 변경되고 작동 속도가 얼마나 빨라지는지 살펴보겠습니다. 코드 8-14는 PostgreSQL로 인덱스를 생성하기 위한 SQL 구문을 보여 줍니다.

```
CREATE INDEX street_idx ON new_york_addresses (street);
```

코드 8-14 new_york_addresses 테이블에 B-Tree 인덱스 생성하기

제약조건을 만드는 명령과 유사하다는 것을 유의하세요. 이 코드에서는 `CREATE INDEX` 키워드에 이어 인덱스에 대해 선택한 이름(이 경우 street_idx)을 적습니다. 그런 다음 `ON` 뒤에 대상 테이블과 열 이름을 추가합니다.

`CREATE INDEX` 문을 실행하면 PostgreSQL이 street 열의 값을 스캔하고 이 값에서 인덱스를 작성합니다. 인덱스는 한 번만 생성하면 됩니다. 작업이 완료되면 코드 8-13의 세 쿼리를 각각 다시 실행하고, `EXPLAIN ANALYZE`에서 보고한 실행 시간을 기록합니다. 예를 들면 다음과 같습니다.

```
Bitmap Heap Scan on new_york_addresses (cost=76.47..6389.39 rows=3103 width=46) (actual
time=1.355..4.802 rows=3336 loops=1)
  Recheck Cond: (street = 'BROADWAY'::text)
  Heap Blocks: exact=2157
  -> Bitmap Index Scan on street_idx (cost=0.00..75.70 rows=3103 width=0) ❶
    (actual time=0.950..0.950 rows=3336 loops=1)
      Index Cond: (street = 'BROADWAY'::text)
Planning Time: 0.109 ms
Execution Time: 5.113 ms ❷
```

변화를 느꼈나요? 첫째로 데이터베이스가 이제 각 행을 방문하며 순차 스캔하는 대신 street_idx❶에서 인덱스 스캔을 사용하고 있음을 보여 줍니다. 또한 쿼리 속도가 현저히 빨라졌습니다❷. 표 8-1은 인덱스를 추가하기 전후의 실행 시간을 보여 줍니다.

쿼리 필터	인덱스 전	인덱스 후
WHERE street = 'BROADWAY'	392ms	5 ms
WHERE street = '52 STREET'	394ms	1 ms
WHERE street = 'ZWICKY AVENUE'	393ms	<1 ms

표 8-1 인덱스 성능 측정하기

실행 시간이 훨씬 더 효과적으로 빨라집니다. 쿼리당 10% 아래로 줄어들다니 인상적이지 않나요? 반복적인 쿼리를 사용한 데이터에서 답을 찾거나 수천 명의 사용자를 위한 데이터베이스 시스템을 구축할 때 시간을 절약할 수 있습니다.

여러 인덱스 유형의 성능을 테스트하는 경우와 같이 테이블에서 인덱스를 제거해야 하는 경우 `DROP INDEX` 명령과 제거할 인덱스 이름을 차례로 사용합니다.

8-3-2 인덱스를 사용할 때 생각할 점

여러분은 인덱스가 성능 향상에 상당히 큰 장점을 가지고 있다는 것을 확인했습니다. 그렇다면 테이블의 모든 열에 인덱스를 추가해야 할까요? 너무 섣부른 판단입니다. 인덱스는 가치 있지만 항상 필요한 것은 아닙니다. 인덱스를 추가하면 데이터베이스의 크기가 커지고 데이터를 작성하는 데 유지 관리 비용이 듭니다. 다음은 언제 인덱스를 사용하면 좋을지 판단하기 위한 몇 가지 팁입니다.

- 사용 가능한 인덱스 종류와 특정 데이터 타입에서 사용할 인덱스에 대해 알아보려면 여러분이 사용 중인 데이터베이스 관리자에 대한 문서를 읽어 보세요. 예를 들어 PostgreSQL에는 B-Tree 외에도 5개의 인덱스 유형이 더 있습니다. GiST라고 하는 인덱스는 이 책의 뒷부분에서 설명할 geometry 데이터 타입에 특히 적합합니다. 14장에서 배우게 될 전체 텍스트 검색도 인덱싱의 이점이 있습니다.

- 테이블 조인에 사용할 열에 인덱스를 추가하는 것이 좋습니다. 기본 키는 PostgreSQL에서 기본적으로 인덱싱되지만 관련 테이블의 외래 키 열은 기본적으로 인덱싱되지는 않으나 인덱스를 추가하기 좋은 대상입니다.

- 외래 키에 대한 인덱스는 계단식 삭제cascading delete 동안 값비싼 순차 스캔을 피하는 데 도움이 됩니다.

- WHERE 절에서 자주 사용되는 열에 인덱스를 추가합니다. 앞에서도 봤듯이 인덱스를 통해 검색 성능이 크게 향상됩니다.

- EXPLAIN ANALYZE를 사용하여 다양한 구성에서 성능을 테스트합니다. 최적화는 과정입니다! 데이터베이스에서 인덱스를 사용하지 않고 기본 키 또는 기타 제약조건을 백업하지 않는다면, 인덱스를 삭제하여 데이터베이스 크기를 줄이고 삽입, 업데이트 및 삭제 속도를 높일 수 있습니다.

8-4 마무리

이 장에서 배운 도구를 사용하면 여러분이 구축하거나 상속하는 데이터베이스가 데이터 수집 및 탐색에 가장 적합한지 확인할 준비가 된 것입니다. 의미 없는 값은 허용하지 않고 값이 채워졌는지 확인하고 테이블 간의 적절한 관계를 설정해 데이터와 사용자의 기대에 맞는 제약조건을 정의해야 합니다. 또한 쿼리를 더 빠르게 실행하기 위한 방법과 데이터베이스 개체를 일관되게 구성하는 방법도 알아봤습니다. 이는 여러분뿐만 아니라 여러분의 데이터를 공유하는 다른 사람들에게도 큰 도움이 됩니다.

이로써 SQL 데이터베이스를 파헤치기 위한 필수 정보를 제공하는 데 초점을 맞춘 첫 번째 단원을 마무리합니다. 앞으로 데이터 분석을 위한 더 복잡한 쿼리와 전략을 탐색하는 과정에서 이를 기반으로 분석 기술을 확장시키겠습니다. 다음 장에서는 SQL 집계 함수를 사용하여 데이터셋의 품질을 평가하고 데이터셋에서 유용한 정보를 얻을 것입니다.

연습문제

이 장에서 다루는 개념에 대한 테스트를 치러 볼 준비가 되었나요? LP 컬렉션을 추적하기 위해 만들고 있는 데이터베이스의 두 테이블을 생각해 보세요. 다음 CREATE TABLE 문을 검토한 후 시작하세요.

```
CREATE TABLE albums (
    album_id bigint GENERATED ALWAYS AS IDENTITY,
    catalog_code text,
    title text,
    artist text,
    release_date date,
    genre text,
    description text
);

CREATE TABLE songs (
    song_id bigint GENERATED ALWAYS AS IDENTITY,
    title text,
    composers text,
    album_id bigint
);
```

albums 테이블에는 디스크에 있는 전체 노래 모음에 대한 정보가 포함되어 있습니다. songs 테이블은 앨범의 각 트랙을 분류합니다. 각 노래에는 제목과 작곡가(앨범의 아티스트와 다를 수 있음) 열이 있습니다.

테이블을 참고하여 다음 질문에 대한 답을 구해보세요.

1. 기본 및 외래 키와 두 테이블에 대한 추가 제약조건을 포함하도록 CREATE TABLE 문을 수정하세요. 그리고 왜 그렇게 선택했는지 이유를 설명해 보세요.

2. album_id 열을 인조 기본 키로 사용하는 대신 albums 테이블 안에 있는 열들 중 자연 키로 사용할 만한 열이 있나요? 결정하려면 무엇을 알아야 하나요?

3. 쿼리 속도를 높이기 위해 인덱스를 사용하기에 적합한 열은 무엇인가요?

9

그루핑과 요약으로
정보 추출

모든 데이터셋은 이야기를 지니고 있습니다. 그 이야기가 어떤 이야기인지 찾아내는 것이 데이터 분석가의 일이죠. 3장에서는 SELECT 문으로 데이터를 인터뷰하는 방법을 배웠는데, 거기에는 열을 정렬하는 것부터 고유값 찾기, 결과를 필터링하는 법까지 포함되어 있었습니다. 또한 SQL 수학의 기초, 데이터 타입, 테이블 디자인과 테이블 조인에 대해서도 배웠습니다. 이 도구들을 갖췄다면 이제 그루핑과 집계 함수를 사용해 데이터를 요약할 준비가 된 것입니다.

데이터를 요약하면 유용한 정보를 식별할 수 있습니다. 이 장에서는 잘 알려져 있는 지역 도서관을 예시로 들어 보겠습니다.

도서관은 전 세계 커뮤니티에서 중요한 역할로 남아 있습니다. 하지만 기술의 발전은 우리가 도서관을 쓰는 방법을 바꾸었죠. 책과 학술지들이 가득했던 도서관 안에 전자책과 디지털 자료가 들어서며 온라인을 통한 접근이 영구적으로 자리를 잡았습니다.

미국의 박물관·도서관서비스협회IMLS, Institute of Museum and Library Services는 연례 공공 도서관 조사의 일환으로 사람들의 도서관 이용 방식을 측정합니다. 이 조사는 특정 지역에 도서관 서비스를 제공하는 기관으로 정의된 9,000개 이상의 도서관 관리 기관으로부터 데이터를 수집합니다. 일부 기관은 카운티 도서관 시스템이고 다른 기관은 학교입니다. 각 기관별 데이터에는 도서관 수와 직원 수, 장서량, 연간 운영시간 등이 담겨 있습니다. IMLS는 1988년 이후로 매년 데이터를 수집하고 있으며 워싱턴과 사모아를 포함한 모든 지역의 공립 도서관 기관들을 조사합니다.(자세한 정보는 https://www.imls.gov/research-evaluation/data-collection/public-libraries-survey/를 참고하세요.)

이번 실습에서는 따끈따끈한 도서관 데이터셋을 갓 받아들인 분석가가 해당 데이터로부터 추세를 설명하는 리포트를 작성해야 한다고 가정하겠습니다. 2018년, 2017년, 2016년 조사 데이터를 저장할 수 있는 3개의 테이블을 만들 것입니다.(다년간의 데이터를 평가하는 것이 동향 파악에 도움이 되는 경우가 많습니다.) 그런 다음 각 테이블에서 흥미로운 데이터를 요약하고 조인하여 시간이 지남에 따라 측정값이 어떻게 변했는지 살펴보겠습니다.

9-1 도서관 조사 테이블 만들기

3개의 도서관 조사 테이블을 생성하고 데이터를 가져오겠습니다. 각 열에 적절한 데이터 타입과 제약조건을 사용해 인덱스를 추가합니다. 코드와 세 개의 CSV 파일은 영진닷컴 홈페이지 또는 깃허브에서 다운로드한 자료에 포함되어 있습니다.

9-1-1 2018년도 도서관 데이터 테이블 만들기

2018 도서관 데이터를 정리한 테이블부터 만들겠습니다. 코드 9-1은 CREATE TABLE 문을 사용하여 2018년도 공공 도서관 설문조사^{Public Libraries Survey}에 대한 테이블인 pls_fy2018_libraries를 만듭니다. 공공 도서관 데이터 파일은 중앙 도서관부터 분관, 이동형 도서관^{bookmobile}을 포함하는 모든 기관의 활동을 집계하여 데이터를 기관 수준으로 요약합니다. 연간 설문조사 데이터로 두 가지 추가 파일(주 수준의 데이터를 요약한 파일, 개별 도서관에 대한 데이터를 정리한 파일)이 생성되지만 이 파일들은 사용하지 않습니다. 비록 이 실습에서는 사용되지 않지만 이 데이터들이 궁금하다면 https://www.imls.gov/sites/default/files/2018_pls_data_file_documentation.pdf에서 자세한 내용을 확인해 보세요.

편의를 위해 테이블 이름에 규칙을 만들었습니다. pls는 설문조사 제목인 'Public Libraries Survey'의 약자이며, fy2018은 데이터가 다루는 회계 연도를 나타내고 libraries는 설문조사의 특정 파일 이름을 나타냅니다. 테이블이 단순해지도록 원본 설문조사 파일의 166개 열 중 47개를 선택해 pls_fy2018_libraries 테이블을 채웠습니다. 각 응답의 출처를 설명하는 코드 같은 데이터는 테이블에 넣지 않았습니다.(도서관이 데이터를 제공하지 않으면 기관은 다른 수단을 사용하여 데이터를 알아냈지만 그건 이 실습에서는 필요 없는 정보라 배제했습니다.)

코드 9-1에 --생략--으로 편의상 축약된 부분이 있지만 다운로드한 실습 파일에는 해당 부분의 전체 코드가 포함되어 있습니다.

```
CREATE TABLE pls_fy2018_libraries (
    stabr text NOT NULL,
❶ fscskey text CONSTRAINT fscskey_2018_pkey PRIMARY KEY,
    libid text NOT NULL,
    libname text NOT NULL,
    address text NOT NULL,
    city text NOT NULL,
```

```
    zip text NOT NULL,
    --생략--
    longitude numeric(10,7) NOT NULL,
    latitude numeric(10,7) NOT NULL
);

❷ COPY pls_fy2018_libraries
  FROM 'C:\YourDirectory\pls_fy2018_libraries.csv'
  WITH (FORMAT CSV, HEADER);

❸ CREATE INDEX libname_2018_idx ON pls_fy2018_libraries (libname);
```

코드 9-1 2018년도 공공 도서관 설문조사 테이블 만들고 데이터 채우기

코드 9-1과 관련된 코드와 데이터 파일을 pgAdmin에서 analysis 데이터베이스에 연결하고 실행합니다. C:\YourDirectory\를 실제로 pls_fy2018_libraries.csv 파일을 저장한 경로로 변경하세요.

먼저 코드는 CREATE TABLE 문을 통해 테이블을 만듭니다. fscskey❶라는 열에 기본 키 제약조건을 할당합니다. 이는 데이터 사전이 각 라이브러리에 할당한다고 말하는 고유 코드입니다. 고유하고 각 행에 존재하며 변경될 가능성이 낮기 때문에 자연 기본 키 역할을 할 수 있습니다.

각 열에 대한 정의에는 적절한 데이터 타입, 그리고 열에 누락된 값이 없도록 하는 제약조건 NOT NULL이 포함됩니다. startdate, enddate 열(지면상 --생략--으로 축약된 부분에 포함됨)에는 날짜가 들어가지만 데이터 타입을 text로 설정했습니다. CSV 파일에서 해당 열에는 날짜가 아닌 텍스트 값이 포함되어 data 데이터 타입을 사용하면 가져오기에 실패합니다. 10장에서는 이와 같은 경우를 정리하는 방법을 배웁니다. 일단 지금은 그대로 두세요.

테이블을 생성한 후 COPY 문❷은 사용자가 제공한 파일 경로를 사용해 pls_fy2018_libraries.csv 파일에서 데이터를 가져옵니다. 특정 라이브러리를 검색할 때 더 빠른 결과를 제공하기 위해 libname 열❸에 인덱스를 추가합니다.

9-1-2 2016, 2017년도 도서관 데이터 테이블 만들기

2017년과 2016년 도서관 설문조사를 위한 테이블을 만드는 과정도 비슷합니다. 코드 9-2에서 두 테이블을 생성하고 채우는 코드를 결합했습니다. 전체 코드는 실습 파일에서 확인할 수 있습니다.

COPY 문의 파일 경로를 알맞게 수정한 다음 실행하세요.

```
CREATE TABLE pls_fy2017_libraries (
    stabr text NOT NULL,
❶ fscskey text CONSTRAINT fscskey_17_pkey PRIMARY KEY,
    libid text NOT NULL,
    libname text NOT NULL,
    address text NOT NULL,
    city text NOT NULL,
    zip text NOT NULL,
    --생략--
```

```
        longitude numeric(10,7) NOT NULL,
        latitude numeric(10,7) NOT NULL
    );

    CREATE TABLE pls_fy2016_libraries (
        stabr text NOT NULL,
        fscskey text CONSTRAINT fscskey_16_pkey PRIMARY KEY,
        libid text NOT NULL,
        libname text NOT NULL,
        address text NOT NULL,
        city text NOT NULL,
        zip text NOT NULL,
        --생략--
        longitude numeric(10,7) NOT NULL,
        latitude numeric(10,7) NOT NULL
    );

❷ COPY pls_fy2017_libraries
   FROM 'C:\YourDirectory\pls_fy2017_libraries.csv'
   WITH (FORMAT CSV, HEADER);

   COPY pls_fy2016_libraries
   FROM 'C:\YourDirectory\pls_fy2016_libraries.csv'
   WITH (FORMAT CSV, HEADER);

❸ CREATE INDEX libname_2017_idx ON pls_fy2017_libraries (libname);
   CREATE INDEX libname_2016_idx ON pls_fy2016_libraries (libname);
```

코드 9-2 2016, 2017년도 공공 도서관 설문조사 테이블 생성하고 값 채우기

먼저 두 개의 테이블을 생성하고 두 테이블 모두에서 다시 fscskey❶를 기본 키로 사용합니다. 다음으로 COPY 명령❷을 실행하여 CSV 파일을 테이블로 가져오고, 마지막으로 두 테이블의 libname 열❸에 인덱스를 만듭니다.

코드를 확인해 보면 세 테이블이 동일한 구조를 가지고 있습니다. 대부분의 설문조사는 설문조사 작성자가 새로운 질문을 추가하거나 기존 질문을 수정하기 때문에 매년 약간씩 변화가 있지만 이 세 테이블에 들어간 열은 일정합니다. 조사 연도별 질문 변화는 https://www.imls.gov/research-evaluation/data-collection/public-libraries-survey/에서 확인하세요. 이제 이 데이터를 파고들어 이야기를 알아보겠습니다.

9-2 집계 함수를 사용하여 도서관 데이터 탐색하기

집계 함수는 여러 개의 행으로부터 값을 합치고, 해당 값들에 대해 연산한 것을 바탕으로 하나의 출력을 반환합니다. 예를 들어, 6장에서 배운 것처럼 avg() 함수를 사용해 값들의 평균을 반환할 수 있습니다. 이는 SQL의 다양한 집계 함수 중 한 가지 방법입니다. 어떤 것은 표준 SQL이며 어떤 것

은 PostgreSQL 전용이거나 다른 데이터베이스 관리자에만 해당됩니다. 이번 장에 활용된 대부분의 집계 함수는 표준 SQL입니다.(PostgreSQL 집계 함수의 전체 목록은 https://www.postgresql.org/docs/current/functions-aggregate.html에서 확인할 수 있습니다.)

이 절에서는 단일 열 또는 여러 열에 집계 함수를 활용하여 도서관 데이터를 작업해 보겠습니다. 그런 다음 추가 열로부터 반환하는 값을 그루핑하여 사용 범위를 넓히는 방법에 대해서도 살펴보겠습니다.

9-2-1 count()를 사용하여 행과 값 세기

데이터셋을 추출하고 나서 해야 할 합리적인 행동은 테이블이 우리가 기대했던 만큼의 행 개수를 가지고 있는지 파악하는 것입니다. IMLS 문서를 보면 우리가 가져온 2018년 데이터 파일은 9,261행, 2017년은 9,245행, 2016년은 9,252행으로 구성되어 있다고 나와 있습니다. 이러한 차이는 도서관의 신설, 폐관, 통합 현황을 반영합니다. 테이블 안의 행 숫자를 셀 때 결과가 이와 일치해야 합니다.

count() 집계 함수는 표준 ANSI SQL의 일부로, 행 개수 파악이라든지 숫자를 세야 하는 일을 쉽게 할 수 있도록 도와줍니다. 입력에 count(*) 같이 별표를 넣으면 별표가 와일드카드 역할을 합니다. 그래서 NULL 값이 있든 없든 상관없이 테이블 안에 담긴 모든 행 개수를 반환합니다. 코드 9-3의 세 구문을 모두 실행해 보겠습니다.

```
SELECT count(*)
FROM pls_fy2018_libraries;

SELECT count(*)
FROM pls_fy2017_libraries;

SELECT count(*)
FROM pls_fy2016_libraries;
```

코드 9-3 count()로 테이블 행 개수 세기

코드 9-3의 명령을 각각 한 번에 하나씩 실행하여 테이블의 전체 행 개수를 확인하겠습니다. pls_fy2018_libraries 테이블의 행 개수를 센 결과는 다음과 같습니다.

```
 count
-----
 9261
```

그리고 pls_fy2017_libraries의 결과는 다음과 같습니다.

```
 count
-----
 9245
```

마지막으로 pls_fy2016_libraries의 결과는 이렇습니다.

```
count
-----
 9252
```

세 결과 모두 예상한 행 수가 나옵니다. 이 과정을 통해 행이 누락되거나 잘못된 파일을 가져온 경우를 눈치챌 수 있기 때문에 데이터셋을 추출한 다음에는 이것을 제일 먼저 확인해야 합니다.

> **📝 NOTE**
>
> pgAdmin 인터페이스를 활용하여 행 개수를 확인할 수도 있습니다. pgAdmin의 탐색기에서 테이블 이름을 우클릭하여 **자료 보기/편집 ▶ 모든 자료**를 선택하면 모든 행에 대한 SQL 쿼리를 실행합니다. 다음으로 결과 창 오른쪽 하단에 행 개수를 보여 주는 툴팁이 뜨지만 몇 초가 지나면 사라집니다.

열에서 NULL이 아닌 값 개수 세기

count()에 별표 대신 열 이름을 제공하면 NULL이 없는 행의 수를 반환합니다. 예를 들어, 코드 9-4와 같이 count()를 사용해 pls_fy2018_libraries 테이블의 phone 열에서 NULL이 아닌 값의 개수를 셀 수 있습니다.

```
SELECT count(phone)
FROM pls_fy2018_libraries;
```

코드 9-4 count()를 이용한 NULL이 아닌 값 개수 세기

phone 열에는 NULL이 아닌 값을 가진 행이 9,261개 있습니다. 앞서 확인했던 전체 행 개수와 동일합니다.

```
count
-----
 9261
```

이는 phone 열의 모든 행에 값이 있다는 의미입니다. 물론 CREATE TABLE 문에서 열에 NOT NULL 제약조건을 달면서 이미 확신했겠지만 말이죠. 값이 없으면 분석 자체의 진행 여부를 결정하는 데 영향을 미치므로 이렇게 확인해 보는 게 좋습니다. 그리고 데이터를 완전히 조사하고 싶다면 더 깊이 파고들기 전에 해당 분야의 전문가에게 묻는 게 좋습니다. 전문가의 조언을 구하는 건 좋은 분석 방법입니다.(이 주제에 대한 자세한 내용은 20장을 참고하세요.)

열 안의 고유값 개수 세기

3장에서는 표준 SQL에 포함되는 DISTINCT 키워드를 다루었습니다. 쿼리에서 SELECT 다음에

DISTINCT를 사용하면 이는 고유한 값을 반환합니다. 우리는 그것을 사용해 한 열에 담긴 고유값들을 보거나 여러 개의 열으로부터 값의 고유한 조합을 볼 수도 있습니다. 또한 DISTINCT를 count() 함수에 추가해 열 안에 담긴 여러 고유값들을 반환하게 할 수도 있습니다.

코드 9-5에는 두 개의 쿼리가 적혀 있습니다. 첫 번째 쿼리는 2018년도 테이블에 있는 libname 열의 전체 행 개수를 세었습니다. 두 번째 쿼리는 첫 번째 쿼리와 유사하지만 열 이름 앞에 DISTINCT를 추가해 놓았습니다. 두 쿼리를 한 번에 하나씩 각각 실행해 보세요.

```
SELECT count(libname)
FROM pls_fy2018_libraries;

SELECT count(DISTINCT libname)
FROM pls_fy2018_libraries;
```

코드 9-5 count()를 사용해 열 안의 고유값 개수 세기

첫 번째 쿼리는 코드 9-3으로 찾았던 테이블 내 전체 행 개수와 일치하는 행 수를 반환합니다.

```
count
-----
 9261
```

좋습니다. 우리는 이렇게 모든 행에 도서관들의 이름이 적혀 있기를 바라죠. 하지만 두 번째 쿼리를 실행하면 전체 행 수보다 더 적은 값이 나옵니다.

```
count
-----
 8478
```

DISTINCT를 사용해 중복을 제거하면 도서관의 이름을 고유하게 세게 되어 그 수가 8,478개까지 줄어듭니다. 2018년 데이터를 더 자세히 살펴보니 526개의 도서관 기관이 한 개 이상의 다른 기관과 이름을 공유하고 있다는 것을 알 수 있었습니다. 이 테이블에서 OXFORD PUBLIC LIBRARY라는 이름을 쓰고 있는 도서관이 10곳이나 되는데 각 도서관은 앨라배마주, 코네티컷주, 캔자스주, 그리고 펜실베니아주에 있는 옥스포드라는 도시나 마을에 위치하고 있습니다. 이 장 뒷부분의 'GROUP BY를 사용하여 데이터 집계하기' 절에서 고유한 값의 조합을 찾기 위한 쿼리를 작성해 보겠습니다.

9-2-2 max()와 min()을 사용하여 최댓값과 최솟값 찾기

max()와 min() 함수는 열에서 가장 큰 값과 가장 작은 값을 구합니다. 이 두 함수는 보고된 값의 범위를 이해하는 데 도움이 되며 데이터에서 예기치 않은 문제를 찾아낼 수 있습니다.

max()와 min() 모두 열의 이름을 입력으로 넣습니다. 코드 9-6은 2018년도 테이블에서 max()와 min()

을 사용하며, 두 함수에 넣는 visits 열은 중앙 도서관과 분관의 연례 방문 횟수를 기록합니다. 코드를
실행해 보세요.

```
SELECT max(visits), min(visits)
FROM pls_fy2018_libraries;
```

코드 9-6 max()와 min()을 사용하여 최대 방문 횟수와 최소 방문 횟수 알아보기

쿼리는 다음과 같은 결과를 반환합니다.

```
max          min
--------     ---
16686945      -3
```

흥미로운 결과입니다. 아주 큰 도시의 도서관 시스템을 고려했을 때 최댓값이 1660만을 넘는 건
합리적으로 보이지만, 최솟값이 -3이라니요? 겉으로만 봤을 때는 결괏값이 단순히 실수인 것처럼
보입니다. 그러나 실상은 해당 설문조사를 만든 작성자가 데이터 수집에 있어 어떤 조건을 나타내
기 위해 일부러 음수나 높은 값을 열에 사용한 것에서 비롯된 문제로 밝혀졌습니다. 다소 문제가 있
지만 데이터 수집을 할 때 관습적으로 사용되는 방법이죠.

설문조사 작성자는 다음과 같은 상황에서 음수를 사용했습니다.

1. 값 -1은 해당 질문에 대한 '응답 없음'을 나타냅니다.
2. 값 -3은 '해당 없음'을 나타내며 도서관이 일시적 또는 영구적으로 폐쇄되었을 때 사용됩니다.

열을 다 더하고 음수 값을 포함하면 합계가 잘못 계산되기 때문에 데이터를 탐색할 때는 음수 값
을 고려하고 제외해야 합니다. 이는 WHERE 절을 사용해 필터링할 수 있습니다. 더 깊은 분석에 많은
시간을 들인 후 역추적하는 것이 아니라 문서를 읽어 문제를 해결하는 것이 좋습니다.

> **📝 NOTE**
>
> 이러한 음수 값 시나리오의 대체제는 응답 데이터가 없는 visits 열의 행에 NULL을 사용한 다음 별도의
> visits_flag 열을 만들어 그 이유를 설명하는 코드를 보관하는 것입니다.

9-2-3 GROUP BY를 사용하여 데이터 집계하기

집계 함수와 GROUP BY 절을 같이 사용하면 한 개 이상의 열에 있는 값에 따라 결과를 분류할 수 있습
니다. 이를 통해 테이블에 있는 모든 주 또는 모든 유형의 도서관 기관에 대해 sum() 또는 count()와
같은 작업을 수행할 수 있습니다.

집계 함수와 함께 GROUP BY를 사용하는 방법을 살펴보겠습니다. 표준 ANSI SQL의 일부인 GROUP

BY는 DISTINCT와 유사하게 결과에서 중복값을 제거합니다. 코드 9-7은 GROUP BY 절이 작동하는 모습을 보여 주고 있습니다.

```
  SELECT stabr
  FROM pls_fy2018_libraries
❶ GROUP BY stabr
  ORDER BY stabr;
```

코드 9-7 stabr 열에서 GROUP BY 사용하기

GROUP BY 절❶은 FROM 절 뒤에 오며, 그룹화할 열 이름을 포함합니다. 이 코드에서는 주 약어가 포함된 stabr 열을 선택하고 동일한 열을 기준으로 그룹화합니다. 그런 다음 ORDER BY stabr을 사용하여 그룹화된 결과가 A-Z 알파벳 순서로 표시되도록 합니다. 그러면 2018년도 테이블에서 고유한 주 약어가 있는 결과가 생성됩니다. 결과의 일부는 다음과 같습니다.

```
stabr
-----
AK
AL
AR
AS
AZ
CA
--생략--
WV
WY
```

반환된 55개 행에는 중복 항목이 없는 것으로 보입니다. 이러한 표준 2자로 된 우편 약어에는 50개 주와 워싱턴 D.C., 괌이나 미국령 버진아일랜드 같은 여러 미국 영토가 포함됩니다.

단 하나의 열로만 그룹화할 수 있는 것은 아닙니다. 코드 9-8에서는 2018년도 데이터에 GROUP BY 절을 사용하여 그룹화할 city 열과 stabr 열을 지정합니다.

```
  SELECT city, stabr
  FROM pls_fy2018_libraries
  GROUP BY city, stabr
  ORDER BY city, stabr;
```

코드 9-8 city 열과 stabr 열에 GROUP BY 사용하기

결과는 도시별로 정렬된 뒤 주별로 정렬된 순서대로 출력됩니다.

```
city        stabr
----------  -----
ABBEVILLE   AL
ABBEVILLE   LA
```

```
ABBEVILLE    SC
ABBOTSFORD   WI
ABERDEEN     ID
ABERDEEN     SD
ABERNATHY    TX
--생략--
```

이 그룹화는 총 테이블 행보다 248개 적은 9,013개의 행을 반환합니다. 이러한 결과는 파일에 특정 도시 및 주 조합에 대한 둘 이상의 도서관이 포함된 경우가 있음을 의미합니다.

GROUP BY와 count() 결합하기

GROUP BY를 count()와 같은 집계 함수와 결합하면 데이터에서 더 많은 정보를 알아낼 수 있습니다. 예를 들어, 우리는 2018년도 테이블에 9,261개의 도서관이 있다는 것을 알고 있습니다. 주별로 기관 수를 가져와서 정렬하여 어느 주에 도서관이 가장 많은지 확인할 수 있습니다.

```
❶ SELECT stabr, count(*)
   FROM pls_fy2018_libraries
❷ GROUP BY stabr
❸ ORDER BY count(*) DESC;
```

코드 9-9 stabr 열에서 GROUP BY를 count()와 함께 사용하기

이전에 살펴본 예시와 달리 이번에는 stabr 열의 값과 해당 값의 개수를 찾고 있습니다. 쿼리할 열 목록에 stabr 열과 별표를 입력으로 넣은 count() 함수를 지정합니다❶. 이전과 마찬가지로 별표를 사용하면 count()에 NULL 값이 포함됩니다. 또한 개별 열을 집계 함수와 함께 선택할 때 GROUP BY 절에 그 열을 포함해야 합니다❷. 열을 포함하지 않으면, 데이터베이스는 열을 포함해야 한다는 오류를 반환합니다. 이는 집계를 통해 값을 그룹화할 수 없고, 해당 쿼리는 그룹화되지 않은 열 값을 가질 수 없기 때문입니다.

가장 많은 기관이 있는 주를 최상단에 두기 위해 DESC를 사용하여 count() 함수를 내림차순으로 정렬합니다❸.

코드 9-9를 실행해 보세요. 결과는 뉴욕, 일리노이, 텍사스가 2018년에 가장 많은 도서관 기관을 보유한 주임을 보여 줍니다.

```
stabr   count
-----   -----
NY      756
IL      623
TX      560
IA      544
PA      451
MI      398
```

```
WI      381
MA      369
KS      325
NJ      295
ME      263
--생략--
```

우리의 테이블은 지역에 서비스를 제공하는 도서관 기관을 나타냅니다. 뉴욕, 일리노이, 텍사스에 도서관이 가장 많지만 그것이 그 주들에 사람들이 걸어 들어가서 서가를 정독할 수 있는 도서관이 가장 많다는 것을 의미하지는 않습니다. 기관에는 중앙 도서관은 하나만 있거나 중앙 도서관이 없지만 카운티 전체에 23개의 분관이 있을 수 있습니다. 분관 수 계산을 위해 테이블의 각 행에는 centlib 열과 branlib 열의 값이 있으며, 이는 각각 중앙 및 분관 도서관 수를 기록합니다. 합계를 찾으려면 두 열에 sum() 집계 함수를 사용합니다.

여러 개의 행에서 GROUP BY를 count()와 함께 사용하기

count() 함수와 함께 GROUP BY와 여러 열을 결합하여 데이터에서 더 많은 정보를 수집할 수 있습니다. 예를 들어 두 테이블의 stataddr 열에는 기관의 주소가 전년도와 다르게 변경되었는지 여부를 나타내는 코드가 포함되어 있습니다. stataddr 안에 담긴 값은 다음과 같습니다.

00: 주소 변동 없음

07: 새로운 곳으로 이동

15: 미세한 주소 변경

코드 9-10은 GROUP BY를 stabr, stataddr 열과 함께 사용하고 count() 함수를 추가해서 이사했거나 주소가 약간 변경되었거나 변경되지 않은 각 주의 도서관 기관 수를 세는 코드를 보여 줍니다.

```
❶ SELECT stabr, stataddr, count(*)
  FROM pls_fy2018_libraries
❷ GROUP BY stabr, stataddr
❸ ORDER BY stabr, stataddr;
```

코드 9-10 stabr 열과 stataddr 열에서 count()와 GROUP BY 사용

쿼리의 핵심 부분은 SELECT 이후의 열 이름과 count() 함수❶, 그리고 두 열이 GROUP BY 절에 반영되는지 확인하는 부분입니다❷. 이는 count()가 stabr 열과 stataddr 열의 고유한 조합 수를 표시하게 하려는 것입니다.

출력을 더 쉽게 읽을 수 있도록 주와 주소 코드를 오름차순으로 정렬하겠습니다❸. 결과는 다음과 같습니다.

```
stabr   stataddr   count
-----   --------   -----
AK      00            82
AL      00           220
AL      07             3
AL      15             1
AR      00            58
AR      07             1
AR      15             1
AS      00             1
--생략--
```

결과의 처음 몇 행은 코드 00(주소 변동 없음)이 각 주에 대한 가장 일반적인 값임을 보여 줍니다. 예상할 수 있는 결과였습니다. 상식적으로 주소를 변경하지 않은 도서관 기관이 주소를 변경한 기관보다 더 많을 가능성이 높으니 말이죠. 결과는 우리가 데이터를 건전한 방식으로 분석하고 있음을 확신하는 데 도움이 됩니다. 만약 코드 07(새로운 곳으로 이동)이 각 주에서 가장 빈번하게 나타난다면 쿼리를 올바르게 작성했는지 또는 데이터에 문제가 있는지 의문이 제기될 수 있습니다.

sum()을 사용해 도서관 방문 수 살펴보기

이제 2018년, 2017년, 2016년 도서관 데이터를 사용하여 조인된 테이블 간의 그룹화 및 집계를 포함하도록 기술을 확장해 보겠습니다. 우리의 목표는 3년 동안의 도서관 방문 추세를 파악하는 것이고, 그러려면 sum() 집계 함수를 사용하여 합계를 계산해야 합니다.

쿼리를 자세히 살펴보기 전에 값 -3과 -1로 '해당 없음'과 '응답 없음'을 나타내는 문제를 해결해 보겠습니다. 수량으로서 의미가 없는 음수가 분석에 영향을 미치지 않도록 하기 위해 WHERE 절로 쿼리를 필터링하여 방문 값이 0 이상인 행으로 제한합니다.

각각의 테이블에서 도서관 연간 방문의 합계를 계산하는 것으로 시작하겠습니다. 코드 9-11의 세 SELECT 문을 각각 개별적으로 실행합니다.

```
SELECT sum(visits) AS visits_2018
FROM pls_fy2018_libraries
WHERE visits >= 0;

SELECT sum(visits) AS visits_2017
FROM pls_fy2017_libraries
WHERE visits >= 0;

SELECT sum(visits) AS visits_2016
FROM pls_fy2016_libraries
WHERE visits >= 0;
```

코드 9-11 sum() 함수를 사용하여 2018년과 2017년, 2016년 총 도서관 방문자 수 알아내기

2018년 총 방문자 수는 약 12억 9천만 명입니다.

```
 visits_2018
-----------
 1292348697
```

2017년 총 방문자 수는 약 13억 2천만 명입니다.

```
 visits_2017
-----------
 1319803999
```

2016년에는 약 13억 6천만 명의 방문자가 찾아왔습니다.

```
 visits_2016
-----------
 1355648987
```

여기서 보이는 숫자들이 도서관에는 좋은 소식이 아닐 수도 있습니다. 이 추세를 보면 2016년에서 2018년 사이에 방문자 수가 약 5% 감소하면서 하향세를 갖습니다.

조금 개선해 보겠습니다. 지금 쿼리는 각 테이블에 기록된 방문자 수를 합산합니다. 그러나 이 장의 앞부분에서 테이블마다 포함된 도서관 수가 다른 것을 확인했습니다. 2018년엔 9,261개, 2017년엔 9,245개, 2016년엔 9,252개였는데, 이러한 차이는 도서관이 신설, 폐관, 통합되며 발생합니다. 따라서 세 테이블 모두에 존재하고 방문자 수가 음수가 아닌 값을 갖는 도서관을 대상으로 분석을 제한하면 방문자 수 합계가 어떻게 달라지는지 보겠습니다. 테이블을 조인하여 이를 수행합니다. 코드 9-12를 보세요.

```
❶ SELECT sum(pls18.visits) AS visits_2018,
         sum(pls17.visits) AS visits_2017,
         sum(pls16.visits) AS visits_2016
❷ FROM pls_fy2018_libraries pls18
         JOIN pls_fy2017_libraries pls17 ON pls18.fscskey = pls17.fscskey
         JOIN pls_fy2016_libraries pls16 ON pls18.fscskey = pls16.fscskey
❸ WHERE pls18.visits >= 0
         AND pls17.visits >= 0
         AND pls16.visits >= 0;
```

코드 9-12 sum( )으로 조인한 2018, 2017, 2016년 테이블의 총 방문 수

이 쿼리는 테이블 조인을 포함하여 이전 장에서 다룬 개념도 함께 가져옵니다. 상단에서 sum() 집계 함수❶를 사용하여 세 테이블의 visits 열을 합산합니다. 테이블의 기본 키에서 테이블을 조인할

때 이전에 7장에서 살펴본 것처럼 테이블 별칭❷을 선언합니다. 쿼리 전체에서 더 긴 이름을 작성하지 않도록 2018년 테이블의 별칭으로 pls18을 지정합니다. 이때 별칭 앞의 AS 키워드는 생략합니다.

INNER JOIN이라는 표준 JOIN을 사용합니다. 쿼리 결과는 기본 키 fscskey의 값이 세 테이블 모두에서 일치하는 행만 포함합니다.

코드 9-11에서 했던 것처럼 WHERE 절❸을 사용하여 테이블에서 방문 수가 0보다 크거나 같은 행만 결과에 포함하도록 지정합니다. 이렇게 하면 인위적인 음수 값이 합계에 영향을 미치지 못합니다.

쿼리를 실행하면 결과는 다음과 같습니다.

```
 visits_2018   visits_2017   visits_2016
 ----------    ----------    ----------
  1278148838    1319325387    1355078384
```

결과는 앞에서 테이블을 개별적으로 쿼리한 결과와 유사하지만 2018년의 총계는 1400만 정도 줄었습니다. 하락세는 여전합니다.

도서관 이용 실태가 어떻게 변화하고 있는지에 대한 전체 그림을 보기 위해 성능 지표가 포함된 모든 열에 대해 유사한 쿼리를 실행하여 각각의 추세를 기록하고 싶습니다. 예를 들어 wifisess 열은 사용자가 도서관의 무선 인터넷에 연결한 횟수를 보여 줍니다. 코드 9-11에서 visits 대신 wifisess를 사용하면 다음과 같은 결과가 나옵니다.

```
 wifi_2018   wifi_2017   wifi_2016
 ---------   ---------   ---------
 349767271   311336231   234926102
```

방문자 수는 감소했지만 도서관에서의 Wi-Fi 네트워크 사용은 급격히 증가했다는 사실을 알 수 있습니다. 이는 도서관의 역할이 어떻게 변화하고 있는지에 관한 예리한 통찰력을 제공합니다.

> 📝 NOTE
>
> fscskey 열을 기준으로 테이블을 조인했지만 두 테이블 모두에 표시되는 도서관 중 일부가 3년 사이에 병합되거나 분할되었을 가능성이 있습니다. 이 데이터 작업에 대한 주의 사항을 IMLS에 문의해 보는 것은 좋은 생각입니다.

주별로 방문 합계 그룹화하기

2016년과 2018년 사이 미국 전국적으로 도서관 방문이 감소했다는 걸 알게 되었습니다. 그럼 이제는 '모든 지역에서 감소했을까, 아니면 지역에 따라 변화 정도가 다를까?'라고 자문할 수 있습니다. 우리는 이전 쿼리를 주 코드별로 그룹화하도록 수정해 이 질문에 답할 수 있습니다. 변화율 계산 공식을 사용하여 주별로 추세를 비교해 보겠습니다. 코드 9-13은 전체 코드를 담고 있습니다.

```
❶ SELECT pls18.stabr,
       sum(pls18.visits) AS visits_2018,
       sum(pls17.visits) AS visits_2017,
       sum(pls16.visits) AS visits_2016,
       round( (sum(pls18.visits::numeric) - sum(pls17.visits)) /
         ❷ sum(pls17.visits) * 100, 1 ) AS chg_2018_17,
       round( (sum(pls17.visits::numeric) - sum(pls16.visits)) /
           sum(pls16.visits) * 100, 1 ) AS chg_2017_16
  FROM pls_fy2018_libraries pls18
       JOIN pls_fy2017_libraries pls17 ON pls18.fscskey = pls17.fscskey
       JOIN pls_fy2016_libraries pls16 ON pls18.fscskey = pls16.fscskey
  WHERE pls18.visits >= 0
       AND pls17.visits >= 0
       AND pls16.visits >= 0
❸ GROUP BY pls18.stabr
❹ ORDER BY chg_2018_17 DESC;
```

코드 9-13 GROUP BY를 사용하여 주별 도서관 방문 변화율 추적하기

2018년도 테이블의 stabr 열❶이 SELECT 키워드를 뒤따릅니다. 그리고 동일한 열이 GROUP BY 절에 나타납니다❸. 세 테이블에 모두 표시되는 기관만 쿼리하므로 어떤 테이블의 stabr 열을 사용하는지는 중요하지 않습니다. visits 열 다음에는 6장에서 배운, 이제는 친숙한 변화율 계산 공식을 포함하는데, 여기서는 가독성을 위해 별칭 chg_2018_17❷과 chg_2017_16을 사용합니다. 그리고 이 chg_2018_17 열 별칭을 사용한 ORDER BY 절로 쿼리를 마무리합니다❹.

쿼리를 실행하면 결괏값 상단에는 2017년과 2018년 사이에 방문율이 증가한 10개의 주가 나타납니다. 그 10개를 제외한 부분에서는 하락세가 보입니다. 순위의 가장 아래에 있는 아메리칸사모아^AS는 무려 28퍼센트나 하락했군요!

```
 stabr  visits_2018  visits_2017  visits_2016  chg_2018_17  chg_2017_16
 -----  -----------  -----------  -----------  -----------  -----------
  SD       3824804      3699212      3722376          3.4         -0.6
  MT       4332900      4215484      4298268          2.8         -1.9
  FL      68423689     66697122     70991029          2.6         -6.0
  ND       2216377      2162189      2201730          2.5         -1.8
  ID       8179077      8029503      8597955          1.9         -6.6
  DC       3632539      3593201      3930763          1.1         -8.6
  ME       6746380      6731768      6811441          0.2         -1.2
  NH       7045010      7028800      7236567          0.2         -2.9
  UT      15326963     15295494     16096911          0.2         -5.0
  DE       4122181      4117904      4125899          0.1         -0.2
  OK      13399265     13491194     13112511         -0.7          2.9
  WY       3338772      3367413      3536788         -0.9         -4.8
  MA      39926583     40453003     40427356         -1.3          0.1
  WA      37338635     37916034     38634499         -1.5         -1.9
  MN      22952388     23326303     24033731         -1.6         -2.9
 --생략--
  GA      26835701     28816233     27987249         -6.9          3.0
  AR       9551686     10358181     10596035         -7.8         -2.2
  GU         75119        81572        71813         -7.9         13.6
  MS       7602710      8581994      8915406        -11.4         -3.7
```

HI	3456131	4135229	4490320	-16.4	-7.9
AS	48828	67848	63166	-28.0	7.4

2016년에서 2017년 사이에 방문자 수의 백분율 변화를 보는 것도 도움이 됩니다. 미네소타^{MN}와 같은 많은 주에서 방문자 수가 연속 감소합니다. 목록의 맨 위에 있는 주들을 포함한 몇몇 주들은 전년도에 상당한 감소 후 증가를 보여 줍니다.

이 유용한 데이터는 데이터 분석가가 특히 가장 큰 변화의 원인을 조사하도록 유도합니다. 데이터 분석은 때때로 대답을 주는 만큼이나 많은 질문을 제기하기도 하지만, 이는 절차의 일부일 뿐입니다. 결과에 대한 컨텍스트를 제공하기 위해 해당 정보에 대한 지식이 있는 사람에게 연락해 보는 편이 좋습니다. 그가 가끔은 아주 좋은 설명을 해줄 수도 있거든요. 그 외에도 전문가들은 "그거 조금 이상한 것 같은데?"라고 말할 수도 있습니다. 이런 대답은 데이터를 보관하고 있는 사람에게 여러분을 되돌려 보내거나, 여러분이 어떤 코드를 빠트리고 보았는지 또는 데이터의 뉘앙스를 제대로 파악하지 못한 건 아닌지 스스로 확인하게끔 만듭니다.

HAVING을 사용하여 집계 쿼리 필터링하기

우리는 비슷한 특성을 공유하고 있는 주와 영토의 부분 집합을 살펴보면서 분석을 더 개선할 수 있습니다. 방문 변화율에 따라 큰 주와 작은 주를 분리하는 편이 좋겠죠. 로드아일랜드처럼 규모가 작은 주에서는 수리를 위해 도서관이 6개월 동안 닫는 것이 아주 큰 영향을 미칠 수 있습니다. 하지만 캘리포니아주에서 한 개의 도서관이 닫았을 때는 주 전체적인 관점에서 티도 나지 않을 것입니다. 방문 숫자가 비슷한 규모를 가진 주를 살펴보기 위해 visits 열 중에서의 결과를 정렬할 수도 있지만 쿼리에서 더 적은 결과 세트를 받아보는 게 더 깔끔할 것입니다.

집계 함수의 결과를 필터링하기 위해서는 표준 ANSI SQL의 일부인 HAVING 절을 사용해야 합니다. 이미 여러분은 필터링에 WHERE 절을 사용하는 것에 익숙해졌겠지만, sum()과 같은 집계 함수는 행 수준에서 작동하기 때문에 WHERE 절 내에서 사용될 수가 없습니다. HAVING 절은 집계를 통해 만들어진 그룹에 조건을 걸어 줍니다. 코드 9-14는 GROUP BY 뒤에 HAVING 절을 삽입하는 식으로 코드 9-13의 쿼리를 수정한 코드입니다.

```
SELECT pls18.stabr,
       sum(pls18.visits) AS visits_2018,
       sum(pls17.visits) AS visits_2017,
       sum(pls16.visits) AS visits_2016,
       round( (sum(pls18.visits::numeric) - sum(pls17.visits)) /
           sum(pls17.visits) * 100, 1 ) AS chg_2018_17,
       round( (sum(pls17.visits::numeric) - sum(pls16.visits)) /
           sum(pls16.visits) * 100, 1 ) AS chg_2017_16
FROM pls_fy2018_libraries pls18
       JOIN pls_fy2017_libraries pls17 ON pls18.fscskey = pls17.fscskey
       JOIN pls_fy2016_libraries pls16 ON pls18.fscskey = pls16.fscskey
```

```
   WHERE pls18.visits >= 0
        AND pls17.visits >= 0
        AND pls16.visits >= 0
   GROUP BY pls18.stabr
❶ HAVING sum(pls18.visits) > 50000000
   ORDER BY chg_2018_17 DESC;
```

코드 9-14 HAVING 절을 사용하여 집계 함수의 결괏값을 필터링하기

쿼리 결과에 2018년 총 방문 횟수가 5천만 이상인 행만 포함되도록 설정했습니다. 이것은 가장 큰 주만 표시하려고 선택한 임의의 값입니다. 이렇게 HAVING 절❶을 추가하면 출력의 행 수가 6개로 줄어듭니다. 연습할 때는 다양한 값으로 실험할 수 있습니다.

결과는 다음과 같습니다.

```
stabr visits_2018 visits_2017 visits_2016 chg_2018_17 chg_2017_16
----- ----------- ----------- ----------- ----------- -----------
FL     68423689    66697122    70991029         2.6        -6.0
NY     97921323   100012193   103081304        -2.1        -3.0
CA    146656984   151056672   155613529        -2.9        -2.9
IL     63466887    66166082    67336230        -4.1        -1.7
OH     68176967    71895854    74119719        -5.2        -3.0
TX     66168387    70514138    70975901        -6.2        -0.7
```

여섯 주 중 한 주를 제외한 나머지 주 모두 방문 수가 감소했지만, 전체 주와 영토를 모두 포함해서 보았을 때만큼 퍼센트 변화 폭이 크지는 않은 것을 볼 수 있습니다. 도서관 전문가들로부터 얻는 정보에 따라, 가장 많은 방문을 기록한 주를 그룹으로 보는 것은 다른 그룹을 보는 것과 마찬가지로 추세를 설명하는 데 도움이 될 수 있습니다. 여러분은 "도서관 방문 수가 가장 많은 주 가운데 2017~2018년 사이 방문 수가 증가한 곳은 플로리다주가 유일했고, 나머지는 방문 수가 2~6% 정도 감소했습니다."라는 식으로 문장을 작성할 수 있을 것이고, 중간 규모나 작은 규모의 주에 대해서도 그러한 형식으로 기술할 수 있을 것입니다.

█ 9-3 마무리 █

이 장을 읽고 나서 동네 도서관에 방문하게 된다면 사서에게 지난 몇 년간 방문 수가 늘었는지 줄어들었는지 물어보세요. 여러분은 이미 답을 알고 있겠지만 말이죠. 이 장에서는 표준 SQL 기술을 사용하여 값을 그룹화하고 여러 집계 함수로 테이블 안에 담긴 데이터를 요약하는 방법을 배웠습니다. 그리고 데이터셋을 조인하며 몇 가지 흥미로운 추세를 식별할 수 있었습니다.

또한 여러분은 데이터가 항상 완벽하게 포장되어 나오지 않는다는 점도 배웠습니다. 열의 음수 값을 실제 숫자 값이 아닌 지표로 사용하면 해당 행을 필터링해야 했는데, 안타깝게도 데이터셋의

세계에서는 이런 문제가 흔하게 나타납니다. 다음 장에서는 몇 가지 문제점이 있는 데이터셋을 깔끔하게 만드는 기술을 배웁니다. 이후 장에서는 데이터에서 이야기를 찾는 데 도움이 되는 더 많은 집계 함수도 살펴보겠습니다.

연습문제

다음 질문을 통해 지금까지 배운 그룹화 및 집계 기술을 시험해 보세요.

1. 최근 대부분의 지역에서 도서관 방문 수가 감소했다는 사실을 알게 되었습니다. 그런데 도서관의 고용 패턴은 어떨까요? 세 개의 도서관 설문조사 테이블에는 모두 급여를 받는 정규직 직원 수인 tot-staff 열이 포함되어 있습니다. 코드 9-13 및 9-14를 수정하여 시간 경과에 따른 열 합계의 백분율 변화를 계산하고 모든 주와 방문자가 가장 많은 주를 검사해 보세요. 음수 값을 조심하세요!

2. 도서관 조사 테이블에는 obereg라는 열이 있습니다. obereg 열에는 경제분석국에서 사용하는 두 자리 코드들이 들어 있는데, 이는 뉴잉글랜드, 록키 산맥 등과 같은 미국의 지역에 따라 각 도서관 기관을 분류합니다. 주별로 그룹화된 방문 수 변화율을 계산한 것처럼 obereg 열로 미국 지역의 방문 수 변화율에 대해서도 동일한 작업을 수행해 보세요. 각 지역 코드가 갖고 있는 뜻을 알고 싶다면 설문조사 문서를 참조하세요. 조금 더 도전해 보고 싶다면 obereg 코드를 기본 키로, 지역 이름을 텍스트로 해서 테이블을 만들고 요약 쿼리에 조인하여 코드가 아닌 지역 이름으로 그룹화해 보세요.

3. 7장에서 배운 조인 유형을 복습해 보겠습니다. 일치하지 않는 테이블을 포함해 세 테이블의 모든 행을 표시하기 위해서는 어떤 유형의 조인을 써야 할까요? 해당하는 쿼리를 작성하고 WHERE 절에 IS NULL 필터를 추가하여 하나 이상의 테이블에 포함되지 않은 기관을 찾아보세요.

10

데이터 검사 및 수정

만일 누가 제게 이제 막 데이터 분석가가 되기 위해 모인 사람들을 위한 건배사를 요청한다면, 저는 아마도 잔을 들고 "여러분의 데이터는 오류가 없고, 완벽하게 구조화되어 있기를 바랍니다."라고 할 것입니다. 이게 실현 가능하다면 인생은 너무나도 이상적이겠죠. 하지만 현실에서는 어떤 식으로든 수정하지 않고는 분석하기 어려운, 안타까운 상태의 데이터를 받곤 합니다. 이런 지저분한 데이터dirty data는 표준 쿼리를 비효율적으로 만드는 오류, 누락된 값, 잘못된 구성의 온상입니다. 이 장에서는 SQL을 사용하여 지저분한 데이터를 정리하고 다른 유용한 유지 관리 작업을 수행하여 데이터를 작동 가능하게 만들어 봅니다.

지저분한 데이터는 여러 가지 이유로 생겨납니다. 한 파일 형식에서 다른 형식으로 데이터를 변환하거나 열에 잘못된 데이터 형식을 지정하면 정보가 손실될 수 있습니다. 또한 사람들은 데이터를 입력하거나 편집할 때 부주의하여 오타와 맞춤법 불일치를 남길 수 있습니다. 원인이 무엇이든 지저분한 데이터는 데이터 분석가의 골칫거리입니다.

데이터를 검사하여 품질을 평가하는 방법과 데이터 및 테이블을 수정하여 더 쉽게 분석하는 방법을 배울 텐데, 이 장에서 배우는 기술들은 단순히 데이터를 정리하는 데 그치지 않고 더욱 유용하게 사용될 것입니다. 데이터와 테이블을 변경할 수 있는 기능은 가능한 때에 여러분의 데이터베이스를 업데이트하거나 새로운 정보를 업데이트할 수 있는 옵션을 제공합니다. 이를 통해 여러분의 데이터베이스는 정적인 데이터 모음에서 살아 숨쉬는 기록으로 거듭납니다.

우선 데이터를 가져와 시작해 보겠습니다.

이번 예제로는 미국의 육류, 가금류 및 계란 생산업체의 디렉터리를 사용합니다. 미국 농무부 산하 기관인 식품안전검사국^{FSIS, Food Safety Inspection Service}은 이 데이터베이스를 매달 컴파일하고 업데이트 합니다. FSIS는 6,000개가 넘는 육류 가공 공장, 도축장, 농장 등에서 동물 및 식품 검사를 담당합니다. 검사관이 세균 오염이나 라벨이 잘못된 식품 등의 문제를 발견하면 기관은 리콜을 실시할 수 있습니다. 농업 사업, 식량 공급망 또는 식중독 사태 관련 주제에 관심이 있는 사람은 누구나 이 디렉터리를 유용하게 사용할 수 있습니다. 식품안전검사국 사이트(https://www.fsis.usda.gov/)에서 기관에 대해 자세히 알아보세요.

우리가 사용할 데이터는 https://www.data.gov/의 디렉터리 페이지에서 가져온 것입니다. 이 웹 사이트는 미국 연방 정부가 운영하는 곳으로, 다양한 연방 기관의 수천 개의 데이터를 보관하고 있습니다. 사이트에 게시된 엑셀 파일을 CSV 파일로 변환했습니다. 변환된 MPI_Directory_by_Establishment_Name.csv 파일은 영진닷컴 홈페이지 또는 깃허브에서 다운로드할 수 있습니다.

> 📝 **NOTE**
>
> FSIS 데이터는 정기적으로 업데이트되므로 https://www.data.gov/에서 직접 다운로드한 데이터로 실습을 진행할 경우 본문과는 다른 결과가 나옵니다.

파일을 PostgreSQL로 가져오려면 코드 10-1처럼 meat_poultry_egg_establishments라는 테이블을 만들고 COPY를 사용하여 CSV 파일을 테이블에 추가합니다. 이전 예에서와 같이 pgAdmin을 사용하여 analysis 데이터베이스에 연결한 다음 쿼리 도구를 열어 코드를 실행합니다. CSV 파일의 실제 위치를 반영하도록 COPY 문의 경로를 변경해야 한다는 걸 명심하세요.

```
CREATE TABLE meat_poultry_egg_establishments (
❶ establishment_number text CONSTRAINT est_number_key PRIMARY KEY,
    company text,
    street text,
    city text,
    st text,
    zip text,
    phone text,
    grant_date date,
❷ activities text,
    dbas text
);

❸ COPY meat_poultry_egg_establishments
  FROM 'C:\YourDirectory\MPI_Directory_by_Establishment_Name.csv'
  WITH (FORMAT CSV, HEADER);

❹ CREATE INDEX company_idx ON meat_poultry_egg_establishments (company);
```

코드 10-1 FSIS의 육류, 가금류 및 계란 검사 디렉터리 가져오기

meat_poultry_egg_establishments 테이블에는 10개의 열이 있습니다. 시설을 식별하는, 각 행에 대한 고유한 값을 포함하는 establishment_number 열❶에 자연 기본 키 제약조건을 추가합니다. 나머지 열은 대부분 회사 이름 및 위치와 관련이 있습니다. 회사의 활동을 설명하는 activities 열❷은 이 장 끝에 있는 연습문제에서도 사용할 것입니다. 대부분의 열을 text 타입으로 설정하는데, 이는 열의 일부 문자열의 길이가 수천 자에 달하기 때문에 PostgreSQL에서 최대 1GB의 문자를 제공하는 데이터 타입을 선택한 것입니다(4장 참고). CSV 파일을 가져옵니다❸. 그런 다음 특정 회사에 대한 검색 속도를 높이기 위해 company 열❹에 인덱스를 생성합니다.

연습을 위해 9장에 소개된 count() 집계 함수를 사용하여 meat_poultry_egg_establishments 테이블에 있는 행 수를 확인합니다.

```
SELECT count(*) FROM meat_poultry_egg_establishments;
```

결과는 6,287개의 행을 표시해야 합니다. 이제 데이터에 포함된 내용을 찾아서 유용한 정보를 있는 그대로 수집할 수 있는지 또는 어떤 방식으로든 수정해야 하는지 확인하겠습니다.

10-2 데이터셋 인터뷰하기

데이터 인터뷰는 제가 분석에서 가장 좋아하는 부분입니다. 데이터 분석가는 데이터셋을 인터뷰하여 데이터셋에 대한 세부 정보를 발견합니다. 어떤 내용이 담겨 있는지, 어떤 질문에 대답할 수 있는지, 우리의 목적에 얼마나 적합한지, 취업 면접에서 지원자가 해당 직무에 필요한 기술을 보유하고 있는지 등의 여부를 보여 주는 것과 같은 방식입니다.

9장에서 배운 집계 쿼리는 종종 데이터셋의 한계를 노출하거나, 분석에서 결론을 도출하고 결과의 유효성을 가정하기 전에 묻고 싶은 질문을 제기합니다. 그렇기에 아주 유용한 인터뷰 도구이죠.

예를 들어 meat_poultry_egg_establishments 테이블의 행은 식품 생산업체를 설명합니다. 언뜻 보면 각 행의 각 회사들이 서로 다른 주소에서 운영된다고 생각될 수 있습니다. 그러나 데이터 분석에서 가정은 결코 안전하지 않으므로 코드 10-2를 사용하여 확인해 보겠습니다.

```
SELECT company,
       street,
       city,
       st,
       count(*) AS address_count
FROM meat_poultry_egg_establishments
GROUP BY company, street, city, st
HAVING count(*) > 1
ORDER BY company, street, city, st;
```

코드 10-2 같은 주소를 가진 여러 회사 찾기

여기서는 company, street, city, st 열의 고유한 조합으로 회사를 그룹화합니다. 그런 다음 해당 열의 각 조합에 대한 행 수를 반환하는 count(*)를 사용하고 address_count라는 별칭을 지정했습니다. 그리고 9장에서 소개한 HAVING 절을 사용하여 둘 이상의 행에 동일한 값 조합이 있는 경우만 표시하도록 결과를 필터링합니다. 이는 회사의 모든 중복 주소를 반환해야 합니다.

쿼리는 23개의 행을 반환합니다. 같은 회사가 같은 주소에 여러 번 나열된 경우가 꽤 많군요.

```
company                    street                    city          st   address_count
----------------------     ----------------------    ----------    --   -------------
Acre Station Meat Farm      17076 Hwy 32 N            Pinetown      NC               2
Beltex Corporation         3801 North Grove Street    Fort Worth    TX               2
Cloverleaf Cold Storage    111 Imperial Drive         Sanford       NC               2
--생략--
```

반드시 문제가 되는 내용은 아닙니다. 회사가 동일한 주소에 여러 번 나타나는 데 타당한 이유가 있을 수 있습니다. 예를 들어 두 가지 유형의 가공 공장이 같은 이름을 가지고 존재하는 경우도 있습니다. 하지만 그 반면, 데이터 입력 오류가 발견되었을 수도 있습니다. 어느 쪽이든 데이터셋에 의존하기 전에 데이터셋의 유효성에 대한 우려를 제거하는 것이 현명한 방법이며, 결론을 내리기 전에 개별 사례를 조사해야 합니다. 그러나 이 데이터셋에는 의미 있는 정보를 얻기 전에 살펴봐야 할 다른 문제가 있습니다. 몇 가지 예를 살펴보겠습니다.

10-2-1 결측값 확인하기

기초적인 질문으로 결측값을 찾아보겠습니다. 각 주에 육류, 가금류 및 계란 생산업체가 몇 개 있나요? 모든 주 열에 값이 있는지, 주 코드가 누락된 행이 있는지 확인하는 것은 데이터에 대한 또 다른 유용한 검사 역할을 합니다. 이를 알아내기 위해 코드 10-3과 같이 GROUP BY와 집계 함수 count()를 사용할 것입니다.

```
SELECT st,
       count(*) AS st_count
FROM meat_poultry_egg_establishments
GROUP BY st
ORDER BY st;
```

코드 10-3 주 그룹화하고 세기

해당 쿼리는 간단한 숫자를 보여 줍니다. 쿼리를 실행하면 각 주의 우편번호 st가 테이블에 나타나는 횟수가 집계됩니다. 결과에는 st 열에 주 우편번호별로 그룹화된 57개의 행이 포함되어야 합니다. 미국의 주인데 왜 50개가 넘냐고요? 해당 데이터에는 푸에르토리코와 괌, 그리고 아메리칸사모아 같은 통합되지 않은 미국 영토가 포함되기 때문입니다. 알래스카[AK]는 17개 시설로 1위를 차지했군요.

```
st     st_count
--     --------
AK           17
AL           93
AR           87
AS            1
--생략--
WA          139
WI          184
WV           23
WY            1
              3
```

그러나 목록 맨 아래에 있는 행의 st 열에는 NULL 값이 있고 st_count 열에는 3이 있습니다. 즉, st 열에서 세 개의 행에 NULL이 있다는 뜻입니다. 해당 시설의 세부 정보를 보기 위해 해당 행을 쿼리해 보겠습니다.

데이터베이스 구현에 따라 NULL 값은 정렬된 열의 첫 번째 또는 마지막에 나타납니다. PostgreSQL에서는 기본적으로 마지막에 나타납니다. 표준 ANSI SQL은 둘 중 하나를 지정하지 않지만 ORDER BY 절에 NULLS FIRST 또는 NULLS LAST를 추가하여 기본 설정을 지정할 수 있습니다. 예를 들어, 이전 쿼리에서 NULL 값이 먼저 나타나도록 하려면 ORDER BY st NULLS FIRST라고 적으면 됩니다.

코드 10-4에서는 st 열과 IS NULL 키워드가 있는 WHERE 절을 추가하여, 주를 나타내는 코드가 누락된 행을 찾습니다.

```
SELECT establishment_number,
       company,
       city,
       st,
       zip
FROM meat_poultry_egg_establishments
WHERE st IS NULL;
```

코드 10-4 IS NULL을 사용하여 st 열에서 결측값 찾기

이 쿼리는 st 열에서 값이 없는 세 개의 행을 반환합니다.

```
est_number          company                           city    st   zip
-----------         -----------------------------     ------  --   -----
V18677A             Atlas Inspection, Inc.            Blaine       55449
M45319+P45319       Hall-Namie Packing Company, Inc                36671
M263A+P263A+V263A   Jones Dairy Farm                               53538
```

각 주에서 보유한 시설의 정확한 개수를 알고자 할 때 위와 같은 결측값은 잘못된 결과를 초래할 수 있습니다. 따라서 이와 같은 오류를 발견하면 다운로드한 원본 파일을 직접 두 눈으로 빠르게

확인하는 것이 좋습니다. 기가바이트 용량의 파일로 작업하지 않는 한, 일반적으로 텍스트 편집기에서 CSV 파일을 열고 행을 직접 검사할 수 있습니다. 더 큰 파일로 작업할 때라면 Linux나 macOS에서는 grep, Windows에서는 findstr 같은 유틸리티를 사용하여 소스 데이터를 검사할 수 있습니다. 이 예제의 경우, https://www.data.gov/에 있는 파일을 육안으로 확인하면 실제로 파일 안의 해당 행들에 주 코드가 적혀 있지 않습니다. 따라서 이 오류는 데이터를 가져오는 과정에서 발생한 것이 아니라 그 데이터에 내재된 오류임을 알 수 있습니다.

지금까지의 데이터 인터뷰로 우리는 이 테이블을 정리하기 위해서는 st 열에 누락된 값을 추가해야 한다는 사실을 발견했습니다. 이 데이터셋에 존재하는 또 다른 문제를 살펴보며 '수정할 항목 목록'을 작성해 보겠습니다.

10-2-2 일관성 없는 데이터 값 확인하기

일관성 없는 데이터는 분석을 방해할 수 있는 또 다른 요인입니다. count()와 함께 GROUP BY를 사용하여 열 내에서 일관되지 않게 입력된 데이터를 확인할 수 있습니다. 결과에서 중복되지 않은 값을 스캔할 때 이름 또는 기타 속성의 철자 변형을 발견할 수 있습니다.

예를 들어, 우리가 가지고 있는 테이블에 있는 6,200여 개 회사 중 다수는 Cargill 또는 Tyson Foods 같은 몇몇 다국적 식품 회사가 소유한 다양한 지점 중 하나입니다. 각 회사가 소유한 지점 수를 확인하기 위해 company 열의 값을 계산하려고 합니다. 코드 10-5의 쿼리를 사용하여 수행하면 어떤 일이 발생하는지 살펴보겠습니다.

```
SELECT company,
       count(*) AS company_count
FROM meat_poultry_egg_establishments
GROUP BY company
ORDER BY company ASC;
```

코드 10-5 GROUP BY와 count()를 사용하여 일관성 없는 회사 이름 찾아내기

결과를 쭉 내려 보면 회사 이름의 철자가 여러 가지 방식으로 표기되는 경우가 많습니다. 예를 들어 Armour-Eckrich 브랜드가 기입된 것을 확인해 보세요.

```
company                          company_count
-----------------------------    -------------
--생략--
Armour - Eckrich Meats, LLC                  1
Armour-Eckrich Meats LLC                     3
Armour-Eckrich Meats, Inc.                   1
Armour-Eckrich Meats, LLC                    2
--생략--
```

동일한 회사가 소유하고 있을 가능성이 높은 7개 시설에 대해 적어도 네 개 이상의 서로 다른 표

기 방식이 존재합니다. 나중에 회사별로 집계를 수행하는 경우, 집계되거나 합산된 모든 항목이 적절하게 그룹화되도록 이름을 표준화하는 것이 좋습니다. 해당 내용을 '수정할 항목 목록'에 추가해 두세요.

10-2-3 length()를 사용하여 잘못된 값 확인하기

일관된 형식이어야 하는 열에서 예상치 못한 값이 있는지 확인하는 것이 좋습니다. 예를 들어 meat_poultry_egg_establishments 테이블의 zip 열에 있는 각 항목은 5자리 숫자의 미국 우편번호 형식으로 지정되어야 합니다. 그러나 우리의 데이터셋에는 그런 정보가 따로 없습니다.

이 예제를 보여 주기 위해 제가 이전에 저질렀던 실수를 재현했습니다. 원본 엑셀 파일을 CSV 파일로 변환할 때 우편번호를 텍스트 값 대신 스프레드시트에 '일반' 숫자 형식으로 저장했습니다. 이렇게 하면 정수가 0으로 시작할 수 없기 때문에 07502처럼 0으로 시작되는 우편번호는 선행하는 0을 잃고, 결과적으로 07502가 테이블에 7502로 나타납니다. 데이터를 복사하여 '일반'으로 설정된 엑셀 열에 붙여 넣는 등 다양한 방법으로 이 오류를 만들 수 있습니다. 저는 이러한 상황에 몇 번 데인 후 텍스트 형식을 지정해야 하는 숫자에 주의를 기울이는 습관을 들이게 되었습니다.

코드 10-6을 실행하면 제가 의도적으로 만들어 놓은 오류가 나타납니다. 이 예제에서는 문자열의 문자 수를 계산하는 문자열 함수^{string function}인 length()를 소개합니다. length()를 count(), 그리고 GROUP BY와 결합하여 zip 열에 5개의 문자가 있는 행 수와 5개 이외의 값을 갖는 행 수를 알아봅니다. 결과를 쉽게 확인할 수 있도록 ORDER BY 절에 length()를 사용해 정렬합니다.

```
SELECT length(zip),
       count(*) AS length_count
FROM meat_poultry_egg_establishments
GROUP BY length(zip)
ORDER BY length(zip) ASC;
```

코드 10-6 length()와 count()를 사용하여 zip 열 테스트해 보기

결과는 형식에 오류가 있음을 확인시켜 줍니다. 네 글자인 우편번호는 496개이고, 세 글자인 우편번호는 86개입니다. 즉, 이 숫자는 제가 변환을 잘못하여 실수로 제거된 선행 0이 있음을 의미합니다.

```
 length    length_count
 ------    ------------
      3              86
      4             496
      5            5705
```

WHERE 절을 사용하면 결과의 세부 정보를 확인하여 이러한 단축된 우편번호가 어떤 주에 해당하는지 확인할 수 있습니다. 코드 10-7을 보세요.

```
  SELECT st,
         count(*) AS st_count
  FROM meat_poultry_egg_establishments
❶ WHERE length(zip) < 5
  GROUP BY st
  ORDER BY st ASC;
```

코드10-7 zip 열에서 짧은 값을 찾기 위해 length()로 필터링하기

　　WHERE 절의 length() 함수는 각 주 코드에 대해 우편번호가 다섯 자 미만인 행 수를 반환합니다❶. 결과는 얼추 예상했던 대로 나타납니다. 우편번호가 0으로 시작하는 경우가 많은 미국 북동부 지역의 주들이 많이 보이는군요.

```
  st    st_count
  --    --------
  CT          55
  MA         101
  ME          24
  NH          18
  NJ         244
  PR          84
  RI          27
  VI           2
  VT          27
```

　　이 오류가 계속 발생하는 것을 원하지 않으니 수정할 항목 목록에 추가하죠. 지금까지 데이터셋을 살펴보면서 우리가 수정하기 위해 체크해 둔 문제 목록은 다음과 같습니다.

- st 열의 3개 행에 대한 결측값
- 하나 이상의 회사 이름 철자 불일치
- 파일 변환으로 인해 부정확해진 우편번호

　　다음으로 SQL을 사용하여 데이터를 수정해 이러한 문제를 해결하는 방법을 살펴보겠습니다.

10-3 테이블, 열, 데이터 수정하기

테이블에서 열, 그리고 여기에 포함된 데이터 타입 및 값에 이르기까지 데이터베이스에서 생성된 후 구체적으로 고정되는 것은 거의 없습니다. 필요에 따라 테이블에 열을 추가하고, 기존 열의 데이터 타입을 변경하고, 값을 편집하게 됩니다. 다행히 SQL을 사용하여 기존 데이터 및 구조를 수정, 삭제 또는 추가할 수 있습니다. meat_poultry_egg_establishments 테이블에서 발견한 문제를 감안할 때 데이터베이스를 수정할 수 있으면 편리합니다.

두 개의 SQL 명령을 사용할 것입니다. 첫 번째 명령인 ALTER TABLE은 표준 ANSI SQL의 일부이 며 ADD COLUMN, ALTER COLUMN, DROP COLUMN 등의 옵션을 제공합니다.

> **📝 NOTE**
>
> PostgreSQL와 다른 데이터베이스는 구현에 따라 데이터베이스 개체 관리를 위해 ALTER TABLE에 다양한 옵션을 지원합니다.(https://www.postgresql.org/docs/current/sql-altertable.html을 참고하세요.) 이번 실습에서는 필수 옵션만 사용합니다.

마찬가지로 표준 SQL에 포함된 두 번째 명령인 UPDATE를 사용하면 테이블 열의 값을 변경할 수 있습니다. 업데이트할 행을 선택하기 위해 WHERE 절을 사용하여 기준을 제공할 수 있습니다.

두 명령의 기본 구문과 옵션을 살펴본 다음 그것으로 데이터셋의 문제를 해결해 보겠습니다.

데이터를 버려야 할 때

데이터 인터뷰에서 너무 많은 결측값 또는 수천을 예상했는데 수십 억에 이르는 식으로 상식에 어긋나는 값이 발견되면 그 데이터의 사용을 재평가해야 합니다. 데이터는 분석의 기초가 되는 만큼 충분히 신뢰할 수 있어야 하기 때문입니다.

많이 의심되는 경우 첫 번째 단계는 원본 데이터 파일을 다시 확인하는 것입니다. 올바르게 가져왔는지, 그리고 모든 소스 열의 값이 테이블의 동일한 열에 있는지 확인하세요. 원본 스프레드시트 또는 CSV 파일을 열고 직접 두 눈으로 비교해야 할 수 있습니다. 두 번째 단계는 데이터를 생성한 기관이나 회사에 연락하여 보고 있는 내용을 확인하고 설명을 요청하는 것입니다. 동일한 데이터를 사용한 다른 사람에게 조언을 구하는 방법도 있습니다.

저는 데이터셋이 제대로 조립되지 않았거나 단순히 불완전하다고 판단한 후 그 데이터셋을 폐기한 적이 몇 번 있습니다. 때로는 데이터셋을 사용 가능하게 만드는 데 필요한 작업량이 그 유용성을 훼손할 정도인 경우도 있는데 이러한 상황에서는 어려운 판단을 내려야 합니다. 그러나 잘못된 결론으로 이어질 수 있는 잘못된 데이터를 사용하는 것보다는 처음부터 다시 시작하거나 대안을 찾는 것이 좋습니다.

10-3-1 ALTER TABLE로 테이블 수정하기

ALTER TABLE 문을 사용하여 테이블 구조를 수정할 수 있습니다. 다음 예는 표준 ANSI SQL의 일부인 일반 작업에 대한 구문을 보여 줍니다. 테이블에 열을 추가하는 코드는 다음과 같습니다.

```
ALTER TABLE table ADD COLUMN column data_type;
```

또한 다음 구문으로 열을 제거할 수 있습니다.

```
ALTER TABLE table DROP COLUMN column;
```

열의 데이터 타입을 변경하려면 다음 코드를 사용합니다.

```
ALTER TABLE table ALTER COLUMN column SET DATA TYPE data_type;
```

NOT NULL 제약조건을 열에 추가하는 코드는 다음과 같습니다.

```
ALTER TABLE table ALTER COLUMN column SET NOT NULL;
```

PostgreSQL 및 다른 일부 시스템은 테이블에 제약조건을 추가하면 모든 행이 제약조건을 준수하는지 여부를 확인합니다. 테이블에 수백만 개의 행이 있는 경우 시간이 꽤 걸릴 수 있습니다.

NOT NULL 제약조건을 제거하는 것은 다음과 같습니다.

```
ALTER TABLE table ALTER COLUMN column DROP NOT NULL;
```

위 코드들에서 테이블 이름과 열 이름을 채우고 그 ALTER TABLE 문을 실행하면 pgAdmin 출력 화면에 ALTER TABLE이라는 메시지가 표시됩니다. 작업이 제약조건을 위반하는 경우나 열의 데이터 타입을 변경하려고 할 때 열의 기존 값이 새 데이터 타입을 따르지 않는 경우에 PostgreSQL은 오류를 반환합니다. 하지만 PostgreSQL은 열을 삭제할 때 데이터 삭제에 대한 경고를 표시하지 않으므로 열을 삭제하기 전에 각별히 주의해야 합니다.

10-3-2 UPDATE로 값 수정하기

ANSI SQL 표준의 일부인 UPDATE는 조건을 충족하는 열의 데이터를 수정합니다. 모든 행과 행의 하위 집합에 적용할 수 있습니다. 열의 모든 행에 있는 데이터를 업데이트하는 기본 구문은 다음 형식을 따릅니다.

```
UPDATE table
SET column = value;
```

먼저 UPDATE에 업데이트할 테이블 이름을 전달한 다음, 변경할 값이 포함된 열을 SET 절로 전달합니다. 열에 배치할 새로운 value는 문자열, 숫자, 다른 열의 이름, 값을 생성하는 쿼리 또는 식일 수 있습니다. 새 값은 열의 데이터 타입에 맞는 값을 가져야 합니다.

다른 열과 값을 추가하고 쉼표로 구분하여 여러 열의 값을 업데이트할 수 있습니다.

```
UPDATE table
SET column_a = value,
    column_b = value;
```

업데이트를 특정 행에만 제한하도록 하기 위해, 업데이트를 진행하기 전에 몇 가지 조건을 건 WHERE 절을 추가합니다. 값이 날짜이거나 값이 특정 문자열과 일치하는 행을 찾는 등 여러 조건을 달 수 있습니다.

```
UPDATE table
SET column = value
WHERE criteria;
```

한 테이블을 다른 테이블의 값으로 업데이트할 수도 있습니다. 표준 ANSI SQL에서는 업데이트 할 값과 행을 지정하기 위해 쿼리 내부의 쿼리인 서브쿼리subquery를 사용해야 합니다.

```
UPDATE table
SET column = (SELECT column
              FROM table_b
              WHERE table.column = table_b.column)
WHERE EXISTS (SELECT column
              FROM table_b
              WHERE table.column = table_b.column);
```

SET 절의 값 부분은 괄호 안에 있는 서브쿼리입니다. 괄호 안에 있는 SELECT 문은 두 테이블의 열의 값이 일치하는 행을 찾아 업데이트 값을 생성합니다. 이와 유사하게 WHERE EXISTS 절은 SELECT 문을 사용하여 업데이트 필터 역할을 하는 값을 생성합니다. WHERE EXISTS 절을 사용하지 않으면 의도치 않게 일부 값을 NULL로 설정하게 될 수도 있습니다.(이 구문이 다소 복잡해 보여도 괜찮습니다. 서브쿼리에 대해서는 13장에서 자세히 다룰 것입니다.)

일부 데이터베이스 관리자는 테이블 간 업데이트를 위한 추가 구문을 제공합니다. PostgreSQL은 표준 ANSI SQL을 지원하지만 테이블에서 값을 업데이트하기 위해 FROM 절을 사용하는 더 간단한 구문도 지원합니다.

```
UPDATE table
SET column = table_b.column
FROM table_b
WHERE table.column = table_b.column;
```

UPDATE 문을 실행할 때 PostgreSQL은 영향을 받는 행 수와 함께 UPDATE를 나타내는 메시지를 반환합니다.

10-3-3 RETURNING으로 수정된 데이터 보기

UPDATE에 RETURNING 절을 추가하면 별도의 쿼리를 추가 입력할 필요 없이 수정된 값을 확인할 수 있습니다. RETURNING을 사용하려면 SELECT 문에서 열 이름을 지정하는 것처럼 키워드 뒤에 열 목록이나 와일드카드를 사용합니다. 다음 예시를 참고하세요.

```
UPDATE table
SET column_a = value
RETURNING column_a, column_b, column_c;
```

RETURNING은 데이터베이스가 수정된 행 수를 표시하는 대신 수정된 행에서 지정한 열을 표시하도록 지시합니다. RETURNING은 PostgreSQL 전용 구현으로 INSERT와 DELETE FROM과 함께 사용할 수도 있습니다. 몇 가지 예를 통해 확인해 보겠습니다.

10-3-4 백업 테이블 생성하기

테이블을 수정하기 전에 실수로 일부 데이터를 삭제할 경우를 대비하여 참조 및 백업을 위한 복사본을 만드는 것이 좋습니다. 코드 10-8은 익숙한 CREATE TABLE 문의 변형을 사용하여, 복제하려는 테이블의 기존 데이터와 구조를 기반으로 새 테이블을 만드는 방법을 보여 줍니다.

```
CREATE TABLE meat_poultry_egg_establishments_backup AS
SELECT * FROM meat_poultry_egg_establishments;
```

코드 10-8 테이블 백업하기

새로 지정된 이름을 가진 테이블의 복사본^{pristine copy}이 만들어져야 합니다. 잘 만들어졌는지는 두 테이블의 레코드 수를 세어 확인할 수 있습니다.

```
SELECT
    (SELECT count(*) FROM meat_poultry_egg_establishments) AS original,
    (SELECT count(*) FROM meat_poultry_egg_establishments_backup) AS backup;
```

결과는 다음과 같이 두 테이블로부터 동일한 행 수를 반환해야 합니다.

```
original    backup
--------    ------
    6287      6287
```

개수가 일치하면 백업 테이블이 원본 테이블의 구조 및 내용과 정확히 일치한다고 볼 수 있습니다. 쉽게 참조할 수 있도록 추가 조치로서 ALTER TABLE을 사용하여 업데이트 중인 테이블 안에 있는 열 데이터 복사본을 만들 것입니다.

📝 NOTE

CREATE TABLE 문을 사용하여 테이블 백업을 생성할 때 인덱스는 복사되지 않습니다. 백업에서 쿼리를 실행하기로 결정한 경우 해당 테이블에 별도의 인덱스를 만들어야 합니다.

10-3-5 누락된 열 값 복원하기

이 장 앞부분에 있는 코드 10-4의 쿼리에서 meat_poultry_egg_establishments 테이블의 세 행은 st 열에 값이 없음이 밝혀졌습니다.

```
est_number            company                        city      st    zip
------------------    ---------------------------    ------    --    -----
V18677A               Atlas Inspection, Inc.         Blaine          55449
M45319+P45319         Hall-Namie Packing Company, Inc                36671
M263A+P263A+V263A     Jones Dairy Farm                               53538
```

각 주에서 전체 시설 수를 얻으려면 UPDATE 문을 사용하여 누락된 값을 채워야 합니다.

열 복사본 생성하기

앞서 이 테이블을 백업하기는 했지만, 어딘가에 심각한 오류가 발생하더라도 원래 데이터가 유지되도록 각별히 주의한 채로 테이블 안에 st 열을 복사해 보겠습니다. 복사본을 만들고 코드 10-9의 SQL 문을 사용하여 기존 st 열 값으로 채웁니다.

```
❶ ALTER TABLE meat_poultry_egg_establishments ADD COLUMN st_copy text;

  UPDATE meat_poultry_egg_establishments
❷ SET st_copy = st;
```

코드10-9 ALTER TABLE과 UPDATE로 st_copy 열 만들기 및 채우기

ALTER TABLE 문❶은 원래 st 열과 동일한 text 타입을 사용하여 st_copy라는 열을 추가합니다. 다음으로, UPDATE 문의 SET 절❷은 새로 생성된 st_copy 열을 st 열의 값으로 채웁니다. WHERE 절로 따로 기준을 지정하지는 않았기 때문에 모든 행의 값이 업데이트되고 PostgreSQL이 UPDATE 6287 메시지를 반환합니다. 다시 말하지만, 매우 큰 테이블에서 이 작업을 하면 시간이 좀 걸리고 테이블의 크기가 상당히 늘어날 수 있습니다. 테이블 백업과 함께 열 복사본을 만드는 것이 반드시 해야만 하는 일은 아니지만 여러분이 인내심이 강하고 신중한 성향이라면 꽤 가치 있는 일일 것입니다.

코드 10-10에서와 같이 두 열에 대한 간단한 SELECT 쿼리를 사용하여 값이 제대로 복사되었는지 확인할 수 있습니다.

```
SELECT st,
       st_copy
FROM meat_poultry_egg_establishments
WHERE st IS DISTINCT FROM st_copy
ORDER BY st;
```

코드10-10 st 및 st_copy 열의 값 확인하기

WHERE 절에서 IS DISTINCT FROM을 사용해 두 열의 값들 간의 차이를 확인합니다. 3장에서는 DISTINCT를 사용하여 열에서 고유한 값을 찾았습니다. 이번에 IS DISTINCT FROM은 st와 st_copy 열의 값이 다른지 확인합니다. 모든 행을 직접 스캔할 필요가 없습니다. 이 쿼리를 실행하면 0개의 행이 반환되며, 이는 테이블 전체가 일치함을 의미합니다.

> **📑 NOTE**
>
> IS DISTINCT FROM은 NULL을 값으로 취급하므로 비교 결과는 항상 true 또는 false로 평가됩니다. 이는 NULL을 포함하는 비교가 NULL을 반환하는 <> 연산자와 다릅니다. SELECT 'a' <> NULL;을 실행해 결과를 확인해 보세요.

이제 원본 데이터가 안전하게 저장되었으므로 주 코드가 누락된 세 행을 업데이트할 수 있습니다. 이것은 테이블 내 백업이므로 데이터를 업데이트하는 동안 큰 문제가 발생하면 다시 원본 데이터를 쉽게 복사해 올 수 있습니다. 첫 번째 업데이트를 적용한 후에 그 방법을 보겠습니다.

값이 누락된 행 업데이트하기

값이 누락된 행을 업데이트하려면 먼저 빠른 온라인 검색을 통해 필요한 값을 찾습니다. Atlas Inspection은 미네소타에, Hall-Namie Packing은 앨라배마에, Jones Dairy는 위스콘신에 있습니다. 코드 10-11을 사용하여 해당 주를 적절한 행에 추가합니다.

```
  UPDATE meat_poultry_egg_establishments
  SET st = 'MN'
❶ WHERE establishment_number = 'V18677A';

  UPDATE meat_poultry_egg_establishments
  SET st = 'AL'
  WHERE establishment_number = 'M45319+P45319';

  UPDATE meat_poultry_egg_establishments
  SET st = 'WI'
  WHERE establishment_number = 'M263A+P263A+V263A';
❷ RETURNING establishment_number, company, city, st, zip;
```

코드 10-11 3개 시설에 대한 st 열 업데이트하기

각 UPDATE 문이 단일 행에 영향을 미치길 원하기 때문에 테이블의 기본 키인 establishment_number를 식별하는 WHERE 절❶을 각각에 포함시킵니다. 각 쿼리를 실행할 때 PostgreSQL은 UPDATE 1 메시지로 응답하여 각 쿼리에 대해 하나의 행만 업데이트되었음을 표시합니다. 세 번째 코드의 RETURNING 절❷은 업데이트된 행의 여러 열을 표시하도록 데이터베이스에 지시합니다.

```
  est_number           company            city       st    zip
  -----------------    ---------------    --------    --    -----
  M263A+P263A+V263A    Jones Dairy Farm               WI    53538
```

st가 NULL인 행을 찾기 위해 코드 10-4를 다시 실행하면 쿼리는 아무 것도 반환하지 않습니다. 성공입니다! 주별 시설 수는 이제 완전해졌습니다.

원래 값 복원하기

잘못된 값을 제공하거나 잘못된 행을 업데이트하여 업데이트를 망치면 어떻게 될까요? 전체 테이블과 테이블 내의 st 열을 백업했기 때문에 어느 위치에서든 데이터를 쉽게 다시 복사할 수 있습니다. 코드 10-12는 두 가지 옵션을 보여 줍니다.

```
❶ UPDATE meat_poultry_egg_establishments
  SET st = st_copy;

❷ UPDATE meat_poultry_egg_establishments original
  SET st = backup.st
  FROM meat_poultry_egg_establishments_backup backup
  WHERE original.establishment_number = backup.establishment_number;
```

코드 10-12 원래의 st 열 값 복원하기

　meat_poultry_egg_establishments 테이블의 백업 열에서 값을 복원하려면 st 열을 st_copy 열의 값으로 설정하는 UPDATE 쿼리❶를 실행합니다. 두 열은 다시 동일한 원래 값을 가져야 합니다. 또는 코드 10-8에서 만든 meat_poultry_egg_establishments_backup 테이블의 st 열에 있는 값으로 st 열을 설정하는 UPDATE❷를 만들 수 있습니다. 이렇게 하면 누락된 주 값을 추가하기 위해 수정한 사항이 제거됩니다. 그러니 지금 코드 10-12를 실행했다면 향후 이어질 실습에 대비해 코드 10-11을 다시 한번 실행하고 넘어가세요.

10-3-6 일관성을 위한 값 업데이트하기

코드 10-5에서 회사 이름이 일관되지 않게 입력된 몇 가지 경우를 발견했습니다. 회사 이름별로 데이터를 집계하려는 경우 이러한 불일치로 인해 정확한 집계가 어렵습니다.

　다음은 코드 10-5에 있는 Armour-Eckrich Meats의 철자 변형입니다.

```
--생략--
Armour - Eckrich Meats, LLC
Armour-Eckrich Meats LLC
Armour-Eckrich Meats, Inc.
Armour-Eckrich Meats, LLC
--생략--
```

UPDATE 문을 사용하여 이 회사 이름의 철자를 표준화할 수 있습니다. 데이터를 보호하기 위해 표준화된 철자에 대한 새 열을 만들고, company 열에 있는 이름을 새 열에 복사하고 나서 새 열에서 작업합니다. 코드 10-13에는 두 작업에 대한 코드가 있습니다.

```
ALTER TABLE meat_poultry_egg_establishments ADD COLUMN company_standard text;

UPDATE meat_poultry_egg_establishments
SET company_standard = company;
```

코드 10-13 company_standard 열 만들기 및 채우기

이제 company 열에 있는 회사 이름들 중 Armour라는 문자열이 포함된 것을 company_standard 열에서 Armour-Eckrich Meats로 표시하려고 한다고 가정해 보겠습니다.(Armour가 포함된 모든 항목을 확인하고 이를 표준화하려는 것입니다.) 코드 10-14는 WHERE를 사용하여 company 열에서 Armour가 들어 있는 모든 행을 찾아 업데이트합니다.

```
  UPDATE meat_poultry_egg_establishments
  SET company_standard = 'Armour-Eckrich Meats'
❶ WHERE company LIKE 'Armour%'
❷ RETURNING company, company_standard;
```

코드 10-14 UPDATE 문을 사용하여 문자열과 일치하는 필드 값 수정하기

이 쿼리의 중요한 부분은 3장에서 필터링과 함께 소개된 LIKE 키워드를 사용하는 WHERE 절❶입니다. 문자열 끝에 와일드카드 %를 포함하면 그 뒤에 오는 문자에 관계없이 해당 문자열로 시작하는 값이 있는 모든 행을 업데이트합니다. 이 절을 통해 회사 이름에 사용되는 다양한 철자를 모두 타겟팅할 수 있습니다. RETURNING 절❷에는 기존 company 열 옆에 업데이트된 company_standard 열의 결과를 제공하도록 만듭니다.

```
company                       company_standard
-------------------------     --------------------
Armour-Eckrich Meats LLC      Armour-Eckrich Meats
Armour - Eckrich Meats, LLC   Armour-Eckrich Meats
Armour-Eckrich Meats LLC      Armour-Eckrich Meats
Armour-Eckrich Meats LLC      Armour-Eckrich Meats
Armour-Eckrich Meats, Inc.    Armour-Eckrich Meats
Armour-Eckrich Meats, LLC     Armour-Eckrich Meats
Armour-Eckrich Meats, LLC     Armour-Eckrich Meats
```

company_standard 열에 있는 Armour-Eckrich라는 회사의 이름은 이제 일관된 철자로 표준화되었습니다. 테이블에서 다른 회사 이름을 표준화하려면 각 사례에 대해 UPDATE 문을 만듭니다. 또한 참조를 위해 원래 company 열을 유지합니다.

10-3-7 연결을 사용하여 우편번호 복구하기

최종 수정으로 선행 0을 잃은 zip 열의 값을 복구하겠습니다. 푸에르토리코 및 미국령 버진아일랜드에 있는 회사의 경우 두 개의 선행 0을 zip의 값으로 복원해야 합니다. 그리고 주로 뉴잉글랜드에

위치한 다른 주들에 대해서는 한 개의 선행 0을 복구해야 합니다.

UPDATE를 다시 사용하지만 이번에는 연결^{concatenation}을 수행하는 이중 파이프 문자열 연산자(||)와 함께 사용합니다. 연결은 둘 이상의 문자열(또는 문자열과 숫자)을 하나의 문자열로 결합합니다. 예를 들어 ||를 문자열 abc와 xyz 사이에 삽입한 결과는 abcxyz입니다. 이중 파이프 연산자는 PostgreSQL에서 지원하는 연결을 위한 표준 SQL입니다. UPDATE 쿼리 및 SELECT와 같은 다양한 컨텍스트에서 이를 사용하여 기존 데이터와 새 데이터에서 사용자 지정 출력을 제공할 수 있습니다.

앞에서 했던 것처럼 코드 10-15로 zip 열의 백업 복사본을 만듭니다.

```
ALTER TABLE meat_poultry_egg_establishments ADD COLUMN zip_copy text;

UPDATE meat_poultry_egg_establishments
SET zip_copy = zip;
```

코드 10-15 zip_copy 열 생성 및 채우기

다음으로 코드 10-16을 사용하여 첫 번째 업데이트를 수행합니다.

```
  UPDATE meat_poultry_egg_establishments
❶ SET zip = '00' || zip
❷ WHERE st IN('PR','VI') AND length(zip) = 3;
```

코드 10-16 두 개의 선행 0이 누락된 zip 열의 코드 수정하기

SET을 사용하여 zip 열의 값을 문자열 00과 기존 값이 이어진 것으로 설정합니다❶. 3장에서 설명한 IN 비교 연산자를 사용하여 st 열에 주 코드 PR이나 VI가 있는 행으로만 UPDATE를 제한하는데, 그와 동시에 zip 열의 값 길이가 3인 행인지 확인하는 테스트를 추가합니다❷. 그러면 이 전체 구문은 푸에르토리코 및 버진아일랜드에 대한 zip 값만 업데이트합니다. 쿼리를 실행하면 PostgreSQL은 UPDATE 86 메시지를 반환하는데 이는 앞서 살펴본 코드 10-6을 기준으로 변경되는 행의 개수입니다.

코드 10-17에서 유사한 쿼리를 사용하여 나머지 우편번호를 복구해 보겠습니다.

```
UPDATE meat_poultry_egg_establishments
SET zip = '0' || zip
WHERE st IN('CT','MA','ME','NH','NJ','RI','VT') AND length(zip) = 4;
```

코드 10-17 한 개의 선행 0이 누락된 zip 열의 코드 수정하기

코드 실행 후 PostgreSQL은 UPDATE 496 메시지를 반환해야 합니다. 이제 우리의 진행 상황을 확인해 보겠습니다. 앞서 코드 10-6에서 우리는 zip 열의 행을 길이별로 집계할 때 문자 세 글자로 된 86개의 행과 네 글자로 된 496개의 행을 발견했습니다.

이제 동일한 쿼리를 사용하면 모든 행에 다섯 자리 우편번호가 있는 바람직한 결과가 반환됩니다.

```
length    count
------    -----
     5     6287
```

텍스트를 이용하는 고급 함수는 14장에서 알아보겠습니다.

10-3-8 여러 테이블에서 값 업데이트하기

이번 장 앞부분의 'UPDATE로 값 수정하기'에서 한 테이블의 값을 다른 테이블의 값에 따라 업데이트하는 표준 ANSI SQL 구문과 PostgreSQL 전용 구문을 살펴봤습니다. 이 구문은 기본 키와 외래 키가 테이블 관계를 설정하는 관계형 데이터베이스에서 특히 유용합니다. 그런 경우에 우리는 다른 테이블의 값을 업데이트할 한 테이블의 정보가 필요할 것입니다.

우리가 다루는 테이블에 있는 각 회사들의 검사 날짜를 설정한다고 가정해 보겠습니다. 북동부, 태평양 등과 같은 미국 영토에서 이 작업을 수행하려고 하지만 해당 영토의 명칭은 테이블에 없습니다. 하지만 그 영토들은 이 책의 실습 데이터 파일 중 하나인 state_regions.csv 파일에 존재하며, 여기에는 매칭되는 st 주 코드가 포함되어 있습니다. 그 파일을 테이블로 불러오면 우리는 UPDATE 구문에서 그 데이터를 사용할 수 있습니다. 이것이 어떻게 작동하는지 알아보기 위해 뉴잉글랜드 지역부터 시작하겠습니다.

state_regions 테이블을 만들고 그 데이터로 테이블을 채우는 SQL 문이 포함된 코드 10-18을 입력하세요.

```
CREATE TABLE state_regions (
    st text CONSTRAINT st_key PRIMARY KEY,
    region text NOT NULL
);

COPY state_regions
FROM 'C:\YourDirectory\state_regions.csv'
WITH (FORMAT CSV, HEADER);
```

코드 10-18 state_regions 테이블 생성 및 채우기

state_regions 테이블에 두 개의 열을 만듭니다. 하나는 두 문자로 된 주 코드 st 열이고 다른 하나는 region 열입니다. 주를 식별하는 고유한 값을 보유한 st 열에 기본 키 제약조건을 설정하며 기본 키 이름은 st_key로 지정합니다. 가져온 데이터에서, 각 주는 인구조사 지역에 존재하고 할당되며, 미국 이외의 지역은 외곽 지역으로 분류됩니다. 한 번에 한 지역씩 테이블을 업데이트합니다.

다음으로 meat_poultry_egg_establishments 테이블로 돌아가서 검사 날짜에 관한 열을 추가한 다음 해당 열을 뉴잉글랜드의 주로 채우겠습니다. 코드 10-19를 보세요.

```
ALTER TABLE meat_poultry_egg_establishments
    ADD COLUMN inspection_deadline timestamp with time zone;

❶ UPDATE meat_poultry_egg_establishments establishments
❷ SET inspection_deadline = '2022-12-01 00:00 EST'
❸ WHERE EXISTS (SELECT state_regions.region
                FROM state_regions
                WHERE establishments.st = state_regions.st
                    AND state_regions.region = 'New England');
```

코드 10-19 inspection_deadline 열 추가 및 업데이트하기

ALTER TABLE 문은 meat_poultry_egg_establishments 테이블에 inspection_deadline 열을 생성합니다. UPDATE 문에서 코드를 더 쉽게 읽을 수 있도록 establishments라는 별칭을 사용하여 테이블 이름을 지정합니다❶.(선택 사항인 AS 키워드는 생략했습니다.) 다음으로 SET 절은 새로운 inspection_deadline 열에 2022-12-01 00:00 EST라는 타임스탬프 값을 할당합니다❷. 마지막으로 WHERE EXISTS 절에는 meat_poultry_egg_establishments 테이블을 코드 10-18에서 만든 state_regions 테이블에 연결하고 업데이트할 행을 지정하는 서브쿼리가 포함되어 있습니다❸. 괄호 안에서 SELECT로 시작하는 서브쿼리는 state_regions 테이블에서 region 열의 값이 New England라는 문자열과 일치하는 행을 찾습니다. 동시에 두 테이블의 st 열을 사용하여 meat_poultry_egg_establishments 테이블을 state_regions 테이블과 조인합니다. 실제로 쿼리는 뉴잉글랜드 지역에 해당하는 모든 st 코드를 찾고 이것으로 업데이트를 필터링하도록 데이터베이스에 지시합니다.

코드를 실행하면 UPDATE 252라는 메시지가 표시되는데, 이는 뉴잉글랜드에 있는 회사 수만큼 행이 변경되었다는 뜻입니다. 코드 10-20을 실행하여 업데이트의 효과를 확인할 수 있습니다.

```
SELECT st, inspection_deadline
FROM meat_poultry_egg_establishments
GROUP BY st, inspection_deadline
ORDER BY st;
```

코드 10-20 업데이트된 inspection_deadline 값 보기

결과는 다음과 같이 뉴잉글랜드에 위치한 모든 회사에 대한 업데이트된 검사 날짜가 표시되어야 합니다. 예를 들어, 출력 창 상단에서 코네티컷이 날짜를 수신한 것을 볼 수 있습니다. 하지만 뉴잉글랜드 이외의 주는 아직 업데이트하지 않았기 때문에 NULL로 남아 있습니다.

```
st   inspection_deadline
--   --------------------
--생략--
CA
CO
CT   2022-12-01 00:00:00-05
DC
--생략--
```

추가 지역의 날짜를 입력하려면 코드 10-19에서 뉴잉글랜드를 다른 지역으로 대체하고 쿼리를 다시 실행하세요.

| 10-4 불필요한 데이터 삭제하기

데이터를 복구할 수 없게끔 수정하는 방법은 데이터를 완전히 제거하는 것입니다. SQL에는 전체 테이블 또는 데이터베이스를 삭제하는 옵션과 함께 테이블에서 행과 열을 제거하는 옵션이 포함되어 있습니다. 이러한 작업을 할 때는 정말로 필요하지 않은 데이터나 테이블만 제거하기 위해 세심한 주의를 기울이며 수행해야 합니다. 백업이 있는 게 아닌 한 데이터는 영원히 사라지니까요.

> **📝 NOTE**
>
> WHERE 절을 사용하여 쿼리에서 원하지 않는 데이터를 쉽게 제외할 수 있습니다. 그러니 삭제하기 전에 그 데이터를 정말로 삭제해야 하는지 아니면 필터링만 해도 되는지 결정하세요. 삭제가 최상의 솔루션인 경우는 보통 오류가 있는 데이터나 잘못 가져온 데이터를 다룰 때입니다.

이번에는 다양한 SQL 문을 사용하여 데이터를 삭제해 보겠습니다. 혹시 아직 코드 10-8로 meat_poultry_egg_establishments 테이블을 백업해 보지 않았다면 지금이 좋은 기회입니다.

이러한 명령문을 작성하고 실행하는 것은 매우 간단하지만 주의해야 할 점이 있습니다. 행, 열 또는 테이블을 삭제할 때 제약조건(예: 8장에서 다룬 외래 키 제약조건) 위반이 발생하면 해당 제약조건을 먼저 처리해야 합니다. 여기에는 제약조건 제거, 다른 테이블의 데이터 삭제, 또는 다른 테이블 삭제가 포함될 수 있습니다. 각 사례는 고유하며 제약조건을 해결하기 위해 다른 방법이 필요합니다.

10-4-1 테이블에서 행 삭제하기

테이블에서 행을 제거하기 위해 ANSI SQL 표준의 일부인 DELETE FROM이나 TRUNCATE를 사용할 수 있습니다. 각자 목적에 따라 유용하게 사용할 수 있습니다.

DELETE FROM 문을 사용하여 테이블에서 모든 행을 제거하거나 WHERE 절을 추가해 우리가 제공하는 표현식과 일치하는 부분만 삭제할 수 있습니다. 테이블에서 모든 행을 삭제하려면 다음 구문을 사용하세요.

```
DELETE FROM table_name;
```

특정 행만 제거하려면 일치하는 값 또는 패턴과 함께 WHERE 절을 추가해 삭제할 행을 지정하세요.

```
DELETE FROM table_name WHERE expression;
```

예를 들어, 우리의 프로세서 테이블에서 미국 영토를 제외하려면 코드 10-21을 사용하여 해당 위치의 회사를 제거할 수 있습니다.

```
DELETE FROM meat_poultry_egg_establishments
WHERE st IN('AS','GU','MP','PR','VI');
```

코드 10-21 표현식과 일치하는 행 삭제하기

코드를 실행하면 PostgreSQL은 DELETE 105라는 메시지를 반환합니다. 이는 IN 키워드를 통해 제공한 영토들의 코드가 들어 있는 st 열의 행 105개가 테이블에서 제거되었음을 의미합니다.

큰 테이블에서 DELETE FROM으로 모든 행을 제거하면 그 과정에서 전체 테이블을 스캔하기 때문에 비효율적입니다. 이 경우 스캔을 건너뛰는 TRUNCATE를 사용할 수 있습니다. TRUNCATE를 사용해 테이블을 비우려면 다음 구문을 사용하세요.

```
TRUNCATE table_name;
```

TRUNCATE는 인조 키로 사용하기 위해 만든 IDENTITY 시퀀스를 재설정하는 유용한 기능이 있습니다. 시퀀스를 재설정하고 싶다면 명령문에 RESTART IDENTITY 키워드를 추가하세요.

```
TRUNCATE table_name RESTART IDENTITY;
```

나머지 장에서도 데이터가 필요하므로 TRUNCATE 구문으로 테이블 내용을 자르는 건 건너뛰겠습니다.

10-4-2 테이블에서 열 삭제하기

앞서 백업 zip 열인 zip_copy 열을 만들었습니다. 이제 zip의 문제 수정 작업을 마쳤으므로 더 이상 zip_copy가 필요하지 않습니다. ALTER TABLE 문의 DROP 키워드를 사용해 테이블에서 열 내의 모든 데이터를 포함하여 백업 열을 제거할 수 있습니다.

열을 제거하는 구문은 다른 ALTER TABLE 문과 유사합니다.

```
ALTER TABLE table_name DROP COLUMN column_name;
```

다음 코드 10-22는 zip_copy 열을 제거합니다.

```
ALTER TABLE meat_poultry_egg_establishments DROP COLUMN zip_copy;
```

코드 10-22 DROP을 사용하여 테이블에서 열 제거하기

PostgreSQL이 ALTER TABLE 메시지를 반환하고 zip_copy 열은 삭제되어 있어야 합니다. 데이터베이

스는 열을 제거하기 위해 테이블을 다시 작성하지 않습니다. 내부에서 열을 삭제된 것으로 표시합니다. 이렇게 해서 더 이상 열을 출력하지 않고, 새 행이 추가될 때도 해당 열에는 데이터를 작성하지 않습니다.

10-4-3 데이터베이스에서 테이블 삭제하기

DROP TABLE 문은 데이터베이스에서 테이블을 삭제하는 표준 ANSI SQL 기능입니다. 예를 들어 유용성이 떨어지는 오래된 백업 모음이나 작업 테이블working tables이 있는 경우 이 구문이 유용할 수 있습니다. 또한 테이블 구조를 크게 변경해야 하는 상황에서도 유용합니다. 그러한 경우에는 너무 많은 ALTER TABLE 문을 사용하기보다는 테이블을 제거하고 새로운 CREATE TABLE 문을 실행하여 다시 만드는 게 낫습니다.

DROP TABLE 명령의 구문은 간단합니다.

```
DROP TABLE table_name;
```

예를 들어, 코드 10-23은 meat_poultry_egg_establishments 테이블의 백업 버전을 삭제합니다.

```
DROP TABLE meat_poultry_egg_establishments_backup;
```

코드 10-23 DROP을 사용하여 데이터베이스에서 테이블 제거하기

쿼리를 실행하면 PostgreSQL은 DROP TABLE 메시지를 반환해 테이블이 제거되었음을 나타냅니다.

10-5 트랜잭션으로 변경 사항 저장하기 또는 되돌리기

지금까지 이 장에서 배운 기술을 사용한 데이터 변경은 최종적인 변경입니다. 즉 DELETE나 UPDATE 쿼리(또는 데이터나 데이터베이스 구조를 변경하는 다른 쿼리)를 실행한 후 변경 사항을 실행 취소undo하는 유일한 방법은 백업에서 복원하는 것입니다. 그러나 이 방법들과 다르게 변경 사항을 완료하기 전에 확인하여, 의도한 변경이 아닌 경우라면 그 변경 사항을 취소하는 방법도 있습니다. 쿼리의 시작과 끝에 다음 키워드를 사용해 정의하는 명령문 그룹인 트랜잭션 블록transaction block 내에서 SQL 문으로 감싸 이를 수행합니다.

- **START TRANSACTION**: 트랜잭션 블록의 시작을 알립니다. PostgreSQL에서는 표준 ANSI SQL에 속하지 않는 BEGIN 키워드를 사용할 수도 있습니다.
- **COMMIT**: 블록의 끝을 알리고 모든 변경 사항을 저장합니다.
- **ROLLBACK**: 블록의 끝을 알리고 모든 변경 사항을 되돌립니다.

BEGIN과 COMMIT 사이에 여러 명령문을 포함하여 데이터베이스에서 하나의 작업 단위를 수행하는 일련의 작업을 정의할 수 있습니다. 예를 들어 콘서트 티켓을 구매할 때를 생각해 보세요. 성공적인 거래에는 신용 카드 청구와 다른 사람이 구매할 수 없도록 좌석을 예약하는 두 단계가 포함될 수 있습니다. 데이터베이스 프로그래머는 거래의 두 단계가 모두 발생하거나 모두 발생하지 않기를 원할 것입니다. 두 단계를 하나의 트랜잭션으로 정의하면 하나의 단위로 유지되어, 한 단계가 실패하면 다른 단계도 취소됩니다. 트랜잭션 및 PostgreSQL에 대한 자세한 내용은 https://www.postgresql. org/docs/current/tutorial-transactions.html에서 확인할 수 있습니다.

이 트랜잭션 블록 기술을 적용하여 쿼리의 변경 사항을 검토한 다음 유지 또는 삭제할지 여부를 결정할 수 있습니다. 우리의 테이블에서 AGRO Merchants Oakland LLC라는 회사와 관련된 지저분한 데이터를 정리한다고 가정해 보겠습니다. 테이블에는 회사를 나열하는 세 개의 행이 있지만 한 행에는 이름에 쉼표가 들어가 있습니다.

```
company
--------------------------
AGRO Merchants Oakland LLC
AGRO Merchants Oakland LLC
AGRO Merchants Oakland, LLC
```

우리는 이름이 일관되기를 원하므로 이전과 같이 UPDATE 쿼리를 사용하여 세 번째 행에서 쉼표를 제거합니다. 하지만 이번에는 최종 업데이트 전에 업데이트 결과를 먼저 확인해 볼 것입니다.(그리고 의도적으로 삭제해 보는 실수를 저지를 것입니다.) 코드 10-24는 트랜잭션 블록을 사용하여 이를 수행하는 방법을 보여 줍니다.

```
❶ START TRANSACTION;

  UPDATE meat_poultry_egg_establishments
❷ SET company = 'AGRO Merchantss Oakland LLC'
  WHERE company = 'AGRO Merchants Oakland, LLC';

❸ SELECT company
  FROM meat_poultry_egg_establishments
  WHERE company LIKE 'AGRO%'
  ORDER BY company;

❹ ROLLBACK;
```

코드 10-24 트랜잭션 블록 수행하기

START TRANSACTION;❶으로 시작하여 각 구문을 개별적으로 실행합니다. 데이터베이스는 START TRANSACTION 메시지로 응답하여 COMMIT 명령을 실행하지 않으면 데이터에 대한 후속 변경 사항이 영구적으로 적용되지 않음을 알려 줍니다. 다음으로 회사 이름에 쉼표가 끼어 있는 행에서 회사 이름을 변경하는 UPDATE 문을 실행합니다. 실수를 유발하기 위해 SET 절❷에서 회사의 이름에 s를 의도적으로 추가했습니다.

SELECT 문❸을 사용하여 AGRO라는 문자열로 시작하는 회사 이름을 보면, 이제 한 회사 이름의 철자가 잘못되었음을 알 수 있습니다.

```
company
--------------------------
AGRO Merchants Oakland LLC
AGRO Merchants Oakland LLC
AGRO Merchantss Oakland LLC
```

오타를 수정하기 위해 UPDATE 문을 다시 실행하는 대신 ROLLBACK;❹ 명령을 실행하여 변경 사항을 무시할 수 있습니다. 회사 이름을 보기 위해 SELECT 문을 다시 실행하면 처음으로 되돌아갑니다.

```
company
--------------------------
AGRO Merchants Oakland LLC
AGRO Merchants Oakland LLC
AGRO Merchants Oakland, LLC
```

여기에서 START TRANSACTION 문부터 다시 시작해 기존 UPDATE 문에서 여분의 s를 제거하고 다시 실행해 보세요. 만족스러운 변경 사항이라면 그것을 영구적으로 반영하기 위해 COMMIT;을 실행하세요.

> 📝 **NOTE**
> 트랜잭션을 시작하면 COMMIT을 실행할 때까지 데이터에 대한 변경 사항이 다른 데이터베이스 사용자에게 표시되지 않습니다. 다른 데이터베이스는 설정에 따라 다르게 작동합니다.

트랜잭션 블록은 종종 더 복잡한 데이터베이스 시스템에서 사용됩니다. 여기에서 이를 사용하여 쿼리를 시도하고 변경 사항을 수락하거나 거부하여 시간을 절약하고 골칫거리를 해결했습니다. 다음으로 많은 데이터를 업데이트할 때 시간을 절약할 수 있는 또 다른 방법을 살펴보겠습니다.

| 10-6 큰 테이블을 업데이트할 때 성능 향상하기

PostgreSQL이 내부적으로 작동하는 방식 때문에 테이블에 열을 추가하고 값으로 채우면 테이블 크기가 급격히 커질 수 있습니다. 값이 업데이트될 때마다 데이터베이스가 기존 행의 새 버전을 생성하면서 이전 버전 행을 삭제하지는 않는데, 그것은 본질적으로 테이블의 크기를 두 배로 늘립니다.(19장의 'VACUUM으로 사용하지 않은 공간 복구하기'에서 데이터베이스 유지 관리에 대해 논의할 때 이러한 이전 행을 정리하는 방법을 배우게 됩니다.) 작은 데이터셋을 다룬다면 그 증가는 무시해도 될 만한 정도지만, 수십만 또는 수백만 행을 업데이트하는 데 필요한 시간과 그에 따른 추가 디스크 사용량은 상당할 수 있습니다.

열을 추가하고 값으로 채우는 방식 대신, 전체 테이블을 복사하고 작업 중에 채워진 열을 추가하는 방식으로 디스크 공간을 절약할 수 있습니다. 그런 다음 테이블 이름을 변경하여 복사본이 원본을 대체하고 원본이 백업용이 되게 합니다. 그러면 추가된 기존 행 없이 새로운 테이블을 갖게 됩니다.

코드 10-25는 채워진 열을 추가하면서 meat_poultry_egg_establishments를 새 테이블에 복사하는 방법을 보여 줍니다. 이렇게 하려면 먼저 meat_poultry_egg_establishments_backup 테이블을 삭제해야 합니다.(이 작업은 이미 코드 10-23으로 했습니다. 실행해 보지 않았다면 지금 하세요.) 백업 테이블을 삭제했으면 이제 코드 10-25의 CREATE TABLE 문을 실행하세요.

```
  CREATE TABLE meat_poultry_egg_establishments_backup AS
❶ SELECT *,
      ❷ '2023-02-14 00:00 EST'::timestamp with time zone AS reviewed_date
  FROM meat_poultry_egg_establishments;
```

코드 10-25 새 열을 추가하고 채우면서 테이블 백업하기

쿼리는 코드 10-8에 있는 백업 스크립트의 수정된 버전입니다. 여기서는 별표 와일드카드를 사용하여 모든 열을 선택하고❶, timestamp 타입으로의 값 변환과 AS 키워드를 제공하여 reviewed_date 라는 열을 추가합니다❷. 이는 reviewed_date 열을 추가하고 채우는 구문이며 reviewed_date 열은 각 공장의 상태를 마지막으로 확인한 시간을 추적하는 데 사용할 수 있습니다.

그런 다음 코드 10-26을 사용하여 테이블 이름을 바꿉니다.

```
❶ ALTER TABLE meat_poultry_egg_establishments
     RENAME TO meat_poultry_egg_establishments_temp;
❷ ALTER TABLE meat_poultry_egg_establishments_backup
     RENAME TO meat_poultry_egg_establishments;
❸ ALTER TABLE meat_poultry_egg_establishments_temp
     RENAME TO meat_poultry_egg_establishments_backup;
```

코드 10-26 ALTER TABLE을 사용하여 테이블 이름 바꾸기

여기서는 테이블 이름을 변경하기 위해 ALTER TABLE을 RENAME TO 절과 함께 사용합니다. 첫 번째 구문을 사용하여 원본 테이블 이름을 _temp로 끝나는 이름으로 변경합니다❶. 두 번째 구문은 코드 10-25로 만든 복사본의 이름을 원본 테이블 이름으로 바꿉니다❷. 마지막으로 _temp로 끝나는 테이블의 이름을 _backup으로 변경합니다❸. 이제 원본 테이블은 meat_poultry_egg_establishments_backup이라고 하며 추가된 열이 있는 복사본은 meat_poultry_egg_establishments라고 합니다. 이러한 프로세스를 사용하면 행 업데이트를 방지할 수 있으며, 따라서 테이블의 과도한 팽창을 피할 수 있게 됩니다.

데이터에서 유용한 정보를 수집하려면 때때로 불일치를 제거하고 오류를 수정하며 정확한 분석을 지원하는 데 더 적합하도록 데이터를 수정해야 합니다. 이 장에서는 지저분한 데이터를 평가하고 정리하는 데 도움이 되는 몇 가지 유용한 도구를 배웠습니다. 완벽한 세상에서는 모든 데이터셋이 깨끗하고 완전한 상태로 도착할 것입니다. 하지만 이처럼 완벽한 세상은 존재하지 않으므로 데이터를 변경, 업데이트 및 삭제할 수 있는 능력은 필수 불가결적입니다.

안전하게 작업하기 위해 필요한 중요한 일을 다시 강조하겠습니다. 변경을 시작하기 전에 테이블을 백업하고, 추가 보호 수준을 위해 열의 복사본도 만드세요. 이 책의 뒷부분에서 PostgreSQL의 데이터베이스 유지 관리에 대해 논의할 때 전체 데이터베이스를 백업하는 방법을 배우게 될 텐데, 이 몇 단계의 예방 조치는 여러분을 엄청난 고통으로부터 구할 것입니다.

다음 장에서는 수학으로 돌아가 SQL의 고급 통계 함수와 분석 기법을 살펴보겠습니다.

연습문제

이 연습에서는 meat_poultry_egg_establishments 테이블을 유용한 정보로 전환합니다. 두 가지 질문에 답해 보세요. 테이블에 있는 공장 중 육류를 가공하는 공장은 몇 개인가요? 또한, 가금류를 가공하는 공장은 몇 개인가요?

이 두 가지 질문에 대한 답은 activities 열에 있습니다. 불행히도 그 열에는 입력이 일치하지 않는 텍스트 모음이 포함되어 있습니다. 다음은 acitivities 열에서 찾을 수 있는 텍스트 유형의 예입니다.

```
Poultry Processing, Poultry Slaughter
Meat Processing, Poultry Processing
Poultry Processing, Poultry Slaughter
```

텍스트가 엉망진창이라 처리 공장을 활동별로 그룹화하는 일반적인 집계를 수행할 수 없습니다. 그러나 이 데이터를 고치기 위해 일부를 수정할 수 있습니다. 작업은 다음과 같습니다.

1. 테이블에 meat_processing과 poultry_processing이라는 두 개의 새로운 열을 만듭니다. 각각은 boolean 타입일 수 있습니다.

2. UPDATE를 사용하여 activities 열에 Meat Processing이라는 텍스트가 포함된 모든 행에 meat_processing = TRUE를 설정합니다. poultry_processing 열에서 동일한 업데이트를 수행하되, 이번에는 activities 열에서 Poultry Processing이라는 텍스트를 찾으세요.

3. 새로 업데이트된 열의 데이터를 사용하여 각 활동 유형을 수행하는 공장의 수를 계산합니다. 더 도전해 보고 싶다면 두 활동 모두 수행하는 공장의 수를 세어 보세요.

11

SQL 통계 함수

이 장에서는 SQL 통계 함수와 사용법을 살펴보겠습니다. SQL 데이터베이스는 일반적으로 데이터 분석가가 합계와 평균을 구하는 것 이상의 통계 분석을 수행할 때 선택하는 첫 번째 도구가 아닙니다. 대개는 SPSS 또는 SAS, 프로그래밍 언어 R 또는 Python, 심지어 엑셀과 같이 통계에 대한 모든 기능을 갖춘 것들을 선택하죠. 그러나 PostgreSQL 구현을 비롯해 표준 ANSI SQL은 데이터셋을 다른 프로그램으로 내보낼 필요 없이 데이터에 대한 많은 정보를 보여 주는 몇 가지 강력한 통계 기능을 제공합니다.

통계는 따로 책으로 써내야 할 정도로 내용이 방대하기 때문에 여기서는 살짝만 훑어보겠습니다. 그럼에도 불구하고, 미국 인구조사국의 새로운 데이터셋을 사용하여 데이터에서 의미를 도출하는 데 도움이 되는 높은 수준의 통계 개념을 적용하는 방법을 배워 볼 것입니다. 또한 SQL을 사용하여 순위를 만들고, 사업장에 대한 데이터를 사용하여 비율을 계산하고, 평균 및 합계를 사용하여 시계열 데이터를 다듬는 방법도 배워 보겠습니다.

11-1 인구조사 통계 테이블 생성하기

제가 가장 좋아하는 데이터 소스 중 하나인 미국 인구조사국으로 다시 돌아와 보겠습니다. 이번에는 인구조사국에서 관리하는 별도의 설문조사인 2014~2018년 미국 지역사회설문조사(ACS, American Community Survey) 5년 추정치에서 수집한 카운티 데이터 포인트를 사용합니다.

코드 11-1을 사용하여 acs_2014_2018_stats 테이블을 만들고 acs_2014_2018_stats.csv 파일을 가져옵니다. 코드와 데이터 파일은 영진닷컴 홈페이지 또는 깃허브에서 다운받을 수 있습니다. COPY

문에서 파일 경로를 알맞게 수정하는 걸 잊지 마세요.

```
CREATE TABLE acs_2014_2018_stats (
❶ geoid text CONSTRAINT geoid_key PRIMARY KEY,
   county text NOT NULL,
   st text NOT NULL,
❷ pct_travel_60_min numeric(5,2),
   pct_bachelors_higher numeric(5,2),
   pct_masters_higher numeric(5,2),
   median_hh_income integer,
❸ CHECK (pct_masters_higher <= pct_bachelors_higher)
);

COPY acs_2014_2018_stats
FROM 'C:\YourDirectory\acs_2014_2018_stats.csv'
WITH (FORMAT CSV, HEADER);

❹ SELECT * FROM acs_2014_2018_stats;
```

코드 11-1 2014~2018년의 ACS 5개년 추정치 테이블 생성 및 데이터 가져오기

acs_2014_2018_stats 테이블에는 7개의 열이 있습니다. 처음 3개 열❶에는 기본 키로 사용되는 고유한 geoid 열, 그리고 county 열, st 열이 포함됩니다. 각 행에는 값이 포함되어야 하므로 county 와 st는 모두 NOT NULL 제약조건을 따릅니다. 다음 4개의 열❷에는 ACS 릴리스의 추정치에서 각 카운티에 대해 제가 도출한 특정 백분율과 더불어 경제 지표가 하나 더 표시됩니다.

- **pct_travel_60_min**

  출퇴근 시간이 60분 이상인 16세 이상 근로자의 비율입니다.

- **pct_bachelors_higher**

  교육 수준이 학사 이상인 25세 이상 인구의 비율입니다.(미국에서는 보통 4년제 대학 교육을 이수하면 학사 학위가 수여됩니다.)

- **pct_masters_higher**

  교육 수준이 석사 이상인 25세 이상 인구의 비율입니다.(미국에서 석사 학위는 학사 학위를 마친 후 취득한 첫 번째 고급 학위입니다.)

- **median_hh_income**

  2018년 인플레이션 조정 달러 기준 카운티의 평균 가계 소득입니다. 6장에서 배운 것처럼 중앙값은 순서가 지정된 숫자 집합의 중간점으로, 값의 절반은 중간점보다 크고 절반은 더 작습니다. 평균은 매우 크거나 아주 작은 몇 가지 값으로 치우칠 수 있기 때문에 소득과 같은 경제 데이터에 대한 정부 보고는 중앙값을 사용하는 경향이 있습니다.

미국에서는 학사 학위가 석사 학위 이전 또는 이와 동시에 취득되기 때문에 학사 학위 수치가 석사 학위 수치와 같거나 높은지 확인하기 위해 CHECK 제약조건을 포함합니다❸. 어떤 카운티가 그 반

대를 나타내면 데이터를 잘못 가져왔거나 열에 레이블이 잘못 지정되었음을 의미합니다. 우리 데이터를 확인해 보면 가져오기 시에 CHECK 제약조건 위반을 나타내는 오류가 없습니다.

SELECT 문을 사용하여❹ 가져온 3,142개의 행을 모두 볼 수 있으며, 각 행은 이번 인구조사에서 조사된 카운티에 해당합니다.

다음으로 백분율 간의 관계를 더 잘 이해하기 위해 SQL의 통계 함수를 사용해 보겠습니다.

미국 인구조사: 추정치 vs. 측정치

미국 인구조사국 데이터에는 각자 사용한 방법론이 다릅니다. 가장 잘 알려진 10년 단위 조사^{Decennial Census}는 10년마다 전국 각 가정에 우편과 직원 방문을 통해 전체 미국 인구수를 측정합니다. 이 조사의 주요 목적은 각 주당 미국 하원 의석 수의 결정입니다. 이 책에서 사용하는 인구조사의 추정치는 10년 단위 계산을 기반으로 하고 출생과 사망, 이주, 기타 요인을 사용하여 10년 단위 계산 사이의 연도별 인구 총계를 생성합니다.

대조적으로, 미국 지역사회설문조사^{ACS, American Community Survey}는 약 350만 미국 가정에 대한 지속적인 연례 조사를 시행합니다. 소득 및 교육, 고용, 가계, 주택을 포함한 주제에 대해 조사합니다. 민간 및 공공 조직은 ACS 데이터를 사용하여 트렌드를 파악해 의사 결정을 진행합니다. 현재 미국 인구조사국은 ACS 데이터를 65,000명 이상의 인구가 있는 지역에 대한 추정치를 포함한 1년 데이터셋과 모든 지역을 포함한 5년 데이터셋이라는 두 가지 방식으로 배포합니다. ACS 결과는 설문조사이므로 추정치이며 오차가 있습니다. ACS 데이터셋에는 오차 범위가 기록되어 있지만 지면상 생략했습니다.

11-1-1 corr(Y, X)를 사용하여 상관관계 측정하기

상관관계란 한 변수의 변화가 다른 변수의 변화에 영향을 미치는 정도를 의미합니다. 이 값은 두 변수 간의 통계적 관계를 측정해 구합니다. 이번에는 corr(Y, X) 함수를 사용하여 상관관계를 측정하고 해당 카운티에서 학사 학위를 취득한 사람의 비율과 해당 국가의 중간 가구 소득 사이에 어떤 관계가 있는지 조사합니다. 또한 우리의 데이터를 기준으로 교육 수준이 높은 인구가 일반적으로 높은 소득에 해당하는지 여부와 교육 수준과 소득 간의 관계가 얼마나 강한지 알아봅니다.

첫째, 배경이 있어야 합니다. 일반적으로 r로 표시되는 피어슨 상관계수^{Pearson correlation coefficient}는 두 변수 간의 선형 관계^{linear relationship}의 강도를 정량화하기 위한 척도로, 한 변수의 증가 또는 감소가 다른 변수의 변화와 연관되는 정도를 보여 줍니다. r 값은 -1과 1 사이에 있습니다. 범위의 끝인 -1과 1은 완벽한 상관관계를 나타내는 반면 0에 가까운 값은 상관관계가 없는 무작위 분포를 나타냅니다. 양수 r 값은 직접적인 관계^{direct relationship}를 나타내며, 한 변수가 증가하면 다른 변수도 증가합니다. 산점도 그래프로 표시할 때 직접 관계에 있는 각 값 쌍을 나타내며, 데이터 포인트는 왼쪽에서 오른쪽 위로 기울어집니다. 음의 r 값은 역관계^{inverse relationship}를 나타냅니다. 한 변수가 증가하면 다른 변수는 감소합니다. 역관계를 나타내는 데이터 포인트는 산점도 그래프에서 왼쪽에서 오른쪽 아래로 기울어집니다.

표 11-1은 양수와 음수 r 값을 해석하기 위한 일반적인 가이드라인을 제공합니다. 통계가 늘 그렇 듯 통계학자들은 저마다 다른 해석을 내놓을 수 있습니다.

상관계수(+/−)	의미하는 바
0	관계없음
.01 to .29	약한 상관관계
.3 to .59	적당한 상관관계
.6 to .99	강하거나 거의 완벽한 상관관계
1	완벽한 상관관계

표 11-1 상관계수 해석

표준 ANSI SQL 및 PostgreSQL에서는 corr(Y, X)를 사용하여 피어슨 상관계수를 계산합니다. corr(Y, X)는 SQL의 여러 이진 집계 함수binary aggregate functions 중 하나인데, 이진 집계 함수는 두 개 의 입력을 받아들이는 함수라서 이러한 이름이 붙여졌습니다. 이진 집계 함수에서 입력 Y는 다른 변 수의 값에 의존하여 그에 따라 값이 달라지는 종속 변수dependent variable이고 X는 값이 다른 변수에 종 속되지 않는 독립 변수independent variable입니다.

> 📝 NOTE
>
> SQL이 corr() 함수에 대해 Y 및 X 입력을 지정하더라도 상관관계 계산은 종속 변수와 독립 변수를 구분하 지 않습니다. corr()에서 입력 순서를 바꿔도 동일한 결과가 생성됩니다. 그러나 편의성과 가독성을 위해 이 예제에서는 종속 및 독립에 따라 입력 변수를 정렬합니다.

corr(Y, X) 함수를 사용하여 교육 수준과 소득 간의 관계를 알아봅니다. 소득은 종속 변수이고 교 육은 독립 변수입니다. 코드 11-2처럼 변수 median_hh_income과 pct_bachelors_higher를 corr(Y, X) 의 입력으로 사용해 보세요.

```
SELECT corr(median_hh_income, pct_bachelors_higher)
    AS bachelors_income_r
FROM acs_2014_2018_stats;
```

코드 11-2 corr(Y, X)를 사용하여 교육과 소득 간의 관계 측정하기

쿼리 실행 결과는 부동 소수점 double precision 데이터 타입으로 주어진, 0.70 바로 아래의 r 값 이어야 합니다.

```
bachelors_income_r
------------------
0.6999086502599159
```

이 양수 r 값은 카운티의 교육 정도가 증가함에 따라 가구 소득이 증가하는 경향이 있음을 나타냅

니다. 즉 이 r 값은 관계가 완벽하지는 않지만 상당히 강함을 보여줍니다. 그림 11-1과 같이 엑셀을
사용하여 변수를 산점도에 표시함으로써 이 패턴을 시각화할 수 있습니다. 각 데이터 포인트는 하
나의 미국 카운티를 나타냅니다. x축에서 데이터 포인트의 위치는 25세 이상 인구 중 학사 학위 이
상을 가진 인구의 비율을 나타내고, y축에서 데이터 포인트의 위치는 카운티의 평균 가구 소득을 나
타냅니다.

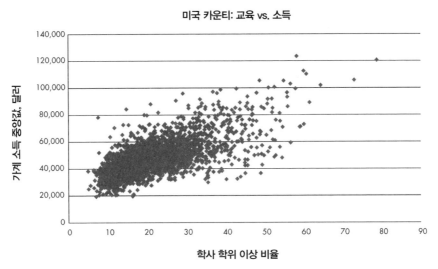

그림 11-1 교육과 소득 간의 관계를 보여 주는 산점도

대부분의 데이터 포인트가 그래프의 왼쪽 하단에 함께 그룹화되어 있지만 일반적으로 왼쪽에서
오른쪽 위로 기울어집니다. 또한 데이터 포인트들은 직선을 엄격히 따르지 않고 펼쳐집니다. 데이
터 포인트들이 왼쪽에서 오른쪽 위로 기울어진 직선에 있다면 r 값은 1이 되어 완벽한 양의 선형 관
계를 나타냅니다.

11-1-2 추가 상관관계 확인하기

이제 코드 11-3을 사용하여 나머지 변수 쌍에 대한 상관계수를 계산해 보겠습니다.

```
SELECT
❶ round(
      corr(median_hh_income, pct_bachelors_higher)::numeric, 2
    ) AS bachelors_income_r,
  round(
      corr(pct_travel_60_min, median_hh_income)::numeric, 2
    ) AS income_travel_r,
  round(
      corr(pct_travel_60_min, pct_bachelors_higher)::numeric, 2
    ) AS bachelors_travel_r
FROM acs_2014_2018_stats;
```

코드 11-3 추가 변수에 corr(Y, X) 사용하기

이번에는 소수값을 반올림하여 출력을 더 읽기 쉽게 만들어 보겠습니다. 이 작업은 SQL의 round() 함수에 corr(Y, X) 함수를 넣어 수행합니다❶. round() 함수는 반올림할 numeric 값과 첫 번째 값을 반올림할 소수 자릿수를 나타내는 integer 값이라는 두 가지 입력을 받습니다. 두 번째 매개 변수가 생략되면 값은 가장 가까운 정수로 반올림됩니다. corr(Y, X)는 기본적으로 부동 소수점 값을 반환하므로 4장에서 배운 :: 표기법을 사용하여 numeric 타입으로 변경합니다. 출력은 다음과 같습니다.

bachelors_income_r	income_travel_r	bachelors_travel_r
0.70	0.06	-0.14

bachelors_income_r 값은 0.70으로 코드 11-2 실행과 동일하지만 소수점 이하 두 자리로 반올림됩니다. bachelors_income_r에 비해 다른 두 상관관계는 약합니다.

income_travel_r 값은 소득과 출퇴근 시간이 1시간 이상인 사람들의 비율 사이의 상관관계가 거의 0임을 보여 줍니다. 이것은 카운티의 중간 가구 소득과 출퇴근 시간이 사실상 관련이 없음을 나타냅니다.

bachelors_travel_r 값은 학사 학위와 출퇴근 시간의 상관관계도 -0.14로 낮음을 보여 줍니다. 음수 값은 역관계를 나타냅니다. 교육이 증가함에 따라 출퇴근에 한 시간 이상 소요하는 인구 비율이 감소합니다. 이것은 흥미롭지만 0에 가까운 상관계수는 약한 관계를 의미합니다.

상관관계를 테스트할 때 몇 가지 주의 사항을 염두에 두어야 합니다. 첫 번째는 강한 상관관계조차도 인과관계를 의미하지 않는다는 것입니다. 한 변수의 변화가 다른 변수의 변화를 일으킨다고 단정지을 수 없습니다. 두 번째는 상관관계가 통계적으로 유의한지 여부를 확인하기 위해 테스트를 거쳐야 한다는 것입니다. 이러한 테스트는 이 책에서 다루는 범위 이상의 것이지만, 따로 공부해 볼 만한 가치가 있습니다.

그럼에도 불구하고 SQL corr(Y, X) 함수는 변수 간의 상관관계를 빠르게 확인할 수 있는 편리한 도구입니다.

11-1-3 회귀 분석으로 값 예측하기

연구자들은 변수 간의 관계를 이해하기를 원할 뿐만 아니라, 사용 가능한 데이터를 통해 값을 예측하려고 합니다. 예를 들어 카운티 인구의 30%가 학사 학위 이상을 가지고 있다고 가정하겠습니다. 데이터의 추세를 감안할 때 카운티의 가계 소득 중간값은 얼마일까요? 마찬가지로 교육의 각 퍼센트 증가에 대해 평균적으로 소득이 얼마나 증가할까요?

선형 회귀linear regression를 사용하여 두 질문에 모두 답할 수 있습니다. 간단히 말해 회귀 방법은 독립 변수(예: 교육)와 종속 변수(예: 소득) 간의 관계를 설명하는 최상의 선형 방정식 또는 직선을 찾습니다. 그런 다음 이 선을 따라 점을 살펴보고 관측치가 없는 값을 예측할 수 있습니다. 표준 ANSI SQL 및 PostgreSQL에는 선형 회귀를 수행하는 함수가 포함됩니다.

그림 11-2는 회귀선이 추가된 산점도를 보여 줍니다.

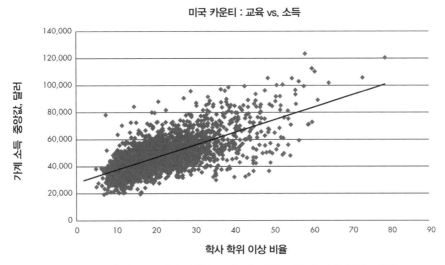

그림11-2 교육과 소득 간의 관계를 보여 주는 최소 제곱 회귀선이 있는 산점도

모든 데이터 포인트의 중간을 지나는 직선을 최소 제곱 회귀선^{least squares regression line}이라고 하며, 변수 간의 관계를 가장 잘 설명하는 직선의 '최적 적합'에 가깝습니다. 회귀선에 대한 방정식은 고등학교 수학에서 기억할 수 있는 기울기-절편^{slope-intercept} 공식과 유사하지만 다른 이름의 변수를 사용하여 작성되었습니다. $Y = bX + a$라는 공식의 구성 요소는 다음과 같습니다.

- Y: 예측된 값이며 y축의 값이거나 종속 변수입니다.
- b: 선의 기울기이며 양수 또는 음수일 수 있습니다. x축 값의 각 단위에 대해 y축 값이 증가하거나 감소할 단위 수를 측정합니다.
- X: x축의 값 또는 독립 변수를 나타냅니다.
- a: y 절편, 즉 x 값이 0일 때 선이 y축과 교차하는 값입니다.

SQL을 사용하여 이 공식을 적용해 보겠습니다. 앞서 우리는 해당 카운티에서 학사 학위 이상을 가진 사람들의 비율이 30%라면 카운티에서 예상되는 가계 소득 중간값이 얼마인지 물었습니다.

산점도에서는 학사 학위가 있는 비율이 x축에 따라 나타나며 계산에서 X로 표시됩니다. 회귀선 공식의 X 자리에 이 값을 넣으세요.

$$Y = b(30) + a$$

예상 가구 소득의 중앙값을 나타내는 Y를 계산하려면 선의 기울기인 b와 y 절편인 a가 필요합니다. 이러한 값을 얻기 위해 코드 11-4처럼 SQL 함수 `regr_slope(Y, X)`와 `regr_intercept(Y, X)`를 사용합니다.

```
SELECT
    round(
        regr_slope(median_hh_income, pct_bachelors_higher)::numeric, 2
        ) AS slope,
    round(
        regr_intercept(median_hh_income, pct_bachelors_higher)::numeric, 2
        ) AS y_intercept
FROM acs_2014_2018_stats;
```

코드 11-4 회귀 기울기 및 절편 함수

변수 median_hh_income과 pct_bachelors_higher를 두 함수에 대한 입력으로 사용합니다. regr_slope(Y, X) 함수의 결괏값을 slope로 설정하고 regr_intercept(Y, X) 함수의 출력을 y_intercept로 설정합니다.

쿼리를 실행해 보면 결과는 다음과 같아야 합니다.

```
 slope     y_intercept
 -------   -----------
 1016.55     29651.42
```

slope 값은 학사 학위 비율이 1 증가할 때마다 카운티의 평균 가구 소득이 $1,016.55 증가할 수 있음을 보여 줍니다. y_intercept 값은 학사 학위 비율이 0으로 회귀선이 y축을 교차할 때 y축 값이 29651.42임을 보여 줍니다. 이제 두 값을 방정식에 넣어 Y 값을 얻습니다.

$$Y = 1016.55(30) + 29651.42$$

$$Y = 60147.92$$

계산에 따르면 25세 이상 인구의 30%가 학사 학위 이상인 카운티에서 해당 카운티의 평균 가계 소득은 약 $60,148가 될 것으로 예상할 수 있습니다. 물론 우리의 데이터에는 중간 소득이 예측 값보다 높거나 낮은 카운티가 포함되어 있지만, 산점도의 데이터 포인트가 회귀선을 따라 완벽하게 정렬되지 않았기 때문에 이는 사실일 것으로 예상됩니다. 우리가 계산한 상관계수는 0.70으로, 교육과 소득 사이 관계는 강력하지만 완벽한 관계는 아님을 기억하세요. 아마 다른 요인들도 소득 변동에 기여했을 것입니다.

11-1-4 r-제곱을 사용하여 독립 변수의 효과 찾기

이 장의 앞부분에서 두 변수 사이 관계의 방향과 강도를 확인하기 위해 상관계수 r을 계산했습니다. 또한 r-제곱으로 더 잘 알려진 결정계수coefficient of determination를 찾기 위해 r 값을 제곱하여 독립 변수 x의 변동이 종속 변수 y의 변동을 설명하는 정도를 계산할 수 있습니다. r-제곱 값은 0과 1 사이

이며 독립 변수로 설명되는 변동의 백분율을 나타냅니다. 예를 들어, r-제곱이 0.1이면 독립 변수가 종속 변수 변동의 10%를 설명하거나 전혀 설명하지 않는다고 말할 수 있습니다.

r-제곱을 찾기 위해 SQL에서 `regr_r2(Y, X)` 함수를 사용합니다. 코드 11-5를 사용하여 교육 및 소득 변수에 적용해 보세요.

```
SELECT round(
        regr_r2(median_hh_income, pct_bachelors_higher)::numeric, 3
        ) AS r_squared
FROM acs_2014_2018_stats;
```

코드 11-5 결정계수 또는 r–제곱 계산하기

이번에는 출력을 가장 가까운 천분의 1로 반올림한 후 결과를 `r_squared`로 설정해 보겠습니다. 쿼리는 다음 결과를 반환해야 합니다.

```
 r_squared
 ---------
     0.490
```

r-제곱 값 0.490은 카운티의 중간 가구 소득 변동의 약 49%가 해당 카운티의 학사 학위 이상을 가진 사람들의 비율로 설명될 수 있음을 나타냅니다. 가구 소득 변동의 나머지 51%를 설명하는 것은 무엇일까요? 여러 요인이 나머지 변동을 설명할 수 있으며 통계학자는 일반적으로 다양한 변수 조합을 테스트하여 변수가 무엇인지 확인합니다.

그러나 이러한 수치를 제목이나 발표에 사용하기 전에 다음 내용을 다시 살펴보세요.

1. 상관관계는 인과관계를 증명하지 않습니다. 구글에 '상관 및 인과관계'를 검색해 보세요. 많은 변수가 상관관계가 있지만 의미가 없습니다.(메인이라는 미국 동북부 주의 이혼율과 마가린 소비 사이의 상관관계처럼 인과관계를 증명하지 못하는 상관관계의 예시들은 http://www.tyler-vigen.com/spurious-correlations에서 확인할 수 있습니다.) 통계학자들은 일반적으로 결과에 대한 유의성 테스트significance testing를 수행합니다. 값이 단순히 임의성의 결과가 아닌지 확인해 보세요.

2. 통계학자들은 회귀 분석의 결과를 받아들이기 전에 변수가 표준 종 모양 곡선 분포를 따르는지, 그리고 유효한 결과를 위한 다른 기준을 충족하는지를 확인하는· 추가 테스트를 적용합니다.

통계 함수를 살펴보기 전에 두 가지 추가 개념을 살펴보겠습니다.

11-1-5 분산과 표준편차 찾기

분산variance과 표준편차standard deviation는 값들이 평균에서 떨어져 있는 정도를 나타냅니다. 분산은 (각 숫자 - 평균)²의 평균으로, 금융에서 자주 사용됩니다. 값이 많이 흩어질수록 분산은 커집니다. 주식 시장 거래자는 분산을 사용하여 특정 주식의 변동성(일일 종가가 평균과 얼마나 달라지는지)을 측정할 수 있습니다. 이는 해당 주식이 얼마나 위험한 투자인지를 나타냅니다.

표준편차는 분산의 제곱근으로, 일반적으로 정규 분포를 형성하는 데이터를 평가하는 데 가장 유용합니다. 정규 분포는 종 모양의 대칭 곡선으로 시각화되며 값의 약 2/3는 평균의 표준편차 1 이내에 속합니다. 95%는 표준편차 2개 범위 안에 있습니다. 따라서 표준편차는 대부분의 값이 평균에 얼마나 가까운지 이해하는 데 도움이 됩니다. 예를 들어, 미국 성인 여성의 평균 키는 약 166cm이고 표준편차는 6.5cm라는 결과가 나왔다고 가정합니다. 키가 정규 분포를 따른다는 점을 감안하면 이는 여성의 약 2/3가 평균의 6.5cm 이내인 159.5cm에서 172.5cm 사이임을 의미합니다.

분산 및 표준편차를 계산할 때 서로 다른 단위를 보고합니다. 표준편차는 값과 동일한 단위로 표시되지만 분산은 그렇지 않습니다. 단위보다 큰 숫자를 자체 척도로 보고합니다.

다음은 분산을 계산하는 함수입니다.

- **var_pop(numeric)**: 입력 값의 모집단 분산을 계산합니다. 이 컨텍스트에서 모집단은 가능한 모든 값의 일부만 포함하는 샘플과 달리 가능한 모든 값을 포함합니다.
- **var_samp(numeric)**: 입력 값의 표본 분산을 계산합니다. 무작위 표본 조사에서와 같이 모집단에서 샘플링된 데이터와 함께 사용합니다.

다음은 표준편차를 계산하는 함수입니다.

- **stddev_pop(numeric)**: 모집단 표준 편차를 계산합니다.
- **stddev_samp(numeric)**: 샘플 표준 편차를 계산합니다.

상관관계나 회귀, 기타 기술 통계를 사용하면 자세한 분석을 수행하기 전에 데이터에 대한 예비 조사를 수행할 수 있습니다. 각자 언제 사용할 수 있고 무엇을 측정하는지 더 잘 알아두면 좋습니다. 이에 대해 더 잘 알고 싶다면 데이비드 프리드먼David Freedman과 로버트 피사니Robert Pisani, 로저 퍼브스Roger Purves의 고전인 《Statistics》를 추천합니다.

| 11-2 SQL을 사용하여 순위 매기기

순위는 뉴스에 자주 등장합니다. 주말 박스 오피스 차트에서 스포츠 팀의 리그 순위에 이르기까지 어디서나 사용되는 것을 볼 수 있습니다. SQL을 사용하면 쿼리 결과에 번호가 매겨진 순위를 만들 수 있으며, 이는 몇 년 동안의 변경 사항 추적과 같은 작업에 유용합니다. 보고서에서 순위 그 자체를 사실로 사용할 수도 있습니다. 그럼 SQL을 사용하여 순위를 만드는 방법을 살펴보겠습니다.

11-2-1 rank() 및 dense_rank()로 순위 매기기

표준 ANSI SQL에는 몇 가지 순위 함수가 포함되어 있지만 rank()와 dense_rank()에만 초점을 맞춰 보겠습니다. 둘 다 현재 행을 기준으로 행 집합에서 계산을 수행하는 윈도우 함수^{window functions}입니다. 행을 결합하여 값을 계산하는 집계 함수와 달리 윈도우 함수는 쿼리가 먼저 행 집합을 생성한 다음 결과 집합에서 함수가 실행되어 반환할 값을 계산합니다.

rank()와 dense_rank()의 차이점은 동점 후 다음 순위 값을 처리하는 방식입니다. rank()는 순위 순서에 간격을 포함하지만 dense_rank()는 그렇지 않습니다. 이 개념은 실제 작동 방식을 보면 이해하기가 쉬우니 예를 살펴보겠습니다. 경쟁이 치열한 위젯 제조 시장을 다루는 어떤 월스트리트 분석가를 생각해 보세요. 그는 연간 생산량을 기준으로 회사 순위를 지정하려고 합니다. 코드 11-6의 SQL 문은 이 데이터로 테이블을 만들고 채운 다음 위젯 생산량으로 회사 순위를 매깁니다.

```sql
CREATE TABLE widget_companies (
    id integer PRIMARY KEY GENERATED ALWAYS AS IDENTITY,
    company text NOT NULL,
    widget_output integer NOT NULL
);

INSERT INTO widget_companies (company, widget_output)
VALUES
    ('Dom Widgets', 125000),
    ('Ariadne Widget Masters', 143000),
    ('Saito Widget Co.', 201000),
    ('Mal Inc.', 133000),
    ('Dream Widget Inc.', 196000),
    ('Miles Amalgamated', 620000),
    ('Arthur Industries', 244000),
    ('Fischer Worldwide', 201000);

SELECT
    company,
    widget_output,
  ❶ rank() OVER (ORDER BY widget_output DESC),
  ❷ dense_rank() OVER (ORDER BY widget_output DESC)
FROM widget_companies
ORDER BY widget_output DESC;
```

코드 11-6 rank() 및 dense_rank() 윈도우 함수 사용하기

rank()❶ 및 dense_rank()❷를 포함하는 SELECT 문의 구문에 유의하세요. 함수 이름 뒤에 OVER 절을 사용하는데 괄호 안에는 함수가 작동해야 하는 행의 '창^{window}'을 지정하는 표현식을 배치합니다. 윈도우는 현재 행을 기준으로 설정한 행 집합으로, 여기선 두 함수가 내림차순으로 정렬된 widget_output 열의 모든 행에서 작동합니다.

```
company                       widget_output    rank    dense_rank
--------------------------    -------------    ----    ----------
Miles Amalgamated                   620000       1             1
Arthur Industries                   244000       2             2
Fischer Worldwide                   201000       3             3
Saito Widget Co.                    201000       3             3
Dream Widget Inc.                   196000       5             4
Ariadne Widget Masters              143000       6             5
Mal Inc.                            133000       7             6
Dom Widgets                         125000       8             7
```

rank() 및 dense_rank() 함수에 의해 생성된 열은 widget_output 값을 기준으로 가장 높은 것부터 가장 낮은 것까지 각 회사의 순위를 표시합니다. Miles Amalgamated가 1위이군요. rank() 함수와 dense_rank() 함수가 어떻게 다른지 보려면 다섯 번째 행에 적힌 Dream Widget Inc.를 확인하세요.

rank()를 사용하면 Dream Widget Inc.는 다섯 번째로 높은 순위의 회사입니다. 이는 rank()가 동률이 발생할 때 순서에 간격을 허용하기 때문에 위젯 생산량이 더 많은 회사가 4개이고 4위에 회사 순위가 없음을 보여 줍니다. 반면, 간격을 허용하지 않는 dense_rank()는 얼마나 많은 기업이 생산했는지에 상관없이 Dream Widget Inc.가 네 번째로 높은 산출량을 가지고 있다는 사실을 반영합니다. 따라서 dense_rank()를 사용하면 Dream Widget Inc.는 4위를 차지합니다.

관계를 처리하는 두 가지 방법 모두 장점이 있지만 실제로는 rank()가 가장 자주 사용됩니다. rank()는 Dream Widget Inc.보다 앞선 회사가 총 3개가 아니라 4개라는 사실을 보여 줌으로써 순위가 매겨진 전체 회사 수를 더 정확하게 반영합니다. 그렇기 때문에 저도 rank() 사용을 권장합니다.

더 복잡한 순위의 예를 살펴보겠습니다.

11-2-2 PARTITION BY를 사용하여 하위 그룹 내 순위 지정하기

방금 수행한 순위 매기기는 위젯 생산량을 기반으로 한 간단한 전체 순위였습니다. 그러나 때로는 테이블의 행 그룹 내에서 순위를 생성하고자 할 수 있습니다. 예를 들어, 각 부서 내 급여별로 공무원 순위를 매기거나 각 장르 내 흥행 수익을 기준으로 영화 순위를 매길 수 있습니다.

이러한 방식으로 윈도우 함수를 사용하기 위해 OVER 절에 PARTITION BY를 추가합니다. PARTITION BY 절은 지정한 열의 값에 따라 테이블 행을 나눕니다.

다음은 식료품점에 대한 구성 데이터를 사용한 예입니다. 코드 11-7을 입력하여 store_sales라는 테이블을 채워 보세요.

```
CREATE TABLE store_sales (
    store text NOT NULL,
    category text NOT NULL,
    unit_sales bigint NOT NULL,
```

```
        CONSTRAINT store_category_key PRIMARY KEY (store, category)
    );

    INSERT INTO store_sales (store, category, unit_sales)
    VALUES
        ('Broders', 'Cereal', 1104),
        ('Wallace', 'Ice Cream', 1863),
        ('Broders', 'Ice Cream', 2517),
        ('Cramers', 'Ice Cream', 2112),
        ('Broders', 'Beer', 641),
        ('Cramers', 'Cereal', 1003),
        ('Cramers', 'Beer', 640),
        ('Wallace', 'Cereal', 980),
        ('Wallace', 'Beer', 988);

    SELECT
        category,
        store,
        unit_sales,
     ❶ rank() OVER (PARTITION BY category ORDER BY unit_sales DESC)
    FROM store_sales
 ❷ ORDER BY category, rank() OVER (PARTITION BY category ORDER BY unit_sales DESC);
```

코드 11-7 PARTITION BY를 사용하여 그룹 내에 rank() 적용하기

테이블의 각 행에는 상점의 제품 카테고리와 해당 카테고리의 판매량이 포함됩니다. 마지막 SE-LECT 문은 카테고리별로 각 상점의 판매량 순위를 보여 주는 결과 집합을 만듭니다. 새로운 요소는 OVER 절에 PARTITION BY를 추가한 것입니다❶. 실제로 이 절은 상점의 판매량을 내림차순 정렬 기준으로 사용해 프로그램이 한 번에 한 카테고리의 순위를 생성하도록 지시합니다.

카테고리 및 순위별로 결과를 나타내려면 category 열, 그리고 위와 동일한 rank() 함수 구문을 포함하는 ORDER BY 절❷을 추가합니다. 출력은 다음과 같습니다.

```
category    store      unit_sales    rank
---------   -------    ----------    ----
Beer        Wallace          988     1
Beer        Broders          641     2
Beer        Cramers          640     3
Cereal      Broders         1104     1
Cereal      Cramers         1003     2
Cereal      Wallace          980     3
Ice Cream   Broders         2517     1
Ice Cream   Cramers         2112     2
Ice Cream   Wallace         1863     3
```

각 카테고리에 대한 행은 순위를 표시하는 rank 열과 함께 제품 판매량순으로 정렬됩니다.

우리는 이 테이블을 사용하여 식품 카테고리에서 각 상점의 순위를 한눈에 볼 수 있습니다. 예를 들어, Wallace는 맥주 부문에서 1위를 차지하고 Broders는 시리얼과 아이스크림 판매에서 1위를 차지했습니다. 이 개념을 다양한 상황에 적용할 수 있습니다. 가령 각 자동차 제조업체별로 소비자 불

만이 가장 많은 차량을 찾거나, 지난 20년 동안 어느 달에 가장 많은 강수량이 있었는지 알아낼 수도 있습니다. 왼손잡이 투수를 상대로 가장 많은 승리를 거둔 팀을 찾을 수도 있고 말이죠. 적용할 수 있는 경우는 다양합니다.

11-3 비율 계산을 통한 의미 있는 결과 찾기

개수를 기반으로 한 순위가 항상 의미 있는 것은 아닙니다. 사실, 개수로만 순위를 매기면 오해가 생깁니다. 출생 통계를 생각해 보세요. 미국 국립보건통계센터[NCHS, National Center for Health Statistics]는 2019년에 텍사스주에서 377,599명의 아기가 태어났고 유타주에서 46,826명의 아기가 태어났다고 보고했습니다. 그렇다면 텍사스의 여성들은 아기를 낳을 확률이 더 높을까요? 속단하긴 이릅니다. 2019년 텍사스의 추정 인구는 유타의 9배였습니다. 이런 상황에서 두 주의 출생 수를 비교하는 것은 그다지 의미가 없습니다.

이 숫자를 비교하는 더 정확한 방법은 비율로 변환하는 것입니다. 분석가는 주로 같은 조건으로 비교하기 위해 1,000명당 인원 수를 이용하거나 그런 수를 여러 개 계산합니다. 예를 들어 15~44세 여성 인구 1,000명당 출생자 수인 출산율을 계산하면 2019년 텍사스는 62.5명, 유타는 66.7명으로 집계되었습니다. 따라서 출생 수 자체는 유타가 적지만 1,000명당 비율로 보면 유타에서 더 많은 아이들이 태어났습니다.

사실 수학적 이론은 간단합니다. 마을에 15세에서 44세 사이의 여성이 2,200명 있을 때 신생아가 115명 태어났다고 가정해 보겠습니다. 1,000명당 비율은 다음과 같이 구합니다.

$$(115 \,/\, 2{,}200) \times 1{,}000 = 52.3$$

마을에는 15세에서 44세 사이의 여성 1,000명당 52.3명이 출산을 했습니다. 이제 크기에 관계없이 값을 비교할 수 있습니다.

11-3-1 관광 사업체의 비율 구하기

SQL과 인구조사 데이터를 사용하여 비율을 계산해 보겠습니다. 두 테이블을 결합할 것인데, 각각은 5장에서 가져온 인구 추정치와 카운티 기업 패턴 프로그램의 관광 사업체에 대한 데이터입니다. (https://www.census.gov/programs-surveys/cbp/about.html에서 해당 프로그램에 대해 읽을 수 있습니다.)

코드 11-8에는 기업 패턴 테이블을 생성하고 채우는 코드가 포함되어 있습니다. 코드와 데이터 파일은 영진닷컴 홈페이지 또는 깃허브에서 다운받을 수 있습니다. 실습 시 cbp_naics_72_establish-ments.csv 파일이 저장된 위치로 경로를 변경하는 것을 잊지 마세요.

```
CREATE TABLE cbp_naics_72_establishments (
    state_fips text,
    county_fips text,
    county text NOT NULL,
    st text NOT NULL,
    naics_2017 text NOT NULL,
    naics_2017_label text NOT NULL,
    year smallint NOT NULL,
    establishments integer NOT NULL,
    CONSTRAINT cbp_fips_key PRIMARY KEY (state_fips, county_fips)
);

COPY cbp_naics_72_establishments
FROM 'C:\YourDirectory\cbp_naics_72_establishments.csv'
WITH (FORMAT CSV, HEADER);

SELECT *
FROM cbp_naics_72_establishments
ORDER BY state_fips, county_fips
LIMIT 5;
```

코드 11-8 인구조사 카운티 기업 패턴 데이터에 대한 테이블 생성 및 채우기

데이터를 가져온 후 SELECT 문을 실행하여 테이블의 처음 몇 행을 보겠습니다. 각 행에는 NA-ICS^North American Industry Classification System의 코드 72에 해당하는 사업체 수와 함께 카운티에 대한 정보가 있습니다. 코드 72는 주로 호텔, 여관, 바, 레스토랑 같은 '숙박 및 식품 서비스' 시설에 적용됩니다. 한 카운티에 있는 기업의 수는 해당 지역의 관광 및 레크리에이션 활동의 양을 나타내는 좋은 지표입니다.

코드 11-9를 사용하여 이러한 기업이 가장 많이 집중된 카운티를 인구 1,000명당 비율로 알아보겠습니다.

```
SELECT
    cbp.county,
    cbp.st,
    cbp.establishments,
    pop.pop_est_2018,
 ❶ round( (cbp.establishments::numeric / pop.pop_est_2018) * 1000, 1 ) AS estabs_per_1000
FROM cbp_naics_72_establishments cbp JOIN us_counties_pop_est_2019 pop
    ON cbp.state_fips = pop.state_fips
    AND cbp.county_fips = pop.county_fips
❷ WHERE pop.pop_est_2018 >= 50000
ORDER BY cbp.establishments::numeric / pop.pop_est_2018 DESC;
```

코드 11-9 인구가 50,000명 이상인 카운티에서 인구 1,000명 비율로 기업 찾기

친숙해 보이는 코드입니다. 5장에서 정수를 정수로 나눌 때 결과에 소수 자릿수가 포함되려면 값 중 하나가 numeric 또는 float 타입이어야 한다는 사실을 배웠습니다. PostgreSQL의 이중 콜론을 사용한 변환을 통해 비율 계산❶을 수행합니다. 소수 자릿수가 많이 필요하지 않기 때문에 출력을

가장 가까운 10분의 1로 반올림하기 위해 round() 함수로 감쌉니다. 그런 다음 계산된 열에 estabs_per_1000이라는 별칭을 지정해 쉽게 참조할 수 있도록 합니다.

또한 WHERE 절❷을 사용하여 50,000명 이상의 카운티로 결과를 제한합니다. 이는 인구가 더 많고 잘 알려진 카운티 그룹 내에서 비율이 어떻게 비교되는지 확인할 수 있는 임의의 값입니다. 다음은 가장 높은 비율로 정렬된 결과의 일부입니다.

```
     county              st      establishments  pop_est_2018  estabs_per_1000
------------------   ----------  --------------  ------------  ---------------
Cape May County     New Jersey             925         92446             10.0
Worcester County    Maryland              453         51960              8.7
Monroe County       Florida               540         74757              7.2
Warren County       New York              427         64215              6.6
New York County     New York            10428       1629055              6.4
Hancock County      Maine                 337         54734              6.2
Sevier County       Tennessee             570         97895              5.8
Eagle County        Colorado              309         54943              5.6
--생략--
```

비율이 높은 카운티들은 의미가 있습니다. 뉴저지주의 케이프 메이 카운티^{Cape May County}는 대서양과 델라웨어만에 있는 수많은 해변 휴양지 마을의 고향입니다. 메릴랜드주의 우스터 카운티^{Worcester County}에는 오션 시티와 기타 해변 명소가 있습니다. 그리고 플로리다의 먼로 카운티^{Monroe County}는 휴가 핫스팟인 플로리다 키^{Florida Keys}로 가장 잘 알려져 있습니다. 패턴이 느껴지나요?

11-4 고르지 않은 데이터 다듬기

이동 평균^{moving average}은 데이터셋에서 일정 기간마다 측정한 평균으로, 일정량의 행을 입력으로 사용합니다. 공구 상점을 생각해 보세요. 월요일에는 망치 20개, 화요일에는 망치 15개, 나머지 주에는 몇 개만 판매했습니다. 다음 주 금요일에 망치 판매가 급증할 수 있습니다. 이러한 고르지 않은 데이터에서 큰 그림을 보기 위해 이동 평균을 계산하여 숫자를 다듬을 수 있습니다.

다음은 앞서 얘기한 가상의 공구 상점에서 2주간 판매한 망치 양입니다.

```
   Date        Hammer sales  Seven-day average
   ----------   ------------  -----------------
   2022-05-01        0
   2022-05-02       20
   2022-05-03       15
   2022-05-04        3
   2022-05-05        6
   2022-05-06        1
❶ 2022-05-07        1              6.6
❷ 2022-05-08        2              6.9
```

```
2022-05-09        18              6.6
2022-05-10        13              6.3
2022-05-11         2              6.1
2022-05-12         4              5.9
2022-05-13        12              7.4
2022-05-14         2              7.6
```

매일같이 지난 7일 동안의 평균 매출을 알고 싶다고 가정해 보겠습니다.(기간을 선택할 수 있지만 한 주는 직관적인 단위입니다.) 일단 7일 간의 데이터❶가 있으면 오늘을 포함한 7일 동안의 평균 매출을 계산합니다. 2022년 5월 1일부터 5월 7일까지 망치 판매의 평균은 6.6개입니다.

그다음 날❷에는 2022년 5월 2일부터 5월 8일까지 가장 최근 7일 동안의 평균 매출을 다시 계산합니다. 하루 6.9개를 판매했군요. 매일 계속하면서 살펴보면 일일 판매는 기복이 있지만 7일간 평균은 상당히 안정적입니다. 오랜 시간에 걸쳐 추적하다 보면 추세를 더 잘 식별할 수 있습니다.

코드 11-10은 윈도우 함수 구문을 사용해 이동 평균을 구합니다. 코드와 데이터는 실습 파일에 포함되어 있습니다. C:\YourDirectory\를 CSV 파일이 저장된 위치로 변경하세요.

```
❶ CREATE TABLE us_exports (
      year smallint,
      month smallint,
      citrus_export_value bigint,
      soybeans_export_value bigint
  );

❷ COPY us_exports
  FROM 'C:\YourDirectory\us_exports.csv'
  WITH (FORMAT CSV, HEADER);

❸ SELECT year, month, citrus_export_value
  FROM us_exports
  ORDER BY year, month;

❹ SELECT year, month, citrus_export_value,
      round(
    ❺ avg(citrus_export_value)
        ❻ OVER(ORDER BY year, month
            ❼ ROWS BETWEEN 11 PRECEDING AND CURRENT ROW), 0)
          AS twelve_month_avg
  FROM us_exports
  ORDER BY year, month;
```

코드 11-10 데이터를 내보내기 위한 이동 평균 계산

테이블❶을 만들고 COPY❷를 사용하여 us_exports.csv의 데이터를 삽입합니다. 이 파일에는 감귤류와 대두의 월별 수출액을 보여 주는 데이터가 포함되어 있습니다. 이 둘의 판매는 주로 식물의 성장 시기에 영향을 받습니다. 해당 데이터는 https://usatrade.census.gov/에 있는 미국 인구조사국의 국제 무역 데이터를 가져왔습니다.

첫 번째 SELECT 문❸을 사용하면 2002년부터 2020년 여름까지 매달 포함된 월간 감귤 수출 데이터를 볼 수 있습니다. 마지막 12개 행은 다음과 같아야 합니다.

```
year month citrus_export_value
---- ----- -------------------
--생략--
2019    9             14012305
2019   10             26308151
2019   11             60885676
2019   12             84873954
2020    1            110924836
2020    2            171767821
2020    3            201231998
2020    4            122708243
2020    5             75644260
2020    6             36090558
2020    7             20561815
2020    8             15510692
```

패턴을 주목하세요. 감귤류 수출의 가치는 북반구에서 성장기가 멈추고 수요를 충족시키기 위해 수입이 필요한 겨울철에 가장 높습니다. 두 번째 SELECT 문❹을 사용하여 12개월 단위 이동 평균을 계산하여 매월 수출의 연간 추세를 볼 수 있습니다.

SELECT에 avg() 함수❺를 배치하여 citrus_export_value 열에 있는 값의 평균을 계산합니다. 뒤에 OVER 함수❻를 사용합니다. 인수로는 ORDER BY 절을 이용해 평균을 계산할 데이터를 연도와 월을 따라 정렬하고, 키워드 ROWS BETWEEN 11 PRECEDING AND CURRENT ROW❼를 사용하여 평균을 낼 행의 수를 설정합니다. 이 키워드는 PostgreSQL가 창을 현재 행과 그 이전의 11개 행(총 12개)으로 제한하도록 지시합니다.

출력을 정수로 제한하기 위해 round() 함수를 사용해 avg() 함수에서 OVER 절까지 래핑합니다. 쿼리 결과의 마지막 12개 행은 다음과 같습니다.

```
year month citrus_export_value twelve_month_avg
---- ----- ------------------- ----------------
--생략--
2019    9             14012305         74465440
2019   10             26308151         74756757
2019   11             60885676         74853312
2019   12             84873954         74871644
2020    1            110924836         75099275
2020    2            171767821         78874520
2020    3            201231998         79593712
2020    4            122708243         78278945
2020    5             75644260         77999174
2020    6             36090558         78045059
2020    7             20561815         78343206
2020    8             15510692         78376692
```

12개월 평균이 훨씬 더 일관성이 있습니다. 엑셀 같은 통계 프로그램으로 결과를 그래프로 표시하면 추세를 파악하기 좋습니다. 그림 11-3은 2015년부터 2020년 8월까지의 월별 합계를 막대로 표시하고 12개월 평균을 선으로 표시합니다.

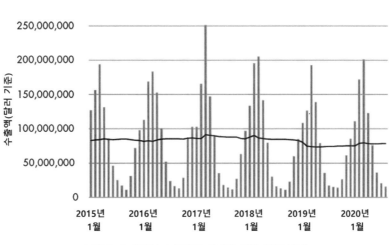

그림 11-3 감귤류 수출량의 12개월 기준 이동 평균

이동 평균을 기준으로 감귤류 수출은 2019년까지 안정적이었다가 잠시 하락하고 2020년에 돌아왔습니다. 월간 데이터에서 움직임을 식별하기 어렵지만, 이동 평균을 보면 제대로 나옵니다.

윈도우 함수는 분석을 위한 여러 옵션을 제공합니다. 예를 들어, 이동 평균을 계산하는 대신 sum() 함수를 대체하여 일정 기간 동안의 이동 합계를 구할 수도 있습니다. 7일 기준 이동 합계를 계산하면 데이터셋에서 주간 총계가 언제 집계되는지 파악할 수 있습니다.

> 📝 NOTE
>
> 이동 평균 또는 이동 합계 계산은 데이터의 기간에 누락된 값이 없어야 잘 작동합니다. 윈도우 함수는 날짜가 아닌 행의 개수를 기준으로 삼으므로 누락된 값이 있을 경우 그만큼 계산이 밀립니다. 예를 들어 각 해의 1월부터 12월까지의 합을 구하는 중 2020년 8월에 대한 값이 빠졌다면, 2019년 1월~2019년 12월까지의 합, 2020년 1월~2021년 1월까지의 합, 2021년 2월~2022년 1월까지의 합이 구해지는 식입니다.

SQL은 다양한 윈도우 함수를 제공합니다. PostgreSQL 공식 문서에서 윈도우 함수에 대한 설명(https://www.postgresql.org/docs/current/tutorial-window.html)과 윈도우 함수 목록(https://www.postgresql.org/docs/current/functions-window.html)을 읽어 보세요.

이제 우리의 SQL 분석 도구에는 통계 함수를 사용하여 변수 간의 관계를 찾고, 정렬된 데이터에서 순위를 만들고, 원시 숫자를 비율로 변환하여 적절하게 비교하는 방법이 더해졌습니다. 이제 제법 쓸 만해 보이는군요.

다음 장에서는 SQL 함수로 필요한 정보를 추출하며 날짜 및 시간 데이터에 대해 자세히 살펴보겠습니다.

연습문제

다음 문제를 통해 새로 배운 기술을 시험해 보세요.

1. 코드 11-2에서 변수 pct_bachelors_higher와 median_hh_income의 상관계수(또는 r 값)는 약 0.70 입니다. pct_masters_higher와 median_hh_income 간의 상관관계를 보여 주는 동일한 데이터셋을 사용하는 쿼리를 작성합니다. r 값이 높거나 낮은가요? 그 차이를 어떻게 설명할 수 있을까요?

2. 내보내기 데이터를 사용하여 코드 11-8의 쿼리 패턴과 beans_export_value 열의 값을 사용하여 12개월 동안의 합계를 만듭니다. pgAdmin 출력 창에서 결과를 복사하여 붙여 넣고 엑셀을 사용하여 값을 그래프로 표시하세요. 어떤 추세를 보이나요?

3. 더 어려운 도전을 시도해 보고 싶다면 9장의 pls_fy2018_libraries 테이블에 있는 도서관 데이터를 다시 열어 보세요. 인구 1,000명당 방문율(popu_lsa 열)을 기준으로 도서관 기관 순위를 매기고, 25만 명 이상을 대상으로 서비스하는 기관으로 쿼리를 제한하세요.

12

날짜와 시간을
사용한 작업

날짜와 시간으로 채워진 열은 이벤트가 발생한 시기나 소요된 시간을 나타낼 수 있으며 이는 흥미로운 질문으로 이어질 수 있습니다. 타임라인의 순간에는 어떤 패턴이 존재하나요? 가장 짧은 이벤트는 무엇이고 가장 긴 이벤트는 무엇인가요? 특정 활동과 그 활동이 발생한 시간 또는 계절 사이에는 어떤 관계가 있나요?

이 장에서는 날짜 및 시간에 대한 SQL 데이터 타입과 관련 함수를 사용하여 이러한 종류의 질문을 살펴봅니다. 먼저, 날짜 및 시간과 관련된 데이터 타입 및 함수에 대해 자세히 살펴보겠습니다. 그런 다음 패턴을 찾기 위해 뉴욕시의 택시 여행에 대한 정보가 들어 있는 데이터셋을 탐색하고 데이터가 제공하는 이야기가 무엇인지 알아보겠습니다. 또한 미국 전역의 기차 여행 기간을 계산하기 위해 Amtrak 데이터를 사용하여 시간대를 탐색할 것입니다.

| 12-1 날짜 및 시간에 대한 데이터 타입과 함수 이해하기 |

4장에서 기본 SQL 데이터 타입을 살펴봤습니다. 여기에서는 날짜 및 시간과 관련된 네 가지 데이터 타입에 대해 복습해 보겠습니다.

- timestamp: 날짜와 시간을 기록합니다. 표준 시간대를 포함해 시간을 저장하고 싶다면 with time zone 키워드를 추가해야 합니다. 그렇지 않으면 전 세계에서 기록된 시간을 비교할 수 없습니다. timestamp with time zone 형식은 SQL 표준의 일부이며, PostgreSQL에는 그와 동일한 데이터 타입인 timestamptz가 있습니다. 표준 시간대는 UTC 오프셋, 영역/위치 지정자, 또는 표준 약어라는

세 가지 형식으로 지정할 수 있습니다. 시간대가 없는 시간을 `timestamptz` 열에 제공할 경우, 데이터베이스는 서버의 기본 설정을 사용하여 시간대 정보를 추가합니다.

- **date**: 날짜만 기록하며, SQL 표준의 일부입니다. PostgreSQL에서는 여러 날짜 형식을 사용할 수 있습니다. 예를 들어, 2022년 9월 21일을 추가하기 위한 유효한 형식은 `September 21, 2022` 또는 `9/21/2022`입니다. ISO 8601 국제 표준 형식이자 PostgreSQL 기본 출력인 `YYYY-MM-DD`(또는 `2022-09-21`)를 사용할 것을 권합니다. ISO 형식을 사용하면 데이터를 국제적으로 공유할 때 혼선을 방지할 수 있습니다.

- **time**: 시간만 기록하며, SQL 표준의 일부입니다. `with time zone`을 추가하면 열에서 시간대를 인식하지만 날짜가 없으면 시간대는 의미가 없습니다. 이 점을 고려하면 `time with time zone`과 PostgreSQL 전용 단축 버전인 `timetz`는 사용하지 않는 것이 좋습니다. ISO 8601 형식은 `HH:MM:SS`이고, 여기서 `HH`는 시간, `MM`은 분, `SS`는 초를 나타냅니다.

- **interval**: `quantity unit` 형식으로 표현된 시간 단위를 나타내는 값을 보유합니다. 기간의 시작 또는 끝은 기록하지 않고 기간만 기록합니다. `12 days`나 `8 hours`를 그 예로 들 수 있습니다. 이 또한 SQL 표준의 일부이지만 PostgreSQL 전용 구문은 더 많은 옵션을 제공합니다.

세 데이터 타입 `date`, `time`, `timestamp with time zone`(또는 `timestampz`)은 datetime 타입이라고 부르며, 그 값은 datetimes라고 합니다. interval 값은 interval 타입의 값 유형이며 intervals라고 부릅니다. 네 가지 데이터 타입 모두 시스템 시계와 달력의 미묘한 차이를 추적할 수 있습니다. 예를 들어, `date`와 `timestamp with time zone`은 6월은 총 30일이라는 것을 인식합니다. 따라서 만약 당신이 6월 31일을 사용하려고 한다면 PostgreSQL은 날짜/시간 필드 값이 범위를 벗어난다는 오류를 표시합니다. 마찬가지로 2월 29일은 2024년과 같은 윤년에만 유효합니다.

12-2 날짜와 시간 조작하기

SQL 함수를 사용하여 날짜 및 시간에 대한 계산을 수행하거나 구성 요소를 추출할 수 있습니다. 예를 들어 타임스탬프에서 요일을 검색하거나 날짜에서 월만 추출할 수 있습니다. ANSI SQL은 이를 수행하기 위한 몇 가지 함수를 설명하지만, MySQL 및 Microsoft SQL Server를 비롯한 여러 데이터베이스 관리 시스템에서는 자체 날짜 및 시간 데이터 타입, 구문, 함수 이름을 구현하기 위해 표준에서 벗어납니다. PostgreSQL 이외의 데이터베이스를 사용하는 경우 해당 문서를 확인하세요.

이제 PostgreSQL 함수를 사용하여 날짜와 시간을 조작하는 방법을 살펴보겠습니다.

12-2-1 타임스탬프 값의 구성 요소 추출하기

월, 연도, 또는 분 단위로 결과를 집계할 때 분석을 위해 날짜 또는 시간 값 중 하나만 필요한 것은 드문 일이 아닙니다. PostgreSQL의 date_part() 함수를 사용하여 이러한 구성 요소를 추출할 수 있습니다. 형식은 다음과 같습니다.

```
date_part(text, value)
```

이 함수는 두 개의 입력을 받습니다. 첫 번째는 추출할 hour, minute, week 같은 날짜 또는 시간 부분을 나타내는 text 형식의 문자열입니다. 두 번째는 date, time, timestamp 값입니다. date_part() 함수가 작동하는지 보기 위해 코드 12-1을 사용하여 동일한 값에 대해 여러 번 실행합니다.

```
SELECT
  date_part('year', '2022-12-01 18:37:12 EST'::timestamptz) AS year,
  date_part('month', '2022-12-01 18:37:12 EST'::timestamptz) AS month,
  date_part('day', '2022-12-01 18:37:12 EST'::timestamptz) AS day,
  date_part('hour', '2022-12-01 18:37:12 EST'::timestamptz) AS hour,
  date_part('minute', '2022-12-01 18:37:12 EST'::timestamptz) AS minute,
  date_part('seconds', '2022-12-01 18:37:12 EST'::timestamptz) AS seconds,
  date_part('timezone_hour', '2022-12-01 18:37:12 EST'::timestamptz) AS tz,
  date_part('week', '2022-12-01 18:37:12 EST'::timestamptz) AS week,
  date_part('quarter', '2022-12-01 18:37:12 EST'::timestamptz) AS quarter,
  date_part('epoch', '2022-12-01 18:37:12 EST'::timestamptz) AS epoch;
```

코드 12-1 date_part()를 사용하여 timestamp 값의 구성 요소 추출하기

이 SELECT 쿼리의 각 열에 대한 구문은 먼저 문자열을 사용하여 추출할 구성 요소의 이름을 year, month, day 등으로 지정합니다. 두 번째 입력으로는 PostgreSQL의 이중 콜론과 단축 timestamptz와 함께 쓰여 timestamp with time zone 타입으로 변환된 2022-12-01 18:37:12 EST 문자열을 사용합니다. 12월에 미국은 표준시를 따르므로 동부 표준시EST 지정을 사용하여 동부 표준시를 지정할 수 있습니다.

다음은 미국 동부 표준 시간대에 있는 컴퓨터에 표시되는 출력입니다. 데이터베이스는 PostgreSQL 시간대 설정을 반영하도록 값을 변환하므로 출력이 다를 수 있습니다. 예를 들어, 미국 태평양 시간대로 설정되어 있다면 시간은 15로 표시될 것입니다.

year	month	day	hour	minute	seconds	tz	week	quarter	epoch
2022	12	1	18	37	12	-5	48	4	1669937832

각 열에는 미국 동부 표준 시간대로 2022년 12월 1일 오후 6:37:12를 나타내는 단일 값이 포함됩니다. 처음 6개의 값은 원래 타임스탬프에서 쉽게 인식할 수 있지만, 그 뒤의 값 4개는 약간의 설명이 필요합니다.

tz 열에서 PostgreSQL은 세계의 시간 표준인 협정세계시$^{UTC, Coordinated Universal Time}$로부터의 시간 차이 또는 오프셋을 보고합니다. UTC의 값은 +/-00:00이므로 -5는 UTC보다 5시간 늦은 시간대를 지정합니다. 11월부터 3월 초까지 UTC-5는 동부 표준시를 나타냅니다. 3월에 동부 표준시가 일광 절약 시간대로 이동하고 시계가 '봄 앞으로$^{spring forward}$'로 한 시간 앞당겨질 때 UTC 오프셋은 -4로 변경됩니다.(UTC 표준시 지도는 https://en.wikipedia.org/wiki/Coordinated_Universal_Time#/media/File:Standard_World_Time_Zones.tif를 참고하세요.)

> **📝 NOTE**
>
> 시간대에서 UTC 오프셋을 유도할 수 있지만 그 반대의 경우는 불가능합니다. 각 UTC 오프셋은 여러 명명된 시간대와 표준 및 일광 절약 시간 변형을 참조할 수 있습니다.

week 열은 2022년 12월 1일이 해당 연도의 48번째 주에 해당함을 보여 줍니다. 이 숫자는 매주 월요일에 시작되는 ISO 8601 표준에 따라 결정됩니다. 연말의 주는 12월부터 다음 해 1월까지로 이어질 수 있습니다.

quarter 열은 테스트 날짜가 올해 4분기에 속함을 보여 줍니다. epoch 열은 컴퓨터 시스템과 프로그래밍 언어에서 사용되는 측정값을 나타내는데, UTC 0인 1970년 1월 1일 오전 12시 이전 또는 이후로 경과된 시간을 초 단위로 보여 줍니다. 양수 값은 그 시점 이후의 시간을 나타내며, 음수 값은 이전 시간을 나타냅니다. 이 예시에서는 1970년 1월 1일과 타임스탬프 사이에 1,669,937,832초가 경과했습니다. 유닉스 시간은 절대 척도에서 두 개의 타임스탬프를 수학적으로 비교해야 하는 경우에 유용합니다.

> **📝 NOTE**
>
> 유닉스 시간에 주의하세요. PostgreSQL의 date_part()는 double precision 타입으로 유닉스 시간을 반환합니다(4장 참조). double precision 타입은 부동 소수점이라 계산 시 오차가 발생하기도 합니다.[1] 또한 유닉스 시간을 사용하면 2038년 문제도 조심해야 합니다. 일부 컴퓨터 시스템에서 특정 시간이 지나면 오버플로가 발생하는 오류를 2038년 문제라고 부릅니다.[2]

PostgreSQL은 date_part() 함수와 동일한 방식으로 datetimes를 구문 분석하는 표준 SQL extract() 함수도 지원하지만 두 가지 이유로 date_part()를 사용했습니다. 첫째, 이름 자체만으로도 역할을 상기시킵니다. 둘째, extract()는 데이터베이스 관리자에서 널리 지원되지 않습니다. 특히 Microsoft SQL Server에 존재하지 않습니다. 그럼에도 불구하고 extract()를 사용해야 하는 경우에 구문은 다음 형식을 취합니다.

---

1 역주 부동 소수점으로는 실수를 정확하게 표현하지 못해 오차가 발생합니다. 다음 문서를 참고하세요. https://ko.wikipedia.org/wiki/부동소수점#정확도_문제

2 역주 2038년 문제가 발생하는 시간은 2038년 1월 19일 3시 14분 07초입니다.

```
extract(text from value)
```

타임스탬프에서 연도를 가져오는 코드 12-1의 첫 번째 date_part() 예제를 복제하기 위해 다음과 같은 함수를 설정합니다. (시간 단위 주위에 작은따옴표를 두르지 않아도 됩니다. 다음 예에서는 year입니다.)

```
extract('year' from '2022-12-01 18:37:12 EST'::timestamptz)
```

PostgreSQL은 날짜 및 시간에서 추출하거나 계산할 수 있는 추가 구성 요소를 제공합니다. 전체 함수 코드는 https://www.postgresql.org/docs/current/functions-datetime.html을 참조하세요.

12-2-2 타임스탬프 구성 요소에서 날짜 시간 값 만들기

연도, 월, 일이 별도의 열에 존재하는 데이터셋을 발견하는 것은 드문 일이 아니며 이러한 구성 요소에서 datetime 값을 생성할 수 있습니다. 날짜에 대해 계산을 수행하려면 이러한 부분을 하나의 열로 올바르게 결합하고 형식을 지정하는 것이 좋습니다.

다음과 같은 PostgreSQL 함수를 사용하여 datetime 개체를 만들 수 있습니다.

- make_date(year, month, day): date 타입의 값을 반환합니다.
- make_time(hour, minute, seconds): 시간대 없이 time 타입의 값을 반환합니다.
- make_timestamptz(year, month, day, hour, minute, second, time zone): 시간대와 함께 타임스탬프를 반환합니다.

이 세 가지 함수에는 integer 타입의 변수를 입력으로 사용하지만 두 가지 예외가 있습니다. 초는 소수로 된 초 단위를 제공할 수 있기 때문에 double precision 타입의 숫자로 지정하고 시간대는 시간대 이름을 지정하는 text 타입의 문자열로 지정해야 합니다.

코드 12-2는 날짜로 2022년 2월 22일의 구성 요소를 사용하고 시간으로 포르투갈 리스본에서의 오후 6:04:30.3을 사용한 세 가지 함수의 예를 보여 줍니다.

```
SELECT make_date(2022, 2, 22);
SELECT make_time(18, 4, 30.3);
SELECT make_timestamptz(2022, 2, 22, 18, 4, 30.3, 'Europe/Lisbon');
```

코드 12-2 구성 요소에서 datetimes를 만드는 세 가지 함수

각 쿼리를 순서대로 실행하면 미국 동부 표준 시간대인 제 컴퓨터에 출력되는 내용은 다음과 같습니다. 다시 한번 말하지만, 시간대 설정에 따라 결과가 다를 수 있습니다.

```
2022-02-22
18:04:30.3
2022-02-22 13:04:30.3-05
```

제 컴퓨터에서 세 번째 줄의 타임스탬프는 13:04:30.3으로 나타나는데, 이는 함수에 입력된 시간인 18:04:30.3보다 5시간 늦습니다. 리스본의 시간대는 UTC 0이고, 제 PostgreSQL은 겨울에 UTC-5인 동부 표준시로 설정되어 있기 때문에 이는 올바른 출력입니다. 표준 시간대 관련 작업을 자세히 살펴보고 '시간대 다루기' 절에서 시간대 설정을 조정하는 방법을 알아보겠습니다.

12-2-3 현재 날짜 및 시간 검색하기

행을 업데이트할 때 쿼리의 일부로 현재 날짜 또는 시간을 기록해야 하는 경우에 표준 SQL도 이에 대한 함수를 제공합니다. 다음 함수는 쿼리 시작 시점의 시간을 기록합니다.

- current_timestamp: 시간대를 포함한 현재 타임스탬프를 반환합니다. PostgreSQL 전용 단축 버전은 now()입니다.
- localtimestamp: 시간대를 포함하지 않는 현재 타임스탬프를 반환합니다. 시간대가 없는 타임스탬프는 의미가 없으니 localtimestamp는 사용하지 마세요.
- current_date: 날짜를 반환합니다.
- current_time: 시간대를 포함한 현재 시간을 반환합니다. 단, 날짜가 없으면 시간대를 포함한 시간은 무용지물이라는 점을 주의하세요.
- localtime: 시간대를 포함하지 않는 현재 시간을 반환합니다.

이러한 함수들은 쿼리(또는 10장에서 다룬 트랜잭션 아래 그룹화된 쿼리 모음)가 시작될 때 시간을 기록하기 때문에 쿼리 실행에 걸리는 시간과 관계없이 쿼리를 실행하는 내내 동일한 시간을 제공합니다. 따라서 쿼리가 10만 개의 행을 업데이트하고 실행하는 데 15초가 걸려도 쿼리 시작 시 기록된 타임스탬프가 각 행에 적용되므로 각 행은 동일한 타임스탬프를 받습니다.

만약 쿼리 실행 중에 시계가 변경되는 방식을 날짜와 시간에 반영하고 싶다면 PostgreSQL 전용 clock_timestamp() 함수를 사용하여 시간 경과에 따라 기록할 수 있습니다. 이렇게 하면 10만 개의 행을 업데이트하고 매번 타임스탬프를 삽입할 때 각 행은 쿼리 시작 시간이 아닌 행이 업데이트된 시간을 가져옵니다. clock_timestamp()는 대용량 쿼리를 느리게 만들고 시스템 제한이 적용될 수 있다는 점을 주의하세요.

코드 12-3은 테이블에 행을 삽입할 때 current_timestamp와 clock_timestamp()이 작동하는 것을 보여 줍니다.

```
CREATE TABLE current_time_example (
    time_id integer GENERATED ALWAYS AS IDENTITY,
❶ current_timestamp_col timestamptz,
❷ clock_timestamp_col timestamptz
);

INSERT INTO current_time_example
            (current_timestamp_col, clock_timestamp_col)
❸ (SELECT current_timestamp,
            clock_timestamp()
     FROM generate_series(1,1000));

SELECT * FROM current_time_example;
```

코드 12-3 행 삽입 중 current_timestamp와 clock_timestamp() 비교하기

이 코드는 시간대가 있는 두 개의 timestampz 열(timestamp with time zone 단축 버전으로, PostgreSQL 전용 구현)을 포함하는 테이블을 만듭니다. 첫 번째 열은 테이블에 1,000개의 행을 추가하는 INSERT 문의 시작 시간을 기록하는 current_timestamp 함수❶의 결과를 보유합니다. 이를 위해 1로 시작하고 1,000으로 끝나는 정수 세트를 반환하는 generate_series() 함수를 사용합니다. 두 번째 열은 각 행의 삽입 시간을 기록하는 clock_timestamp() 함수❷의 결과를 저장합니다. INSERT 문의 일부로 두 함수를 모두 호출합니다❸. 쿼리를 실행하면 최종 SELECT 문의 결과는 current_time-stamp_col의 시간은 모든 행에 대해 동일하지만 clock_timestamp_col의 시간은 삽입된 각 행에 따라 증가한다는 것을 보여야 합니다.

12-3 시간대 다루기

타임스탬프를 기록해 두면 데이터를 기록한 위치(아시아를 비롯해 동유럽, 남극 대륙의 12개 표준 시간대 등) 정보와 결합해 유용한 정보를 찾을 수 있습니다.

그러나 데이터셋의 datetime 열에 표준 시간대 데이터가 없는 경우도 있습니다. 그렇다고 데이터 분석 측면에서 항상 트랜잭션을 차단하는 것도 아닙니다. 모든 이벤트가 동일한 위치에서 발생했다면(예: 메인주 바하버의 온도 센서 판독값) 이를 분석에 반영할 수 있습니다. 하지만 데이터를 가져올 때 세션 시간대를 설정하고 datetimes를 timestamptz 열에 로드하길 권합니다. 이렇게 하면 나중에 데이터를 잘못 해석하는 일을 방지할 수 있습니다.

다음으로는 데이터의 시간대 작업을 위한 몇 가지 전략을 살펴보겠습니다.

12-3-1 시간대 설정 찾기

코드 12-4처럼 SHOW 명령에 timezone 키워드를 사용하거나 current_setting() 함수에 timezone 인수를 사용하면 현재 시간대 설정을 확인할 수 있습니다.

```
SHOW timezone;
SELECT current_setting('timezone');
```

코드 12-4 현재 시간대 확인하기

두 코드 중 하나를 실행하면 운영체제 및 현재 지역에 설정된 시간대 설정이 표시됩니다. 한국에 있는 독자 분들이 코드 12-4를 pgAdmin에 입력하고 실행하면 Asia/Seoul이 반환됩니다. 이는 대한민국의 시간대를 의미합니다. 만약 캐나다 동부나 미국, 카리브해 지역 등을 비롯해 동부 표준 시간대에 속한 지역에서 같은 코드를 실행하면 America/New_York이 출력됩니다.

> 📝 NOTE
>
> SHOW ALL;을 사용하면 PostgreSQL 서버의 모든 매개 변수 설정을 확인할 수 있습니다.

두 문장 모두 동일한 정보를 제공하지만 make_timestamptz()와 같은 다른 함수에 대한 입력으로는 current_setting()을 사용하는 게 좋습니다.

```
SELECT make_timestamptz(2022, 2, 22, 18, 4, 30.3, current_setting('timezone'));
```

또한 코드 12-5의 두 명령을 사용하여 모든 시간대 이름, 약어, 해당 UTC 오프셋을 나열할 수 있습니다.

```
SELECT * FROM pg_timezone_abbrevs ORDER BY addrev;
SELECT * FROM pg_timezone_names ORDER BY name;
```

코드 12-5 시간대 약어와 이름 보이기

WHERE 절을 사용하여 이러한 SELECT 문 중 하나를 쉽게 필터링하여 특정 위치 이름이나 시간대를 조회할 수 있습니다.

```
SELECT * FROM pg_timezone_names
WHERE name LIKE 'Europe%'
ORDER BY name;
```

이 코드는 표준 시간대 이름, 약어, UTC 오프셋, 그리고 현재 일광 절약 시간을 준수하는 시간대인지 나타내는 boolean 열인 is_dst를 포함하는 테이블 목록을 반환해야 합니다.

```
name                abbrev    utc_offset    is_dst
---------------     ------    ----------    ------
Europe/Amsterdam    CET       01:00:00      false
Europe/Andorra      CET       01:00:00      false
Europe/Astrakhan    +04       04:00:00      false
Europe/Athens       EET       02:00:00      false
Europe/Belfast      GMT       00:00:00      false
--생략--
```

이러면 위키피디아를 사용하는 것보다 더 빠르게 시간대를 찾을 수 있습니다. 이제 시간대를 특정 값으로 설정하는 방법을 살펴보겠습니다.

12-3-2 시간대 설정하기

PostgreSQL을 설치할 때 서버의 기본 시간대는 PostgreSQL이 시작할 때마다 읽은 수십 개의 값을 포함하는 파일인 postgresql.conf에서 매개 변수로 설정되었습니다. 파일 시스템에서 postgresql.conf의 위치는 운영체제에 따라, 그리고 때로는 PostgreSQL을 설치한 방식에 따라 다릅니다. postgresql.conf를 영구적으로 변경하려면 파일을 편집하고 서버를 다시 시작해야 합니다. 시스템 소유자가 아닌 경우 불가능할 수 있습니다. 구성을 변경하면 다른 사용자나 응용 프로그램에 의도하지 않은 결과가 발생할 수도 있습니다. 그 대신, 서버에 연결되어 있는 동안 지속되는 세션별로 시간대를 설정하는 방법을 살펴보고 19장에서 postgresql.conf 설정법에 대해 더 자세히 다루겠습니다. 이 솔루션은 쿼리에서 특정 테이블을 보거나 타임스탬프를 처리하는 방법을 지정하려는 경우에 편리합니다.

pgAdmin을 사용하는 동안 현재 세션의 시간대를 설정하기 위해 코드 12-6처럼 SET TIME ZONE 명령을 사용합니다.

```
❶ SET TIME ZONE 'US/Pacific';

❷ CREATE TABLE time_zone_test (
      test_date timestamptz
  );
❸ INSERT INTO time_zone_test VALUES ('2023-01-01 4:00');

❹ SELECT test_date
  FROM time_zone_test;

❺ SET TIME ZONE 'US/Eastern';

❻ SELECT test_date
  FROM time_zone_test;

❼ SELECT test_date AT TIME ZONE 'Asia/Seoul'
  FROM time_zone_test;
```

코드 12-6 클라이언트 세션의 시간대 설정하기

먼저 시간대를 US/Pacific❶으로 설정하여 멕시코의 바하칼리포르니아와 함께 캐나다 서부와 미국을 포함하는 태평양 시간대를 지정합니다. SET TIME ZONE은 ANSI SQL 표준입니다. PostgreSQL은 비표준인 SET timezone TO도 지원합니다.

다음으로, timestamptz 데이터 타입인 열 하나를 가진 테이블을 생성하고❷ 단일 행을 삽입하여 테스트 결과를 표시합니다. 삽입된 값 2023-01-01 4:00은 시간대가 없는 타임스탬프입니다❸. 시간대가 없는 타임스탬프는 특정 위치로 제한된 데이터셋을 획득할 때 자주 발생합니다.

실행되면 첫 번째 SELECT 문❹은 이제 시간대 데이터가 포함된 타임스탬프로 2023-01-01 4:00을 반환합니다.

```
test_date
----------------------
2023-01-01 04:00:00-08
```

-08은 표준 시간이 적용되는 1월의 태평양 표준시가 UTC보다 8시간 느리다는 의미입니다. 이 세션에서는 pgAdmin 클라이언트의 시간대를 US/Pacific으로 설정했으므로 시간대를 인식하는 열에 시간대 없이 값을 입력하면 태평양 시간이 자동으로 설정됩니다. 일광 절약 시간에 해당하는 날짜를 입력하면 UTC 오프셋은 -07이 됩니다.

NOTE

> 서버에서 timestamp with time zone(또는 timestamptz) 데이터 타입을 사용한 타임스탬프는 데이터를 항상 UTC로 저장합니다. 시간대 설정은 데이터의 표시 방법을 제어합니다.

이제 재미있어질 것입니다. SET 명령❺과 US/Eastern 지정자를 사용하여 이 세션의 시간대를 동부 시간대로 변경합니다. 그런 다음 SELECT 문❻을 다시 실행하면 결과는 다음과 같아야 합니다.

```
test_date
----------------------
2023-01-01 07:00:00-05
```

이 예제에서는 타임스탬프의 두 가지 구성 요소가 변경되었습니다. 시간은 현재 07:00이고 UTC 오프셋은 -05입니다. 동부 표준 시간대의 관점에서 타임스탬프를 보고 있기 때문입니다. 태평양 시간 오전 4시는 동부 표준시로 오전 7시입니다. 서버의 태평양 시간 값은 테이블에서 변경되지 않고 그대로 유지되며, 데이터베이스는 이를 변환하여 우리가 ❺에서 설정한 시간대의 시간을 표시합니다.

무엇보다 편리한 점은 세션 설정을 변경하지 않고도 모든 시간대의 타임스탬프를 볼 수 있다는 것입니다. 마지막 SELECT 문은 AT TIME ZONE 키워드❼를 사용하고 Asia/Seoul을 지정하여 세션의 타임스탬프를 한국 표준시ᴷˢᵀ로 표시합니다.

```
timezone
-------------------
2023-01-01 21:00:00
```

이제 우리는 2023년 1월 1일 US/Pacific의 오전 4시의 데이터베이스 값이 Asia/Seoul에서 같은 날 오후 9시와 동일하다는 것을 알게 되었습니다. 다시 말하지만, 이 구문은 출력 데이터 타입을 변경하지만 서버의 데이터는 변경되지 않습니다. 원래 값이 timestamp with time zone인 경우 출력은 시간대를 제거합니다. 원래 값에 시간대가 없는 경우 출력은 timestamp with time zone입니다.

시간대를 추적하는 데이터베이스의 기능은 다음에 보게 될 정확한 intervals 계산에 매우 중요합니다.

12-4 날짜 및 시간을 활용하여 계산하기

숫자를 다룰 때와 같은 방식으로 datetime 및 interval 타입에 대해 간단한 산술을 수행할 수 있습니다. 더하기, 빼기, 곱하기, 나누기는 모두 PostgreSQL에서 수학 연산자 +, -, *, /를 사용하여 수행할 수 있습니다. 예를 들어, 다른 날짜에서 한 날짜를 빼서 두 날짜 사이의 간격을 나타내는 정수를 얻을 수 있습니다. 다음 코드는 정수 3을 반환합니다.

```
SELECT '1929-09-30'::date - '1929-09-27'::date;
```

결과는 이 두 날짜가 정확히 3일 떨어져 있음을 나타냅니다.

마찬가지로 다음 코드로는 날짜에 시간 간격을 추가하여 새 날짜를 반환할 수 있습니다.

```
SELECT '1929-09-30'::date + '5 years'::interval;
```

이 코드는 날짜 1929-09-30에 5년을 더하여 1934-09-30이라는 타임스탬프 값을 반환합니다.

PostgreSQL 문서(https://www.postgresql.org/docs/current/functions-datetime.html)에서 날짜 및 시간과 함께 사용할 수있는 수학 함수의 더 많은 예제를 찾을 수 있습니다. 실제 교통 데이터를 사용하여 좀 더 실용적인 예를 살펴보겠습니다.

12-4-1 뉴욕시 택시 데이터에서 패턴 찾기

저는 뉴욕시를 방문할 때 보통 매일 도시의 5개 자치구를 가로질러 수십만 명의 사람들을 실어 나르는 수십만 대의 상징적인 노란색 자동차 중 한 대를 타는 편입니다. 뉴욕시 택시 및 리무진 위원회는 월별 노란색 택시 운행과 기타 렌트 차량에 대한 데이터를 발표합니다. 이 방대하고 풍부한 데이터셋에 날짜 함수를 실용적으로 사용해 보겠습니다.

　책의 실습 자료로 포함되어 있는 nyc_yellow_taxi_trips.csv 파일에는 2016년 6월 1일 하루 동안의 노란색 택시 운행 기록이 들어 있습니다. 파일을 컴퓨터에 저장하고 nyc_yellow_taxi_trips 테이블을 빌드하기 위한 코드 12-7을 실행합니다. COPY 명령에서 파일 경로를 파일을 저장한 위치로 변경하고, 사용 중인 운영체제(Windows, macOS, 또는 Linux)의 경로 형식을 반영하도록 조정합니다.

```
❶ CREATE TABLE nyc_yellow_taxi_trips (
    trip_id bigint GENERATED ALWAYS AS IDENTITY PRIMARY KEY,
    vendor_id text NOT NULL,
    tpep_pickup_datetime timestamptz NOT NULL,
    tpep_dropoff_datetime timestamptz NOT NULL,
    passenger_count integer NOT NULL,
    trip_distance numeric(8,2) NOT NULL,
    pickup_longitude numeric(18,15) NOT NULL,
    pickup_latitude numeric(18,15) NOT NULL,
    rate_code_id text NOT NULL,
    store_and_fwd_flag text NOT NULL,
    dropoff_longitude numeric(18,15) NOT NULL,
    dropoff_latitude numeric(18,15) NOT NULL,
    payment_type text NOT NULL,
    fare_amount numeric(9,2) NOT NULL,
    extra numeric(9,2) NOT NULL,
    mta_tax numeric(5,2) NOT NULL,
    tip_amount numeric(9,2) NOT NULL,
    tolls_amount numeric(9,2) NOT NULL,
    improvement_surcharge numeric(9,2) NOT NULL,
    total_amount numeric(9,2) NOT NULL
);

❷ COPY nyc_yellow_taxi_trips (
    vendor_id,
    tpep_pickup_datetime,
    tpep_dropoff_datetime,
    passenger_count,
    trip_distance,
    pickup_longitude,
    pickup_latitude,
    rate_code_id,
    store_and_fwd_flag,
    dropoff_longitude,
    dropoff_latitude,
    payment_type,
    fare_amount,
    extra,
    mta_tax,
    tip_amount,
    tolls_amount,
    improvement_surcharge,
    total_amount
    )
FROM 'C:\YourDirectory\nyc_yellow_taxi_trips.csv'
WITH (FORMAT CSV, HEADER);
```

```
❸ CREATE INDEX tpep_pickup_idx
  ON nyc_yellow_taxi_trips (tpep_pickup_datetime);
```

코드 12-7 테이블 생성 및 뉴욕시의 노란색 택시 데이터 가져오기

코드 12-7은 테이블을 빌드하고❶ 행을 가져오고❷ 인덱스를 생성합니다❸. 입력 CSV 파일에는 대상 테이블에 있는 trip_id 열이 포함되어 있지 않으므로 COPY 문에서 열들의 이름을 제공합니다. trip_id 열은 bigint 타입이며, 자동 증가 인조 기본 키로 지정됩니다. 가져오기가 완료되면 2016년 6월 1일에 노란색 택시를 탄 기록으로 368,774개의 행이 있어야 합니다. 다음 코드를 사용하여 테이블의 전체 행 수를 확인할 수 있습니다.

```
SELECT count(*) FROM nyc_yellow_taxi_trips;
```

각 행에는 승객 수, 위도와 경도로 표시된 승차 및 하차 위치, 미국 달러로 표시된 요금 및 팁에 대한 데이터가 포함됩니다. 모든 열과 코드를 설명하는 데이터 사전은 https://www1.nyc.gov/assets/tlc/downloads/pdf/data_dictionary_trip_records_yellow.pdf에서 볼 수 있습니다. 이 실습에서 우리는 운행 시작 및 종료 시간을 나타내는 타임스탬프 열 tpep_pickup_datetime과 tpep_dropoff_datetime에 초점을 맞춰 보겠습니다.(기술 승객 향상 프로젝트[TPEP]는 택시 탑승에 대한 데이터 자동 수집을 부분적으로 포함하는 프로그램입니다.)

두 타임스탬프 열의 값에는 시간대가 포함됩니다. CSV 파일의 모든 행에서 타임스탬프에 포함된 시간대는 -4로 표시되며, 이는 뉴욕시와 미국 동부 해안의 나머지 지역에서 일광 절약 시간을 준수하는 동부 시간대의 서머 타임 UTC 오프셋입니다. 여러분이 지금 해당 지역에 있지 않거나 PostgreSQL 서버가 동부 시간에 있지 않은 경우 다음 코드로 시간대를 설정해 결과가 제 것과 일치하게 해보세요.

```
SET TIME ZONE 'US/Eastern';
```

이제 이 타임스탬프들에서 패턴을 살펴보겠습니다.

하루 중 가장 바쁜 시간대

이 데이터셋을 본 후 여러분이 물을 법한 한 가지 질문은 택시가 가장 많은 승차를 제공하는 시간은 언제인지입니다. 아침 또는 저녁의 러시아워일까요? 아니면 적어도 오늘 날짜에 배차가 급증하는 다른 시간대가 있을까요? date_part()를 사용하는 간단한 집계 쿼리로 결론을 내릴 수 있습니다.

코드 12-8에는 승차 시간을 입력으로 사용하여 시간별로 승차 횟수를 계산하는 쿼리가 포함되어 있습니다.

```
SELECT
 ❶ date_part('hour', tpep_pickup_datetime) AS trip_hour,
 ❷ count(*)
FROM nyc_yellow_taxi_trips
GROUP BY trip_hour
ORDER BY trip_hour;
```

코드 12-8 시간별 택시 승차 횟수 계산하기

쿼리의 첫 번째 열❶에서 date_part()는 tpep_pickup_datetime에서 시간을 추출하므로 시간별로
승차 횟수를 그룹화할 수 있습니다. 그런 다음 count() 함수❷를 통해 두 번째 열에서 승차 횟수를
집계합니다. 나머지 쿼리는 결과를 그룹화하고 정렬하기 위한 표준 패턴을 따르며, 이 패턴은 한 시
간에 하나씩 총 24개의 행을 반환해야 합니다.

trip_hour	count
0	8182
1	5003
2	3070
3	2275
4	2229
5	3925
6	10825
7	18287
8	21062
9	18975
10	17367
11	17383
12	18031
13	17998
14	19125
15	18053
16	15069
17	18513
18	22689
19	23190
20	23098
21	24106
22	22554
23	17765

숫자를 훑어보면 2016년 6월 1일 오후 6시에서 10시 사이에 뉴욕시 택시의 승객이 가장 많았다는
걸 알 수 있습니다. 퇴근 시간과 여름 저녁에 이루어지는 과다한 활동을 반영한 결과일 수도 있겠군요.
그러나 전체 패턴을 보려면 데이터를 시각화하는 것이 가장 좋습니다. 다음 부분에서 살펴보겠습니다.

엑셀에서 시각화하기 위해 CSV로 내보내기

Microsoft 엑셀과 같은 도구를 사용하여 데이터를 차트로 작성하면 패턴을 더 쉽게 이해할 수 있기
때문에 쿼리 결과를 CSV 파일로 내보내 차트를 작성하는 경우가 많습니다. 코드 12-9는 5장의 코드

5-9와 유사한 COPY ... TO 문 내에서 이전 예제의 쿼리를 사용합니다.

```
COPY
    (SELECT
        date_part('hour', tpep_pickup_datetime) AS trip_hour,
        count(*)
    FROM nyc_yellow_taxi_trips
    GROUP BY trip_hour
    ORDER BY trip_hour
    )
TO 'C:\YourDirectory\hourly_pickups.csv'
WITH (FORMAT CSV, HEADER);
```

코드 12-9 시간당 택시 승차 숫자를 CSV 파일로 내보내기

데이터를 엑셀로 불러온 뒤 선 그래프를 생성하면 그림 12-1과 같이 해당 날짜의 패턴이 더 명확하게 보이고 생각을 자극합니다.

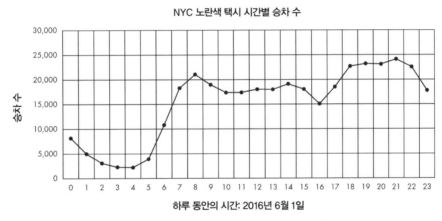

그림 12-1 시간별 NYC 노란색 택시 승차 현황

승차는 오전 5시에서 오전 8시 사이에 급격히 상승하기 전 아침 시간대에서는 바닥을 쳤습니다. 승차량은 하루 종일 비교적 안정적으로 유지되었으며, 오후 5시 이후 저녁 러시아워 동안 다시 증가했습니다. 오후 3시에서 4시 사이에 살짝 내려갔다 올라왔는데, 그건 왜일까요?

이 질문에 대답하기 위해서는 2016년 6월 1일의 데이터가 일반적인지 확인하기 위해 며칠 또는 몇 달에 걸친 데이터를 더 깊이 분석해야 합니다. date_part() 함수로 요일을 추출하여 평일과 주말의 승차량을 비교할 수 있습니다. 더 야심찬 도전으로, 일기 예보를 확인하고 비오는 날과 맑은 날의 승차량을 비교해 볼 수도 있습니다. 결론을 도출하기 위해 데이터셋을 나누는 방법에는 여러 가지가 있습니다.

택시 승차후 이동 시간은 언제 가장 긴가요?

또 다른 흥미로운 질문을 살펴보겠습니다. 택시를 타고 오래 달리는 시간대는 언제일까요? 답을 찾는 한 가지 방법으로는 각 시간의 중간 이동 시간을 계산하는 것입니다. 중앙값은 정렬된 값 세트의

중간값입니다. 평균과는 다르게 세트 안에 있는 매우 작거나 매우 큰 값이 결과를 왜곡하지 않기 때문에 비교를 할 때는 중앙값이 평균보다 더 정확합니다.

6장에서는 percentile_cont() 함수를 사용하여 중앙값을 찾았습니다. 코드 12-10에서 이 함수를 다시 사용하여 중간 이동 시간을 계산합니다.

```
SELECT
 ❶ date_part('hour', tpep_pickup_datetime) AS trip_hour,
 ❷ percentile_cont(.5)
     ❸ WITHIN GROUP (ORDER BY tpep_dropoff_datetime - tpep_pickup_datetime) AS median_trip
FROM nyc_yellow_taxi_trips
GROUP BY trip_hour
ORDER BY trip_hour;
```

코드 12-10 시간별 이동 시간 중앙값 계산하기

타임스탬프 열 tpep_pickup_datetime의 시간 부분을 기준으로 데이터를 다시 집계하는데 date_part()❶를 사용하여 추출합니다. percentile_cont() 함수❷에 대한 입력의 경우, WITHIN GROUP 절❸의 하차 시간에서 승차 시간을 뺍니다. 결과는 오후 1시가 15분이라는 가장 높은 이동 시간 중앙값을 가지고 있음을 보여 줍니다.

date_part	median_trip
0	00:10:04
1	00:09:27
2	00:08:59
3	00:09:57
4	00:10:06
5	00:07:37
6	00:07:54
7	00:10:23
8	00:12:28
9	00:13:11
10	00:13:46
11	00:14:20
12	00:14:49
13	00:15:00
14	00:14:35
15	00:14:43
16	00:14:42
17	00:14:15
18	00:13:19
19	00:12:25
20	00:11:46
21	00:11:54
22	00:11:37
23	00:11:14

예상대로 이동 시간은 이른 아침 시간에 가장 짧습니다. 이른 아침에 교통량이 적다는 것은 승객이 목적지에 더 빨리 도착할 가능성이 더 높음을 뜻하기 때문에 이 결과는 유의미합니다.

분석을 위해 타임스탬프의 일부를 추출하는 방법을 살펴보았으므로 이제 intervals를 포함하는 분석에 대해 자세히 살펴보겠습니다.

12-4-2 Amtrak 데이터에서 패턴 찾기

미국의 철도 서비스인 Amtrak은 미국 전역에 걸쳐 여러 패키지 여행을 제공합니다. 예를 들어 All American은 시카고에서 출발하여 다시 돌아오기 전에 뉴욕, 뉴올리언스, 로스앤젤레스, 샌프란시스코, 덴버를 경유하는 기차입니다. Amtrak 웹 사이트(http://www.amtrak.com/)의 데이터를 사용하여 여행의 각 구간에 대한 정보를 보여 주는 테이블을 작성합니다. 여정은 4개의 시간대에 걸쳐 있으므로 도착 또는 출발 시간을 입력할 때마다 시간대를 추적해야 합니다. 그런 다음 각 구간의 여정 기간을 계산하고 전체 여정의 길이를 계산합니다.

기차 이동 시간 계산하기

All American 기차 노선을 6개의 구간으로 나누는 테이블을 만들어 보겠습니다. 코드 12-11에는 여정의 각 구간에 대한 출발 및 도착 시간으로 테이블을 만들고 채우는 코드가 포함되어 있습니다.

```
CREATE TABLE train_rides (
    trip_id bigint GENERATED ALWAYS AS IDENTITY PRIMARY KEY,
    segment text NOT NULL,
    departure timestamptz NOT NULL, ❶
    arrival timestamptz NOT NULL
);

INSERT INTO train_rides (segment, departure, arrival) ❷
VALUES
    ('Chicago to New York', '2020-11-13 21:30 CST', '2020-11-14 18:23 EST'),
    ('New York to New Orleans', '2020-11-15 14:15 EST', '2020-11-16 19:32 CST'),
    ('New Orleans to Los Angeles', '2020-11-17 13:45 CST', '2020-11-18 9:00 PST'),
    ('Los Angeles to San Francisco', '2020-11-19 10:10 PST', '2020-11-19 21:24 PST'),
    ('San Francisco to Denver', '2020-11-20 9:10 PST', '2020-11-21 18:38 MST'),
    ('Denver to Chicago', '2020-11-22 19:10 MST', '2020-11-23 14:50 CST');

SET TIME ZONE 'US/Central'; ❸

SELECT * FROM train_rides;
```

코드 12-11 기차 이동 데이터를 보관할 테이블 만들기

먼저 CREATE TABLE 문을 사용합니다. departure와 arrival 열은 timestamptz❶로 설정되어 있습니다. 다음으로 6개 구간을 나타내는 행을 삽입합니다❷. 각 타임스탬프 입력은 출발 또는 도착하는 도시의 시간대를 반영합니다. 도시의 시간대를 지정하면 여행 기간을 정확하게 계산하고 시간대 변경을 반영할 수 있습니다. 또한 조사하는 기간 동안 일광 절약 시간이 적용되면 그에 대한 연간 변경 사항도 설명합니다.

다음으로 US/Central 지시자❸를 사용하여 세션을 시카고의 시간대인 중부 표준 시간으로 설정합니다. 타임스탬프는 중부 표준 시간을 참조로 사용해 각 컴퓨터의 기본 시간대에 관계없이 동일한 데이터를 보여 줍니다.

최종 SELECT 문은 테이블의 내용을 다음과 같이 반환해야 합니다.

```
trip_id   segment                        departure               arrival
-------   ------------------------       -------------------     -------------------
      1   Chicago to New York            2020-11-13 21:30:00-06  2020-11-14 17:23:00-06
      2   New York to New Orleans        2020-11-15 13:15:00-06  2020-11-16 19:32:00-06
      3   New Orleans to Los Angeles     2020-11-17 13:45:00-06  2020-11-18 11:00:00-06
      4   Los Angeles to San Francisco   2020-11-19 12:10:00-06  2020-11-19 23:24:00-06
      5   San Francisco to Denver        2020-11-20 11:10:00-06  2020-11-21 19:38:00-06
      6   Denver to Chicago              2020-11-22 20:10:00-06  2020-11-23 14:50:00-06
```

모든 타임스탬프는 미국의 중부 표준 시간대를 반영하는 UTC 오프셋 -06을 포함해야 합니다. 모든 시간 값은 중부 표준시로 표시됩니다.

이제 기차가 정차하는 각 구간을 만들었으므로 코드 12-12를 사용하여 각 구간의 기간을 계산합니다.

```
SELECT segment,
    ❶ to_char(departure, 'YYYY-MM-DD HH12:MI a.m. TZ') AS departure,
    ❷ arrival - departure AS segment_time
FROM train_rides;
```

코드 12-12 각 이동 구간의 길이 계산하기

이 쿼리는 여행 구간, 출발 시간, 구간 여행 기간을 나열합니다. 계산을 보기 전에 departure 열❶ 주위의 추가 코드를 확인해 보세요. 타임스탬프의 여러 구성 요소의 형식을 지정하는 PostgreSQL 전용 형식 지정 함수가 있습니다. 이 경우 to_char() 함수는 타임스탬프 열 departure을 YYYY-MM-DD HH12:MI a.m. TZ 형식의 문자열로 변환합니다. YYYY-MM-DD 부분은 날짜에 대한 ISO 형식을 지정하고 HH12:MI a.m. 부분은 시간과 분을 나타냅니다. HH12 부분은 24시간 군사 시간이 아닌 12시간 시계를 사용하도록 지정합니다. a.m. 부분은 마침표로 구분된 소문자를 사용하여 오전 또는 오후 시간을 표시하도록 지정하고, TZ 부분은 시간대를 나타냅니다.

형식 지정 함수의 전체 코드는 PostgreSQL 문서(https://www.postgresql.org/docs/current/functions-formatting.html)에서 확인하세요.

마지막으로 arrival에서 departure을 빼서 segment_time 구간을 확인합니다❷. 쿼리를 실행하면 출력은 다음과 같아야 합니다.

```
segment               departure                    segment_time
-------------------   -------------------------     -------------
Chicago to New York   2020-11-13 09:30 p.m. CST     19:53:00
```

```
New York to New Orleans        2020-11-15 01:15 p.m. CST    1 day 06:17:00
New Orleans to Los Angeles     2020-11-17 01:45 p.m. CST    21:15:00
Los Angeles to San Francisco   2020-11-19 12:10 p.m. CST    11:14:00
San Francisco to Denver        2020-11-20 11:10 a.m. CST    1 day 08:28:00
Denver to Chicago              2020-11-22 08:10 p.m. CST    18:40:00
```

다른 타임스탬프에서 하나의 타임스탬프를 빼면 4장에서 소개한 interval 데이터 타입이 생성됩니다. 값이 24시간 미만이면 PostgreSQL은 간격을 HH:MM:SS 형식으로 표시하고, 24시간보다 큰 값이면 샌프란시스코에서 덴버로의 구간에 표시된 것처럼 1 day 08:28:00 형식으로 반환합니다.

각 계산에서 PostgreSQL은 시간대의 변경을 고려하므로 뺄셈을 할 때 실수로 시간을 더하거나 잃지 않습니다. timestamp without time zone 데이터 타입을 사용하면 구간이 여러 시간대에 걸쳐 있을 때 잘못된 여행 기간으로 끝납니다.

누적 이동 시간 계산하기

살펴보니 샌프란시스코에서 덴버로 가는 것은 미국 기차 여행 중 가장 긴 구간입니다. 그러나 전체 이동 시간은 얼마나 걸릴까요? 이 질문에 답하기 위해 11장의 'rank() 및 density_rank()로 순위 매기기'에서 배운 윈도우 함수를 다시 살펴보겠습니다.

이전 쿼리는 segment_time이라는 레이블이 지정된 간격을 생성했습니다. 그다음으로 자연스러운 단계는 각 구간 뒤에 누적 간격을 만들고 해당 값을 추가하는 쿼리를 작성하는 것입니다. 그리고 실제로 sum()을 11장에서 언급한 OVER 절과 결합된 윈도우 함수로 사용하여 누계를 만들 수 있습니다. 그러나 그렇게 하면 결괏값이 이상해집니다. 코드 12-13을 실행해 보면 무슨 말인지 알게 될 것입니다.

```
SELECT segment,
       arrival - departure AS segment_duration,
       sum(arrival - departure) OVER (ORDER BY trip_id) AS cume_duration
FROM train_rides;
```

코드 12-13 OVER를 사용하여 누적 간격 계산하기

세 번째 열에서는 arrival에서 departure을 빼서 생성된 intervals를 합산합니다. cume_duration 열의 결과 누계는 정확하지만 유용하지 않은 형식으로 지정됩니다.

```
segment                         segment_duration    cume_duration
-----------------------         ----------------    ---------------
Chicago to New York             19:53:00            19:53:00
New York to New Orleans         1 day 06:17:00      1 day 26:10:00
New Orleans to Los Angeles      21:15:00            1 day 47:25:00
Los Angeles to San Francisco    11:14:00            1 day 58:39:00
San Francisco to Denver         1 day 08:28:00      2 days 67:07:00
Denver to Chicago               18:40:00            2 days 85:47:00
```

PostgreSQL은 간격의 일^{day} 부분에 대한 합계와 시간 부분에 대한 합계를 생성합니다. 따라서 데이터베이스는 이해하기 쉬운 누적 시간인 5 days 13:47:00 대신 2 days 85:47:00을 보고합니다. 두 결과 모두 동일한 시간이지만 2 days 85:47:00은 해독하기가 더 어렵습니다. 이는 이 구문을 사용하여 데이터베이스 intervals를 합산하는 것의 단점 중 하나입니다.

코드 12-14는 제한을 우회하기 위해 justify_interval() 함수로 누적 기간에 대한 윈도우 함수를 래핑합니다.

```
SELECT segment,
       arrival - departure AS segment_duration,
    ❶ justify_interval(sum(arrival - departure)
                       OVER (ORDER BY trip_id)) AS cume_duration
FROM train_rides;
```

코드 12-14 justify_interval()을 사용한 누적 여행 기간 형식화

justify_interval() 함수❶는 24시간은 일로, 30일은 월로 변환하도록 간격 계산의 출력을 표준화합니다. 따라서 2 days 85:47:00를 출력했던 이전 코드와 달리 justify_interval()은 85시간 중 72시간을 3일로 변환하여 days 값에 추가합니다. 출력이 더 이해하기 쉽습니다.

```
              segment         segment_duration    cume_duration
--------------------------    ----------------    --------------
Chicago to New York           19:53:00            19:53:00
New York to New Orleans       1 day 06:17:00      2 days 02:10:00
New Orleans to Los Angeles    21:15:00            2 days 23:25:00
Los Angeles to San Francisco  11:14:00            3 days 10:39:00
San Francisco to Denver       1 day 08:28:00      4 days 19:07:00
Denver to Chicago             18:40:00            5 days 13:47:00
```

마지막 cume_duration 열은 모든 시간을 추가하여 총 여행 기간인 5 days 13:47:00을 반환합니다.

12-5 마무리

SQL 데이터베이스에서 시간과 날짜를 처리하면 분석에 흥미로운 차원이 추가되어 데이터의 다른 시간적 문제와 함께 이벤트가 언제 발생했는지에 대한 질문에 답할 수 있습니다. 시간 및 날짜 형식, 시간대 및 타임스탬프의 구성 요소를 분석하는 기능을 확실하게 파악하면 여러분이 앞으로 다루게 될 거의 모든 데이터셋을 분석할 수 있습니다.

다음 장에서는 더 복잡한 질문에 답하는 데 도움이 되는 고급 쿼리 기술을 살펴보겠습니다.

연습문제

아래 문제를 통해 날짜와 시간에 관한 기술을 잘 다룰 수 있는지 확인해 보세요.

1. 뉴욕시 택시 데이터에서 승차 및 하차 타임스탬프를 사용하여 각 주행 시간을 계산합니다. 가장 긴 운행에서 가장 짧은 운행 순으로 쿼리 결과를 정렬합니다. 뉴욕시 공무원에게 물어보고 싶은 최장 또는 최단 운행에 대해 뭔가 알아차린 게 있나요?

2. AT TIME ZONE 키워드를 사용해 2100년 1월 1일의 뉴욕에 도착하는 순간 런던, 요하네스버그, 모스크바, 멜버른의 날짜와 시간을 표시하는 쿼리를 작성합니다. 시간대 이름은 코드 12-5를 참고하세요.

3. 보너스 과제는 11장의 통계 함수를 사용하는 문제입니다. 운행 시간과 승객에게 부과된 총 금액을 나타내는 뉴욕시 택시 데이터의 total_amount 열을 사용하여 상관계수와 r-제곱 값을 계산해 보세요. trip_distance 열과 total_amount 열에 대해서도 동일하게 수행하고, 쿼리를 3시간 이하의 운행으로 제한하세요.

13

고급 쿼리 기술

때로는 데이터를 분석할 때 테이블 조인 또는 기본 SELECT 쿼리 이상의 고급 SQL 기술이 필요합니다. 이 장에서는 다른 쿼리의 결과를 입력으로 사용하는 쿼리를 작성하는 방법과 값을 계산하기 전에 범주에 따라 재분류하는 기법을 소개합니다.

실습을 위해 일부 미국 도시에서 기록된 온도 데이터셋을 소개하고 이전 장에서 만든 데이터셋을 다시 살펴보겠습니다. 실습 코드는 책의 모든 자료와 함께 영진닷컴 홈페이지 또는 깃허브에서 다운받을 수 있습니다. 앞에서 구축한 analysis 데이터베이스를 계속 사용할 것입니다. 그럼 이제 시작해 보겠습니다.

▌13-1 서브쿼리 사용하기

서브쿼리subquery는 다른 쿼리 내에 중첩되는 쿼리입니다. 일반적으로 쿼리의 주요 부분에 전달할 값 또는 데이터 집합을 제공하는 계산 또는 논리 테스트에 사용됩니다. 서브쿼리는 표준 ANSI SQL의 일부이며 구문은 특이하지 않습니다. 쿼리를 괄호로 묶기만 하면 됩니다. 예를 들어, 여러 행을 반환하는 서브쿼리를 작성하고 그 결과를 기본 외부 쿼리의 FROM 절에서 테이블로 처리할 수 있습니다. 또는 단일 값을 반환하는 스칼라 서브쿼리scalar subquery를 생성하고 이를 표현식의 일부로 사용하여 WHERE, IN, HAVING 절을 통해 행을 필터링할 수 있습니다. 상관 서브쿼리correlated subquery는 실행하려는 외부 쿼리의 값이나 테이블 이름에 의존하는 쿼리입니다. 반대로 상관관계가 없는 서브쿼리는 메인 쿼리의 개체를 참조하지 않습니다.

실제 데이터 작업을 통해 이러한 개념을 더욱 쉽게 이해할 수 있으므로, us_counties_pop_

est_2019 테이블과 cbp_naics_72_establishments 테이블을 포함해 이전 장의 몇 가지 데이터셋을 다시 살펴보겠습니다.

13-1-1 WHERE 절에서 서브쿼리로 필터링하기

여러분은 이미 WHERE 절을 사용하면 WHERE quantity > 1000과 같은 식으로 제공한 기준에 따라 쿼리 결과를 필터링할 수 있다는 것을 알고 있습니다. 그러나 이를 위해서는 비교에 사용할 값을 알고 있어야 합니다. 그런데 그렇지 않은 경우에는 어떻게 해야 할까요? 바로 여기에서 서브쿼리가 유용하게 쓰일 수 있습니다. WHERE 절에서 식의 일부로 사용할 하나 이상의 값을 생성하는 쿼리를 작성할 수 있습니다.

쿼리 식에 대한 값 생성하기

인구의 90번째 백분위수 또는 상위 10% 이상인 미국 카운티를 표시하는 쿼리를 작성하고 싶다고 가정해 보겠습니다. 90번째 백분위 수를 계산하거나 카운티별로 필터링하는 두 개의 개별 쿼리를 작성하는 대신 코드 13-1처럼 WHERE 절에서 서브쿼리를 사용해 두 가지를 동시에 수행할 수 있습니다.

```
   SELECT county_name,
          state_name,
          pop_est_2019
   FROM us_counties_pop_est_2019
❶ WHERE pop_est_2019 >= (
       SELECT percentile_cont(.9) WITHIN GROUP (ORDER BY pop_est_2019)
       FROM us_counties_pop_est_2019
       )
   ORDER BY pop_est_2019 DESC;
```

코드 13-1 WHERE 절에서 서브쿼리 사용하기

전체 인구수를 저장한 pop_est_2019 열을 기준으로 필터링하는 WHERE 절❶은 평소와 다르게 값을 포함하지 않습니다. 그 대신 >= 비교 연산자 뒤에 서브쿼리를 두었습니다. 이 서브쿼리는 pop_est_2019 열에서 90번째 백분위수의 컷오프 지점을 설정하기 위해 percentile_cont() 함수를 사용합니다.

> **📝 NOTE**
>
> percentile_cont()를 사용하여 서브쿼리로 필터링하는 것은 표시된 대로 단일 입력을 전달하는 경우에만 작동합니다. 코드 6-12에서처럼 배열을 전달하면 percentile_cont()는 배열을 반환하고 쿼리는 배열 타입에 대해 >=를 평가하지 못합니다.

이 코드는 상관되지 않은(비상관) 서브쿼리입니다. 외부 쿼리의 값에 의존하지 않으며 요청된 값을 생성하기 위해 한 번만 실행됩니다. pgAdmin에서 서브쿼리 부분만 드래그해 실행하면 결과로 213707.3이 표시됩니다. 그러나 코드 13-1에서 전체 쿼리를 실행하면 숫자가 표시되지 않습니다. 서브쿼리 결과가 외부 쿼리의 WHERE 절로 전달되기 때문입니다.

전체 쿼리는 315행 또는 us_counties_pop_est_2019의 3,142개의 행 중 약 10%를 반환해야 합니다.

```
      county_name              state_name         pop_est_2019
--------------------    --------------------     ------------
Los Angeles County      California                  10039107
Cook County             Illinois                     5150233
Harris County           Texas                        4713325
Maricopa County         Arizona                      4485414
San Diego County        California                   3338330
--생략--
Cabarrus County         North Carolina                216453
Yuma County             Arizona                       213787
```

결과에는 서브쿼리가 생성한 값인 213707.3 이상의 인구를 가진 모든 카운티가 포함됩니다.

서브쿼리를 사용하여 삭제할 행 식별하기

DELETE 문에서 같은 서브쿼리를 사용해 테이블에서 제거할 항목을 지정할 수 있습니다. 코드 13-2는 이 접근 방식의 예를 보여 줍니다. 10장에서 배운 방법을 사용하여 인구조사 테이블의 사본을 만든 다음, 인구 상위 10%의 315개 카운티를 제외하고 해당 백업에서 모든 항목을 삭제합니다.

```
CREATE TABLE us_counties_2019_top10 AS
SELECT * FROM us_counties_pop_est_2019;

DELETE FROM us_counties_2019_top10
WHERE pop_est_2019 < (
    SELECT percentile_cont(.9) WITHIN GROUP (ORDER BY pop_est_2019)
    FROM us_counties_2019_top10
    );
```

코드 13-2 DELETE와 함께 WHERE 절에서 서브쿼리 사용하기

코드 13-2를 실행하고 나서 SELECT count(*) FROM us_counties_2019_top10;을 실행하여 테이블의 나머지 행을 계산합니다. 결과는 원래 3,142행에서 서브쿼리로 식별된 2,827개 행을 뺀 315행입니다.

13-1-2 서브쿼리를 사용하여 파생 테이블 만들기

서브쿼리가 데이터의 행과 열을 반환하는 경우 해당 데이터를 FROM 절에 배치하여 테이블로 변환할 수 있으며 그 결과를 파생 테이블derived table이라고 합니다. 파생 테이블은 다른 테이블처럼 작동하므로 쿼리하거나 다른 테이블, 심지어 다른 파생 테이블에 조인할 수 있습니다. 이 접근 방식은 단일 쿼리로 필요한 모든 작업을 수행할 수 없을 때 유용합니다.

간단한 예를 살펴보겠습니다. 6장에서 평균값과 중앙값의 차이를 배웠습니다. 매우 크거나 작은

값 같은 특이치가 평균을 왜곡할 수 있기 때문에 중앙값이 데이터셋의 대푯값을 더 잘 나타낼 수 있다고 설명했습니다. 이런 이유로 저는 종종 평균과 중앙값을 비교하는 것을 추천합니다. 평균과 중앙값이 가깝다면 데이터는 종 모양 곡선인 정규 분포^{normal distribution}에 속하고 평균은 대푯값을 잘 표현한 것입니다. 평균과 중앙값이 멀리 떨어져 있으면 일부 특이치가 영향을 미치거나 분포가 정상이 아니라 한쪽으로 치우쳐 있을 수 있습니다.

미국 카운티 인구의 평균과 중앙값, 그 차이를 찾는 것은 2단계짜리 과정입니다. 평균과 중앙값을 계산한 다음 두 값을 빼야 합니다. 코드 13-3처럼 FROM 절의 서브쿼리를 사용하여 두 작업을 한 번에 수행할 수 있습니다.

```
SELECT round(calcs.average, 0) AS average,
       calcs.median,
       round(calcs.average - calcs.median, 0) AS median_average_diff
FROM (
  ❶ SELECT avg(pop_est_2019) AS average,
           percentile_cont(.5)
               WITHIN GROUP (ORDER BY pop_est_2019)::numeric AS median
      FROM us_counties_pop_est_2019
      )
❷ AS calcs;
```

코드 13-3 FROM 절에서 파생된 테이블로 서브쿼리

서브쿼리❶는 간단합니다. avg()와 percentile_cont() 함수를 사용하여 인구조사 테이블의 인구 총계 열 pop_est_2019의 평균 및 중앙값을 찾고 별칭으로 각 열의 이름을 지정합니다. 그런 다음 파생된 테이블의 이름을 calcs❷로 지정하면 메인 쿼리에서 그 별칭으로 참조할 수 있습니다.

서브쿼리가 반환하는 average에서 median을 빼는 것은 메인 쿼리에서 수행됩니다. 그런 다음 기본 쿼리는 결과를 반올림하고 별칭 median_average_diff로 레이블을 지정합니다. 쿼리를 실행하면 결과는 다음과 같아야 합니다.

```
 average   median   median_average_diff
 -------   ------   -------------------
  104468    25726                 78742
```

중앙값과 평균값의 차이인 78,742는 중앙값 크기의 거의 3배입니다. 이는 인구가 많은 몇몇 카운티가 평균값을 부풀리고 있음을 의미합니다.

13-1-3 파생 테이블 조인하기

여러 파생 테이블을 조인하면 여러 사전 처리를 수행한 뒤 메인 쿼리에서 최종 계산할 수 있습니다. 예를 들어, 11장에서 각 카운티의 인구 1,000명당 관광 관련 사업체의 비율을 계산했습니다. 주 단위로 같은 작업을 수행하고 싶다고 가정해 보겠습니다. 비율을 계산하려면 우선 각 주의 관광 사업

체 수와 인구수를 알아야 합니다. 코드 13-4는 두 작업에 대한 서브쿼리를 작성하고 결합하여 전체 비율을 계산합니다.

```
 SELECT census.state_name AS st,
        census.pop_est_2018,
        est.establishment_count,
    ❶ round((est.establishment_count/census.pop_est_2018::numeric) * 1000, 1)
           AS estabs_per_thousand
 FROM
     (
      ❷ SELECT st,
               sum(establishments) AS establishment_count
         FROM cbp_naics_72_establishments
         GROUP BY st
     )
      AS est
 JOIN
     (
      ❸ SELECT state_name,
               sum(pop_est_2018) AS pop_est_2018
         FROM us_counties_pop_est_2019
         GROUP BY state_name
     )
      AS census
❹ ON est.st = census.state_name
   ORDER BY estabs_per_thousand DESC;
```

코드 13-4 파생 테이블 두 개 조인하기

11장에서 비율 계산을 배웠으므로 1000명당 관광 사업체 수인 estabs_per_thousand❶를 구하는 외부 쿼리의 수학 및 구문이 익숙해야 합니다. 시설 수를 인구로 나눈 다음 그 몫에 천을 곱합니다. 입력에는 두 파생 테이블에서 생성된 값을 사용합니다.

첫 번째 파생 테이블❷은 sum() 집계 함수를 사용하여 각 주의 사업체 수를 찾습니다. 쿼리의 주요 부분에서 참조할 수 있도록 이 파생 테이블에 별칭 est를 지정합니다. 두 번째 파생 테이블❸은 pop_est_2018 열에 sum()을 이용하여 각 주의 2018년 추정 인구를 구합니다. 이 파생 테이블의 별칭은 census로 지정합니다.

다음으로 파생 테이블을 조인해❹ est의 st 열을 census의 state_name 열에 연결합니다. 그런 다음 결과를 비율에 따라 내림차순으로 나열합니다. 비율이 가장 높은 주부터 가장 낮은 주까지 51개 행이 출력됩니다.

```
        st          pop_est_2018 establishment_count estabs_per_thousand
------------------- ------------ ------------------- -------------------
District of Columbia    701547          2754                3.9
Montana                1060665          3569                3.4
Vermont                 624358          1991                3.2
Maine                  1339057          4282                3.2
```

Wyoming	577601	1808	3.1
--생략--			
Arizona	7158024	13288	1.9
Alabama	4887681	9140	1.9
Utah	3153550	6062	1.9
Mississippi	2981020	5645	1.9
Kentucky	4461153	8251	1.8

가장 비율이 높은 곳은 워싱턴 D.C.입니다. 미국의 수도이기 때문에 박물관과 기념비, 기타 명소에서 이뤄지는 관광 활동을 고려하면 결과가 그리 놀랍지는 않습니다. 두 번째에 몬태나가 있다는 점이 의아해 보이지만, 몬태나는 글레이셔 국립공원과 옐로스톤 국립공원 같은 주요 관광지가 있는 인구가 적은 주입니다. 미시시피와 켄터키는 인구 1,000명당 관광 관련 사업이 가장 적은 주에 속합니다.

13-1-4 서브쿼리를 사용하여 열 생성하기

SELECT 다음 열 목록에 서브쿼리를 배치하여 쿼리 결과에서 해당 열에 대한 값을 생성할 수도 있습니다. 서브쿼리는 단일 행만 생성합니다. 예를 들어, 코드 13-5의 쿼리는 us_counties_pop_est_2019에서 지리 및 인구 정보를 선택한 다음 상관되지 않은 서브쿼리를 추가하여 새 열 us_median의 각 행에 모든 카운티의 중앙값을 추가합니다.

```
SELECT county_name,
       state_name AS st,
       pop_est_2019,
       (SELECT percentile_cont(.5) WITHIN GROUP (ORDER BY pop_est_2019)
        FROM us_counties_pop_est_2019) AS us_median
FROM us_counties_pop_est_2019;
```

코드 13-5 열 목록에 서브쿼리 추가하기

결과 세트의 상위 몇 줄은 다음과 같아야 합니다.

county_name	st	pop_est_2019	us_median
Autauga County	Alabama	55869	25726
Baldwin County	Alabama	223234	25726
Barbour County	Alabama	24686	25726
Bibb County	Alabama	22394	25726
Blount County	Alabama	57826	25726
--생략--			

us_median 값은 매번 동일한 값이 반복되기 때문에 그다지 도움이 되지 않습니다. 각 카운티의 인구가 중앙값에서 얼마나 벗어나는지 나타내는 값을 생성하는 것이 더 흥미롭고 유용합니다. 이를 위해 동일한 서브쿼리 기술을 사용하는 방법을 살펴보겠습니다. 코드 13-6은 코드 13-5를 바탕으로

SELECT 뒤에 각 카운티의 인구와 중앙값의 차이를 계산하는 서브쿼리 표현식을 추가합니다.

```
SELECT county_name,
       state_name AS st,
       pop_est_2019,
       pop_est_2019 - (SELECT percentile_cont(.5) WITHIN GROUP (ORDER BY pop_est_2019) ❶
                       FROM us_counties_pop_est_2019) AS diff_from_median
FROM us_counties_pop_est_2019
WHERE (pop_est_2019 - (SELECT percentile_cont(.5) WITHIN GROUP (ORDER BY pop_est_2019) ❷
                       FROM us_counties_pop_est_2019))
       BETWEEN -1000 AND 1000;
```

코드 13-6 계산에 서브쿼리 사용하기

추가된 서브쿼리❶는 인구 총계 열 pop_est_2019에서 서브쿼리의 결과를 빼는 계산 부분입니다. 계산된 열에 diff_from_median이라는 별칭을 부여합니다. 이 쿼리를 더욱 유용하게 만들기 위해 인구가 중앙값의 1,000 이내인 카운티만 표시하도록 결과를 좁힐 수 있습니다. 이를 위해 WHERE 절에서 서브쿼리 식을 반복하고 BETWEEN -1000 AND 1000이라는 표현식을 사용하여 결과를 필터링합니다❷.

결과는 78개 카운티를 나타냅니다. 다음은 결과의 상위 5행입니다.

```
     county_name            st       pop_est_2019 diff_from_median
--------------------- -------------- ------------ ----------------
Cherokee County       Alabama              26196              470
Geneva County         Alabama              26271              545
Cleburne County       Arkansas             24919             -807
Johnson County        Arkansas             26578              852
St. Francis County    Arkansas             24994             -732
--생략--
```

전체 쿼리 실행 시간에는 서브쿼리의 실행 시간도 포함됩니다. 코드 13-6에서는 서브쿼리가 세 번째 반복되는 것을 방지하기 위해 코드 13-5에 있던 us_median 열을 표시하는 서브쿼리를 제거했습니다. 지금 사용 중인 데이터셋에는 큰 영향이 없습니다. 하지만 수백만 개의 행을 가진 데이터셋에선 불필요한 서브쿼리를 없애 속도를 크게 향상시킬 수 있습니다.

13-1-5 서브쿼리 식 이해하기

서브쿼리에서 조건이 true인지 false인지 평가하여 행을 필터링할 수도 있습니다. 이를 위해 여러 표준 ANSI SQL 서브쿼리 표현식^subquery expressions을 사용할 수 있습니다. 이 표현식은 키워드와 서브쿼리의 조합이며 일반적으로 WHERE 절에서 사용되어 다른 테이블의 값 존재에 따라 행을 필터링합니다.

PostgreSQL 문서(https://www.postgresql.org/docs/current/functions-subquery.html)에는 사용 가능한 서브쿼리 표현식이 나열되어 있지만 여기서는 그중 자주 사용되는 두 가지 구문인 IN과

EXISTS를 살펴보겠습니다. 준비를 위해 코드 13-7을 실행하여 7장에서 작성한 employees 테이블과 함께 쿼리할 retirees라는 작은 테이블을 생성합니다. 퇴직 연금을 신청한 사람들을 정리한 데이터를 받았다고 가정하겠습니다.

```
CREATE TABLE retirees (
    id int,
    first_name text,
    last_name text
);

INSERT INTO retirees
VALUES (2, 'Janet', 'King'),
       (4, 'Michael', 'Taylor');
```

코드 13-7 retirees 테이블 만들고 채우기

이제 이 테이블을 서브쿼리에서 사용해 보겠습니다.

IN 연산자에 대한 값 생성하기

서브쿼리 표현식인 IN (subquery)는 3장의 IN 비교 연산자와 비슷합니다. 단, 값을 수동으로 제공하지 않고 서브쿼리를 사용해 검사할 값 목록을 제공한다는 점이 다릅니다. 코드 13-8에서는 retirees 테이블에서 id 값을 생성하기 위해 한 번만 실행되는 비상관 서브쿼리를 사용하며, 반환되는 값은 WHERE 절의 IN 연산자 목록이 됩니다. 이를 통해 퇴직자 테이블에 있는 직원을 찾을 수 있습니다.

```
SELECT first_name, last_name
FROM employees
WHERE emp_id IN (
    SELECT id
    FROM retirees)
ORDER BY emp_id;
```

코드 13-8 IN 연산자에 대한 값 생성하기

쿼리를 실행하면 emp_id가 retirees 테이블에 있는 id와 일치하는 직원 두 명이 출력됩니다.

```
first_name last_name
---------- ---------
Janet      King
Michael    Taylor
```

> **📝 NOTE**
>
> NOT IN은 사용하지 마세요. 쿼리에 NOT IN을 사용하면 서브쿼리 결과 집합에 NULL 값이 있을 때 행을 반환하지 않습니다. PostgreSQL 위키는 다음 절에서 설명할 NOT EXISTS를 사용할 것을 권장합니다.

값의 존재 여부 확인하기

서브쿼리 표현식 EXISTS (subquery)는 괄호 안의 서브쿼리가 하나 이상의 행을 반환하면 true를 반환합니다. 행을 반환하지 않으면 EXISTS는 false라는 의미입니다.

코드 13-9의 EXISTS 서브쿼리 표현식은 외부 쿼리의 데이터가 필요한 WHERE 절에 표현식이 포함된 상관 서브쿼리입니다. 또한 상관관계가 있으므로 서브쿼리는 외부 쿼리에서 반환된 각 행에 대해 한 번씩 실행되는데, employees 테이블의 emp_id 열이 retirees 테이블의 id 열에 있는지 확인할 때마다 실행됩니다. 일치하는 항목이 있으면 EXISTS는 true를 반환합니다.

```
SELECT first_name, last_name
FROM employees
WHERE EXISTS (
    SELECT id
    FROM retirees
    WHERE id = employees.emp_id);
```

코드 13-9 WHERE EXISTS를 사용한 상관 서브쿼리

코드 실행 결과는 코드 13-8의 결과와 같아야 합니다. 이 접근 방식을 사용하면 둘 이상의 열에 조인할 수 있어 IN 표현식보다 유용합니다. 코드 13-10처럼 EXISTS에 NOT 키워드를 추가하면 반대 기능을 수행하여 employees 테이블에서 retirees 테이블에 id가 존재하지 않는 행을 찾을 수 있습니다.

```
SELECT first_name, last_name
FROM employees
WHERE NOT EXISTS (
    SELECT id
    FROM retirees
    WHERE id = employees.emp_id);
```

코드 13-10 WHERE NOT EXISTS를 사용한 상관 서브쿼리

결과는 다음과 같습니다.

```
first_name last_name
---------- ---------
Julia      Reyes
Arthur     Pappas
```

NOT과 EXISTS를 함께 사용하면 누락된 값을 찾거나 데이터셋이 완전한지 확인할 때 유용합니다.

13-1-6 LATERAL 서브쿼리 사용하기

FROM 절에서 서브쿼리 앞에 LATERAL 키워드를 사용하면 복잡한 쿼리를 단순하게 만드는 기능이 추가됩니다.

FROM에서 LATERAL 사용

먼저, FROM 절에서 LATERAL이 앞에 오는 서브쿼리는 앞에 있는 테이블과 서브쿼리를 참조해 계산을 쉽게 재사용할 수 있어 중복 코드를 줄입니다.

코드 13-11은 2018년부터 2019년까지 카운티 인구의 변화를 숫자의 실제 수치와 변화율로 나타냅니다.

```
SELECT county_name,
       state_name,
       pop_est_2018,
       pop_est_2019,
       raw_chg,
       round(pct_chg * 100, 2) AS pct_chg
FROM us_counties_pop_est_2019,
    ❶ LATERAL (SELECT pop_est_2019 - pop_est_2018 AS raw_chg) rc,
    ❷ LATERAL (SELECT raw_chg / pop_est_2018::numeric AS pct_chg) pc
ORDER BY pct_chg DESC;
```

코드 13-11 LATERAL 서브쿼리를 사용한 FROM 절

FROM 절에서 us_counties_pop_est_2019 테이블을 호출한 후 첫 번째 LATERAL 서브쿼리❶를 추가합니다. 괄호 안에 2019년 인구 추정치에서 2018년 인구 추정치를 빼는 쿼리를 작성하고 그 결과에 raw_chg라는 별칭을 지정합니다. LATERAL 서브쿼리는 이름을 지정할 필요 없이 FROM 절에서 앞에 나열된 테이블을 참조하므로 서브쿼리에서 us_counties_pop_est_2019 테이블을 생략할 수 있습니다. FROM의 서브쿼리에는 별칭이 있어야 하므로 여기에 rc라는 레이블을 지정합니다.

두 번째 LATERAL 서브쿼리❷는 2018년부터 2019년까지 인구의 변화율을 계산합니다. 변화율을 찾으려면 실제 수치를 알아야 합니다. 다시 계산하는 대신 앞 서브쿼리에서 raw_chg 값을 참조합니다. 이는 코드를 더 짧고 읽기 쉽게 만드는 데 도움이 됩니다.

결과는 다음과 같습니다.

```
county_name      state_name     pop_est_2018 pop_est_2019 raw_chg pct_chg
---------------  -------------  ------------ ------------ ------- -------
Loving County    Texas                   148          169      21   14.19
McKenzie County  North Dakota          13594        15024    1430   10.52
Loup County      Nebraska                617          664      47    7.62
Kaufman County   Texas                128279       136154    7875    6.14
Williams County  North Dakota          35469        37589    2120    5.98
--생략--
```

JOIN에서 LATERAL 사용하기

LATERAL을 JOIN과 결합하면 프로그래밍 언어의 for 루프와 유사한 기능이 생성됩니다.

2장의 teachers 테이블을 재사용하고 교사가 실험실 문을 열기 위해 배지를 댈 때마다 방문 정보

를 기록하는 새 테이블을 만듭니다. 코드 13-12는 교사가 실험실에 가장 최근에 들어간 시점 두 번을 찾는 코드입니다.

```
❶ ALTER TABLE teachers ADD CONSTRAINT id_key PRIMARY KEY (id);

❷ CREATE TABLE teachers_lab_access (
      access_id bigint PRIMARY KEY GENERATED ALWAYS AS IDENTITY,
      access_time timestamp with time zone,
      lab_name text,
      teacher_id bigint REFERENCES teachers (id)
  );

❸ INSERT INTO teachers_lab_access (access_time, lab_name, teacher_id)
  VALUES ('2022-11-30 08:59:00-05', 'Science A', 2),
         ('2022-12-01 08:58:00-05', 'Chemistry B', 2),
         ('2022-12-21 09:01:00-05', 'Chemistry A', 2),
         ('2022-12-02 11:01:00-05', 'Science B', 6),
         ('2022-12-07 10:02:00-05', 'Science A', 6),
         ('2022-12-17 16:00:00-05', 'Science B', 6);

  SELECT t.first_name, t.last_name, a.access_time, a.lab_name
  FROM teachers t
❹ LEFT JOIN LATERAL (SELECT *
                     FROM teachers_lab_access
                   ❺ WHERE teacher_id = t.id
                     ORDER BY access_time DESC
                     LIMIT 2)❻ a
❼ ON true
  ORDER BY t.id;
```

코드 13-12 LATERAL 서브쿼리를 사용한 JOIN

먼저 ALTER TABLE을 사용하여 teachers 테이블에 기본 키❶를 추가합니다.(2장에서는 테이블 생성에 대한 기본 사항만 다루었기 때문에 이 테이블에 제약조건을 두지 않았습니다.) 다음으로, 실험실 이름과 입장 시간을 기록하는 열이 있는 간단한 테이블 teachers_lab_access❷를 만듭니다. 테이블에는 교사의 id를 참조하는 인조 기본 키 access_id와 외래 키 teacher_id가 있습니다. 마지막으로 INSERT 문❸을 사용하여 테이블에 6개의 행을 추가합니다.

이제 데이터를 쿼리할 준비가 되었습니다. SELECT 문에서 LEFT JOIN을 사용하여 교사를 서브쿼리에 결합합니다. LATERAL 키워드❹를 추가해 teachers 테이블에서 반환된 각 행에 대해 서브쿼리가 실행되어 해당 특정 교사가 가장 최근에 들어간 두 실험실과 그 시간을 반환합니다. LEFT JOIN을 사용하면 서브쿼리가 teachers_lab_access 테이블에서 일치하는 교사를 찾는다는 사실과 관계없이 teachers 테이블의 모든 행을 반환합니다.

WHERE 절❺에서 서브쿼리는 teacher_lab_access 테이블의 외래 키를 사용하여 외부 쿼리를 참조합니다. 이 LATERAL 조인을 사용하려면 서브쿼리에 별칭❻이 있어야 하며(이번 코드에서는 a로 지정) JOIN 절의 ON 부분❼에 true 값이 있어야 합니다. 이 경우 true를 사용하면 조인할 특정 열의 이름을 지정하지 않고 조인을 만들 수 있습니다.

쿼리를 실행하면 다음과 같은 결과가 나옵니다.

```
first_name last_name      access_time          lab_name
---------- ---------  ----------------------  ------------
Janet      Smith
Lee        Reynolds   2022-12-21 09:01:00-05  Chemistry A
Lee        Reynolds   2022-12-01 08:58:00-05  Chemistry B
Samuel     Cole
Samantha   Bush
Betty      Diaz
Kathleen   Roush      2022-12-17 16:00:00-05  Science B
Kathleen   Roush      2022-12-07 10:02:00-05  Science A
```

테이블에 ID가 있는 두 교사의 가장 최근에 방문한 두 실험실 입장 시간이 표시됩니다. 실험실에 입장하지 않은 교사에는 NULL 값이 표시됩니다. 결과에서 이를 제거하려면 LEFT JOIN을 INNER JOIN(또는 JOIN)으로 대체하면 됩니다.

다음으로 서브쿼리 작업을 위한 또 다른 구문을 살펴보겠습니다.

13-2 공통 테이블 표현식 사용하기

표준 SQL에 비교적 최근에 추가된 공통 테이블 표현식CTE, Common Table Expression을 사용하면 하나 이상의 SELECT 쿼리를 사용해 메인 쿼리에서 필요할 때마다 참조할 수 있는 임시 테이블을 미리 정의할 수 있습니다. CTE는 WITH ... AS 문을 사용하여 정의하기 때문에 비공식적으로 WITH 쿼리라고 부릅니다. 다음 예를 통해 CTE의 몇 가지 이점을 확인하겠습니다.

코드 13-13은 인구조사 추정 데이터를 기반으로 한 간단한 CTE입니다. 이 코드는 각 주의 인구가 100,000명 이상인 카운티 수를 확인합니다. 예제를 살펴보겠습니다.

```
❶ WITH large_counties (county_name, state_name, pop_est_2019)
  AS (
  ❷ SELECT county_name, state_name, pop_est_2019
    FROM us_counties_pop_est_2019
    WHERE pop_est_2019 >= 100000
    )
❸ SELECT state_name, count(*)
  FROM large_counties
  GROUP BY state_name
  ORDER BY count(*) DESC;
```

코드 13-13 인구가 100,000명 이상인 카운티 수 구하기

WITH ... AS 문❶은 임시 테이블 large_counties를 정의합니다. WITH 뒤에 테이블의 이름을 지정하고 해당 열 이름을 괄호 안에 나열합니다. CREATE TABLE 문의 열 정의와 달리 임시 테이블은 AS 뒤에 괄호로 묶인 서브쿼리❷에서 데이터 타입을 상속하므로 별도로 데이터 타입을 작성하지 않아도 괜찮습니다. 서브쿼리는 임시 테이블에 정의한 수만큼의 열을 반환해야 하나 열 이름은 달라도 됩니다. 열 이름을 바꾸지 않았다면 열 목록은 입력하지 않아도 되지만 이 코드에서는 문법을 확인하기 위해 열 이름을 작성했습니다.

메인 쿼리❸는 large_counties 테이블의 행을 state_name 열별로 세고 그룹화한 다음 개수를 기준으로 내림차순 정렬합니다. 결과의 상위 6개 행은 다음과 같습니다.

```
     state_name          count
-------------------- -----
Texas                   40
Florida                 36
California              35
Pennsylvania            31
New York                28
North Carolina          28
--생략--
```

텍사스, 플로리다, 캘리포니아는 2019년을 기준으로 인구가 100,000명 이상인 카운티가 가장 많은 주 중 하나입니다.

코드 13-14는 CTE를 사용하여 코드 13-4의 파생 테이블 조인(각 주의 인구 1,000명당 관광 관련 사업체 비율 찾기)을 더 읽기 쉬운 형식으로 다시 작성합니다.

```
WITH
  ❶ counties (st, pop_est_2018) AS
    (SELECT state_name, sum(pop_est_2018)
     FROM us_counties_pop_est_2019
     GROUP BY state_name),

  ❷ establishments (st, establishment_count) AS
    (SELECT st, sum(establishments) AS establishment_count
     FROM cbp_naics_72_establishments
     GROUP BY st)

  SELECT counties.st,
         pop_est_2018,
         establishment_count,
         round((establishments.establishment_count /
                counties.pop_est_2018::numeric(10,1)) * 1000, 1) AS estabs_per_thousand
❸ FROM counties JOIN establishments
  ON counties.st = establishments.st
  ORDER BY estabs_per_thousand DESC;
```

코드 13-14 CTE를 사용한 테이블 조인

WITH 다음에 서브쿼리를 작성해 테이블 두 개를 정의합니다. 첫 번째 서브쿼리인 counties❶는 각 주의 2018년 인구를 반환합니다. 두 번째 서브쿼리 establishments❷는 주당 관광 관련 사업체 수를 반환합니다. 이러한 테이블을 정의한 다음에는 각 테이블의 st 열을 결합하고❸ 1,000명당 비율을 계산합니다. 결과는 코드 13-4와 동일하지만 코드 13-14가 더 이해하기 쉽습니다.

또 CTE를 사용하면 중복 코드가 있는 쿼리를 단순화할 수 있습니다. 예를 들어, 코드 13-6에서 카운티 인구수의 중앙값을 찾기 위해 두 위치에서 percentile_cont() 함수와 서브쿼리를 사용했습니다. 코드 13-15는 그 서브쿼리를 CTE로 한 번에 작성한 코드입니다.

```
❶ WITH us_median AS
     (SELECT percentile_cont(.5)
      WITHIN GROUP (ORDER BY pop_est_2019) AS us_median_pop
      FROM us_counties_pop_est_2019)

  SELECT county_name,
         state_name AS st,
         pop_est_2019,
❷        us_median_pop,
❸        pop_est_2019 - us_median_pop AS diff_from_median
❹ FROM us_counties_pop_est_2019 CROSS JOIN us_median
❺ WHERE (pop_est_2019 - us_median_pop)
         BETWEEN -1000 AND 1000;
```

코드 13-15 CTE로 코드 반복 줄이기

WITH 뒤에 us_median❶을 정의합니다. percentile_cont()를 사용하여 인구 중앙값을 찾는 코드 13-6과 동일한 서브쿼리의 결과로 정의합니다. 그런 다음 us_median_pop 열❷을 참조해 계산에 사용하고❸ 계산한 값을 WHERE 절❺에서 참조합니다. SELECT에서 us_counties_pop_est_2019 테이블의 모든 행의 값을 사용할 수 있도록 7장에서 배운 CROSS JOIN❹을 사용합니다.

이 쿼리는 코드 13-6과 동일한 결과를 제공하지만 중앙값을 한 번만 찾는 서브쿼리를 작성했습니다. 또 다른 이점은 더 쉽게 쿼리를 수정할 수 있다는 사실입니다. 인구가 90번째 백분위수에 가까운 카운티를 찾으려면 percentile_cont()에 .5를 .9로만 대체하면 됩니다.

가독성과 중복 감소, 더 쉬운 수정 가능성은 CTE를 사용하면 좋은 이유로 자주 회자됩니다. 이 책의 범위를 벗어나지만 CTE는 CTE 자체에서 쿼리 결과를 반복하는 RECURSIVE 키워드를 갖고 있습니다. 이는 계층적으로 구성된 데이터를 처리할 때 유용합니다. 예를 들어 한 회사에서 특정 임원의 부하 직원을 모두 찾는 경우를 생각해 보겠습니다. 재귀적 CTE를 사용하면 특정 임원에게 보고하는 부하 직원을 찾고, 또 해당 직원에게 보고하는 부하 직원을 찾는 작업을 반복합니다. 그렇게 하면 한 임원 밑에 있는 모든 부하 직원을 정리할 수 있겠죠. 재귀 쿼리 구문에 대한 자세한 내용은 PostgreSQL 문서(https://www.postgresql.org/docs/current/queries-with.html)에서 확인할 수 있습니다.

13-3 교차 표 생성하기

교차 표cross tabulations는 변수를 표 레이아웃 또는 행렬로 표시하여 요약하고 비교하는 간단한 방법을 제공합니다. 행렬에서 행은 하나의 변수를 나타내고, 열은 다른 변수를 나타내며, 행과 열이 교차하는 각 셀에는 개수 또는 백분율과 같은 값이 있습니다.

피벗 테이블pivot tables 또는 크로스 탭crosstabs이라고도 하는 교차 표는 설문조사 결과의 요약을 보고하거나 변수 집합을 비교하는 데 사용되는 경우가 많습니다. 교차 표가 빈번하게 사용되는 예시 중 하나로, 후보자의 투표가 지역별로 집계되는 모든 선거가 있습니다.

```
candidate      ward 1    ward 2    ward 3
---------      ------    ------    ------
Collins           602     1,799     2,112
Banks             599     1,398     1,616
Rutherford        911       902     1,114
```

이 경우 후보자의 이름은 하나의 변수이고 와드(또는 도시 지역city district)는 또 다른 변수이며, 두 개의 교차점에 있는 셀은 해당 와드의 해당 후보에 대한 총 투표 수를 보유합니다. 교차 표를 생성하는 방법을 살펴보겠습니다.

13-3-1 crosstab() 함수 설치하기

표준 ANSI SQL에는 크로스 탭 기능이 없지만 PostgreSQL은 쉽게 설치할 수 있는 모듈module의 일부로 수행합니다. 모듈에는 핵심 응용 프로그램의 일부가 아닌 PostgreSQL 전용 보안, 텍스트 검색 등과 관련된 함수가 포함됩니다. PostgreSQL 문서(https://www.postgresql.org/docs/current/contrib.html)에서 PostgreSQL 모듈 목록을 찾을 수 있습니다.

PostgreSQL의 crosstab() 함수는 tablefunc 모듈의 일부입니다. pgAdmin 쿼리 도구에 tablefunc를 설치하려면 다음 명령을 실행합니다.

```
CREATE EXTENSION tablefunc;
```

설치가 완료되면 PostgreSQL은 CREATE EXTENSION 메시지를 반환합니다.(다른 데이터베이스 관리 시스템으로 작업하는 경우 해당 문서에서 유사한 기능을 제공하는지 확인하세요. 예를 들어 Microsoft SQL Server에는 PIVOT 명령이 있습니다.)

구문을 학습할 수 있도록 기본 크로스 탭을 만든 다음 더 복잡한 사례를 처리해 보겠습니다.

13-3-2 설문조사 결과 테이블 작성하기

회사에 재미있는 조직문화 활동이 필요해서 도시에 있는 사무실 세 지점에서 아이스크림 사교 모임을 조율한다고 가정해 보겠습니다. 문제는 사람들이 아이스크림 맛에 까다롭다는 것입니다. 각 사무실에서 사람들이 좋아할 맛을 선택하기 위해 설문조사를 수행하기로 합니다.

ice_cream_survey.csv 파일에는 설문조사에 대한 200개의 응답이 포함되어 있습니다. 영진닷컴 홈페이지 또는 깃허브에서 책의 모든 자료와 함께 이 파일을 다운로드할 수 있습니다. 각 행에는 response_id, office, flavor가 포함됩니다. 각 사무실에서 각각의 맛을 선택한 사람의 수를 세고 결과를 동료들이 읽기 쉬운 방식으로 제시해야 합니다.

analysis 데이터베이스에서 코드 13-16을 사용하여 테이블을 만들고 데이터를 불러옵니다. CSV 파일을 저장한 위치로 파일 경로를 변경했는지 확인하세요.

```
CREATE TABLE ice_cream_survey (
    response_id integer PRIMARY KEY,
    office text,
    flavor text
);

COPY ice_cream_survey
FROM 'C:\YourDirectory\ice_cream_survey.csv'
WITH (FORMAT CSV, HEADER);
```

코드 13-16 ice_cream_survey 테이블 생성 및 채우기

데이터를 검사하려면 다음을 실행하여 처음 5개 행을 확인합니다.

```
SELECT *
FROM ice_cream_survey
ORDER BY response_id
LIMIT 5;
```

데이터는 다음과 같아야 합니다.

```
response_id   office     flavor
-----------   --------   ----------
          1   Uptown     Chocolate
          2   Midtown    Chocolate
          3   Downtown   Strawberry
          4   Uptown     Chocolate
          5   Midtown    Chocolate
```

이렇게만 보면 초콜릿 맛이 가장 많은 선택을 받은 최고의 맛인 것처럼 보입니다! 그러나 코드 13-17로 크로스 탭을 생성한 후 이 선택을 확인해 보겠습니다.

```
  SELECT *
❶ FROM crosstab('SELECT ❷ office,
                        ❸ flavor,
                        ❹ count(*)
               FROM ice_cream_survey
               GROUP BY office, flavor
               ORDER BY office',

           ❺ 'SELECT flavor
               FROM ice_cream_survey
               GROUP BY flavor
               ORDER BY flavor')

❻ AS (office text,
      chocolate bigint,
      strawberry bigint,
      vanilla bigint);
```

코드 13-17 아이스크림 설문조사 크로스 탭 생성하기

쿼리는 crosstab() 함수❶의 내용에서 모든 것을 선택하는 SELECT * 구문으로 시작됩니다. 그리고 crosstab() 함수 안에는 두 개의 서브쿼리를 배치합니다. 첫 번째 서브쿼리는 크로스 탭에 대한 데이터를 생성하며 세 개의 필수 열이 있습니다. 첫 번째 열인 office❷는 크로스 탭의 행 이름을 제공하고 두 번째 열인 flavor❸는 세 번째 열에 제공된 값과 연결할 카테고리(또는 열) 이름을 제공합니다. 이러한 값은 표에서 행과 열이 교차하는 각 셀에 표시됩니다. 이 경우 교차하는 셀이 각 사무실에서 선택한 각 맛의 count()❹를 표시하기를 원합니다. 이 첫 번째 서브쿼리는 자체적으로 간단한 집계 목록을 만듭니다.

두 번째 서브쿼리❺는 열에 대한 카테고리 이름 집합을 생성합니다. crosstab() 함수에서는 두 번째 서브쿼리가 하나의 열만 반환해야 하므로 여기서는 SELECT를 사용하여 flavor 열을 검색하고 GROUP BY를 사용하여 해당 열의 고유값을 반환합니다.

그 후 AS 키워드❻ 다음에 크로스 탭 출력 열의 이름과 데이터 타입을 지정합니다. 목록은 서브쿼리가 생성하는 행 및 열 이름과 순서가 일치해야 합니다. 예를 들어, 카테고리 열을 제공하는 두 번째 서브쿼리는 맛의 순서를 알파벳순으로 정렬하므로 출력 열 목록도 마찬가지여야 합니다.

코드를 실행하면 데이터가 깨끗하고 읽기 쉬운 크로스 탭에 표시됩니다.

```
office     chocolate   strawberry   vanilla
--------   ---------   ----------   -------
Downtown          23           32        19
Midtown           41                      23
Uptown            22           17        23
```

Midtown 사무실이 초콜릿 맛을 선호하지만 딸기 맛에 관심이 없다는 것을 한눈에 알 수 있습니다. 딸기가 한 표도 받지 못했음을 나타내는 NULL 값으로 표시되었습니다. 그러나 딸기 맛은 Downtown 사무실에서 최고의 맛입니다. Uptown 사무실은 세 가지 맛으로 선택이 더 균등하게 나뉩니다.

13-3-3 도시 온도 판독값 테이블 작성하기

이번에는 실제 데이터를 사용하여 다른 크로스 탭을 만들어 보겠습니다. 시카고, 시애틀, 그리고 호놀룰루시의 남쪽 해안에 있는 와이키키에서 일교차를 측정했습니다. 미국 전역의 3개 관측소에서 측정한 1년치의 온도 데이터가 담긴 temperature_temperature.csv 파일은 영진닷컴 홈페이지 또는 깃허브에서 다운받을 수 있습니다. 이 데이터는 미국 국립해양대기국 사이트(https://www.ncdc.noaa.gov/cdo-web/datatools/findstation/)에서 가져왔습니다.

CSV 파일의 각 행에는 관측소 이름, 관측 날짜, 하루의 최고 온도, 하루의 최저 온도라는 네 가지 값이 포함됩니다. 모든 온도는 화씨로 표시되었습니다. 각 도시의 매월 평균 최고 기온을 계산하여 기후를 비교할 수 있습니다. 코드 13-18에는 temperature_readings 테이블을 만들고 CSV 파일을 가져오는 코드가 포함되어 있습니다.

```
CREATE TABLE temperature_readings (
    station_name text,
    observation_date date,
    max_temp integer,
    min_temp integer,
    CONSTRAINT temp_key PRIMARY KEY (station_name, observation_date)
);

COPY temperature_readings
FROM 'C:\YourDirectory\temperature_readings.csv'
WITH (FORMAT CSV, HEADER);
```

코드 13-18 temperature_readings 테이블 만들고 채우기

이 테이블은 CSV 파일의 4개 열을 포함합니다. 여기에 관측소 이름과 관측 날짜를 사용한 자연 기본 키를 추가합니다. 테이블에서 빠른 계산을 수행하는 경우 1,077개의 행이 있어야 합니다. 이제 코드 13-19를 사용하여 데이터를 교차 표로 만드는 작업을 살펴보겠습니다.

```
SELECT *
FROM crosstab('SELECT
            ❶ station_name,
            ❷ date_part(''month'', observation_date),
            ❸ percentile_cont(.5)
                    WITHIN GROUP (ORDER BY max_temp)
            FROM temperature_readings
            GROUP BY station_name,
                    date_part(''month'', observation_date)
            ORDER BY station_name',

            'SELECT month
            FROM ❹ generate_series(1,12) month')

AS (station text,
    jan numeric(3,0),
```

```
    feb numeric(3,0),
    mar numeric(3,0),
    apr numeric(3,0),
    may numeric(3,0),
    jun numeric(3,0),
    jul numeric(3,0),
    aug numeric(3,0),
    sep numeric(3,0),
    oct numeric(3,0),
    nov numeric(3,0),
    dec numeric(3,0)
);
```

코드 13-19 온도 판독값 크로스 탭 생성하기

크로스 탭의 구조는 코드 13-18과 동일합니다. crosstab() 함수 내부의 첫 번째 서브쿼리는 크로스 탭에 대한 데이터를 생성하여 월별 중앙값을 계산하며 세 개의 필수 열을 제공합니다. 첫 번째 열인 station_name❶은 행의 이름을 지정합니다. 두 번째 열은 12장에서 배운 date_part() 함수❷를 사용하여, 크로스 탭 열을 제공하는 observation_date에서 월을 추출합니다. 그런 다음 percentile_cont(.5)❸를 사용하여 max_temp의 50번째 백분위수 또는 중앙값을 찾습니다. 여기서 각 관측소 이름과 월을 기준으로 그룹화하므로 각 관측소의 월별 중앙값인 max_temp가 있습니다.

코드 13-18에서와 같이 두 번째 서브쿼리는 열에 대한 범주 이름 집합을 생성합니다. 저는 PostgreSQL 공식 문서에 명시된 방식으로 generate_series()❹라는 함수를 사용하여 date_part()가 observation_date에서 추출한 월 숫자와 일치하는 1부터 12까지의 숫자 목록을 만들었습니다.

AS에 이어 크로스 탭의 출력 열에 대한 이름과 데이터 타입을 제공합니다. 각각은 백분위수 함수의 출력과 일치하는 numeric 타입입니다. 다음 출력은 마치 시처럼 보이는군요.

```
station                       jan feb mar apr may jun jul aug sep oct nov dec
---------------------------   --- --- --- --- --- --- --- --- --- --- --- ---
CHICAGO NORTHERLY ISLAND IL US 34  36  46  50  66  77  81  80  77  65  57  35
SEATTLE BOEING FIELD WA US     50  54  56  64  66  71  76  77  69  62  55  42
WAIKIKI 717.2 HI US            83  84  84  86  87  87  88  87  87  86  84  82
```

일일 온도 측정값의 원시 데이터셋을 각 관측소의 매월 평균 최고 온도를 보여 주는 간단한 테이블로 변환했습니다. 와이키키의 기온은 지속적으로 온화한 반면 시카고의 평균 최고 기온은 영하에서부터 따뜻한 날씨까지 다양하다는 것을 한눈에 볼 수 있습니다. 시애틀은 둘 사이에 있습니다.

크로스 탭은 설정하는 데 시간이 걸리지만 행렬에서 데이터셋을 보는 게 세로 목록에서 보는 것보다 비교가 더 쉽습니다. crosstab() 함수는 CPU를 많이 사용하므로 수백만 또는 수십억 개의 행이 있는 집합을 쿼리할 때는 신중하게 처리해야 합니다.

13-4 CASE를 사용하여 값 재분류하기

표준 ANSI SQL CASE 문은 조건식$^{conditional\ expression}$으로 쿼리에 'if this, then...' 로직을 추가할 수 있도록 합니다. CASE는 여러 가지 방법으로 사용할 수 있지만 데이터 분석의 경우 값을 범주로 재분류하는 데 사용하기 좋습니다. 데이터의 범위를 기반으로 범주를 만들고 해당 범주에 따라 값을 분류할 수 있습니다. CASE 구문은 다음 패턴을 따릅니다.

```
❶ CASE WHEN condition THEN result
    ❷ WHEN another_condition THEN result
    ❸ ELSE result
❹ END
```

우리는 CASE 키워드❶를 제공한 다음 적어도 하나의 WHEN condition THEN result 절을 제공합니다. 여기서 조건은 county = 'Dutchess County' 또는 date > '1995-08-09'와 같이 데이터베이스가 true 또는 false로 평가할 수 있는 표현식입니다. 조건이 true이면 CASE 문은 결과를 반환하고 추가 조건 확인을 중지합니다. 결과는 유효한 데이터 타입이 될 수 있습니다. 조건이 false이면 데이터베이스는 다음 조건을 평가하기 위해 다음으로 넘어갑니다.

더 많은 조건을 평가하기 위해 선택적 WHEN ... THEN 절❷을 추가할 수 있고, 조건이 true로 평가되지 않는 경우 결과를 반환하는 선택적 ELSE 절❸을 제공할 수도 있습니다. ELSE 절이 없으면 조건이 true가 아닌 경우 구문은 NULL을 반환합니다. 구문은 END 키워드❹로 끝납니다.

코드 13-20은 CASE 문을 사용하여 온도 측정 데이터를 설명 그룹(그룹명은 추운 날씨에 대한 저의 관념에 따라 지었습니다.)으로 재분류하는 방법을 보여 줍니다.

```sql
SELECT max_temp,
       CASE WHEN max_temp >= 90 THEN 'Hot'
            WHEN max_temp >= 70 AND max_temp < 90 THEN 'Warm'
            WHEN max_temp >= 50 AND max_temp < 70 THEN 'Pleasant'
            WHEN max_temp >= 33 AND max_temp < 50 THEN 'Cold'
            WHEN max_temp >= 20 AND max_temp < 33 THEN 'Frigid'
            WHEN max_temp < 20 THEN 'Inhumane'
            ELSE 'No reading'
       END AS temperature_group
FROM temperature_readings
ORDER BY station_name, observation_date;
```

코드 13-20 CASE로 온도 데이터 재분류하기

temperature_readings의 max_temp 열에 대해 비교 연산자를 사용하여 정의하는 6개의 범위를 만듭니다. CASE 문은 각 값을 평가하여 6개의 표현식 중 하나가 true인지 확인합니다. 그렇다면 명령문은 적절한 텍스트를 출력합니다. 범위는 값 사이 간격을 두지 않고 열의 가능한 모든 값을 고려한다는 점을 유의하세요. 어떤 구문도 참이 아니면 ELSE 절은 값을 No reading 범주에 할당합니다.

코드를 실행하면 결과의 첫 5개 행은 다음과 같아야 합니다.

```
max_temp    temperature_group
--------    -----------------
      31    Freezing
      34    Cold
      32    Freezing
      32    Freezing
      34    Cold
--생략--
```

데이터셋을 6개 범위로 축소해 보았으니, 이제 이 범위를 사용하여 테이블에 있는 3개 도시의 기후를 비교해 보겠습니다.

13-5 공통 테이블 표현식에서 CASE 사용하기

이전 절에서 온도 데이터에 대해 CASE를 사용하여 수행한 작업은 CTE에서 사용할 전처리 단계의 좋은 예입니다. 이제 온도를 범주별로 그룹화했으므로 CTE에서 도시별로 그룹을 세어 각 온도 범주에 속하는 연중 일수를 확인하겠습니다.

코드 13-21은 temps_collapsed CTE를 생성한 다음 분석에 사용하기 위해 재변환되는 일일 최대 온도를 재분류하는 코드를 보여 줍니다.

```
❶ WITH temps_collapsed (station_name, max_temperature_group) AS
      (SELECT station_name,
              CASE WHEN max_temp >= 90 THEN 'Hot'
                   WHEN max_temp >= 70 AND max_temp < 90 THEN 'Warm'
                   WHEN max_temp >= 50 AND max_temp < 70 THEN 'Pleasant'
                   WHEN max_temp >= 33 AND max_temp < 50 THEN 'Cold'
                   WHEN max_temp >= 20 AND max_temp < 33 THEN 'Frigid'
                   WHEN max_temp < 20 THEN 'Inhumane'
                   ELSE 'No reading'
              END
       FROM temperature_readings)

❷ SELECT station_name, max_temperature_group, count(*)
  FROM temps_collapsed
  GROUP BY station_name, max_temperature_group
  ORDER BY station_name, count(*) DESC;
```

코드 13-21 CTE에서 CASE 사용하기

이 코드는 온도를 재분류한 다음 관측소 이름별로 수를 세고 그룹화하여 각 도시의 일반적인 기후 분류를 찾습니다. WITH 키워드는 temps_collapsed❶의 CTE를 정의하며, 여기에는 station_name, max_temperature_group이라는 두 열이 있습니다. 그런 다음 CTE에서 SELECT 쿼리를 실행하여❷

두 열 모두에서 간단한 count(*), 그리고 GROUP BY 작업을 수행합니다. 결과는 다음과 같습니다.

```
station_name                     max_temperature_group    count
-----------------------------    ---------------------    -----
CHICAGO NORTHERLY ISLAND IL US   Warm                       133
CHICAGO NORTHERLY ISLAND IL US   Cold                        92
CHICAGO NORTHERLY ISLAND IL US   Pleasant                    91
CHICAGO NORTHERLY ISLAND IL US   Freezing                    30
CHICAGO NORTHERLY ISLAND IL US   Inhumane                     8
CHICAGO NORTHERLY ISLAND IL US   Hot                          8
SEATTLE BOEING FIELD WA US       Pleasant                   198
SEATTLE BOEING FIELD WA US       Warm                        98
SEATTLE BOEING FIELD WA US       Cold                        50
SEATTLE BOEING FIELD WA US       Hot                          3
WAIKIKI 717.2 HI US              Warm                       361
WAIKIKI 717.2 HI US              Hot                          5
```

이 분류 체계를 사용하여, 연중 361일 동안 Warm이라는 최고 기온으로 일관된 와이키키 날씨는 휴가지로서 아주 매력적임을 알 수 있습니다. 기온의 관점에서 시애틀도 좋아 보입니다. 거의 300일 동안 Pleasant 또는 Warm으로 분류되는 높은 기온을 가졌군요.(이러한 기온이 시애틀의 전설적인 강우량과는 거리가 멀지만 말이죠.) 시카고는 영하 기온인 Freezing이 30일이고 Inhumane이 8일인 걸 보니 저에게는 적합하지 않은 것 같습니다.

13-6 마무리

이 장에서는 쿼리가 여러분을 위해 더욱 열심히 동작하게 만드는 방법을 배웠습니다. 이제 여러 위치에 서브쿼리를 추가하여 메인 쿼리에서 데이터를 분석하기 전에 필터링하거나 사전 처리 데이터를 훨씬 더 세밀하게 제어할 수 있습니다. 또한 교차 표를 사용하여 데이터를 행렬로 시각화하고 데이터를 그룹으로 재분류할 수도 있습니다. 두 기술 모두 데이터를 사용하여 이야기를 찾고 전달할 수 있는 더 많은 방법을 제공합니다. 수고했습니다!

다음 장에서는 PostgreSQL과 관련된 SQL 기술에 대해 자세히 알아봅니다. 텍스트와 문자열로 작업하고 검색하는 것으로 시작하겠습니다.

연습문제

다음은 이 장에 소개된 개념에 익숙해지는 데 도움이 되는 두 가지 문제입니다.

1. 코드 13-21을 수정하여 와이키키 고온의 미묘한 차이를 자세히 살펴보세요. temps_collapsed 테이블을 와이키키 일일 최대 기온 관측치로 제한하세요. 그런 다음 CASE 문에서 WHEN 절을 사용하여 온도를 7개의 그룹으로 재분류하여 다음 텍스트 출력을 생성하세요.

```
'90 or more'
'88-89'
'86-87'
'84-85'
'82-83'
'80-81'
'79 or less'
```

그중 와이키키의 일일 최고 기온이 가장 자주 떨어지는 그룹은 무엇인가요?

2. 코드 13-17의 아이스크림 조사 크로스 탭을 수정하여 테이블을 뒤집어 보세요. 즉, flavor를 행으로 만들고 office를 열로 만드세요. 그러려면 쿼리의 어떤 요소를 변경해야 할까요? 결과에서 개수가 다르게 나타나나요?

14

의미 있는 데이터를 찾기 위한 텍스트 마이닝

다음으로 SQL을 사용하여 텍스트를 변환하고 검색하며 분석하는 방법을 배웁니다. 고급 분석을 배우기 전에 문자열 포맷과 패턴 일치를 활용한 간단한 텍스트 조작으로 시작합니다. 이 장에서는 두 가지 데이터셋을 사용합니다. 워싱턴 D.C.의 보안관 부서에서 수집한 범죄 보고서 모음과 미국 대통령 연설 모음입니다.

텍스트는 분석을 위한 많은 가능성을 제공합니다. 구조화되지 않은 데이터(연설이나 보고서, 보도 자료 등의 텍스트)를 테이블의 행과 열에 있는 구조화된 데이터로 변환하면 의미를 추출할 수 있습니다. 또, PostgreSQL의 전체 텍스트 검색과 같은 고급 텍스트 분석 기능을 사용할 수 있습니다. 이러한 기술을 사용하면 일반 텍스트에서 숨겨져 있는 사실이나 추세를 밝혀낼 수 있습니다.

14-1 문자열 함수를 사용하여 텍스트 서식 지정하기

PostgreSQL에서는 대문자 사용, 문자열 결합, 원하지 않는 공백 제거와 같은 일상적이지만 필요한 작업을 처리하는 50개 이상의 문자열 함수가 기본 제공되고 있습니다. 일부는 표준 ANSI SQL에 속하고 일부는 PostgreSQL 전용입니다. PostgreSQL 문서(https://www.postgresql.org/docs/current/functions-string.html)에서 PostgreSQL의 전체 문자열 함수 목록을 찾을 수 있지만, 여기에서는 가장 자주 사용되는 몇 가지를 살펴보겠습니다.

SELECT upper('hello');와 같이 SELECT 다음에 함수를 배치하는 간단한 쿼리로 각각의 함수를 시도해 볼 수 있습니다. 이 장에 나오는 모든 코드는 영진닷컴 홈페이지 또는 깃허브에서 다운로드할 수 있습니다.

14-1-1 대소문자 형식

대문자 함수는 텍스트의 대소문자를 지정합니다. upper(string) 함수는 전달된 문자열의 모든 알파벳 문자를 대문자로 표시합니다. 숫자처럼 알파벳이 아닌 문자는 변경되지 않습니다. 예를 들어 upper('Neal7')은 NEAL7을 반환합니다. lower(string) 함수도 마찬가지로 모든 알파벳 문자를 소문자로 표시합니다. 예를 들어 lower('Randy')는 randy를 반환합니다.

initcap(string) 함수는 각 단어의 첫 글자를 대문자로 표시합니다. 예를 들어 initcap('at the end of the day')는 At The End Of The Day를 반환합니다. 이 함수는 책이나 영화 제목의 서식을 지정하는 데 유용하지만 낱말의 머리글자를 모아서 만든 약어를 인식하지 못하기 때문에 항상 완벽한 솔루션은 아닙니다. 예를 들어 initcap('Practical SQL')은 SQL을 약어로 인식하지 않기 때문에 Practical Sql을 반환합니다.

upper() 및 lower() 함수는 표준 ANSI SQL 명령이지만 initcap()은 PostgreSQL 전용입니다. 이 세 가지 함수는 텍스트 열을 여러분이 선호하는 케이스로 재작업할 수 있는 충분한 옵션을 제공합니다. 대문자화는 현장이나 언어에서 쓰이지는 않는다는 점에 유의하세요.

14-1-2 문자 정보

여러 함수는 문자열을 변환하는 대신 문자열에 대한 데이터를 반환합니다. 이러한 기능은 그 자체로 유용하거나 다른 기능과 결합됩니다. 예를 들어, char_length(string) 함수는 공백을 포함하여 문자열의 문자 수를 반환합니다. 예를 들어, char_length(' Pat ')은 Pat과 양쪽 끝에 있는 공백의 합계가 5자이므로 값 5를 반환합니다. 표준 ANSI SQL이 아닌 length(string) 함수를 사용하여 문자열을 계산할 수도 있습니다. 여기에는 2진수 문자열의 길이를 계산할 수 있는 변형이 있습니다.

> **📝 NOTE**
>
> length() 함수는 중국어, 일본어, 또는 한국어를 포함하는 문자 집합과 같은 멀티 바이트 인코딩과 함께 사용할 때 char_length() 함수와는 다른 값을 반환할 수 있습니다.

position(substring in string) 함수는 문자열의 하위 문자열 문자의 위치를 반환합니다. 예를 들어, position(', ' in 'Tan, Bella')는 첫 번째 매개 변수로 전달된 하위 문자열에 지정된 쉼표와 공백 문자가 문자열 Tan, Bella의 네 번째 인덱스 위치에서 시작하기 때문에 4를 반환합니다.

char_length() 및 position() 함수 모두 표준 ANSI SQL입니다.

14-1-3 문자 삭제하기

trim(characters from string) 함수는 문자열에서 원하지 않는 문자를 제거합니다. 제거할 하나 이상의 문자를 선언하려면 해당 문자를 함수에 추가하고 그 뒤에 키워드 from과 변경할 문자열을 추가합니다. 문자열 맨 앞 문자를 제거하는 leading, 맨 뒤 문자를 제거하는 trailing, 둘 다 제거하는

both 옵션은 이 함수를 매우 유연하게 만듭니다.

예를 들어 trim('s' from 'socks')는 문자열 socks에서 모든 s 문자를 제거하고 ock를 반환합니다. 문자열 끝에 있는 s만 제거하려면 제거할 문자 앞에 trailing 키워드를 추가합니다. trim(trailing 's' from 'socks')는 sock를 반환합니다.

제거할 문자를 지정하지 않으면 trim()은 기본적으로 문자열의 모든 공백을 제거합니다. 예를 들어 trim(' Pat ')은 선행 또는 후행 공백 없이 Pat을 반환합니다. 공백이 제거된 문자열의 길이를 확인하기 위해 다음과 같이 char_length() 안에 trim()을 중첩할 수 있습니다.

```
SELECT char_length(trim(' Pat '));
```

이 쿼리는 trim(' Pat ')의 결과인 Pat의 문자 수인 3을 반환해야 합니다.

ltrim(string, characters) 및 rtrim(string, characters) 함수는 trim() 함수의 PostgreSQL 전용 변형입니다. 문자열의 왼쪽 또는 오른쪽 끝에서 문자를 제거합니다. 예를 들어 rtrim('socks', 's')는 문자열의 오른쪽 끝에 있는 s만 제거하여 sock를 반환합니다.

14-1-4 문자 추출하고 대체하기

표준 ANSI SQL인 left(string, number) 및 right(string, number) 함수는 문자열에서 선택한 수만큼 문자를 추출하고 반환합니다. 예를 들어, 전화번호 703-555-1212에서 지역 코드 703만 얻으려면 left('703-555-1212', 3)을 사용하여 문자열의 왼쪽부터 3자를 지정하세요. 마찬가지로 right('703-555-1212', 8)은 오른쪽을 기준으로 8자인 555-1212를 반환합니다.

문자열의 문자를 대체하려면 replace(string , from, to) 함수를 사용하세요. 예를 들어 bat을 cat으로 변경하려면 replace('bat', 'b', 'c')를 사용하여 bat의 b를 c로 대체하도록 지정합니다.

이제 문자열 조작을 위한 기본 기능을 배웠으므로 텍스트에서 더 복잡한 패턴을 일치시키고 이러한 패턴을 분석할 수 있는 데이터로 변환하는 방법을 살펴보겠습니다.

14-2 정규식을 사용하여 텍스트 패턴 매칭하기

정규식regular expressions 또는 regex은 텍스트 패턴을 설명하는 표기 언어 유형입니다. 가령 네 자리 숫자와 하이픈, 두 자리 숫자가 이어진 문자열처럼 패턴이 눈에 띄는 문자열이 있는 경우에 이러한 패턴을 설명하는 정규식을 작성할 수 있습니다. 그런 다음 WHERE 절의 표기법을 사용하여 패턴별로 행을 필터링하거나 정규식 함수를 사용하여 동일한 패턴을 포함하는 텍스트를 추출하고 랭글링할 수 있습니다.

정규식은 초보 프로그래머에게 이해하기 어려운 것처럼 보일 수 있습니다. 직관적이지 않은 단일 문자 기호를 사용하기 때문에 익숙해지기 위해 연습을 해야 합니다. 패턴과 일치하는 표현식을 얻는 과정에서 시행 착오가 있을 수 있으며 프로그래밍 언어마다 정규식을 처리하는 방식에 미묘한 차이가 있습니다. 그래도 정규식을 배우면 많은 프로그래밍 언어, 텍스트 편집기 및 기타 응용 프로그램을 사용하여 텍스트를 검색하는 매우 강력한 능력을 얻게 되므로 시간을 들여 학습하는 것이 좋습니다.

이번 절에서는 연습을 진행하기에 충분한 정규식 기본 사항을 제공합니다. 더 자세히 알고 싶다면 표기법 참조가 있는 https://regexr.com/ 또는 http://www.regexpal.com/과 같은 대화형 온라인 코드 테스터를 권장합니다.

14-2-1 정규식 표기법

문자와 숫자, 그리고 특정 기호는 동일한 문자를 나타내는 리터럴이기 때문에 정규식 표기법을 사용하여 일치시키는 것은 간단합니다. 예를 들어, Al은 Alicia의 처음 두 문자와 일치합니다.

더 복잡한 패턴의 경우 표 14-1의 정규식 요소 조합을 사용하세요.

식	설명
.	점은 개행 문자를 제외한 모든 문자를 찾는 와일드카드이다.
[FGz]	대괄호 안의 모든 문자. 여기에서는 F, G 또는 z이다.
[a-z]	문자 범위. 여기에서는 a부터 z까지 소문자를 의미한다.
[^a-z]	캐럿은 일치를 무효화한다. 여기서 a부터 z까지는 소문자가 아니다.
\w	모든 단어 문자 또는 언더바. [A-Za-z0-9_]와 동일하다.
\d	모든 숫자
\s	공백 한 개
\t	탭 문자
\n	줄 바꿈 문자
\r	캐리지 리턴 문자
^	문자열의 시작 부분에서 일치
$	문자열 끝에서 일치
?	이전 일치 항목을 0 또는 1회 가져오기
*	이전 일치 항목을 0 또는 1회 이상 가져오기
+	이전 일치 항목을 1회 또는 그 이상 가져오기
{m}	이전 일치 항목을 정확히 m 횟수만큼 가져오기
{m,n}	이전 일치 항목을 정확히 m과 n 사이 횟수만큼 가져오기
a|b	파이프는 교대를 나타낸다. a 또는 b를 찾는다.
( )	캡처 그룹을 생성 및 보고하거나 우선 순위를 설정한다.
(?:)	캡처 그룹의 보고를 무효화한다.

표 14-1 기초 정규식 표기법

이러한 기본 정규식을 사용하여 다양한 종류의 문자를 일치시킬 수 있으며 일치하는 횟수와 위치를 표시할 수도 있습니다. 예를 들어, 대괄호 안에 문자를 넣으면 단일 문자 또는 범위와 일치시킬 수 있습니다. [FGz]는 단일 F, G 또는 z와 일치하는 반면 [A-Za-z]는 모든 대문자 또는 소문자와 일치합니다.

백슬래시(\)는 텍스트 파일의 줄 끝 문자인 탭(\t), 숫자(\d) 또는 개행 문자(\n)와 같은 특수 문자의 지정자 앞에 옵니다.

문자와 일치하는 횟수를 표시하는 방법에는 여러 가지가 있습니다. 중괄호 안에 숫자를 넣으면 그만큼 여러 번 일치시키려는 것입니다. 예를 들어, \d{4}는 4개의 연속된 숫자와 일치하고 \d{1,4}는 한 자리부터 네 자리의 숫자와 일치합니다.

?, *, + 문자는 일치 수에 대한 유용한 축약 표기법을 제공합니다. 예를 들어, 문자 뒤의 + 기호는 한 번 이상 일치함을 나타냅니다. 따라서 표현식 a+는 aardvark라는 문자열에서 aa를 찾습니다.

추가로, 괄호는 캡처 그룹^{capture group}을 나타내며, 쿼리 결과에 표시할 일치된 텍스트의 일부만 지정하는 데 사용할 수 있습니다. 이는 일치하는 표현식의 일부만 보고하는 데 유용합니다. 예를 들어 텍스트에서 HH:MM:SS 형식을 찾고 있고 시간만 보고하려는 경우 (\d{2}):\d{2}:\d{2}와 같은 표현식을 사용할 수 있습니다. 이것은 두 자리 시간과 콜론, 두 자리 분과 콜론, 그리고 두 자리 초를 차례로 찾습니다. 첫 번째 \d{2}를 괄호 안에 넣으면 전체 표현식이 전체 시간과 일치하더라도 두 숫자만 추출할 수 있습니다.

표 14-2는 '경기가 2024년 5월 2일 오후 7시에 시작됩니다.^{The game starts at 7 p.m. on May 2, 2024.}'라는 문장의 여러 부분을 캡처하기 위해 정규식을 결합한 예를 보여 줍니다.

식	일치하는 내용	결과
.+	임의의 문자를 한 번 이상	The game starts at 7 p.m. on May 2, 2024.
\d{1,2} (?:a.m.|p.m.)	한 자리 또는 두 자리 숫자 뒤에 공백과 논캡처링 그룹에서 a.m. 또는 p.m.	7 p.m.
^\w+	시작 부분에 하나 이상의 단어 문자	The
\w+.$	끝에 임의의 문자가 오는 하나 이상의 단어 문자	2024.
May|June	May 또는 June이라는 단어 중 하나	May
\d{4}	네 자리 수	2024
May \d, \d{4}	May 뒤에 공백, 숫자, 쉼표, 공백, 네 자리 숫자	May 2, 2024

표14-2 정규식 표기법을 사용한 예시들

이 결과는 문자열에서 관심 있는 부분만 선택하는 정규식의 유용성을 보여 줍니다. 예를 들어 시간을 찾으려는 경우라면, 시간은 공백 뒤에 오는 한두 자리 숫자일 수 있기 때문에 \d{1,2} (?:a.m.|p.m.) 표현식을 사용합니다. 숫자를 찾은 다음 a.m. 또는 p.m.을 찾습니다. 용어를 구분하는 파이프 기호는 '또는' 조건을 나타내며 이를 괄호로 묶으면 나머지 표현식에서 논리가 분리됩니다. 그저 a.m. 또는 p.m.인지를 보고하는 용어를 담고 있는 괄호를 캡처 그룹으로 처리하지 않으려면 ?: 기호가 필요합니다. ?:은 전체 일치 항목이 반환되도록 합니다.

pgAdmin에서는 일치하는 텍스트를 반환하기 위해 substring(string from pattern) 함수 안에 텍스트와 정규식을 배치하는 식으로 정규식을 사용할 수 있습니다. 예를 들어 네 자리 연도를 찾으려면 다음 쿼리를 사용합니다.

```
SELECT substring('The game starts at 7 p.m. on May 2, 2024.' from '\d{4}');
```

이 쿼리는 2024를 반환해야 합니다. 왜냐하면 패턴으로 네 자리 숫자를 찾도록 지정했고, 이 문자열에서 이러한 기준과 일치하는 유일한 숫자는 2024뿐이기 때문입니다. 영진닷컴 홈페이지 또는 깃허브의 실습 자료에서 표 14-2의 모든 예제에 대한 샘플인 substring() 쿼리를 확인할 수 있습니다.

14-2-2 WHERE와 함께 정규식 사용하기

WHERE 절에서 LIKE 및 ILIKE를 사용하여 쿼리를 필터링했습니다. 이번에는 더욱 더 복잡한 필터링을 수행할 수 있도록 WHERE 절에서 정규식을 사용하는 방법을 배웁니다.

정규식에서 물결표(~)를 사용하여 대소문자를 구분하고 물결표-별표(~*)를 사용하여 대소문자를 구분하지 않는 필터링을 수행합니다. 앞에 느낌표(!)를 추가하여 두 식을 모두 부정할 수 있습니다.

예를 들어 !~*는 대소문자를 구분하지 않는 정규식과 일치하지 않음을 나타냅니다. 코드 14-1은 이전 실습의 2019년도 미국 10개년 인구조사 추정치 테이블 us_counties_pop_est_2019를 사용하여 어떻게 작동하는지 보여 줍니다.

```
  SELECT county_name
  FROM us_counties_pop_est_2019
❶ WHERE county_name ~* '(lade|lare)'
  ORDER BY county_name;

  SELECT county_name
  FROM us_counties_pop_est_2019
❷ WHERE county_name ~* 'ash' AND county_name !~ 'Wash'
  ORDER BY county_name;
```

코드 14-1 WHERE 절에서 정규식 사용하기

첫 번째 WHERE 절❶은 물결표-별표(~*)를 사용하여 정규식 (lade|lare)에서 대소문자를 구분하지 않는 필터링을 수행하여 문자열 사이에 lade 또는 lare를 포함하는 카운티 이름을 찾습니다. 결과는 8개의 행을 표시해야 합니다.

```
county_name
-------------------
Bladen County
Clare County
Clarendon County
Glades County
```

```
Langlade County
Philadelphia County
Talladega County
Tulare County
```

결과의 카운티 이름에는 lade 또는 lare라는 글자가 포함됩니다.

두 번째 WHERE 절❷은 물결표-별표(~*)와 부정 물결표(!~)를 사용하여 ash를 포함하지만 Wash로 시작하는 항목은 제외하는 카운티 이름을 찾습니다. 이 쿼리는 다음을 반환해야 합니다.

```
county_name
----------------
Ashe County
Ashland County
Ashland County
Ashley County
Ashtabula County
Nash County
Wabash County
Wabash County
Wabasha County
```

이 출력의 9개 카운티는 모두 ash라는 글자를 포함하지만 Wash는 포함하지 않는 이름을 가지고 있습니다.

이는 매우 간단한 예이지만 LIKE 및 ILIKE에서 사용 가능한 와일드카드만으로는 수행할 수 없는 정규식을 사용하여 더 복잡한 필터링을 수행할 수 있습니다.

14-2-3 텍스트를 바꾸거나 분할하는 정규식 함수

텍스트 작업 시 유용할 수 있는 세 가지 정규식 함수를 더 살펴보겠습니다. 코드 14-2는 텍스트를 바꾸고 분할하는 몇 가지 정규식 함수를 보여 줍니다.

```
❶ SELECT regexp_replace('05/12/2024', '\d{4}', '2023');

❷ SELECT regexp_split_to_table('Four,score,and,seven,years,ago', ',');

❸ SELECT regexp_split_to_array('Phil Mike Tony Steve', ',');
```

코드 14-2 텍스트를 바꾸고 분할하는 정규식 함수

regexp_replace(string, pattern, replacement text) 함수를 사용하면 일치하는 패턴을 대체 텍스트로 바꿀 수 있습니다. 첫 번째 SELECT 문❶에서 우리는 \d{4}를 사용하여 연속된 문자열에 연속된 네 자리 숫자가 있는지 확인합니다. 05/12/2024라는 날짜 문자열을 검색해서 그런 패턴이 발견되면 이를 대체 텍스트인 2023으로 바꿉니다. 해당 쿼리의 결과는 05/12/2023이라는 텍스트로 반환됩니다.

regexp_split_to_table(string, pattern) 함수는 구분된 텍스트를 행으로 분할합니다. 코드 14-2는 이 함수를 사용하여 문자열 'Four, score, and, seven, years, ago'를 쉼표로 분할해❷ 각 행에 한 단어가 있는 행 집합을 만듭니다.

```
regexp_split_to_table
---------------------
Four
score
and
seven
years
ago
```

이 장 끝에 있는 연습문제를 풀 때 이 함수를 떠올려 보세요.

regexp_split_to_array(string, pattern) 함수는 구분된 텍스트를 배열로 분할합니다. 이 예제는 문자열 Phil Mike Tony Steve를 공백으로 분할하여❸ pgAdmin에서 다음과 같은 텍스트 배열을 반환합니다.

```
regexp_split_to_array
---------------------
{Phil,Mike,Tony,Steve}
```

결과 주변의 중괄호와 함께 pgAdmin의 열 헤더에 있는 text[] 표기법은 이것이 실제로 다른 분석 수단을 제공하는 배열 유형임을 확인합니다. 예를 들어, 코드 14-3과 같이 array_length() 함수를 사용해 단어 수를 계산할 수 있습니다.

```
SELECT array_length(regexp_split_to_array('Phil Mike Tony Steve', ' '), 1 ❶);
```

코드 14-3 배열 길이 찾기

regexp_split_to_array()는 1차원 배열을 생성하며, 결과로 하나의 이름 목록이 반환됩니다. 배열에는 추가 차원을 가질 수 있는데, 가령 2차원 배열은 행과 열이 있는 행렬을 나타낼 수 있습니다. 따라서 array_length()에 두 번째 인수❶로 1을 입력하여 배열의 첫 번째(그리고 유일한) 차원의 길이를 원한다고 알립니다. 배열에 요소가 4개 있으므로 쿼리는 4를 반환합니다. array_length()와 배열 관련 함수에 대한 자세한 내용은 https://www.postgresql.org/docs/current/functions-array.html에서 읽을 수 있습니다.

텍스트에서 패턴을 식별할 수 있다면 정규 표현식 기호를 조합해 검색할 수도 있습니다. 이 기술은 데이터 집합으로 변환하려는 텍스트에 반복되는 패턴이 있을 때 특히 유용합니다. 실제 예제를 통해 정규 표현식 함수를 사용하는 방법을 연습해 보겠습니다.

14-2-4 정규식 함수를 사용하여 텍스트를 데이터로 변환하기

워싱턴 D.C. 근처의 한 보안관 부서는 부서가 조사한 사건의 날짜, 시간, 위치, 사건 경위를 자세히 설명하는 일일 보고서를 발행합니다. 이러한 보고서는 데이터베이스로 가져오기 좋은 파일 형식 대신 Microsoft 워드로 작성해 PDF 형식으로 저장한 파일로 게시된다는 점을 제외하면 분석하기에 좋습니다.

PDF에서 사건을 복사하여 텍스트 편집기에 붙여 넣으면 결과는 코드 14-4와 같은 텍스트 블록이 됩니다.

```
❶ 4/16/17-4/17/17
❷ 2100-0900 hrs.
❸ 46000 Block Ashmere Sq.
❹ Sterling
❺ Larceny: ❻The victim reported that a
  bicycle was stolen from their opened
  garage door during the overnight hours.
❼ C0170006614

  04/10/17
  1605 hrs.
  21800 block Newlin Mill Rd.
  Middleburg
  Larceny: A license plate was reported
  stolen from a vehicle.
  SO170006250
```

코드 14-4 범죄 보고서 텍스트

각 텍스트 블록에는 날짜❶, 시간❷, 주소❸, 도시 또는 마을❹, 범죄 유형❺, 사건 설명❻이 포함됩니다. 마지막 정보는 사건의 고유 ID로 보이는 코드❼이지만 어디까지나 추정이기 때문에 확실하게 확인하려면 보안관 부서에 연락해 봐야 합니다. 약간의 불일치가 보이는군요. 예를 들어, 텍스트의 첫 번째 블록에는 4/16/17-4/17/17이라는 두 개의 날짜와 2100-0900 hrs라는 두 개의 시간이 있습니다. 이는 사건의 정확한 시간은 알려지지 않았으며 그 시간 내에 발생했을 가능성이 높다는 것을 의미합니다. 두 번째 블록에는 하나의 날짜와 시간이 있습니다.

이러한 보고서를 정기적으로 작성하면 다음과 같은 중요한 질문에 답할 수 있는 좋은 통찰력을 얻을 수 있습니다. 범죄는 어디에서 발생하는 경향이 있나요? 어떤 범죄 유형이 가장 자주 발생하나요? 주말이나 평일에 더 자주 발생하나요? 질문에 답하기 전에 정규식을 사용하여 텍스트를 테이블 열로 추출해야 합니다.

> 📝 **NOTE**
>
> 텍스트에서 요소를 추출하는 작업은 단순 반복 작업이므로 데이터 소유자에게 텍스트가 데이터베이스에서 생성되었는지 물어보세요. 운이 좋다면 해당 데이터베이스에서 내보내기를 통해 CSV 파일과 같은 구조화된 파일을 얻어 상당한 시간을 절약할 수 있습니다.

범죄 보고서를 위한 테이블 생성하기

5건의 범죄 사건을 crime_reports.csv라는 파일로 수집했습니다. 영진닷컴 홈페이지 또는 깃허브에서 파일을 다운로드해 컴퓨터에 저장하세요. 다음으로 코드 14-5와 같이 정규식을 사용하여 텍스트에서 파싱할 수 있는 각 데이터 요소에 대한 열이 있는 테이블을 만듭니다.

```
CREATE TABLE crime_reports (
    crime_id integer PRIMARY KEY GENERATED ALWAYS AS IDENTITY,
    case_number text,
    date_1 timestamptz,
    date_2 timestamptz,
    street text,
    city text,
    crime_type text,
    description text,
    original_text text NOT NULL
);

COPY crime_reports (original_text)
FROM 'C:\YourDirectory\crime_reports.csv'
WITH (FORMAT CSV, HEADER OFF, QUOTE '"');
```

코드14-5 crime_reports 테이블 생성하고 가져오기

코드 14-5의 CREATE TABLE 문을 실행한 다음 COPY 문을 사용하여 텍스트를 original_text 열에 불러옵니다. 나머지 열은 채우기 전까지 NULL 상태입니다.

SELECT original_text FROM crime_reports;를 실행하면 pgAdmin에서 결과 그리드는 5개의 행과 각 보고서의 처음 몇 단어를 표시해야 합니다. pgAdmin의 결과 화면에서 셀을 더블 클릭하면 그림 14-1과 같이 해당 행의 모든 텍스트를 표시합니다.

그림14-1 pgAdmin 결과 그리드에 추가 텍스트 표시하기

파싱할 텍스트를 불러왔으므로 PostgreSQL 정규식 함수를 사용해 이 데이터를 살펴보겠습니다.

범죄 보고서 날짜 패턴 매칭하기

보고서 original_text에서 추출하려는 첫 번째 데이터는 날짜 또는 범죄가 발생한 날짜입니다. 대부분의 보고서에는 하나의 날짜가 있지만 어떤 것에는 두 개가 있습니다. 또한 보고서에는 관련된 시

간이 있으며 추출된 날짜와 시간을 타임스탬프로 결합합니다. date_1은 각 보고서의 첫 번째 또는 유일한 날짜와 시간으로 채웁니다. 두 번째 날짜 또는 두 번째 시간이 있는 경우 타임스탬프를 만들어 date_2에 추가합니다.

몇 가지 예외를 제외하고 substring()과 유사한 regexp_match(string, pattern) 함수를 사용합니다. 이는 각 일치 항목을 배열의 텍스트로 반환하며, 일치하는 항목이 없으면 NULL을 반환합니다. 6장에서 배웠듯이 배열은 요소의 목록이며, 한 예제에서 배열을 사용해 값 목록을 percentile_cont() 함수에 전달하여 사분위수를 계산했습니다. 범죄 보고서를 파싱할 때 배열로 반환되는 결과를 사용하는 방법을 보겠습니다.

> 📝 NOTE
>
> regexp_match() 함수는 PostgreSQL 10에서 도입되었으며, 이전 버전에서는 사용할 수 없습니다.

시작하려면 regexp_match()를 사용하여 crime_reports의 다섯 사건 각각에서 날짜를 찾습니다. 일치시킬 일반적인 패턴은 MM/DD/YY이지만 월과 일에 대해 한 자리 또는 두 자리 숫자가 있을 수 있습니다. 다음은 패턴과 일치하는 일반 표현식입니다.

```
\d{1,2}\/\d{1,2}\/\d{2}
```

이 표현식에서 \d{1,2}는 월을 나타냅니다. 중괄호 안의 숫자는 최소 한 자리에서 최대 두 자리 숫자를 지정합니다. 다음으로 슬래시(/)를 찾고 싶지만 슬래시는 정규식에서 특별한 의미를 가질 수 있기 때문에 다음과 같이 백슬래시(\)를 앞에 배치하여 해당 문자를 이스케이프해야 합니다. 이 컨텍스트에서 문자를 이스케이프한다는 것은 단순히 문자가 특별한 의미를 갖도록 하는 것이 아니라 문자 그대로 취급하기를 원한다는 것을 뜻합니다. 따라서 백슬래시와 슬래시의 조합(\/)은 슬래시가 필요함을 나타냅니다.

다음으로 한 자리 또는 두 자리 숫자로 일을 나타내는 다른 \d{1,2}가 뒤따릅니다. 그리고 표현식은 두 번째 이스케이프 슬래시와 \d{2}로 끝나며 이는 두 자리 연도를 나타냅니다. 코드 14-6과 같이 \d{1,2}\/\d{1,2}\/\d{2} 표현식을 regexp_match()에 전달해 보겠습니다.

```
SELECT crime_id,
       regexp_match(original_text, '\d{1,2}\/\d{1,2}\/\d{2}')
FROM crime_reports
ORDER BY crime_id;
```

코드14-6 regexp_match()를 사용하여 첫 번째로 범죄가 발생한 날짜 찾기

pgAdmin에서 해당 코드를 실행하면 결과는 다음과 같습니다.

```
crime_id    regexp_match
--------    ------------
       1    {4/16/17}
       2    {4/8/17}
       3    {4/4/17}
       4    {04/10/17}
       5    {04/09/17}
```

기본적으로 regexp_match()는 발견한 첫 번째 일치 항목을 반환하기 때문에 각 행에는 사건에 대해 나열된 첫 번째 날짜가 표시됩니다. 각 날짜가 중괄호로 묶여 있음에 유의하세요. 이는 Post-greSQL에서 regexp_match()가 각 결과를 배열 또는 요소 목록으로 반환함을 나타냅니다. 조금 뒤 'regexp_match() 결과에서 텍스트 추출하기'에서는 배열에서 이러한 요소에 액세스하는 방법을 보여 줍니다. PostgreSQL 문서(https://www.postgresql.org/docs/current/arrays.html)에서 Post-greSQL의 배열 사용에 대한 자세한 내용을 찾아보세요.

두 번째 날짜가 존재하는 경우 두 번째 날짜 매칭하기

각 보고서에서 첫 번째 날짜를 성공적으로 추출했습니다. 그러나 다섯 사건 중 하나에는 두 번째 날짜가 있었습니다. 텍스트의 모든 날짜를 찾아 표시하려면 관련 regexp_matches() 함수를 사용하고 코드 14-7처럼 플래그 g 형태로 옵션을 전달해야 합니다.

```
SELECT crime_id,
       regexp_matches(original_text, '\d{1,2}\/\d{1,2}\/\d{2}', 'g'❶)
FROM crime_reports;
ORDER BY crime_id;
```

코드14-7 g 플래그와 함께 regexp_matches() 함수 사용하기

regexp_matches() 함수는 g 플래그❶가 제공될 때 표현식이 찾은 각 일치 항목을 결과에서 행으로 반환한다는 점에서 regexp_match() 함수와 다릅니다. regexp_match() 함수는 첫 번째 일치 항목만 반환했습니다.

수정된 버전으로 다시 실행해 보면 다음과 같이 crime_id가 1인 사건의 두 날짜가 표시됩니다.

```
crime_id    regexp_matches
--------    --------------
       1    {4/16/17}
       1    {4/17/17}
       2    {4/8/17}
       3    {4/4/17}
       4    {04/10/17}
       5    {04/09/17}
```

범죄 보고서에 두 번째 날짜가 있을 때마다 해당 보고서와 관련 시간을 date_2 열에 로드하려고

합니다. g 플래그를 추가하면 모든 날짜가 표시되지만, 보고서에서 두 번째 날짜만 추출하기 위해 두 날짜가 있을 때 항상 표시되는 패턴을 사용할 수 있습니다. 코드 14-4에서 첫 번째 텍스트 블록은 다음과 같이 하이픈으로 구분된 두 날짜를 보여 줍니다.

```
4/16/17-4/17/17
```

즉, 다시 regexp_match()로 돌아가 코드 14-8과 같이 하이픈 다음에 날짜가 오는 정규식을 작성할 수 있습니다.

```
SELECT crime_id,
       regexp_match(original_text, '-\d{1,2}\/\d{1,2}\/\d{2}')
FROM crime_reports
ORDER BY crime_id;
```

코드 14-8 regexp_match()를 사용하여 두 번째 날짜 찾기

이 쿼리는 첫 번째 항목에서 두 번째 날짜를 찾지만(나머지에 대해서는 NULL을 반환) 의도하지 않은 결과로 하이픈과 함께 표시됩니다.

```
crime_id   regexp_match
--------   ------------
       1   {-4/17/17}
       2
       3
       4
       5
```

하이픈은 timestamp 데이터 타입에 대해 잘못된 형식이므로 포함하지 않는 것이 좋습니다. 다행히도 다음과 같이 캡처 그룹을 생성하기 위해 괄호로 묶어 여러분이 반환하고자 하는 정규식의 정확한 부분을 지정할 수 있습니다.

```
-(\d{1,2}/\d{1,2}/\d{1,2})
```

이 표기법은 원하는 정규식의 일부만 반환합니다. 이처럼 괄호 안의 데이터만 보고하기 위해 코드 14-9의 수정된 쿼리를 실행합니다.

```
SELECT crime_id,
       regexp_match(original_text, '-(\d{1,2}\/\d{1,2}\/\d{2})')
FROM crime_reports
ORDER BY crime_id;
```

코드 14-9 캡처 그룹을 사용하여 날짜만 반환하기

코드 14-9의 쿼리는 다음과 같이 선행 하이픈 없이 두 번째 날짜만 반환합니다.

```
crime_id   regexp_match
--------   ------------
       1   {4/17/17}
       2
       3
       4
       5
```

여러분이 방금 완료한 프로세스는 일반적입니다. 분석할 텍스트로 시작한 다음, 원하는 데이터를 찾을 때까지 정규식을 작성하고 구체화합니다. 지금까지 첫 번째 날짜, 그리고 두 번째 날짜와 일치하는 정규식을 만들었습니다. 이제 정규식을 사용하여 추가 데이터 요소를 추출해 보겠습니다.

추가 범죄 신고 요소 매칭하기

이번 절에서는 범죄 보고서의 시간, 주소, 범죄 유형, 설명, 사건 번호를 캡처합니다. 이 정보를 캡처하는 표현은 다음과 같습니다.

- **첫 번째 시간 \/\d{2}\n(\d{4})**

범죄가 발생한 시간 또는 시간 범위의 시작인 첫 번째 시간은 다음과 같은 각 범죄 보고서의 날짜를 따릅니다.

```
4/16/17-4/17/17
2100-0900 hrs.
```

첫 번째 시간을 찾기 위해 이스케이프 처리된 슬래시 조합과 \d{2}로 시작하는데, 이는 첫 번째 날짜의 두 자리 연도 17을 나타냅니다. 시간이 항상 새 줄에서 시작하기 때문에 개행 문자인 \n으로 줄 바꿈을 나타내고 \d{4}는 네 자리 시간 2100을 나타냅니다. 우리는 그 네 자리 시간만 반환하고 싶기 때문에 \d{4}를 괄호 안에 넣어 캡처 그룹으로 만듭니다.

- **두 번째 시간 \/\d{2}\n\d{4}-(\d{4})**

두 번째 시간이 존재할 경우 두 번째 시간은 하이픈 뒤에 옵니다. 그러니 첫 번째 시간을 찾기 위해 만든 표현식에 하이픈과 다른 \d{4}를 추가합니다. 다시 말하지만, 두 번째 \d{4}가 캡처 그룹에 포함되는 것은 여기서 우리가 반환하고 싶은 시간이 0900이기 때문입니다.

- **거리 hrs.\n(\d+ .+(?:Sq.|Plz.|Dr.|Ter.|Rd.))**

이 데이터에서 거리 주소는 시간의 hrs. 지정과 개행(\n)에 뒤따릅니다.

```
04/10/17
1605 hrs.
21800 block Newlin Mill Rd.
```

거리 주소는 항상 길이가 다른 숫자로 시작하고 일종의 축약된 접미사로 끝납니다. 이 패턴을 설명하기 위해 \d+를 사용하여 한 번 이상 나타나는 숫자를 찾습니다. 그런 다음 공백을 지정하고 도트 와일드카드와 더하기 기호 표기법(.+)을 사용하여 문자를 한 번 이상 찾습니다. 표현식은 (?: Sq.|Plz.|Dr.|Ter.|Rd.)와 같이 대체 파이프 기호로 구분된 일련의 용어로 끝납니다. 용어들이 괄호 안에 있으므로 표현식은 해당 용어들과 하나라도 일치하는 경우를 찾습니다. 이와 같이 용어를 그룹화할 때 괄호가 캡처 그룹으로 작동하지 않도록 하려면 ?:을 추가하여 해당 효과를 무효화해야 합니다.

> **📝 NOTE**
>
> 대규모 데이터셋에서 도로 이름은 정규식에서 5개를 초과하는 접미사로 끝날 가능성이 높습니다. 거리 추출 시 초기 패스를 만든 후 쿼리를 실행하여 일치하지 않는 행을 확인하여 일치시킬 추가 접미사를 찾을 수 있습니다.

- **도시 (?:Sq.|Plz.|Dr.|Ter.|Rd.)\n(\w+ \w+|\w+)\n**

도시는 항상 거리 접미사에 뒤따르기 때문에 방금 거리에 대해 만든 대체 기호로 구분된 용어를 재사용합니다. 개행 문자를 입력한 다음 캡처 그룹 (\w+ \w+|\w+)를 사용하여 최종 개행 이전에 두 단어 또는 한 단어를 찾습니다. 왜냐하면 마을[town]이나 도시[city] 이름은 한 개 이상의 단어일 수 있기 때문입니다.

- **범죄 유형 \n(?:\w+ \w+|\w+)\n(.*):**

각 보고서에서 콜론은 범죄 유형을 서술할 때만 사용되었는데, 그러다 보니 콜론 앞에는 항상 범죄 유형이 나옵니다. 범죄 유형은 다음과 같이 하나 이상의 단어로 구성될 수 있습니다.

```
--생략--
Middleburg
Larceny: A license plate was reported
stolen from a vehicle.
SO170006250
--생략--
```

이 패턴과 일치하는 표현식을 작성하기 위해 개행 문자, 그리고 두 단어 또는 한 단어로 된 도시 이름을 찾습니다. 그런 다음 또 개행 문자를 추가하고 (.*):을 사용하여 콜론 앞에 0번 또는 그 이상 나타나는 문자를 찾습니다.

- **설명 :\s(.+)(?:Co|So)**

범죄 설명은 항상 범죄 유형 뒤의 콜론과 사건 번호 사이에 있습니다. 따라서 표현식은 콜론, 공백 문자(\s)로 시작한 다음 캡처 그룹에서 .+ 표기법을 사용하여 한 번 이상 나타나는 문자를 찾습니다. 비보고 캡처 그룹 (?:Co|So)은 프로그램에게 각 케이스 번호를 시작하는 두 문자 쌍인 Co 또는 So를 만나면 검색을 중지하라고 지시합니다.(참고로 C 뒤에는 숫자 0, S 뒤에는 대문자 O입니다.) 설명 중에 하나 이상의 줄 바꿈이 있을 수 있기 때문에 이를 수행해야 합니다.

- **사건 번호 (?:Co|So)[0-9]+**

사건 번호는 Co 또는 So로 시작하고 그 뒤에 숫자들이 옵니다. 이 패턴을 일치시키기 위해 표현식은 [0-9] 범위 표기법을 사용하여 0에서 9까지의 숫자가 한 개 이상 뒤따르는 비보고 캡처 그룹에서 Co 또는 So를 찾습니다.

이제 이러한 정규식을 regexp_match()에 전달하여 작동하는지 살펴보겠습니다. 코드 14-10은 사건 번호, 첫 번째 날짜, 범죄 유형, 도시를 검색하는 regexp_match() 쿼리 샘플을 보여 줍니다.

```
SELECT
    regexp_match(original_text, '(?:Co|So)[0-9]+') AS case_number,
    regexp_match(original_text, '\d{1,2}\/\d{1,2}\/\d{2}') AS date_1,
    regexp_match(original_text, '\n(?:\w+ \w+|\w+)\n(.*):') AS crime_type,
    regexp_match(original_text, '(?:Sq.|Plz.|Dr.|Ter.|Rd.)\n(\w+ \w+|\w+)\n')
        AS city
FROM crime_reports
ORDER BY crime_id;
```

코드 14-10 사건 번호, 날짜, 범죄 유형, 도시 일치시키기

코드를 실행하면 결과는 다음과 같아야 합니다.

```
case_number       date_1        crime_type                    city
-------------     ---------     ------------------------      -----------
{C0170006614}     {4/16/17}     {Larceny}                     {Sterling}
{C0170006162}     {4/8/17}      {"Destruction of Property"}   {Sterling}
{C0170006079}     {4/4/17}      {Larceny}                     {Sterling}
{S0170006250}     {04/10/17}    {Larceny}                     {Middleburg}
{S0170006211}     {04/09/17}    {"Destruction of Property"}   {Sterling}
```

모든 랭글링을 마친 후 텍스트를 분석에 더 적합한 구조로 변환했습니다. 물론 추세를 파악하기 위해 도시별 범죄 유형의 빈도 또는 월별 범죄 수를 계산하려면 더 많은 사건을 포함해야 합니다.

파싱된 각 요소를 테이블의 열에 로드하기 위해 UPDATE 쿼리를 만듭니다. 그러나 텍스트를 열에 삽입하기 전에 regexp_match()가 반환하는 배열에서 텍스트를 추출하는 방법을 배워야 합니다.

regexp_match() 결과에서 텍스트 추출하기

앞서 '범죄 보고서 날짜 패턴 매칭하기'에서 regexp_match()가 텍스트 값을 포함하는 배열을 반환한 다고 언급했습니다. 두 가지 단서가 이것이 텍스트 값임을 나타냅니다. 첫 번째는 열 헤더의 데이터 타입 지정이 text 대신 text[]를 표시한다는 것입니다. 두 번째는 각 결과가 중괄호로 묶여 있다는 것입니다. 그림 14-2는 pgAdmin이 코드 14-10의 쿼리 결과를 표시하는 방법을 보여 줍니다.

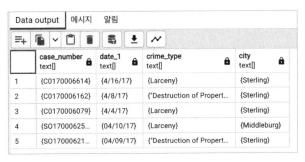

그림14-2 pgAdmin 결과 그리드의 배열 값

우리가 업데이트하려는 crime_reports 테이블의 열은 배열 타입이 아니므로 regexp_match()에서 반환된 배열 값을 전달하는 대신 먼저 배열에서 값을 추출해야 합니다. 코드 14-11과 같이 배열 표기법을 사용하여 이를 수행합니다.

```
SELECT
    crime_id,
❶ (regexp_match(original_text, '(?:CO|SO)[0-9]+'))[1]❷
        AS case_number
FROM crime_reports
ORDER BY crime_id;
```

코드14-11 배열 내에서 값 가져오기

먼저 regexp_match() 함수를 괄호로 묶습니다❶. 그 뒤에 배열의 첫 번째 요소를 나타내는 값 1을 대괄호로 감싸 제공합니다❷. 쿼리는 다음 결과를 생성해야 합니다.

```
crime_id    case_number
--------    -----------
       1    C0170006614
       2    C0170006162
       3    C0170006079
       4    S0170006250
       5    S0170006211
```

이제 pgAdmin 열 헤더의 데이터 타입 지정은 text[] 대신 text를 표시해야 하며 값은 더 이상 중 괄호로 묶이지 않습니다. 이제 UPDATE 쿼리를 사용하여 이러한 값을 crime_reports에 삽입할 수 있습니다.

추출된 데이터로 crime_reports 테이블 업데이트하기

crime_reports의 열을 업데이트하기 위해 코드 14-12는 첫 번째 날짜와 시간을 추출해 단일 time-stamp 값으로 결합해 date_1 열에 저장합니다.

```
   UPDATE crime_reports
❶ SET date_1 =
     (
❷     (regexp_match(original_text, '\d{1,2}\/\d{1,2}\/\d{2}'))[1]
❸        || ' ' ||
❹     (regexp_match(original_text, '\/\d{2}\n(\d{4})'))[1]
❺        ||' US/Eastern'
❻ )::timestamptz;
   RETURNING crime_id, date_1, original_text;
```

코드14-12 crime_reports 테이블의 date_1 열 업데이트하기

date_1 열은 timestamp 타입이므로 해당 데이터 타입에 입력을 제공해야 합니다. 이를 위해 Post-greSQL 이중 파이프 연결 연산자를 사용하여 추출된 날짜와 시간을 timestamp with time zone 입력에 허용되는 형식으로 결합합니다. SET 절❶에서 첫 번째 날짜와 일치하는 정규식 패턴으로 시작합니다❷. 다음으로 두 개의 작은따옴표를 사용하여❸ 날짜를 공백으로 연결하고 연결 연산자를 반복합니다. 이 단계는 시간과 일치하는 정규식 패턴❹에 연결하기 전에 날짜와 공백을 결합합니다. 그런 다음 US/Eastern 지정으로 문자열 끝에 시간대를 연결하여❺ 워싱턴 D.C. 지역의 시간대를 포함합니다. 이러한 요소를 연결하면 timestamp 입력으로 허용되는 MM/DD/YY HH:MM TIMEZONE 패턴의 문자열이 생성됩니다. PostgreSQL 이중 콜론 단축 작성법과 timestamptz 약어를 사용하여 문자열을 timestamp with time zone 데이터 타입으로 변환합니다❻.

UPDATE를 실행하면 RETURNING 절은 다음과 같이 original_text 열의 일부와 함께 현재 채워진 date_1 열을 포함하여 업데이트된 행에서 지정한 열을 표시합니다.

```
 crime_id          date_1                          original_text
-------- --------------------------- ---------------------------------------------
    1    2017-04-16 21:00:00-04      4/16/17-4/17/17
                                     2100-0900 hrs.
                                     46000 Block Ashmere Sq.
                                     Sterling
                                     Larceny: The victim reported that a
                                     bicycle was stolen from their opened
                                     garage door during the overnight hours.
                                     C0170006614
    2    2017-04-08 16:00:00-04      4/8/17
                                     1600 hrs.
                                     46000 Block Potomac Run Plz.
                                     Sterling
                                     Destruction of Property: The victim
                                     reported that their vehicle was spray
                                     painted and the trim was ripped off while
                                     it was parked at this location.
```

```
--생략--
```

한눈에 봐도 date_1 열이 원본 텍스트에 표시되는 첫 번째 날짜와 시간을 정확하게 캡처하여 분석할 수 있는 형식(예: 어느 요일에 범죄가 가장 자주 발생하는지 정량화)으로 반환한 것을 한눈에 알 수 있습니다. 여러분이 동부 표준 시간대에 있지 않으면 타임스탬프는 그 대신 pgAdmin 클라이언트의 표준 시간대를 반영한다는 점을 유의하세요. 또한 pgAdmin에서 전체 텍스트를 보려면 original_text 열에서 셀을 더블 클릭해야 합니다.

CASE를 사용하여 특수 인스턴스 처리하기

나머지 각 데이터 요소에 대해 UPDATE 문을 작성할 수 있지만 이러한 구문을 하나로 결합하는 것이 더 효율적입니다. 코드 14-13은 데이터에서 일관되지 않은 값을 처리하면서 단일 문을 사용하여 모든 crime_reports 열을 업데이트합니다.

```
UPDATE crime_reports
SET date_1❶ =
    (
      (regexp_match(original_text, '\d{1,2}\/\d{1,2}\/\d{2}'))[1]
          || ' ' ||
      (regexp_match(original_text, '\/\d{2}\n(\d{4})'))[1]
          ||' US/Eastern'
    )::timestamptz,

    date_2❷ =
    CASE❸
        WHEN❹ (SELECT regexp_match(original_text, '-(\d{1,2}\/\d{1,2}\/\d{2})') IS NULL❺)
              AND (SELECT regexp_match(original_text, '\/\d{2}\n\d{4}-(\d{4})') IS NOT NULL❻)
        THEN❼
          ((regexp_match(original_text, '\d{1,2}\/\d{1,2}\/\d{2}'))[1]
              || ' ' ||
          (regexp_match(original_text, '\/\d{2}\n\d{4}-(\d{4})'))[1]
              ||' US/Eastern'
          )::timestamptz

        WHEN❽ (SELECT regexp_match(original_text, '-(\d{1,2}\/\d{1,2}\/\d{2})') IS NOT NULL)
              AND (SELECT regexp_match(original_text, '\/\d{2}\n\d{4}-(\d{4})') IS NOT NULL)
        THEN
          ((regexp_match(original_text, '-(\d{1,2}\/\d{1,2}\/\d{1,2})'))[1]
              || ' ' ||
          (regexp_match(original_text, '\/\d{2}\n\d{4}-(\d{4})'))[1]
              ||' US/Eastern'
          )::timestamptz
    END,
    street = (regexp_match(original_text, 'hrs.\n(\d+ .+(?:Sq.|Plz.|Dr.|Ter.|Rd.))'))[1],
    city = (regexp_match(original_text, '(?:Sq.|Plz.|Dr.|Ter.|Rd.)\n(\w+ \w+|\w+)\n'))[1],
    crime_type = (regexp_match(original_text, '\n(?:\w+ \w+|\w+)\n(.*):'))[1],
    description = (regexp_match(original_text, ':\s(.+)(?:CO|SO)'))[1],
    case_number = (regexp_match(original_text, '(?:CO|SO)[0-9]+'))[1];
```

코드 14-13 모든 crime_reports 열 업데이트하기

이 UPDATE 문은 언뜻 보면 굉장히 복잡하고 어려워 보이지만 열 단위로 살펴보면 그렇지 않습니다. 먼저, 코드 14-9와 동일한 코드를 사용하여 date_1 열을 업데이트합니다❶. date_2 열을 업데이트하려면❷ 두 번째 날짜 및 시간의 일관성이 없는 부분도 고려해야 합니다. 제한된 데이터셋에는 세 가지 가능성이 있습니다.

- 두 번째 시간이 있지만 두 번째 날짜는 없습니다. 이는 보고서가 한 날짜의 시간 범위를 포함할 때 발생합니다.
- 두 번째 날짜와 두 번째 시간이 있습니다. 이는 보고서가 둘 이상의 날짜를 포함할 때 발생합니다.
- 두 번째 날짜와 두 번째 시간 둘 다 없습니다.

date_2 열에 각 시나리오의 올바른 값을 삽입하기 위해 CASE 구문을 사용하여 각 가능성을 테스트합니다. CASE 키워드❸ 뒤에는 일련의 WHEN ... THEN 문을 사용하여 처음 두 조건을 확인하고 삽입할 값을 제공합니다. 조건이 존재하지 않으면 NULL을 반환합니다.

첫 번째 WHEN 문❹은 regexp_match()가 두 번째 날짜에 대해 NULL❺을 반환하는지 확인하고, 두 번째 시간에 대해서는 IS NOT NULL❻을 사용해 값을 반환하는지 확인합니다. 해당 조건이 true로 평가되면 THEN 문❼은 첫 번째 날짜를 두 번째 시간과 연결해 업데이트에 대한 타임스탬프를 만듭니다.

두 번째 WHEN 문❽은 regexp_match()가 두 번째 날짜와 두 번째 시간에 대한 값을 반환하는지 확인합니다. true이면 THEN 문은 두 번째 날짜를 두 번째 시간과 연결하여 타임스탬프를 만듭니다.

두 WHEN 문 중 어느 것도 true를 반환하지 않으면 첫 번째 날짜와 첫 번째 시간만 있는 것이므로 CASE 문은 업데이트에 NULL을 반환합니다.

> 📝 **NOTE**
>
> WHEN 문은 작은 샘플 데이터셋에 존재하는 가능성을 처리합니다. 더 많은 데이터로 작업하는 경우 두 번째 시간이 아닌 두 번째 날짜와 같은 추가 변형을 처리해야 할 수 있습니다.

코드 14-13의 전체 쿼리를 실행하면 PostgreSQL이 UPDATE 5라는 메시지를 반환해야 합니다. 성공적이군요! 추가 데이터가 있는 요소를 고려하면서 모든 열을 적절한 데이터로 업데이트했으므로 이제 테이블의 모든 열을 검사하고 original_text 열에서 파싱된 요소를 찾을 수 있습니다. 코드 14-14는 4개의 열을 쿼리합니다.

```
SELECT date_1,
       street,
       city,
       crime_type
FROM crime_reports
ORDER BY crime_id;
```

코드 14-14 선택된 범죄 데이터 보기

쿼리 결과는 다음과 같이 잘 구성된 데이터셋을 보여야 합니다.

```
date_1                   street                            city        crime_type
-------------------      -----------------------------     ----------  ---------------
2017-04-16 21:00:00-04   46000 Block Ashmere Sq.           Sterling    Larceny
2017-04-08 16:00:00-04   46000 Block Potomac Run Plz.      Sterling    Destruction of ...
2017-04-04 14:00:00-04   24000 Block Hawthorn Thicket Ter. Sterling    Larceny
2017-04-10 16:05:00-04   21800 block Newlin Mill Rd.       Middleburg  Larceny
2017-04-09 12:00:00-04   470000 block Fairway Dr.          Sterling    Destruction of ...
```

여러분은 원시 텍스트를 이 지역의 범죄 관련 질문에 답하고 요약할 수 있는 테이블로 성공적으로 변환했습니다.

프로세스의 가치

정규식을 작성하고 쿼리를 코딩하여 테이블을 업데이트하는 데 시간이 걸릴 수 있지만 이러한 방식으로 데이터를 식별하고 수집하는 것은 가치 있는 일입니다. 실제로 다룰 수 있는 최고의 데이터셋 중 일부는 직접 구축한 데이터셋입니다. 모든 사람이 동일한 데이터셋을 다운로드할 수 있지만 여러분이 구축한 데이터셋은 여러분의 것입니다. 데이터 이면에 있는 이야기를 찾고 전달하는 첫 번째 사람이 되는 것이죠.

또한 데이터베이스와 쿼리를 설정한 후에는 이를 반복해서 사용할 수 있습니다. 이 예에서는 추세 파악을 위해 꾸준히 마이닝할 수 있는 지속적인 데이터셋에 대해 매일(수작업으로 또는 Python과 같은 프로그래밍 언어를 사용해 다운로드를 자동화하여) 범죄 보고서를 수집할 수 있습니다.

다음 절에서는 추가 PostgreSQL 함수를 사용하는 정규식 탐색을 마저 살펴보겠습니다.

14-3 PostgreSQL에서 전체 텍스트 검색하기

PostgreSQL에는 대용량 텍스트 검색 기능을 더해 주는 강력한 전체 텍스트 검색 엔진이 함께 제공됩니다. 이 검색 엔진은 연구 데이터베이스에서 검색을 지원하는 온라인 서비스인 Factiva와 비슷합니다. 이번에는 텍스트 검색과 관련 기능을 위한 테이블 설정 예시를 살펴보겠습니다.

이 예에서는 2차 세계 대전 이후 복무한 전 미국 대통령들의 연설 79개를 모았습니다. 대부분 국정연설로 구성된 이 공개 텍스트는 인터넷 아카이브(https://archive.org/)와 캘리포니아 대학 미국 대통령단 프로젝트(http://www.presidency.ucsb.edu/)를 통해 제공됩니다. 영진닷컴 홈페이지 또는 깃허브에서 이 데이터가 담긴 president_speechs.csv 파일을 다운로드할 수 있습니다.

전체 텍스트 검색에 고유한 데이터 타입부터 시작하겠습니다.

14-3-1 텍스트 검색 데이터 타입

PostgreSQL의 텍스트 검색 구현에는 두 가지 데이터 타입이 포함됩니다. tsvector 데이터 타입은 검색 및 저장될 텍스트를 최적화된 형식으로 나타냅니다. tsquery 데이터 타입은 검색어 및 연산자를 나타냅니다. 둘 다 자세히 살펴보겠습니다.

tsvector를 사용하여 텍스트를 어휘소로 저장하기

tsvector 데이터 타입은 텍스트를 언어의 최소 의미 단위인 어휘소[lexemes]의 정렬된 목록으로 줄입니다. 여기서 어휘소는 접미사로 만든 변형이 없는 단어라고 생각하면 도움이 될 것입니다. 예를 들어 tsvector 형식은 원본 텍스트에서 각 단어의 위치를 기록하면서 washes, washed, washing이라는 단어를 wash라는 어휘소로 저장합니다. 텍스트를 tsvector로 변환하면 the 또는 it과 같이 일반적으로 검색에서 역할을 하지 않는 작은 불용어[stop words]도 제거됩니다.

이 데이터 타입이 어떻게 작동하는지 보기 위해 문자열을 tsvector 형식으로 변환해 보겠습니다. 코드 14-15는 PostgreSQL 검색 함수 to_tsvector()를 사용합니다. 이 함수는 '나는 너와 함께 앉기 위해 거실을 가로질러 걷고 있다.[I am walking across the sitting room to sit with you.]'라는 텍스트를 어휘소로 정규화합니다.

```
SELECT to_tsvector('english', 'I am walking across the sitting room to sit with you.');
```

코드 14-15 텍스트를 tsvector 데이터로 변환하기

코드를 실행하면 tsvector 형식으로 다음 출력이 반환됩니다.

```
'across':4 'room':7 'sit':6,9 'walk':3
```

to_tsvector() 함수는 단어 수를 11개에서 4개로 줄입니다. 유용한 검색어가 아닌 I, am, the와 같은 단어는 제거하는 것이죠. 이 함수는 접미사를 제거하여 walking을 walk로 변경하고 sitting을 sit으로 바꿉니다. 또한 단어를 알파벳순으로 정렬하고, 각 콜론 다음의 숫자는 불용어를 포함한 원래 문자열에서의 위치를 나타냅니다. sit이 sitting과 sit 모두에 속한다고 인식되는 점을 주목하세요.

> **📝 NOTE**
>
> PostgreSQL과 함께 설치된 추가 검색 언어 구성을 보려면 SELECT cfgname FROM pg_ts_config; 쿼리를 실행하세요.

tsquery로 검색어 만들기

tsquery 데이터 타입은 다시 어휘소로 최적화된 전체 텍스트 검색 쿼리를 나타냅니다. 검색 제어를 위한 연산자도 제공합니다. 예를 들어 AND로는 앰퍼샌드(&), OR는 파이프(|), NOT은 느낌표(!)

연산자를 제공합니다. 특수 연산자 <->를 사용하면 일정 거리 떨어진 단어나 인접한 단어를 검색할 수 있습니다.

코드 14-16은 to_tsquery() 함수가 검색어를 tsquery 데이터 타입으로 변환하는 방법을 보여 줍니다.

```
SELECT to_tsquery('english', 'walking & sitting');
```

코드 14-16 검색어를 tsquery 데이터로 변환하기

코드를 실행한 후 결과 tsquery 데이터 타입이 용어를 검색할 데이터 형식과 일치하는 어휘소로 정규화했는지 확인해야 합니다.

```
'walk' & 'sit'
```

이제 tsquery로 저장된 용어를 사용하여 tsvector로 최적화된 텍스트를 검색할 수 있습니다.

검색에 @@ 일치 연산자 사용하기

텍스트 및 검색어를 전체 텍스트 검색 데이터 타입으로 변환하면 이중 앳 사인(@@) 일치 연산자를 사용하여 쿼리가 텍스트와 일치하는지 확인할 수 있습니다. 코드 14-17의 첫 번째 쿼리는 to_tsquery()를 사용하여 우리가 & 연산자로 결합한 walking과 sitting이라는 단어를 검색합니다. to_tsvector()에 의해 변환된 텍스트에 walking과 sitting이 모두 존재하기 때문에 부울 값 true를 반환합니다.

```
SELECT to_tsvector('english', 'I am walking across the sitting room') @@
    to_tsquery('english', 'walking & sitting');

SELECT to_tsvector('english', 'I am walking across the sitting room') @@
    to_tsquery('english', 'walking & running');
```

코드14-17 tsquery로 tsvector 타입 쿼리하기

그러나 두 번째 쿼리는 walking과 running 모두 텍스트에 없기 때문에 false를 반환합니다. 이제 연설을 검색할 테이블을 만들어 보겠습니다.

14-3-2 전체 텍스트 검색을 위한 테이블 생성하기

코드 14-18은 president_speeches 테이블을 생성하고 채워서 원본 연설 텍스트에 대한 열과 tsvector 타입의 열을 포함합니다. 데이터를 불러온 후에 음성 텍스트를 tsvector 데이터 타입으로 변환합니다. CSV 파일을 설정하는 방법을 수용하기 위해 COPY의 WITH 절에는 일반적인 사용법과 다른 매개 변수 집합이 있습니다. 파이프(|)로 구분되며 인용에 @을 사용합니다.

```
CREATE TABLE president_speeches (
    president text NOT NULL,
    title text NOT NULL,
    speech_date date NOT NULL,
    speech_text text NOT NULL,
    search_speech_text tsvector,
    CONSTRAINT speech_key PRIMARY KEY (president, speech_date)
);

COPY president_speeches (president, title, speech_date, speech_text)
FROM 'C:\YourDirectory\president_speeches.csv'
WITH (FORMAT CSV, DELIMITER '|', HEADER OFF, QUOTE '@');
```

코드 14-18 president_speeches 테이블 만들고 채우기

위 쿼리를 실행한 후 데이터를 보려면 SELECT * FROM president_speeches;를 실행하세요. pgAdmin에서 셀 위로 마우스를 가져가면 결과 그리드에 표시되지 않는 추가 단어가 표시됩니다. speech_text 열의 각 행에 상당한 양의 텍스트가 표시되어야 합니다.

다음으로, 코드 14-19의 UPDATE 쿼리는 speech_text 열의 내용을 tsvector 타입 열인 search_speech_text에 복사하고 동시에 해당 데이터 타입으로 변환합니다.

```
UPDATE president_speeches
❶ SET search_speech_text = to_tsvector('english', speech_text);
```

코드 14-19 search_speech_text 열에서 연설을 tsvector 타입으로 변환하기

SET 절❶은 search_speech_text 열을 to_tsvector()의 출력으로 채웁니다. 함수의 첫 번째 인수는 어휘소를 파싱하기 위한 언어를 지정합니다. 여기서는 english를 사용하고 있지만 spanish, german, french 또는 여러분이 사용하려는 언어로 대체할 수 있습니다.(참고로 일부 언어는 추가 사전을 찾아 설치해야 합니다.) 두 번째 인수는 입력 열의 이름입니다. 코드를 실행하여 열을 채웁니다.

마지막으로 검색 속도를 높이기 위해 search_speech_text 열을 인덱싱하려고 합니다. PostgreSQL의 기본 인덱스 유형인 B-Tree에 초점을 맞춘 8장에서 인덱싱에 대해 배웠습니다. 전체 텍스트 검색의 경우 PostgreSQL 문서에서는 일반화된 간격 인덱스인 GIN 사용을 권장합니다. 문서에 따르면 GIN 인덱스는 '각 단어(어휘소)에 대한 인덱스 항목과 일치하는 위치의 축약 목록'을 포함합니다. https://www.postgresql.org/docs/current/textsearch-indexes.html을 참조하세요.

코드 14-20에서 CREATE INDEX를 사용하여 GIN 인덱스를 추가할 수 있습니다.

```
CREATE INDEX search_idx ON president_speeches USING gin(search_speech_text);
```

코드 14-20 텍스트 검색을 위한 GIN 인덱스 생성하기

GIN 인덱스에는 각 어휘소 및 해당 위치에 대한 항목이 포함되어 있어 데이터베이스가 일치하는

항목을 더 빨리 찾을 수 있습니다.

> **📑 NOTE**
> 검색할 열을 설정하는 또 다른 방법은 to_tsvector() 함수를 사용하여 텍스트 열에 인덱스를 만드는 것입니다. 자세한 내용은 PostgreSQL 문서(https://www.postgresql.org/docs/current/textsearch-tables.html)를 참조하세요.

자, 이제 여러분은 검색 함수를 사용할 준비가 되었습니다.

14-3-3 연설 텍스트 검색하기

근 80년간의 대통령 연설은 역사를 탐구할 수 있는 비옥한 토대가 됩니다. 예를 들어 코드 14-21의 쿼리는 대통령이 베트남을 언급한 연설을 나열합니다.

```
SELECT president, speech_date
FROM president_speeches
❶ WHERE search_speech_text @@ to_tsquery('english', 'Vietnam')
ORDER BY speech_date;
```

코드14-21 베트남이라는 단어가 포함된 연설 찾기

WHERE 절❶에서 쿼리는 search_speech_text 열(tsvector 타입 열)과 쿼리 용어 Vietnam 사이에 이중 앳 사인(@@) 일치 연산자를 사용합니다. 여기서 Vietnam이라는 용어는 to_tsquery()가 tsquery 데이터로 변환했습니다. 결과에는 19개의 연설이 포함되어야 하는데, 그러한 결과는 1961년 존 F. 케네디가 의회에 보낸 특별 메시지에서 처음으로 베트남을 언급했으며 미국의 베트남 전쟁 참여가 확대됨에 따라 1966년부터 반복해서 언급되는 주제가 되었음을 보여 줍니다.

```
president              speech_date
-----------------      -----------
John F. Kennedy        1961-05-25
Lyndon B. Johnson      1966-01-12
Lyndon B. Johnson      1967-01-10
Lyndon B. Johnson      1968-01-17
Lyndon B. Johnson      1969-01-14
Richard M. Nixon       1970-01-22
Richard M. Nixon       1972-01-20
Richard M. Nixon       1973-02-02
Gerald R. Ford         1975-01-15
--생략--
```

더 많은 검색을 시도하기 전에 텍스트에서 검색어의 위치를 표시하는 방법을 살펴보겠습니다.

검색 결과 위치 표시하기

ts_headline() 함수를 사용해 텍스트에서 검색어가 나타나는 위치를 확인할 수 있습니다. 이 함수에는 디스플레이 형식을 지정하는 옵션과 검색 용어, 일치하는 검색어 주위에 표시할 단어 수, 각 텍스트 행에서 표시할 일치된 결과 수를 입력합니다. 코드 14-22는 ts_headline()을 사용하여 tax라는 단어를 검색합니다.

```
SELECT president,
       speech_date,
    ❶ ts_headline(speech_text, to_tsquery('english', 'tax'),
             ❷ 'StartSel = <,
                StopSel = >,
                MinWords=5,
                MaxWords=7,
                MaxFragments=1')
FROM president_speeches
WHERE search_speech_text @@ to_tsquery('english', 'tax')
ORDER BY speech_date;
```

코드 14-22 ts_headline()으로 검색 결과 표시하기

ts_headline()❶을 선언하기 위해 검색 함수에서 사용한 tsvector 타입 열이 아닌 원래 speech_text 열을 첫 번째 인수로 전달합니다. 그런 다음 두 번째 인수로 강조 표시할 단어를 지정하는 to_tsquery() 함수를 전달합니다. 이 뒤에는 쉼표로 구분된 선택적 서식 지정 매개 변수❷를 나열하는 세 번째 인수가 있습니다. 여기에서는 StartSel과 StopSel로 강조 표시된 단어의 시작과 끝을 식별하는 문자를 지정합니다. 또한 MinWords, MaxWords로 표시할 최소 및 최대 단어 수를 설정하고, MaxFragments로 표시할 최대 조각 수를 설정했습니다. 이러한 설정은 선택 사항이며 필요에 따라 조정할 수 있습니다.

이 쿼리의 결과는 한 연설당 최대 7개 단어로 표시되어야 하며 tax라는 단어가 강조 표시되어야 합니다.

```
     president          speech_date                        ts_headline
-------------------   -----------   --------------------------------------------------------
Harry S. Truman        1946-01-21   price controls, increased <taxes>, savings bond campaigns
Harry S. Truman        1947-01-06   excise <tax> rates which, under the present
Harry S. Truman        1948-01-07   increased-after <taxes>-by more than
Harry S. Truman        1949-01-05   Congress enact new <tax> legislation to bring
Harry S. Truman        1950-01-04   considered <tax> reduction of the 80th Congress
Harry S. Truman        1951-01-08   major increase in <taxes> to meet
Harry S. Truman        1952-01-09   This means high <taxes> over the next
Dwight D. Eisenhower   1953-02-02   reduction of the <tax> burden;
Dwight D. Eisenhower   1954-01-07   brought under control. <Taxes> have begun
Dwight D. Eisenhower   1955-01-06   prices and materials. <Tax> revisions encouraged increased
  --생략--
```

이제 검색한 용어의 컨텍스트를 빠르게 확인할 수 있습니다. 이 기능을 웹 응용 프로그램의 검색 기능에 적용하면 정확히 일치하지 않아도 비슷한 결과를 포함한 유연한 검색 결과를 제공할 수도 있습니다. 검색 엔진은 tax뿐 아니라 그것을 어근으로 삼는 tax, Tax, Taxes를 찾습니다.

계속 검색해 보겠습니다.

여러 검색어 사용하기

또 다른 예로, 대통령이 transportation이라는 단어를 언급했지만 roads에 대해서는 언급하지 않은 연설을 찾을 수 있습니다. 특정 도로 프로그램보다는 광범위한 정책에 초점을 맞춘 연설을 찾는 데 이 작업을 수행할 수 있습니다. 이를 위해 코드 14-23을 실행합니다.

```
SELECT president,
        speech_date,
    ❶ ts_headline(speech_text, to_tsquery('transportation & !roads'),
                    'StartSel = <,
                    StopSel = >,
                    MinWords=5,
                    MaxWords=7,
                    MaxFragments=1')
    FROM president_speeches
❷ WHERE search_speech_text @@ to_tsquery('english', 'transportation & !roads')
    ORDER BY speech_date;
```

코드 14-23 transportation이라는 단어는 언급하지만 roads는 언급하지 않는 연설 찾기

다시 말하지만 ts_headline()❶을 사용하여 검색에서 찾은 용어를 강조 표시합니다. WHERE 절❷의 to_tsquery() 함수에 transportation과 roads를 앰퍼샌드(&) 연산자로 결합하여 전달하는데, 이때 road 앞에 느낌표(!) 연산자를 사용하여 이 단어가 포함되지 않은 연설을 원한다는 것을 나타냅니다. 이 쿼리는 기준에 맞는 15개의 연설을 찾아야 합니다. 다음은 처음 4개 행입니다.

```
president         speech_date ts_headline
----------------- ----------- --------------------------------------------------
Harry S. Truman   1947-01-06  such industries as <transportation>, coal, oil, steel
Harry S. Truman   1949-01-05  field of <transportation>.
John F. Kennedy   1961-01-30  Obtaining additional air <transport> mobility--and obtaining
Lyndon B. Johnson 1964-01-08  reformed our tangled <transportation> and transit policies
--생략--
```

ts_headline 열에서 강조 표시된 단어에는 transportation과 transport가 포함됩니다. 그 이유는 to_tsquery() 함수가 transportation을 검색어인 어휘소 transport로 변환했기 때문입니다. 이 데이터베이스 동작은 관련 단어를 찾는 데 매우 유용합니다.

인접 단어 검색하기

마지막으로, 작음과 큼을 나타내는 기호 사이에 하이픈으로 구성된 거리 연산자(<->)를 사용하여 인접한 단어를 찾습니다. 또는 기호 사이에 숫자를 넣어 여러 단어로 구분되는 용어를 찾을 수 있습니다. 예를 들어, 코드 14-24는 military라는 단어 뒤에 defense라는 단어가 잇따르는 형식이 포함된 연설을 검색합니다.

```
SELECT president,
       speech_date,
       ts_headline(speech_text, to_tsquery('english', 'military <-> defense'),
                  'StartSel = <,
                   StopSel = >,
                   MinWords=5,
                   MaxWords=7,
                   MaxFragments=1')
FROM president_speeches
WHERE search_speech_text @@ to_tsquery('english', 'military <-> defense');
ORDER BY speech_date;
```

코드 14-24 defense가 military를 뒤따르는 연설 찾기

이 쿼리는 5개의 연설을 찾아야 하며 to_tsquery()는 검색어를 어휘소로 변환하므로 연설에서 식별된 단어에는 military defenses와 같은 복수형이 포함되어야 합니다. 다음은 인접한 용어가 있는 5개의 연설을 보여 줍니다.

```
president              speech_date   ts_headline
--------------------   -----------   ---------------------------------------------------
Dwight D. Eisenhower   1956-01-05    system our <military> <defenses> are designed
Dwight D. Eisenhower   1958-01-09    direct <military> <defense> efforts, but likewise
Dwight D. Eisenhower   1959-01-09    survival--the <military> <defense> of national life
Richard M. Nixon       1972-01-20    spending. Strong <military> <defenses>
Jimmy Carter           1979-01-23    secure. Our <military> <defenses> are strong
```

검색어를 military <2> defense로 변경하면 데이터베이스는 '우리의 군사 및 국방 임무our military and defense commitments'와 같이 용어가 정확히 두 단어로 떨어진 일치 항목을 반환합니다.

14-3-4 관련성에 따라 쿼리 매치 순위 매기기

PostgreSQL의 두 가지 전체 텍스트 검색 기능을 사용하여 관련성에 따라 검색 결과의 순위를 지정할 수도 있습니다. 이러한 함수는 특정 검색어와 가장 관련성이 높은 텍스트 또는 연설을 이해하려고 할 때 유용합니다.

ts_rank() 함수는 검색 중인 용어가 텍스트에 나타나는 빈도에 따라 순위 값을 생성합니다. 다른 함수인 ts_rank_cd()는 검색된 용어가 서로 얼마나 가까운지를 고려합니다. 두 함수 모두 문서 길이 및 기타 요소를 고려하기 위해 선택적 인수를 사용할 수 있습니다. 생성되는 순위 값은 정렬에 유용하지만 고유한 의미가 없는 임의의 소수입니다. 예를 들어, 어떤 쿼리 중에 생성된 0.375라는 값은 다른 쿼리 중에 생성된 동일한 값과 직접 비교할 수 없습니다.

한 예로, 코드 14-25는 ts_rank()를 사용하여 war, security, threat, enemy라는 모든 단어가 포함된 연설의 순위를 매깁니다.

```
SELECT president,
       speech_date,
    ❶ ts_rank(search_speech_text,
             to_tsquery('english', 'war & security & threat & enemy')) AS score
FROM president_speeches
❷ WHERE search_speech_text @@ to_tsquery('english', 'war & security & threat & enemy')
ORDER BY score DESC
LIMIT 5;
```

코드14-25 ts_rank()를 사용해서 관련성 계산하기

이 쿼리에서 ts_rank() 함수❶는 search_speech_text 열과 검색어를 포함하는 to_tsquery() 함수의 출력이라는 두 개의 인수를 사용합니다. ts_rank() 함수의 출력은 score라는 별칭을 받습니다. WHERE 절❷에서 지정된 검색어를 포함하는 연설로만 결과를 필터링합니다. 그런 다음 score를 기준으로 내림차순 정렬하고 가장 높은 순위의 연설 5개만 반환합니다. 결과는 다음과 같아야 합니다.

```
   president        speech_date   score
----------------- ----------- ----------
William J. Clinton 1997-02-04  0.35810584
George W. Bush     2004-01-20  0.29587495
George W. Bush     2003-01-28  0.28381455
Harry S. Truman    1946-01-21  0.25752166
William J. Clinton 2000-01-27  0.22214262
```

냉전시대와 여러 주제를 논한 빌 클린턴의 1997년 연설은 다른 연설보다 war, security, threat, enemy이라는 단어를 자주 포함하고 있습니다. 그러나 그것은 테이블에서 가장 긴 연설이기도 합니다.(앞에서 배운 char_length()를 사용해 확인할 수 있습니다.) ts_rank()는 주어진 텍스트에서 일치하는 용어의 수를 고려하기 때문에 연설의 길이는 이러한 순위에 영향을 미칩니다. 그다음 순위는 이라크 전쟁 전후로 전달된 조지 W. 부시의 두 연설입니다.

더욱 정확한 순위를 얻기 위해 동일한 길이의 연설 간의 빈도를 비교하는 것이 이상적이지만 항상 가능한 것은 아닙니다. 그러나 코드 14-26에 표시된 것처럼 ts_rank() 함수의 세 번째 매개 변수로 정규화 코드를 추가하여 각 연설의 길이를 고려할 수 있습니다.

```
SELECT president,
       speech_date,
       ts_rank(search_speech_text,
               to_tsquery('english', 'war & security & threat & enemy'), 2❶)::numeric
               AS score
FROM president_speeches
WHERE search_speech_text @@ to_tsquery('english', 'war & security & threat & enemy')
ORDER BY score DESC
LIMIT 5;
```

코드14-26 연설 길이로 ts_rank() 정규화하기

옵션 코드 2❶를 추가하면 함수가 search_speech_text 열에 있는 데이터 길이로 score를 나누도록 지시합니다. 이 몫은 문서 길이에 의해 정규화된 점수를 나타내며, 연설 간의 합리적인 비교를 제공합니다. PostgreSQL 문서(https://www.postgresql.org/docs/current/textsearch-controls.html)에는 문서 길이 사용 및 고유 단어 수로 나누기를 포함하여 텍스트 검색에 사용할 수 있는 모든 옵션이 나열되어 있습니다.

코드 14-26을 실행한 후에는 순위가 변경되어야 합니다.

```
president          speech_date score
------------------ ----------- ------------
George W. Bush     2004-01-20  0.000102806
William J. Clinton 1997-02-04  0.0000982188
George W. Bush     2003-01-28  0.0000957216
Jimmy Carter       1979-01-23  0.0000898701
Lyndon B. Johnson  1968-01-17  0.0000728288
```

코드 14-25의 순위 결과와 달리 이제 조지 W. 부시의 2004년 연설이 1위를 차지하고 해리 S. 트루먼의 1946년 연설은 순위권에서 벗어납니다. 길이로 정규화했기 때문에 첫 번째 샘플 출력보다 더 의미 있는 순위일 수 있습니다. 5개의 상위 연설 중 3개는 두 세트 모두에 존재하는군요. 전시 대통령 연설에 대한 깊은 이해를 위해 그 3개의 연설을 면밀히 조사할 가치가 있다는 것을 합리적으로 확신할 수 있습니다.

14-4 마무리

지루하지 않은 텍스트는 데이터 분석을 위한 풍부한 기회를 제공합니다. 이 장에서는 일반 텍스트를 추출, 정량화, 검색 및 순위 지정이 가능한 데이터로 변환하는 유용한 기술을 배웠습니다. 작업이나 연구에서 텍스트 덩어리 안에 사실이 묻혀 있는 일상적인 보고서를 주시하세요. 정규식을 사용하여 이를 찾아내고 구조화된 데이터로 전환하고 분석하여 추세를 찾을 수 있습니다. 또한 검색 기능을 사용하여 텍스트를 분석할 수도 있습니다.

다음 장에서는 PostgreSQL이 지리 정보를 분석하는 데 어떻게 도움이 되는지 알아보겠습니다.

연습문제

새로운 텍스트 랭글링 기술을 사용하여 다음 작업을 수행하세요.

1. 여러분이 원고를 집필하고 있는 출판사의 스타일 가이드에서는 이름의 접미사 앞에 쉼표를 사용하지 않도록 합니다. 그러나 데이터베이스에는 Alvarez, Jr. 또는 Williams, Sr. 같은 이름이 몇 개 있습니다. 쉼표를 제거하는 데 사용할 수 있는 함수는 무엇인가요? 정규식 함수가 도움이 될까요? 접미사만 캡처하여 별도의 열에 배치하는 방법은 무엇일까요?

2. 국정연설 중 하나를 사용하여 5자 이상의 고유한 단어 수를 계산합니다.(힌트: 서브쿼리에서 reg-exp_split_to_table()을 사용하여 계산할 단어 테이블을 만들 수 있습니다.) 보너스: 각 단어 끝에서 쉼표와 마침표를 제거합니다.

3. ts_rank() 대신 ts_rank_cd() 함수를 사용하여 코드 14-25의 쿼리를 다시 작성하세요. Post-greSQL 문서에 따르면 ts_rank_cd()는 어휘소와 검색어가 서로 얼마나 가까운지를 고려하여 커버 밀도를 계산합니다. ts_rank_cd() 함수를 사용하면 결과가 크게 변경되나요?

15

PostGIS를 사용한 공간 데이터 분석

이제 공간 데이터^{spatial data}를 살펴보겠습니다. 공간 데이터란 지리적 공간 내에서 개체(점이나 선, 다각형 등)를 위치와 모양, 속성으로 나타낸 데이터입니다. 이 장에서는 SQL을 사용하여 공간 데이터를 구성하고 쿼리하는 방법을 배우고 PostgreSQL에서 공간 데이터 타입과 관련 함수를 지원하는 PostGIS 확장을 소개합니다.

공간 데이터는 데이터 생태계의 중요한 위치를 차지하게 되었습니다. 스마트폰의 지도 앱에서는 공간 데이터베이스에 쿼리를 보내 사용자의 위치에서 일정 범위 내에 있는 상점 목록을 요청해 주변 카페를 찾을 수 있습니다. 정부는 공간 데이터를 사용하여 주거 및 비즈니스 지구의 건물 건축 내역을 추적합니다. 전염병 학자들은 공간 데이터베이스를 활용해 질병의 확산을 시각화하기도 합니다.

이번 장의 실습에서는 미국 전역에서 열린 파머스마켓과 뉴멕시코주 산타페의 도로와 수로의 위치를 분석하겠습니다. 실습을 통해 공간 데이터 타입을 구성 및 쿼리하고 지도에 건물을 그리고 그리드 시스템에 사용하는 방법을 배웁니다. 숫자와 텍스트를 분석했듯 공간 데이터를 분석하는 도구도 살펴봅니다.

PostGIS부터 설정하겠습니다. 모든 코드와 데이터는 실습 자료에 들어 있습니다.

| 15-1 PostGIS 활성화 후 공간 데이터베이스 만들기

PostGIS는 캐나다의 공간정보 기업인 Refractions Research에서 만들고 OSGeo 산하의 개발자 팀이 유지 보수하는 오픈소스 프로젝트입니다. GIS는 공간 데이터를 저장하고 편집, 분석, 시각화하는 지리 정보 시스템^{Geographic Information System}을 의미합니다. https://postgis.net/에서 공식 문서와 업데이트 내역을 확인할 수 있습니다.

1장의 PostgreSQL을 설치 과정을 따라 설치했다면 PostGIS가 컴퓨터에 설치되었을 것입니다. 혹시 다른 방식으로 PostgreSQL을 설치했거나 책에서 소개하지 않은 Linux 버전을 사용 중이라면 https://postgis.net/install/의 설치 과정을 따라 설치하세요.

analysis 데이터베이스에서 PostGIS를 활성화하려면 pgAdmin의 쿼리 도구를 열고 코드 15-1의 명령문을 실행하세요.

```
CREATE EXTENSION postgis;
```
코드 15-1 PostGIS 확장 사용

CREATE EXTENSION이라는 메시지가 보일 것입니다. 이제 데이터베이스는 공간 데이터를 저장하고 공간 분석 함수들을 사용할 수 있게 되었습니다. SELECT postgis_full_version();을 실행해 Post-GIS의 버전을 확인해 보세요. 설치한 PostgreSQL 버전과 차이가 있을 수 있지만 문제 없습니다.

15-2 공간 데이터의 기초 이해하기

공간 데이터를 쿼리하는 방법을 배우기 전에 GIS 및 관련된 데이터 형식을 표현하는 방법을 살펴보겠습니다. 바로 쿼리에 관한 내용을 알고 싶다면 'PostGIS 데이터 타입 이해하기'를 먼저 읽고 다시 여기로 돌아와도 좋습니다.

그리드에서 점은 공간 데이터에 있어 가장 기초적인 구성 요소입니다. 그리드는 x축과 y축으로 표시되고, 지도를 사용하는 경우에 경도와 위도를 표시할 수 있습니다. 그리드는 2차원 평면의 모양을 갖거나 큐브 같은 3차원 공간을 만들 수도 있습니다. JavaScript 기반 GeoJSON과 같은 일부 데이터 형식에서 점은 그리드에서 위치를 표현하거나 추가 정보를 제공하는 속성이 될 수도 있습니다. 예를 들어 식료품점은 경도와 위도가 포함된 점으로 표현되고 이 점에는 매장의 이름과 영업 시간을 보여 주는 속성이 포함되어 있을 수 있습니다.

15-3 2차원 기하학 이해하기

국제표준화기구ISO, International Organization for Standardization와 개방형 공간정보 컨소시엄OGC, Open Geospatial Consortium은 2차원 및 3차원 모양을 만들고 쿼리하기 위한 간단한 기능 표준을 만들었고, 이는 때때로 기하학geometries이라 불립니다. PostGIS는 표준을 지원합니다.

PostGIS로 공간 데이터를 쿼리하거나 생성할 때 가장 일반적으로 사용되는 간단한 형식은 다음과 같습니다.

- **점**^{Point}: 2차원 또는 3차원 평면의 단일 위치. 지도에서 점은 일반적으로 경도와 위도를 표시하는 점으로 표시됩니다.
- **선**^{LineString}: 직선을 통해 연결된 두 개 이상의 점입니다. 선은 길, 산책로, 흐름 등을 표현할 수 있습니다.
- **다각형**^{Polygon}: 선으로 표현된 변 3개 이상으로 구성된 2차원 도형입니다. 지리적 분석에 있어 다각형은 국가나 주, 건물, 수역 같은 개체를 표현합니다. 큰 다각형에는 작은 다각형을 통해 구멍을 표현할 수 있습니다.
- **다중 점**^{MultiPoint}: 점의 집합입니다. 예를 들어 위도와 경도가 포함된 다중 점 개체를 사용해 소매점의 가맹점을 표현할 수 있습니다.
- **다중 선**^{MultiLineString}: 선의 집합입니다. 도중에 연결이 끊겨 있는 도로 같은 개체를 나타낼 수 있습니다.
- **다중 다각형**^{MultiPolygon}: 다각형의 집합입니다. 도로에 의해 구역이 나뉘어 있는 사유지를 표현할 때 여러 개의 다각형 개체를 만드는 것보다 편합니다.

그림 15-1은 각 기능의 예를 보여 줍니다. PostGIS를 사용하면 함수가 이러한 개체를 구축, 편집 및 분석할 수 있습니다. 이러한 함수는 목적에 따라 위도와 경도, 특수 텍스트 및 바이너리 형식, 간단한 피쳐 등 다양한 입력을 받습니다. 어떤 함수는 개체를 배치할 그리드를 지정하는 선택적 공간 참조 시스템 식별자^{SRID, Spatial Reference System Identifier}도 사용합니다.

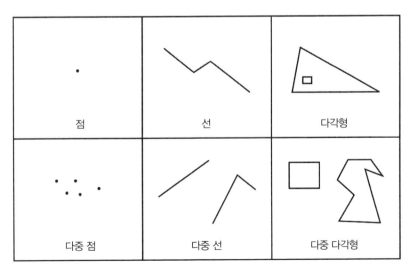

그림 15-1 기하학의 예시

SRID에 대해 설명하기 전에 먼저 WKT^{Well-Known Text}라는 PostGIS 함수의 입력을 살펴보겠습니다. WKT는 도형을 나타내는 텍스트 형식입니다.

15-3-1 WKT(Well-Known Text) 형식

OGC 표준에서 WKT 형식은 하나 이상의 괄호 안에 도형의 종류와 해당 좌표를 포함합니다. 좌표와 그에 필요한 괄호의 수는 여러분이 만들고자 하는 도형에 따라 달라집니다. 표 15-1을 보면 자주 사용되는 도형의 종류와 그에 따른 WKT 양식을 확인할 수 있습니다. 여기에선 경도-위도의 쌍을 예로 들지만 여러분은 다른 측정값을 사용해 그리드를 표현할 수도 있습니다.

> **📝 NOTE**
>
> WKT는 구글 지도나 기타 지도 소프트웨어에서 쓰는 것과 반대로 경도, 위도순으로 좌표를 입력받습니다. 과거 Mapbox 소속이었던 톰 맥라이트는 자신의 블로그(https://macwright.org/lonlat/)에서 이는 '올바른' 표기법이 아닐 뿐더러 좌표관리 코드에 있어 '불편한 불일치'를 이끌어 낸다고 표현했습니다.

도형	형식	설명
점	POINT (-74.9 42.7)	경도 -74.9 및 위도 42.7 지점을 표시하는 좌표 쌍.
선	LINESTRING (-74.9 42.7, -75.1 42.7)	두 개의 좌표 쌍으로 표시된 끝점을 지정한 직선.
다각형	POLYGON ((-74.9 42.7, -75.1 42.7, -75.1 42.6, -74.9 42.7))	세 개의 서로 다른 좌표 쌍으로 만들어진 삼각형. 첫 번째 좌표와 마지막 좌표는 동일한 좌표인데, 그래야 도형의 모양이 완성된다.
다중 점	MULTIPOINT (-74.9 42.7, -75.1 42.7)	좌표당 쌍 하나씩으로 구성된 점 두 개.
다중 선	MULTILINESTRING ((-76.27 43.1, -76.06 43.08), (-76.2 43.3, -76.2 43.4, -76.4 43.1))	두 개의 선. 첫 번째 선에는 점이 두 개 있고 두 번째 선에는 점이 세 개 있다.
다중 다각형	MULTIPOLYGON (((-74.92 42.7, -75.06 42.71, -75.07 42.64, -74.92 42.7), (-75.0 42.66, -75.0 42.64, -74.98 42.64, -74.98 42.66, -75.0 42.66)))	두 개의 다각형. 첫 번째는 삼각형이고 두 번째는 직사각형이다.

표 15-1 각 도형을 위한 WKT 형식

이 장의 뒷부분에서 PostGIS를 사용하며 보겠지만 위 예제는 단순한 모양을 만듭니다. 그러나 실제로는 수천 개의 좌표로 복잡한 모양도 구성할 수 있습니다.

15-3-2 투영법과 좌표계

구형 표면인 지구를 2차원 지도에서 표현하는 것은 쉽지 않습니다. 지구에서 지각층을 벗겨내 대륙과 바다의 모든 부분을 연결한 상태로 테이블 위에 펴려고 한다고 상상해 보세요. 필연적으로 지도의 일부가 늘어날 수밖에 없습니다. 지도 제작자가 지구의 둥근 표면을 2차원 평면으로 만드는 투영 좌표계에 따라 지도를 만들 때 이런 일이 발생합니다.

어떤 좌표계는 전 세계를 표현하기도 합니다. 지도의 좌표계를 표현하는 투영법은 담고 있는 지역이나 지도의 목적에 따라 달라집니다. 예를 들어 구글 맵 같은 지도 앱을 만드는 데 사용되는 메르카토르 투영법^{mercator projection}의 경우, 북극과 남극 주변 지역을 실제보다 더 크게 만들기도 합니다. 미국의 인구조사나 선거 중계 시 미국의 지도만 보여 주는 경우에는 알버스 투영법^{albers projection}을 사용하기도 합니다.

투영법은 지리 좌표계로부터 영향을 받는데, 지리 좌표계는 지구의 모양을 포함한 요소들과 함께 지구상의 모든 지점의 위도, 경도, 높이를 정의합니다. 지리적 데이터를 얻을 때마다 데이터의 좌표계를 알아 두면 쿼리를 작성할 때 올바른 정보를 제공할 수 있습니다. 사용자 문서에서는 좌표계를 명확히 지정하기도 합니다.

이제 PostGIS에서 좌표계를 지정하는 방법을 살펴보겠습니다.

15-3-3 공간 참조 시스템 식별자

PostGIS(또는 여러 GIS 응용 프로그램)를 사용하는 경우 공간 참조 시스템 식별자^{SRID, Spatial Reference System Identifier}를 통해 사용 중인 좌표계를 지정해야 합니다. 이 장의 시작 부분에서 PostGIS 확장 프로그램을 활성화했을 때 프로세스는 SRID를 기본 키로 포함하는 spatial_ref_sys 테이블을 생성했습니다. 테이블에는 공간 참조 시스템의 WKT와 기타 메타 데이터가 포함된 srtext 열이 포함되어 있습니다.

이번 장에서는 지리 좌표계 WGS 84의 ID인 SRID 4326을 자주 사용합니다. 세계 지구 좌표 시스템^{WGS, World Geodetic System}은 GPS에서 사용하는 가장 최신 표준이며, 공간 데이터를 얻을 때 자주 접하게 될 것입니다. 코드 15-2를 실행하면 SRID가 4326인 WGS 84에 대한 WKT를 확인할 수 있습니다.

```
SELECT srtext
FROM spatial_ref_sys
WHERE srid = 4326;
```

코드 15-2 SRID 4326의 WKT 받아오기

쿼리를 실행하면 다음과 같은 결과를 확인할 수 있습니다. 아래 결과는 제가 가독성을 위해 정리한 것입니다.

```
GEOGCS["WGS 84",
    DATUM["WGS_1984",
        SPHEROID["WGS 84",6378137,298.257223563,
            AUTHORITY["EPSG","7030"]],
        AUTHORITY["EPSG","6326"]],
    PRIMEM["Greenwich",0,
        AUTHORITY["EPSG","8901"]],
    UNIT["degree",0.0174532925199433,
        AUTHORITY["EPSG","9122"]],
    AUTHORITY["EPSG","4326"]]
```

이 장의 실습 과정에서 이 정보를 사용하지는 않지만 일부 변수와 투영법이 적용되는 방식을 이해해 두면 도움이 됩니다. GEOGCS 키워드는 사용 중인 지리 좌표계를 제공합니다. PRIMEM 키워드는 본초 자오선 또는 경도 0도의 좌표를 지정합니다. 각종 변수의 정의를 알고 싶다면 http://docs.geotools.org/stable/javadocs/org/opengis/referencing/doc-files/WKT.html에서 레퍼런스를 확인하세요.

이 경우와 반대로 좌표계에 대한 SRID를 찾고 싶다면 spatial_ref_sys 테이블의 srtext 열을 쿼리하면 됩니다.

| 15-4 PostGIS 데이터 타입 이해하기 |

PostGIS를 설치하면 데이터베이스에 여러 가지 데이터 타입이 추가됩니다. 실습에서 사용할 두 가지 데이터 타입은 geography와 geometry입니다. 두 타입 모두 앞서 배운 점, 선, 다각형, SRID 등과 같은 공간 데이터를 저장할 수 있지만 중요한 차이점이 있습니다.

- **geography**: 구를 기반으로 만들어진 데이터 타입으로, 둥근 지구 좌표계인 위도와 경도를 사용합니다. 모든 계산은 지구를 기준으로 진행되며 계산 과정에 곡률을 반영합니다. 이로 인해 수식은 복잡해지고 geography 타입과 사용할 수 있는 함수의 개수가 한정됩니다. 대신 지구의 곡률이 계산에 들어가게 되니 계산된 거리가 더 정확해집니다. 따라서 넓은 공간을 계산해야 한다면 geography 데이터 타입을 사용해야 합니다. 또한 geography 타입의 계산 결과는 미터로 반환됩니다.
- **geometry**: 평면을 기반으로 만들어진 데이터 타입으로, 유클리드 좌표계를 사용합니다. 지구의 곡률을 반영하지 않고 직선을 기반으로 계산하므로 geography 데이터 타입보다 거리에 있어서 덜 정확합니다. 계산 결과는 지정한 단위로 표시됩니다.

PostGIS의 문서(https://postgis.net/docs/using_postgis_dbmanagement.html)에서는 상황에 따라 어떤 데이터 타입을 선택하는 것이 좋을지에 대한 지침을 제공합니다. 간단히 말해서, 경도와 위도 데이터를 엄격하게 사용하거나 지구 전체 같은 넓은 범위를 기반으로 데이터를 사용할 경우에는 geography 타입을 사용하고, 더 작은 범위를 대상으로 삼을 경우 geometry를 사용하는 편이 좋습니다. CAST를 사용하면 타입끼리 변환도 가능합니다.

배경지식을 갖췄으니 이제 공간 개체를 다뤄 보겠습니다.

| 15-5 PostGIS 함수로 공간 개체 생성하기 |

PostGIS에는 WKT나 좌표를 사용해 공간 개체를 만드는 생성자 함수만 해도 30개가 넘습니다. PostGIS 문서(https://postgis.net/docs/reference.html#Geometry_Constructors)에서 모든 함수들을 살펴볼 수 있지만 이번에는 실습에서 사용할 몇 가지만 살펴보겠습니다. PostGIS 함수는 대부분 ST로 시작되는데, 이는 공간 타입^{spatial type}을 의미하는 ISO 명명 표준입니다.

15-5-1 WKT를 사용한 geometry 개체 생성하기

ST_GeomFromText(WKT, SRID) 함수는 필수 인수로 WKT 문자열을, 선택적 인수로 SRID를 입력받아 geometry 데이터 타입을 작성합니다. 코드 15-3은 표 15-1에 설명된 단순한 형태에 대한 geometry 데이터 타입을 생성하는 간단한 SELECT 문입니다. 이 SELECT 문을 실행하는 건 여러분의 선택이지만 그래도 기본적인 형태를 구현하는 법을 아는 게 중요합니다.

```
SELECT ST_GeomFromText(❶'POINT(-74.9233606 42.699992)', ❷4326);

SELECT ST_GeomFromText('LINESTRING(-74.9 42.7, -75.1 42.7)', 4326);

SELECT ST_GeomFromText('POLYGON((-74.9 42.7, -75.1 42.7,
                                 -75.1 42.6, -74.9 42.7))', 4326);

SELECT ST_GeomFromText('MULTIPOINT (-74.9 42.7, -75.1 42.7)', 4326);

SELECT ST_GeomFromText('MULTILINESTRING((-76.27 43.1, -76.06 43.08),
                                        (-76.2 43.3, -76.2 43.4,
                                         -76.4 43.1))', 4326);

SELECT ST_GeomFromText('MULTIPOLYGON ❸((
                                        (-74.92 42.7, -75.06 42.71,
                                         -75.07 42.64, -74.92 42.7)❹,
                                        (-75.0 42.66, -75.0 42.64,
                                         -74.98 42.64, -74.98 42.66,
                                         -75.0 42.66)))', 4326);
```

코드 15-3 ST_GeomFromText() 함수로 공간 개체 만들기

모든 함수의 첫 번째 인수로 좌표를, 두 번째 인수로 SRID 4326을 입력합니다. 첫 번째 예제에서는 ST_GeomFromText()의 첫 번째 인수로 WKT POINT 문자열❶을 삽입하고 선택적 두 번째 인수로 SRID❷를 사용하여 점을 만듭니다. 나머지 예제도 모두 동일한 형식을 사용합니다. 좌표에 들여쓰기를 할 필요가 없지만 위 코드는 좌표를 더 읽기 쉽게 만들기 위해서 들여쓰기를 했습니다.

개체를 분리하는 괄호의 수를 주의하세요. 다중 다각형 같은 복잡한 구조에서는 더더욱 신경 써야 합니다. 예를 들어, 두 개의 여는 괄호❸를 사용해야 하고, 그와 다른 괄호❹ 안에 각각의 다각형 좌표를 넣어야 합니다.

pgAdmin에서 각 코드를 개별적으로 실행하면 데이터 출력과 시각적 표현을 모두 확인할 수 있습니다. 각 코드는 실행 시 다음과 같이 geometry 데이터 타입을 문자열로 표시합니다. 결과 뒷부분은 생략했습니다.

0101000020E61000008EDA0E5718BB52C017BB7D5699594540 ...

출력된 문자열은 EWKB^{Extended Well-Known Binary} 형식으로, 절대 해석할 필요가 없습니다. 대신 geometry(또는 geography) 데이터 열을 다른 함수에 입력으로 사용합니다. 시각화된 결과를 보려면 pgAdmin의 출력에서 열 헤더를 클릭하고 지도 아이콘을 클릭합니다. 그러면 pgAdmin의 Geometry Viewer가 열리고 OpenStreetMap 지도 위에 geometry 데이터가 표시됩니다. 예를 들어 코드 15-3의 MULTIPOLYGON은 그림 15-2처럼 삼각형과 사각형이 나옵니다.

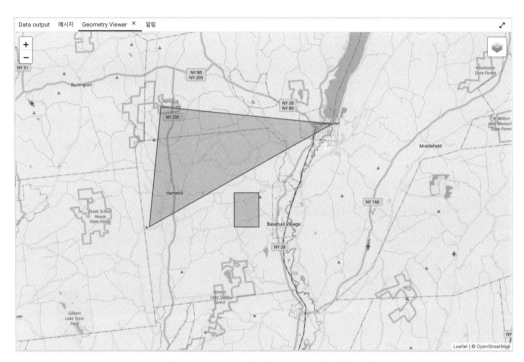

그림 15-2 pgAdmin에서 geometry 데이터 보기

코드 15-3의 코드를 순차적으로 실행하며 개체들의 차이를 비교해 보세요.

15-5-2 WKT를 사용한 geography 개체 생성하기

geography 데이터 타입을 만들기 위해 ST_GeogFromText(WKT)를 사용해 WKT를 변환하거나 ST_Geog-FromText(EWKT)를 사용해 SRID가 포함된 확장 WKT를 변환할 수 있습니다. 코드 15-4는 SRID를 확장 WKT 문자열에 넣어 다중 점 geography 개체로 바꿀 수 있는지 보여 줍니다.

```
SELECT
ST_GeogFromText('SRID=4326;MULTIPOINT(-74.9 42.7, -75.1 42.7, -74.924 42.6)')
```

코드 15-4 ST_GeogFromText()로 공간 개체 생성

pgAdmin 결과 그리드의 geography 열에서 지도 아이콘을 클릭하면 지도에서 점을 볼 수 있습니다.

PostGIS는 ST_GeomFromText()와 ST_GeogFromText()를 비롯해 특정 공간 개체 생성에 특화된 몇 가지 함수를 가지고 있습니다. 이어서 간략히 설명하겠습니다.

15-5-3 점 생성 함수 사용하기

ST_PointFromText()와 ST_MakePoint() 함수는 WKT POINT를 geometry 데이터 타입으로 변환합니다. 점은 경도와 위도 같은 좌표를 표시합니다. 이를 통해 위치를 지정하거나 선 같은 다른 개체들의 블록으로 만들 수 있습니다.

```
SELECT ❶ST_PointFromText('POINT(-74.9233606 42.699992)', 4326);

SELECT ❷ST_MakePoint(-74.9233606, 42.699992);
SELECT ❸ST_SetSRID(ST_MakePoint(-74.9233606, 42.699992), 4326);
```

코드 15-5 점을 만드는 함수

ST_PointFromText(WKT, SRID)❶ 함수는 WKT POINT와 선택 사항인 SRID로 점 geometry 타입 데이터를 생성합니다. PostGIS 문서에서는 ST_PointFromText(WKT, SRID) 함수가 좌표의 유효성 검사 과정을 포함하고 있기 때문에 ST_GeomFromText() 함수보다 느리다고 합니다.

ST_MakePoint(x, y, z, m)❷ 함수는 2차원, 3차원, 4차원 그리드에 점 geometry 타입 데이터를 생성합니다. 예제의 처음 두 매개 변수 x, y는 경도 및 위도 좌표를 나타냅니다. 선택 사항인 z를 사용하면 고도를 나타내고 m을 사용하면 시간과 같은 4차원 측정값을 표현할 수 있습니다. 예를 들어, 특정 시간의 위치를 표시할 수 있습니다. ST_MakePoint() 함수는 ST_GeomFromText()나 ST_PointFrom-Text()보다 빠르지만 SRID를 지정해야 할 경우 ST_SetSRID()❸ 함수 안에 넣어야 합니다.

15-5-4 선 생성 함수 사용하기

이제 선 geometry 데이터 타입을 만드는 데 사용하는 함수를 몇 가지 살펴보겠습니다.

```
SELECT ❶ST_LineFromText('LINESTRING(-105.90 35.67,-105.91 35.67)', 4326);
SELECT ❷ST_MakeLine(ST_MakePoint(-74.9, 42.7), ST_MakePoint(-74.1, 42.4));
```

코드 15-6 선을 만드는 함수

ST_LineFromText(WKT, SRID)❶ 함수는 WKT LINESTRING을 인수로 받고 선택 사항인 SRID를 두 번째 인수로 받습니다. 이전의 ST_PointFromText()와 마찬가지로 이 함수는 좌표의 유효성 검사가 있어 ST_GeomFromText()보다 느립니다.

ST_MakeLine(geom, geom)❷ 함수는 geometry 데이터 타입인 인수로 선을 만듭니다. 코드 15-6에서는 두 개의 ST_MakePoint() 함수를 인수로 받아 선의 각 끝점을 설정하고 있는데, 다양한 점을 포함하고 있는 ARRAY 개체를 전달해 더 복잡한 선을 만들 수도 있습니다.

15-5-5 다각형 생성 함수 사용하기

세 개의 다각형 함수인 ST_PolygonFromText(), ST_MakePolygon(), ST_MPolyFromText()를 살펴보겠습니다. 모두 geometry 데이터 타입 다각형을 생성합니다. 코드 15-7은 각 코드를 통해 다각형을 만드는 방법을 보여 줍니다.

```
SELECT ❶ST_PolygonFromText('POLYGON((-74.9 42.7, -75.1 42.7,
                                     -75.1 42.6, -74.9 42.7))', 4326);

SELECT ❷ST_MakePolygon(
            ST_GeomFromText('LINESTRING(-74.92 42.7, -75.06 42.71,
                                        -75.07 42.64, -74.92 42.7)', 4326));

SELECT ❸ST_MPolyFromText('MULTIPOLYGON((
                                       (-74.92 42.7, -75.06 42.71,
                                        -75.07 42.64, -74.92 42.7),
                                       (-75.0 42.66, -75.0 42.64,
                                        -74.98 42.64, -74.98 42.66,
                                        -75.0 42.66)
                                      ))', 4326);
```

코드 15-7 다각형 개체를 만드는 함수들

ST_PolygonFromText(WKT, SRID)❶ 함수는 WKT POLYGON과 선택 사항인 SRID을 받아 다각형을 만듭니다. 앞서 확인한 점과 선을 만드는 함수처럼 좌표 검증 단계가 포함되어 ST_GeomFromText()보다는 시간이 더 걸립니다.

ST_MakePolygon(linestring)❷ 함수는 같은 좌표에서 시작해서 끝나는 선을 받아 다각형을 만듭니다. 이 코드에서는 ST_GeomFromText()를 사용해 WKT LINESTRING을 선 도형 데이터로 만듭니다.

ST_MPolyFromText(WKT, SRID)❸ 함수는 WKT와 선택 사항인 SRID을 통해 다중 다각형을 만듭니다.

이제 공간 데이터를 분석할 모든 기본적인 블록들이 모였습니다. 다음으로, 그것을 데이터 분석에 사용해 보겠습니다.

15-6 파머스마켓 데이터 분석하기

미국 농무부에서 제공하는 데이터 중 전국 파머스마켓 디렉터리(https://www.ams.usda.gov/local-food-directories/farmersmarkets/)를 확인하면 주기적으로 같은 위치에서 고객에게 직접 농산물을 판매하는 업체가 둘 이상 존재하는 파머스마켓 8,600여 곳의 위치와 판매 품목을 확인할 수 있습니다. 주말에 파머스마켓을 방문하는 것은 즐거운 활동입니다. SQL의 공간 쿼리를 사용하여 가장 가까운 파머스마켓을 찾아보겠습니다.

farmers_markets.csv 파일에는 미국 농무부에서 공개한 각 파머스마켓 데이터가 들어 있습니다. 해당 파일은 영진닷컴 홈페이지 또는 깃허브에서 다운받을 수 있습니다. 파일을 컴퓨터에 저장하고 코드 15-8을 실행하여 farmers_markets 테이블을 만들고 로드하겠습니다.

```
CREATE TABLE farmers_markets (
    fmid bigint PRIMARY KEY,
    market_name text NOT NULL,
    street text,
    city text,
    county text,
    st text NOT NULL,
    zip text,
    longitude numeric(10,7),
    latitude numeric(10,7),
    organic text NOT NULL
);

COPY farmers_markets
FROM 'C:\YourDirectory\farmers_markets.csv'
WITH (FORMAT CSV, HEADER);
```

코드 15-8 farmers_markets 테이블 생성 후 로드하기

이 테이블에는 파머스마켓이 열리는 주소 데이터와 longitude 및 latitude 열이 포함됩니다. 제가 농무부 웹사이트에서 파일을 다운로드했을 때 파머스마켓 29곳의 정보가 누락되어 있었습니다. organic 열은 파머스마켓에서 유기농 제품을 판매하는지 여부를 나타냅니다. 해당 열에서 하이픈은 알 수 없는 값을 표현할 때 사용되었습니다. 데이터를 가져온 후 SELECT count(*) FROM farmers_ markets;를 사용하여 전체 행 수를 계산합니다. 모든 항목을 올바르게 가져왔다면 8,681개의 행이 있어야 합니다.

15-6-1 geography 열 생성하고 채우기

파머스마켓의 경도와 위도를 대상으로 공간 쿼리를 적용하기 위해서는 먼저 이런 좌표를 공간 데이터 타입으로 변환해야 합니다. 미국 전체에 걸쳐 있는 위치에 대해 작업하고 있으며 큰 구면 거리를 정확하게 측정하는 것이 중요하므로 geography 타입을 사용하겠습니다. 열을 만든 후 좌표에서 파생된 점들을 사용해 열을 업데이트하고, 그런 다음 인덱스를 적용하여 쿼리 속도를 높일 수 있습니다. 코드 15-9에는 이러한 작업을 수행하기 위한 코드가 포함되어 있습니다.

```
ALTER TABLE farmers_markets ADD COLUMN geog_point geography(POINT,4326);❶

UPDATE farmers_markets
SET geog_point =
  ❷ ST_SetSRID(
          ❸ ST_MakePoint(longitude,latitude)❹::geography,4326
              );
```

```
CREATE INDEX market_pts_idx ON farmers_markets USING GIST (geog_point); ❺

SELECT longitude,
       latitude,
       geog_point,
   ❻ ST_AsText(geog_point)
FROM farmers_markets
WHERE longitude IS NOT NULL
LIMIT 5;
```

코드 15-9 geography 열 생성 후 인덱스 부여

10장에서 배운 ALTER TABLE 문❶에서 ADD COLUMN 옵션을 사용하여 geography 타입인 geog_point 열을 만들 수 있는데, 이 열은 SRID가 4326인 WSG 84 좌표계를 참조합니다.

그 뒤 UPDATE 문을 실행하여 geog_point 열에 값을 채웁니다. ST_SetSRID() 함수❷ 내에 중첩된 ST_MakePoint() 함수❸는 테이블에서 경도를 저장하는 longitude 열과 위도를 저장하는 latitude 열의 값을 입력으로 받습니다. 기본적으로 geometry 타입인 출력을 geog_point의 열 데이터 타입과 일치하도록 geography로 타입 변환해야 하는데, 이를 위해 PostgreSQL 전용 이중 콜론 구문❹을 사용합니다.

15-6-2 공간 인덱스 추가하기

분석을 시작하기 전에 계산 속도를 높이기 위해 새 열에 인덱스를 추가하는 것이 좋습니다. 8장에서 PostgreSQL의 기본 인덱스인 B-Tree에 대해 배웠습니다. B-Tree 인덱스는 동일 연산자와 범위 연산자를 사용하여 정렬하고 검색할 수 있는 데이터에 유용합니다. 그러나 공간 개체에는 덜 유용한 편인데, 그 이유는 GIS 데이터를 정렬할 수 있는 기준이 없기 때문입니다. 예를 들어, (0,0), (0,1), (1,0)이라는 세 개의 점이 있을 때 이 중 어떤 좌표가 가장 큰지 확인할 수 없습니다.

대신 PostGIS 팀은 공간 데이터용으로 설계된 인덱스인 R-tree를 지원하도록 만들었습니다. R-tree 인덱스는 각 공간 아이템을 사각형 형태의 계층 구조를 가진 인덱스 안에 배치합니다.(https://postgis.net/workshops/postgis-intro/indexing.html에서 설명을 읽어 보세요.)

코드 15-9의 CREATE INDEX 문❺에 키워드 USING GIST를 더하면 geog_point 열에 공간 인덱스가 추가됩니다. GIST는 데이터베이스에 특수 색인을 쉽게 통합하는 인터페이스인 일반화된 검색 트리GiST, Generalized Search Tree를 의미합니다. PostgreSQL의 핵심 개발자 브루스 몸지안Bruce Momjian은 GiST를 "복잡한 데이터 유형의 인덱싱을 허용하도록 만들어진 일반 인덱싱 프레임워크"라고 설명합니다.

인덱스가 있는 상태에서 SELECT 문을 사용해 새로 인코딩한 geog_point 열에 저장된 geography 데이터를 보겠습니다. geog_point의 확장된 WKT를 보기 위해 ST_AsEWKT() 함수❻로 래핑하여 EWKT 좌표와 SRID를 표시합니다. 결과는 다음과 유사합니다. geog_point는 가독성을 위해 생략했습니다.

```
     longitude       latitude       geog_point                          st_asewkt
   -----------     ----------     ------------     ------------------------------------------
   -72.3880700     43.4807160     01010000...     SRID=4326;POINT(-72.38807 43.480716)
   -72.1403050     44.4110130     01010000...     SRID=4326;POINT(-72.140305 44.411013)
   -81.7285969     41.3751180     01010000...     SRID=4326;POINT(-81.7285969 41.375118)
   -82.8187000     34.8042000     01010000...     SRID=4326;POINT(-82.8187 34.8042)
   -94.2746191     37.4956280     01010000...     SRID=4326;POINT(-94.2746191 37.495628)
```

이제 점을 가지고 계산을 해보겠습니다.

15-6-3 지정한 거리 내에 있는 geometry 개체 찾기

2014년 아이오와에 있는 동안 농사에 대한 기사를 쓰기 위해 드모인에 있는 다운타운 파머스마켓을
방문했습니다. 이 시장은 아이오와주의 여러 도시에 걸쳐 있으며 수백 개가 넘는 업체에 농산물을
공급합니다. 농업은 아이오와에서 큰 사업입니다. 다운타운 파머스마켓이 거대하긴 하지만 이 지역
의 유일한 파머스마켓은 아닙니다. PostGIS를 사용하여 드모인의 파머스마켓과 가까이 있는 여러
파머스마켓을 찾아보겠습니다.

　PostGIS의 함수 ST_DWithin()은 한 공간 개체가 다른 개체의 지정된 거리 내에 있다면 부울 값
true를 반환합니다. 여기에 있는 것처럼 geography 데이터 타입으로 작업하는 경우에는 미터를 거리
단위로 사용해야 합니다. geometry 타입을 사용하는 경우에는 SRID에 지정된 거리 단위를 사용합
니다.

> 📝 **NOTE**
>
> PostGIS의 거리 측정은 geometry 데이터는 직선을 기준으로, geography 데이터는 구를 기준으로 진행됩
> 니다. 도로를 따라 운전하는 거리와 지점과 지점 사이의 거리를 혼동하지 않도록 주의하세요. 주행거리와 관
> 련된 계산을 하고 싶다면 http://pgrouting.org에서 확장 pgRouting을 확인해 보세요.

코드 15-10은 ST_DWithin() 함수를 통해 farmers_markets를 필터링하여 드모인의 다운타운 파머
스마켓에서 10km 범위 내에 있는 파머스마켓을 표시합니다.

```
SELECT  market_name,
        city,
        st,
        geog_point
FROM farmers_markets
WHERE ST_DWithin(❶ geog_point,
                 ❷ ST_GeogFromText('POINT(-93.6204386 41.5853202)'),
                 ❸ 10000)
ORDER BY market_name;
```

코드 15-10 ST_DWithin()를 사용한 10km 이내의 파머스마켓 찾기

　ST_DWithin()의 첫 번째 인수는 geog_point❶로, 각 행의 파머스마켓 위치를 geography 데이터 타

입으로 가지고 있습니다. 두 번째 인수는 WKT에서 점 geography를 반환하는 ST_GeogFromText()❷ 함수입니다. 좌표 -93.6204386과 41.5853202는 다운타운 파머스마켓의 경도와 위도를 보여 줍니다. 마지막 인수는 10000❸으로, 10km를 미터로 나타낸 값입니다. 데이터베이스는 각 파머스마켓과 다운타운 파머스마켓의 거리를 계산해 10km 안에 있으면 결과에 포함합니다.

여기서는 점을 사용하지만 이 함수는 어떤 geography, geometry 데이터에도 사용할 수 있습니다. 만약 다각형 같은 개체에 사용한다면 관련된 ST_DFullyWithin() 함수를 사용해 범위 내에 도형 전체가 들어 있는 개체를 찾을 수도 있습니다.

쿼리를 실행하세요. 9개 행이 반환됩니다.(geog_point 열은 가독성을 위해 생략합니다.)

```
market_name                              city              st
---------------------------------------  ----------------  ----
Beaverdale Farmers Market                Des Moines        Iowa
Capitol Hill Farmers Market              Des Moines        Iowa
Downtown Farmers' Market - Des Moines    Des Moines        Iowa
Drake Neighborhood Farmers Market        Des Moines        Iowa
Eastside Farmers Market                  Des Moines        Iowa
Highland Park Farmers Market             Des Moines        Iowa
Historic Valley Junction Farmers Market  West Des Moines   Iowa
LSI Global Greens Farmers' Market        Des Moines        Iowa
Valley Junction Farmers Market           West Des Moines   Iowa
```

이 9개 파머스마켓 중 Downtown Farmers' Market - Des Moines는 우리가 범위 설정 기준으로 잡은 지점이며, 나머지는 조건을 만족하는 다른 파머스마켓들입니다.

지도에서 이 지점들을 확인하려면 pgAdmin의 결과에서 geog_point 열 헤더를 클릭한 후 지도 아이콘을 클릭합니다. Geometry Viewer는 그림 15-3처럼 지도를 표시합니다.

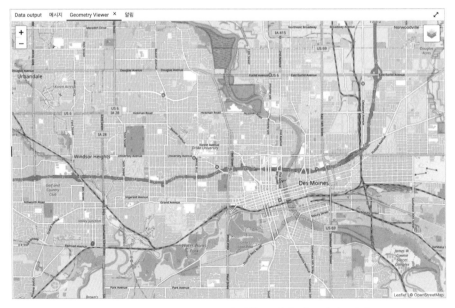

그림15-3 아이오와주 드모인 다운타운 근처에 있는 파머스마켓

꽤 익숙한 작업입니다. 많은 온라인 지도와 지도 앱이 이런 방식으로 가까운 매장이나 원하는 장소를 찾는 기능을 제공합니다.

이 근처 파머스마켓 목록을 아는 것도 좋지만 다운타운에서 파머스마켓까지 정확한 거리를 아는 게 훨씬 좋습니다. 이를 위해 다른 함수를 사용하겠습니다.

15-6-4 geography 개체 사이 거리 구하기

ST_Distance() 함수는 두 공간 개체 사이의 최소 거리를 반환합니다. 또한 geography 개체들에는 미터값을, geometry 개체들에는 SRID 단위를 반환합니다. 예를 들어, 코드 15-11은 뉴욕시 브롱크스의 양키스타디움부터 뉴욕 메츠의 홈구장인 퀸즈의 시티 필드까지의 거리를 계산합니다.

```
SELECT ST_Distance(
              ST_GeogFromText('POINT(-73.9283685 40.8296466)'),
              ST_GeogFromText('POINT(-73.8480153 40.7570917)')
              ) / 1000 AS mets_to_yanks;
```

코드 15-11 ST_Distance()를 사용한 양키 스타디움과 시티 필드 사이 거리 구하기

거리의 단위를 미터에서 킬로미터로 바꿔 보겠습니다. ST_Distance() 함수의 결과를 1000으로 나누면 결과는 킬로미터 단위로 나오며, 약 10.53km쯤 됩니다.

```
mets_to_yanks
-----------------
10.531324769520001
```

코드 15-12를 사용해 파머스마켓 데이터에도 단위 변환을 적용해 보겠습니다. 드모인의 다운타운 파머스마켓에서 10km 이내에 있는 모든 파머스마켓을 표시하고 거리를 킬로미터 단위로 표시하겠습니다.

```
SELECT market_name,
       city,
❶ round(
           (ST_Distance(geog_point,
                    ST_GeogFromText('POINT(-93.6204386 41.5853202)')
                    ) / 1000)❷::numeric, 2
           ) AS km_from_dt
FROM farmers_markets
WHERE❸ ST_DWithin(geog_point,
                    ST_GeogFromText('POINT(-93.6204386 41.5853202)'),
                    10000)
ORDER BY km_from_dt ASC;
```

코드 15-12 farmers_markets의 각 행에 ST_Distance() 적용하기

쿼리는 ST_DWithin() 함수를 사용해 다운타운 파머스마켓에서 10km 범위 내에 있는 파머스마켓을 찾았던 코드 15-10과 유사하지만, 그와 다르게 ST_Distance() 함수를 열로 추가해 다운타운 파머스마켓과의 거리를 계산하고 나타냅니다. 또한 출력되는 값을 잘라내도록 round() 함수❶를 사용합니다.

코드 15-10에서 ST_DWithin()에 입력했던 두 개의 인수 geog_point와 ST_GeogFromText() 함수를 ST_Distance()에 인수로 제공합니다. ST_Distance() 함수는 인수로 넘어온 두 점 사이의 거리를 계산하여 결과를 미터 단위로 반환합니다. 킬로미터로 변환하기 위해 결과를 1,000으로 나눕니다❷. 그다음 round() 함수에 올바른 입력 데이터 타입을 제공하기 위해 열의 계산 결과를 numeric 타입으로 변환합니다.

WHERE 절❸은 코드 15-10에서와 동일한 ST_DWithin() 함수와 입력을 사용합니다. 거리를 기준으로 오름차순 정렬된 결과가 표시됩니다.

```
market_name                              city              km_from_dt
-------------------------------------    ----------------  ----------
Downtown Farmers' Market - Des Moines    Des Moines        0.00
Capitol Hill Farmers Market              Des Moines        1.86
Drake Neighborhood Farmers Market        Des Moines        2.74
LSI Global Greens Farmers' Market        Des Moines        3.70
Highland Park Farmers Market             Des Moines        4.72
Eastside Farmers Market                  Des Moines        5.47
Beaverdale Farmers Market                Des Moines        6.01
Historic Valley Junction Farmers Market  West Des Moines   7.53
Valley Junction Farmers Market           West Des Moines   7.57
```

다시 말하지만, 여러분이 평소에 온라인에서 가까운 상점이나 주소를 검색할 때 자주 사용되고 있는 방식입니다. 다양한 경우에 사용이 가능하죠. 가령 오염원의 특정 거리 내에 있는 모든 학교를 찾아내거나 공항에서 10km 이내에 있는 모든 집을 찾는 일을 할 수 있습니다.

15-6-5 가장 가까운 장소 찾기

데이터베이스에서 검색할 임의의 거리를 지정하지 않고 다른 개체에 가장 근접한 공간 개체를 반환하도록 하는 게 좋은 때도 있습니다. 예를 들어, 10km 떨어져 있든 100km 떨어져 있든 가장 가까운 파머스마켓을 찾는다고 치겠습니다. 이때는 PostGIS에서 쿼리의 ORDER BY 절 내부에 <-> 거리 연산자를 사용하여 K번째 최근접 이웃K-nearest neighbors 검색 알고리즘을 구현하도록 지시할 수 있습니다. 최근접 이웃 알고리즘은 유사한 항목을 식별하여 텍스트 인식 같은 다양한 분류 문제를 해결합니다. 이번에는 PostGIS를 사용해 지정한 개체에 K번째로 가까운 공간 개체를 찾습니다.

예를 들어, 메인주의 바하버에 있는 휴양지를 방문하는데 그곳에서 가장 가까운 파머스마켓 세 곳을 찾고 싶다고 하겠습니다. 이때 코드 15-13을 사용할 수 있습니다.

```
SELECT market_name,
       city,
       st,
       round(
           (ST_Distance(geog_point,
                         ST_GeogFromText('POINT(-68.2041607 44.3876414)')
                         ) / 1000)::numeric, 2
            ) AS km_from_bh
FROM farmers_markets
ORDER BY geog_point <->❶ ST_GeogFromText('POINT(-68.2041607 44.3876414)')
LIMIT 3;
```

코드 15-13 최근접 이웃 검색에 <-> 거리 연산자 사용

쿼리는 코드 15-12와 유사하지만 ST_DWithin()이 들어 있는 WHERE 절을 사용하는 대신 <-> 거리 연산자❶를 포함하는 ORDER BY 절을 입력합니다. <-> 연산자 왼쪽에 geog_point 열을 배치합니다. 오른쪽에는 ST_GeogFromText() 내부의 바하버 다운타운에 위치한 점의 WKT를 제공합니다. 이 코드는 '지리에서 점까지의 거리에 따라 결과를 정렬합니다.'라는 의미입니다.

LIMIT 3을 추가하여 결과를 가장 가까운 파머스마켓 세 곳(가장 가까운 이웃 세 개)으로 제한합니다.

```
market_name                          city                st      km_from_bh
--------------------------------     ----------------    -----   ----------
Bar Harbor Eden Farmers' Market      Bar Harbor          Maine         0.51
Northeast Harbor Farmers' Market     Northeast Harbor    Maine        12.32
Southwest Harbor Farmers' Market     Southwest Harbor    Maine        15.39
```

LIMIT 절의 숫자를 변경하면 물론 더 많거나 더 적은 결과가 반환됩니다. 예를 들어 LIMIT 1을 사용하면 가장 가까운 시장만 반환됩니다.

지금까지 WKT로 구성된 공간 개체로 작업하는 방법을 배웠습니다. 다음으로 GIS에서 사용되는 일반적인 데이터 형식인 shapefile에 대해 알아보고 분석을 위해 이 파일을 PostGIS로 가져오는 방법을 보겠습니다.

15-7 인구조사 shapefile 사용하기

shapefile은 ArcGIS 매핑 시각화 및 분석 플랫폼으로 유명한 미국 기업 Esri에서 개발한 GIS 데이터 형식입니다. shapefile은 ArcGIS나 오픈소스인 QGIS와 같은 GIS 플랫폼의 표준 파일 형식으로 사용되며, 정부, 기업, 비영리 단체 및 기술 기관은 shapefile을 사용하여 건물과 도로, 경계선 등 다양한 지리적 기능을 포함하는 데이터를 표시, 분석 및 배포합니다.

shapefile은 카운티나 도로, 호수 같은 지형지물의 형태를 설명하는 정보뿐 아니라 관련 속성이 담긴 데이터베이스를 담고 있습니다. 데이터베이스에 들어가는 속성에는 이름이나 다른 설명도 포

함됩니다. 단일 shapefile은 다각형 또는 점 같은 한 가지 종류의 도형만 포함합니다. 시각화를 지원하는 GIS 플랫폼에서 shapefile을 로드하면 도형을 확인해 해당 속성을 쿼리할 수 있습니다. Post-GIS 확장을 사용하는 PostgreSQL은 shapefile 데이터를 시각화하지 않지만 shapefile의 공간 데이터에 대해 복잡한 쿼리를 실행할 수 있습니다. 이에 관해선 이 장 뒷부분의 '2019년 카운티 인구조사 shapefile 탐색하기'와 '공간 데이터 조인하기'에서 확인해 보겠습니다.

우선 shapefile의 구조와 내용을 살펴보겠습니다.

15-7-1 shapefile의 내용 이해하기

shapefile은 확장자가 다른 파일 모음을 나타내며 각각 다른 용도로 사용됩니다. 일반적으로 소스에서 shapefile을 다운로드하면 .zip과 같은 압축 형식으로 제공됩니다. 개별 파일에 액세스하려면 압축을 해제해야 합니다.

ArcGIS 문서에 따르면 여러분이 마주할 일반적인 파일 형식은 다음과 같습니다.

- `.shp`: 기하 정보를 저장하는 파일.
- `.shx`: 기하의 인덱스를 저장하는 인덱스 파일.
- `.dbf`: 기하의 정보에 관한 속성을 모아놓은 dBase 형식의 데이터베이스 테이블을 저장하는 파일.
- `.xml`: shapefile의 메타 데이터를 저장한 XML 파일.
- `.prj`: 좌표 정보를 저장하는 투영 파일. 텍스트 편집기로 이 파일을 열어 지리 좌표계와 투영법을 볼 수 있습니다.

문서에 따르면 처음 세 개의 확장자를 가진 파일에는 shapefile 작업에 필요한 데이터가 포함되어 있습니다. 나머지 파일에서는 선택 사항이기 때문에 그러한 데이터가 꼭 들어갈 필요는 없습니다. shapefile을 PostGIS로 로드하면 공간 개체와 각 속성에 액세스할 수 있습니다. 다음으로 이를 수행하고 몇 가지 추가 분석 기능을 살펴보겠습니다.

실습 파일에는 여러 가지 shapefile이 들어 있습니다. 미국 인구조사의 TIGER/Line shapefile부터 시작하겠습니다. 이 파일에는 2019년 기준 각 카운티의 경계에 대한 위치 데이터가 저장되어 있습니다. 이 shapefile에 대한 자세한 내용은 https://www.census.gov/geographies/mapping-files/time-series/geo/tiger-line-file.html을 참조하세요.

> 📝 **NOTE**
>
> 많은 기관이 shapefile 형식으로 데이터를 제공합니다. 국가 또는 지방 정부 기관이나 위키백과에서 'GIS 데이터 출처 목록List of GIS data source' 항목을 확인하세요.

이 장의 tl_2019_us_county.zip을 컴퓨터에 저장하고 압축을 풉니다. 아카이브에는 앞서 나열한 확장자를 포함하는 파일이 포함되어야 합니다.

15-7-2 shapefile 로드하기

Windows 전용 PostGIS 제품군에는 간단한 그래픽 사용자 인터페이스^{GUI, Graphical User Interface}로 사용
할 수 있는 Shapefile Import/Export Manager가 포함되어 있습니다. 최근 몇 년 동안 해당 GUI
의 빌드는 macOS나 Linux 배포판에서 찾기 더 어려워졌으므로 해당 운영체제에선 명령줄 응용 프
로그램 shp2pgsql을 사용합니다.

Windows GUI부터 시작하겠습니다. macOS나 Linux를 사용한다면 바로 'shp2pgsql' 절로 넘어
가세요.

Windows Shapefile Importer/Exporter

Windows에서 1장의 설치 단계를 따랐다면 Shapefile Import/Export Manager가 설치되어 있습
니다. **시작 ▶ PostGIS Bundle x.y for PostgreSQL x64 x.y ▶ PostGIS Bundle x.y for Post-
greSQL x64 x.y Shapefile and DBF Loader Exporter**를 눌러 프로그램을 실행하세요.

x.y 대신 PostgreSQL 및 PostGIS 버전 번호를 찾으면 됩니다. 응용 프로그램을 시작하려면 클릭
하세요.

앱과 analysis 데이터베이스의 연결을 설정하려면 다음 단계를 따르세요.

1. **View connection details**을 클릭합니다.
2. 이어서 나오는 대화 상자에 사용자 이름은 postgres를 입력하고 초기 설정 중에 서버에 대해
   추가한 경우 암호를 입력합니다.
3. 서버 호스트에 기본적으로 localhost와 5432가 있는지 확인합니다. 다른 서버나 포트에 연결하
   지 않는 한 그대로 두세요.
4. 데이터베이스 이름으로 analysis를 입력합니다. 그림 15-4에서 연결 설정법을 볼 수 있습니다.

그림 15-4 shapefile 로더에 PostGIS 연결하기

5. OK를 클릭합니다. 로그 창에 연결 성공^{Connection Succeeded} 메시지가 표시되어야 합니다. PostGIS
   연결을 성공적으로 설정했으므로 이제 shapefile을 로드할 수 있습니다.

6. 옵션에서 DBF 파일 문자 인코딩을 Latin1으로 변경합니다. 이는 shapefile의 카운티 이름에서 Latin1 인코딩이 필요한 문자가 포함되어 있기 때문입니다. 공간 열에 인덱스를 생성하는지 확인하는 박스를 포함해 모든 기본 체크박스를 그대로 둡니다. 이제, **OK**를 클릭합니다.

7. **Add File**을 누르고 tl_2019_us_county.shp를 선택합니다. 그림 15-5처럼 **Open**을 누르면 로더의 Import List에 Shapefile이 추가됩니다.

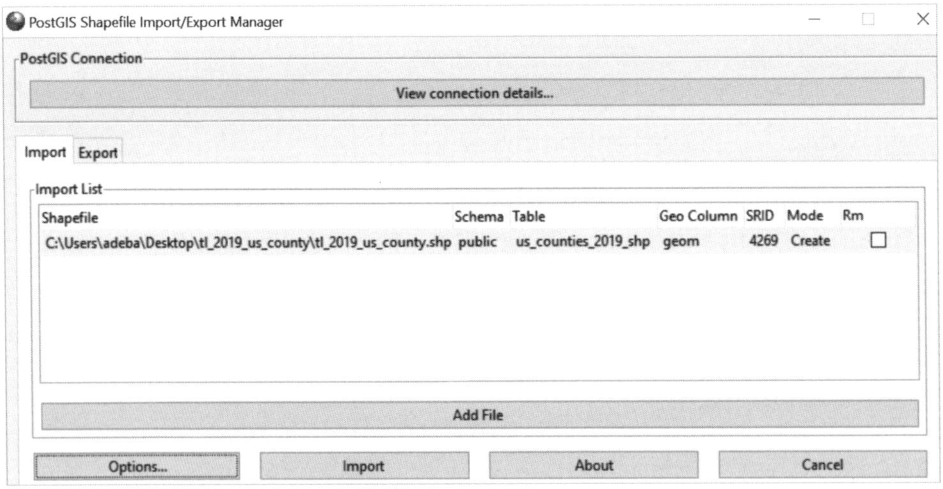

그림15-5 shapefile 로더에서 업로드 세부 정보 지정

8. Table 열에서 테이블 이름을 더블 클릭하고 us_counties_2019_shp로 교체하세요. 그리고 ENTER 키를 눌러 값을 승인하세요.

9. SRID 열을 더블 클릭하고 4269를 입력합니다. 이 숫자는 North American Datum 1983 좌표계 ID로, 미국 인구조사국을 비롯한 미국 연방 기관이 자주 사용합니다. 다시 ENTER 키를 눌러 값을 승인하세요.

10. **Import** 버튼을 누르세요.

로그 창에서 다음과 같은 정보가 나옵니다.

```
Shapefile type: Polygon
PostGIS type: MULTIPOLYGON[2]
Shapefile import completed.
```

pgAdmin의 탐색기에서 analysis 노드를 확장시키고 **스키마 ▶ public ▶ 테이블**을 선택하여 계속 확장해 나갑니다. **테이블**을 마우스 오른쪽 버튼으로 클릭하고 팝업 메뉴에서 **새로고침**을 선택하여 테이블을 새로 고칩니다. us_counties_2019_shp가 포함되어 있어야 합니다. 축하합니다! 테이블에 shapefile을 로드했습니다. shapefile 로더는 가져오는 과정에서 geom 열도 인덱싱했습니다. 이제 '2019년 카운티 인구조사 shapefile 탐색하기' 절로 이동해도 좋습니다.

shp2pgsql

macOS와 리눅스에서는 Shapefile Import/Export Manager를 사용할 수 없습니다. 그렇기에 PostGIS 명령줄 도구 shp2pgsql을 사용하여 shapefile을 가져오는 방법을 소개하겠습니다. 이 도구를 사용하면 텍스트 명령으로 같은 작업을 수행할 수 있습니다.

macOS와 Linux에서는 터미널에서 명령줄 도구를 실행합니다. 명령줄에 익숙하지 않다면 잠시 18장 '명령줄에서 PostgreSQL 사용'을 읽고 익혀 보세요. 그렇지 않으면 macOS에서 응용 프로그램 폴더(유틸리티 아래)에서 터미널을 시작합니다. Linux에서는 배포판의 터미널을 엽니다.

다음 명령을 사용하여 새 테이블로 shapefile을 가져옵니다. shapefile_name, table_name, database_name, user는 실제 사용할 값으로 바꾸세요.

```
shp2pgsql -I -s SRID -W encoding shapefile_name, table_name | psql -d database_name -U user
```

많은 일이 벌어집니다. 각 인수는 다음과 같습니다.

- **-I**: GiST를 사용하여 새 테이블의 지오메트리 열에 인덱스를 추가합니다.
- **-s**: 기하 데이터에 대한 SRID를 지정할 수 있습니다.
- **-W**: 필요한 경우 파일 인코딩을 지정할 수 있습니다.
- **shapefile_name**: .shp 확장자로 끝나는 파일의 이름(전체 경로 포함)입니다.
- **table_name**: shapefile을 가져올 새 테이블을 나타냅니다.

이 인수 다음에 파이프 기호를 배치하여 shp2pgsql의 출력을 PostgreSQL 유틸리티인 psql로 보냅니다. 그다음에는 데이터베이스와 사용자의 이름을 지정하는 인수가 나옵니다. 예를 들어 analysis 데이터베이스의 us_counties_2019_shp 테이블로 shapefile tl_2019_us_county.shp 파일을 로드하려면 터미널에서 shapefile이 포함된 디렉터리로 이동한 뒤 다음 명령을 실행합니다.(모두 줄 바꿈 없이 한 줄로 입력해야 합니다.)

```
shp2pgsql -I -s 4269 -W LATIN1 tl_2019_us_county.shp us_counties_2019_shp | psql -d analysis -U postgres
```

서버는 인덱스를 만들고 명령줄로 돌아가기 전까지 엄청난 수의 INSERT 문을 출력합니다. 처음에는 전체 인수 집합을 구성하는 데 시간이 걸립니다. 그러나 명령을 하나 만든 후에는 같은 명령에 파일과 테이블 이름만 바꿔가며 실행하면 되므로 더 적은 시간이 소요됩니다.

shapefile을 로드하면 쿼리로 데이터를 탐색할 준비가 끝난 것입니다.

15-7-3 2019년 카운티 인구조사 shapefile 탐색하기

us_counties_2019_shp 테이블에는 각 주와 카운티마다 고유하게 할당된 연방 정보 처리 표준^{FIPS, Fed-}eral Information Processing Standards 코드뿐만 아니라 각 카운티의 이름을 저장한 열이 있습니다. geom 열에는 각 카운티의 경계에 대한 공간 데이터를 포함합니다. 먼저 ST_AsText() 함수를 사용하여 geom 열에 포함된 공간 개체의 종류를 보겠습니다. 코드 15-14를 사용하여 테이블에 있는 첫 번째 geom 값의 WKT 표현을 확인해 보세요.

```
SELECT ST_AsText(geom)
FROM us_counties_2019_shp
ORDER BY gid
LIMIT 1;
```

코드 15-14 geom 열의 WKT 표현 살펴보기

결과는 카운티의 경계를 나타내는 수백 개의 좌표쌍이 있는 다중 다각형입니다. 다음과 같은 내용이 출력될 것입니다.

```
MULTIPOLYGON(((-97.019516 42.004097,-97.019519 42.004933,-97.019527 42.007501,-97.019529
42.009755,-97.019529 42.009776,-97.019529 42.009939,-97.019529 42.010163,-97.019538 42.013931,
-97.01955 42.014546,-97.01955 42.014565,-97.019551 42.014608,-97.019551 42.014632,-97.01958
42.016158,-97.019622 42.018384,-97.019629 42.018545,-97.01963 42.019475,-97.01963 42.019553,
-97.019644 42.020927, --생략-- )))
```

각 좌표는 카운티 경계의 점을 표시하며, MULTIPOLYGON 개체에는 다각형 여러 개가 포함될 수 있습니다. 이 덕에 경계 때문에 분리된 영역 여러 개가 포함된 카운티도 만들어집니다. 이제 데이터를 분석할 준비가 되었습니다.

가장 넓은 구역 구하기

어느 카운티가 가장 땅이 넓을까요? 카운티 면적을 계산하기 위해 코드 15-15는 다각형과 다중 다각형 개체의 면적을 반환하는 ST_Area() 함수를 사용합니다. geography 데이터 타입으로 작업하는 경우 ST_Area()는 결과를 제곱미터로 반환하며, geometry 데이터 타입을 사용하는 경우에는 SRID 단위로 영역을 반환합니다. 일반적으로 단위는 실제 분석에 유용하지 않지만 geometry 타입인 데이터를 geography 타입으로 변환하여 제곱미터 결과를 얻을 수 있습니다. 이제 해보겠습니다. 이번 실습은 지금까지 수행한 그 어떤 계산보다 더 복잡한 계산이므로 오래된 컴퓨터를 사용하는 경우 쿼리를 완료하는 데 추가 시간이 소요될 수 있습니다.

```
SELECT name,
       statefp AS st,
       round(
           ( ST_Area(❶geom::geography) / ❷1000000 )::numeric, 2
```

```
            ) AS ❸square_km
  FROM us_counties_2019_shp
  ORDER BY square_km ❹DESC
  LIMIT 5;
```

코드 15-15 ST_Area()로 가장 큰 넓이를 가진 지역 찾기

geom 열은 geometry 데이터 타입을 저장하므로 제곱미터로 넓이를 구하기 위해 이중 콜론을 사용해 geom 열의 데이터를 geography 타입으로 변경해야 합니다❶. 제곱킬로미터를 계산하기 위해서 제곱미터를 1,000,000으로 나누어야 합니다❷. 1제곱킬로미터는 1,000,000제곱미터이기 때문이죠. 결과를 더 읽기 쉽도록 round() 함수로 감싸고 결과 열에 square_km❸라는 이름을 지정했습니다. 마지막으로 결과를 내림차순 정렬해❹ 면적이 가장 넓은 지역부터 좁은 지역순으로 출력되도록 만들었고 LIMIT 5를 사용해 최상위 결과 5개만 확인했습니다.

```
name                st   square_km
----------------    --   ---------
Yukon-Koyukuk       02   382984.12
North Slope         02   245603.19
Bethel              02   117997.46
Northwest Arctic    02   105204.74
Valdez-Cordova      02   104390.86
```

가장 큰 버로(알래스카에서 카운티에 해당하는 자치구역명)를 가진 알래스카에 박수를 보냅니다. 가장 넓은 다섯 카운티 모두 알래스카에 있군요. 알래스카의 FIPS 주 코드는 02입니다. 알래스카의 심장부에 위치한 유콘코유콕은 약 383,000제곱킬로미터입니다.(이 정보는 이 장의 끝부분에 있는 연습문제에서 사용하니 기억해 두세요.)

shapefile에는 주 이름이 아닌 FIPS 코드만 저장되어 있습니다. 테이블에 공간 데이터가 있으므로 다른 인구조사 테이블에 조인을 해서 주 이름을 알아내 보겠습니다.

경도와 위도로 카운티 특정하기

"이 보스턴 남자가 낡은 신발로 뭘 했는지 믿기지 않을 것입니다!" 같은 웹 사이트 광고가 당신이 사는 곳을 어떻게 알 수 있는지 그 비밀을 말해 주자면, 이는 휴대폰의 GPS와 같은 다양한 수단을 사용하는 지리적 위치 서비스geolocation services에서 경도와 위도를 찾아낸 덕분입니다. 좌표가 알려지면 공간 쿼리를 통해 해당 지점이 포함된 지리를 찾을 수 있습니다.

인구조사 shapefile과 ST_Within() 함수를 사용하면 같은 작업을 수행할 수 있습니다. ST_Within() 함수는 한 도형이 다른 도형 안에 있으면 true를 반환합니다. 코드 15-16은 할리우드 도심의 경도와 위도를 사용한 예입니다.

```
SELECT sh.name,
       c.state_name
FROM us_counties_2019_shp sh JOIN us_counties_pop_est_2019 c
    ON sh.statefp = c.state_fips AND sh.countyfp = c.county_fips
WHERE ❶ST_Within(
         'SRID=4269;POINT(-118.3419063 34.0977076)'::geometry, geom
);
```

코드15-16 ST_Within()을 사용해 좌표를 포함하는 카운티 찾기

WHERE절 내의 ST_Within() 함수❶는 두 개의 geometry 개체 입력이 필요하며 첫 번째 개체가 두 번째 개체 안에 있는지 여부를 확인합니다. 함수가 제대로 작동하려면 두 geometry 개체 입력이 동일한 SRID를 가져야 합니다. 이 예에서 첫 번째 개체는 인구조사 데이터와 동일하게 SRID 4269를 포함하는 점의 확장된 WKT 표현이며, 이는 이후 geometry 타입으로 변환됩니다. ST_Within() 함수는 별도의 SRID 입력을 허용하지 않으므로 제공된 WKT를 설정하려면 'SRID=4269;POINT(-118.3419063 34.0977076)'과 같은 접두사를 붙여야 합니다. 두 번째 개체는 테이블의 geom 열입니다.

쿼리를 실행하면 다음과 같은 결과가 표시됩니다.

```
name          state_name
-----------   -----------
Los Angeles   California
```

이렇게 입력한 지점이 캘리포니아 로스앤젤레스 카운티 안에 있다는 걸 알 수 있습니다. 또한 여기에 카운티 인구 추정치를 결합한 것처럼 점에 주변 지역에 대한 데이터를 연결해 새로운 가치를 찾아낼 수(또는 개인 정보 침해를 저지를 수도) 있습니다. 이렇게 갑자기 여러분에겐, 사람들이 많은 시간을 보내는 장소에 대한 데이터를 기반으로 사람들에 대한 많은 정보를 알아낼 수 있는 능력이 생겼습니다.

또 다른 경도 및 위도 쌍을 사용해 어떤 카운티에 있는지 확인해 보세요. shapefile에는 미국 지역만 포함되어 있기 때문에 미국 이외의 지역에 좌표를 입력할 경우 쿼리는 결과를 반환하지 않습니다.

15-7-4 일정 범위 내의 인구 통계 조사하기

도시 기획자는 일정 범위 내에 거주하는 인구수를 기준으로 새로운 건물을 배치합니다. 새로운 학교나 산업 시설, 지역 사회 편의 시설의 건축은 주변 지역에 이용할 사람이 충분히 있는지를 기준으로 결정됩니다. 공간 및 인구 통계학적 데이터를 사용하여 계획한 위치에서 특정 거리 내의 지리에 포함된 인구를 추정할 수 있습니다.

네브래스카주 링컨 다운타운에 식당을 건축하기 위해 후보지에서 80km 이내에 몇 명이 살고 있는지 알고 싶습니다. 코드 15-17은 ST_DWithin() 함수를 사용하여 링컨 다운타운에서 80km 이내에 땅이 일부라도 걸친 카운티를 찾고 2019년 인구 추정치를 합산합니다.

```
SELECT sum(c.pop_est_2019) AS pop_est_2019
FROM us_counties_2019_shp sh JOIN us_counties_pop_est_2019 c
    ON sh.statefp = c.state_fips AND sh.countyfp = c.county_fips
WHERE ST_DWithin(sh.geom::geography,
        ST_GeogFromText('SRID=4269;POINT(-96.699656 40.811567)'),
        80000);
```

코드 15-17 ST_DWithin()을 사용하여 네브래스카주 링컨 근처에 있는 사람 수 계산

코드 15-10에서 아이오와주 드모인에 가까운 파머스마켓을 찾기 위해 ST_DWithin()을 사용했습니다. 여기에서도 동일한 기술을 적용합니다. ST_DWithin()에 다음 세 가지 인수를 전달합니다. geography 타입으로 변환한 shapefile의 geom 열, 링컨 다운타운을 나타내는 지점의 좌표, 거리인 80,000 미터입니다.

쿼리는 조인된 인구조사 추정 테이블의 pop_est_2019 열의 총합인 1,470,295를 반환합니다.

pgAdmin에서 카운티 이름을 나열하고 경계를 시각화해 보겠습니다. 코드 15-18처럼 쿼리를 수정할 수 있습니다.

```
SELECT sh.name,
        c.state_name,
        c.pop_est_2019,
    ❶ ST_Transform(sh.geom, 4326) AS geom
FROM us_counties_2019_shp sh JOIN us_counties_pop_est_2019 c
    ON sh.statefp = c.state_fips AND sh.countyfp = c.county_fips
WHERE ST_DWithin(sh.geom::geography,
        ST_GeogFromText('SRID=4269;POINT(-96.699656 40.811567)'),
        80000);
```

코드 15-18 네브래스카주 링컨 근처의 카운티 출력

이 쿼리는 카운티 이름과 인구가 적힌 행 25개를 반환합니다. geom 열 헤더를 클릭하고 지도 모양 아이콘을 클릭하면 그림 15-6과 같이 pgAdmin의 Geometry Viewer에서 지도에 카운티가 표시됩니다.

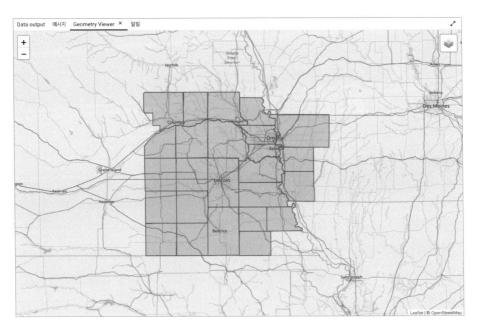

그림 15-6 링컨에서 80km 이내 영역에 땅이 일부라도 걸친 카운티

쿼리는 링컨에서 80km 이내에 땅이 일부라도 걸쳐진 카운티를 표시합니다. 카운티는 주로 면적이 크기 때문에 해당 지점의 거리 내에 사는 사람 수를 정확히 알기는 어렵습니다. 더 정확한 계산을 위해 카운티를 구성하는 지역이나 블록 같은 더 작은 지역을 사용할 수 있습니다.

마지막으로, pgAdmin의 Geometry Viewer가 사용하는 기본 지도는 OpenStreetMap으로 WGS 84 좌표계를 사용합니다. 인구조사 shapefile은 North American Datum 83과 같은 다른 좌표계를 사용합니다. 기본 지도에 데이터가 제대로 표시되도록 하려면 ST_Transform() 함수❶를 사용하여 인구조사 기하를 SRID 4326으로 변환해야 합니다. 이 함수를 생략할 경우, 좌표계가 일치하지 않아 지역이 뷰어의 빈 캔버스에 표시됩니다.

| 15-8 공간 데이터 조인하기

공간 데이터와 테이블을 결합하면 흥미로운 분석의 기회가 열립니다. 예를 들어, 카페에 대한 정보를 가진 테이블(경도 및 위도 포함)을 카운티 정보 테이블에 조인하면 위치를 기반으로 각 카운티마다 카페가 몇 개 있는지 확인할 수 있습니다. 이번 절에서는 인구조사 데이터를 사용하여 도로와 수로를 자세히 살펴보고 공간 조인에 대해 알아보겠습니다.

15-8-1 도로와 수로 데이터 탐색하기

뉴멕시코주의 주도를 가로지르는 산타페 강은 연중 대부분의 경우 마른 강바닥을 보여 주며 아주 간헐적으로 물이 흐릅니다. 산타페의 웹 사이트에 따르면 강은 돌발 홍수에 취약하며 2007년 미국에서 가장 먼저 사라질 강으로 선정되었습니다. 여러분이 도시 계획자라면 강이 도로를 지나가는 지점을 파악하여 홍수를 대비한 비상 대응을 계획할 수 있습니다.

산타페 카운티의 도로 및 수로에 대한 세부 정보가 포함된 미국 인구조사 TIGER/Line shapefile 세트를 사용하면 이런 위치를 파악할 수 있습니다. shapefile은 책의 실습 자료에 포함되어 있습니다. tl_2019_35049_linearwater.zip과 tl_2019_35049_roads.zip을 다운로드한 후 압축을 풀고 Shapefile and DBF Loader Exporter를 실행합니다. 앞서 했던 것과 같은 방식으로 shapefile 두 개를 데이터베이스로 가져옵니다. 수로 정보를 저장할 테이블의 이름을 santafe_linearwater_2019로, 도로 정보를 저장할 테이블의 이름을 santafe_roads_2019로 지정합니다.

다음으로 데이터베이스를 새로 고치고 두 테이블에서 빠른 SELECT * FROM 쿼리를 실행하여 데이터를 확인하세요. 도로 테이블에는 11,655개의 행이 있고 수로 테이블에는 1,148개의 행이 있어야 합니다.

GUI를 통해 가져온 카운티 shapefile과 마찬가지로 두 테이블에는 geometry 타입의 인덱스된 geom 열이 있습니다. 열에서 공간 개체의 타입을 확인하면 쿼리 중인 공간 개체의 타입을 알 수 있습니다. ST_AsText() 함수를 사용하거나 다음 코드 15-19와 같이 ST_GeometryType()을 사용하여 이를 수행할 수 있습니다.

```
SELECT ST_GeometryType(geom)
FROM santafe_linearwater_2019
LIMIT 1;

SELECT ST_GeometryType(geom)
FROM santafe_roads_2019
LIMIT 1;
```

코드 15-19 ST_GeometryType()으로 geometry 찾기

두 쿼리 모두 동일한 값인 ST_MultiLineString을 가진 하나의 행을 반환해야 합니다. 이 값은 수로와 도로가 직선으로 연결된 일련의 점인 다중 선 개체로 저장됨을 나타냅니다.

15-8-2 인구조사 도로와 강 테이블 조인하기

산타페 강을 지나가는 산타페의 모든 도로를 찾기 위해 JOIN ... ON 구문을 이용해 테이블을 조인해 보겠습니다. 평소처럼 두 테이블의 열에서 일치하는 값을 찾는 대신 개체가 겹치는 위치를 알려 주는 쿼리를 작성합니다. ST_Intersects() 함수를 사용하여 이 작업을 수행합니다. 이 함수는 두 공간

개체가 서로 접촉하면 true를 반환합니다. 입력은 geometry 또는 geography 타입일 수 있습니다. 코드 15-20은 테이블을 조인합니다.

```
SELECT water.fullname AS waterway, ❶
       roads.rttyp,
       roads.fullname AS road
FROM santafe_linearwater_2019 water JOIN santafe_roads_2019 roads ❷
  ❸ ON ST_Intersects(water.geom, roads.geom)
WHERE water.fullname = ❹'Santa Fe Riv'
      AND roads.fullname IS NOT NULL
ORDER BY roads.fullname;
```

코드15-20 ST_Intersects() 공간 조인을 이용해 산타페 강을 지나는 도로 찾기

SELECT의 열 목록❶에는 santafe_linearwater_2019 테이블의 fullname 열이 포함되며, FROM 절❷에서 이 테이블에 대한 별칭으로 water를 지정합니다. 또한 열 목록에는 길의 유형을 나타내는 rt-typ 코드와 roads라고 별칭을 붙인 santafe_roads_2019 테이블의 fullname 열이 포함됩니다.

JOIN의 ON 부분❸에서 ST_Intersects() 함수에 두 테이블의 geom 열을 입력으로 넣습니다. 여기서 지리적으로 교차하면 표현식이 true로 평가됩니다. fullname을 사용해 water 테이블에 산타페 강이 기록된 값인 'Santa Fe Riv'❹ 문자열을 갖고 있는 항목만 표시합니다. 또한 길의 이름이 NULL 값인 인스턴스를 제거합니다. 쿼리를 실행하면 37개의 행을 반환할 것이며, 다음은 상위 5행입니다.

```
waterway        rttyp    road
-----------     -----    ----------------
Santa Fe Riv      M      Baca Ranch Ln
Santa Fe Riv      M      Baca Ranch Ln
Santa Fe Riv      M      Caja del Oro Grant Rd
Santa Fe Riv      M      Caja del Oro Grant Rd
Santa Fe Riv      M      Cam Carlos Rael
--생략--
```

결과에 나온 각 도로는 산타페 강과 일부 지점이 교차합니다. 첫 번째 결과 각각에 대한 경로 유형 코드는 M인데, 이는 일반 도로임을 나타냅니다. 이 외에도 경로 유형은 카운티 도로를 뜻하는 C, 주 도로를 뜻하는 S, 분류되지 않은 도로를 뜻하는 U가 있습니다. 전체 경로 유형 코드 목록은 https://www.census.gov/geo/reference/rttyp.html에서 확인할 수 있습니다.

15-8-3 개체의 교차 지점 찾기

산타페 강과 교차하는 모든 도로를 성공적으로 찾아낼 수 있었습니다. 이것도 좋은 시작이었지만, 홍수 위험 지역에 대한 조사를 위해 도로마다 교차 지점의 위치를 정확하게 파악할 수 있으면 더욱 도움이 될 것입니다. 개체가 교차하는 장소의 위치를 반환하는 ST_Intersection() 함수를 포함하도록 쿼리를 수정할 수 있습니다. 코드 15-21에서 그것을 열로 추가했습니다.

```
SELECT water.fullname AS waterway,
       roads.rttyp,
       roads.fullname AS road
     ❶ ST_AsText(ST_Intersection(❷water.geom, roads.geom))
FROM santafe_linearwater_2019 water JOIN santafe_roads_2019 roads
     ON ST_Intersects(water.geom, roads.geom)
WHERE water.fullname = 'Santa Fe Riv'
      AND roads.fullname IS NOT NULL
ORDER BY roads.fullname;
```

코드 15-21 ST_Intersection()을 사용해 교차 지점 찾기

이 함수는 geometry 개체를 반환하므로 WKT 표현을 얻으려면 ST_AsText()❶로 감싸야 합니다. ST_Intersection() 함수는 water와 roads 테이블의 geom 열❷을 입력받습니다. 쿼리를 실행하면 이제 강과 도로가 교차되는 정확한 지점 좌표가 포함됩니다.(간결하게 나타내기 위해 점 좌표를 반올림했습니다.)

```
waterway       rttyp   road                   st_astext
-----------    -----   -------------------    ----------------------------
Santa Fe Riv    M      Baca Ranch Ln          POINT(-106.049802 35.642638)
Santa Fe Riv    M      Baca Ranch Ln          POINT(-106.049743 35.643126)
Santa Fe Riv    M      Caja del Oro Grant Rd  POINT(-106.024674 35.657624)
Santa Fe Riv    M      Caja del Oro Grant Rd  POINT(-106.024692 35.657644)
Santa Fe Riv    M      Cam Carlos Rael        POINT(-105.986934 35.672342)
--생략--
```

공간 데이터 분석에 대한 더 많은 아이디어를 떠올릴 수 있습니다. 예를 들어 건물을 보여 주는 shapefile이 있다면 강 근처에 있고 폭우 시 홍수 위험이 있는 건물을 찾을 수 있습니다. 정부와 민간 조직은 정책 수립과정에서 이런 기술을 자주 활용합니다.

15-9 마무리

매핑은 강력한 분석 도구이며, 이 장에서 배운 기술을 통해 PostGIS로 더 많은 것을 탐색할 수 있습니다. 실제로 이 데이터를 시각화하고 싶다면 Esri의 ArcGIS(https://www.esri.com/) 또는 오픈 소스인 QGIS(https://qgis.org/) 같은 GIS 응용 프로그램을 통해 시도해 보세요. 둘 다 PostGIS를 활용한 PostgreSQL 데이터베이스를 데이터 원본으로 사용하여 테이블의 shapefile 데이터나 쿼리 결과를 시각화할 수 있습니다.

이제 여러분의 분석 기술에 공간 데이터 작업을 추가했습니다. 다음 장에서는 널리 사용되는 JSON^JavaScript Object Notation이라는 또 다른 데이터 타입과 PostgreSQL로 JSON을 다루는 방법을 알아보겠습니다.

연습문제

이 장에서 가져온 공간 데이터를 사용하여 추가 분석을 해보세요.

1. 앞서 미국에서 가장 큰 면적을 가진 카운티를 찾았습니다. 이제 각 주의 면적을 제곱킬로미터 단위로 찾기 위해 카운티 데이터를 정리하세요.(us_counties_2019_shp 테이블의 statefp 열을 사용하면 됩니다.) 유콘코유쿡보다 더 큰 주는 몇 개나 될까요?

2. ST_Distance()를 사용하여 Oakleaf Greenmarket과 Columbia Farmers Market이라는 두 파머스마켓이 몇 킬로미터 떨어져 있는지 확인하세요. Oakleaf Greenmarket의 주소는 9700 Argyle Forest Blvd, Jacksonville, Florida이며, Columbia Farmers Market의 주소는 1701 West Ash Street, Columbia, Missouri입니다. 먼저 farmers_markets 테이블에서 두 좌표를 모두 찾아야 합니다.(힌트: 13장에서 배운 공통 테이블 표현식 구문을 사용하여 쿼리를 작성할 수도 있습니다.)

3. farmers_markets 테이블의 500개 이상의 행에서 카운티 열의 값이 누락되었습니다. 이는 지저분한 정부 데이터의 예입니다. us_counties_2019_shp 테이블과 ST_Intersects() 함수를 사용하여 공간 조인을 수행하여 각 파머스마켓의 경도 및 위도를 기반으로 누락된 카운티 이름을 찾습니다. farmers_markets 테이블의 geog_point 열은 geography 타입이고 SRID는 4326이므로 census 테이블의 geom 열을 geography 타입으로 변환하고 ST_SetSRID()를 사용하여 SRID를 변경해야 합니다.

4. 12장에서 생성한 nyc_yellow_taxi_trips 테이블에는 택시의 이동 경로의 시작 지점과 종료 지점이 경도와 위도로 저장되어 있습니다. PostGIS 함수를 사용하여 하차 위치 좌표를 geometry 타입으로 바꾸고 하차가 발생한 위치의 주/카운티 쌍을 찾아보세요. 이전 문제와 마찬가지로 us_counties_2019_shp 테이블에 공간 조인을 진행하도록 geom 열을 사용하세요.

16

JSON 데이터 사용

JSON^{JavaScript Object Notation}은 데이터 저장하는 데 널리 사용되는 텍스트 형식으로 플랫폼에 종속되지 않아 여러 컴퓨터 시스템에서 쉽게 공유할 수 있습니다. 이 장에서는 JSON의 구조에 대해 알아보고 PostgreSQL에서 JSON 데이터를 저장하고 쿼리하는 방법을 살펴보겠습니다. PostgreSQL에서 제 공하는 JSON 쿼리 연산자를 살펴본 후, 한 달 분량의 지진 데이터를 분석합니다.

ANSI SQL 표준은 2016년에 JSON에 대한 구문 정의를 추가하며, JSON 개체를 만들고 액세스하 기 위한 함수를 추가했고 이후 주요 데이터베이스 시스템은 몇 년 동안 다양한 방식으로 JSON 지원 을 추가했습니다. PostgreSQL은 여러 비표준 연산자를 구현해 ANSI 표준에 대한 지원을 일부 추 가했습니다. 지금부터 실습을 통해 PostgreSQL에서 JSON 지원 중 어떤 기능이 표준 SQL을 따랐 는지 확인하겠습니다.

| 16-1 JSON 구조 이해하기

JSON 데이터는 키/값 쌍으로 이루어진 개체, 그리고 순서가 지정된 값 모음인 배열이라는 두 가지 데이터 구조로 이루어집니다. JavaScript나 Python, C# 같은 프로그래밍 언어를 사용한다면 JSON 의 구조가 익숙할 것입니다.

개체 내부에 키/값 쌍을 사용해 개별 데이터 항목을 저장하고 이름을 부여할 수 있습니다. 개체 전체는 중괄호로 묶고, 그 안에서 각 이름을 큰따옴표로 묶은 키를 입력한 뒤에 콜론과 해당 값을 입력합니다. 개체는 쉼표로 구분된 여러 키/값 쌍을 캡슐화합니다. 영화 정보를 사용하는 예를 들 어 보겠습니다.

```
{"title": "The Incredibles", "year": 2004}
```

키는 title과 year이고 값은 "The Incredibles"와 2004입니다. 값에 문자열을 사용하려면 큰따옴표로 묶습니다. 숫자나 부울 값, null인 경우에는 따옴표를 사용하지 않습니다. Python의 딕셔너리를 생각하면 이해하기 쉽습니다.

배열은 값을 대괄호로 묶은, 순서가 정해진 목록입니다. 배열의 각 값은 쉼표로 구분합니다. 예를 들어 다음과 같은 영화 장르를 나열할 수 있습니다.

```
["animation", "action"]
```

배열은 프로그래밍 언어에서 일반적이며 이미 SQL 쿼리에서 사용했습니다. Python에서는 이 구조를 리스트라고 합니다.

우리는 개체와 배열을 서로 중첩하는 방식으로 다양한 구조를 조합할 수 있습니다. 예를 들어 개체의 배열을 만들거나 배열을 값으로 사용할 수 있습니다. 정해진 스키마를 위반하지 않고 키/값 쌍을 추가 또는 삭제하거나 개체 배열을 생성할 수 있습니다. JSON은 정의가 엄격한 SQL 테이블에 비해 유연하기 때문에 데이터 저장소로 사용하기 좋습니다. 하지만 이 유연함이 JSON 데이터 작업에 큰 어려움을 줍니다.

코드 16-1은 JSON으로 저장된 두 편의 영화에 대한 정보를 보여 줍니다. 가장 바깥쪽은 두 개의 요소(각 영화에 대한 개체)를 가진 배열입니다. JSON 전체가 대괄호로 시작하고 끝나기 때문에 가장 바깥쪽 구조가 배열이라는 것을 알 수 있습니다.

```
[{❶
    "title": "The Incredibles",
    "year": 2004,
❷"rating": {
        "MPAA": "PG"
    },
❸"characters": [{
        "name": "Mr. Incredible",
        "actor": "Craig T. Nelson"
    }, {
        "name": "Elastigirl",
        "actor": "Holly Hunter"
    }, {
        "name": "Frozone",
        "actor": "Samuel L. Jackson"
    }],
❹"genre": ["animation", "action", "sci-fi"]
}, {
    "title": "Cinema Paradiso",
    "year": 1988,
    "characters": [{
        "name": "Salvatore",
```

```
        "actor": "Salvatore Cascio"
    }, {
        "name": "Alfredo",
        "actor": "Philippe Noiret"
    }],
    "genre": ["romance", "drama"]
}]
```

코드16-1 두 영화에 대한 정보가 담긴 JSON

　가장 바깥쪽 배열에 내부의 각 영화 개체는 중괄호로 둘러싸여 있습니다. 시작 부분의 열린 중괄호❶는 첫 번째 영화 The Incredibles 개체의 시작입니다. 두 영화 모두 제목과 연도를 키/값 쌍으로 저장합니다. 제목의 값은 문자열, 연도의 값은 정수를 저장합니다. 세 번째 키인 rating❷에는 값으로 JSON 개체를 저장합니다. 이 개체는 미국 영화 협회^{MPAA, Motion Picture Association of America}가 지정한 영화 등급을 키/값 쌍으로 가지고 있습니다.

　이 코드에서 JSON이 저장 매체로써 가진 유연함을 볼 수 있습니다. 첫째, 다른 국가에서 추후 영화에 대한 등급을 부여할 경우 rating 개체에 키/값 쌍을 추가하면 됩니다. 둘째, 모든 영화 개체에 rating 개체를 (사실 모든 키/값 쌍 또한) 포함할 필요가 없습니다. 코드를 잘 보면 Cinema Paradiso에 rating 개체가 없습니다. 일부 시스템은 JSON을 생성할 때 사용할 수 없는 특정 데이터(이 경우에는 rating)를 제외합니다. 다른 시스템은 rating 개체를 null로 저장합니다. 두 방법 모두 유효합니다. 이런 유연성이 JSON이 가진 장점입니다. 필요에 따라 데이터 정의나 스키마를 유연하게 조정할 수 있습니다.

　마지막 두 개의 키/값 쌍은 JSON을 구성하는 다른 방법을 보여 줍니다. characters❸는 각 개체가 중괄호로 둘러싸인 개체의 배열로, 쉼표로 구분되어 있습니다. genre❹의 값은 문자열 배열입니다.

16-2 SQL에서 JSON 사용 여부 결정하기

NoSQL이나 문서형 데이터베이스를 사용하면 얻을 수 있는 이점이 있습니다. NoSQL은 SQL이 사용하는 관계형 테이블 대신 JSON 또는 기타 텍스트 기반 데이터 형식으로 데이터를 저장합니다. 문서 데이터베이스^{document database}는 데이터 정의 측면에서 유연합니다. 필요하면 바로 데이터 구조를 재정의할 수 있습니다. 또, 서버를 추가하여 확장할 수 있기 때문에 대용량 애플리케이션에도 자주 사용됩니다. 문서 데이터베이스를 사용하면 반대로 SQL이 가진 이점은 포기하게 됩니다. 제약 사항을 추가해 데이터 무결성을 강화하거나 트랜잭션에 대한 지원을 받을 수 없게 된다는 뜻입니다.

　하지만 SQL에 JSON 지원이 도입되면서 관계형 테이블 열에 JSON 데이터를 추가하며 두 가지 장점을 모두 누릴 수 있게 되었습니다. SQL과 NoSQL 데이터베이스 중에서 무엇을 사용할지 결정하는 데에는 다면적인 고민이 필요합니다. PostgreSQL은 속도 면에서 NoSQL에 비해 성능이 우수하지만 저장되는 데이터의 종류와 양, 제공되는 애플리케이션 등도 고려해야 합니다.

즉, 다음 같은 상황에서 SQL에 JSON을 활용하는 것이 좋습니다.

- 사용자 또는 애플리케이션이 키/값 쌍을 임의로 생성해야 하는 경우. 예를 들어, 의학 연구 논문 모음에 태그를 지정하는 경우에 어떤 사용자는 화학 물질 이름을 추적하는 키를 추가하고, 다른 사용자는 식품 이름을 추적하는 키를 추가할 수 있습니다.
- 관련 데이터를 별도의 테이블이 아닌 JSON 열에 저장하는 경우. 직원 테이블에 이름 및 연락처 정보에 대한 일반적인 열처럼 모든 직원에게 적용되는 속성과 회사 수상 또는 성과 지표 같은 추가적인 속성을 저장할 수 있는 유연한 키/값 쌍 컬렉션을 지닌 JSON 열을 만들 수 있습니다.
- 시간 절약을 위해 다른 시스템에서 가져온 JSON 데이터를 분석하는 경우.

PostgreSQL이나 다른 SQL 데이터베이스에서 JSON을 사용하는 건 문제가 될 수 있습니다. 일반 SQL 테이블에서 설정하기 쉬운 제약조건이 JSON 데이터에서는 설정하기 더 어려울 수 있습니다. JSON 데이터는 구조를 정의하는 따옴표와 쉼표, 중괄호, 키 이름이 텍스트에서 반복되어 더 많은 용량을 차지합니다. 마지막으로 JSON의 유연성 때문에 키가 예기치 않게 사라지거나 값의 데이터 타입이 변경된다면, SQL이나 다른 언어와 상호 작용하는 코드에 문제가 발생할 수 있습니다.

이 모든 사항을 염두에 두고 PostgreSQL에서 지원하는 두 가지 JSON 데이터 타입을 검토하고 JSON을 테이블로 로드해 보겠습니다.

16-3 json 및 jsonb 데이터 타입 사용하기

PostgreSQL은 JSON 저장을 위한 두 가지 데이터 타입을 제공합니다. 두 타입 모두 유효한 JSON 삽입만 허용합니다. 개체 주위의 여는 중괄호와 닫는 중괄호, 개체를 구분하는 쉼표, 적절한 키 인용과 같은 JSON 사양의 필수 조건을 만족하는 텍스트를 입력해야 합니다. 잘못된 JSON을 삽입하려고 하면 데이터베이스에서 오류가 발생합니다.

두 타입의 주요한 차이점은 한 타입은 JSON을 텍스트로 저장하고 다른 타입은 바이너리 데이터로 저장한다는 점입니다. 바이너리 구현은 비교적 최근에 PostgreSQL에서 지원하기 시작했습니다. 많은 이용자들은 바이너리 구현을 더 선호하는데 그 이유는 텍스트 구현과 비교했을 때 쿼리 속도가 더 빠르고 인덱싱 기능이 있기 때문입니다. 두 타입의 이름은 json과 jsonb입니다.

- **json**: JSON을 텍스트로 저장하고 공백을 유지하며 키 순서를 유지합니다. 단일 JSON 개체에 특정 키가 두 번 이상 포함된 경우(유효함) json 타입은 반복되는 각 키/값 쌍을 유지합니다. 마지막으로 데이터베이스 함수가 json에 저장된 텍스트를 처리할 때마다 구조를 해석하기 위해 개체를 분석합니다. 이 경우 jsonb보다 데이터베이스 읽기 속도가 느려집니다. 인덱싱은 지원되지 않

습니다. json 타입은 애플리케이션에 중복 키가 있거나 키 순서를 유지해야 할 때 유용합니다.

- **jsonb**: JSON을 바이너리 형식으로 저장하고 데이터의 공백을 제거하며 키 순서를 유지하지 않습니다. 단일 JSON 개체에 특정 키가 두 번 이상 포함된 경우 jsonb 타입은 마지막 키/값 쌍만 보존합니다. 바이너리 형식은 테이블에 데이터를 쓰는 데 약간의 오버헤드를 추가하지만 처리 속도가 더 빠릅니다. 인덱싱이 지원됩니다.

json과 jsonb 모두 ANSI SQL 표준에 해당하지 않습니다. ANSI SQL 표준에 지정된 JSON 데이터 타입이 없어, 데이터베이스 제작팀은 원하는 방식대로 json 지원을 구현했습니다. PostgreSQL 문서(https://www.postgresql.org/docs/current/datatype-json.html)에서는 키/값 쌍의 순서를 유지할 필요가 없는 한 jsonb를 권장합니다.

이 책에서는 jsonb만 사용하겠습니다. 단순히 속도 때문이 아닙니다. 많은 PostgreSQL의 JSON 함수가 json과 jsonb에서 동일한 방식으로 작동하며, jsonb에 사용할 수 있는 함수가 더 많기 때문입니다. 계속해서 코드 16-1의 영화 JSON을 테이블에 추가하고 JSON 쿼리 구문을 탐색하겠습니다.

16-4 JSON 데이터 가져오고 인덱싱하기

책의 실습 코드 중 Chapter 16 폴더에 있는 films.json 파일은 코드 16-1을 수정한 형태로 저장해 두었습니다. 텍스트 편집기로 파일을 열면 각 영화의 JSON 개체가 요소 사이 줄 바꿈 없이 한 줄에 배치되어 있습니다. 또한 가장 바깥쪽 대괄호와 두 개의 영화 개체를 구분하는 쉼표도 제거했습니다. 그렇게 유효한 JSON 개체 두 개가 남습니다.

```
{"title": "The Incredibles", "year": 2004, --생략-- }
{"title": "Cinema Paradiso", "year": 1988, --생략-- }
```

PostgreSQL의 COPY 명령이 CSV 파일을 가져올 때와 동일한 방식으로 각 영화의 JSON 개체를 별도의 행으로 해석하도록 파일을 수정했습니다. 코드 16-2는 기본 키와 film이라는 jsonb 열이 있는 간단한 영화 테이블을 만듭니다.

```
CREATE TABLE films (
    id integer GENERATED ALWAYS AS IDENTITY PRIMARY KEY,
    film jsonb NOT NULL
);

COPY films (film)
❶ FROM C:\YourDirectory\films.json';

❷ CREATE INDEX idx_film ON films USING GIN (film);
```

코드 16-2 JSON 데이터를 저장할 테이블 생성하고 인덱스 추가하기

COPY 문은 이전 예에서와 같이 WITH 문을 계속 포함하는 대신 FROM 절❶로 끝납니다. 파일 헤더 및 CSV 형식 지정에 대한 옵션을 지정하는 WITH 문을 사용하지 않은 이유는 이 파일에는 헤더도 없고 구분되지 않았기 때문입니다. 지금은 데이터베이스가 각 줄을 읽어 처리만 하면 됩니다.

가져온 후 GIN 인덱스 타입을 사용하여 jsonb 타입 열에 인덱스❷를 추가합니다. 일반화된 간격 인덱스^{GIN, Generalized Inverted Index}에 대해서는 14장에서 전체 텍스트 검색과 함께 논의했습니다. GIN 구현은 텍스트 내 단어 또는 키 값의 위치를 인덱싱하기 때문에 특히 JSON 데이터에 적합합니다. 인덱스 항목이 테이블의 행을 가리키기 때문에 jsonb 열 인덱싱은 각 행에 상대적으로 작은 JSON 덩어리가 있을 때 가장 잘 작동합니다. 하나의 거대한 JSON 값과 반복되는 키가 있는 하나의 행이 있는 테이블과 대조됩니다.

명령을 실행하여 테이블을 만들고 채우고 인덱스를 추가합니다. SELECT * FROM films;를 실행하세요. 자동 생성된 ID와 JSON 개체 텍스트가 포함된 두 개의 행이 표시되어야 합니다. 이제 PostgreSQL의 JSON 연산자를 사용하여 데이터 쿼리를 탐색해 보겠습니다.

16-5 json 및 jsonb 추출 연산자 사용하기

저장된 JSON에서 값을 검색하기 위해 PostgreSQL 전용 추출 연산자를 사용할 수 있습니다. 이 전용 연산자는 JSON 개체나 배열 요소, 지정한 JSON 구조의 경로에 존재하는 요소를 반환합니다. 표 16-1은 입력 데이터 타입에 따라 다를 수 있는 연산자와 해당 기능을 보여 줍니다. 각 연산자는 json 및 jsonb 데이터 타입과 함께 작동합니다.

연산자, 문법	기능	반환 값
json -> 키 jsonb -> 기	입력한 키의 값을 반환한다.	json 또는 jsonb(입력된 형태로 반환)
json ->> 키 jsonb ->> 키	입력한 키의 값을 반환한다.	텍스트를 반환
json -> 정수 jsonb -> 정수	배열에서 입력한 정수의 위치에 있는 요소를 추출한다.	json 또는 jsonb(입력된 형태로 반환)
json ->> 정수 jsonb ->> 정수	배열에서 입력한 정수의 위치에 있는 요소를 추출한다.	텍스트를 반환
json #> 경로 jsonb #> 경로	작성한 경로에 위치한 JSON 개체를 추출한다.	json 또는 jsonb(입력된 형태로 반환)
json #>> 경로 jsonb #>> 경로	작성한 경로에 위치한 JSON 개체를 추출한다.	텍스트를 반환

표16-1 json 및 jsonb 추출 연산자

각 기능이 어떻게 다른지 자세히 알아보기 위해 영화 JSON과 함께 연산자를 사용해 보겠습니다.

16-5-1 키의 값 추출하기

코드 16-3에서 ->, ->> 연산자와 검색할 키의 이름을 입력합니다. 이렇게 텍스트 입력을 사용하면, JSON에서 필드 또는 키 값을 추출하기 때문에 이 연산자를 필드 추출 연산자[field extraction operators]라고 합니다. ->와 ->>의 차이점은 ->는 저장된 형식 그대로의 JSON으로 키 값을 반환하고 ->>는 키 값을 텍스트로 반환한다는 것입니다.

```
SELECT id, film ->❶'title' AS title
FROM films
ORDER BY id;

SELECT id, film ->>❷'title' AS title
FROM films
ORDER BY id;

SELECT id, film ->❸'genre' AS genre
FROM films
ORDER BY id;
```

코드 16-3 필드 추출 연산자로 JSON 키 값 검색하기

SELECT에서 JSON 열 이름 뒤에 연산자가 따르고 키 이름은 작은따옴표로 묶어 지정합니다. 첫 번째 예에서 -> 'title'❶은 키 title의 값을 저장된 데이터 타입인 jsonb의 JSON으로 반환합니다. 첫 번째 쿼리를 실행하면 다음과 같은 출력이 표시됩니다.

```
id      title
-- -----------------
 1 "The Incredibles"
 2 "Cinema Paradiso"
```

pgAdmin에서는 제목 열 헤더에 데이터 타입인 jsonb가 표시되고 영화 제목은 JSON 개체에 있는 것처럼 인용된 상태로 출력됩니다.

필드 추출 연산자를 ->>❷로 변경하면 영화 제목이 텍스트로 반환됩니다.

```
id      title
-- --------------
 1 The Incredibles
 2 Cinema Paradiso
```

마지막으로 배열을 반환해 보겠습니다. 우리가 사용한 영화 JSON에서 키 genre의 값은 배열입니다. 필드 추출 연산자 ->❸를 사용하면 배열이 jsonb로 반환됩니다.

```
id          genre
-- -------------------------------
 1 ["animation", "action", "sci-fi"]
 2 ["romance", "drama"]
```

여기서 ->>를 사용하면 배열이 텍스트로 반환됩니다. 배열 요소를 추출하는 방법을 살펴보겠습니다.

16-5-2 배열 요소 추출하기

배열에서 특정 값을 검색하려면 배열에서 값의 위치 또는 인덱스를 지정하는 정수와 함께 -> 및 ->> 연산자를 사용합니다. JSON 배열에서 요소를 검색하므로 이러한 연산자를 요소 추출 연산자element extraction operators라고 합니다. 필드 추출과 마찬가지로 ->는 저장된 형식 그대로의 JSON 값을 반환하고 ->>는 값을 텍스트로 변환해 반환합니다.

코드 16-4는 genre의 배열 값을 사용하는 네 가지 예를 보여 줍니다.

```
SELECT id, film -> 'genre' -> 0❶ AS genres
FROM films
ORDER BY id;

SELECT id, film -> 'genre' -> -1❷ AS genres
FROM films
ORDER BY id;

SELECT id, film -> 'genre' -> 2❸ AS genres
FROM films
ORDER BY id;

SELECT id, film -> 'genre' ->> 0❹ AS genres
FROM films
ORDER BY id;
```

코드 16-4 요소 추출 연산자로 JSON 배열 값 검색하기

먼저 키에서 배열 값을 JSON으로 검색한 다음 배열에서 원하는 요소를 검색해야 합니다. 첫 번째 예에서는 JSON 열 film을 지정한 다음 필드 추출 연산자 ->를 지정하고 genre 키 이름을 작은따옴 표로 묶습니다. 그러면 genre 값이 jsonb로 반환됩니다. 첫 번째 요소를 가져오기 위해 키 이름 뒤에 -> 0❶을 입력합니다.

배열의 첫 번째 값을 뽑는데 왜 1이 아니라 0을 사용할까요? Python 및 JavaScript를 비롯한 많은 언어에서 인덱스 값이 0부터 시작하며, 이는 SQL로 JSON 배열에 액세스할 때도 마찬가지입니다.

> 📝 NOTE
>
> SQL 배열은 PostgreSQL의 JSON 배열과 순서가 다릅니다. SQL 배열의 첫 번째 요소는 위치 1에 있습니다. JSON 배열에서 첫 번째 요소는 위치 0에 있습니다.

첫 번째 쿼리를 실행하면 다음과 같은 결과가 나오며 각 영화의 genre 배열에서 첫 번째 요소가 jsonb로 반환됩니다.

```
id   genres
-- -----------
 1 "animation"
 2 "romance"
```

영화마다 genre에 들어 있는 요소 수가 다를 수 있으므로 인덱스가 확실하지 않은 경우에는 배열의 마지막 요소가 출력될 수도 있습니다. 인덱스 번호에 음수를 사용하면 목록의 끝에서 거꾸로 계산된 요소가 반환됩니다. -> -1❷을 입력하면 목록 끝에서 첫 번째 요소를 가져옵니다.

```
id  genres
-- --------
 1 "sci-fi"
 2 "drama"
```

더 멀리 셀 수도 있습니다. 인덱스로 -2를 입력하면 맨 뒤에서 두 번째 요소를 가져옵니다.

제공된 인덱스 위치에 요소가 없어도 PostgreSQL은 오류를 반환하지 않습니다. 단순히 해당 행에 대해 NULL을 반환합니다. 예를 들어 인덱스에 대해 2❸를 제공하면 한 영화는 결과가 표시되고 다른 영화는 NULL이 나옵니다.

```
id  genres
-- --------
 1 "sci-fi"
 2
```

Cinema Paradiso는 genre 값 배열에 요소가 두 개만 있고 인덱스 2는 세 번째 요소(0부터 시작하여 계산)를 나타내기 때문에 NULL이 반환됩니다. 배열 길이를 계산하는 법은 이 장의 뒷부분에서 배웁니다.

마지막으로 요소 추출 연산자를 ->>❹로 변경하면 요소가 JSON이 아닌 텍스트로 반환됩니다.

```
id  genres
-- ---------
 1 animation
 2 romance
```

앞서 키 값을 추출할 때와 동일한 패턴입니다. ->는 JSON 데이터 타입을 반환하고 ->>는 텍스트를 반환합니다.

16-5-3 경로 추출하기

#>와 #>>는 JSON 경로에 있는 개체를 반환하는 경로 추출 연산자path extraction operators입니다. 경로는 값의 위치로 이어지는 일련의 키 또는 배열 인덱스입니다. 영화 JSON에서 제목을 추출하고 싶다면 title 키를 찾으면 됩니다. 하지만 더 복잡한 경우도 있습니다. characters 목록에서 인덱스 1의 actor 키를 들여다보려면 어떻게 해야 할까요? 이럴 때 경로를 입력합니다. #> 경로 추출 연산자는 저장된 데이터와 일치하는 JSON 데이터 타입을 반환하고 #>>는 텍스트를 반환합니다.

JSON에 저장된 영화 The Incredibles의 MPAA 등급을 생각해 보겠습니다.

```
"rating": {
    "MPAA": "PG"
}
```

출력된 구조는 키인 rating과 그 개체의 값입니다. 해당 개체 내부에는 MPAA라는 키의 키/값 쌍이 있습니다. 따라서 영화의 MPAA 등급 경로는 rating 키 - MPAA 키입니다. 경로의 요소를 표시하기 위해 배열에 PostgreSQL 문자열 구문을 사용하여 중괄호와 작은따옴표 안에 쉼표로 구분된 목록을 만듭니다. 그런 다음 해당 문자열을 경로 추출 연산자에 제공합니다. 코드 16-5는 경로 설정 방법 세 가지를 보여 줍니다.

```
SELECT id, film #> '{rating, MPAA}'❶ AS mpaa_rating
FROM films
ORDER BY id;

SELECT id, film #> '{characters, 0, name}'❷ AS name
FROM films
ORDER BY id;

SELECT id, film #>> '{characters, 0, name}'❸ AS name
FROM films
ORDER BY id;
```

코드 16-5 경로 추출 연산자로 JSON 키 값 검색하기

각 영화의 MPAA 등급을 얻기 위해 배열의 경로를 입력합니다. {rating, MPAA}❶ 형태로 입력하며 각 키는 쉼표로 구분합니다. 쿼리를 실행하면 다음과 같은 결과가 표시됩니다.

```
id mpaa_rating
-- -----------
 1 "PG"
 2
```

쿼리는 The Incredible의 등급인 PG를 반환하고 Cinema Paradiso에 대해 NULL을 반환합니다. 왜냐하면 우리가 사용하는 데이터에서 Cinema Paradiso에 MPAA 등급이 없기 때문입니다.

두 번째 예는 characters 배열에서 움직입니다. JSON의 형태는 이렇습니다.

```
"characters": [{
    "name": "Salvatore",
    "actor": "Salvatore Cascio"
}, {
    "name": "Alfredo",
    "actor": "Philippe Noiret"
}]
```

이것은 두 번째 영화에 등장한 캐릭터의 배열이지만 두 영화 모두 구조가 유사합니다. 배열 개체에는 각각 캐릭터의 이름과 이를 연기한 배우의 이름이 들어 있습니다. 배열에서 첫 번째 캐릭터의 이름을 찾기 위해 characters 키에서 시작해 배열의 첫 번째 요소(인덱스 0)로 계속되고 name 키에서 끝나는 경로❷를 지정합니다. 쿼리 결과는 다음과 같습니다.

```
id        name
-- ----------------
 1 "Mr. Incredible"
 2 "Salvatore"
```

#> 연산자는 결과를 JSON 데이터 타입(지금은 jsonb)으로 반환합니다. 결과를 텍스트로 받고 싶으면 동일한 경로에 #>>❸를 사용합니다.

16-5-4 포함 및 존재 여부 확인하기

마지막으로 살펴볼 연산자는 두 가지 종류의 작업을 수행합니다. 첫 번째는 포함 여부 확인으로, 한 JSON 값에 다른 JSON 값이 포함되어 있는지 확인합니다. 두 번째는 존재 여부 확인입니다. JSON 개체 내의 텍스트 문자열이 최상위 키로(또는 더 깊은 개체 내부에 중첩된 배열의 요소로) 존재하는지 확인합니다. 두 종류의 연산자 모두 부울 값을 반환합니다. 즉, WHERE 절에서 쿼리 결과를 필터링하는 데 사용할 수 있습니다.

이 연산자들은 jsonb 데이터 타입에서만 작동합니다. json보다 jsonb를 선택할 이유가 하나 더 늘었죠? 이 연산자에서 효율적인 검색을 위해 GIN 인덱스를 사용할 수도 있습니다. 표 16-2는 구문 및 기능과 함께 연산자를 나열합니다.

연산자, 문법	기능	반환 값
jsonb @> jsonb	첫 번째 JSON 값에 두 번째 JSON 값이 포함되어 있는지 확인한다.	부울 값
jsonb <@ jsonb	두 번째 JSON 값에 첫 번째 JSON 값이 포함되어 있는지 확인한다.	부울 값
jsonb ? 텍스트	텍스트가 최상위(중첩되지 않는) 키나 배열 값으로 존재하는지 확인한다.	부울 값
jsonb ?| 텍스트-배열	배열의 텍스트 요소가 최상위(중첩되지 않는) 키나 배열 값으로 존재하는지 확인한다.	부울 값
jsonb ?& 텍스트-배열	배열의 모든 텍스트 요소가 최상위(중첩되지 않는) 키나 배열 값으로 존재하는지 확인한다.	부울 값

표 16-2 jsonb 포함 및 존재 여부 확인 연산자

포함 여부 확인 연산자 사용하기

코드 16-6에서는 @>를 사용하여 첫 번째 JSON 값에 두 번째 JSON 값이 포함되어 있는지 여부를 확인합니다.

```
SELECT id, film ->> 'title' AS title,
       film @>❶'{"title": "The Incredibles"}'::jsonb AS is_incredible
FROM films
ORDER BY id;
```

코드16-6 @> 포함 여부 확인 연산자 사용하기

SELECT에서 각 행의 film 열에 저장된 JSON에 The Incredibles에 대한 키/값 쌍이 포함되어 있는지 확인합니다. film에 "title": "The Incredibles"가 포함된 경우 부울 결과가 true인 열을 생성하는 표현식에서 @> 포함 연산자❶를 사용합니다. JSON 열의 이름 film, @> 연산자, 키/값 쌍 문자열(jsonb로 변환)을 입력합니다. SELECT에서 영화 제목의 텍스트도 열로 반환합니다. 쿼리를 실행하면 다음과 같은 결과가 나옵니다.

```
id       title        is_incredible
-- --------------- -------------
 1 The Incredibles  true
 2 Cinema Paradiso  false
```

예상대로 표현식은 The Incredibles에 대해 true를, Cinema Paradiso에는 false를 출력합니다.

표현식은 부울 결과로 평가되기 때문에 코드 16-7과 같이 쿼리의 WHERE 절❷에서 사용할 수 있습니다.

```
SELECT film ->> 'title' AS title,
       film ->> 'year' AS year
FROM films
❷ WHERE film @> '{"title": "The Incredibles"}'::jsonb;
```

코드16-7 WHERE 절에서 포함 연산자 사용하기

여기에서 film 열의 JSON에 제목이 The Incredibles인 키/값 쌍이 포함되어 있는지 다시 확인합니다. 평가를 WHERE 절에 배치하면 쿼리가 표현식이 true를 반환하는 행만 반환해야 합니다.

```
     title       year
--------------- ----
The Incredibles 2004
```

마지막으로 코드 16-8에서는 지정된 키/값 쌍이 film 열에 포함되어 있는지 확인하기 위해 위치를 뒤집어 보겠습니다.

```
SELECT film ->> 'title' AS title,
       film ->> 'year' AS year
FROM films
WHERE '{"title": "The Incredibles"}'::jsonb <@❸ film;
```

코드 16-8 <@ 포함 여부 확인 연산자 사용하기

여기서 @> 대신 <@ 연산자❸를 사용하여 위치를 뒤집습니다. 이 표현식도 true로 평가되어 이전 쿼리와 동일한 결과를 반환합니다.

존재 여부 확인 연산자 사용하기

코드 16-9에서 세 개의 존재 여부 확인 연산자를 탐색합니다. 존재 여부 확인 연산자는 입력한 텍스트가 최상위 키나 배열의 요소로 존재하는지 확인합니다. 모두 부울 값을 반환합니다.

```
SELECT film ->> 'title' AS title
FROM films
WHERE film ?❶ 'rating';

SELECT film ->> 'title' AS title,
       film ->> 'rating' AS rating,
       film ->> 'genre' AS genre
FROM films
WHERE film ?|❷ '{rating, genre}';

SELECT film ->> 'title' AS title,
       film ->> 'rating' AS rating,
       film ->> 'genre' AS genre
FROM films
WHERE film ?&❸ '{rating, genre}';
```

코드 16-9 존재 여부 확인 연산자 사용하기

? 연산자는 단일 키나 배열 요소의 존재를 확인합니다. 첫 번째 쿼리의 WHERE 절에서 film 열에 ? 연산자❶와 rating을 입력했습니다. 이 쿼리는 '이 film 열의 JSON에 rating이라는 키가 존재합니까?'라는 의미입니다. 쿼리를 실행하면 rating 키가 존재하는 영화의 제목 The Incredibles가 표시됩니다.

?| 연산자와 ?& 연산자는 or와 and 역할을 합니다. 예를 들어 ❷에서 사용한 ?| 연산자는 rating이나 genre라는 최상위 키가 존재하는지 확인합니다. 두 번째 쿼리를 실행하면 두 영화 모두 rating 또는 genre 키가 있기 때문에 두 영화가 모두 반환됩니다. 그러나 ❸에서 사용한 ?& 연산자는 rating과 genre라는 키가 모두 존재하는지 확인하는데, 이에 해당하는 건 The Incredibles뿐입니다.

이러한 모든 연산자는 JSON 데이터 탐색을 미세 조정할 수 있는 옵션을 제공합니다. 이제 더 큰 데이터셋에서 그중 일부를 사용하겠습니다.

| 16-6 지진 데이터 분석하기 |

이번 절에서는 화산, 산사태 및 수질을 포함한 자연 현상을 모니터링하는 미국 내무부 산하 기관인 미국 지질조사국^{USGS, US Geological Survey}에서 수집한 지진데이터 모음을 분석합니다. USGS는 지구의 진동을 기록하고 각 지진의 발생 위치와 강도에 대한 데이터를 수집하는 지진계 네트워크를 이용합니다. 작은 지진은 전 세계에서 하루에도 여러 번 발생합니다. 큰 지진은 빈도가 적지만 그 파괴력은 엄청납니다.

이번 실습에서는 USGS 애플리케이션 프로그래밍 인터페이스^{API, Application Programming Interfacer}에서 한 달치 지진 데이터를 JSON 형식으로 가져왔습니다. API는 컴퓨터 간에 데이터와 명령을 전송하기 위한 자원으로, 출력 형식으로 JSON이 많이 사용됩니다. 실습 파일에서 이 장의 폴더에 earthquakes.json 파일에서 데이터를 찾을 수 있습니다.

16-6-1 지진 데이터 탐색하고 가져오기

코드 16-10은 파일의 각 지진 기록에 대해 데이터 구조와 함께 키/값 쌍을 보여 줍니다.(생략되지 않은 전체 코드는 Chapter_16.sql 파일에 있습니다.)

```
{
    "type": "Feature", ❶
    "properties":❷ {
        "mag": 1.44,
        "place": "134 km W of Adak, Alaska",
        "time": 1612051063470,
        "updated": 1612139465880,
        "tz": null,
        --생략--
        "felt": null,
        "cdi": null,
        "mmi": null,
        "alert": null,
        "status": "reviewed",
        "tsunami": 0,
        "sig": 32,
        "net": "av",
        "code": "91018173",
        "ids": ",av91018173,",
        "sources": ",av,",
        "types": ",origin,phase-data,",
        "nst": 10,
        "dmin": null,
        "rms": 0.15,
        "gap": 174,
        "magType": "ml",
        "type": "earthquake",
        "title": "M 1.4 - 134 km W of Adak, Alaska"
    },
    "geometry":❸ {
        "type": "Point",
        "coordinates": [-178.581, 51.8418333333333, 22.48]
```

```
    },
    "id": "av91018173"
}
```

코드 16-10 한 지진에 대한 데이터를 정리한 JSON

이 데이터는 공간 데이터에 대한 JSON 기반 사양인 GeoJSON 형식입니다. GeoJSON은 키/값 쌍 "type": "Feature"❶를 포함하여 하나 이상의 Feature 개체를 포함하고 있습니다. 각 Feature는 공간 개체 하나를 의미합니다. 이 개체에는 지진의 속성(예: 이벤트 시간 또는 관련 코드)을 담고 있는 properties 키❷, 공간 개체의 좌표를 담고 있는 geometry 키❸가 포함됩니다. 이 데이터에서 각 좌표는 점으로 표현되며 한 지진이 발생한 지점의 경도와 위도, 깊이의 좌표를 킬로미터 단위로 나타냅니다. 15장에서 PostGIS를 설명하면서 점과 간단한 기능을 설명했습니다. GeoJSON은 Post-GIS에 다른 공간적 기능을 통합합니다. GeoJSON 사양은 https://geojson.org/에서, USGS 문서는 https://earthquake.usgs.gov/data/comcat/data-eventterms.php/에서 확인할 수 있습니다. USGS 문서는 데이터가 담고 있는 키의 정의를 설명하고 있으니 자세히 읽어 보길 추천합니다.

코드 16-11을 사용하여 earthquakes 테이블에 데이터를 로드합니다.

```
CREATE TABLE earthquakes (
    id integer GENERATED ALWAYS AS IDENTITY PRIMARY KEY,
    earthquake jsonb❶ NOT NULL
);

COPY earthquakes (earthquake)
FROM C:\YourDirectory\earthquakes.json';

❷ CREATE INDEX idx_earthquakes ON earthquakes USING GIN (earthquake);
```

코드 16-11 지진 테이블 생성 및 로드

앞서 살펴본 films 테이블과 마찬가지로 COPY를 사용하여 데이터를 jsonb 타입 열❶에 복사하고 GIN 인덱스❷를 추가합니다. SELECT * FROM earthquakes;를 실행하면 12,899개의 행이 반환됩니다. 이제 데이터에서 지식을 뽑아내 보겠습니다.

16-6-2 지진 발생 시각 작업하기

time 키/값 쌍은 지진이 발생한 순간을 의미합니다. 코드 16-12는 경로 추출 연산자를 사용해 time 값을 검색합니다.

```
SELECT id, earthquake #>> '{properties, time}' ❶ AS time
FROM earthquakes
ORDER BY id LIMIT 5;
```

코드 16-12 지진 시간 검색하기

SELECT에 earthquake 열을 넣고 #>> 경로 추출 연산자 뒤에 시간 값에 대한 경로를 배열 형태❶로 입력합니다. #>> 연산자는 값을 텍스트로 반환합니다. 쿼리를 실행하면 5개의 행이 반환됩니다.

```
 id     time
 -- -------------
  1 1612137592990
  2 1612137479762
  3 1612136740672
  4 1612136207600
  5 1612135893550
```

출력된 값이 시간 같지 않더라도 놀라지 마세요. 기본적으로 USGS의 데이터는 시간을 유닉스 시각인 1970년 1월 1일 00:00 UTC 이후 시간을 밀리초로 나타냅니다. 이 방식은 유닉스 시각 이후 지나간 초를 기록하는 방식으로, 12장에서 다룬 표준 유닉스 시각의 변형입니다. 코드 16-13과 같이 to_timestamp()와 약간의 수학을 사용하여 USGS 시간 값을 이해하기 쉽게 변환할 수 있습니다.

```
SELECT id, earthquake #>> '{properties, time}' as time,
❶  to_timestamp(
        (earthquake #>> '{properties, time}')::bigint / 1000❷
                   ) AS time_formatted
FROM earthquakes
ORDER BY id LIMIT 5;
```

코드 16-13 time 값을 타임스탬프로 변환하기

to_timestamp() 함수❶는 괄호 안에 작성한 time 값을 추출하는 코드를 반복합니다. 초를 나타내는 숫자가 필요하지만 추출된 값은 밀리초 단위로 작성된 텍스트이므로 to_timestamp() 함수는 추출된 텍스트를 bigint로 변환하고 1,000으로 나누어❷ 초로 변환합니다.

쿼리는 추출된 time 값과 변환된 타임스탬프를 보여 주는 다음 결과를 생성합니다. time_formatted는 지진이 서버가 설정된 시간대를 기준으로 발생한 시간을 표시하므로 값은 PostgreSQL 서버의 시간대에 따라 달라집니다

```
 id     time          time_formatted
 -- ------------- ----------------------
  1 1612137592990 2021-02-01 08:59:52+09
  2 1612137479762 2021-02-01 08:57:59+09
  3 1612136740672 2021-02-01 08:45:40+09
  4 1612136207600 2021-02-01 08:36:47+09
  5 1612135893550 2021-02-01 08:31:33+09
```

이제 타임스탬프를 이해하기 쉽게 변환했으므로 코드 16-14에서 min() 및 max() 집계 함수를 사용하여 가장 오래 전 발생한 지진 시각과 가장 최근에 일어난 지진 시간을 찾아보겠습니다.

```
SELECT min❶(to_timestamp(
            (earthquake #>> '{properties, time}')::bigint / 1000
                    )) AT TIME ZONE 'UTC'❷ AS min_timestamp,
       max❸(to_timestamp(
            (earthquake #>> '{properties, time}')::bigint / 1000
                    )) AT TIME ZONE 'UTC' AS max_timestamp
FROM earthquakes;
```

코드 16-14 지진 시각의 최솟값, 최댓값 찾기

to_timestamp()와 밀리초에서 초로의 변환 과정을 SELECT의 min() 함수❶와 max() 함수❸에 배치합니다. 이번에는 두 함수 뒤에 AT TIME ZONE 'UTC'라는 키워드❷를 추가합니다. 서버 시간대 설정에 관계없이 결과는 USGS가 기록하는 대로 UTC로 타임스탬프를 표시합니다. 결과는 다음과 같습니다.

```
    min_timestamp       max_timestamp
------------------ ------------------
 2021-01-01 00:01:39 2021-01-31 23:59:52
```

2021년 1월 1일 이른 아침부터 1월 31일 하루가 끝날 때까지 한 달 동안의 지진 데이터를 모았습니다. 이는 유용한 정보를 찾는 데 유용한 컨텍스트입니다.

16-6-3 진도가 가장 큰 지진과 가장 많이 신고된 지진 찾기

다음으로, 지진의 진도와 시민들이 신고한 횟수를 기록한 두 가지 데이터를 살펴보고 JSON 추출 결과를 간단히 정렬하겠습니다.

진도 기반 추출하기

USGS 데이터는 mag 키에 각 지진의 진도를 기록합니다. USGS에 따르면 진도는 진원지에서 발생한 지진의 크기를 나타내는 숫자입니다. 진도는 대수입니다. 진도 4는 진도 3보다 진폭이 약 10배 큽니다. 코드 16-15는 데이터에서 가장 진도가 큰 지진 5개를 찾습니다.

```
  SELECT earthquake #>> '{properties, place}'❶ AS place,
         to_timestamp((earthquake #>> '{properties, time}')::bigint / 1000)
             AT TIME ZONE 'UTC' AS time,
         (earthquake #>> '{properties, mag}')::numeric AS magnitude
  FROM earthquakes
❷ ORDER BY (earthquake #>> '{properties, mag}')::numeric❸ DESC NULLS LAST
  LIMIT 5;
```

코드 16-15 진도가 가장 큰 지진 5개 찾기

다시 경로 추출 연산자를 사용하여 place❶와 mag를 추출해 원하는 요소를 검색합니다. 결과에서 가장 큰 5개를 표시하도록 mag를 기준으로 한 ORDER BY 절❷을 추가합니다. 값을 텍스트가 아닌 숫자로 추출하고 정렬할 수 있도록 SELECT에서 값을 숫자로 변환❸합니다. 또한 DESC NULLS LAST 키워드를 추가하여 결과를 내림차순으로 정렬하고 NULL 값을 맨 뒤에 배치(데이터 중 2개가 mag가 NULL 임)합니다. 결과는 나음과 같습니다.

```
                   place                 time          magnitude
------------------------------------- ------------------- ---------
 211 km SE of Pondaguitan, Philippines 2021-01-21 12:23:04         7
 South Shetland Islands                2021-01-23 23:36:50       6.9
 30 km SSW of Turt, Mongolia           2021-01-11 21:32:59       6.7
 28 km SW of Pocito, Argentina         2021-01-19 02:46:21       6.4
 Kermadec Islands, New Zealand         2021-01-08 00:28:50       6.3
```

가장 큰 지진은 필리핀의 작은 도시 폰다귀탄^{Pondaguitan}의 남동쪽 바다 아래 발생한 진도 7의 지진 입니다. 두 번째로 큰 지진은 사우스 셰틀랜드 제도^{South Shetland Islands} 근처의 남극에 있었습니다.

신고 기반 추출하기

USGS는 지진 신고페이지인 'Did You Feel It?'(https://earthquake.usgs.gov/data/dyfi/)을 운영 중입니다. JSON에는 각 지진에 대한 보고서 수를 기록한 felt 키가 있습니다. 코드 16-16을 사용하여 가장 많은 보고서를 생성한 데이터의 지진을 보겠습니다.

```
SELECT earthquake #>> '{properties, place}' AS place,
       to_timestamp((earthquake #>> '{properties, time}')::bigint / 1000)
           AT TIME ZONE 'UTC' AS time,
       (earthquake #>> '{properties, mag}')::numeric AS magnitude,
       (earthquake #>> '{properties, felt}')::integer❶ AS felt
FROM earthquakes
ORDER BY (earthquake #>> '{properties, felt}')::integer❷ DESC NULLS LAST
LIMIT 5;
```

코드 16-16 가장 많이 신고된 지진 찾기

구조적으로 이 쿼리의 결과는 가장 큰 지진을 찾은 코드 16-15와 유사한 결과가 나옵니다. felt 키❶에 대한 경로 추출 연산자를 추가하여 반환된 텍스트 값을 integer 타입으로 변환합니다. 추출된 텍스트를 숫자로 처리해 데이터를 정렬하고 나타내기 쉽게 만들기 위해 integer 타입으로 변환합니다. 마지막으로, 추출 코드를 ORDER BY 절❷에 배치하고, NULLS LAST를 사용해 보고되지 않은 지진이 결과 마지막에 나타나게 합니다. 결과는 다음과 같습니다.

```
       place                time         magnitude felt
--------------------- ------------------- --------- -----
 4km SE of Aromas, CA 2021-01-17 04:01:27       4.2 19907
```

```
2km W of Concord, CA      2021-01-14 19:18:10      3.63   5101
10km NW of Pinnacles, CA  2021-01-02 14:42:23      4.32   3076
2km W of Willowbrook, CA  2021-01-20 16:31:58      3.52   2086
3km NNW of Santa Rosa, CA 2021-01-19 04:22:20      2.68   1765
```

신고 빈도가 가장 높은 지진 5개가 캘리포니아에서 발생했습니다. 'Did You Feel It?'은 미국 정부에서 운영하는 시스템으로, 특히 캘리포니아에서 지진이 자주 발생하는 만큼 더 많은 신고가 예상됩니다. 또한 데이터에서 가장 큰 지진은 바다 밑이나 외딴 지역에서 발생했습니다. 19,900개 이상의 신고가 들어간 지진은 진도가 중간 정도였지만, 도시와 가깝기 때문에 사람들이 더 많이 알아차립니다.

16-6-4 지진 JSON을 공간 데이터로 변환하기

JSON 데이터에는 각 지진에 대한 경도와 위도 값이 있습니다. 즉, 15장에서 논의한 GIS 기술을 사용하면 공간 분석을 수행할 수 있습니다. 예를 들어 PostGIS distance 함수를 사용하여 도시에서 80km 이내에 발생한 지진을 찾습니다. 먼저, JSON에 저장된 좌표를 PostGIS 데이터 타입으로 변환해야 합니다.

경도 및 위도 값은 geometry의 coordinates 키에 좌표 배열로 저장되어 있습니다. 다음 예시를 보겠습니다.

```
"geometry": {
    "type": "Point",
    "coordinates": [-178.581, 51.8418333333333, 22.48]
}
```

배열의 0 요소는 첫 번째 좌표인 경도를 나타냅니다. 1 요소는 위도입니다. 2 요소는 우리에게 익숙한 킬로미터 단위로 깊이를 나타냅니다. 코드 16-17에서 #>> 경로 연산자를 사용해 이러한 요소를 텍스트로 추출합니다.

```
SELECT id,
       earthquake #>> '{geometry, coordinates}' AS coordinates,
       earthquake #>> '{geometry, coordinates, 0}' AS longitude,
       earthquake #>> '{geometry, coordinates, 1}' AS latitude
FROM earthquakes
ORDER BY id
LIMIT 5;
```

코드 16-17 지진의 위치 데이터 추출하기

쿼리 결과 다섯 줄이 출력됩니다.

```
id          coordinates              longitude    latitude
--  ---------------------------   -----------   ----------
 1  [-122.852, 38.8228333, 2.48]    -122.852     38.8228333
 2  [-148.3859, 64.2762, 16.2]      -148.3859    64.2762
 3  [-152.489, 59.0143, 73]         -152.489     59.0143
 4  [-115.82, 32.7493333, 9.85]     -115.82      32.7493333
 5  [-115.6446667, 33.1711667, 5.89] -115.6446667 33.1711667
```

JSON의 경도 및 위도 값이 정리되어 출력되면 올바르게 추출된 것입니다. PostGIS 함수를 사용하면 해당 값을 geography 데이터 타입의 점으로 변환할 수 있습니다.

코드 16-18은 각 지진에 대한 좌표를 읽어 geography 데이터 타입의 점으로 생성해 PostGIS 공간 함수에 대한 입력으로 사용합니다.

```
SELECT ST_SetSRID(
        ST_MakePoint❶(
            (earthquake #>> '{geometry, coordinates, 0}')::numeric,
            (earthquake #>> '{geometry, coordinates, 1}')::numeric
        ),
            4326❷)::geography AS earthquake_point
FROM earthquakes
ORDER BY id;
```

코드 16-18 JSON 위치 데이터를 PostGIS geography로 변환하기

ST_MakePoint()❶ 내부에 경도와 위도를 추출하고 두 값을 모두 함수에 필요한 숫자 타입으로 변환합니다. ST_SetSRID() 내부에 해당 함수를 중첩하여 결과 점에 대한 SRID를 설정합니다. 15장에서 SRID가 좌표 격자를 지정해 공간 개체를 그린다는 점을 배웠습니다. SRID 값 4326❷은 일반적으로 사용되는 WGS 84 좌표계를 의미합니다. 마지막으로 전체 출력을 geography 타입으로 변환합니다. 출력 결과 맨 위의 행은 다음과 같습니다.

```
                earthquake_point
------------------------------------------------
0101000020E61000004A0C022B87B65EC0A6C7009A52694340
0101000020E6100000D8F0F44A598C62C0EFC9C342AD115040
0101000020E6100000CFF753E3A50F63C0992A1895D4814D40
--생략--
```

출력된 숫자와 문자의 조합을 직접 해석할 수는 없지만 pgAdmin의 Geometry Viewer를 사용하면 지도에 점이 표시됩니다. 쿼리 결과가 pgAdmin 데이터 출력 창에 표시되면 earthquake_point

결과 헤더의 지도 아이콘을 클릭합니다. 그림 16-1과 같이 기본 레이어로 OpenStreetMap 지도에 지진이 표시됩니다.

불과 한 달의 데이터만 있어도 불의 고리^{Ring of Fire}라고 불리는 환태평양 조산대에 지진이 다발함을 확인할 수 있습니다. 불의 고리는 지각판이 만나고 화산이 더 활동적인 지역입니다.

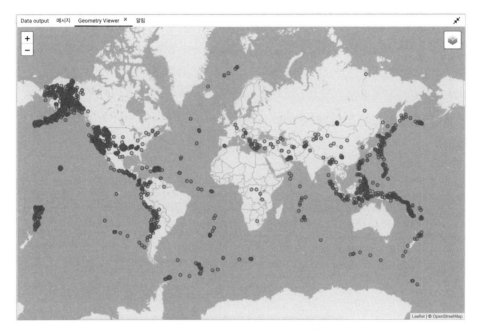

그림16-1 pgAdmin에서 지진 위치 확인

일정 범위 내에 발생한 지진 찾기

다음으로, 오클라호마 털사 근처에서 발생한 지진으로 연구 범위를 좁혀 보겠습니다. USGS에 따르면 털사는 2009년 석유와 가스 시추의 결과로 이후 지진 활동이 증가했습니다.

이와 같이 더욱 복잡한 GIS 작업을 수행하려면 JSON 좌표를 지진 테이블의 PostGIS의 geography 타입 열로 영구적으로 변환하는 편이 더 좋습니다. 이렇게 변환해 두면 쿼리마다 변환 코드를 추가할 필요가 없습니다.

코드 16-19는 earthquakes 테이블에 earthquake_point 열을 추가하고, 이 새로운 열에 JSON 좌표를 geography 타입으로 변환해 채웁니다.

```
❶ ALTER TABLE earthquakes ADD COLUMN earthquake_point geography(POINT, 4326);

❷ UPDATE earthquakes
  SET earthquake_point =
        ST_SetSRID(
          ST_MakePoint(
              (earthquake #>> '{geometry, coordinates, 0}')::numeric,
              (earthquake #>> '{geometry, coordinates, 1}')::numeric
          ),
```

```
        4326)::geography;

❸ CREATE INDEX quake_pt_idx ON earthquakes USING GIST (earthquake_point);
```

코드 16-19 JSON 좌표를 PostGIS geography 열로 변환하기

ALTER TABLE❶을 사용하여 geography 타입의 earthquake_point 열을 추가하고 해당 열이 SRID가 4326인 점을 보유하도록 지정합니다. 다음으로 코드 16-18과 동일한 구문으로 earthquake_point 열을 추가해 earthquakes 테이블을 UPDATE❷합니다. 그리고 GIST❸를 사용하여 새 열에 공간 인덱스를 추가합니다.

이렇게 하면 코드 16-20을 입력해 털사에서 80km 이내에서 발생한 지진을 찾을 수 있습니다.

```
  SELECT earthquake #>> '{properties, place}' AS place,
         to_timestamp((earthquake -> 'properties' ->> 'time')::bigint / 1000)
             AT TIME ZONE 'UTC' AS time,
         (earthquake #>> '{properties, mag}')::numeric AS magnitude,
         earthquake_point
  FROM earthquakes
❶ WHERE ST_DWithin(earthquake_point,
             ❷ ST_GeogFromText('POINT(-95.989505 36.155007)'),
                 80000)
  ORDER BY time;
```

코드 16-20 오클라호마 털사의 80km 이내에서 발생한 지진 찾기

WHERE 절❶에서 ST_DWithin() 함수를 사용합니다. 이 함수는 한 공간 개체가 다른 개체와의 특정 거리 내에 있는 경우 true를 반환합니다. 이번에는 각 지진 지점을 계산해서 털사에서 80km 이내에 있는지 확인하려고 합니다. ST_GeogFromText()❷에서 도시의 좌표를 지정하고 범위를 미터 기준으로 입력해야 하므로 80km인 80000을 입력합니다. 쿼리는 19개의 행을 반환합니다.(지진 포인트 열을 생략하고 결과를 잘랐습니다.)

```
               place                 time           magnitude
    -------------------------- ------------------- ---------
    4 km SE of Owasso, Oklahoma 2021-01-04 19:46:58    1.53
    6 km SSE of Cushing, Oklahoma 2021-01-05 08:04:42  0.91
    2 km SW of Hulbert, Oklahoma 2021-01-05 21:08:28   1.95
    --생략--
```

pgAdmin의 결과에서 지진 지점 열 위에 있는 지도 아이콘을 클릭해 지진 위치를 확인하면 그림 16-2와 같이 털사 주변에 19개의 점이 표시됩니다.(오른쪽 상단의 레이어 아이콘을 클릭하여 기본 지도 스타일을 조정할 수 있습니다.)

이러한 결과를 얻기까지 다소 복잡한 코딩이 필요했습니다. 데이터가 shapefile이나 일반적인 SQL 테이블에 도착했다면 불필요한 일이었겠지만, 그럼에도 불구하고 PostgreSQL의 JSON 지원

을 사용하여 데이터에서 의미 있는 통찰을 추출할 수 있습니다. 이 장의 마지막 부분에서는 JSON을 생성하고 조작하는 데 유용한 PostgreSQL 함수를 다룰 것입니다.

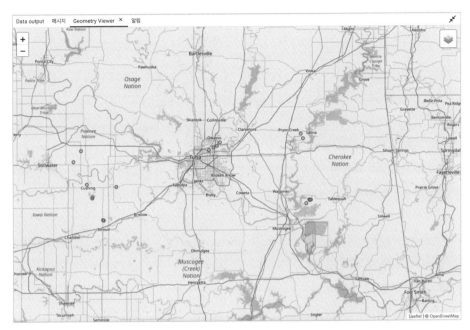

그림16-2 pgAdmin에서 오클라호마 주 털사 근처에서 발생한 지진 보기

16-7 JSON 생성 및 수정하기

PostgreSQL 함수를 사용하면 SQL 테이블의 기존 행을 JSON 데이터로 생성하거나 테이블에 저장된 JSON을 수정하여 키와 값을 추가하고 제거하고 변경할 수 있습니다. PostgreSQL 문서(https://www.postgresql.org/docs/current/functions-json.html)에는 수십 개의 JSON 관련 함수가 나열되어 있습니다.

16-7-1 쿼리 결과 JSON으로 변환하기

JSON은 데이터 공유에 사용하기 좋으므로 SQL 쿼리 결과를 다른 컴퓨터 시스템으로 전달하기 위해 JSON으로 변환하는 게 좋습니다. 코드 16-21은 PostgreSQL 전용 to_json() 함수를 사용하여, 7장에서 만든 employees 테이블의 행을 JSON으로 변환합니다.

```
❶ SELECT to_json(employees) AS json_rows
  FROM employees;
```

코드16-21 to_json()을 사용하여 쿼리 결과를 JSON으로 변환

to_json() 함수는 SQL에 저장된 값을 JSON으로 변환합니다. employees 테이블의 각 행에 있는 모든 값을 변환하려면 SELECT❶에서 to_json()을 사용하고 테이블 이름을 함수의 인수로 제공합니다. 그러면 함수는 열 이름을 키로 사용하여 각 행을 JSON 개체로 반환합니다.

```
                                   json_rows
--------------------------------------------------------------------------
{"emp_id":1,"first_name":"Julia","last_name":"Reyes","salary":115300.00,"dept_id":1}
{"emp_id":2,"first_name":"Janet","last_name":"King","salary":98000.00,"dept_id":1}
{"emp_id":3,"first_name":"Arthur","last_name":"Pappas","salary":72700.00,"dept_id":2}
{"emp_id":4,"first_name":"Michael","last_name":"Taylor","salary":89500.00,"dept_id":2}
```

쿼리를 수정해 결과에 포함할 열을 제한하는 방법이 몇 가지 있습니다. 코드 16-22에서는 to_json()의 인수로 row() 생성자를 사용합니다.

```
SELECT to_json(row(emp_id, last_name))❶ AS json_rows
FROM employees;
```

코드 16-22 JSON으로 변환할 열 지정하기

row() 생성자(ANSI SQL 표준)는 전달된 인수로 행 값을 작성합니다. 이 경우 to_json() 내부에 row()를 두고, row()에 emp_id 및 last_name 열❶을 제공합니다. 이 구문은 JSON 결과에서 해당 열만 반환합니다.

```
      json_rows
--------------------
{"f1":1,"f2":"Reyes"}
{"f1":2,"f2":"King"}
{"f1":3,"f2":"Pappas"}
{"f1":4,"f2":"Taylor"}
```

키의 이름이 열 이름 대신 f1과 f2로 저장되었습니다. 이는 행 레코드를 빌드할 때 열 이름을 유지하지 않는 row() 함수의 부작용입니다. 물론, 이름을 설정할 수 있는데, JSON 파일 크기를 줄이기 위해 이름을 짧게 유지해 전송 속도를 향상시키는 데 사용되곤 합니다. 코드 16-23은 서브쿼리를 사용하는 방법을 보여 줍니다.

```
SELECT to_json(employees) AS json_rows
FROM (
  ❶SELECT emp_id, last_name AS ln❷ FROM employees
) AS employees;
```

코드 16-23 서브쿼리로 키 이름 생성하기

원하는 열을 가져와 결과를 employees으로 별칭하는 서브쿼리❶를 작성합니다. 이 과정에서

JSON에 저장할 키 이름을 줄이기 위해 열 이름에 별칭❷을 지정합니다.

결과는 다음과 같습니다.

```
        json_rows
-----------------------
{"emp_id":1,"ln":"Reyes"}
{"emp_id":2,"ln":"King"}
{"emp_id":3,"ln":"Pappas"}
{"emp_id":4,"ln":"Taylor"}
```

마지막으로 코드 16-24는 JSON의 모든 행을 단일 개체 배열로 컴파일합니다. 컴파일한 데이터는 다른 애플리케이션으로 넘겨 계산과 같은 작업을 수행하거나 장치에서 데이터를 렌더링하는 데 사용할 수 있습니다.

```
❶ SELECT json_agg(to_json(employees)) AS json
  FROM (
      SELECT emp_id, last_name AS ln FROM employees
  ) AS employees;
```

코드16-24 행을 집계해 JSON으로 변환

PostgreSQL 전용 json_agg() 함수❶에서 to_json()을 래핑합니다. json_agg()는 NULL을 포함한 값을 JSON 배열로 집계합니다. 출력은 다음과 같습니다.

```
                                       json
-------------------------------------------------------------------------------------------------
[{"emp_id":1,"ln":"Reyes"}, {"emp_id":2,"ln":"King"}, {"emp_id":3,"ln":"Pappas"}, --생략-- ]
```

간단한 예시지만 서브쿼리를 사용하면 중첩된 개체를 생성해 더 복잡한 JSON 구조를 빌드할 수 있습니다. 이 장의 끝부분에 있는 연습문제에서 이를 수행하는 방법을 고민해 보겠습니다.

16-7-2 키/값 쌍 추가, 수정, 삭제하기

PostgreSQL 관련 함수를 조합하여 JSON에 키/값을 추가 및 수정, 삭제할 수 있습니다. 몇 가지 예를 살펴보겠습니다.

최상위 키/값 쌍 추가하고 수정하기

코드 16-25에서는 films 테이블로 돌아가서 영화 The Incredibles에 최상위 키/값 쌍 "studio": "Pixar"를 추가하는 두 가지 방법을 살펴보겠습니다.

```
  UPDATE films
  SET film = film ||❶ '{"studio": "Pixar"}'::jsonb
```

```
  WHERE film @> '{"title": "The Incredibles"}'::jsonb;

  UPDATE films
  SET film = film || jsonb_build_object('studio', 'Pixar')❷
  WHERE film @> '{"title": "The Incredibles"}'::jsonb;
```

코드 16-25 문자열 연결 연산자로 최상위 키/값 쌍 추가하기

　두 코드 모두 UPDATE 문을 사용하여 jsonb 타입 열 film에 대한 새 값을 추가합니다. 먼저 Post-greSQL 문자열 연결 연산자(||)❶를 사용해 기존 영화 JSON에 jsonb로 변환한 새 키/값 쌍을 추가합니다. 두 번째에서도 연결을 다시 사용하지만 앞선 방법과 다르게 jsonb_build_object()를 사용합니다. 이 함수는 키 이름과 값을 인수로 사용해 jsonb 개체를 반환하므로 원하는 경우 한 번에 여러 키/값 쌍을 연결할 수도 있습니다.

　연결되는 JSON에 키가 존재하지 않으면 두 코드 모두 새 키/값 쌍을 삽입하고, 이미 키가 존재하는 경우 값을 덮어씁니다. 두 코드는 기능적 차이가 없으므로 원하는 방식을 선택하세요. 다만, 이 코드는 중복 키 이름을 허용하지 않는 jsonb에만 작동한다는 점을 유의하세요.

　SELECT * FROM films;를 실행하고 업데이트된 데이터를 더블 클릭하면 새로운 키/값 쌍이 표시됩니다.

```
  --생략--
      "rating": {
          "MPAA": "PG"
      },
      "studio": "Pixar",
      "characters": [
  --생략--
```

경로로 값 변경하기

Cinema Paradiso의 genre 키에는 두 가지 값이 있습니다.

```
  "genre": ["romance", "drama"]
```

　배열에 세 번째 항목을 추가하기 위해 JSON 경로를 사용해 값을 업데이트하는 jsonb_set() 함수를 사용합니다. 코드 16-26에서는 UPDATE 문과 jsonb_set()을 사용하여 World War II라는 장르를 추가합니다.

```
  UPDATE films
  SET film = jsonb_set(film, ❶
                  '{genre}', ❷
                  film #> '{genre}' || '["World War II"]', ❸
```

```
                        true❹)
  WHERE film @> '{"title": "Cinema Paradiso"}'::jsonb;
```

코드 16-26 jsonb_set()을 사용해 경로에 배열 값 추가하기

UPDATE에서는 jsonb_set()의 결과를 film으로 SET하고 WHERE를 사용하여 Cinema Paradiso가 있는 행만 업데이트를 합니다. 함수의 첫 번째 인수❶는 수정하려는 JSON입니다(여기서는 film). 두 번째 인수는 배열 값(genre 키의 값)에 대한 경로❷입니다. 세 번째로, genre에 연결할 새 값으로 World War II라는 요소 하나만 있는 배열❸을 제공합니다. 연결은 세 개의 요소가 있는 배열을 생성합니다. 마지막 인수는 키가 없는 경우 jsonb_set()이 값을 생성할지를 결정하는 선택적 부울 값❹입니다. 여기에서는 genre라는 키가 이미 존재하기 때문에 중복되지만 참고삼아 작성했습니다.

쿼리를 실행한 다음 SELECT 문을 수행해 업데이트된 JSON을 확인해 보면 결과로는 ["romance", "drama", "World War II"]가 출력됩니다.

값 삭제하기

두 연산자를 조합해 JSON 개체에서 키와 값을 제거할 수 있습니다. 코드 16-27은 UPDATE를 사용한 예시 두 가지입니다.

```
UPDATE films
SET film = film -❶ 'studio'
WHERE film @> '{"title": "The Incredibles"}'::jsonb;

UPDATE films
SET film = film #-❷ '{genre, 2}'
WHERE film @> '{"title": "Cinema Paradiso"}'::jsonb;
```

코드 16-27 JSON에서 값 삭제하기

- 기호❶는 삭제 연산자로 앞서 The Incredibles에 추가한 studio 키와 그 값을 제거합니다. - 뒤에 텍스트 문자열을 입력하면 키와 해당 값을 제거한다는 의미입니다. 정수를 입력하면 해당 인덱스 요소가 제거됩니다.

#- 기호❷는 지정한 경로에 존재하는 JSON 요소를 제거하는 경로 삭제 연산자입니다. 경로 추출 연산자인 #>, #>>와 유사합니다. 이번에는 {genre, 2}를 사용하여 장르에 대한 배열의 세 번째 요소를 나타냅니다.(JSON 배열 인덱스는 0부터 계산된다는 점을 기억하세요.) 그러면 이전에 Cinema Paradiso에 추가한 World War II가 제거됩니다.

두 명령문을 모두 실행한 다음 SELECT를 사용하여 변경된 영화 JSON을 봅니다. 두 요소가 모두 제거됐습니다.

16-8 JSON 처리 함수 사용하기

JSON 학습의 마지막으로 PostgreSQL에서 제공하는 JSON 관련 함수를 검토할 것입니다. 이 함수는 배열 값을 테이블 행으로 확장하거나 출력 형식을 지정합니다. PostgreSQL 문서(https://www.postgresql.org/docs/current/functions-json.html)에서 함수의 전체 목록을 확인할 수 있습니다.

16-8-1 배열 길이 찾기

배열의 항목 수를 계산하는 건 프로그래밍과 분석 작업에선 일상이나 다름없습니다. 예를 들어 JSON에서 각 영화에 대해 배우가 몇 명이나 저장되어 있는지 알고 싶다고 가정합니다. 이를 위해 코드 16-28처럼 jsonb_array_length() 함수를 사용할 수 있습니다.

```
SELECT id,
       film ->> 'title' AS title,
    ❶ jsonb_array_length(film -> 'characters') AS num_characters
FROM films
ORDER BY id;
```

코드 16-28 배열의 길이 찾기

함수 ❶는 film에서 characters 키 값을 추출하는 표현식을 유일한 인수로 사용합니다. 쿼리를 실행하면 다음과 같은 결과가 나옵니다.

```
id    title          num_characters
-- --------------- --------------
 1 The Incredibles              3
 2 Cinema Paradiso              2
```

The Incredibles에는 3명의 캐릭터가 있고 Cinema Paradiso에는 2명의 캐릭터가 있다고 출력됩니다. json 타입에도 이와 유사하게 작동하는 함수인 json_array_length()가 있습니다.

16-8-2 배열 요소 행으로 반환하기

jsonb_array_elements()와 jsonb_array_elements_text() 함수는 배열 요소를 행으로 변환하는데, 요소마다 하나의 행을 만듭니다. 이 함수는 데이터 처리에 유용합니다. 이 함수를 사용하면 JSON을 구조화된 SQL 데이터로 변환해 테이블에 INSERT할 행을 생성하거나, 그룹화 및 집계할 수 있는 행을 생성할 수 있습니다.

코드 16-29는 두 함수를 모두 사용하여 genre 키의 배열 값을 행으로 변환합니다. 두 함수는 모두 jsonb 배열을 인수로 사용합니다. 둘의 차이는 jsonb_array_elements()는 배열 요소를 jsonb 값의 행으로 반환하고 jsonb_array_elements_text()는 요소를 텍스트로 반환한다는 데 있습니다.

```
SELECT id,
       jsonb_array_elements(film -> 'genre') AS genre_jsonb,
       jsonb_array_elements_text(film -> 'genre') AS genre_text
FROM films
ORDER BY id;
```

코드 16-29 배열 요소를 행으로 반환하기

코드를 실행하면 다음 같은 결과가 생성됩니다.

```
id genre_jsonb genre_text
-- ----------- ----------
 1 "animation" animation
 1 "action"    action
 1 "sci-fi"    sci-fi
 2 "romance"   romance
 2 "drama"     drama
```

이 함수는 간단한 배열에서는 잘 작동하지만 배열에 JSON의 characters 같이 고유한 키/값 쌍이 있는 JSON 개체 컬렉션이 포함되어 있다면 먼저 값을 풀어놓도록 추가 처리를 거쳐야 합니다. 코드 16-30을 따라해 보세요.

```
SELECT id,
       jsonb_array_elements(film -> 'characters') ❶
FROM films
ORDER BY id;

❷ WITH characters (id, json) AS (
    SELECT id,
           jsonb_array_elements(film -> 'characters')
    FROM films
)
❸ SELECT id,
       json ->> 'name' AS name,
       json ->> 'actor' AS actor
FROM characters
ORDER BY id;
```

코드 16-30 배열의 각 항목에서 키 값 반환

jsonb_array_elements()를 사용해 characters 배열의 요소를 반환❶합니다. 이 배열은 각 JSON 개체를 행으로 반환합니다.

```
id                 jsonb_array_elements
-- --------------------------------------------------------
 1 {"name": "Mr. Incredible", "actor": "Craig T. Nelson"}
 1 {"name": "Elastigirl", "actor": "Holly Hunter"}
```

```
1 {"name": "Frozone", "actor": "Samuel L. Jackson"}
2 {"name": "Salvatore", "actor": "Salvatore Cascio"}
2 {"name": "Alfredo", "actor": "Philippe Noiret"}
```

name과 actor를 열로 변환하도록 13장에서 다룬 공통 테이블 표현식^{CTE, Common Table Expression}을 사용합니다. CTE❷는 jsonb_array_elements()를 사용하여 두 개의 열이 있는 간단한 임시 문자 테이블을 생성합니다. 임시 테이블을 쿼리하는 SELECT 문❸을 따라 json 열에서 name 및 actor 값을 추출합니다.

```
id       name           actor
-- -------------- -----------------
 1 Mr. Incredible Craig T. Nelson
 1 Elastigirl     Holly Hunter
 1 Frozone        Samuel L. Jackson
 2 Salvatore      Cascio
 2 Alfredo        Philippe Noiret
```

이러한 값은 표준 SQL 구조로 깔끔하게 읽혀 표준 SQL을 사용하여 추가 분석하기에 편합니다.

16-9 마무리

JSON은 널리 쓰이는 타입이기에 데이터를 분석하는 과정에서 자주 접할 것입니다. PostgreSQL은 JSON의 로딩과 인덱싱, 파싱을 쉽게 처리하지만 JSON은 SQL 표준에 부합하지 않은 추가 단계를 거쳐야 할 때도 있습니다. 코딩이 늘 그렇듯 JSON을 사용할지 말지는 여러분이 놓인 상황에 따라 달라집니다. 이 장에서는 어떤 상황에 JSON을 사용해야 할지 정리했습니다.

JSON 자체가 표준 형식을 갖추고 있지만, 이 장에서 소개한 데이터 타입과 대부분의 함수와 문법은 PostgreSQL에서만 사용합니다. ANSI SQL 표준 자체가 JSON 지원 대부분의 구현법을 데이터베이스 공급업체가 결정하도록 두었기 때문입니다. 만약 여러분이 사용하는 시스템이 Microsoft SQL Server나 MySQL, SQLite 등이라면 해당 시스템의 설명서를 참조하세요. 함수의 이름은 다르겠지만 기능에서 많은 유사점을 찾을 수 있습니다.

연습문제

새로운 JSON 기술을 사용하여 다음 문제를 풀어 보세요.

1. 지진 JSON에는 tsunami라는 키가 있습니다. tsunami의 값이 1이라면 해양 지역에 대규모 지진이 발생했다는 뜻입니다.(해일이 실제로 발생했다는 의미는 아닙니다.) 경로 추출 연산자나 필드 추출 연산자를 사용하여 tsunami 키의 값이 1인 지진을 찾아 위치와 시간, 진도를 결과로 포함하세요.

2. analysis 데이터베이스에 CREATE TABLE 문을 사용하여 earthquakes_from_json 테이블을 추가합니다.

```
CREATE TABLE earthquakes_from_json (
    id text PRIMARY KEY,
    title text,
    type text,
    quake_date timestamp with time zone,
    mag numeric,
    place text,
    earthquake_point geography(POINT, 4326),
    url text
);
```

필드 추출 연산자와 경로 추출 연산자를 사용하여 테이블에 각 지진에 대한 올바른 값을 채우는 INSERT 문을 작성합니다. 필요한 키 이름과 경로는 Chapter_16.sql 파일에 작성된 전체 샘플 지진 JSON을 참조하세요.

3. 보너스 문제(어려움): 13장의 teachers 테이블과 teachers_lab_access 테이블의 데이터를 사용하여 다음 JSON을 생성하는 쿼리를 작성하세요.

```
{
    "id": 6,
    "fn": "Kathleen",
    "ln": "Roush",
    "lab_access": [{
        "lab_name": "Science B",
        "access_time": "2022-12-17T16:00:00-05:00"
    }, {
        "lab_name": "Science A",
        "access_time": "2022-12-07T10:02:00-05:00"
    }]
}
```

기억하겠지만, teachers 테이블은 teachers_lab_access와 일대다 관계를 갖습니다. 처음 키 세 개는 교사로부터 가져오며 lab_access 배열의 JSON 개체는 teachers_lab_access에서 가져옵니다.(힌트: lab_access 배열을 생성하려면 SELECT에 서브쿼리와 json_agg() 함수를 사용합니다.) 어렵다면, Try_It_Yourself.sql 파일을 참고하세요. 이 파일에 모든 문제에 대한 답이 있습니다.

17

뷰, 함수, 트리거로
시간 절약

프로그래밍 언어를 사용하면 반복적이고 지루한 작업을 자동화할 수 있다는 장점이 있습니다. 이 장에서 그 방법을 살펴보겠습니다. 반복해서 사용할 쿼리 또는 단계를 재사용 가능한 데이터베이스 개체로 변환합니다. 한 번 코딩하면 나중에 호출하여 데이터베이스가 작업을 수행하도록 하는 것인데 프로그래머들은 이런 걸 두고 DRY 원칙이라고 부릅니다. 했던 걸 또 하지 말라는 의미인 'Don't Repeat Yourself'의 약자죠.

쿼리를 재사용 가능한 데이터베이스 뷰view로 저장하는 법을 배우는 것으로 시작하겠습니다. 다음으로 데이터에 작업을 하기 위해 자신만의 함수를 만드는 법을 확인합니다. 이미 데이터를 변화시키기 위해 round()나 upper() 같은 함수를 사용했으니 이번에는 여러분이 원하는 작업을 하기 위한 함수를 만들 것이며, 그 뒤에 트리거trigger를 설정해 테이블에 특정 이벤트가 발생할 때마다 자동으로 함수를 호출하도록 만들 것입니다. 이런 기술들을 사용해 반복적인 작업을 줄이고 데이터의 일관성을 유지할 수 있습니다.

앞선 장들에서 만들었던 테이블들을 사용해 이런 기술들을 연습해 보겠습니다. 이번 장에서 나온 모든 코드는 영진닷컴 홈페이지 또는 깃허브에서 다운로드할 수 있습니다. 그럼 이제 시작해 보겠습니다.

17-1 뷰로 쿼리 간단히 만들기

뷰view는 저장된 쿼리를 통해 유동적으로 생성할 수 있는 가상의 테이블입니다. 예를 들어 뷰에 접근할 때마다 저장된 쿼리가 자동으로 실행되고 결과를 표시합니다. 일반 테이블과 비슷하게, 뷰를 쿼리할 수 있고 그것을 일반 테이블 또는 다른 뷰에 조인할 수 있습니다. 그 뒤 뷰를 사용해 기반이 된 테이블의 데이터를 업데이트하거나 추가할 수 있습니다. 비록 경고는 뜨겠지만요.

뷰는 다음과 같은 경우에 유용하게 사용합니다.

- **중복되는 작업 피하기**: 쿼리를 한 번 작성하고 필요할 때 결과에 접근합니다.
- **복잡성 줄이기**: 여러분과 다른 데이터베이스 사용자들에게 필요한 열만을 보여 줍니다.
- **보안성 높이기**: 테이블에서 특정 열에만 접근할 수 있도록 합니다.

이번 절에서는 표준 ANSI SQL과 비슷한 PostgreSQL 구문과 함께 일반 뷰를 살펴보겠습니다. 여러분이 뷰에 접근할 때마다 뷰는 아래에 깔린 쿼리를 실행합니다. 구체화된 뷰$^{materialized view}$는 PostgreSQL과 Oracle, 기타 소수의 데이터베이스 시스템에서 지원하는 기능인데, 데이터베이스는 뷰에 의해 만들어지는 데이터를 캐싱할 수 있고 나중에 그 데이터를 업데이트할 수 있습니다.

> **📝 NOTE**
>
> 데이터의 보안성을 높이고 사용자들이 employee 테이블 안에 있는 임금 정보 같은 민감한 정보를 조회하는 일이 발생하지 않게 하고 싶다면 PostgreSQL에서 계정 권한을 설정해 접근을 막을 수 있습니다. 보통 조직 내 데이터베이스 관리자들이 이런 역할을 하지만 해당 주제에 대해 자세히 알아보고 싶다면 PostgreSQL 문서를 확인하세요. https://www.postgresql.org/docs/current/sql-createrole.html에서 사용자 역할에 관한 내용을 확인하고, https://www.postgresql.org/docs/current/sql-grant.html에서 GRANT 명령에 대해 확인해 보세요. 그리고 https://www.postgresql.org/docs/current/rules-privileges.html에서 security_barrier에 대해 알아보세요.

뷰는 만들기도, 관리하기도 쉽습니다. 어떻게 작동하는지 다양한 예시로 확인해 보겠습니다.

17-1-1 뷰 만들고 쿼리하기

이번 절에서는 5장에서 불러온 미국 10개년 인구조사 데이터인 us_counties_pop_est_2019 테이블을 사용합니다. 코드 17-1은 네바다 카운티의 인구만 반환하는 표준 뷰를 만듭니다. 원래 테이블에는 16개의 열이 있는데 뷰는 그중 4개만 반환합니다. 이것은 네바다 인구조사 데이터의 하위 집합을 자주 참조하거나 애플리케이션에서 데이터를 사용한다면 빠르게 액세스할 수 있습니다.

```
❶ CREATE OR REPLACE VIEW nevada_counties_pop_2019 AS
    ❷ SELECT county_name,
             state_fips,
             county_fips,
             pop_est_2019
      FROM us_counties_pop_est_2019
      WHERE state_name = 'Nevada';
```

코드 17-1 2019년도 네바다주의 카운티 목록을 뷰로 만들기

CREATE OR REPLACE VIEW❶와 뷰 이름인 nevada_counties_pop_2019, 그리고 AS를 차례로 사용해 뷰를 정의합니다. (뷰 이름은 원하는 대로 지정할 수 있습니다. 뷰의 이름은 결과를 설명하는 게 좋습니다.) 다음으로 SQL 표준인 SELECT❷를 사용하여 us_counties_pop_est_2019 테이블에서 네바다의 각 카운티들의 2019년 인구 추정치(pop_est_2019 열)를 가져옵니다.

CREATE 뒤에 있는 OR REPLACE에 주목하세요. 이는 선택 사항이며, 이 이름을 가진 뷰가 이미 존재하면 새로 생성된 뷰로 대체하도록 지시합니다. 뷰 생성을 반복하고 쿼리를 구체화하려면 이러한 키워드를 포함하는 편이 좋습니다. 대신 기존 뷰를 교체하는 새 쿼리❷는 기존 쿼리와 동일한 데이터 타입을 가진 동일한 열을 동일한 순서로 생성해야 합니다. 열을 추가할 수도 있지만 열 목록의 끝에 배치해야 합니다. 그렇지 않으면 데이터베이스가 오류를 일으킵니다.

pgAdmin에서 코드 17-1을 실행해 보겠습니다. 데이터베이스는 CREATE VIEW를 반환합니다. 새 뷰를 확인하려면 pgAdmin의 탐색기에서 analysis 데이터베이스를 마우스 오른쪽 버튼으로 클릭하고 **Refresh…**를 클릭합니다. 모든 뷰를 보려면 **스키마 ▶ public ▶ 뷰**를 선택하세요. 새 뷰를 마우스 오른쪽 버튼으로 클릭하고 **속성**을 클릭하면 열리는 대화 상자의 코드 탭에서 쿼리의 더 자세한 내용(각 열 이름 앞에 테이블 이름이 추가됨)이 표시됩니다. 이는 데이터베이스에 있는 뷰를 검사하는 편리한 방법입니다.

> 📝 **NOTE**
>
> 다른 데이터베이스 개체와 마찬가지로 DROP 명령을 사용하여 뷰를 삭제할 수 있습니다. 뷰를 삭제하는 코드는 DROP VIEW nevada_counties_pop_2019;입니다.

이 유형의 뷰(구체화되지 않은 뷰)는 이 시점에 데이터가 없습니다. 대신 다른 쿼리에서 뷰에 액세스할 때 저장된 SELECT 쿼리가 실행됩니다. 예를 들어, 코드 17-2는 뷰의 모든 열을 반환합니다. 일반적인 SELECT 쿼리와 마찬가지로 ORDER BY를 사용하면 결과를 정렬할 수 있습니다. 이번에는 카운티의 FIPS 코드(미국 인구조사국을 비롯한 연방 기관이 각 카운티와 주를 표시하는 코드)를 사용하여 결과를 정렬할 수 있습니다. 또한 LIMIT을 추가해 5개의 행만 표시합니다.

```
SELECT *
FROM nevada_counties_pop_2019
ORDER BY county_fips
LIMIT 5;
```

코드 17-2 nevada_counties_pop_2019 뷰 쿼리하기

다섯 행으로 제한만 걸렸을 뿐, 코드 17-1에서 뷰를 만들 때 사용했던 SELECT 쿼리의 결과와 똑같습니다.

```
geo_name          | state_fips | county_fips | pop_2010
------------------+------------+-------------+----------
Churchill County  | 32         | 001         | 24909
Clark County      | 32         | 003         | 2266715
Douglas County    | 32         | 005         | 48905
Elko County       | 32         | 007         | 52778
Esmeralda County  | 32         | 009         | 873
```

이 간단한 예시는 여러분이 해야 할 일이 주기적으로 네바다의 카운티당 인구수를 나열하는 것이 아닌 이상 그리 유용하지 않습니다. 그러니 연구 기관의 데이터 주도적인 분석가가 자주 할 법한 생각을 해보도록 하죠. 2010년도부터 2019년까지 네바다 또는 다른 주의 카운티당 인구수는 몇 퍼센트씩 바뀌었을까요?

이 질문에 대한 답은 7장에서 쿼리로 작성했습니다. 만드는 건 그리 어려운 일이 아니었지만, 조인된 테이블의 두 열을 가져와 반올림과 타입 변환을 거쳐 변화율 계산식을 만들어야 했습니다. 그 반복 작업을 피하고 싶다면 해당 쿼리를 뷰로 저장해 둘 수 있습니다. 코드 17-3은 7장에서 살펴본 코드를 수정한 것입니다.

```
❶ CREATE OR REPLACE VIEW county_pop_change_2019_2010 AS
  ❷ SELECT c2019.county_name,
           c2019.state_name,
           c2019.state_fips,
           c2019.county_fips,
           c2019.pop_est_2019 AS pop_2019,
           c2010.estimates_base_2010 AS pop_2010,
      ❸ round( (c2019.pop_est_2019::numeric - c2010.estimates_base_2010)
             / c2010.estimates_base_2010 * 100, 1 ) AS pct_change_2019_2010
  ❹ FROM us_counties_pop_est_2019 AS c2019
        JOIN us_counties_pop_est_2010 AS c2010
    ON c2019.state_fips = c2010.state_fips
        AND c2019.county_fips = c2010.county_fips;
```

코드 17-3 미국 카운티의 인구 변화율을 보여 주는 뷰 생성

먼저 CREATE OR REPLACE VIEW❶에 뷰의 이름과 AS를 적어 뷰를 선언합니다. SELECT 쿼리❷는 인구조사 테이블에서 추출한 열의 이름을 명명하고 6장에서 배운 변화율 계산식❸의 결과를 저장할 열을 만듭니다. 그 뒤 각 주와 카운티의 FIPS 코드를 사용해 2019년 10개년 인구조사 테이블과 2010년 10개년 인구조사 테이블을 조인합니다❹. 코드를 실행하면 데이터베이스는 CREATE VIEW라는 응답을 내보냅니다.

이제 뷰를 만들었으니 코드 17-4를 사용해 네바다주의 데이터를 받아오는 뷰를 대상으로 간단한 쿼리를 보내겠습니다.

```
  SELECT county_name,
         state_name,
         pop_2019,
       ❶ pct_change_2019_2010
  FROM county_pop_change_2019_2010
❷ WHERE state_name = 'Nevada'
  ORDER BY county_fips
  LIMIT 5;
```

코드 17-4 county_pop_change_2019_2010 뷰에서 열 선택하기

앞서 코드 17-2에서는, nevada_counties_pop_2019 뷰를 참조하는 쿼리에서 SELECT 뒤에 별표 와일드카드를 사용하여 뷰의 모든 열을 받아 왔습니다. 코드 17-4는 테이블 쿼리와 마찬가지로 뷰를 쿼리할 때 특정 열의 이름을 지정할 수 있음을 보여 줍니다. 이 쿼리에서는 county_pop_change_2019_2010 뷰의 일곱 열 중에서 네 개를 선택합니다. 우선 pct_change_2019_2010❶ 은 우리가 원하는 변화율 계산 결과를 반환합니다. 전체 계산식을 모두 적는 것보다 이런 열 이름을 적는 편이 훨씬 편하겠죠! 또한 다른 쿼리와 마찬가지로 WHERE 절❷을 이용해 결과를 필터링합니다.

뷰에서 네 개의 열을 쿼리하면 다음과 같은 결과를 볼 수 있습니다.

```
county_name       state_name pop_2019 pct_change_2019_2010
----------------  ---------- -------- --------------------
Churchill County  Nevada       24909                   0.1
Clark County      Nevada     2266715                  16.2
Douglas County    Nevada       48905                   4.1
Elko County       Nevada       52778                   7.8
Esmeralda County  Nevada         873                  11.4
```

이제 우리는 이 뷰를 이용해 데이터를 불러오거나 시연할 수 있고 2010년부터 2019년까지 네바다 주 또는 다른 주의 각 카운티마다 인구수 변화율이 어땠는지 설명할 수 있습니다.

이 다섯 행만 보더라도 여러분은 재밌는 이야기를 몇 가지 찾아낼 수 있습니다. 라스베이거스시가 위치한 클락 카운티의 주택공급 확대로 에스메랄다 카운티는 인구수가 확연히 줄어들어 미국에서 가장 적은 인구 밀도를 갖게 된 것이죠.

17-1-2 구체화된 뷰 생성하고 새로고침하기

구체화된 뷰materialized view는 일반 뷰와 달리 생성 시점에서 쿼리가 실행되고 그 결과가 데이터베이스에 저장됩니다. 구체화된 뷰는 새 테이블을 만듭니다. 뷰는 저장된 쿼리를 유지하므로 뷰를 새로 고치는 명령을 통해 저장된 데이터를 업데이트합니다. 구체화된 뷰는 실행하는 데 시간이 걸리는 복잡한 쿼리를 사전 처리하고 해당 결과를 더 빠른 쿼리에 사용할 수 있어 좋습니다.

코드 17-5를 사용해 nevada_counties_pop_2019 뷰를 삭제하고 구체화된 뷰로 다시 생성하겠습니다.

```
❶ DROP VIEW nevada_counties_pop_2019;

❷ CREATE MATERIALIZED VIEW nevada_counties_pop_2019 AS
    SELECT county_name,
           state_fips,
           county_fips,
           pop_est_2019
    FROM us_counties_pop_est_2019
    WHERE state_name = 'Nevada';
```

코드 17-5 구체화된 뷰 생성하기

먼저 DROP VIEW 문❶을 사용하여 데이터베이스에서 nevada_counties_pop_2019 뷰를 제거합니다. 그런 다음 CREATE MATERIALIZED VIEW❷를 실행하여 뷰를 만듭니다. 구체화된 뷰를 생성하는 명령어는 일반 뷰 생성 명령어에서 OR REPLACE가 없어지고 MATERIALIZED 키워드가 추가되었습니다. 명령문을 실행한 후 데이터베이스는 뷰의 쿼리가 뷰에 저장할 17개의 행을 생성했음을 알리는 SELECT 17 메시지를 반환합니다. 이제 표준 뷰와 마찬가지로 데이터를 쿼리할 수 있습니다.

us_counties_pop_est_2019에 저장된 인구 추정치가 수정되었다고 가정해 보겠습니다. 구체화된 뷰에 저장된 데이터를 업데이트하려면 코드 17-6에서와 같이 REFRESH 키워드를 사용합니다.

```
REFRESH MATERIALIZED VIEW nevada_counties_pop_2019;
```

코드 17-6 구체화된 뷰 새로고침하기

이 명령을 실행하면 nevada_counties_pop_2019 뷰에 저장된 쿼리가 다시 실행되고 서버는 REFRESH MATERIALIZED VIEW 메시지로 응답합니다. 이제 뷰는 쿼리에서 참조하는 모든 데이터에 업데이트를 진행합니다. 실행하는 데 시간이 걸리는 쿼리가 있다면 사용자가 긴 쿼리를 실행하는 대신 주기적으로 새로 고쳐지는 구체화된 뷰에 결과를 저장하여 데이터에 빠르게 액세스하게 함으로써 시간을 절약할 수 있습니다.

📝 NOTE

REFRESH MATERIALIZED VIEW CONCURRENTLY를 사용하면 새로고침 중에 뷰에 대해 실행되는 SELECT 문을 잠그지 않도록 할 수 있습니다. 자세한 내용은 https://www.postgresql.org/docs/current/sql-refresh-materializedview.html에서 확인하세요.

구체화된 뷰를 삭제하려면 DROP MATERIALIZED VIEW를 사용합니다. 또한 구체화된 뷰는 pgAdmin의 탐색기의 **스키마 ▶ public ▶ 구체화된 뷰**에서 확인할 수 있습니다.

17-1-3 뷰를 사용해 데이터 입력, 수정, 삭제하기

뷰는 특정 조건만 만족한다면 호출하는 테이블에 데이터를 업데이트하거나 추가할 수 있습니다. 조건 하나는 뷰가 딱 하나의 테이블만 참조해야 한다는 것입니다. 만약 앞에서 살펴본 인구 변화 뷰처럼 뷰가 조인된 테이블을 쿼리하고 있다면 데이터를 즉각적으로 추가하거나 수정할 수 없습니다. 물론 뷰의 쿼리에는 DISTINCT, GROUP BY 등의 명령은 사용할 수 없습니다. 사용할 수 없는 명령의 목록은 https://www.postgresql.org/docs/current/sql-createview.html을 참고하세요.

테이블에 데이터를 추가하고 수정하는 법은 알고 있습니다. 그 방법 그대로 뷰에 사용하면 어떨까요? 뷰를 사용하면 사용자가 어떤 데이터를 업데이트할 수 있는지 설정하는 것도 연습할 수 있습니다. 아래 예제를 통해 확인해 보겠습니다.

직원들을 표시하는 뷰 만들기

7장에서 조인에 관해 배울 때 departments와 employees라는 테이블을 만들어 직원과 근무지에 대한 정보가 담긴 4개의 행을 채워 넣었습니다. 만약 해당 부분을 건너뛰었다면 코드 7-1을 보고 오세요. 간단하게 SELECT * FROM employees ORDER BY emp_id;를 입력하면 테이블의 내용을 다음과 같이 볼 수 있습니다.

```
emp_id first_name last_name  salary    dept_id
------ ---------- --------- --------- -------
     1 Julia      Reyes     115300.00        1
     2 Janet      King       98000.00        1
     3 Arthur     Pappas     72700.00        2
     4 Michael    Taylor     89500.00        2
```

세무 부서(dept_id는 1)에 있는 사용자들에게 자신들의 이름을 추가하거나 삭제하고 수정할 수 있는 권한을 주고, 임금 정보나 다른 부서의 직원들의 데이터는 수정할 수 없도록 만들고 싶습니다. 이를 위해서는 코드 17-7을 사용해 뷰를 설정해야 합니다.

```
CREATE OR REPLACE VIEW employees_tax_dept WITH (security_barrier)❶ AS
    SELECT emp_id,
           first_name,
           last_name,
           dept_id
    FROM employees
❷ WHERE dept_id = 1
❸ WITH LOCAL CHECK OPTION;
```

코드 17-7 employees 테이블에 뷰 만들기

이 뷰는 지금까지 만든 다른 뷰와 유사하지만 몇 가지가 더 추가됐습니다. 먼저 CREATE OR RE-PLACE VIEW 문에 WITH(security_barrier)❶를 추가합니다. 이렇게 하면 악의적인 사용자가 뷰에서 행과 열에 적용하는 제한을 피할 수 있는 데이터베이스 수준의 보안을 사용할 수 있습니다.(이런 보안을 생략했을 때 뷰를 망가뜨리는 시나리오는 https://www.postgresql.org/docs/current/rules-privileges.html에 정리되어 있습니다.)

뷰의 SELECT 쿼리에서 employees 테이블에서 표시하려는 열을 선택하고 WHERE로 dept_id = 1❷에 대한 결과를 필터링하여 세무 부서 직원만 나열합니다. 뷰 자체는 WHERE 절의 조건과 일치하는 행으로 업데이트 또는 삭제를 제한합니다. WITH LOCAL CHECK OPTION❸을 추가하면 삽입도 제한되어 사용자가 새로운 세무 부서 직원만 추가할 수 있도록 제한합니다.(예를 들어, 뷰를 정의할 때 해당 키워드를 생략하면 dept_id가 3인 행을 삽입할 수 있습니다.) 또한 LOCAL CHECK OPTION은 사용자가 직원의 dept_id를 1이 아닌 값으로 바꾸지 못하도록 방지합니다.

코드 17-7을 통해 employees_tax_dept 뷰를 만들고 나서 SELECT * FROM employees_tax_dept ORDER BY emp_id;를 실행하면 다음 두 줄의 결과를 볼 수 있습니다.

```
emp_id first_name last_name dept_id
------ ---------- --------- -------
     1 Julia      Reyes           1
     2 Janet      King            1
```

이 결과는 employees 테이블에 있는 직원 중에서 세무 부서에서 일하는 직원들을 보여 줍니다. 이제 뷰를 통해 데이터를 추가하고 수정하는 방법을 살펴보겠습니다.

employees_tax_dept 뷰를 통한 행 추가하기

뷰를 사용해 데이터를 추가하고 수정할 수 있습니다. INSERT나 UPDATE 문을 쓸 때 테이블의 이름 대신 뷰의 이름을 입력하면 됩니다. 뷰를 사용해 데이터를 추가했거나 바꿨다면 그 바탕이 된 테이블에도 변경이 적용됩니다. 이번 예시에서는 employees 테이블이 그렇습니다. 그리고 뷰는 쿼리를 통해 바로 수정 사항을 반영합니다.

코드 17-8은 employees_tax_dept 뷰를 통해 새로운 직원 정보를 저장하는 두 가지 예시를 보여 줍니다. 하지만 첫 번째 명령은 성공하고 두 번째 명령은 실패하게 됩니다.

```
❶ INSERT INTO employees_tax_dept (emp_id, first_name, last_name, dept_id)
  VALUES (5, 'Suzanne', 'Legere', 1);

❷ INSERT INTO employees_tax_dept (emp_id, first_name, last_name, dept_id)
  VALUES (6, 'Jamil', 'White', 2);

❸ SELECT * FROM employees_tax_dept ORDER BY emp_id;

❹ SELECT * FROM employees ORDER BY emp_id;
```

코드 17-8 employees_tax_dept 뷰를 통해 성공한 추가와 실패한 추가

첫 번째 INSERT 문❶은 2장에서 배운 형식을 그대로 따라 Suzanne Legere라는 사람의 이름과 성, dept_id를 입력했습니다. Suzanne의 dept_id는 1이므로 뷰의 LOCAL CHECK 조건을 만족하여 추가 작업은 성공적으로 진행됩니다.

하지만 두 번째 INSERT 문❷은 dept_id가 2이므로 성공적인 결과를 반환하지 못하고, 새로 추가된 행이 뷰 "employees_tax_dept"의 설정을 만족하지 않는다는 오류 메시지를 출력합니다. 그 이유는 코드 17-7에서 뷰를 만들 때 WHERE 절을 통해 dept_id = 1인 행만 볼 수 있도록 만들었기 때문입니다. dept_id가 2인 데이터는 LOCAL CHECK에 실패하므로 추가할 수 없습니다.

SELECT 문❸을 실행해 Suzanne Legere가 제대로 추가되었는지 보겠습니다.

```
emp_id first_name last_name dept_id
------ ---------- --------- -------
     1 Julia      Reyes           1
     2 Janet      King            1
     5 Suzanne    Legere          1
```

employees 테이블❹을 호출해 Suzanne Legere가 전체 테이블에도 추가되었는지 볼 수 있습니다. 우리가 뷰에 접근할 때 뷰는 employees 테이블을 쿼리합니다.

```
emp_id first_name last_name salary    dept_id
------ ---------- --------- --------- -------
     1 Julia      Reyes     115300.00       1
     2 Janet      King       98000.00       1
     3 Arthur     Pappas     72700.00       2
     4 Michael    Taylor     89500.00       2
     5 Suzanne    Legere                    1
```

결과에 Suzanne Legere가 나타난 것을 보면 알 수 있듯이, 우리가 뷰를 사용하여 추가한 데이터도 기본 테이블에 추가됩니다. 하지만 뷰에는 salary 열이 존재하지 않아 해당 값은 NULL로 설정됩니다. 이 뷰를 사용해 salary의 값을 추가하려고 하면 "employees_tax_dept"에 "salary" 열이 존재하지 않는다는 오류 메시지가 나올 것입니다. salary 열은 employees 테이블에는 존재할지 몰라도 뷰에는 참조되지 않았기 때문입니다. 다시 말하지만 이는 민감한 데이터에 접근하는 걸 막을 수 있는 또 다른 방법입니다. 데이터베이스 관리자가 될 예정이라면 사용자에게 권한을 부여하고 WITH (security_barrier)를 추가하는 방법에 대해 자세히 알아 두길 권합니다. '뷰로 쿼리 간단히 만들기' 절의 NOTE에서 제공한 링크를 확인하세요.

employees_tax_dept 뷰를 사용한 행 업데이트

employees_tax_dept 뷰의 데이터를 수정해 테이블에 접근할 때 역시 같은 제한이 따릅니다. 코드 17-9는 UPDATE를 통해 Suzzane의 성을 Legere에서 Le Gere로 고치는 표준적인 쿼리입니다.(성에 대문자가 두 개 들어가는 사람으로서 말하는데 이런 식의 오타는 흔합니다.)

```
UPDATE employees_tax_dept
SET last_name = 'Le Gere'
```

```
WHERE emp_id = 5;

SELECT * FROM employees_tax_dept ORDER BY emp_id;
```

코드 17-9 employees_tax_dept 뷰를 통한 데이터 수정

코드를 실행하면 SELECT 쿼리의 결과로 employees 테이블에서까지 성이 수정된 것을 확인할 수 있습니다.

```
emp_id first_name last_name dept_id
------ ---------- --------- -------
     1 Julia      Reyes           1
     2 Janet      King            1
     5 Suzanne    Le Gere         1
```

이제 Suzanne의 성은 Legere가 아닌 Le Gere로 고쳐졌습니다.

하지만 세무 부서에 없는 직원의 이름을 수정하려고 하면 쿼리는 코드 17-8에서 Jamil White를 추가하려 했던 때와 마찬가지로 오류가 나며 실패할 것입니다. 또한 뷰를 사용해 직원의 임금 정보를 바꾸려 한다면 수정하려는 직원이 세무 부서에 있더라도 이전 절에서 설명했던 오류와 함께 실패하게 될 것입니다. 그리고 만약 뷰가 테이블에 존재하지 않는 열을 참조한다면 뷰를 통해 열에 접근할 수 없습니다. 이런 방식으로 뷰 업데이트가 제한된다는 사실은 개인 정보와 특정 데이터의 보안이 제대로 되어 있음을 보여 줍니다.

employees_tax_dept 뷰를 이용해 행 삭제하기

이제 뷰를 통해 행을 삭제해 보겠습니다. 어떤 데이터에 영향을 미칠 수 있는지에 관한 제한 사항은 앞의 내용과 동일합니다. 예를 들어 Suzanne Le Gere가 다른 직장에서 더 좋은 조건을 제안받아 그 회사에 가기로 결정했다면 employees_tax_dept 뷰에서 정보를 삭제함으로써 직원 테이블에서도 삭제할 수 있습니다. 코드 17-10은 일반적인 DELETE 구문의 삭제 쿼리를 보여 줍니다.

```
DELETE FROM employees_tax_dept
WHERE emp_id = 5;
```

코드 17-10 employees_tax_dept 뷰로 행 삭제하기

쿼리를 실행하면 PostgreSQL은 DELETE 1로 반응합니다. 하지만 세무 부서가 아닌 다른 부서의 직원을 삭제하려고 하면 PostgreSQL은 이를 허용하지 않고 DELETE 0을 보여줄 것입니다.

요약하자면, 뷰는 데이터에 대한 액세스 권한을 제어할 수 있을 뿐만 아니라 데이터 작업을 향한 지름길이 되어 줍니다. 다음으로 함수를 사용해 시간을 더 절약할 수 있는 방법을 살펴보겠습니다.

17-2 나만의 함수와 프로시저 만들기

이 책에서는 문자를 대문자로 만드는 upper()나 숫자의 총합을 구하는 sum() 같이 다양한 함수를 사용했습니다. 이러한 함수 뒤에는 일련의 작업을 실행하고 함수의 작업에 따라 응답을 반환하는 상당한 양의(때로는 복잡한) 프로그래밍이 있습니다. 여기서는 복잡한 코드를 짜진 않지만 자신의 아이디어를 위한 밑받침으로 사용할 수 있는 몇 가지 함수를 빌드합니다. 간단한 함수일지라도 반복되는 코드를 피하는 데 많은 도움이 됩니다.

이 절에서 사용하는 코드 대부분은 사용자 정의 함수와 프로시저를 모두 지원하는 PostgreSQL에만 해당됩니다.(둘 간의 차이는 미묘하니 모두 예를 들겠습니다.) SQL 표준을 사용해 함수와 프로시저를 정의할 수 있지만 다른 선택지도 있습니다. 하나는 표준 SQL에서 찾을 수 없는 논리적 제어 구조(IF ... THEN ... ELSE) 같은 기능을 추가하는 PL/pgSQL이라는 PostgreSQL 전용 절차 언어입니다. 이와 다른 선택지에는 Python과 R 프로그래밍 언어를 지원하는 PL/Python과 PL/R이 있습니다.

Microsoft SQL Server와 Oracle, MySQL을 포함한 주요 데이터베이스 시스템은 각자만의 방식으로 함수와 프로시저를 구현합니다. 다른 데이터베이스 관리 시스템을 사용한다면 이번 절은 함수와 관련된 개념을 이해하는 정도로 읽고 자세한 구현에 대한 내용은 해당 데이터베이스의 문서를 확인하세요.

17-2-1 percent_change() 함수 만들기

함수를 만드는 문법을 배우기 위해 데이터 분석에서 중요하게 쓰이는 공식인 두 값의 변화율을 계산하는 함수를 작성해 보겠습니다. 6장에서는 변화율 계산 공식은 이런 식으로 작성한다고 배웠습니다.

```
변화율 = (새 값 - 이전 값) / 이전 값
```

필요할 때마다 공식을 새로 작성하는 것보다 이전 값과 새 값을 입력받아 사용자가 원하는 단위로 반올림해 반환하는 percent_change() 함수를 만드는 것이 더 낫습니다. 코드 17-11을 하나하나 살펴보며 간단한 SQL 함수를 선언하는 법을 살펴보겠습니다.

```
❶ CREATE OR REPLACE FUNCTION
❷ percent_change(new_value numeric,
                old_value numeric,
                decimal_places integer ❸DEFAULT 1)
❹ RETURNS numeric AS
❺ 'SELECT round(
        ((new_value - old_value) / old_value) * 100, decimal_places
```

```
  );'
❻ LANGUAGE SQL
❼ IMMUTABLE
❽ RETURNS NULL ON NULL INPUT;
```

코드 17-11 percent_change() 함수 만들기

이 코드에서는 많은 일이 벌어지고 있지만 보이는 것만큼 복잡하지는 않습니다. 우선 CREATE OR REPLACE FUNCTION❶으로 시작한 뒤 함수❷의 이름을 작성하고 함수의 입력 값인 인수들을 괄호 안에 적습니다. 각 인수에는 이름과 데이터 타입이 존재합니다. new_value와 old_value는 numeric 타입으로, 소수점 자릿수를 지정할 decimal_places는 integer 타입으로 선언합니다. decimal_places는 DEFAULT❸를 이용해 기본값을 1로 설정하여 입력이 없으면 기본적으로 결과를 소수점 아래 한 자리만 보겠다고 표기합니다. 이렇게 기본값을 설정했기 때문에 나중에 함수를 호출할 때 세 번째 인수 입력 여부는 선택 사항이 됩니다.

그리고 RETURNS numeric AS❹를 이용해 함수가 계산 결과를 numeric 타입으로 반환할 것이라 알립니다. 만약 문자열을 연결하는 함수였다면 text 타입을 반환하게 했을 것입니다.

다음으로 함수에서 가장 중요한 계산 부분을 작성해 보겠습니다. 작은따옴표 안에 변화율을 계산해 round() 함수의 인수로 넘겨주는 SELECT 쿼리❺를 작성합니다. 공식에는 숫자 대신 앞에서 작성한 인수의 이름을 적습니다.

그리고 함수의 특성과 동작을 표기해 줄 키워드를 여러 개 작성합니다. LANGUAGE❻ 키워드는 이 함수를 일반 SQL 구문으로 작성했음을 알려 줍니다. PostgreSQL이 지원하는 여러 가지 언어 중에 하나죠. 다음으로 IMMUTABLE❼은 함수가 데이터베이스에 아무런 변화를 일으키지 않을 것이라 알려 주어 성능을 향상시킬 수 있습니다. RETURNS NULL ON NULL INPUT❽은 함수가 NULL을 반환할 수 있으며 기본값이 지원되지 않는 입력값은 NULL로 설정힘을 알려 줍니다.

pgAdmin에서 코드를 실행해 percent_change() 함수를 만들어 보세요. 서버는 CREATE FUNCTION이라는 메시지로 응답할 것입니다.

17-2-2 percent_change() 함수 사용하기

코드 17-12처럼 percent_change() 함수를 테스트하기 위해서 SELECT로 직접 호출할 수 있습니다.

```
SELECT percent_change(110, 108, 2);
```

코드 17-12 percent_change() 함수 테스트

이 코드는 110을 새 값으로, 108을 이전 값으로, 2를 반올림할 소수점 자릿수로 설정합니다. 코드를 실행하면 결과는 다음과 같습니다.

```
percent_change
--------------
          1.85
```

결과는 108과 110 사이에 1.85%가 변화했다고 알려 줍니다. 다른 숫자를 넣어 확인해 볼 수도 있습니다. 또 decimal_places의 값을 0으로 바꿔 보거나 비워 보면 출력에 어떤 영향을 미치는지도 목격할 수 있습니다. 결과는 여러분이 넣은 값에 따라 소수점 아래로 더 많은 숫자를 보여줄 수도 더 적은 숫자를 보여줄 수도 있습니다.

물론 이 함수를 만듦으로써 쿼리에 전체 변화율 계산 공식을 적을 필요가 없어졌습니다. 이제 7장에서 만들었던 10년 사이 인구 변화율을 구하는 계산식 자리에 코드 17-13처럼 함수를 활용할 수 있습니다.

```
SELECT c2019.county_name,
       c2019.state_name,
       c2019.pop_est_2019 AS pop_2019,
   ❶ percent_change(c2019.pop_est_2019,
                     c2010.estimates_base_2010) AS pct_chg_func,
   ❷ round( (c2019.pop_est_2019::numeric - c2010.estimates_base_2010)
          / c2010.estimates_base_2010 * 100, 1 ) AS pct_chg_formula
FROM us_counties_pop_est_2019 AS c2019
    JOIN us_counties_pop_est_2010 AS c2010
ON c2019.state_fips = c2010.state_fips
    AND c2019.county_fips = c2010.county_fips
ORDER BY pct_chg_func DESC
LIMIT 5;
```

코드 17-13 인구조사 데이터에서 percent_change() 사용하기

코드 17-13은 7장의 쿼리를 수정하여 SELECT의 열에 percent_change() 함수❶를 추가합니다. 결과를 비교하기 위해 변화율 계산식❷도 함께 넣겠습니다. 입력으로 2019년도 인구 추정치 열(c2019.pop_est_2019)을 새 값으로 사용하고 2010년도 추정치(c2010.estimates_base_2010)를 이전 값으로 사용합니다.

쿼리 결과는 인구 변화율이 가장 큰 5개 카운티를 표시하며 함수의 결과는 쿼리에 직접 입력한 수식의 결과와 일치합니다. pct_chg_func 열의 각 값에는 선택 사항인 세 번째 인수를 제공하지 않았기 때문에 함수의 기본값인 소수점 한 자리가 적용됩니다.

```
county_name      state_name    pop_2019 pct_chg_func pct_chg_formula
---------------- ------------- --------- ------------ ---------------
McKenzie County  North Dakota     15024        136.3           136.3
Loving County    Texas              169        106.1           106.1
Williams County  North Dakota     37589         67.8            67.8
Hays County      Texas           230191         46.5            46.5
Wasatch County   Utah             34091         44.9            44.9
```

이제 함수가 의도한 대로 작동한다는 것을 알았으므로 해당 계산을 해결해야 할 때마다 percent_change()를 사용할 수 있습니다. 이는 계산식을 직접 작성하는 것보다 훨씬 빠릅니다!

17-2-3 프로시저로 데이터 업데이트하기

PostgreSQL에서 구현된 프로시저는 함수의 가까운 친척이지만 몇 가지 중요한 차이점이 있습니다. 프로시저와 함수 모두 업데이트처럼 값을 반환하지 않는 데이터 작업을 수행할 수 있습니다. 이때, 함수는 무조건 값을 반환해야 하지만 프로시저는 값을 반환하지 않아도 됩니다. 또한 프로시저는 COMMIT과 ROLLBACK 같이 10장에서 다룬 트랜잭션 명령도 사용할 수 있지만 함수는 사용하지 못 합니다. 많은 데이터베이스 관리자는 저장 프로시저stored procedures라고 부르는 프로시저를 구현합니다. PostgreSQL은 버전 11부터 프로시저를 추가했으며 PostgreSQL의 문법이 완전히 호환되지는 않지만 프로시저는 SQL 표준입니다.

프로시저를 사용하면 데이터에 대한 일상적인 업데이트를 단순화할 수 있습니다. 이번 절에서는 고용 날짜 이후 경과된 시간을 기준으로 교사의 정확한 연차 개수(기본 휴가 포함)를 업데이트하는 프로시저를 작성합니다.

이번 실습에서는 2장에서 처음 만든 teachers 테이블로 돌아갑니다. 2장에서 '테이블 만들기'를 진행하지 않았다면 teachers 테이블을 만들고 코드 2-2와 2-3을 사용해 값을 넣으세요.

코드 17-14를 사용하여 교사의 연차를 기록하는 열을 teachers 테이블에 추가해 보겠습니다. 새 열은 나중에 프로시저를 사용하여 채울 때까지 비워 두겠습니다.

```
ALTER TABLE teachers ADD COLUMN personal_days integer;

SELECT first_name,
       last_name,
       hire_date,
       personal_days
FROM teachers;
```

코드 17-14 teachers 테이블에 열 추가하기

코드 17-14는 ALTER를 사용하여 교사 테이블을 업데이트하고 키워드 ADD COLUMN을 사용하여 personal_days 열을 추가합니다. 그런 다음 SELECT 문을 실행하여 각 교사의 이름과 고용 날짜가 포함된 데이터를 봅니다. 두 쿼리가 모두 완료되면 다음 6개 행이 표시됩니다.

```
first_name last_name hire_date  personal_days
---------- --------- ---------- -------------
Janet      Smith     2011-10-30
Lee        Reynolds  1993-05-22
Samuel     Cole      2005-08-01
Samantha   Bush      2011-10-30
```

```
          Betty     Diaz      2005-08-30
          Kathleen  Roush     2010-10-22
```

personal_days 열에는 아무 값도 넣지 않았으므로 NULL만 존재합니다.

이제 personal_days 열에 기본 휴가 외에 얻은 연차 개수를 채우는 update_personal_days()라는 프로시저를 만들겠습니다. 연차 생성 기준은 다음과 같습니다.

- 입사 후 10년 미만: 개인 연차 3일

- 고용 후 10년 이상 15년 미만: 개인 연차 4일

- 고용 후 15년 이상 20년 미만: 개인 연차 5일

- 고용 후 20년 이상 25년 미만: 개인 연차 6일

- 고용 후 25년 이상: 개인 연차 7일

코드 17-15는 프로시저를 생성합니다. 이번에는 SQL 표준을 사용하는 대신 PostgreSQL에서 함수 작성을 지원하는 추가 언어인 PL/pgSQL 언어의 요소를 사용합니다. 몇 가지 차이점을 살펴보겠습니다.

```
  CREATE OR REPLACE PROCEDURE update_personal_days()
  AS ❶$$
❷ BEGIN
      UPDATE teachers
      SET personal_days =
      ❸ CASE WHEN (now() - hire_date) >= '10 years'::interval
                  AND (now() - hire_date) < '15 years'::interval THEN 4
             WHEN (now() - hire_date) >= '15 years'::interval
                  AND (now() - hire_date) < '20 years'::interval THEN 5
             WHEN (now() - hire_date) >= '20 years'::interval
                  AND (now() - hire_date) < '25 years'::interval THEN 6
             WHEN (now() - hire_date) >= '25 years'::interval THEN 7
             ELSE 3
         END;
    ❹ RAISE NOTICE 'personal_days updated!';
  END;
❺ $$
❻ LANGUAGE plpgsql;
```

코드 17-15 update_personal_days() 함수 만들기

CREATE OR REPLACE PROCEDURE로 프로시저에 이름을 지정합니다. 이번에는 사용자 입력이 필요하지 않기 때문에 인수를 제공하지 않습니다. 프로시저는 경과 일수를 계산하므로 미리 지정한 열에서 작동합니다.

PL/pgSQL 기반 함수를 작성할 때 PostgreSQL은 ANSI SQL 표준이 아닌 달러 인용 부호($$)를 사용하여 함수의 모든 명령을 포함하는 문자열의 시작점❶과 끝점❺을 표시할 수 있습니다.(앞서

SQL 함수 percent_change()와 마찬가지로 작은따옴표를 사용하여 문자열을 묶을 수 있지만 문자열에 포함된 작은따옴표는 두 배로 늘려야 하므로 지저분해 보일 뿐만 아니라 혼란을 야기합니다.) 그래서, $$ 쌍 사이에 작업을 수행할 코드를 작성합니다. $namestring$ 같이 달러 기호 사이에 텍스트를 추가하여 고유한 시작 및 끝 따옴표 쌍을 만들 수도 있습니다. 함수 내에서 쿼리를 인용해야 하는 경우에 유용합니다.

첫 번째 $$ 바로 다음에 BEGIN ... END; 블록❷을 넣습니다. BEGIN ... END;는 함수나 프로시저 내에서 코드의 시작과 끝을 나타내는 PL/pgSQL 문법입니다. 달러 인용 부호와 마찬가지로 BEGIN ... END도 중첩할 수 있습니다. 코드의 논리적 그룹화를 용이하게 하기 위해 다른 BEGIN ... END; 문 내부에 작성이 가능합니다. 해당 블록 안에 CASE 문❸을 사용하여 각 교사가 받는 일수를 결정하는 UPDATE 문을 배치합니다. now() 함수가 서버에서 검색한 현재 날짜에서 hire_date 열의 값을 뺍니다. now() - hire_date의 결과가 속하는 범위에 따라 CASE 문은 해당하는 개인 연차 일수를 반환합니다. 프로시저가 완료되었다고 표시하기 위해 PL/pgSQL 키워드 RAISE NOTICE❹를 사용합니다. 마지막으로 LANGUAGE 키워드❻를 사용하여 데이터베이스가 작성한 코드를 PL/pgSQL 전용 문법을 따라 해석하도록 합니다.

코드 17-15를 실행하여 update_personal_days() 프로시저를 생성하세요. 그 뒤 프로시저를 호출하기 위해 ANSI SQL 표준인 CALL 명령을 사용합니다.

```
CALL update_personal_days();
```

프로시저가 실행되면 서버는 'personal_days updated!'라는 문구로 응답합니다. 이렇게 personal_days가 업데이트되었습니다!

코드 17-14의 SELECT 문을 다시 실행하면 personal_days 열의 각 행이 적절한 값으로 채워집니다. now()를 사용한 계산은 시간이 지남에 따라 변경되므로 이 함수를 실행하는 시기에 따라 결과가 달라집니다.

```
first_name last_name hire_date  personal_days
---------- --------- ---------- -------------
Janet      Smith     2011-10-30             3
Lee        Reynolds  1993-05-22             7
Samuel     Cole      2005-08-01             5
Samantha   Bush      2011-10-30             3
Betty      Diaz      2005-08-30             5
Kathleen   Roush     2010-10-22             4
```

update_personal_days()를 사용하여 특정 작업을 수행한 후 정기적으로 데이터를 수동으로 업데이트하거나 pgAgent(오픈소스 도구)와 같은 작업 스케줄러를 사용하여 자동으로 업데이트할 수 있습니다. 이 책의 부록에서 pgAgent를 비롯한 다양한 도구에 대해 배울 수 있습니다.

17-2-4 함수에서 Python 언어 사용하기

앞에서 PL/pgSQL이 PostgreSQL의 기본 절차 언어라고 언급했습니다. 하지만 데이터베이스는 Perl이나 Python 같은 오픈소스 언어도 지원합니다. 이 지원 사항은 함수 안에서 해당 언어의 기능과 모듈을 사용할 수 있게 해줍니다. 예를 들어 Python은 pandas 라이브러리를 사용할 수 있습니다. PostgreSQL 문서(https://www.postgresql.org/docs/current/server-programming.html)에서는 사용 가능한 언어를 전체적으로 설명해 주지만 이 장에서는 Python을 사용한 매우 간단한 함수만 살펴보겠습니다.

PL/Python을 사용하기 위해서는 코드 17-16을 사용하여 확장 기능을 추가해야 합니다.

```
CREATE EXTENSION plpython3u;
```

코드 17-16 PL/Python 절차 언어 사용하기

'이미지를 찾을 수 없음'이라는 오류가 발생하면 시스템에 PL/Python 확장이 설치되지 않았다는 의미입니다. 운영체제에 따라 PL/Python을 설치하려면 기본 PostgreSQL 설치 외에도 Python 설치 같은 추가 구성이 필요합니다. Python을 설치했는데 오류가 발생한다면 Python의 버전이 최신인지 확인하세요. 이를 위해 1장의 운영체제에 대한 설치 지침을 참조하세요.

확장 프로그램을 활성화한 뒤 함수를 선언해 보겠습니다. 대신 이번에는 함수의 명령은 파이썬으로 구성할 것입니다. 코드 17-17은 문자열 끝에서 County라는 단어를 제거하는 trim_county() 함수를 PL/Python으로 작성하는 방법을 보여 줍니다. 이 함수를 사용해 인구조사 데이터에 있는 각 카운티의 이름을 정리해 보겠습니다.

```
  CREATE OR REPLACE FUNCTION trim_county(input_string text)
❶ RETURNS text AS $$
      import re❷
  ❸ cleaned = re.sub(r' County', '', input_string)
      return cleaned
  $$
❹ LANGUAGE plpython3u;
```

코드 17-17 PL/Python을 사용해 trim_county() 함수 만들기

이 구조는 약간의 차이점만 제외하면 상당히 익숙해 보입니다. 함수와 인수의 이름을 지정한 후 RETURNS 키워드❶를 사용해 함수가 텍스트를 반환하게 합니다. 달러 인용 부호($$)로 시작해 Python 코드를 바로 입력하고 Python의 정규식 모듈인 re❷를 불러옵니다. Python에 대해 자세히 알지 못하더라도 두 줄의 코드❸를 보고 cleaned라는 변수가 sub() 함수의 결과를 저장한다는 것을 짐작할 수 있을 것입니다. 이 함수는 입력받은 input_string에서 County라는 단어를 찾아 이를 두 개의 아포스트로피로 표현된 빈 문자열과 교환합니다. 그런 다음 함수는 변수 cleaned의 내용을 반환합니다. 마지막으로 LANGUAGE plpython3u❹를 사용해 이 함수가 PL/Python으로 작성한 함수임을 밝힙니다.

코드 17-17을 실행해 함수를 만들고 나서 코드 17-18의 SELECT 문을 실행해 결과를 살펴보겠습니다.

```
SELECT county_name,
       trim_county(county_name)
FROM us_counties_pop_est_2019
ORDER BY state_fips, county_fips
LIMIT 5;
```

코드 17-18 trim_county() 함수 테스트

us_counties_pop_est_2019 테이블에 있는 county_name 열을 trim_county()의 입력으로 사용합니다. 결과는 다음과 같습니다.

```
 county_name      trim_county
--------------    -----------
Autauga County    Autauga
Baldwin County    Baldwin
Barbour County    Barbour
Bibb County       Bibb
Blount County     Blount
```

결과에서 볼 수 있듯이 trim_county() 함수는 county_name 열의 각 값을 사용해 공백을 제거하고 County라는 단어를 제거합니다. 이는 간단한 예시로 Python이나 다른 언어를 함수 안에서 얼마나 쉽게 사용할 수 있는지 보여 줍니다.

다음으로 데이터베이스를 자동화하는 트리거에 대해 배워 보겠습니다.

17-3 트리거로 데이터베이스 액션 자동화하기

데이터베이스 트리거trigger는 테이블과 뷰에 INSERT나 UPDATE, DELETE 같은 특정 이벤트가 발생할 때마다 함수를 실행합니다. 트리거는 함수가 이벤트 이전 또는 이후에 실행될지 정할 수 있을 뿐 아니라 이벤트 대신 함수를 실행할 수도 있습니다. 또한 트리거를 설정해 이벤트에 영향을 받는 행에만 함수가 실행되도록 만들 수도 있으며 작업당 한 번만 실행되도록 만들 수도 있습니다. 예를 들어, 테이블에서 행 20개를 삭제한다고 생각해 보세요. 트리거를 설정해 20개 행을 삭제할 때마다 함수가 실행되게 할 수도 있고 딱 한 번만 실행되게 할 수도 있습니다.

그럼 두 가지 실습을 진행해 보겠습니다. 첫 번째 실습으로는 학교의 성적 변화를 기록할 것이며 두 번째 실습으로는 측정한 온도로 날씨를 분류할 것입니다.

17-3-1 테이블에 성적 변화 기록하기

학교의 데이터베이스에서 학생들의 성적이 담긴 grades 테이블의 변화를 자동적으로 추적하고 싶다고 가정하겠습니다. 행이 업데이트될 때마다 기존 성적과 새로운 성적, 그리고 성적의 변화가 일어난 시점을 기록하고자 합니다.(온라인에서 David Lightman and grades를 검색하면 이러한 추적이 가치가 있는 이유를 알 수 있습니다.) 이 작업을 자동적으로 진행되도록 만들기 위해서는 아래 세 가지 항목이 필요합니다.

- **grades_history 테이블**: grades 테이블의 변화를 기록할 테이블
- **grades_update 트리거**: grades 테이블에서 변화가 일어날 때마다 함수를 실행할 트리거
- **record_if_grade_changed() 함수**: 트리거가 실행할 함수

성적 변화를 추적하는 테이블 만들기

필요한 테이블부터 만들어 보겠습니다. 코드 17-19는 grades 테이블을 만들고 데이터를 채워 넣은 뒤 grades_history라는 테이블을 생성합니다.

```
❶ CREATE TABLE grades (
      student_id bigint,
      course_id bigint,
      course text NOT NULL,
      grade text NOT NULL,
  PRIMARY KEY (student_id, course_id)
  );

❷ INSERT INTO grades
  VALUES
      (1, 1, 'Biology 2', 'F'),
      (1, 2, 'English 11B', 'D'),
      (1, 3, 'World History 11B', 'C'),
      (1, 4, 'Trig 2', 'B');

❸ CREATE TABLE grades_history (
      student_id bigint NOT NULL,
      course_id bigint NOT NULL,
      change_time timestamp with time zone NOT NULL,
      course text NOT NULL,
      old_grade text NOT NULL,
      new_grade text NOT NULL,
  PRIMARY KEY (student_id, course_id, change_time)
  );
```

코드 17-19 grades 테이블과 grades_history 테이블 생성

이 명령들은 꽤 직설적입니다. CREATE를 이용해 grades 테이블❶을 생성하고 INSERT❷를 사용해 행 4개를 추가합니다. 각 행은 학생들의 성적을 보여 줍니다. 그리고 CREATE TABLE을 사용해 성적이 바뀔 때마다 변경 사항을 기록하는 grades_history 테이블❸을 생성합니다. grades_history 테이블

은 새 성적과 이전 성적, 성적 변화 시점에 대한 열로 구성됩니다. 코드를 실행해 테이블을 만들고 grades 테이블에 데이터를 채워 넣습니다.

grades_history 테이블에는 이후 트리거로 데이터를 넣으려고 지금은 비워 두었습니다.

함수와 트리거 만들기

다음으로 트리거가 실행할 record_if_grade_changed() 함수를 작성합니다. 트리거에서 호출하기 전에 함수부터 만들어야 합니다. 코드 17-20을 살펴보겠습니다.

```
CREATE OR REPLACE FUNCTION record_if_grade_changed()
❶ RETURNS trigger AS
$$
BEGIN
❷ IF NEW.grade <> OLD.grade THEN
    INSERT INTO grades_history (
        student_id,
        course_id,
        change_time,
        course,
        old_grade,
        new_grade)
    VALUES
        (OLD.student_id,
         OLD.course_id,
         now(),
         OLD.course,
       ❸ OLD.grade,
       ❹ NEW.grade);
    END IF;
  ❺ RETURN NULL;
END;
$$ LANGUAGE plpgsql;
```

코드 17-20 record_if_grade_changed() 함수 생성

record_if_grade_changed() 함수는 앞에서 살펴본 패턴을 그대로 따라가지만 트리거에만 반응한다는 점이 다릅니다. 먼저, 우리는 데이터 타입 대신 RETURNS trigger❶를 작성합니다. record_if_grade_changed()는 PL/pgSQL의 함수이므로 BEGIN ... END 블록 안에 절차를 작성합니다. 그리고 PL/pgSQL에서 제공하는 제어 구조인 IF ... THEN 구문❷을 통해 절차를 시작합니다. 여기에선 업데이트된 새 성적이 이전 성적과 다를 때 INSERT 문이 실행되도록 합니다. 이때 <> 연산자를 활용해 비교합니다.

grades 테이블에서 변화가 감지되면 트리거가 실행됩니다.(이 트리거는 잠시 후에 만들 것입니다.) 각 행이 변화될 때마다 트리거는 record_if_grade_changed()에 두 가지 데이터를 전달합니다. 첫 번째 데이터는 변화 이전에 행에 저장되어 있던 값들이며 앞에 OLD가 붙습니다. 두 번째 데이터는 변화 후의 행 값이며 앞에 NEW가 붙습니다. 함수는 기존 행의 값과 업데이트된 행의 값에 접근해 비교할 수 있습니다. 만약 IF ... THEN 문의 평가 결과가 true로 판명될 경우 이는 이전 성적과 새

성적이 다르다는 의미이므로 INSERT를 사용해 grades_history 테이블에 OLD.grade❸와 NEW.grade❹ 를 추가합니다. 마지막으로, NULL 값을 가진 RETURN 문❺을 작성합니다. 트리거 프로시저는 데이터 베이스에 INSERT를 수행하므로 반환 값이 필요 없습니다.

> **📝 NOTE**
>
> 때에 따라 반환 값을 작성하지 않아도 됩니다. PostgreSQL 문서(https://www.postgresql.org/docs/cur-rent/plpgsql-trigger.html)에서 이와 관련한 시나리오를 자세히 설명합니다.

코드 17-20을 실행해 함수를 만들어 보세요. 그런 다음 코드 17-21을 사용해 grades 테이블에 grades_update 트리거를 추가하세요.

```
❶ CREATE TRIGGER grades_update
  ❷ AFTER UPDATE
    ON grades
  ❸ FOR EACH ROW
  ❹ EXECUTE PROCEDURE record_if_grade_changed();
```

코드 17-21 grades_update 트리거 생성

PostgreSQL에서는 표준 ANSI SQL을 따르는 트리거를 만드는 문법이 존재합니다. 참고로 트리거가 호출하는 함수는 표준을 따르지 않아도 괜찮습니다.

코드는 CREATE TRIGGER 문❶으로 시작합니다. 트리거의 이름을 지정한 뒤에는 트리거가 언제 어떻게 작동할지 작성합니다. AFTER UPDATE❷를 통해 grades 행에 업데이트가 발생하고 나서 트리거가 작동되어야 한다고 명시합니다. 상황에 따라 AFTER 대신 BEFORE나 INSTEAD OF를 사용할 수도 있습니다.

FOR EACH ROW❸를 사용해 테이블의 행이 한 번 업데이트될 때마다 작업을 실행하도록 트리거를 설정합니다. 예를 들어 누군가가 3개의 행에 영향을 미치는 업데이트를 진행하면 작업은 세 번 진행됩니다. 이것의 대안은 기본값이기도 한 FOR EACH STATEMENT로 작업을 한 번만 실행하는 것입니다. 만일 행이 업데이트되는 모든 순간을 감지하려는 것이 아니라 그저 성적에 변화가 있다는 것 정도만 감지하도록 만들고 싶다면 이 구문을 사용하면 됩니다. 마지막으로 EXECUTE PROCEDURE❹를 사용해 record_if_grade_changed() 함수를 실행하도록 지정합니다.

pgAdmin에서 코드 17-21을 실행해 트리거를 생성해 보세요. 데이터베이스는 CREATE TRIGGER라는 메시지로 응답할 것입니다.

트리거 확인하기

이제 트리거와 함수를 만들었으니 grades 테이블의 데이터가 변경될 때마다 함수가 실행되어야 합니다. 과정을 들여다보겠습니다. 먼저 데이터의 현재 상태를 확인합니다. SELECT * FROM grades_history;를 실행하면 아직 grades 테이블을 변경하지 않았고 추적할 것이 없어 테이블이 비어 있습니다. 다음으로 SELECT * FROM grades ORDER BY student_id, course_id;를 실행하면 다음과 같이 코드 17-19에서 삽입한 성적 데이터가 표시됩니다.

```
student_id  course_id  course              grade
----------  ---------  ------------------  -----
         1          1  Biology 2           F
         1          2  English 11B         D
         1          3  World History 11B   C
         1          4  Trig 2              B
```

Biology 2 성적이 그리 좋아 보이지 않는군요. 코드 17-22를 사용해 성적을 높여 보겠습니다.

```
UPDATE grades
SET grade = 'C'
WHERE student_id = 1 AND course_id = 1;
```

코드 17-22 grades_update 트리거 테스트

UPDATE를 실행하면 pgAdmin은 백그라운드에서 트리거가 실행되었다는 어떤 기미도 보여 주지 않습니다. 그저 F였던 성적이 올라갔다는 의미로 UPDATE 1이란 결과만을 보여 줍니다. 하지만 트리거는 작동했습니다. SELECT 쿼리를 사용해 grades_history를 살펴보면 결과를 확인할 수 있습니다.

```
SELECT student_id,
       change_time,
       course,
       old_grade,
       new_grade
FROM grades_history;
```

이 쿼리를 실행하면 모든 성적 변화를 저장하는 grades_history 테이블에 행이 하나 추가된 사실을 확인할 수 있습니다.

```
student_id       change_time                course             old_grade new_grade
----------  -----------------------------  ---------          --------- ---------
         1  2023-09-01 15:50:43.291164-04  Biology 2          F         C
```

이 행은 Biology 2 성적이 F에서 C로 바뀌었음을 보여 주며 change_time에는 성적이 바뀐 날짜와 시간을 저장합니다. grades_history 테이블에 이 행이 추가되는 과정은 업데이트를 진행한 사람도 모르게 백그라운드에서 진행됩니다. 하지만 UPDATE 이벤트는 트리거가 작동되도록 해 record_if_grade_changed() 함수를 실행했습니다.

만약 워드프레스나 드루팔 같은 콘텐츠 관리 시스템을 사용한다면 이런 변경 사항 추적이 꽤 익숙할 것입니다. 이렇게 변경 사항을 추적할 수 있는 경우, 콘텐츠를 레퍼런스로 사용하거나 분석 내용을 저장하는 데 도움이 됩니다. 그리고 안타깝게도 이 때문에 여러분은 지탄의 대상이 되기도 하

죠. 그럼에도 불구하고 데이터베이스에 대한 작업을 자동으로 트리거할 수 있는 기능을 통해 데이터를 더욱더 효과적으로 제어할 수 있습니다.

17-3-2 온도로 날씨 분류하기

13장에서는 SQL CASE 문을 사용해서 측정한 온도를 분류한 카테고리의 이름을 저장했습니다. CASE 문은 살짝 다른 문법을 가졌지만 마찬가지로 PL/pgSQL 절차 언어의 구문으로 변수에 값을 할당하는 기능을 사용하여 테이블에 온도를 추가할 때마다 해당하는 카테고리의 이름을 함께 저장할 수 있습니다.

만약 주기적으로 온도를 측정한다면 이 기술을 통해 분류 역시 자동화해 작업을 직접 하는 수고를 덜 수 있습니다.

성적 변화를 기록했던 것과 마찬가지로 같은 단계를 따라가겠습니다. 온도를 분류하는 함수를 만들고 나서 테이블이 업데이트될 때마다 함수를 실행하는 트리거를 만들 것인데, 그 전에 먼저 코드 17-23을 사용하여 실습을 위한 temperature_test 테이블을 만듭니다.

```
CREATE TABLE temperature_test (
    station_name text,
    observation_date date,
    max_temp integer,
    min_temp integer,
    max_temp_group text,
PRIMARY KEY (station_name, observation_date)
);
```

코드 17-23 temperature_test 테이블 생성

코드 17-23에서 temperature_test 테이블은 관측소의 이름과 측정한 날짜를 저장할 열을 가지고 있습니다. 매일 특정 지역의 최고 기온과 최저 기온을 행에 추가하는 작업이 있다고 가정하겠습니다. max_temp_group 열은 최고 기온을 기준으로 날씨를 설명할 수 있는 단어를 저장해야 합니다.

이를 위해 classify_max_temp() 함수를 만듭니다. 코드 17-24를 따라 만들어 보세요.

```
CREATE OR REPLACE FUNCTION classify_max_temp()
    RETURNS trigger AS
$$
BEGIN
  ❶ CASE
        WHEN NEW.max_temp >= 90 THEN
            NEW.max_temp_group := 'Hot';
        WHEN NEW.max_temp >= 70 AND NEW.max_temp < 90 THEN
            NEW.max_temp_group := 'Warm';
        WHEN NEW.max_temp >= 50 AND NEW.max_temp < 70 THEN
            NEW.max_temp_group := 'Pleasant';
        WHEN NEW.max_temp >= 33 AND NEW.max_temp < 50 THEN
            NEW.max_temp_group := 'Cold';
```

```
        WHEN NEW.max_temp >= 20 AND NEW.max_temp < 33 THEN
            NEW.max_temp_group := 'Frigid';
        WHEN NEW.max_temp < 20 THEN
            NEW.max_temp_group := 'Inhumane';
        ELSE NEW.max_temp_group := 'No reading';
    END CASE;
    RETURN NEW;
  END;
  $$ LANGUAGE plpgsql;
```

코드 17-24 classify_max_temp() 함수 만들기

이제 이 함수들은 눈에 익었을 것입니다. PL/pgSQL에서 사용하는 CASE 구문❶이 SQL에서 사용하는 CASE와 다른 점은 모든 WHEN ... THEN 절의 끝마다 세미콜론이 있다는 것입니다. 또 처음 보는 대입 연산자(:=)가 있습니다. 이 연산자를 사용하여 CASE의 결과에 따른 날씨 설명 단어를 NEW.max_temp_group 열에 할당합니다. 예를 들어, NEW.max_temp_group := 'Cold'라는 구문은 새로 추가되는 기온의 값이 화씨 33~49도일 때 문자열 'Cold'를 NEW.max_temp_group 열에 할당합니다. 함수가 테이블에 삽입할 NEW 행을 반환하면 Cold라는 문자열 값이 포함됩니다. 코드를 실행해 함수를 만들어 보세요.

다음으로 코드 17-25로 temperature_test 테이블에 행이 추가될 때마다 실행되는 트리거를 만듭니다.

```
CREATE TRIGGER temperature_insert
  ❶ BEFORE INSERT
    ON temperature_test
  ❷ FOR EACH ROW
  ❸ EXECUTE PROCEDURE classify_max_temp();
```

코드 17-25 temperature_insert 트리거 생성

이 예제에서는 테이블에 행을 삽입하기 전에 max_temp를 분류하고 max_temp_group에 대한 값을 생성합니다. 이렇게 하면 행이 삽입된 후 별도의 업데이트를 수행하는 것보다 더 효율적입니다. 이 동작을 수행하기 위해 temperature_insert 트리거가 BEFORE INSERT❶를 실행하도록 합니다.

또한 테이블에 기록된 각 max_temp를 이용해 날씨 분류를 얻을 수 있도록 FOR EACH ROW❷를 사용합니다. 마지막에 있는 EXECUTE PROCEDURE 문은 방금 만든 classify_max_temp() 함수❸를 호출합니다. pgAdmin에서 CREATE TRIGGER 문을 실행한 다음 코드 17-26으로 결과를 확인해 보세요.

```
INSERT INTO temperature_test
VALUES
    ('North Station', '1/19/2023', 10, -3),
    ('North Station', '3/20/2023', 28, 19),
    ('North Station', '5/2/2023', 65, 42),
    ('North Station', '8/9/2023', 93, 74),
```

```
        ('North Station', '12/14/2023', NULL, NULL);

    SELECT * FROM temperature_test ORDER BY observation_date;
```

코드 17-26 temperature_insert 트리거 테스트를 위한 행 삽입

이번에는 temperature_test에 행 다섯 개를 추가합니다. 그러면 temperature_insert 트리거가 각 행에 적용될 것입니다! 코드에 있는 SELECT 문은 다음과 같은 결과를 보여야 합니다.

```
station_name   observation_date max_temp min_temp max_temp_group
-------------  ---------------- -------- -------- --------------
North Station  2023-01-19             10       -3 Inhumane
North Station  2023-03-20             28       19 Frigid
North Station  2023-05-02             65       42 Pleasant
North Station  2023-08-09             93       74 Hot
North Station  2023-12-14               No reading
```

트리거와 함수 덕분에 각 max_temp가 자동으로 삽입되며 또 그 값에 따라 max_temp_group 열에 적절한 분류가 입력됩니다. 이때 max_temp 값이 없는 인스턴스도 있습니다. 트리거가 열을 업데이트하면 사용자가 제공한 모든 값을 덮어쓴다는 점을 유의하세요.

이번 장에서 설명한 성적 변화 분석 예제와 온도 분류 예제는 기초적이지만 트리거와 함수가 데이터 관리에 얼마나 유용한지 보여 줍니다.

17-4 마무리

이 장에서 배운 기술이 데이터베이스 관리자의 기술과 겹치기 시작하는 것 같지만 개념을 적용하여 특정 작업을 반복하는 데 소요되는 시간을 줄일 수 있습니다. 이러한 접근 방식이 데이터에서 흥미로운 이야기를 찾을 수 있는 시간을 더 확보하는 데 도움이 되기를 바랍니다.

이 장으로 분석 기법과 SQL 언어에 대한 논의를 마무리 짓겠습니다. 다음 두 장에서는 PostgreSQL의 기능을 향상시키는 데 도움을 주는 작업 팁을 소개하겠습니다. 여기에는 데이터베이스에 연결하는 법이나 명령줄에서 쿼리를 실행하는 방법, 데이터베이스를 유지 관리하는 방법이 포함됩니다.

연습문제

연습문제를 통해 이번 장에서 배운 개념을 복습해 보세요.

1. 뉴욕시의 시간당 운행 택시 수를 표시하는 뷰를 만들어 보세요. 12장에서 소개한 택시 데이터와 코드 12-8의 쿼리를 이용하면 됩니다. 뷰를 새로고침하려면 어떻게 해야 할까요?

2. 11장에서는 천분율을 계산하는 방법을 배웠습니다. 그 식을 이용해 계산에 3개의 인수를 필요로 하는 rates_per_thousand()라는 함수를 만들어 보세요. 인수는 observed_number, base_number, 그리고 decimal_places입니다.

3. 10장에서는 식품 가공 시설을 나열하는 meat_poultry_egg_establishments 테이블을 사용했습니다. 테이블에 새 시설 정보를 넣을 때마다 검사 일자를 자동적으로 추가해 주는 트리거를 작성하세요. 코드 10-19에 있는 inspection_deadline 열을 사용해 현재 날짜로부터 6개월 후의 날짜가 추가되면 됩니다. 트리거를 구현하기 위한 단계와 각 단계의 상관관계를 설명할 수 있어야 합니다.

18

명령줄에서 PostgreSQL 사용

이 장에서는 명령줄에서 PostgreSQL을 사용하는 방법을 배웁니다. 명령줄은 텍스트 기반 인터페이스로 프로그램 이름이나 기타 명령을 입력해 파일 편집이나 파일 디렉터리 내용 나열과 같은 작업을 수행할 수 있습니다.

명령줄 인터페이스나 콘솔, 셸, 터미널이라고도 불리는 명령줄은 메뉴나 아이콘, 버튼을 클릭해 파일을 탐색하는 그래픽 사용자 인터페이스GUI, Graphic User Interface가 탄생하기 오래 전부터 존재했습니다. 파일을 편집하려면 IBM 메인프레임 컴퓨터에 연결된 터미널에 명령을 입력해야 했던 제 대학 시절에는 GUI가 마치 새로운 힘을 얻은 것처럼 신비롭게 느껴졌습니다. 오늘날에는 GUI가 보편화되었지만 전문가 수준의 프로그래머는 명령줄에 익숙해야 합니다. 그런 인식 때문인지 영화에서 컴퓨터 실력이 뛰어난 캐릭터는 텍스트만 떠있는 화면에 비밀스러운 명령을 입력하곤 합니다.

이 텍스트만이 존재하는 세계에 대해 배울 때 pgAdmin 같은 GUI 대신 명령줄에서 작업할 때의 이점을 계속 생각해 보세요.

- 메뉴 항목의 레이어를 클릭하는 대신 짧은 명령을 입력하여 더 빠르게 작업할 수 있습니다.
- 명령줄에서만 제공하는 일부 기능에 액세스할 수 있습니다.
- 명령줄로만 작업해야 하는 경우에 유용합니다. 예를 들어, 원격으로 컴퓨터에 연결해 작업을 완료할 수 있습니다.

PostgreSQL의 명령줄 도구인 psql을 사용하여 쿼리를 실행하고, 데이터베이스 개체를 관리하고, 텍스트 명령을 통해 컴퓨터의 운영체제와 상호 작용할 수 있습니다. 먼저 컴퓨터의 명령줄을 설정하고 액세스하는 방법을 배운 다음 psql을 시작합니다. 그 과정에서 일반적인 명령줄 문법과 데이터베이스 작업에 필요한 추가 명령을 소개하겠습니다. 인내심이 중요합니다. 숙련된 전문가라도 사용 가능한 명령줄 명령어를 기억하기 위해 문서를 뒤지는 경우가 많습니다.

18-1 psql을 위한 명령줄 설정하기

시작하려면 운영체제의 명령줄에 액세스하고, 시스템에 psql을 찾을 위치를 알려 주는 PATH라는 환경 변수environment variable를 설정합니다. 환경 변수에는 임시 파일을 저장할 위치와 같은 시스템 또는 응용 프로그램 구성을 지정하거나 옵션을 활성화 또는 비활성화할 수 있는 매개 변수가 있습니다. 실행 가능한 프로그램이 포함된 하나 이상의 디렉터리 이름을 저장하는 PATH 설정은 명령줄 인터페이스에 psql의 위치를 알려 주므로 실행할 때마다 전체 디렉터리 경로를 입력해야 하는 번거로움을 덜어 줍니다.

18-1-1 Windows psql 설정하기

Windows에서는 해당 시스템의 명령줄 인터페이스를 제공하는 응용 프로그램인 명령 프롬프트 내에서 psql을 실행합니다. PATH를 사용해 psql 응용 프로그램의 전체 이름인 psql.exe와 다른 PostgreSQL 명령줄 유틸리티를 찾을 위치를 명령 프롬프트에 알려 주는 것으로 시작하겠습니다.

Windows PATH에 psql 및 유틸리티 추가

다음 단계에서는 1장에서 설명한 'Windows용 설치법'을 따라 PostgreSQL을 설치했다고 가정하고 설명하겠습니다. 다른 방법으로 PostgreSQL을 설치한 경우에는 Windows 파일 탐색기로 C: 드라이브를 검색하여 psql.exe가 있는 디렉터리를 찾아 뒤따르는 설명에서 C:\Program Files\PostgreSQI\x.y\bin을 자신의 컴퓨터에 설치된 경로로 교체합니다.

1. Windows 작업 표시줄에서 검색 아이콘을 클릭하고 제어판을 입력한 다음 **제어판** 아이콘을 클릭합니다.
2. 제어판에서 검색 상자에 환경을 입력합니다. 표시된 검색 결과 목록에서 **시스템 환경 변수 편집**을 클릭합니다. 시스템 속성 대화 상자가 나타납니다.
3. 시스템 속성 대화 상자의 고급 탭에서 **환경 변수**를 클릭합니다. 대화 상자에는 사용자 변수와 시스템 변수 부분이 있어야 합니다. 사용자 변수 부분에 PATH 변수가 표시되지 않으면 Ⓐ단계를 진행하여 새 변수를 만듭니다. 기존 PATH 변수가 표시되면 Ⓑ단계를 계속하여 수정합니다.
   Ⓐ 사용자 변수 섹션에 PATH가 표시되지 않으면 **새로 만들기**를 클릭하여 그림 18-1과 같이 새 사용자 변수 대화 상자를 엽니다.

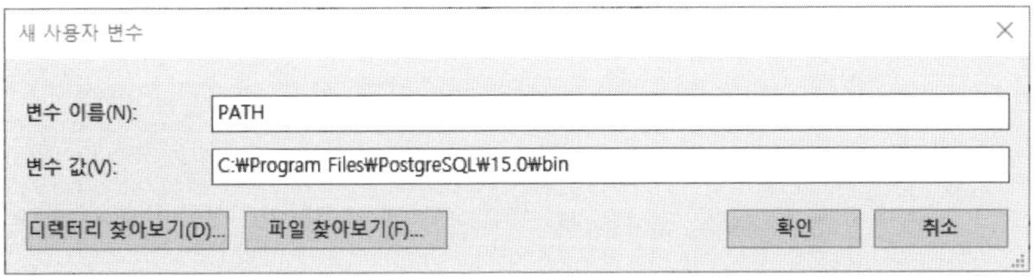

그림 18-1 Windows 10에서 새 PATH 환경 변수 만들기

변수 이름에 PATH를 입력하고, 변수 값에 C:\Program Files\PostgreSQL\x.y\bin을 입력합니다. 여기서 x.y는 사용 중인 PostgreSQL의 버전입니다.(직접 입력하는 대신 **찾아보기**를 클릭하고 대화 상자에서 원하는 폴더를 선택할 수 있습니다.) 경로를 수동으로 입력하거나 선택했다면 **확인**을 클릭하여 모든 대화 상자를 닫습니다.

Ⓑ 사용자 변수 섹션에 기존 PATH 변수가 표시되면 그것을 누르고 **편집**을 클릭합니다. 표시되는 변수 목록에서 **새로 만들기**를 클릭하고 C:\Program Files\PostgreSQL\x.y\bin을 입력합니다. 여기서 x.y는 사용 중인 PostgreSQL의 버전입니다.(직접 입력하는 대신 **찾아보기**를 클릭하고 대화 상자에서 원하는 폴더를 선택할 수 있습니다.) 그림 18-2에서 강조 표시된 줄처럼 보일 것입니다. 완료되면 **확인**을 클릭하여 모든 대화 상자를 닫으세요.

그림 18-2 Windows 10에서 PATH 환경 변수 수정하기

이제 명령 프롬프트를 시작할 때 PATH에 디렉터리가 포함되어야 합니다. PATH를 변경하고 해당 변경 사항을 적용하려면 명령 프롬프트를 닫았다가 다시 열어야 합니다. 다음으로 명령 프롬프트를 설정하겠습니다.

Windows 명령 프롬프트 시작 및 구성하기

명령 프롬프트는 cmd.exe라는 실행 파일입니다. 시작하려면 **시작 ▶ Windows 시스템 ▶ 명령 프롬프트**를 선택하거나 작업 표시줄의 검색 창에 **cmd**를 입력합니다. 응용 프로그램이 열리면 현재 경로를 보여 주는 프롬프트와 함께 버전 및 저작권 정보를 표시하는 검정색 배경의 창이 표시되어야 합니다. Windows 10 시스템에서 명령 프롬프트는 기본 사용자 경로를 열고 그림 18-3과 같이 C:\Users\Anthony>를 표시합니다.

C:\Users\Anthony> 행은 명령 프롬프트의 현재 작업 디렉터리가 Windows 시스템의 기본 하드 드라이브인 C: 드라이브 안에 있는 \Users\Anthony 디렉터리임을 나타냅니다. 오른쪽 화살표(>)는 명령을 입력하는 영역을 나타냅니다.

> **📝 NOTE**
>
> 명령 프롬프트에 빠르게 액세스하려면 Windows 작업 표시줄에 추가할 수 있습니다. 명령 프롬프트가 실행 중일 때 작업 표시줄에서 해당 아이콘을 마우스로 우클릭한 다음 **작업 표시줄에 고정**을 선택합니다.

그림 18-3 Windows 10 명령 프롬프트

명령 프롬프트 창 표시줄 왼쪽에 있는 명령 프롬프트 아이콘을 클릭하고 메뉴에서 **속성**을 선택하여 글꼴과 색상을 사용자 정의하고 다른 설정에 액세스할 수 있습니다. 명령 프롬프트를 쿼리 출력에 더 적합하게 만들려면 레이아웃 탭에서 창 크기를 너비 80과 높이 25로 설정하는 것이 좋습니다. 제가 선호하는 글꼴은 Lucida Console이지만 여러분이 원하는 글꼴을 선택해도 괜찮습니다.

Windows 명령 프롬프트에 인스트럭션 입력하기

이제 명령 프롬프트에 인스트럭션을 입력할 준비가 완료되었습니다. 프롬프트에서 help를 입력하고 키보드에서 Enter 키를 누르면 사용 가능한 명령 목록이 표시됩니다. help 뒤에 이름을 입력하여 특정 명령에 대한 정보를 볼 수 있습니다. 예를 들어, 시스템 시간을 설정하거나 보기 위해 time 명령을 사용하는 방법에 대한 정보를 표시하려면 help time을 입력하면 됩니다.

명령 프롬프트의 전체 작업을 탐색하는 것은 이 책의 범위를 벗어나지만 자주 사용되는 명령을 표 18-1에 정리해 두었습니다. 이 장의 실습에 필요하지 않지만 유용한 명령이니 꼭 참고하세요. 또한 자세한 내용은 온라인 명령 프롬프트 치트 시트를 확인하길 권장합니다.

명령어	기능	예시	설명
cd	디렉터리 이동	cd C:\my-stuff	C 드라이브에 있는 my-stuff 디렉터리로 이동
copy	파일 복사	copy C:\my-stuff\song.mp3 C:\Music\song_favorite.mp3	my-stuff에 있는 song.mp3 파일을 Music 디렉터리에 있는 song_favorite.mp3로 복사
del	파일 삭제	del *.jpg	현재 디렉터리의 모든 .jpg 파일 삭제
dir	디렉터리 내용 나열	dir /p	디렉터리의 파일을 한 페이지씩(/p 옵션) 보여줌
find-str	텍스트 파일에서 정규식에 맞는 문자열 찾기	findstr "peach" *.txt	현재 디렉터리의 모든 .txt 파일에서 peach라는 단어를 검색
mkdir	새 디렉터리 생성	makedir C:\my-stuff\Salad	my-stuff 디렉터리에 Salad 디렉터리 생성
move	파일 이동	move C:\my-stuff\song.mp3 C:\Music\	C:\Music 디렉터리로 song.mp3 파일 이동

표 18-1 유용한 Windows 명령어

명령 프롬프트 설정이 마무리되었다면 모든 준비가 끝난 것입니다. 이제 'psql로 작업하기' 절로 넘어가세요.

18-1-2 macOS psql 설정하기

macOS는 터미널 내에서 psql을 실행할 수 있습니다. 터미널은 bash라는 셸[shell] 프로그램을 통해 해당 시스템에 명령줄에 대한 액세스를 제공하는 응용 프로그램입니다. macOS를 비롯한 Unix 또는 Linux 기반 시스템의 셸 프로그램은 사용자가 인스트럭션을 입력하는 명령 프롬프트뿐만 아니라 작업 자동화를 위한 자체 프로그래밍 언어도 제공합니다. 예를 들어 bash 명령을 사용하여 원격 컴퓨터에 로그인하고 파일을 전송하고 로그아웃하는 프로그램을 작성할 수 있습니다.

1장의 macOS용 Postgres.app 설정을 따랐다면 터미널에서 psql이나 기타 명령어를 사용하기 위해 추가 구성을 할 필요가 없습니다. 대신 터미널을 시작하겠습니다.

macOS 터미널 실행하고 설정하기

응용 프로그램 ▶ 유틸리티 ▶ 터미널로 이동하여 터미널을 시작합니다. 그러면 마지막으로 로그인한 날짜와 시간을 표시하는 창이 나타나고 컴퓨터 이름, 현재 작업 디렉터리, 사용자 이름, 달러 기호($)로 끝나는 프롬프트가 표시됩니다. 제 Mac에서 프롬프트는 그림 18-4와 같이 ad : ~ anthony $를 표시합니다.

그림 18-4 macOS의 터미널 명령줄

물결표(~)는 터미널이 현재 내 홈 디렉터리인 /Users/anthony에서 작업 중임을 나타냅니다. 터미널은 전체 디렉터리 경로를 표시하지 않지만 pwd 명령을 입력하고 Return 키 또는 Enter 키를 누르면 언제든지 해당 정보를 볼 수 있습니다. 참고로 이 pwd 키워드는 현재 작업 디렉터리를 뜻하는 'print working directory'의 약어입니다. 달러 기호 뒤 영역은 명령을 입력하는 곳입니다.

Mac의 터미널이 zsh 같은 다른 셸로 설정되어 있다면 프롬프트가 다르게 보일 수 있습니다. 예를 들어 zsh는 프롬프트가 퍼센트 기호(%)로 끝납니다. 하지만 사용 중인 셸이 다르다고 연습에 차이가 생기지 않습니다.

> **✏ NOTE**
>
> 터미널에 빠르게 접근하기 위해선 macOS Dock에 추가하는 게 좋습니다. 터미널이 실행 중일때 아이콘을 우클릭하고 **옵션 ▶ Dock에 유지**를 선택합니다.

터미널을 사용한 적이 없다면 기본 흑백 색상 구성이 지루해 보일 수 있습니다. **터미널 ▶ 설정**을 선택하여 글꼴, 색상 및 기타 설정을 변경할 수 있습니다. 쿼리 출력 디스플레이에 더 잘 맞도록 터미널을 더 크게 만들려면 창 탭에서 창 크기를 너비 80열과 높이 25행으로 설정하는 것이 좋습니다. 제가 텍스트 탭에서 선호하는 글꼴은 Monaco 14이지만 여러분이 원하는 글꼴을 사용해도 좋습니다.

터미널 및 관련 명령의 전체 작업을 탐색하는 것은 이 책의 범위를 벗어나지만 몇 가지 명령을 시도하는 데 시간이 걸립니다. 표 18-2에는 이 장의 실습에 필요하지 않지만 유용하고 자주 사용되는 명령이 나열되어 있습니다. 명령에 대한 도움말을 보려면 man이라는 키워드 뒤에 명령을 입력하세요. man 키워드는 설명서를 뜻하는 'manual'의 약어입니다. 예를 들어, man ls를 사용하면 ls 명령으로 디렉터리 내용을 나열하는 방법을 확인할 수 있습니다.

명령어	기능	예시	설명
cd	디렉터리 이동	cd /Users/pparker/ my-stuff/	my-stuff 디렉터리로 이동
cp	파일 복사	cp song.mp3 song_backup.mp3	현재 디렉터리에 있는 song.mp3 파일을 song_backup.mp3로 복사
grep	텍스트 파일에서 정규식에 맞는 문자열 찾기	grep 'us_counties _2010' *.sql	모든 .sql에서 us_counties_pop_est_2010 이라는 텍스트를 가진 줄을 찾음
ls	디렉터리 내용 나열	ls -al	디렉터리 안에 있는 파일, 즉 숨겨진 파일까지 포함한 모든 파일을 "long" 포맷으로 보여줌
mkdir	새 디렉터리 생성	mkdir resumes	현재 디렉터리에 resumes란 디렉터리를 생성
mv	파일 이동	mv song.mp3 /Users/pparker/ songs	현재 있는 디렉터리에서 song.mp3 파일을 사용자 디렉터리 내부의 /songs 디렉터리로 이동
rm	파일 삭제	rm *.jpg	현재 디렉터리의 모든 .jpg 파일 삭제

표 18-2 유용한 터미널 명령어

터미널 설정이 마무리되었다면 준비가 끝난 것입니다. 이제 'psql로 작업하기' 절로 넘어가세요.

18-1-3 Linux psql 설정하기

1장의 'Linux용 설치법'에서 다루었듯 PostgreSQL을 설치하는 방법은 여러분의 Linux 배포판에 따라 다릅니다. 그럼에도 불구하고 psql은 표준 PostgreSQL 설치의 일부입니다. 아마 여러분은 배포판의 명령줄 터미널 응용 프로그램을 통해 설치 프로세스의 일부로 이미 psql 명령을 실행했을 것입니다. 그렇지 않은 경우에도 PostgreSQL의 표준 Linux 설치는 자동으로 psql을 PATH에 추가하므로 액세스할 수 있습니다.

터미널을 시작하고 다음 절인 'psql 사용하기'로 넘어갑니다. Ubuntu와 같은 일부 리눅스는 CTRL-ALT-T를 눌러 터미널을 열 수 있습니다. 또한 표 18-2의 터미널 명령어는 Linux에서도 유용하게 사용할 수 있습니다.

18-2 psql로 작업하기

명령줄 인터페이스에 대해 알아보고 psql의 위치를 설정했으니 이제 psql을 시작하고 PostgreSQL의 로컬 설치에 있는 데이터베이스에 연결하겠습니다. 그런 다음 데이터베이스 정보를 검색하기 위한 쿼리 실행 및 특수 명령에 대해 살펴보겠습니다.

18-2-1 psql을 실행해서 데이터베이스 연결하기

어떤 운영체제를 사용하건 관계없이 동일한 방법으로 psql을 시작할 수 있습니다. Windows에서는 명령 프롬프트, macOS와 Linux에서는 터미널이라는 명령줄 인터페이스를 열고 다음과 같은 명령을 입력합니다.

```
psql -d database_name -U user_name
```

응용 프로그램 이름인 psql, -d 인수, 데이터베이스의 이름, -U 인수, 사용자 이름을 입력합니다.

데이터베이스 이름은 이 책에서 대부분의 실습에서 사용한 테이블 이름인 analysis를 사용하겠습니다. 사용자 이름은 설치 시 기본적으로 생성된 postgres를 쓰겠습니다. 예를 들어 analysis 데이터베이스를 연결하기 위해서 다음과 같은 명령을 입력합니다.

```
psql -d analysis -U postgres
```

호스트 이름 뒤에 -h 인수를 지정하면 원격 서버의 데이터베이스에 연결할 수 있습니다. 예를 들어 example.com이라는 서버에 있는 analysis라는 데이터베이스에 연결하려면 다음 명령어를 입력합니다.

```
psql -d analysis -U postgres -h example.com
```

만약 설치 시에 비밀번호를 설정했다면 psql을 실행할 때 비밀번호를 요구할 것입니다. 비밀번호를 입력하고 Enter 키를 누르면 다음과 같은 화면을 볼 수 있습니다.

```
psql (15.1)
Type "help" for help.

analysis=#
```

여기에서 첫 번째 줄에는 psql의 버전 번호와 연결된 서버가 나열됩니다. 버전은 PostgreSQL을 설치한 시기에 따라 다릅니다. 명령을 입력할 프롬프트는 analysis=#이며, 데이터베이스 이름을 나타내고 등호(=)와 해시마크(#)가 뒤따릅니다. 해시마크는 슈퍼유저superuser 권한으로 로그인했음을 나타냅니다. 이 권한을 통해 개체에 액세스하여 개체를 생성하고 계정 및 보안을 설정할 수 있습니다. 슈퍼유저 권한이 없는 사용자로 로그인한 경우 프롬프트의 마지막 문자는 부등호(>)가 됩니다. 참고로 여기에 로그인한 사용자 계정(postgres)은 슈퍼유저입니다.

> **📝 NOTE**
>
> PostgreSQL 설치는 기본 슈퍼유저 계정인 postgres를 생성합니다. macOS에서 postgres.app을 실행했다면 해당 설치에서는 시스템의 사용자 이름으로 비밀번호는 사용하지 않는 추가적인 슈퍼유저 계정을 생성합니다.

마지막으로 Windows 시스템에서 psql을 시작하면 콘솔 코드 페이지가 Windows 코드 페이지와 다르다는 경고 메시지가 표시될 수 있습니다. 이는 명령 프롬프트와 나머지 Windows 시스템 간의 문자 집합이 다른 경우 발생합니다. 이 책의 실습에서는 해당 경고를 무시해도 됩니다. 정 거슬린다면 psql을 시작하기 전에 Windows 명령 프롬프트에 cmd.exe /c chcp 1252 명령을 입력하여 세션별로 제거할 수 있습니다.

도움말 보기, 도움말 종료

psql 프롬프트에서 표 18-3에 자세히 설명된 일련의 메타 명령을 사용하여 psql과 SQL에 대한 도움말을 확인할 수 있습니다. 백슬래시(\)로 시작하는 메타 명령은 도움말 그 이상을 제공합니다. 데이터베이스에 대한 정보를 반환하고, 설정을 조정하거나, 데이터를 처리하는 메타 명령 몇 가지를 소개합니다.

명령어	결과 화면
\?	테이블 리스트를 보여 주는 \dt 등 psql에서 사용 가능한 명령어.
\? options	사용자명을 특정하는 -U 같은 psql 명령어 옵션들.
\? variables	현재 psql의 버전을 보여 주는 VERSION 등의 변수들.
\h	SQL 명령어 목록. 명령어에 대한 자세한 설명을 보고 싶다면 \h INSERT처럼 해당 명령어를 입력할 것.

표18-3 psql의 도움말 명령어

숙련된 사용자라도 종종 명령과 옵션에 대한 복습이 필요하므로 psql 애플리케이션에서 세부 정보를 보면 좋습니다. psql을 종료하려면 메타 명령 \q를 사용합니다.

데이터베이스 연결 변경하기

SQL를 사용하면서 여러 데이터베이스로 작업하는 일은 드물지 않으므로 데이터베이스 간에 전환하는 방법이 필요합니다. \c 메타 명령을 사용하여 psql 프롬프트에서 이 작업을 쉽게 수행할 수 있습니다.

예를 들어, analysis 데이터베이스에 연결되어 있는 동안 psql 프롬프트에서 다음 명령을 입력하여 test라는 데이터베이스를 생성합니다.

```
analysis=# CREATE DATABASE test;
```

그다음 방금 만든 새 데이터베이스 test에 연결하려면 psql 프롬프트에서 \c를 입력하고 데이터베이스 이름을 입력합니다.(PostgreSQL 암호를 입력할 때도 있습니다.)

```
analysis=# \c test
```

그럼 다음과 같은 메시지가 나옵니다.

```
You are now connected to database "test" as user "postgres".
test=#
```

프롬프트는 연결된 데이터베이스를 표시합니다. 예를 들어 macOS에서 생성한 사용자 이름을 사용하여 데이터베이스에 로그인하려면 데이터베이스 이름 뒤에 해당 사용자 이름을 추가합니다. macOS에 입력하는 명령어는 다음과 같습니다.

```
analysis-# \c test anthony
```

그럼 다음과 같은 메시지가 나옵니다.

```
You are now connected to database "test" as user "anthony".
test=#
```

혼란을 줄이기 위해 생성한 test 데이터베이스를 제거할 수 있습니다. 먼저 \c를 사용하여 test에서 연결을 끊고 analysis 데이터베이스로 연결합니다.(데이터베이스에 아무도 연결되어 있지 않은 경우에만 제거할 수 있습니다.) analysis에 연결되면 psql 프롬프트에서 DROP DATABASE test;를 입력합니다.

비밀번호 파일 설정

psql을 시작할 때 암호 프롬프트를 표시하지 않으려면 서버 이름과 사용자 이름, 암호를 포함한 데이터베이스 연결 정보를 저장한 파일을 만듭니다. psql이 시작 시 해당 파일을 읽고 파일에 데이터베이스 연결과 사용자 이름이 일치하는 항목이 포함되어 있으면 암호 프롬프트를 무시합니다.

Windows 10에서 이 파일은 pgpass.conf이며 C:\USERS\YourUsername\AppData\Roaming\postgresql\에 있습니다. 경우에 따라 postgresql 폴더를 생성해야 할 수도 있습니다. macOS와 Linux에서 이 파일의 이름은 .pgpass이고 사용자 홈 디렉터리에 있어야 합니다. https://www.postgresql.org/docs/current/libpq-pgpass.html의 문서에 따르면 macOS와 Linux에서는 파일을 생성한 후 명령줄에 chmod 0600 ~/.pgpass를 입력해 파일 권한을 설정해야 하는 경우도 있습니다.

텍스트 편집기를 사용하여 여러분의 시스템에 맞는 위치에 올바른 이름으로 파일을 만듭니다. 파일 안에는 다음과 같은 형식으로 각 데이터베이스 연결에 대한 행을 추가합니다.

```
hostname:port:database:username:password
```

예를 들어, analysis 데이터베이스에 postgres라는 사용자 이름으로 연결을 설정하려면 다음과 같이 입력합니다. 이때 password는 설정한 암호로 입력하세요.

```
localhost:5432:analysis:postgres:password
```

처음 4개의 매개 변수에는 별표를 입력해 와일드카드를 사용할 수 있습니다. 예를 들어, 모든 로컬 데이터베이스에 postgres라는 사용자 이름을 사용하려면 데이터베이스 이름을 별표로 바꾸세요.

```
localhost:5432:*:postgres:password
```

비밀번호를 저장하면 입력하는 시간이 줄어들지만 보안을 철저히 해야 합니다. 항상 강력한 암호와 물리적 보안 키로 컴퓨터를 보호하고 공개 또는 공유 시스템에는 암호 파일을 생성하지 마세요.

18-2-2 psql에서 SQL 쿼리 실행하기

psql을 구성하고 데이터베이스에 연결했으니 이제 한 줄짜리 쿼리부터 시작해 여러 줄로 된 쿼리까지 SQL 쿼리를 실행해 보겠습니다.

psql에 SQL을 입력할 때 프롬프트에 직접 입력할 수 있습니다. 예를 들어, 책 전체에서 사용한 2019년 10개년 인구조사 테이블의 일부 행을 보려면 코드 18-1을 입력합니다.

```
analysis=# SELECT county_name FROM us_counties_pop_est_2019 ORDER BY county_name LIMIT 3;
```

코드 18-1 psql에 한 줄짜리 쿼리 입력하기

Enter 키를 눌러 쿼리를 실행하면 psql은 다음과 같은 텍스트를 반환해야 합니다.

```
   county_name
----------------
Abbeville County
Acadia Parish
Accomack County
(3 rows)

analysis=#
```

결과가 출력된 뒤 사용자의 추가 입력을 받는 analysis=# 프롬프트를 다시 볼 수 있습니다. 키보드의 위쪽 화살표와 아래쪽 화살표를 눌러 최근 쿼리를 스크롤하고 Enter 키를 눌러 다시 실행할 수 있습니다. 쿼리를 다시 타이핑하지 않아도 되는 것이죠.

여러 줄로 된 쿼리 입력하기

우리는 쿼리를 한 줄 이상으로 있고 Enter 키를 눌러 쿼리를 개행할 수 있습니다. 세미콜론으로 줄을 끝내야만 psql이 작동합니다. 예시를 보려면 코드 18-1의 쿼리를 코드 18-2의 형식으로 새로 입력해 보면 됩니다.

```
analysis=# SELECT county_name
analysis-# FROM us_counties_pop_est_2019
analysis-# ORDER BY county_name
analysis-# LIMIT 3;
```

코드 18-2 psql에 쿼리를 여러 줄로 입력

쿼리가 한 줄을 넘어가면 데이터베이스 이름과 해시마크 사이의 기호가 등호(=)에서 하이픈(-)으로 변경됩니다. 이 여러 줄의 쿼리는 세미콜론으로 끝나는 마지막 줄 뒤에서 Enter 키를 누를 때만 실행됩니다.

psql 프롬프트에서 열린 괄호 확인

psql이 가지고 있는 다른 좋은 기능은 괄호를 열고 닫지 않으면 알려 준다는 것입니다. 코드 18-3은 그 예를 보여 줍니다.

```
analysis=# CREATE TABLE wineries (
analysis(# id bigint,
analysis(# winery_name text
analysis(# );
CREATE TABLE
```

코드 18-3 psql 프롬프트에서 열린 괄호 확인

이 코드에서는 두 개의 열을 가진 wineries라는 테이블을 만듭니다. CREATE TABLE 문을 입력한 후 괄호를 열면 프롬프트는 analysis=#을 analysis(#으로 바꿔 여러분이 괄호를 열어 둔 상태이니 닫아야 한다는 걸 상기시켜 줍니다. 프롬프트는 괄호를 닫을 때까지 같은 상태를 유지합니다.

> **📝 NOTE**
>
> 이 책의 자료들처럼 텍스트 파일에 저장되어 있는 긴 쿼리를 사용할 때 내용을 복사하여 psql에 붙여 넣으면 전체 쿼리를 입력하지 않아도 됩니다. 참고로 붙여 넣을 때 Windows는 Ctrl-V, macOS는 Command-V, Linux는 Shift-Ctrl-V라는 단축키를 사용하면 편리합니다. 쿼리 텍스트를 psql에 붙여 넣은 후 Enter 키를 눌러 실행합니다.

쿼리 편집하기

psql에서 쿼리로 작업 중일 때 이를 수정하기 위해 \e 또는 \edit 메타 명령을 사용할 수 있습니다. \e를 입력해 텍스트 편집기로 마지막으로 실행한 쿼리를 엽니다. psql은 운영체제에 따라 사용하는 텍스트 편집기가 다릅니다.

psql은 Windows에서 간단한 GUI 텍스트 편집기인 메모장을 기본적으로 사용합니다. 쿼리를 편집한 뒤, **파일 ▶ 저장**을 선택하여 저장하고 **파일 ▶ 종료**로 메모장을 종료합니다. 메모장이 닫히면 psql이 수정된 쿼리를 실행합니다.

macOS와 Linux에서는 vim이라는 명령줄 응용 프로그램을 사용하는데, 이는 프로그래머 사이에서 선호되지만 초보자가 활용하기에는 조금 어려울 수 있습니다. https://vim.rtorr.com/에서 유용한 vim 치트 시트를 확인하세요. 지금은 다음 단계에 따라 간단한 편집을 수행할 수 있습니다.

- vim의 편집 창에서 쿼리를 연 뒤, I를 눌러 삽입 모드를 활성화합니다.
- 쿼리를 편집합니다.
- Esc를 누른 다음 Shift-:을 누르면 vim 화면의 왼쪽 하단에 콜론 명령 프롬프트가 표시됩니다. 여기서 vim을 제어하는 명령을 입력합니다.
- 쓰기write 종료quit를 뜻하는 wq를 입력하고 Enter를 눌러 변경 사항을 저장합니다.

psql 프롬프트로 나가면 그것은 수정된 쿼리를 실행해야 합니다. 위쪽 화살표 키를 누르면 수정된 텍스트를 볼 수 있습니다.

18-2-3 결과를 탐색하고 포맷하기

코드 18-1과 18-2에서 실행한 쿼리는 열 하나와 행 몇 개만 반환했기 때문에 인터페이스에 깔끔하게 출력되었습니다. 그러나 열과 행이 더 많은 쿼리는 출력이 두 개 이상의 화면을 차지할 수 있으므로 탐색하기가 어렵습니다. 다행히도 \pset 메타 명령을 사용하는 포맷 옵션을 사용하여 원하는 형식으로 출력을 조정할 수 있습니다.

결과 페이징 설정하기

psql이 긴 쿼리 결과의 스크롤을 처리하는 방법을 지정하는 페이징을 사용해 출력 형식을 조정하겠습니다. 기본적으로 결과가 화면보다 더 많은 행을 반환하는 경우 psql은 화면에 차는 만큼 행을 표시한 다음 나머지를 스크롤하게 출력합니다. 코드 18-4는 코드 18-1의 쿼리에서 LIMIT 절을 제거하면 psql 프롬프트에서 어떤 일이 발생하는지 보여 줍니다.

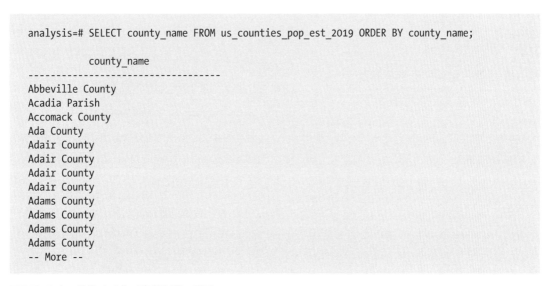

```
analysis=# SELECT county_name FROM us_counties_pop_est_2019 ORDER BY county_name;

          county_name
-----------------------------------
Abbeville County
Acadia Parish
Accomack County
Ada County
Adair County
Adair County
Adair County
Adair County
Adams County
Adams County
Adams County
Adams County
-- More --
```

코드 18-4 스크롤할 수 있는 결과를 받는 쿼리

이 테이블에는 행이 3,142개 있습니다. 코드 18-4에선 처음 12개만 보여 줍니다.(표시되는 행의 수는 터미널 구성에 따라 다릅니다.) Windows에서 --More--는 화면에 나타난 것보다 더 많은 결과가 있음을 뜻하며, Enter 키를 눌러 결과를 스크롤할 수 있습니다. macOS와 Linux에서는 --More-- 가 아니라 콜론으로 표시됩니다. 수천 개의 행은 스크롤하는 데 시간이 꽤 걸립니다. Q를 눌러 결과를 종료하고 psql 프롬프트로 돌아갑니다.

수동 스크롤을 하지 않고 모든 결과를 바로 표시하려면 \pset pager 메타 명령을 사용하여 pager 설정을 변경합니다. psql 프롬프트에서 해당 명령을 실행하면 Pager usage is off라는 메시지가 반환됩니다. 이제 호출기 설정을 끈 상태에서 코드 18-3의 쿼리를 다시 실행하면 다음과 같은 내용이 표시됩니다.

```
--생략--
York County
York County
York County
Using PostgreSQL from the Command Line 377
York County
Young County
Yuba County
Yukon-Koyukuk Census Area
Yuma County
Yuma County
Zapata County
Zavala County
Ziebach County
(3142 rows)

analysis=#
```

스크롤할 필요 없이 즉시 결과의 끝을 받아냈습니다. 페이지 기능을 켜려면 다시 \pset pager를 입력하세요.

결과를 그리드 형식으로 출력하기

\pset 메타 명령을 입력해서 결과를 포맷할 수 있습니다.

- **border int**: 이 옵션을 이용하면 결과를 표시할 그리드의 테두리 형태를 지정할 수 있습니다. 테두리 없음은 0, 내부 테두리 적용은 1, 모든 셀에 테두리 적용은 2를 입력합니다. 예를 들어 \pset border 2를 입력하면 모든 셀에 테두리가 그려집니다.

- **format unaligned**: \pset format unaligned 옵션을 사용하면 CSV 파일에서 볼 수 있는 것과 유사하게, 열이 아닌 기호로 구분된 결과를 표시합니다. 구분 기호는 기본적으로 파이프 기호입니다. fieldsep 명령을 사용하여 다른 구분 기호를 설정할 수 있습니다. 예를 들어, 쉼표를 구분 기호로 설정하려면 \pset fieldsep ','를 실행합니다. 열 뷰로 되돌리려면 \pset format alignment를 실행해 보세요. psql의 메타 명령인 \a를 사용하여 정렬된 뷰와 정렬되지 않은 뷰 사이를 전환할 수 있습니다.

- **footer**: 행의 수를 표시하는 결과의 푸터를 켤지 말지 설정하는 옵션입니다.

- **null**: 공백 값이 표시될지 여부를 결정합니다. 기본값은 공백으로 보여지는 것이며, \pset null 'NULL'을 실행하면 열 값이 NULL일 때 공백을 모두 대문자 NULL로 표시할 수 있습니다.

PostgreSQL 문서(https://www.postgresql.org/docs/current/app-psql.html)에서 추가 옵션을 확인할 수 있습니다. 또한 psql이 시작될 때마다 구성 기본 설정을 로드하도록 macOS 또는 Linux

에서 .psqlrc 파일을 설정하거나 Windows에서 psqlrc.conf 파일을 설정할 수 있습니다. 좋은 예는 https://www.citusdata.com/blog/2017/07/16/customizing-my-postgres-shell-using-psqlrc/에서 살펴볼 수 있습니다.

확장된 결과 보기

때로는 결과를 행과 열이 아닌 수직 블록 목록으로 보는 편이 도움이 되기도 합니다. 특히 데이터가 너무 커 일반 수평 결과 그리드에 화면에 맞지 않을 때나 행 단위로 열의 값을 쉽게 검색할 수 있는 방법을 원할 때 유용합니다. psql에서 \x 메타 명령(확장해 주는 expended)을 사용하여 이 형식을 이용할 수 있습니다. 일반 보기와 확장 보기의 차이점을 이해하는 가장 좋은 방법은 예를 보는 것입니다. 코드 18-5는 psql을 사용하여 17장의 grades 테이블을 쿼리할 때 표시되는 일반적인 화면을 보여 줍니다.

```
analysis=# SELECT * FROM grades ORDER BY student_id, course_id;
 student_id | course_id |       course       | grade
------------+-----------+--------------------+-------
          1 |         1 | Biology 2          | C
          1 |         2 | English 11B        | D
          1 |         3 | World History 11B  | C
          1 |         4 | Trig 2             | B
```

코드 18-5 grades 테이블 쿼리

확장된 형태로 보려면 psql 프롬프트에 \x를 입력합니다. 그러면 Expanded display is on이라는 메시지가 표시됩니다. 그런 다음 동일한 쿼리를 다시 실행하면 코드 18-6과 같이 확장된 결과가 표시됩니다.

```
analysis=# SELECT * FROM grades ORDER BY student_id, course_id;
-[ RECORD 1 ]-----------------
student_id | 1
course_id  | 1
course     | Biology 2
grade      | C
-[ RECORD 2 ]-----------------
student_id | 1
course_id  | 2
course     | English 11B
grade      | D
-[ RECORD 3 ]-----------------
student_id | 1
course_id  | 3
course     | World History 11B
grade      | C
-[ RECORD 4 ]-----------------
student_id | 1
course_id  | 4
```

```
course        | Trig 2
grade         | B
```

코드 18-6 grades 테이블 쿼리의 확장된 결과 표시

결과는 레코드 번호로 구분된 수직 블록으로 나타납니다. 사용자의 요구와 작업 중인 데이터 유형에 따라 이 형식은 읽기가 더 쉬울 수 있습니다. psql 프롬프트에서 \x를 다시 입력하여 열 표시 화면으로 되돌릴 수 있습니다. 또한 \x auto를 설정하면 PostgreSQL이 출력 크기에 따라 테이블 또는 확장된 뷰에 결과를 자동으로 표시합니다.

다음으로 psql을 사용하여 데이터베이스 정보를 조사하는 방법을 살펴보겠습니다.

18-2-4 데이터베이스 정보를 확인하는 메타 명령

특정 메타 명령 집합을 통해 psql이 데이터베이스, 테이블, 기타 개체에 대한 세부 정보를 표시하도록 할 수 있습니다. 이것이 어떻게 작동하는지 보기 위해 데이터베이스의 테이블을 표시하는 메타 명령을 살펴보겠습니다. 명령에 더하기 기호(+)를 덧붙여 출력을 확장하고 선택적 패턴을 추가하여 출력을 필터링하는 방법 등이 있습니다.

테이블 목록을 보려면 psql 프롬프트에서 \dt를 입력합니다. 제 컴퓨터에는 이렇게 출력됩니다.

```
                       List of relations
 Schema |                Name                | Type  |  Owner
--------+------------------------------------+-------+-----------
 Public | acs_2014_2018_stats                | table | anthony
 public | cbp_naics_72_establishments        | table | anthony
 public | char_data_types                    | table | anthony
 public | check_constraint_example           | table | anthony
 public | crime_reports                      | table | anthony
 --생략--
```

결과에는 현재 데이터베이스에 들어 있는 테이블이 알파벳순으로 출력됩니다.

정규식을 사용해 패턴에 맞도록 출력을 필터링할 수 있습니다. 예를 들어 이름이 us로 시작하는 테이블을 확인하기 위해 \dt+ us*를 입력할 수 있습니다. 결과는 다음과 같습니다.

```
                  List of relations
 Schema |          Name          | Type  |  Owner
--------+------------------------+-------+-----------
 public | us_counties_2019_shp   | table | anthony
 public | us_counties_2019_top10 | table | anthony
 public | us_counties_pop_est_2010 | table | anthony
 public | us_counties_pop_est_2019 | table | anthony
 public | us_exports             | table | anthony
```

표 18-4는 서버의 데이터베이스를 나열하는 \l을 비롯한 유용한 추가 명령을 소개합니다. \dt+처럼 각 명령에 더하기 기호를 추가하면 출력에 개체 크기 같은 더 많은 정보가 추가됩니다.

명령	결과 화면
\d [pattern]	열, 데이터 타입 등 개체가 지닌 다른 정보
\di [pattern]	인덱스와 인덱스에 연결된 테이블
\dt [pattern]	테이블과 테이블을 이용하는 계정
\du [pattern]	사용자 계정과 그 속성
\dv [pattern]	뷰와 뷰를 소유한 계정
\dx [pattern]	설치된 확장 프로그램

표 18-4 psql의 \d 명령 예시

PostgreSQL 문서(https://www.postgresql.org/docs/current/app-psql.html)에서 \d 명령의 전체 목록을 확인할 수 있습니다. 이 문서에서 앞에서 설명한 \? 명령 사용에 관한 자세한 설명도 살펴볼 수 있습니다.

18-2-5 파일 가져오기, 내보내기 및 사용하기

이제부터 원격 서버에서 작업할 때 테이블에서 데이터를 가져오고 나가거나 정보를 저장하는 방법을 살펴보겠습니다. psql 명령줄 도구는 데이터 가져오기 및 내보내기를 위한 메타 명령인 \copy와 파일로 쿼리 결과를 복사하기 위한 메타 명령인 \o을 제공합니다. \copy 명령부터 시작하겠습니다.

\copy를 통한 가져오기 및 내보내기

5장에서 SQL COPY 명령을 사용하여 데이터를 가져오고 내보내는 방법을 배웠습니다. 이는 간단한 과정이지만 한 가지 중요한 제한 사항이 있습니다. 가져오거나 내보내는 파일은 PostgreSQL 서버와 동일한 시스템에 있어야 합니다. 이번 실습에서 했던 것처럼 로컬 컴퓨터에서 작업한다면 괜찮습니다. 그러나 원격 컴퓨터의 데이터베이스에 연결하는 경우 가져올 파일을 제공하거나 내보낸 파일을 가져올 파일 시스템에 액세스하지 못할 수 있습니다. psql에서 \copy 메타 명령을 사용해 제한을 피할 수 있습니다.

메타 명령 \copy는 PostgreSQL의 COPY와 동일하게 작동하지만 psql 프롬프트에서 실행하면 로컬 또는 원격 데이터베이스에 관계없이 컴퓨터에서 연결된 서버로 데이터를 라우팅합니다. 연결할 수 있는 공용 원격 서버를 찾는 경우가 드물기 때문에 실제로 원격 서버에 연결하지 않지만 여전히 로컬 analysis 데이터베이스에 명령을 사용하여 구문을 배울 수 있습니다.

코드 18-7은 10장에서 만든 작은 state_regions 테이블을 psql 프롬프트에서 DELETE 문으로 삭제한 다음 다시 테이블을 만들고 \copy를 사용하여 데이터를 가져옵니다. 파일 경로는 실제 컴퓨터의 파일 위치와 일치하도록 변경해야 합니다.

```
analysis=# DELETE FROM state_regions;
DELETE 56
analysis=# \copy state_regions FROM 'C:\YourDirectory\state_regions.csv' WITH (FORMAT CSV,
HEADER);
COPY 56
```

코드 18-7 \copy를 사용해 데이터 가져오기

데이터를 가져오기 위해 \copy를 사용합니다. 이때 명령어 작성법은 PostgreSQL의 COPY와 동일하게 FROM 절과 파일 경로를 입력하고, 헤더 행이 있는 CSV 파일을 읽을 수 있도록 WITH 절을 입력합니다. 명령을 실행할 때 서버는 COPY 56으로 응답하여 행을 성공적으로 가져왔다고 알려 줍니다.

psql을 통해 원격 서버에 연결했을 때 동일한 \copy 구문을 사용하면 명령은 로컬 파일을 원격 서버로 라우팅합니다. 이 예에서는 \copy FROM을 사용하여 파일을 가져왔습니다. 파일을 내보내려면 \copy TO를 사용합니다. psql을 통해 데이터를 가져오거나 내보내는(또는 다른 SQL 명령을 실행하는) 다른 방법을 살펴보겠습니다.

psql에 SQL 명령 전달

-c 인수 뒤에 따옴표로 명령을 입력하면 연결된 서버(로컬 또는 원격)로 명령을 전달할 수 있습니다. 이때 전달할 수 있는 명령은 단일 SQL 문, 세미콜론으로 구분된 여러 SQL 문 또는 메타 명령이 있습니다. 이를 통해 psql을 실행하고, 서버에 연결하고, 단일 명령줄 문에서 명령을 실행할 수 있습니다. psql 문을 셸 스크립트에 통합하여 작업을 자동화하려는 경우 편리합니다.

예를 들어, 코드 18-8의 명령문을 사용하면 state_regions 테이블로 데이터를 가져올 수 있습니다. 이 명령문은 psql이 아니라 명령 프롬프트에서 한 줄로 입력해야 합니다.

```
psql -d analysis -U postgres -c❶ 'COPY state_regions FROM STDIN❷ WITH (FORMAT CSV, HEADER);'
<❸ C:\YourDirectory\state_regions.csv
```

코드 18-8 COPY로 psql에 데이터 가져오기

이 코드를 실행하기 전에 먼저 DELETE FROM state_regions;를 실행해 psql 내부에서 테이블을 지우고 메타 명령 \q를 입력하여 psql을 종료합니다.

명령 프롬프트에서 코드 18-8의 명령을 입력하세요. 먼저 psql과 -d, -U 명령을 사용하여 analysis 데이터베이스에 연결합니다. 그런 다음 -c 명령❶을 입력하고, 데이터를 가져오기 위한 PostgreSQL 문을 입력합니다. 이 명령문은 한 가지 예외를 제외하고 COPY 명령문과 유사합니다. FROM 다음에 완전한 파일 경로와 파일 이름 대신 키워드 STDIN❷을 사용합니다. 표준 입력Standard Input을 의미하는 STDIN은 장치나 키보드, 또는 state_regions.csv 같은 파일에서 올 수 있는 입력 데이터 스트림이며, < 기호❸를 사용하여 psql에 지시합니다. 파일의 전체 경로를 입력하세요.

명령 프롬프트에서 이 명령을 실행하면 CSV 파일을 가져와서 COPY 56 메시지를 생성합니다.

쿼리 결과를 파일로 저장하기

작업 기록을 보관하든 스프레드시트나 다른 응용 프로그램에서 출력을 사용하든 관계없이 psql 세션 중에 생성된 쿼리 결과와 메시지를 파일에 저장하는 것이 도움이 되는 경우가 있습니다. 쿼리 출력을 파일로 보내려면 \o 메타 명령을 출력 파일의 전체 경로 및 이름과 함께 사용하면 됩니다.

> **NOTE**
>
> Windows에서 \o 명령의 파일 경로는 Linux 스타일인 슬래시를 사용해 C:/my-stuff/my-file.txt 형식으로, 또는 이중 백슬래시를 사용해 C:\\my-stuff\\my-file.txt 형식으로 나타내야 합니다.

예를 들어, 코드 18-9는 psql 스타일을 테이블에서 CSV로 변경한 다음 쿼리 결과를 파일로 직접 출력합니다.

```
❶ analysis=# \pset format csv
  Output format is csv.

  analysis=# SELECT * FROM grades ORDER BY student_id, course_id;
❷ student_id,course_id,course,grade
  1,1,Biology 2,F
  1,2,English 11B,D
  1,3,World History 11B,C
  1,4,Trig 2,B

❸ analysis=# \o 'C:/YourDirectory/query_output.csv'

  analysis=# SELECT * FROM grades ORDER BY student_id, course_id;
❹ analysis=#
```

코드 18-9 쿼리 결과를 파일에 저장하기

먼저 메타 명령 \pset format csv를 사용하여 출력 형식을 설정합니다❶. grades 테이블에서 간단한 SELECT 쿼리를 실행하면 출력값이 쉼표로 구분된 값으로 반환됩니다❷. 다음으로 쿼리를 실행할 때 해당 데이터를 파일로 보내려면 메타 명령 \o와 query_output.csv 파일의 전체 경로를 입력해야 합니다❸. SELECT 쿼리를 다시 실행하려면 화면에 출력이 없어야 합니다❹. 대신 ❸에 지정된 디렉터리에서 쿼리 내용이 포함된 파일을 찾을 수 있습니다.

이 시점에서 쿼리를 실행할 때마다 출력이 \o 명령 뒤에 지정된 동일한 파일에 추가됩니다. 해당 파일에 대한 출력 저장을 중지하려면 새 파일을 지정하거나 파일 이름 없이 \o를 입력하면 다시 결과를 화면에 출력할 수 있습니다.

파일에 저장된 SQL 읽고 실행하기

명령줄에서 psql을 실행하고 -f 인수 뒤에 파일 이름을 제공하여 텍스트 파일에 저장된 SQL을 실행할 수 있습니다. 이 구문을 사용하면 명령줄에서 또는 시스템 스케줄러와 함께 쿼리 또는 테이블 업데이트를 신속하게 실행하여 정기적으로 작업을 실행할 수 있습니다.

display-grades.sql이라는 파일에 SELECT * FROM grades; 쿼리를 저장했다고 가정하겠습니다. 이 쿼리를 실행하려면 명령줄에서 다음 psql 구문을 사용합니다.

```
psql -d analysis -U postgres -f C:\YourDirectory\display-grades.sql
```

Enter 키를 누르면 psql이 시작되고 파일에 저장된 쿼리가 실행된 다음 결과가 표시되고 종료됩니다. 반복적인 작업에서는 pgAdmin을 시작하거나 쿼리를 다시 작성하지 않기 때문에 상당한 시간을 절약할 수 있습니다. 또한 파일에 여러 쿼리를 쌓아 연속적으로 실행할 수 있는데, 데이터베이스에서 여러 업데이트를 실행하려는 경우를 그 예로 들 수 있습니다.

18-3 작업을 도와주는 추가 명령줄 도구

PostgreSQL에는 원격 서버에 연결되어 있거나 pgAdmin나 다른 GUI를 실행하지 않고 명령줄을 사용하여 시간을 절약해 주는 유용한 추가 명령줄 유틸리티가 포함되어 있습니다. psql을 시작하지 않고 명령줄 인터페이스에 이러한 명령을 입력할 수 있습니다. 사용 가능한 명령 목록은 PostgreSQL 문서(https://www.postgresql.org/docs/current/reference-client.html)에서 확인할 수 있습니다. 19장에서 데이터베이스 유지 관리와 관련된 몇 가지 사항에 대해 설명할 것이지만, 여기서 먼저 특히 유용한 두 가지에 대해 살펴보겠습니다. 명령줄에서 데이터베이스를 생성하는 createdb 유틸리티와 shapefile을 PostGIS 데이터베이스에 로드하는 shp2pgsql 유틸리티입니다.

18-3-1 createdb로 데이터베이스 생성하기

2장에서 배운 첫 번째 SQL 명령어는 PostgreSQL 서버에 analysis라는 데이터베이스를 추가하는 CREATE DATABASE였습니다. 명령줄에서 createdb를 사용하여 동일한 결과를 얻을 수 있습니다. 예를 들어 서버에 box_office라는 새 데이터베이스를 만들려면 다음 명령을 실행합니다.

```
createdb -U postgres -e box_office
```

-U 인수를 사용하면 postgres 계정을 사용하여 PostgreSQL 서버에 연결할 수 있습니다. -e 인수는 createdb가 생성한 명령을 출력하도록 합니다. 이 명령을 실행하면 데이터베이스를 만든 후에 응

답으로 CREATE DATABASE box_office;를 생성합니다. 데이터베이스를 만든 뒤, 다음 명령어를 사용하여 psql을 통해 새 데이터베이스에 연결할 수 있습니다.

```
psql -d box_office -U postgres
```

createdb 명령은 psql과 마찬가지로 원격 서버에 연결하고 새 데이터베이스에 대한 옵션을 설정하는 인수를 입력받습니다. 전체 인수 목록은 PostgreSQL 문서(https://www.postgresql.org/docs/current/app-createdb.html)에서 확인할 수 있습니다. 다시 말하지만 createdb 명령은 GUI에 액세스할 수 없을 때 편리하게 시간을 절약할 수 있습니다.

18-3-2 shp2pgsql로 shapefile 로드하기

15장에서 공간 개체를 표현하는 데이터를 저장한 shapefile에 대해 배웠습니다. Windows나 일부 Linux 배포판에서는 일반적으로 PostGIS에 포함된 Shapefile Import/Export Manager 도구를 사용하여 PostGIS 지원 데이터베이스로 shapefile을 가져올 수 있습니다. 그러나 macOS 또는 일부 Linux 버전의 PostGIS에는 Shapefile Import/Export Manager가 포함되어 있지 않습니다. 이러한 경우(또는 명령줄에서 작업하려는 경우) PostGIS의 명령줄 도구인 shp2pgsql을 사용하여 shapefile을 가져올 수 있습니다.

다음 명령을 통해 shapefile을 새로운 테이블로 가져오세요.

```
shp2pgsql -I -s SRID -W encoding shapefile_name table_name | psql -d database -U user
```

이 한 줄로 많은 일이 일어날 수 있습니다. 인수들을 하나씩 확인해 보겠습니다. 15장을 읽지 않았다면 여기서 정리하세요.

- **-I**: 테이블의 새로운 기하 열에 GiST 인덱스를 추가합니다.
- **-s**: 공간 데이터에 SRID를 지정할 수 있습니다.
- **-W**: 인코딩을 지정합니다. (인구조사 shapefile에는 Latin1을 사용했습니다.)
- **shapefile_name**: .shp 확장자로 끝나는 파일의 이름(파일의 전체 경로 포함)입니다.
- **table_name**: shapefile을 읽어들일 테이블 이름입니다.

이 인수들 다음에 파이프 기호(|)를 배치하여 shp2pgsql의 출력을 데이터베이스 및 사용자 이름을 지정하는 인수가 있는 psql로 지정합니다. 예를 들어, tl_2019_us_county.shp 파일을 analysis 데이터베이스의 us_counties_2019_shp 테이블에 로드하려면 다음 명령을 실행하면 됩니다. 참고로 한 줄로 입력해야 합니다.

```
shp2pgsql -I -s 4269 -W Latin1 tl_2019_us_county.shp us_counties_2019_shp | psql -d analysis -U
postgres
```

인덱스를 생성하고 명령줄로 돌아가기 전에 서버는 여러 SQL INSERT 문으로 응답해야 합니다. 처음에는 전체 인수 세트를 구성하는 데 시간이 걸릴 수 있지만 인수 세트를 구성한 후에는 이후 가져오기에 걸리는 시간이 줄어듭니다. 파일 및 테이블 이름은 이미 작성한 구문으로 간단히 대체할 수 있습니다.

18-4 마무리

아직도 신비롭고 강력하다고 느껴지나요? 실제로 명령줄 인터페이스를 살펴보고 텍스트 명령으로 컴퓨터에게 여러분의 일을 맡길 수 있다면 SF 영화의 한 장면과 비슷한 활동을 할 수 있습니다. 명령줄에서 작업하면 시간이 절약될 뿐 아니라 그래픽 도구를 지원하지 않는 환경에서 작업할 때 발생하는 장벽을 극복할 수도 있습니다. 이 장에서는 명령줄 작업의 기본 사항과 PostgreSQL의 세부 기능에 대해 배웠고, 운영체제의 명령줄 응용 프로그램을 찾아 psql과 함께 사용할 수 있도록 설정했습니다. 그런 다음 psql을 데이터베이스에 연결하고 명령줄을 통해 SQL 쿼리를 실행하는 방법을 배웠습니다. 숙련된 컴퓨터 사용자들은 명령줄 사용에 익숙해지면 단순성과 속도 때문에 명령줄을 선호하게 됩니다. 여러분도 그럴 수 있습니다.

19장에서는 데이터 백업, 서버 설정 변경 및 데이터베이스 용량 관리를 포함한 일반적인 데이터베이스 유지 관리 작업을 검토합니다. 이러한 작업을 통해 작업 환경을 더욱 효율적으로 제어하고 데이터 분석 프로젝트를 더 잘 관리할 수 있습니다.

연습문제

이 장에서 배운 기술을 강화하려면 이전 장에서 살펴본 예제를 명령줄로 작업해 보세요. 15장 'PostGIS를 사용한 공간 데이터 분석'은 psql과 shapefile 로더인 shp2pgsql을 사용해 보기에 좋은 예입니다. 이렇게 말하기는 했지만 어쨌든 검토를 통해 여러분에게 도움이 될 것 같은 예를 선택하세요.

19

데이터베이스 관리

SQL 탐험을 마무리 짓기 전에, 데이터베이스 관리에 필요한 필수 업무와 PostgreSQL을 커스터마이징하는 방법에 대해 살펴보겠습니다. 이번 장에서는 데이터베이스의 공간 사용량을 파악하고 절약할 수 있는 방법과 시스템 설정을 바꾸는 방법, 데이터베이스를 백업하고 복구하는 방법을 배웁니다. 이러한 작업을 수행해야 하는 빈도는 여러분의 역할과 관심사에 따라 다릅니다. 그러나 데이터베이스 관리자나 백엔드 개발자가 되고 싶은 사람에게 여기서 다루는 주제는 두 직업 모두에 매우 중요합니다.

데이터베이스 유지 관리와 성능 튜닝은 책 한 권 전체로 다룰 만한 큰 주제이지만 이번 장에서는 몇 가지 필수 사항만 소개하겠습니다. 자세한 내용을 알고 싶다면 이 책 부록의 추가 자료들이 좋은 시작점이 될 것입니다.

사용하지 않는 행을 제거해 테이블 크기를 줄여 주는 PostgreSQL의 VACUUM부터 시작하겠습니다.

19-1 VACUUM으로 사용하지 않은 공간 복구하기

PostgreSQL의 VACUUM은 10장의 '큰 테이블을 업데이트할 때 성능 향상하기' 절에서 설명한 것처럼 일상적인 작업으로 커질 수 있는 데이터베이스를 관리하는 데 도움이 됩니다.

예를 들어, 행 값을 업데이트하면 데이터베이스는 업데이트된 값을 사용하여 해당 행의 새 버전을 만들고 이전 버전의 행을 숨깁니다. PostgreSQL 문서에서는 이렇게 볼 수 없는 죽은 행을 데드 튜플^{dead tuple}이라고 지칭합니다. 이때 튜플(정렬된 요소의 리스트)은 PostgreSQL 데이터베이스에서 각 행의 내부 구현에 대한 이름으로 사용됩니다. 행을 삭제할 때도 같은 일이 발생합니다. 행은 더 이상 표시되지 않지만 테이블에서 죽은 행으로 남아 있습니다.

이런 동작은 여러 트랜잭션이 발생하는 환경에서 데이터베이스가 트랜잭션에서 현재 버전이 아닌 이전 버전의 행이 필요할 때 특정 기능을 제공하도록 의도적으로 설계된 것입니다.

VACUUM은 이러한 죽은 행을 정리합니다. VACUUM을 실행하면 죽은 행이 차지하는 공간을 데이터베이스가 다시 사용할 수 있도록 할당합니다.(행을 사용하는 모든 트랜잭션이 완료되었다고 가정합니다.) 대부분의 경우 VACUUM은 시스템 디스크에 공간을 반환하지 않고 새 데이터에 사용할 수 있는 공간으로 플래그를 지정합니다. 실제로 데이터 파일의 크기를 줄이려면 VACUUM FULL을 실행합니다. 이 명령은 죽은 행의 공간을 포함하지 않는 새로운 테이블을 다시 작성하고 이전 버전을 삭제합니다.

VACUUM FULL은 시스템 디스크의 여유 공간을 확보하지만 몇 가지 주의 사항을 명심해야 합니다. 첫째, VACUUM FULL은 VACUUM보다 완료하는 데 많은 시간이 걸립니다. 둘째, 테이블을 재작성하는 동안 테이블에 대한 독점적인 접근 권한이 있어야 합니다. 이는 VACUUM FULL 작업 중에 아무도 데이터를 업데이트할 수 없어야 함을 의미합니다. 이와 달리 VACUUM 명령이 실행되는 동안은 업데이트나 다른 작업이 진행될 수 있습니다. 마지막으로, 테이블의 죽은 공간이 모두 나쁜 것은 아닙니다. 많은 경우 운영체제에 더 많은 디스크 공간을 요청하는 대신 새 튜플을 배치할 수 있는 공간이 있으면 성능이 향상될 수 있습니다.

VACUUM이나 VACUUM FULL을 필요에 따라 실행할 수 있지만 PostgreSQL은 기본적으로 데이터베이스를 모니터링하고 자동으로 VACUUM을 실행하는 autovacuum 백그라운드 프로세스를 진행합니다. 이 장의 뒷부분에서 autovacuum을 모니터링하고 VACUUM 명령을 수동으로 실행하는 방법을 알아볼 것입니다. 그러나 그 전에 먼저 업데이트를 진행하며 테이블이 어떻게 커지고 이 과정을 어떻게 추적하는지를 살펴보겠습니다.

19-1-1 테이블 크기 추적하기

작은 테스트용 테이블을 만들고, 데이터가 채워짐에 따라 증가하는 테스트 테이블을 모니터링하고 업데이트를 수행하겠습니다. 이 실습에 관한 코드는 영진닷컴 홈페이지 또는 깃허브에서 다운로드할 수 있습니다.

테이블 만들고 크기 확인하기

코드 19-1에서는 integer_column이라는 열을 가진 vaccum_test 테이블을 만듭니다. 이 코드를 실행한 뒤 테이블의 크기를 측정해 보겠습니다.

```
CREATE TABLE vacuum_test (
    integer_column integer
);
```

코드 19-1 vacuum 테스트를 위한 테이블 생성

테이블에 테스트용 데이터를 채우기 전에 기준점을 세우기 위해 테이블이 디스크에서 차지하는 크기를 확인해 보겠습니다. 방법은 두 가지가 있습니다. pgAdmin 인터페이스를 활용해 테이블 속성을 확인하거나 PostgreSQL의 관리 함수를 사용해 쿼리를 실행하는 것입니다. pgAdmin에서는 테이블을 클릭해 테이블이 강조 표시된 상태에서 상단의 **통계정보** 탭을 클릭합니다. 24개 안팎의 측정 값 사이에서 테이블 크기를 찾을 수 있습니다.

개인적인 이유로 pgAdmin을 쓰지 않는 사람들을 위해 쿼리를 실행하는 방법에 대해 소개하겠습니다. 코드 19-2에 제시된 PostgreSQL 함수를 이용해 vacuum_test 테이블의 크기를 측정할 수 있습니다.

```
SELECT ❶pg_size_pretty(
        ❷pg_total_relation_size('vacuum_test')
    );
```

코드 19-2 vacuum_test 테이블 크기 확인

가장 먼저 쓰이는 pg_size_pretty()❶ 함수는 바이트를 더 이해하기 쉬운 단위인 킬로바이트나 메가바이트, 기가바이트 등으로 변환해 줍니다. 그리고 pg_size_pretty() 함수 내부에 있는 pg_total_rela-tion_size()❷ 함수는 테이블과 그 인덱스, 오프라인용 압축 데이터가 디스크에서 차지하는 크기를 바이트로 나타냅니다. 지금은 테이블이 비어 있으므로 코드를 실행하면 결과는 0 bytes로 나옵니다.

```
 pg_size_pretty
 --------------
 0 bytes
```

명령줄에서 입력하더라도 같은 결과를 얻게 됩니다. 18장에서 배운 것처럼 psql을 실행하고 프롬프트에서 \dt+ vacuum_test라는 명령을 입력하면 다음과 같이 테이블 크기를 포함한 결과가 나타납니다.

```
                        List of relations
  Schema |     Name     | Type  |  Owner   | Persistence |   Size   | Description
 --------+--------------+-------+----------+-------------+----------+-------------
  public | vacuum_test  | table | postgres | permanent   | 0 bytes  |
```

다시 말하지만, 현재 vacuum_test의 크기는 0 bytes로 나와야 합니다.

새 데이터를 추가한 후 테이블 크기 확인하기

이번에는 테이블에 데이터를 추가한 뒤 크기를 다시 확인해 볼 것입니다. 12장에서 소개한 gener-ate_series() 함수로 테이블의 integer_column 열에 50만 개의 행을 추가하겠습니다. 코드 19-3을 실행해 보세요.

```
INSERT INTO vacuum_test
SELECT * FROM generate_series(1,500000);
```

코드 19-3 vacuum_test 테이블에 행 50만 개 입력

INSERT INTO 문은 generate_series()의 결과인 1부터 500,000까지의 연속된 값들을 테이블에 각각의 행으로 추가합니다. 쿼리가 완료되면 코드 19-2를 다시 수행해 테이블의 크기를 확인해 보세요. 다음과 같은 결과를 볼 수 있을 것입니다.

```
pg_size_pretty
--------------
17 MB
```

쿼리 결과의 따르면 50만 개의 데이터가 입력된 vacuum_test 테이블은 디스크 공간에서 17MB를 차지하고 있습니다.

업데이트 후 테이블 크기 확인하기

이번에는 업데이트가 테이블 크기에 미치는 영향을 알아볼 것입니다. 코드 19-4는 vacuum_test 테이블 내 모든 행의 integer_column 열 값을 1씩 크게 만듭니다.

```
UPDATE vacuum_test
SET integer_column = integer_column + 1;
```

코드 19-4 vacuum_test의 모든 행 업데이트

코드를 실행한 다음 다시 테이블 크기를 확인해 보세요.

```
pg_size_pretty
--------------
35 MB
```

테이블 크기가 17MB에서 35MB로 두 배가 됐습니다! 증가량이 매우 커 보이는데 그 이유는 UPDATE가 단순히 기존 숫자를 비슷한 크기의 값으로 대체한 것이기 때문입니다. 예상했던 대로 테이블 용량 증가의 원인은 업데이트된 값에 있었습니다. PostgreSQL은 새로운 행을 만들고 이전에 있던 죽은 행을 테이블에 그대로 남겨 둡니다. 그렇다 보니 500,000개의 행만 표시되더라도 테이블은 그 두 배의 공간을 차지합니다. 이 동작은 디스크 공간을 모니터링하지 않는 데이터베이스 소유자가 생각지 못한 결과를 보여 줄 수 있습니다.

VACUUM과 VACUUM FULL 명령이 디스크상의 테이블 크기에 어떤 영향을 미치는지 살펴보기 전에 자동으로 VACUUM이 실행되는 프로세스와 테이블 VACUUM 관련 통계를 확인하는 방법을 살펴보겠습니다.

19-1-2 autovaccum 프로세스 관리하기

PostgreSQL의 autovaccum 프로세스는 데이터베이스를 모니터링하다가 테이블 내에 많은 양의 죽은 행을 감지했을 때 자동으로 VACUUM을 실행하는 기능입니다. autovacuum은 기본으로 이용하게 설정되어 있지만 설정에서 켜고 끌 수 있습니다. 이에 관해서는 조금 뒤 '서버 설정 변경하기' 절에서 다룰 것입니다. autovacuum은 백그라운드에서 실행되므로 작동한다는 표시를 바로 보지는 못하지만 PostgreSQL이 시스템 성능에 대해 수집하는 데이터를 쿼리하여 작동 내역을 확인할 수 있습니다.

PostgreSQL은 모든 데이터베이스 활동과 사용을 추적하는 기능인 통계 수집기^{statistics collector}를 가지고 있습니다. 시스템에서 제공하고 있는 다양한 뷰 중에 하나를 쿼리해 통계를 볼 수 있습니다.(시스템에서 제공하는 모니터링 뷰의 전체 목록은 https://www.postgresql.org/docs/current/monitoring-stats.html에서 확인하세요.) autovacuum의 작동을 확인하기 위해 코드 19-5로 pg_stat_all_tables 뷰를 쿼리하겠습니다.

```
SELECT ❶relname,
       ❷last_vacuum,
       ❸last_autovacuum,
       ❹vacuum_count,
       ❺autovacuum_count
FROM pg_stat_all_tables
WHERE relname = 'vacuum_test';
```

코드 19-5 vacuum_test의 autovacuum 통계 확인

17장에서 배웠듯이 뷰는 저장된 쿼리의 결과를 제공합니다. pg_stat_all_tables 뷰에 저장된 쿼리는 테이블의 이름인 relname이라는 열❶과 인덱스 스캔, 삽입 및 삭제된 행, 기타 데이터 관련 통계가 들어 있는 열을 반환합니다. 이 쿼리에서는 테이블이 수동 및 자동으로 vacuum된 마지막 시간을 담고 있는 last_vacuum❷과 last_autovacuum❸을 확인합니다. 또한 vacuum이 수동 및 자동으로 시행된 횟수를 보여 주는 vacuum_count❹와 autovacuum_count❺를 불러옵니다.

기본적으로 autovacuum은 1분마다 테이블을 확인합니다. 따라서 vacuum_test 테이블을 업데이트하고 1분이 지나면 코드 19-5의 쿼리를 실행했을 때 vacuum에 관련된 세부 정보를 볼 수 있습니다. 제 시스템에 표시되는 내용은 다음과 같습니다.(지면상 시간 표시에서 초를 삭제했습니다.)

```
   relname   | last_vacuum | last_autovacuum  | vacuum_count | autovacuum_count
-------------+-------------+------------------+--------------+------------------
 vacuum_test |             | 2022-12-31 14:46 |            0 |                1
```

테이블은 마지막 autovacuum의 날짜와 시간을 보여 줍니다. autovacuum_count 열은 딱 한 번 실행되었군요. 이 결과는 autovacuum이 VACUUM 명령을 한 번 실행했음을 보여 줍니다. 하지만 수동으로

vacuum을 한 것은 아니기에 last_vacuum은 비어 있고 vacuum_count는 0이 나옵니다.

> **📝 NOTE**
>
> autovacuum 프로세스는 테이블 내용에 대한 데이터를 수집하는 ANALYZE 명령도 실행합니다. PostgreSQL
> 은 이 정보를 저장했다가 향후 쿼리를 효율적으로 실행하는 데 이용합니다. 필요한 경우 ANALYZE를 수동으
> 로 실행할 수도 있습니다.

VACUUM은 데이터베이스에서 재사용할 수 있는 죽은 행을 지정하지만 디스크에 있는 테이블 크기를 줄이지는 않습니다. 코드 19-2를 다시 실행해 보면 이를 확인할 수 있습니다. autovacuum 후에도 테이블에 35MB가 남아 있음을 보여 줍니다.

19-1-3 수동으로 VACUUM 실행하기

VACUUM을 수동으로 실행하려면 코드 19-6에 있는 한 줄짜리 코드를 사용합니다.

```
VACUUM vacuum_test;
```

코드 19-6 수동으로 VACUUM 실행하기

이 명령을 실행하면 서버는 VACUUM이라는 메시지를 반환합니다. 이제 코드 19-5의 쿼리로 통계를 다시 확인하면 last_vacuum 열에는 방금 실행했던 수동 vacuum의 날짜와 시간이 기록되고 vacuum_count 열의 숫자는 1씩 증가한다는 것을 알 수 있습니다.

이 예에서는 테스트 테이블에서 VACUUM을 실행했지만 테이블 이름을 생략해 전체 데이터베이스에서 VACUUM을 실행할 수도 있습니다. 또한 VERBOSE 키워드를 추가하여 테이블에서 찾은 행 수와 제거된 행 수 같은 더 자세한 정보를 제공할 수 있습니다.

19-1-4 VACUUM FULL로 테이블 크기 줄이기

다음으로 VACUUM을 FULL 옵션과 함께 실행합니다. 이 옵션은 실제로 데드 튜플이 차지한 공간을 다시 디스크로 반환합니다. 이때 죽은 행이 삭제된 새로운 테이블이 만들어집니다.

VACUUM FULL의 작동 방식을 보려면 코드 19-7의 명령을 실행하세요.

```
VACUUM FULL vacuum_test;
```

코드 19-7 VACUUM FULL로 디스크 공간 확보하기

명령이 실행된 후에 테이블 크기를 다시 확인해 보세요. 데이터를 처음 삽입했을 때의 크기인 17MB로 다시 축소되었을 것입니다.

디스크 공간이 부족해지는 상황은 절대 현명하지도 안전하지도 않기 때문에 데이터베이스 파일의

크기와 전체 시스템 공간을 염두에 두어야 합니다. VACUUM을 사용하여 데이터베이스 파일이 필요 이상으로 커지는 것을 예방하는 편이 좋겠군요.

19-2 서버 설정 변경하기

서버 설정을 제어하는 텍스트 파일 중 하나인 postgresql.conf의 값을 편집해 PostgreSQL 서버의 설정 수십 가지를 변경할 수 있습니다. 다른 파일로는 서버에 대한 연결을 제어하는 pg_hba.conf나 데이터베이스 관리자가 네트워크의 사용자 이름과 PostgreSQL의 사용자 이름을 매핑하는 pg_ident.conf가 있습니다. 자세한 내용은 PostgreSQL 문서를 참조하세요. 여기서는 변경하려는 설정이 포함된 postgresql.conf만 다룹니다. 파일에 있는 값은 대부분 조정할 필요가 없는 기본값으로 설정되어 있지만, 여러분의 시스템을 미세 조정할 경우에 대비하여 살펴볼 가치가 있습니다. 기본부터 시작하겠습니다.

19-2-1 postgresql.conf 찾고 편집하기

postgresql.conf 파일을 편집하기 전에 먼저 파일의 위치부터 알아야 합니다. 사용하는 운영체제나 설치 방법에 따라 파일의 위치는 달라집니다. 코드 19-8을 사용하면 파일의 위치를 쉽게 찾을 수 있습니다.

```
SHOW config_file;
```

코드 19-8 postgresql.conf의 위치를 보여 주는 코드

이 명령을 Mac에서 실행하면 파일에 대한 경로를 보여 줍니다.

```
/Users/anthony/Library/Application Support/Postgres/var-15/postgresql.conf
```

postgresql.conf 파일을 편집하기 위해서는 SHOW config_file;을 실행했을 때 나타나는 디렉터리로 찾아가 텍스트 편집기로 해당 파일을 열어야 합니다. Microsoft 워드 같은 리치 텍스트 편집기는 파일에 추가 서식을 적용할 수 있으니 사용하면 안 됩니다.

📝 NOTE

변경 사항이 시스템에 오류를 일으킬 경우 기존 설정으로 되돌릴 수 있도록 postgresql.conf를 복사해 저장해 두는 것도 좋습니다.

파일을 열면 다음과 같은 내용이 보일 것입니다.

```
# ---------------------------
# PostgreSQL configuration file
# ---------------------------
#
# This file consists of lines of the form:
#
#   name = value
--생략--
```

postgresql.conf 파일은 파일 위치, 보안, 정보 로깅 및 기타 프로세스에 대한 설정을 지정합니다. 많은 행은 해시마크(#)로 시작하는데, 이는 해당 행이 주석 처리되었으며 표시된 설정이 활성 기본값임을 나타냅니다.

예를 들어, postgresql.conf에서 'Autovacuum 매개 변수'의 기본값은 autovacuum을 켜는 것입니다.(아주 좋은 표준 작성 예시입니다.) 줄 앞에 있는 해시마크는 해당 줄이 주석 처리되고 기본값이 적용됨을 의미합니다.

```
#autovacuum = on                    # Enable autovacuum subprocess? 'on'
```

이 기본 설정을 변경하려면 해시 마크를 제거하고 설정 값을 조정한 뒤 postgresql.conf를 저장합니다. 메모리 할당 같은 일부 변경 사항은 적용하려면 서버를 다시 시작해야 합니다. 이런 사항들은 postgresql.conf에 표시되어 있습니다. 다른 변경 사항은 설정 파일만 다시 로드하면 됩니다. 슈퍼 유저 권한을 가진 계정으로 pg_reload_conf() 함수를 실행하거나 다음 절에서 다루는 pg_ctl 명령을 실행하면 파일이 다시 로드됩니다.

코드 19-9에서는 postgresql.conf에서 볼 수 있는 '클라이언트 연결 기본값'에 대한 설정들을 확인할 수 있습니다. 텍스트 편집기를 이용해 다음 설정을 확인해 보세요.

```
❶ datestyle = 'iso, mdy'

❷ timezone = 'America/New_York'

❸ default_text_search_config = 'pg_catalog.english'
```

코드 19-9 postgresql.conf 샘플 설정

datestyle❶ 설정은 PostgreSQL이 쿼리 결과에 날짜를 표시하는 방법을 지정할 수 있습니다. 이 설정은 출력 형식과 월, 일, 연도 날짜 표시 순서라는 두 가지 매개 변수를 사용합니다. 출력 형식의 기본값은 책 전체에서 사용한 ISO 형식 YYYY-MM-DD인데, 국가 간 사용성을 위해 ISO 형식을 이용하는 것이 좋습니다. 그러나 기존 SQL 형식인 MM/DD/YYYY 또는 확장된 Postgres 형식인 Sun Nov 12 22:30:00 2023 EST를 사용하거나 12.11.23처럼 일, 월, 연도 사이에 점이 있는 독일 형식 DD.MM.YYYY을 사용할 수도 있습니다. 두 번째 매개 변수를 사용하여 형식을 지정하려면 원하는 순서로 m, d, y를

배치하세요.

timezone❷ 매개 변수는 서버 시간대를 설정합니다. 코드 19-9에서는 PostgreSQL을 설치할 때 제 컴퓨터의 시간대를 반영하는 America/New_York을 이용합니다. 설정하는 위치는 여러분의 위치에 맞게 변경하세요. 데이터베이스 응용 프로그램 또는 네트워크에 대한 백엔드로 사용하기 위해 PostgreSQL을 설정할 때, 관리자는 종종 이 값을 UTC로 설정하고 이를 여러 위치의 시스템에서 표준으로 사용합니다.

default_text_search_config❸ 값은 전체 텍스트 검색 작업에 사용되는 언어를 설정합니다. 저는 english로 설정되어 있지만 필요에 따라 spanish, german, russian 또는 원하는 다른 언어로 설정할 수 있습니다.

이 세 가지 예는 조정할 수 있는 몇 가지 설정만을 나타냅니다. 여러분이 시스템 튜닝에 깊이 빠져들지 않는 한, 아마 이것 외에 다른 부분을 조정할 필요는 없을 것입니다. 또한 여러 사람이나 응용 프로그램이 사용하는 네트워크 서버의 설정을 변경할 때는 주의하는 편이 좋습니다. 변경 사항은 의도하지 않은 결과를 초래할 수 있기 때문에 먼저 동료와 소통하길 권합니다.

다음으로 pg_ctl을 사용하여 변경 사항을 적용하는 방법을 살펴보겠습니다.

> **📝 NOTE**
>
> PostgreSQL의 ALTER SYSTEM 명령을 사용하면 설정을 업데이트할 수 있습니다. 이 명령은 postgresql.conf의 값을 덮어쓰는 postgresql.auto.conf 파일에 설정을 만듭니다. 자세한 내용은 https://www.postgresql.org/docs/current/sql-altersystem.html을 참조하세요.

19-2-2 pg_ctl 설정 재로드하기

명령줄에 pg_ctl을 사용하면 PostgreSQL 서버에서 시작과 중지, 상태 확인 같은 작업을 수행할 수 있습니다. 여기서는 변경 사항이 적용되도록 유틸리티를 사용하여 설정 파일을 재로드합니다. 명령을 실행하면 모든 설정 파일이 한번에 재로드됩니다.

psql을 설정하고 사용하는 방법을 배웠을 때 18장에서 했던 것처럼 명령줄 프롬프트를 열고 구성해야 합니다. 명령 프롬프트를 시작한 후 다음 명령 중 하나를 사용하여 재로드합니다.

- Windows

```
pg_ctl reload -D "C:\데이터\설치\경로\"
```

- macOS 또는 Linux

```
pg_ctl reload -D '/데이터/설치/경로/'
```

PostgreSQL 데이터 경로를 알고 싶다면 코드 19-10에 있는 쿼리를 실행합니다.

```
SHOW data_directory;
```

코드19-10 데이터 디렉터리 위치 확인

-D 인수 뒤에 경로를 입력합니다. 경로를 작성할 때 Windows는 큰따옴표로, macOS와 Linux는
작은따옴표로 감쌉니다. 이 명령은 psql 애플리케이션 내부가 아닌 시스템의 명령 프롬프트에서 실
행합니다. 명령을 입력하고 Enter 키를 누르면 server signaled라는 메시지가 나와야 합니다. 설정
파일이 다시 로드되고 변경 사항이 적용됩니다.

서버를 다시 시작해야 하는 설정을 변경했다면 reload를 restart로 바꾸세요.

> **📝 NOTE**
>
> Windows에서 pg_ctl을 실행하려면 명령 프롬프트를 관리자 권한으로 실행해야 합니다. 시작 메뉴에서 명
> 령 프롬프트로 이동하여 마우스 오른쪽 버튼을 클릭하고 **관리자 권한으로 실행**을 클릭하세요.

▌19-3 데이터베이스 백업 및 복구하기

데이터를 안전하게 보관하거나 새 서버나 업그레이드된 서버로 전송하기 위해 전체 데이터베이스를
백업할 때가 있습니다. PostgreSQL은 백업과 복원 작업을 쉽게 만드는 명령줄 도구를 제공합니다.
이번 절에서는 데이터베이스나 단일 테이블에서 데이터를 파일로 내보내는 방법과 내보낸 파일에서
데이터를 복원하는 방법을 보여 줍니다.

19-3-1 pg_dump로 데이터베이스와 테이블 파일로 내보내기

PostgreSQL의 pg_dump는 데이터베이스의 모든 데이터, 테이블을 다시 생성하기 위한 SQL 명령으
로 기타 데이터베이스 개체를 포함하는 출력 파일을 생성하고 테이블에 데이터를 로드합니다. pg_
dump를 사용하면 데이터베이스에 선택한 테이블만 저장할 수도 있습니다. 기본적으로 pg_dump는 일
반 텍스트 파일을 출력하는데, 먼저 사용자 지정 압축 형식에 대해 논의한 다음 다른 옵션에 대해
확인해 보겠습니다.

실습에 사용한 analysis 데이터베이스를 파일로 내보내 백업해 두려면 psql이 아니라 명령줄 프롬
프트에서 코드 19-11의 명령을 실행합니다.

```
pg_dump -d analysis -U user_name -Fc -v -f analysis_backup.dump
```

코드19-11 pg_dump로 analysis 데이터베이스 백업하기

여기에서 pg_dump, -d 인수, 백업할 데이터베이스 이름, -U 인수, 사용자 이름으로 명령을 시작합니다. 다음으로 -Fc 인수를 사용하여 이 백업을 PostgreSQL 압축 형식으로 생성하도록 지정합니다. 자세한 출력을 위해 -v 인수를 사용합니다. 그런 다음 -f 인수로 pg_dump의 출력을 analysis_backup.dmp라는 텍스트 파일로 리디렉션합니다. 터미널 프롬프트가 현재 열려 있는 디렉터리가 아닌 다른 디렉터리에 파일을 배치하게 하려면 파일 이름 앞에 전체 디렉터리 경로를 지정하면 됩니다.

Enter 키를 눌러 명령을 실행하면 설치에 따라 암호 프롬프트가 표시될 수도 있습니다. 메시지가 나타나면 해당 암호를 입력하세요. 그런 다음 데이터베이스 크기에 따라 명령을 완료하는 데 몇 분 정도 걸릴 수 있습니다. 작업이 진행되는 동안 일련의 메시지가 출력되고, 작업이 완료되면 새 명령 프롬프트가 나타나며 현재 디렉터리에 analysis_backup.dump라는 파일이 표시됩니다.

특정 이름과 일치하는 하나 이상의 테이블로 백업을 제한하려면 -t 인수 뒤에 작은따옴표로 묶인 테이블 이름을 사용하는 게 좋습니다. 예를 들어 train_rides 테이블만 백업하려면 다음 명령을 추천합니다.

```
pg_dump -t 'train_rides' -d analysis -U user_name -Fc -v -t train_backup.dump
```

이제 백업을 복구하는 방법을 알아보겠습니다.

19-3-2 pg_restore로 데이터베이스 복구하기

pg_dump를 사용하여 데이터베이스를 백업한 후에는 pg_restore 유틸리티를 사용하여 매우 쉽게 복원할 수 있습니다. 데이터를 새 서버로 마이그레이션하거나 새 버전의 PostgreSQL로 업그레이드할 때 데이터베이스를 복원해야 할 수 있습니다. 새 서버에서 analysis 데이터베이스를 복원하려면 명령 프롬프트에서 코드 19-12의 명령을 실행합니다.

```
pg_restore -C -v -d postgres -U user_name analysis_backup.dump
```

코드 19-12 pg_restore로 analysis 데이터베이스 복구하기

pg_restore 다음에 -C 인수를 추가하여 유틸리티가 서버에 분석 데이터베이스를 생성하도록 지시합니다.(그러면 백업 파일에서 데이터베이스 이름을 가져옵니다.) 그런 다음 앞에서 본 것처럼 -v 인수를 사용해 자세한 출력을 제공하고 -d 인수로 연결할 데이터베이스의 이름을 지정합니다. 그 뒤에는 -U 인수와 사용자 이름이 따릅니다. Enter 키를 누르면 복원이 시작됩니다. 완료되면 psql 또는 pgAdmin을 통해 복원된 데이터베이스를 볼 수 있습니다.

19-3-3 백업 및 복원과 관련된 추가 옵션 탐색하기

여러 옵션으로 pg_dump를 구성하여, 이름 패턴과 일치하는 테이블 같은 특정 데이터베이스 개체를

포함 또는 제외하거나 출력 형식을 지정할 수 있습니다. 예를 들자면, analysis 데이터베이스를 백업할 때 pg_dump에 -Fc 인수를 지정하여 사용자 정의 PostgreSQL 압축 형식으로 백업을 생성했습니다. -Fc 인수를 제거하면 유틸리티가 일반 텍스트로 출력되며 텍스트 편집기에서 백업 내용을 읽을 수 있습니다. 자세한 내용은 https://www.postgresql.org/docs/current/app-pgdump.html에서 전체 pg_dump 문서를 확인하고, 해당 복원 옵션에 대해서는 https://www.postgresql.org/docs/current/app-pgrestore.html에서 pg_restore 문서를 확인하세요.

또한 PostgreSQL 서버에서 실행되는 여러 데이터베이스를 백업할 수 있는 pg_basebackup 명령에 대해 알아볼 수도 있습니다. 자세한 내용은 https://www.postgresql.org/docs/current/app-pg-basebackup.html을 참조하세요. 훨씬 더 강력한 백업 방법으로는 무료 오픈소스 애플리케이션인 pgBackRest(https://pgbackrest.org/)가 있습니다. 이 애플리케이션은 스토리지용 클라우드 통합을 비롯해 전체 백업full backup이나 차등 백업differential backup, 증분 백업incremental backup 생성[1] 등의 기능을 지원합니다.

| 19-4 마무리

이 장에서는 PostgreSQL의 VACUUM 기능을 사용하여 데이터베이스의 공간을 추적하고 확보하는 방법을 배웠습니다. 또한 다른 명령줄 도구를 사용하여 시스템 설정을 변경하고 데이터베이스를 백업 및 복원하는 방법도 배웠습니다. 이러한 작업을 매일 수행할 필요는 없지만 여기서 배운 데이터베이스 유지 관리 기술은 데이터베이스 성능을 향상시키는 데 도움이 될 수 있습니다. 이것은 데이터베이스 유지 관리에 대한 포괄적인 개요가 아니니 해당 주제에 대한 추가 자료는 부록을 참조하길 권합니다.

이 책의 마지막 장인 다음 장에서는 숨겨진 추세를 식별하고 데이터를 사용하여 효과적인 이야기를 전달하기 위한 지침을 공유할 것입니다.

연습문제

이번 장과 앞에서 배운 기술을 사용해 데이터베이스를 만들고 작은 테이블과 약간의 데이터를 추가하세요. 그런 다음 pg_dump와 pg_restore를 사용해 데이터베이스를 백업하고 삭제한 뒤 복구해 보세요. 압축이 아닌 기본 텍스트 형식을 사용하여 백업을 만드는 경우에는 pg_dump로 생성한 파일을 텍스트 편집기로 탐색하면서 개체 생성 및 데이터 삽입 구문이 어떻게 구성되었는지 확인할 수 있습니다.

---

[1] 역주 전체 백업은 데이터베이스의 전체 내용을 백업하는 백업 방식을 뜻하며, 차등 백업은 마지막 전체 백업 이후의 변경 사항을 모두 백업하는 방식, 증분 백업은 일정 주기마다 변경된 데이터만 백업하는 방식을 의미합니다.

20

데이터 스토리텔링 프로세스

SQL을 배우면 재미도 있지만 데이터에서 이야기를 찾아낼 수도 있게 됩니다. 데이터에 숨겨진 이야기를 밝혀내게 되는 것이죠. 이 책에서 배웠듯이 SQL은 흥미로운 추세나 통찰, 데이터 속 이변을 찾아낼 수 있는 도구가 됩니다. 그리고 배운 것들을 기반으로 여러분이 현명한 선택을 하도록 돕습니다. 하지만 행과 열로 구성된 데이터 속에서 어떻게 이런 추세를 파악할 수 있을까요? 그리고 이 추세에서 의미 있는 통찰을 찾아내는 방법은 무엇일까요?

이 장에서는 제가 탐사보도 기자로서 데이터에서 이야기를 발견하고 보도하기 위해 사용한 프로세스를 간단히 설명하겠습니다. 우선 좋은 질문을 던지고 데이터를 수집해 아이디어를 찾아내야 합니다. 그런 다음 분석 과정을 설명하고 결과를 명확하게 제시할 수 있어야 하죠. 수많은 데이터셋에서 추세를 파악하고, 발견한 것들 사이에서 내러티브를 찾아내기 위해서는 때때로 막다른 골목을 극복할 수 있는 실험 정신과 강한 의지가 필요합니다. 이 팁들은 흔히 할 수 있는 실수를 방지할 수 있는 가이드라인으로, 체크리스트 이상의 효과를 발휘합니다.

20-1 질문으로 시작하라

아이디어는 단순한 호기심, 직관, 가끔씩은 말도 안 되는 우연에서 시작되어 데이터 분석으로 이어집니다. 주변 환경을 예리하게 관찰한다면 시간이 흐를수록 그 속의 변화를 감지하고 이를 수치적으로 측정할 수 있는지도 궁금해질 것입니다. 지역 부동산 시장을 예로 들어 보겠습니다.

지역에 평소보다 더 매물이 나타난다면 질문이 생겨날 수 있습니다. '작년보다 올해 더 많은 주택이 판매되는 걸까?', '얼마나 늘어났을까?', '어느 지역에서 늘어났지?' 같은 질문은 데이터 분석을 위한 좋은 발판이 됩니다. 여러분이 기자라면 기삿거리를 발견하게 될 것이며 사업자라면 새로운 마케팅 기회를 찾아낼 수 있습니다.

마찬가지로 업계에 어떤 트렌드가 나타나고 있다고 추측된다면 이를 사업의 기회로 삼을 수 있습니다. 예를 들어, 특정 제품의 판매가 부진한 것으로 의심된다면 데이터 분석을 통해 진위 여부를 확인하여 재고 수량이나 마케팅 노력을 적절하게 조정할 수 있습니다.

아이디어는 끊임없이 추적하되 그 잠재 가치에 따라 우선 순위를 정하세요. 호기심을 충족시키기 위해 데이터를 분석하는 것으로도 충분하지만 데이터에서 얻어낸 답변이 기관의 효율성을 높이거나 회사의 수익성을 키울 수 있다면 계속 분석해도 괜찮다는 의미입니다.

20-2 과정을 문서화하라

분석을 시작하기 전에 과정을 투명하고 재현 가능하게 만드는 방법을 고민하세요. 신뢰성을 위해 조직의 다른 사람들과 외부인이 작업을 재현할 수 있어야 합니다. 또한 충분한 정보를 문서화하여 프로젝트를 몇 주 동안 멈추었다가 다시 시작하는 데 문제가 발생하지 않도록 해야 합니다.

작업을 문서화하는 데 정해진 방법은 없습니다. 다른 사람이 여러분이 했던 것처럼 데이터 가져 오고 정리해 분석할 수 있도록 조사 방법을 기록하거나 SQL 쿼리 생성 과정을 단계별로 작성해 두길 추천합니다. 도구는 상관없습니다. 메모와 코드를 텍스트 파일에 저장하는 사람이 있는가 하면 깃허브 같은 버전 제어 시스템을 사용하는 사람도 있습니다. 가장 중요한 것은 자신만의 문서 시스템을 만들고 이를 일관된 형식으로 사용하는 것입니다.

20-3 데이터를 모으라

분석하고 싶은 아이디어가 생겼다면 다음 단계는 그 추세와 의문을 반영하는 데이터를 찾는 것입니다. 만약 그 주제에 대한 자체 데이터를 보유한 조직에서 일하고 있다면 축하합니다. 이미 준비가 된 것입니다! 내부 마케팅이나 판매 데이터베이스, 고객 관계 관리 시스템, 구독 또는 이벤트 신청 데이터를 활용할 수 있습니다. 그러나 여러분의 주제가 인구통계, 경제, 산업 중심 과제 등의 문제와 관련되어 있다면 조사가 필요합니다.

가장 좋은 시작점은 전문가들에게 그들이 사용하는 소스를 물어보는 것입니다. 분석가, 정부 정책 연구원, 학자들은 여러분에게 사용할 수 있는 데이터와 그 유용성을 추천해 줄 것입니다. 이 책 전체에서 살펴보았듯 연방, 주 및 지방 정부는 다양한 주제에 대한 방대한 데이터를 생성합니다. 미국에 대한 데이터는 연방 정부의 데이터 카탈로그 사이트(https://www.data.gov/)에서 확인하거나 https://nces.ed.gov/ 또는 https://www.bls.gov/ 같은 개별 연방 기관의 사이트에서 확인해 보세요.

지방 정부 웹 사이트를 검색해도 좋습니다. 사용자가 작성할 양식이나 행과 열로 형식이 지정된 보고서가 있다면 이는 구조화된 데이터를 분석에 사용할 수 있다는 신호입니다. 비정형 데이터에만 액세스할 수 있다고 해서 모든 것을 잃은 건 아닙니다. 14장에서 배웠듯 분석을 위해 텍스트 파일과 같은 비정형 데이터도 뒤질 수 있습니다.

분석하고자 하는 데이터가 여러 해에 걸쳐 수집되었다면 1~2년치의 데이터보다는 5~10년 이상의 데이터를 확인하는 편이 좋습니다. 한 달 또는 한 해 동안 수집된 데이터의 스냅샷을 분석해도 흥미로운 결과를 얻을 수 있지만 더 오랜 기간을 분석하면 더 많은 추세를 확인할 수 있습니다. 자세한 내용은 후반부의 '시간 경과에 따른 주요 지표 및 추세를 파악하라'에서 설명합니다.

20-4 데이터가 없다면? 직접 데이터베이스를 만들라!

때로는 필요한 데이터가 사용 가능한 형식으로 제공되지 않을 때도 있습니다. 하지만 그런 경우에도 시간과 인내력, 방법만 있다면 여러분만의 데이터셋을 구축할 수 있습니다. 여기에서 소개하려는 것은 USA 투데이 재직 시절에 제가 동료 로버트 데이비스[Robert Davis]와 함께 미국 대학생들의 죽음과 관련된 문제를 연구하며 사용한 방법입니다. 학교나 주 또는 연방 기관 그 어느 곳도 매년 얼마나 많은 대학생이 캠퍼스 내에서 사고, 약물 과다 복용 또는 질병으로 인해 사망했는지 알려 주지 않았습니다. 그래서 자체적으로 데이터를 수집해 데이터베이스의 테이블로 구성하기로 결정했습니다.

뉴스 기사, 경찰 보고서, 학생 사망과 관련된 소송 자료로 조사를 시작했습니다. 2000년부터 2005년까지 600명 이상의 학생이 사망했다는 보고를 찾은 후 교육 전문가, 경찰, 학교 관계자 및 학부모와의 인터뷰를 진행했습니다. 그리고 각 보고서에서 각 학생의 나이, 학교, 사망 원인, 재학 연도, 약물 또는 알코올의 영향 여부와 같은 세부 정보를 분류했습니다. 결국 이 연구 결과는 2006년 USA 투데이에서 <대학 생활에서 가장 위험한 시기는 첫 해다>라는 기사로 발표됐습니다. 이 기사는 SQL 데이터베이스 분석에서 얻은 결과를 다룬 것으로, 대학생 사망률에 있어 신입생이 가장 높은 비율을 차지하며 그들이 특히나 취약하고 위험했다는 것을 보여 주었습니다.

필요한 데이터가 부족하다면 직접 데이터베이스를 만들 수 있습니다. 핵심은 중요한 정보를 식별해 체계적으로 수집하는 것입니다.

20-5 데이터 출처에 접근하라

데이터셋을 찾았다면 출처에 대한 정보와 데이터 유지 관리법을 충분히 준비해야 합니다. 정부와 연구 기관은 모든 종류의 방법을 동원해 데이터를 수집합니다. 어떤 방법은 더 신뢰할 수 있고 표준화된 데이터를 생성합니다.

예를 들어 앞에서 봤던 미국 농무부의 식품 생산업체 데이터에 동일한 회사가 철자가 다르게 작성된 경우를 생각해 보겠습니다. 이유를 아는 건 큰 도움이 됩니다.(어쩌면 데이터가 종이에서 컴퓨터로 수동 복사된 탓일 수도 있습니다.) 마찬가지로 12장에서 분석한 뉴욕시의 택시 데이터는 각 운행의 시작 및 종료 시간을 기록했습니다. 여기서 의문이 생깁니다. 시간 측정은 언제부터 했을까요? 승객이 차량에 탔을 때? 아니면 다른 기준을 정했을까요? 분석에서 더 나은 결론을 도출하고 분석을 해석할 수 있는 다른 사람들에게 넘기려면 이러한 세부 정보를 알아야 합니다.

데이터셋의 출처는 데이터를 분석하고 결과를 보고하는 방법에도 영향을 미칠 수 있습니다. 예를 들어 미국 인구조사 데이터의 경우, 10년마다 실시하는 10개년 인구조사는 전체 계수인 반면 미국 지역사회설문조사^{ACS}는 가구 표본에서만 추출된다는 점을 알아야 합니다. 결과적으로 ACS에는 오차 범위가 있지만 10년 주기 인구조사는 그렇지 않습니다. 오차 범위가 숫자 간의 차이를 일으킬 수 있음을 고려하지 않고 ACS에 대해 보고하는 것은 무책임한 일입니다.

20-6 쿼리를 통해 데이터를 인터뷰하라

데이터를 구하고 출처를 이해한 뒤 데이터베이스로 옮긴 후에는 쿼리를 사용하여 탐색할 수 있습니다. 책 전체에서 이 단계를 '데이터 인터뷰'라고 불렀습니다. 데이터 인터뷰 과정을 통해 데이터가 가진 내용을 더 자세히 파악하고 위험 징후를 파악해야 합니다.

집계 함수로 시작하는 편이 좋습니다. 열을 기준으로 계수, 합계, 정렬 및 그룹화를 수행하면 최솟값, 최댓값, 중복 항목과 잠재적 문제, 데이터의 일반적인 범위에 대한 개념이 드러납니다. 데이터베이스가 여러 개로 연관된 테이블이 포함되어 있다면 테이블의 관계를 이해하기 위해 조인을 사용하세요. 7장에서 배운 LEFT JOIN과 RIGHT JOIN을 사용하면 한 테이블의 키 값이 다른 테이블에서 누락되었는지 여부를 확인할 수 있습니다. 문젯거리가 있을 수도 없을 수도 있으나 적어도 해결해야 할 잠재적인 문제를 식별할 수 있습니다. 궁금한 사항이나 우려 사항을 적어 두고 다음 단계로 넘어가세요.

20-7 데이터의 주인과 상담하라

데이터베이스를 탐색해 품질 및 추세에 대한 초기 가설을 설정한 후에는 데이터를 잘 아는 사람에게 질문이나 우려되는 상황을 전달하는 시간을 가지세요. 질의의 대상은 여러분에게 데이터를 제공한 대행사나 회사에서 일하는 사람이나 이전에 비슷한 데이터로 작업한 적이 있는 분석가가 될 수 있습니다. 이 단계는 데이터에 대한 이해를 명확히 하고, 초기 예측을 확인하고, 데이터가 여러분의 요구에 적합하지 않은 문제를 가지고 있지는 않은지 확인할 수 있는 기회가 됩니다.

테이블을 쿼리할 때 특이치로 보이는 값을 발견했다면, 가령 과거에 발생했던 사건이 미래의 날짜로 나타난 경우에는 이러한 불일치에 대해 문의해 봐야 합니다. 또는 테이블에 누군가의 이름이 있을 거라고 예상했는데 찾을 수 없다면 전체 데이터셋을 구하지 못한 게 아닌지, 데이터 수집에 문제가 있는 건 아닌지 고민해 봐야 합니다.

전문가에게서 다음과 같은 부분에 도움을 받으세요.

- **데이터의 범위를 이해합니다.** 데이터에 포함된 내용, 제외되는 내용 및 분석 수행 방법에 영향을 줄 수 있는 콘텐츠에 대한 주의 사항을 알아야 합니다.
- **완전한 데이터셋이 있는지 확인합니다.** 예상했던 모든 기록이 있는지, 데이터가 누락되었다면 그 이유를 이해하고 있는지 확인하세요.
- **데이터셋이 사용자의 요구에 적합한지 확인합니다.** 원본에서 데이터 품질에 문제가 있는 것으로 확인되면 더 신뢰할 수 있는 다른 데이터를 찾아보세요.

모든 데이터셋은 상황이 고유하지만 다른 사용자나 데이터 소유자에게 문의하면 불필요한 실수를 방지할 수 있습니다.

20-8 시간 경과에 따른 주요 지표 및 추세를 파악하라

데이터를 이해하고 데이터의 신뢰성, 완전성 및 분석에 대한 적절성을 확신했다면 다음 단계는 쿼리를 실행해 시간 경과에 따른 주요 지표와 추세를 파악하는 것입니다.

이번 목표는 문장으로 요약하거나 프레젠테이션에서 슬라이드로 제시할 수 있는 데이터를 찾는 것입니다. 예를 들면 이런 식입니다. "5년 동안 등록 학생 수가 감소해 온 위젯 대학교에 등록자가 2학기 동안 연속 5% 증가했습니다."

이러한 유형의 추세를 식별하기 위해 2단계 과정을 따라해 보세요.

1. 추적할 지표를 선택합니다. 미국 인구조사 데이터라면 60세 이상의 인구 비율을 추적할 수 있습니다. 뉴욕시 택시 데이터라면 1년 동안의 평일 운행의 중앙값을 추적할 수도 있습니다.
2. 만약 변화가 있다면, 여러 해에 걸쳐 해당 지표를 추적하여 어떻게 변화했는지 확인하세요.

위의 2단계 과정은 7장에서 조인된 테이블에 들어 있던 다년간의 인구조사 데이터에서 변화율을 계산하기 위해 사용했던 방법입니다. 이 경우 2010년과 2019년 사이 카운티들의 인구 변화를 살펴보았습니다. 주요 지표는 인구수였으며 9년 동안의 각 카운티의 인구 변화를 보여 주었습니다.

시간 경과에 따른 변화 측정에 대한 한 가지 주의 사항을 말하자면, 2년 사이에 극적인 변화를 목격하더라도 장기 추세의 컨텍스트에서 이해하기 위해 가능한 한 많은 해의 데이터를 파헤쳐 보는 편이 좋습니다. 한 해 한 해의 변화가 극적으로 보일 수 있지만, 다년간의 활동과 관련하여 이를 확인하면 그 진정한 의미를 평가하는 데 도움이 될 수 있습니다.

예를 들어, 미국 국립보건통계센터는 매년 출생자 수에 대한 데이터를 발표합니다. 데이터 애호가로서 저는 이와 같은 지표를 주시하는 것을 좋아합니다. 출산은 종종 문화나 경제에 대한 더 광범위한 추세를 반영하기 때문입니다. 그림 20-1은 1910년부터 2020년까지의 연간 출생자 수를 보여줍니다.

그림 20-1 1910년부터 2020년까지의 미국 내 출생자 수(출처: 미국 국립보건통계센터)

이 그래프에서 회색으로 된 마지막 5년만 보면, 2016년부터 2020년까지 출생 수가 395만 명에서 361만 명으로 꾸준히 감소했음을 알 수 있습니다. 최근 감소는 실제로 주목할 만합니다(출생률의 지속적인 감소와 인구 고령화 반영). 그러나 장기적으로 보면 지난 100년 동안 미국이 여러 차례 베이비붐과 불황을 겪었음을 알 수 있습니다. 그림 20-1에서 볼 수 있는 한 가지 예는 제 2차 세계 대전 이후 1940년대 중반에 나타난 베이비 붐 세대의 시작인 상승세입니다.

주요 지표를 식별하고 단기 및 장기적으로 시간 경과에 따른 변화를 살펴봄으로써 여러분이 다른 사람에게 보여 주거나 조치를 취해야 하는 결과를 발견할 수 있습니다.

📝 NOTE

설문조사 또는 기타 샘플의 데이터로 작업할 때마다 통계적 유의성을 테스트해야 합니다. 이 결과가 실제 추세일까요? 아니면 우연일까요? 유의성 테스트는 이 책에서 다루지 않는 통계적 개념이지만 데이터 분석가가 알아야 하는 개념입니다. 고급 통계에 대한 내용은 이 책의 부록을 참조하세요.

| 20-9 원인을 알아보라 |

데이터 분석은 무슨 일이 일어났는지 알려 주지만 그 원인은 알려 주지 않습니다. 문제가 발생한 이유를 알아내기 위해 해당 주제의 전문가 또는 데이터 소유자와 함께 데이터를 다시 검토하는 것이 좋습니다. 예를 들어, 미국 출생 데이터에서는 이러한 숫자에서 연간 비율 변화를 쉽게 계산할 수 있습니다. 그러나 데이터는 출생이 1980년대 초부터 1990년까지 꾸준히 증가한 이유를 알려 주지는 않습니다. 그 정보에 대해서는 인구 학자와 상담해야 합니다. 보통은 그 해 동안의 출생 증가가 더 많은 베이비 붐 세대가 가임기에 들어갔기 때문이라고 설명해 줄 것입니다.

발견한 결과와 방법론을 전문가와 공유할 때는 추가 검토할 가치가 없거나 가능성이 없는 정보까지 모두 기록하세요. 그리고 그들이 확증할 수 있는 결과에 대해, 그 결과 이면에 있는 영향을 이해할 수 있게 도와달라고 요청하세요. 인용할 의향이 있는 경우 해당 의견을 사용하여 보고서 또는 프레젠테이션을 보완할 수 있습니다. 이런 식으로 트렌드에 대한 전문가의 통찰력을 인용하는 것이 저널리스트가 자주 사용하는 방식입니다.

| 20-10 찾아낸 결과를 공유하라 |

분석 결과를 공유하는 방법은 여러분이 맡은 역할에 따라 다릅니다. 학생이라면 논문에 결과를 발표할 수 있고, 기업에서 일하는 사람은 파워포인트, 키노트 또는 구글 슬라이드를 사용해 결과를 발표할 수 있습니다. 기자는 기사를 작성하거나 데이터를 시각화할 수 있습니다. 최종 제품에 관계없이 정보를 잘 표현하기 위한 팁은 다음과 같이 가상 부동산 판매 분석을 예시로 들어 설명하겠습니다.

- **발견한 내용을 바탕으로 중요한 주제를 찾아내세요.** 주제를 바탕으로 프레젠테이션, 논문 또는 시각화 제목을 작성하세요. 예를 들어 부동산에 대한 프레젠테이션이라면 "증가한 교외 지역의 주택 판매, 감소한 도시 부동산 판매량"이라는 제목을 설정할 수 있습니다.
- **전체적인 수치를 제시하여 일반적인 추세를 보여 주세요.** 예를 들어, "모든 교외 지역에서 지난 2년 동안 매출이 각각 5% 증가하여 3년 동안의 감소량을 회복했습니다. 한편 도시 인근 지역은 2% 감소했습니다."라는 식으로 분석의 주요 발견 사항을 강조하세요.
- **추세를 뒷받침하는 구체적인 예를 강조하세요.** 예를 들어, "Smithtown에서는 작년에 XYZ Corporation의 본사를 이전한 후 주택 판매가 15% 증가했습니다."라는 식으로 한두 가지 관련 사례를 설명하세요.
- **전체적인 추세에 반하는 사례를 인정하세요.** 여기서도 "2개의 도시 지역에서 주택 판매량이 증가했습니다: Arvis(4.5% 증가) 및 Zuma(3% 증가)."라는 식으로 한두 개의 사례를 사용하세요.

- **사실에 충실하세요.** 결과를 왜곡하거나 과장하지 마세요.

- **전문가의 의견을 제공하세요.** 인용문을 사용하세요.

- **막대 차트 또는 꺾은선형 차트를 사용하여 숫자를 시각화하세요.** 표는 잠재 고객에게 구체적인 수치를 제공하는 데 유용하지만 시각화를 통해 추세를 더 쉽게 이해할 수 있습니다.

- **데이터의 출처와 분석에 포함되거나 생략된 내용을 인용하세요.** "2022년 및 2023년 월튼 카운티 세금 신고 기준. 상업용 부동산 제외."라는 문구처럼 다루는 날짜, 제공자의 이름, 그리고 분석에 영향을 미치는 차이점을 제공하세요.

- **데이터를 공유하세요.** 사용한 쿼리를 포함하여 다운로드용 데이터를 온라인에 게시하세요. 분석한 데이터를 다른 사람과 공유하여 다른 사람이 자신의 분석을 수행하고 결과를 보완하는 것만큼 투명성이 높은 것은 없습니다.

결과를 명확하고 간결하게 전달한 다음 청중의 대화를 이끄는 짧은 프레젠테이션이 가장 효과적입니다. 물론 데이터 작업과 결론을 제시하는 데 여러분이 선호하는 방식을 따를 수도 있습니다. 그러나 수년 동안 저는 이러한 단계를 통해 잘못된 데이터와 잘못된 가정을 피할 수 있었습니다.

20-11 마무리

드디어 SQL에 대한 탐색이 끝났습니다! 이 책을 읽어 주셔서 감사합니다. 제 이메일을 통한 제안과 피드백은 언제나 환영합니다. 이 책의 끝에는 따라서 써볼 수 있는 추가 PostgreSQL 관련 도구가 소개된 부록이 있습니다.

여러분이 실제로 마주할 데이터에 대해 즉시 적용할 수 있는 데이터 분석 기술을 갖추었기를 바랍니다. 그리고 무엇보다도 각 데이터셋에는 이야기할 주제가 하나 이상은 있다는 걸 염두에 두길 바랍니다. 이러한 이야기를 찾아내고 전달하는 것이 데이터 작업을 가치 있게 만듭니다. 데이터 분석은 행과 열로 된 데이터를 샅샅이 뒤지는 것 그 이상입니다. 여러분의 발견에 대해 듣는 날을 기대하고 있겠습니다!

연습문제

지금까지 살펴본 SQL 기술을 사용하여 이야기를 찾고 전달할 차례입니다. 이 장에서 설명한 프로세스를 따르며 지역 또는 국가적인 주제를 고려한 좋은 데이터를 검색하세요. 데이터의 품질과 답변할 수 있는 질문, 적시성을 판단하세요. 그리고 그 데이터와 주제를 잘 아는 전문가와 상의하세요. 데이터를 PostgreSQL에 로드하고 집계 쿼리와 필터를 사용하여 인터뷰하면 어떤 추세를 발견할 수 있을까요? 찾은 결과를 짧은 프레젠테이션으로 요약하세요.

부록

PostgreSQL 추가 자료

부록에는 PostgreSQL를 사용한 개발 관련 최신 정보를 얻고, 추가 소프트웨어를 찾고 도움을 받는데 도움이 되는 자료를 정리했습니다. 소프트웨어는 변경될 가능성이 높기 때문에 이 부록의 모든 자료를 깃허브 리포지터리에 정리해 두었습니다. https://github.com/TeeDDub/practical-sql에서 확인하세요.

PostgreSQL 개발 환경

책에서는 pgAdmin을 사용하여 PostgreSQL에 연결하고 쿼리를 실행하고 데이터베이스 개체를 확인합니다. pgAdmin은 무료이며 오픈소스이며 널리 사용되는 그래픽 사용자 인터페이스이지만 PostgreSQL 작업에 사용할 수 있는 프로그램이 많습니다. PostgreSQL 위키의 'PostgreSQL 클라이언트'(https://wiki.postgresql.org/wiki/PostgreSQL_Clients)에는 다양한 대안이 나열되어 있습니다.

아래는 저자가 사용했던 다양한 프로그램들을 정리했습니다. 무료 프로그램은 일반 분석 작업에 적합합니다. 데이터베이스 개발에 대해 더 깊이 파고들려면 고급 기능을 사용할 수 있고 개발사에서 지원을 제공하는 유료 프로그램을 사용하길 권합니다.

- **Beekeeper Studio**: PostgreSQL과 MySQL, Microsoft SQL Server, SQLite 및 기타 플랫폼을 위한 무료 오픈소스 GUI입니다. Beekeeper는 Windows와 macOS, Linux에서 작동하며 데이터베이스 GUI 중에서 더욱더 세련된 앱 디자인 중 하나를 제공합니다.

  https://www.beekeeperstudio.io/

- **DBeaver**: PostgreSQL과 MySQL, 기타 여러 데이터베이스와 함께 작동하는 '범용 데이터베이스 도구'입니다. DBeaver에는 시각적 쿼리 작성기와 코드 자동 완성 기능 같은 고급 기능이 포함되어 있습니다. Windows와 macOS, Linux를 지원하며 유료 및 무료 버전이 있습니다.
  https://dbeaver.com/

- **DataGrip**: 코드 완성과 버그 감지, 코드 간소화를 위한 제안을 제공하는 SQL 개발 환경입니다. 유료 제품이지만 JetBrains는 학생, 교육자, 비영리 단체를 위한 할인 및 무료 버전을 제공합니다.
  https://www.jetbrains.com/datagrip/

- **Navicat**: PostgreSQL을 비롯해 MySQL, Oracle, MongoDB, Microsoft SQL Server를 포함한 다양한 데이터베이스를 지원하는 SQL 개발 환경입니다. Navicat은 무료 버전을 제공하지 않지만 14일 무료 평가판을 제공합니다.
  https://www.navicat.com/

- **Postbird**: 간단한 크로스 플랫폼 PostgreSQL GUI로 쿼리를 작성하고 개체를 보기 쉽게 해줍니다. 무료이며 오픈소스 프로그램입니다.
  https://github.com/Paxa/postbird/

- **Postico**: Postgres.app 제작자가 Apple 디자인에서 힌트를 얻어 제작한 macOS 전용 클라이언트입니다. 정식 버전은 유료이지만 기능이 제한된 무료 버전이 있습니다.
  https://eggerapps.at/postico/

체험판을 사용하면 어떤 프로그램이 여러분에게 맞는지 알아볼 수 있습니다.

PostgreSQL 유틸리티, 도구, 확장 프로그램

수많은 유틸리티와 도구, 확장 프로그램을 통해 PostgreSQL의 기능을 확장할 수 있습니다. 여기에는 추가 백업이나 가져오기/내보내기 옵션, 향상된 명령줄 형식, 강력한 통계 패키지에 이르기까지 다양합니다. https://github.com/dhamaniasad/awesome-postgres/에서 선별한 프로그램들을 모아 두었지만 몇 가지 좋은 프로그램을 소개하겠습니다.

- **PostgreSQL용 Devart 엑셀 추가 기능**: 엑셀 통합 문서에서 PostgreSQL의 데이터를 직접 로드하고 편집하게 해주는 엑셀 추가 기능입니다.
  https://www.devart.com/excel-addins/postgresql/

- **MADlib**: PostgreSQL과 통합되는 대규모 데이터셋용 기계 학습 및 분석 라이브러리입니다.
  https://madlib.apache.org/

- **pgAgent**: 다른 작업 중에서 예약된 시간에 쿼리를 실행할 수 있는 작업 관리자입니다.
  https://www.pgadmin.org/docs/pgadmin4/latest/pgagent.html

- **pgBackRest**: 고급 데이터베이스 백업 및 복원 관리 도구입니다.

  `https://pgbackrest.org/`

- **pgcli**: 자동 완성 및 구문 강조 표시를 포함하는 psql의 대체 명령줄 인터페이스입니다.

  `https://github.com/dbcli/pgcli/`

- **pgRouting**: PostGIS 지원 PostgreSQL 데이터베이스가 도로를 따라 주행 거리 찾기와 같은 네트워크 분석 작업을 수행할 수 있도록 합니다.

  `https://pgrouting.org/`

- **PL/R**: PostgreSQL 함수와 트리거 내에서 R 통계 프로그래밍 언어를 사용할 수 있도록 하는 절차 언어입니다.

  `https://www.joeconway.com/plr.html`

- **pspg**: psql의 출력을 정렬 및 스크롤 가능한 테이블로 형식화하며 여러 색상 테마를 적용할 수 있습니다.

  `https://github.com/okbob/pspg/`

PostgreSQL 관련 뉴스, 커뮤니티 사이트

진정한 PostgreSQL 사용자라면 커뮤니티 뉴스를 계속 파악하길 추천합니다. PostgreSQL 개발 팀은 정기적으로 소프트웨어를 업데이트하며, 그러한 변경 사항이 기존 코드나 사용 중인 도구에 영향을 미칠 수 있습니다. 분석을 위한 새로운 기회를 찾을 수도 있습니다.

　최신 정보를 얻을 수 있는 온라인 사이트를 정리했습니다.

- **Crunchy Data 블로그**: 엔터프라이즈 PostgreSQL 지원 및 솔루션을 제공하는 Crunchy Data 팀의 블로그입니다.

  `https://blog.crunchydata.com/blog/`

- **The EDB 블로그**: PostgreSQL 서비스 회사 EDB 팀의 블로그입니다. EDB는 이 책에서 언급한 Windows 설치 프로그램과 pgAdmin 개발을 주도하고 있습니다.

  `https://www.enterprisedb.com/blog/`

- **Planet PostgreSQL**: 데이터베이스 커뮤니티의 블로그 게시물과 공지를 제공합니다.

  `https://planet.postgresql.org/`

- **Postgres Weekly**: PostgreSQL 관련 공지 사항, 블로그 게시물 및 제품 공지 사항을 정리한 이메일 뉴스레터입니다.

  `https://postgresweekly.com/`

- **PostgreSQL 메일링 리스트**: 커뮤니티 전문가에게 질문하기 좋은 메일링 리스트입니다. pgsql-novice 및 pgsql-general 목록은 이메일이 과할 수도 있지만 초보자에게 유용합니다. https://www.postgresql.org/list/

- **PostgreSQL 뉴스 아카이브**: PostgreSQL 개발 팀의 공식 소식입니다. https://www.postgresql.org/about/newsarchive/

- **PostgreSQL nonprofits**: PostgreSQL 비영리단체는 미국과 유럽 단체가 있으며, 두 단체 모두 제품에 대한 교육, 이벤트 및 지원을 제공합니다.
  미국 https://postgresql.us/
  유럽 https://www.postgresql.eu/

- **PostgreSQL 유저 그룹**: 다음 링크에서 PostgreSQL 관련 모임 및 기타 활동을 운영하는 커뮤니티 그룹을 알 수 있습니다. https://www.postgresql.org/community/user-groups/

- **PostGIS 블로그**: PostGIS 확장에 대한 공지 및 업데이트가 올라옵니다. https://postgis.net/

또한 pgAdmin처럼 사용 중인 모든 PostgreSQL 관련 소프트웨어의 개발자 노트를 자세히 보길 추천합니다.

공식 문서

이 책 전체에서 PostgreSQL의 공식 문서를 자주 언급했습니다. https://www.postgresql.org/docs/ 에 접속하면 FAQ나 위키, 각 버전에 대한 설명서를 찾을 수 있습니다. 인덱싱 같은 주제에 대해 자세히 알아보거나 기능과 함께 제공되는 모든 옵션을 알고 싶을 때 설명서에서 해당하는 섹션을 참고하길 추천합니다. 특히 'Preface'와 'Tutorial', 'SQL Language'는 이 책에서 소개한 내용을 다룹니다.

또한, Postgres 가이드(http://postgresguide.com/)에서 다른 문서를 찾을 수 있으며, Stack Overflow(https://stackoverflow.com/questions/tagged/postgresql/)에서 PostgreSQL 관련 질의응답을 확인할 수 있습니다. 또한 PostGIS에 대한 Q&A는 https://gis.stackexchange.com/questions/tagged/postgis/에서 찾아볼 수 있습니다.

찾아보기

YoungJin.com Y.
영진닷컴

실용 SQL

1판 1쇄 발행 2023년 1월 20일

저   자   앤서니 드바로스
번   역   임소정, 강민혁
발 행 인   김길수
발 행 처   (주)영진닷컴
주   소   (우)08507 서울특별시 금천구 가산디지털1로 128
             STX-V타워 4층 401호
등   록   2007. 4. 27. 제16-4189호

©2023. (주)영진닷컴

ISBN 978-89-314-6595-2

영진닷컴 프로그래밍 도서

영진닷컴에서 출간된 프로그래밍 분야의 다양한 도서들을 소개합니다.
파이썬, 인공지능, 알고리즘, 안드로이드 앱 제작, 개발 관련 도서 등 초보자를 위한 입문서부터
활용도 높은 고급서까지 독자 여러분께 도움이 될만한 다양한 분야, 난이도의 도서들이 있습니다.

JAVA 언어로 배우는
디자인 패턴 입문

유키 히로시 저
560쪽 | 32,000원

파이썬 코드로 배우는
Git&Github

유광명 저
384쪽 | 20,000원

KODE VICIOUS
개발 지옥

조지 V. 네빌-닐 저
400쪽 | 28,000원

백엔드를 위한
Go 프로그래밍

탠메이 박시, 바히어 카말 저
192쪽 | 22,000원

백엔드를 위한
Django REST Framework with 파이썬

권태형 저 | 248쪽 | 18,000원

코딩 테스트로 시작하는
파이썬 프로그래밍

다니엘 진가로 저
380쪽 | 24,000원

김변수와 시작하는
코딩생활 with 파이썬

코뮤니티 운영진(휴몬랩) 저
376쪽 | 18,000원

딥러닝을 위한
파이토치 입문

딥러닝호형 저
320쪽 | 25,000원

AWS로 시작하는
AI 서비스 with 파이썬

이노우에 켄이치 저
248쪽 | 22,000원

한 권으로 배우는
Vue.js 3

김동혁 저
396쪽 | 26,000원

친절한 R with
스포츠 데이터

황규인 저
416쪽 | 26,000원

단숨에 배우는
타입스크립트

야코프 페인, 안톤 모이세예프 저
536쪽 | 32,000원